너는 뭘 했냐

어머니의
실망 어린 꾸중에
이제야 백발되어
답합니다

나남
nanam

너는 뭘 했냐

어머니의 실망 어린 꾸중에
이제야 백발 되어 답합니다

2021년 4월 2일 발행
2021년 4월 2일 1쇄

지은이 이충남
발행자 趙相浩
발행처 (주) 나남

주소 10881 경기도 파주시 회동길 193
전화 (031) 955-4601 (代)
팩스 (031) 955-4555
등록 제 1-71호 (1979.5.12)
홈페이지 http://www.nanam.net
전자우편 post@nanam.net

ISBN 978-89-300-4078-5
978-89-300-8655-4 (세트)

책값은 뒤표지에 있습니다.

너는 뭘 했냐

어머니의
실망 어린 꾸중에
이제야 백발되어
답합니다

이충남 지음

나남
nanam

저자의 할아버지(이의승, 李義承)·할머니(안동김씨, 安東金氏).

저자의 아버지(이정욱, 李正煜)·어머니(정태정, 鄭泰貞).

저자와 부모님, 동생들이 함께했다.

저자의 아내(박갑순).

고려대 재학 시절 학생운동으로 80일간 복역 후 출소하여 친구들과 담배 피우는 저자(오른쪽에 서 있는 안경 낀 청년)(사진: 〈신동아〉 제공).

고려대 재학 시절 제16회 ‘아남민국 모의국회’에서 대통령 역을 맡아 연설하는 저자(오른쪽).

〈동아일보〉 기자로 근무하던 시절의 저자.

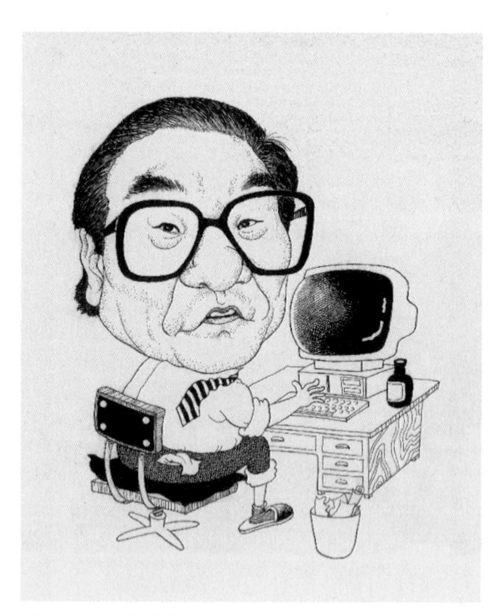

저자의 캐리커처(그림: 최남진 화백).

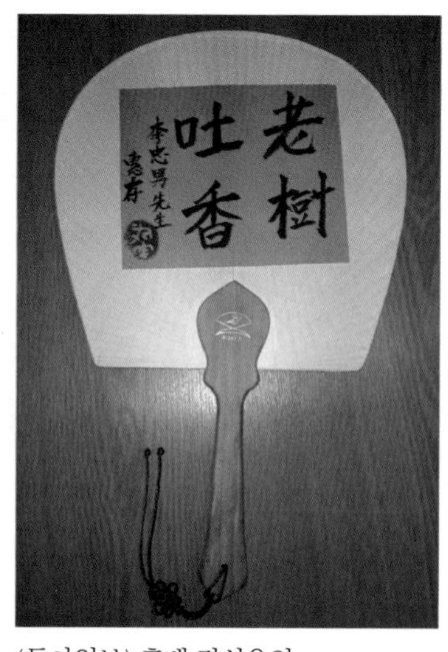

〈동아일보〉 후배 김성우의
2021년 여름 잘 보내라는 선물 부채.

추천사

하이에나 속의 표범을 본 듯한 감동

김광희 (전 동아일보 이사 · 제작국장)

노벨문학상을 수상한 로맹 롤랑은 "천재를 믿지 않는 사람이나 천재가 어떤 것인지를 모르는 사람은, 미켈란젤로를 보라"고 했다. 미켈란젤로는 다양한 방면에 능력을 보였기 때문이리라. 내가 최근 〈동아일보〉 후배 이충남을 만난 후 자탄(自歎) 한 것은 이런 문걸(文傑) 을 곁에 두고도 일찍이 두터운 대화를 나누지 못했다는 후회 같은 아쉬움 때문이었다.

이충남은 평생 기자의 길을 고수했지만 내근기자(內勤記者) 였다. 편집과 교열을 담당하며 동료 기자들과 외부 필자들의 수많은 글을 바로잡아 다듬고 편집했으나 정작 자신은 글을 발표할 기회가 없었다. 그러니 누가 그를 글 쓰는 이로 여겼을까. 그동안 아끼고 참았던 내공이 마침내 분출된 것이라 깊이가 더한가 보다. 그가 일찍이 작가수업을 받았다거나 문학의 길로 진출했더라면 그의 재질은 또 다른 획을 긋지 않았을까 싶다.

그는 지금 퇴직기자 신분이지만 다른 쪽으로 인생의 방향타를 돌려 잡고 있다. 그의, 그만의 특별한 인생을 사는 중이다. 문학과 봉사와 수행이 그것이다. 그리고 뒤안길에서 꾸준히 그만의 인생수업을 하면서 낮은 곳의 서민과 소통한다. 자료를 찾아내는 탐색작업일지 모른다.

그는 자신의 글을 아직 누구에게 주거나 내놓지 않았다. 대교향악의 피날레가 끝나면 그때야 관중들의 박수가 터진다. 마치 피날레를 기다리듯, 그는 자신의 작품을 창작하며 차곡차곡 소장하고 있다. 무명 글쟁이의 진가가 너무 흔한 이름 속에 묻혀 사람들이 알아내지 못하는가 보다. 이제 머잖아 대기만성의 대미를 장식하는 세상의 환호가 터질 것 같다.

사람들은 왜 역사를 기록하는가. 우문 같지만 때론 물어보고 싶다. 일상을 일상으로 지내다 보면 역사를 논할 일이 별로 없건만, 요즘처럼 남북 대치 역사에 민감한 때도 일찍이 없었다고 본다. 그래서 역사에 대한 호기심이 커지는 한편, 역사 왜곡에 대한 반론이 활발히 제기되고 있다. 도대체 누가 어떻게 우리의 역사를 왜곡하고 있다는 것인지 그 실상을 파헤칠 방법이 없는 것일까.

우리나라 사람들은 특히 고향에 대한 애정과 미련이 크다. 고향에서의 삶으로 생성되는 감정, 감동이 너무나 크기에 고향에 대한 기억은 시리도록 가슴에 담겨지게 마련이다. 고향을 향해 달려가는 무리들의 슬픔도 기쁨도 작자의 표현방법에 따라 감도가 달라지는 것을 실감할 수 있다. 이런 즈음에 이충남을 만났다.

사자성어 남귤북지(南橘北枳)는 강남의 귤을 강북에 옮겨 심으면 탱자가 된다는 뜻으로, 사람은 사는 곳의 환경에 따라 달라진다는 말이다. 이충남의 《너는 뭘 했냐》의 발굴이 없었다면 '북지남귤'의 성과가 묻혔을 것이다.

어니스트 헤밍웨이의 단편 《킬리만자로의 눈》은 서두가 인상적이다. "먹이를 찾아 산기슭을 어슬렁거리는 하이에나를 본 일이 있는가. 짐승의 썩은 고기만을 찾아다니는 산기슭의 하이에나. 나는 하이에나가 아니라 표범이고 싶다. 산정 높이 올라가 굶어서 얼어 죽는 눈 덮인 킬리만자로의 그 표범이고 싶다." 가수 조용필은 이 내용을 모티브로 〈킬리만자로의 표범〉을 발표해 대히트를 했다.

짐승의 썩은 고기만을 찾아다니는 산기슭의 하이에나처럼 물질을 얻기 위해 이상을 포기한 타락한 예술가가 되기보다는 산정 높이 올라가 굶어서 얼어 죽은 눈 덮인 킬리만자로의 표범처럼 이상을 위해 매진하다 처절히 산화하고 싶다는 것이다.

이충남의 《너는 뭘 했냐》는 이와 대조적인 스타트를 보인다. 출세하지 못한 아들에게 던진 어머니의 한마디가 비수같이 가슴을 찌른다. 그러나 결과는 이미 기울어져 있다. "바람처럼 왔다가 이슬처럼 갈 순 없잖아. 내가 산 흔적일랑 남겨 둬야지. 한 줄기 연기처럼 사라져도 빛나는 불꽃으로 타올라야지."

《너는 뭘 했냐》의 대답은 장강대하(長江大河)처럼 일제강점기, 6·25 참화, 고난의 현대를 살아온 3대의 가족사와 더불어 파란만장한 한국 역사의 뒤안길을 담담하게 그리고 강렬한 임팩트로 서술한다. 아버지와 어머니 그리고 그분들의 부모, 자신과 후대로 이어지는 일가족의 장편 다큐멘터리는 소설도 아니요, 수필도 아닌, 또 어떤 장르의 희곡도 아닌 실제 이야기다. '자전적 에세이'라고나 할까.

꿈은 누구나 꿀 수 있다. 삶의 정점을 찍고 내리막에 선 70대, 80대도 예외는 아니다. 오랜 집필의 꿈은 다시 비상(飛翔)의 오르막길로 인도하는 북극성 같은 길잡이가 아니었을까. 오르고 싶은 산, 꿈꾸던 여로(旅路)를 만났을 때 가슴이 뛴다. 누구든 극한의 상황을 이겨낸 후 가슴에 차오르는 묵직한 성취감을 기대한다. 새로운 산을 오르는 건 새로운 세상을 만나는 일과 같다고 한다. 그에겐 아직 만나야 할 새로운 세상이 무수히 남아 있나 보다.

그의 특색인 깊은 정신적 내용의 객관적 표현은 놀라운 사실적 표현의 구사에 의해 가능했다. 가식 없는 서술이 공간의 표현을 입체화했다. 기교적 요소를 극복하고, 이 주관과 객관의 조화로 고전적 감성 전달에 이르게 됐다. 그가 처음부터 뼈아픈 우리 남북 분단과 비극적 역사를 기록하고자 기획했던 것은 아니었다. 그 비극 속의 한 분자에 불과했던, 그러나 3대 가족의 처절한 삶의 과정을 빈틈없이 메모했던 소중한 자료들이 이충남의 펜을 통해 정리되면서 괄목할 만한 자전적 에세이의 장르를 열었다.

돌아가신 아버지의 꼼꼼한 메모노트를 바탕으로 격동의 시대를 살아온 대가족 일가의 전설을 서술하며, 우리를 타임슬립의 여로로 이끌어간다. 과거에 대한 회상과 추억의 순간에서 인생을 낭비한 죄를 고해하듯 안타까워하지만 이 모든 상념은 예기치 못한 찰나의 순간에 불과한 것들이다.

그럼에도 "너는 뭘 했냐?"는 날카로운 한마디는 시간을 폐지 버리듯 팽개치며 살아온 이들에게 폐부를 찌르는 아픔으로 다가온다. 이 단순하고 막연하기도 한 물음이 던지는 무게는 긴 여운을 남기며 우리 주변에서 메아리칠 것이다. 만각(晩覺)이긴 하지만 촌철일성의 함의에 공감하고 스스로를 되돌아보는 계기가 된 것만으로도 일독의 괜찮은 수확이라 말하고 싶다.

누군들 불꽃처럼 찬란하게 살고 싶지 않은 이가 있으랴. 삶을 되돌아보게 한 '지난날의 전설'을 읽으며 인생의 굴레를 벗고 싶은 충동을 느낀다. 무심한 여로에서 예기치 못했던 대작을 만났다. 그 유려하고 도도한 문장의 흐름에 깊은 숨을 토하며 감동했다. 만년에 준재(俊才)를 보았다.

마가렛 미첼의 《바람과 함께 사라지다》(*Gone with the Wind*)는 "내일은 또 내일의 태양이 뜬다"(Tomorrow is Another Day)라는 명대사로 끝을 맺는다. 이충남의 새로운 내일인 Another Day를 기대한다.

글머리

해는 동쪽에서 뜬다. 철칙이다. 닭이 울지 않아도 해는 여명을 뿌린다. 해가 떠도 더러 울지 않는 닭이 있을지라도.

2004년 12월 18일. 한겨울인데도 영상의 기온에 날씨도 온후하고 화창한 그날은 막내아들 장가보내는 즐거운 날이기에 예식장에 어머니를 모시고 갔다. 휠체어를 타고 앉은 어머니에게 하객을 소개하던 중 "이 친구는 장관을 두 개씩이나 역임한 고등학교 동창 최선정이에요"라고 자랑삼아 말씀드렸더니, 그 친구 얼굴을 잠깐 쳐다본 뒤 나에게 고개를 돌리더니 한마디 하셨다. "충남아, 너는 뭘 했냐?"

잠시 당황한 순간에 이어 그 촌철(寸鐵)의 물음에 나는 얼음이 되는 듯했다. 옆에 서 있던 친구들이 모두 껄껄 웃는 속에 대수롭지 않은 듯 순간을 넘겼지만, 나는 솔직히 쥐구멍이라도 찾아 들어가고 싶은 심정이었다. '나는 뭘 했던가? 해가 떠도 뜨는 줄 모르고 울지 않는 닭이었던가?'

뒤돌아보니 나는 어머니가 물어보시던 그 당시 60대 때도 그랬고 지금 80을 바라보는 나이가 됐지만, 부모님이나 자식들에게 내가 무엇을 했노라고 드러내 놓고 말할 것이 하나도 없지 않은가. 어머니의 그 한마디, 실망과 원망과 한 섞인 꾸중에 나는 정말로 아무런 말씀도 드리지 못하겠다.

그러나 그래도 그 물음에 답을 드리지 않고 장차 어머니 앞에 갈 수가 없다는 생각에 뒤늦게나마 혹여 변명거리가 될까 싶은 옛일들을 추슬러 본다. 자랑거리보다는 오히려 숨기고 싶은 것들밖에 없으니 민망하고 죄스럽다. 그럼에도 내 한평생 민낯을 뒤늦게나마 아버지 · 어머니께 고하고자 한다. 그리고 자식들에게도 모든 사실을 밝히기로 했다.

역경을 헤쳐 나오신 부모님은 '동쪽에서 뜨는 해'였다. 그 발자취를 먼저 떠올려 정리하고, 나 자신의 얘기를 말씀드리면서 내가 그동안 틈틈이 써 모았던 글들을 덧붙여 책을 엮어 기록으로 남기려 한다. 고난으로 점철된 삶 속에서도 올곧고 겸손했던 아버지 · 어머니의 생애를 먼저 회상하고, 나의 부족한 인생을 실토함으로써 자식과 손주들에게는 앞으로 인생을 살아가는 데 작은 나침반이 되어 주고, 친구와 친지들에게는 나의 실체를 알리는 계기가 되기를 희망한다.

어머니는 오매불망 내가 '무엇'이 되기를 바라셨던 것 같다. 그러나 아버지는 '무엇'이 되기보다는 '어떻게' 행동하며 살아가는가에 더 관심을 두셨던 것으로 생각한다.

내가 새벽에 일어나 울어야 하는 닭이었다면, 내 첫 여명(黎明)은 일동초등학교를 졸업하고 서울 보성중학교에 입학한 것이었다. 동네에 하나밖에 없는 사진관 사장이 교복 입은 내 중학생 사진을 액자에 넣어 쇼윈도에 진열해 놓은 것이었다. 노점에서 도라지를 까고 고구마줄기 껍질을 벗기는 아버지 · 어머니는 그 사진이 누구냐고 물으면 "내 아들인데 서울 일류중학교에 다닌다"고 자랑하셨다.

내가 대학 다니면서 데모하다가 형무소에 갔을 적에 동네 사람들은 우리 집을 멀리하며 곁을 주지 않았다고 한다. 어머니는 "충남이가 큰일을 저질렀으니 어쩌면 좋으냐!"고 노심초사하셨지만, 아버지는 "그 애가 어련히 알아서 했겠느냐!"며 오히려 대견하게 여기셨다고 한다.

그 뒤 출옥하여 대학행사의 모의국회 때 나는 대통령 역을 맡아 연설했다. 이것이 어느 신문 지방판에 크게 실렸다. 부모님은 '큰 인물 났다'는 동네사람들의 인사 받기에 바쁘셨다. 효도 한번 잘한 것일까. 그 뒤 신문기자가 됐다고 또 한 번 목에 힘을 실어 드렸으나 두 분의 부푼 기대는 더 이어지지 못했다. 부모님의 바람대로 날고뛰는 유명기자가 되지 못하고, 신문에 글 한 줄 올리지 못한 내근기자로 끝을 냈기 때문이다.

생전에 자랑스러운 자식의 모습을 보여드리지 못하고 말년에도 평안히 모시기는커녕 걱정거리만 짊어지고 떠나시게 하고 말았으니 어찌 통곡으로 다할 수 있을까. 뒤늦은 참회의 마음으로 여기에 엎드려 이 책을 올리오니 굽어 살피옵소서.

덧붙여, 이 책은 부모님과 내 식구 그리고 나 개인의 얘기를 털어놓은 것이라 마치 대형마트에 무수히 진열된 상품과 같다고도 할 것이다. 구매자들이 필요한 물품만 골라 사듯이, 독자들도 이 책을 처음부터 모두 보려고 애쓸 필요는 없다. 에세이식으로 적어 놓은 글이니 제목을 보고 마음 내키는 대로 골라 읽고 호흡과 마음이 소통되는 계기가 되었으면 하는 바람이다.

2021년 4월

이 충 남

차례

3편 추모의 장

4편 내 식구

1장
사랑하는 아내, 박갑순

2장
별 같은 세 아들

5편 수상록

2부 39년 내근기자의 인생고백

1편 유년시절

2편 학창시절

3편 군대생활

1장 최전방 소대장이 되다

2장 후방 전투중대장으로

4편 기자생활

5편 막간생활

1장 인생 제2막을 열며

2장 보성고 53회 총무의 애환

3장 봉사하며 사는 삶

6편 아파트 경비생활

1장 연대장급 아파트 경비원

2장 일하며, 생각하며

1부

아버지, 어머니, 내 식구 이야기

1편

아버지

1 장

아버지의 육필수기*

살아온 발자취와 삶의 자세

부모님 사랑을 독차지한 유년시절

1922년(壬戌年) 음력 5월 18일(양력 6월 20일) 강원도 철원군 관인면(현 경기도 포천시) 냉정리 771번지 산골에서 세종대왕의 아홉째아들 화의군의 14세손인 의승(義承)과 안동(安東) 김(金)씨 사이의 4남 4녀 중 3남으로 태어났다. 위로 형님이 두 분(정섭 · 정호) 계시고 아래로 동생이 하나 있었으며 위로 누님이 계셨으나 출가 후 돌아가셨다.

증조할아버지로부터 나까지 4대가 함께 살았는데, 나는 아들 중에 막내라고 부모님의 사랑을 독차지하고 자라났다. 여동생이 둘 생길 때

* 이 장은 아버지〔이정욱(李正煜) : 1922. 음력 5. 18 ~ 2013. 9. 4〕가 생전에 기록하신 글을 바탕으로 작성했다. 아버지가 돌아가시고 유품을 정리하다 보니 종이상자 속에 무언가 글을 적어 놓은 것이 있었다. 신문광고 이면지, 비료부대 종이, 편지지 등 허술한 종이쪽에 쓰신 글인데, 오래돼 부스러질 정도인 것도 있었다. 자세히 살펴보니 아버지의 생애 고비고비를 진솔하게 정리해 놓으신 것이었다. 이것을 여러 번 읽고 살펴 가능한 한 아버지의 표현 그대로 시대순으로 정리했다. 괄호 안 설명은 저자가 붙였다.

까지도 그랬다.

나와 큰형님과는 8년 차이라 어려워했으나 누님과는 6년, 둘째형과는 3년 차이로, 어렸을 땐 가끔 둘째형과 다투기도 했다. 나이는 적어도 싸우다 누님이나 형이 나를 때리면 어머니와 아버지는 내 편을 들어 꾸중하시기 때문에 나를 함부로 다루지 못했다.

나는 그 힘만 믿고 누님이나 형이 장난감을 가지면 무조건 빼앗았다. 또 '언니'나 '누나'라 하지 않고 이름을 부르고 반말을 했다. 그때는 남자 형을 '언니'라고 불렀다. 누님이나 형은 속으로는 내가 미워도 부모님이 내 편만 들어주기 때문에 겁이 나 겉으로는 내색을 못 했다. 그 바람에 나는 더욱더 까불었다.

아래 남동생은 어려서 죽고 내가 7살쯤 되어 밑으로 여동생이 생기고 철이 들 만할 때 부모님이 "누이나 언니라고 해야지 이름을 부르면 못 쓴다"고 하며 몇 번이고 타일렀다. 그러나 좀처럼 언니나 누나 소리가 안 나와 부모님의 꾸중을 여러 번 들었다.

그러던 어느 날 조석(끼니) 때가 되었는데 누나가 어디 가고 안 보이니까 아버지께서 누나를 찾으라고 나에게 시키셨다. 그런데 마침 누나가 들어오는 게 보이기에 반가워서 "누나"라고 불러 보았다. 생전 처음 누나 소리를 한 것이다. 그때 잔등에서 진땀이 났다. 마침 둘째형도 뒤따라 들어오는 모습이 보이기에 내친김에 "언니"라고 불러 보았다. 잔등에서뿐만 아니라 온몸에서 진땀이 났다.

처음 부르기가 어색해서 그랬지 한 번 부르고 나니 다음부터는 예사로 '누나', '언니'라고 부르기 시작했다. 형을 언니라고 한 것은 습관이 되어 17, 18세까지도 그렇게 불렀다. 그런데 친구들이 "너는 여자 모양으로 형을 언니라고 하느냐?"라고 흉을 보아 나중에 철이 들면서부터는 '형'으로 고쳐 불렀다.

형들 도시락밥 먹으러 밭에 따라가

당시에도 집안은 형편없이 가난했다. 북간도 좁쌀 외에는 연명할 곡식이 없었다. 농사라고 해봤자 건답 몇 평, 묵정밭 몇 평을 소작하는 정도였다. 가을이 되어 추수해도 지주의 집에 반이 가고 나머지는 농사짓는 동안 꾸어다 먹은 장리(長利) 쌀 갚을 것도 부족했다. 그러니 가을이라 해도 우리에게는 춘궁기나 다름이 없었다. 오히려 장리를 더 얻게 돼 해가 갈수록 빚이 늘어 가을이면 독촉에 시달리곤 했다.

가을부터 양식거리가 없어 누대를 내려오는 향나무를 팔고, 심지어 조상님들의 산소가 계신 산까지 좁쌀 몇 부대에 팔지 않으면 안 됐다. 이런 정도이니 그 가난이 얼마나 심했겠는가. 8명의 가족이 하루 삼시 조당수(좁쌀로 쑨 미음)로만 연명했다.

묵정밭 하루갈이는 집에서 10리나 떨어진 '번개벌'이라고, 배를 타고 강을 건너 언덕을 오르락내리락해야 하는 아주 멀고 험한 곳에 있었다. 땅도 메마른 데다가 원체 거리가 멀어서 밭일을 가려면 점심을 싸가지고 가야 했다. 밭에 갈 때면 죽을 싸 갈 수는 없어 점심만은 비록 좁쌀이지만 밥을 해서 싸 갔다.

당시 나는 일을 거들지도 못하면서 형들이 밭에 가는 날이면 부모님 몰래 따라나서곤 했다. 밥 싸는 것을 보고 형들이 밭일을 가는 것을 알아채고 밥 먹을 꿍심(꿍꿍이속)으로 따라가는 것이다.

그 밭까지 따라 가노라면 짚신을 신은 발이 까지고 부르튼다. 몹시 아프다. 형들은 밭에 도착하면 밥 망태는 나뭇가지에 걸어놓고 김을 매기 시작한다. 그동안 나는 나무 밑에서 밥 망태만 바라보고 혼자 논다. 한나절이 되면 형님들이 점심을 꺼내 먹기 시작한다. 집에서는 형 둘만 가는 줄 알기 때문에 수저도 둘밖에 안 넣었다. 그러면 수저는 내가 차지하고 큰형은 나무로 젓가락을 만들어 잡수신다. 나는 형들이 먹을 사이 없이 그 좁쌀 밥을 입이 미어지도록 먹어댄다.

그러면 큰형이 제일 먼저 수저를 놓고 곧이어 둘째형도 수저를 놓는다. 나는 끝까지 그 밥을 다 먹는다. 둘이 먹을 밥을 가지고 셋이 먹는데 그중 내가 제일 많이 먹으니 형들은 오후가 되면 얼마나 시장하셨겠는가. 형들과 장난하거나 말을 듣지 않을 경우 형들이 나를 보고 "그러면 다음부터 밭에 안 데리고 간다"고 하면 나는 아무 소리도 못 하고 순종했다.

오후에 돌아올 때 발이 부르터 걷기가 힘들면 큰형님 지게에 올라앉아 오기도 했다. 형님들은 나 때문에 얼마나 힘드셨을까? 가을 묵정밭 머리에는 산딸기가 많이 열렸는데 딸기를 따서도 잘 익은 것은 나를 주고 형님들은 덜 익은 것만 잡수셨다. 형님들은 나를 그만큼 위해 주셔도 나는 고마운 줄 몰랐다. 고마워하기는커녕 형님들이 나한테 조금만 꾸짖거나 못마땅하게 하면 금시(今時) 부모님에게 가서 일렀다. 그 당시 나는 나 자신밖에 몰랐다.

지금 그 생각을 하면 부끄럽고 형님들에게 죄송한 마음뿐이다. 어른이 되어서도 형님들은 시장한 것을 참으시지만 나는 배가 고프면 참지 못한다. 어렸을 때 이렇게 자라난 결과, 나는 성장해서도 의존심과 의타심이 많아 자립심이나 창의력이 미약한 것 같다.

7살이 되면서부터는 동네 서당에 다니느라 형들이 일하는 데를 따라다니지 못했다. 형들이 그 밭에 일하러 가는 것은 어머니가 조석을 짓는 것만 보면 알 수 있다. 아침은 조당수를 쑤어 먹는데 옆에 따로 밥을 지으면 그것은 점심 싸 가지고 갈 밥이다. 그것을 보면 어머니에게 "이따 내가 와서 먹을 밥 좀 남겨 두었다가 달라"고 했다. 그런 날은 서당에 가 글을 읽으면서도 밥 생각을 했다. '오늘은 어머니가 밥을 남겼다가 주시겠지. 빨리 점심때가 되었으면' 하고 기다려진다.

순진한 서당생활

서당에서 공부할 때 나는 집에서처럼 망나니짓을 하거나 투정을 부리지 못했다. 그 동네는 씨족 집단부락인데 내가 항렬이 제일 높기 때문이었다. 나이는 적어도 아이들이 나보고 '대부', '아저씨'라고 존대했다. 그런 관계로 친구들과 놀 때는 좀 어색하지만 자연히 점잔을 빼게 되었다. 그래서 서당 선생에게도 칭찬을 받는 편이었다.

그럭저럭 공부는 잘해도 세상 물정은 어두웠던 것 같다. 지금도 생각나는 것이, 어느 해 가을 서당 뒷산에 밤나무들이 많았는데 정자 그늘에서 공부하다가 노는 시간이었다. 한 친구가 이런 말을 했다. "나는 이 산에 밤나무가 여러 그루 있는데 밤을 먹어 보면 그 맛으로 어느 나무의 밤인지 보지도 않고 다 안다. 그러니 너희들, 내가 눈을 감고 있을 테니까 아무 나무에서나 밤을 따 가지고 와서 내 입에 넣어 보아라. 그러면 다 알아맞히겠다."

이 말이 신기하다고 생각하여 나는 이 나무 저 나무에서 밤 10여 개를 따서 껍질을 잘 벗기고 그 아이 입에다 넣어 주며 "이 밤이 어느 나무의 밤인지 알아맞혀 보라"고 했다. 그 아이는 내 손에 밤이 여러 알 있는 것을 알고 이렇게 말했다. "그것들을 다 먹고 첫째 먹은 것은 어느 나무, 둘째 먹은 것은 어느 나무 밤인지 다 알아맞히겠다"고 했다.

그 말에 10여 개의 밤을 다 까서 그 아이 입에 한 알씩 넣어 주었다. 그리곤 그 밤을 다 먹을 때까지 기다리고 있다가 맞혀 보라고 했다. 하지만 그 아이가 어느 나무의 밤인지 알아낼 턱이 없다. "아 맛있게 먹었다. 모두 이 산의 밤이구나" 그러는 거다. 이런 식으로 그는 우리들을 장난삼아 골리곤 했다. 우리는 번번이 속아 넘어가면서도 재미있어 했다.

이런 일을 생각하면 내가 얼마나 어리숙했는지 지금도 웃음이 난다. 성장하면서도 그때 일을 떠올리며 그 아이와 나는 그만큼 대조적이었다고 생각하곤 했다.

그는 후일 자라서도 사회에서 묘안을 가지고 살아갔기 때문에 역시 나보다 뛰어난 사람이라고 느껴졌다. 그는 겨울에 메밀국수(막국수) 장사를 했는데 촌부락에서 장사를 제일 먼저 시작했다. 여기에 또 특별한 상술을 썼다. 앞 못 보는 장님을 데려다 맷돌질을 하여 메밀을 갈게 하고, 한편으론 말 잘하는 홀아비 영감을 데려다 놓았다.

이 영감은 어찌나 옛날이야기며 현대 이야기를 잘하는지 옆에서 듣는 사람들의 정신을 홀린다. 또 기억력이 얼마나 좋은지 동네 사람들의 생일이 언제며 누구네 제사가 며칠이라는 것까지 다 안다. 이 바람에 겨울밤이면 10여 리 밖에서도 이야기를 들으러 사람들이 몰려와 사랑방 안이 만원이 되곤 한다. 밤이 이슥하여 출출해지면 이들이 메밀국수를 시켜 먹으니 자연히 장사가 잘되는 것이다.

이 홀아비 영감의 기억력은 참으로 놀랍다. 동네 사람들이 지나간 일이 생각나지 않으면 이 영감에게 묻곤 한다. 농촌에서는 서로 품앗이로 일을 하는데 1년 농사를 다 하고는 서로 품 계산을 한다. 그러다 서로 착오가 날 때는 이 영감을 불러온다. 그러면 그 영감은 "어느 달 며칟날은 누구네가 무슨 일을 했는데, 거기는 누구누구가 와서 일을 했다. 그날은 일하다 오후에 비가 와서 반나절밖에 못 했다"라고 할 정도로 정확한 판결을 내려 준다.

이 영감은 일자무식이지만 말솜씨가 워낙 좋은 데다 옛 명언이나 고사를 사용하는 것도 웬만큼 배운 사람 저리 가라 할 정도다. 이러니 머리 좋은 그 친구가 이 영감을 이용하지 않을 리 없었다. 그는 겨우내 이 영감과 장님을 데려다 메밀국수 장사를 해 톡톡히 재미를 봤다. 어려서부터 특별하게 머리를 쓰더니 이 친구는 성인이 되어도 독특한 수단과 방법으로 살아가고 있었다.

그러나 후일 그 친구가 경제적 곤란을 당하게 되자 그것을 극복하지 못하고 자살하고 말았다. 머리가 너무 영리해도 그것만 믿으면 성공할 수 없다고 느꼈다.

영리한 삶보다 정직한 삶으로

그 친구가 사업할 때 나는 어운면 면사무소 보조원으로 취직해 나름대로 착하게, 남에게 피해 주지 않고, 이해관계가 얽혔을 때는 차라리 내가 손해 보며 살기로 했다. 타인들에게 욕 한 번 해본 일 없고 싸움 한 번 안 했으니 남을 때린 일도, (이북에서 치안대에 감금돼 고문을 당한 일 외에) 남에게 매를 맞아 본 일도 없다.

또 평생을 살아오면서 다른 여자의 손목조차 잡아 본 일이 없다. 그러나 총각시절에 내심으로 배우자를 물색해 보지 않은 것은 아니다. 당시 어운면과 관인면 내에는 18세 이상 20세 된 처녀가 48명이나 있었다. 그중에서 아내감을 생각해 보았으나 내 마음이나 집안 형편 등을 헤아려 볼 때 적합한 상대가 없었다.

상대 부모들은 나에게 자기 딸을 주려고 은근히 의사를 타진한 사람도 있었고, 까닭 없이 나에게 후의를 베풀며 자기 집에 초대도 여러 번 한 사람도 있다. 그 집 음식도 한두 번씩은 먹어 보았다. 어디 촌에 출장 가면 이장들이 내가 좋아하는 메밀국수를 해줘서 면사무소 직원들이 내 출장에 따라가려고 들기도 했다. 그러나 내가 못난 탓이라고나 할까, 완고한 탓이라고나 할까. 그들 집안 처녀들과는 눈을 마주치거나 대화 한 번 하지 않았다. 나는 일생 고락을 같이할 상대를 그만큼 신중히 생각했다.

우리 동네 처녀들과도 인연이 안 됐다. 그즈음 멀리 경기도 탄현면에 사는 연일(延日) 정(鄭)씨 댁에서 중매가 들어왔다. 그 댁 셋째딸인 정태정이란 처녀였다. 어느 날 몰래 그 댁을 수소문해 찾아가 먼발치에서 울타리 너머로 그 처녀를 보았다. 검정 치마에 흰 저고리를 입은 처녀의 자태가 곱고 걸음걸이도 조신한 데다 매무시도 단정하고 멀리서 봐도 얼굴이 예쁜 것 같았다. 마음속으로 괜찮다고 느껴졌다.

게다가 나도 우리 집 (생존한) 3남 중 셋째아들인데 그쪽도 셋째라는 게 마음에 닿았다. 이상하게도 나와 3이라는 숫자는 참으로 인연이 많다.

내가 그 처녀와 결혼하여 60년 넘게 살면서(이 대목으로 미루어 80대

때인 2002년경 쓰신 글로 추정한다) 현재 아들 3형제, 딸 3자매를 두고 있고 천국에 먼저 보낸 아들도 3형제다. 큰아들에게서 손자 3형제(승민·승호·용석)를 두었고, 큰딸에게 외손자 3남매(최혜원·휴정·병희)가 있다. 그 밖에 둘째딸이 낳은 외손녀(김은경), 둘째아들에게서 손주 남매(재준·민영), 막내딸의 외손 남매(함미진·현진), 막내아들에게서 손주 남매(제시카·폴)를 두고 있고, 장손에게서 손녀 하나(다은), 막내손주에게서 손녀 하나(여운)를 두고 있다. 이만하면 자식농사도 풍성하고 다복하다 아니할 수 없다.

이 세상에서 내가 배우지 못하고 아는 것이 없기에 자식들은 나와 같이 무식이나 면하게 하려고 노력한 결과, 4남매는 최고학부, 두 딸은 고등학교까지 마쳐 주었다. 그러나 나의 무식으로 그 애들이 발전할 기회를 여러 번 막은 것들을 지금 후회한다. 큰아들의 고려대 총학생회장 출마 반대, 큰딸의 그림공부 방해, 둘째아들의 육상선수 길 억제, 이 모든 것이 나의 잘못임을 뉘우친다.

그래서 막내아들(승환)은 자기 하고 싶은 대로 하도록 나와 큰아들이 힘닿는 대로 뒷받침해 주었다. 미국에 유학을 보내 박사학위를 따고 지금 미국의 유명 대학에서 교수로 재직하고 있는데, 세계에서 그 실력을 알아주고 있다니 내 모든 과거의 고생이 한꺼번에 씻어지고 내 삶의 보람이자 자랑으로 여겨진다.

가난으로 좌절된 학업

서당 다니다 학교로 옮겨

자동차 구경도 못 하는 산골에서 자라면서 7살 때부터 동네 서당에 다녔다. 집안은 매우 구차한 살림이었다. 농토는 적고 식구는 많으니 자연히 어려울 수밖에 없었다. 서당에 다닐 때도 아침에 좁쌀죽, 점심은 굶고, 저녁에는 콩으로 만든 되탕(콩탕)으로 끼니를 때웠다. 이와 같은 생활은 수년간 계속되었다.

3형제 중 두 형님은 농사에 종사하고, 연소한 나만이 서당에 다녔다. 독선생을 놓고 있는 동네에서 제일가는 부잣집인 이태진의 집에 가서 배웠다. 그 집에서 식사하는 것을 보면 언제나 하얀 이밥(입쌀로 지은 흰밥)만 먹었다. 그것이 얼마나 부러웠는지 모른다. 8살 되는 봄에 그 집에서 모를 심는 날이라며 서당 아이들까지 점심을 먹였다.

나는 늘 주리던 차에 흰쌀밥을 대하니 꿈만 같았다. 염치 불고하고 닥치는 대로 실컷 먹었다. 그날 얼마나 많이 먹었는지 급체가 돼 그 자리에서 까무러쳤다. 함께 밥을 먹던 친구들이 놀라고 어른들이 달려와 어찌어찌하여 깨어났다. 그 일이 있은 후로는 해마다 그맘때만 되면 속이 아프고 쓰렸다. 이것이 체로 변해 고질병이 되었다.

9살 되던 해에는 그 면내에 학교가 새로 설립되어 학교 선생들이 각 부락을 돌아다니며 학생을 모집했다. 서당에서 책을 읽다가 선생이 마을에 왔다는 소리가 들리면 아이들은 뿔뿔이 흩어져 숨었다. 학교에서 아이들을 모집해 가는 것에 겁이 났기 때문이다.

하루는 아이들이 뒷산에 숨어 있었는데 서당 선생님이 모두 내려오라고 소리쳤다. 가도 괜찮으냐고 물으니 오라고 하여 숨어 있던 아이들이 내려와 양복 입은 학교 선생 앞에 섰다. 선생이라기에 모두 겁냈는데 막상 대하고 보니 그 선생은 웃는 얼굴로 겁내지 말라며 설득했다.

주소와 이름, 나이를 적고 학교 다니고 싶은 사람은 내일 학교에 나오라 하고 돌아갔다. 그 이튿날 서당엘 가니 학교에 가겠다는 아이가 2명 있었다. 그 아이들은 둘이서 학교에 간다며 가더니 오후 2시가량 되어 돌아왔다.

벌써 학교에서 준 책을 가지고 왔다. 구경을 하니 크기가 서당에서 배우는 책보다 자그마한 것이 그림도 있고 모양도 산뜻했다. 내가 서당에서 배우는 한문책에 비할 것이 아니었다. 속으로 나도 저런 책을 가지고 배웠으면 하고 부러워했다.

이튿날 그 아이들은 또 오후 2시경 학교에서 돌아왔다. 서당에서는 어두울 때까지 책을 읽어야 한다. 그런데 아이들은 오전에만 공부하고 그때쯤이면 돌아오니 몹시 부러웠다.

3일째 되는 날은 그 애들을 따라 나도 학교에 갔다. 서당에 다니면서 한글을 깨우치고 웬만한 셈을 할 줄 아니 2학년부터 배우라고 했다. 처음 학교에 가니 서당보다 아이들도 많고 교실에 들어가니 책상과 의자가 있어 신기했다. 아침에 출석을 부르는데 내 이름도 불러 대답하니 선생이 오늘에야 왔느냐며 반겨 주었다. 선생님이 준 새 책 국어(일본어), 산수, 조선어, 3권을 받고 마음이 흐뭇했다.

그러나 한편으로는 근심이 됐다. 오늘 올 때까지도 부모님이나 형님들에게 학교에 간다는 소리를 하지 않고 몰래 왔기 때문이다. 학교는 2시간 끝나고 집으로 돌려보내 주었다. 돌아오다가 마음에 걸리는 것이 있었다. 아무리 생각해도 집에 가서 학교에 갔다 왔다는 말을 하면 갱미(粳米: 멥쌀. 서당 선생에게는 쌀로 사례를 한다)가 얼마냐고 물을 것이 뻔했다. 살림이 어려우니 집에서는 그것이 큰 문제이기 때문이다. 다시 학교에 가서 선생에게 갱미가 얼마냐고 물어보았다. 선생 말씀이 학교는 갱미가 아니고 월사금이라고 한다며 한 달에 3원이라고 했다.

집에서 학교까지 8km 정도의 원거리를 오면서 곰곰이 생각해 보았다. 부모님께 학교에 다니겠다고 해봤자 집안 사정으로 한 달 3원은커녕 30전도 불가능하니 허락해 주실 리가 없다. 그러나 나는 학교에 다니고 싶은데 어떻게 해야 하나. 결국 말을 꺼내지 못하고 3일 동안을 서당에 간다고 집에서는 《명심보감》을 끼고 나와 그 책은 서당에 놓고, 서당에 두었던 학교 책을 가지고 학교로 가곤 했다. 그러니 내 심정이 편할 리 없었다.

또 학교에서는 오후 2시면 오는데 집으로 곧장 못 가고 서당에서 끝날 때까지 기다렸다가 해 질 녘에 집으로 오곤 했다. 그래야 서당에 다니는 줄 알겠기에 …. 하루는 아버지께서 서당 책을 펴라시며 오늘 배운 것을 강(講)해(배운 것을 외워) 보라 하셨다.

배우지 않은 책을 욀 리가 없다. 아무 말 못하고 있는 나의 얼굴이 이상했던 모양이다. 내 양심에 더 이상 속이기가 어려웠다. 할 수 없이 사실을 고백했다. 의외로 아버지께서는 "왜 그러면 진작 말을 안 했느냐?"면서 꾸중하지 않고 학교에 다니라고 하셨다. 그날 이후로는 떳떳하게 학교를 다녀 졸업까지 하게 됐다.

학교에 다니는 과정에서도 배가 고파 울기도 많이 했다. 아침에 조당수 좀 먹고 가서 점심은 굶고, 오후 5~6시에 집에 올 때는 기운이 없어 발이 안 떨어질 지경이었다.

한번은 같은 반인 일본 순사부장의 아들이 무엇 때문에 그랬는지 나를 얕보고 놀렸다. 그 아이는 덩치도 크고 아버지의 세력도 있어 아무도 그를 건드리지 못했다. 그런데 점심을 먹어 번들거리는 입술로 나를 놀리기에 밉살머리스럽고 적개심도 솟구쳤다. 배가 고파 맥이 없던 나에게 어디서 갑자기 용기와 힘이 생겼는지 순간 그놈의 멱살을 잡고 패대기를 쳐 버렸다. 그 일로 선생에게 야단은 맞았지만 속으론 후련했다. 그 일이 있고부터는 아이들이 나를 함부로 대하지 못했다.

수업을 마치고 학교에서 집에 오려면 고개를 둘이나 넘는데, 산에는 소나무 밭이 있었다. 학교에서 오는 길에 나는 소나무 밭에 들어가 송기(어린 소나무 가지)를 꺾어 먹는 것이 일과처럼 되었다. 그 바람에 3~4년 후에는 그 소나무 밭의 소나무들이 모두 병신나무로 변했다.

집에 가야 밥은 있을 리 없고 되탕이나 죽물뿐이다. 그것도 배불리 먹을 양이 못 된다. 배가 고플 때는 죽 두세 그릇을 먹어도 양이 차지 않는데, 죽은 언제나 그릇에 칠할 정도밖에 안 되었다.

하루는 저녁에 밥그릇을 보니 여전히 되탕인 데다 양마저 너무 적어 보였다. 나는 아무 말 않고 되탕 그릇을 집어던졌다. 그랬더니 식구들이 놀라 왜 그러냐며 물었다. 나는 "되탕 안 먹어!"라고 소리쳤다. 그랬더니 어머니가 얼른 부엌으로 가서 비록 조밥이지만 밥을 지어 오셨다. 이때 어머니의 가슴은 오죽이나 아프셨겠는가. 이제 생각하니 불효막심할 따름이다.

조당수를 쑤어 상에 놓으면 아버지께서는 "나는 국물이 좋더라" 하시며 이 그릇, 저 그릇의 국물만 마시고 당신의 죽 건더기는 형님과 나에게 덜어주셨다. 그때 철모르는 나는 정말 아버지는 죽에 있는 낟알을 싫어하시는 줄로만 알았다. 그래서 죽이 멀거면 내 그릇의 국물을 잡숫게 하고 아버지 그릇의 건더기는 나를 달라고 했으니 얼마나 철이 없었던가.

졸업생 답사 잊어 아찔

학교는 초가리라는 곳에 있었는데 집(냉정리)에서 꽤 멀어 20리 길이었다. 아침에 밥 먹고 나서서 저녁때 일찍 오기를 3년간 계속하여 그럭저럭 보통학교를 졸업했다.

어려운 한문을 배우다 학교공부를 하기는 식은 죽 먹기였다. 해마다 우등상을 탔고, 교장 이하 선생님들의 칭찬도 많이 들었다. 졸업할 때는 1등 졸업생에게 수여하는 도지사상으로 사발시계(탁상시계)를 타게 되었다. 친구들이 이것을 알고 한턱내라고 졸랐다. 견디다 못해 아버지에게 얘기해서 돈 1전을 가지고 가서 조르는 아이 10여 명에게 눈알사탕으로 한턱냈다.

상을 타니 졸업식에서 내빈들의 축사에 대한 답사도 내가 하게 되었다. 선생님이 양면괘지 넉 장 분량의 답사를 일본어로 적어 주시며 외우라고 하셨다. 어렸을 때 머리가 좋아 잊어버리는 일이 없었기 때문에 집에 오면서 죽 읽어 보는 것으로 다 외울 수 있었다. 그리곤 다시 읽지도, 외우지도 않고 무관심하게 있었다. 그 이튿날이 졸업식인데 학교 가면서 한 번 연습해 보니 술술 외워졌다.

드디어 졸업식 날이 되어 학부모들과 학생들로 졸업식장이 꽉 찼다. 엄숙한 분위기 속에서 내빈들이 축사를 마치자 내가 답사를 할 차례가 되었다. 그런데 답사를 하다가 중간에 막혀서 영 기억이 나질 않았다. 죽 외우던 것이 캄캄하게 생각나지 않자 땀이 뻘뻘 나고 등에서도 식은땀이 흘렀다. 감당하기 힘든 순간이었지만 태연한 척 그 부분은 건너뛰고 끝을 냈다.

그다음부터는 머리가 나빠졌는지, 그 일이 있고 난 뒤에는 무얼 해도 금방 잊어버리게 되었다. 그전에는 노래도 한 번 들으면 그대로 따라할 수 있었다. 축음기에서 가수들이 노래하는 걸 한 번만 들으면 목청 좋게 따라 불렀다. 그래서 동네에서 사람들이 모여 모내기 할 때 지루하면 노래를 해달라고 나를 불렀다. 내가 논둑에 앉아 노래를 부르면 일꾼들은 "에헤라차, 어여라차" 장단을 맞추며 모를 내곤 했다. 새참 때 밥을 이고 온 아낙네들도 내 노래에 빠져 밥을 잔뜩 퍼주곤 했다.

그런데 그 일이 있고 난 뒤는 음성도 망가지고 큰 소리를 내도 말이 안 나왔다. 머리도 나빠진 것 같았다.

"없는 형편에 무슨 공부냐"

관인면의 학교는 4년제 보통학교라 4학년을 마치고 졸업했다. 담임선생님은 2학년부터 졸업 때까지 계속 우등생이던 나에게 6학년은 마치는 게 좋겠다며 6년제 학교(소학교)를 소개했다.

선생님은 우리 집에 찾아와 아버지에게 "얘는 학교엘 더 보내야지 이대로 그만두면 참 아깝습니다. 농촌에 그냥 두어서는 안 됩니다"라고 설득했다. "형편이 도저히 안 된다"며 아버지가 거절했더니 "정 그러시다면 1년간의 학교 월사금은 제가 대겠으니 그다음부터 책임지세요"라고 선생님이 말했다. 아버지는 자격지심에 그렇게는 용납이 안 됐는지

"그러면 보내야지 어떻게 하겠습니까"라며 할 수 없이 허락했다.

집안 형편이 어려웠지만, 학교 선생님의 주선으로 철원 남소학교 5학년에 입학하기로 했다. 5학년에 결원이 하나 생겼는데 지원자가 16명이나 되니 불가불 시험을 보아야 한다는 것이었다. 시험을 보는 날 아버지가 나를 데리고 철원에 가셨다. 하룻밤을 철원에서 자게 됐는데 돈이 없어 마침 우리가 소작하던 땅의 지주인 김응환 씨 댁에 가서 하룻밤을 자고 아침저녁을 얻어먹었다. 그때 먹은 이밥을 지금도 잊을 수가 없다.

다음날 학교에 가 오전 10시쯤 시험을 보았다. 교장선생님은 "여기 온 학생들은 모두 1등"이라고 했다. 처음에는 국어만 보려 했으나 국어 100점이 12명이라 다시 12명만으로 산수 시험을 보게 되었다. 당시 나는 국어뿐만 아니라 산수도 문제가 없었다. 산수책 몇 페이지 몇째 문제는 답이 얼마라는 것까지 알아맞힐 정도로 능숙했다. 나 혼자 산수도 거뜬히 100점을 받아 결국 입학이 확정되었다.

그러나 문제는 돈이었다. 당시 입학금이 15원이었다. 아버지는 내가 합격한 것을 반가워하면서도 입학금 때문에 근심이 이만저만이 아니셨다. 할 수 없이 하룻밤 신세 진 지주 집에 가서 사정을 말씀하셨다. 그러나 우리같이 가난한 집에 그만한 돈을 꾸어줄 리가 없다. 그때나 지금이나 돈 많은 사람이 남의 돈도 잘 구하지 형편이 어려운 사람은 빚도 못 얻는다.

다시 돈을 마련하기 위해 양지리 고모 댁, 평원동 종조할아버지 댁 등 동분서주하며 사방으로 헤맸다. 고모는 딱 잡아떼며 "없는 형편에 무슨 자식을 6학년까지 가르치려 드느냐"고 말했다. 고모에게는 나와 동갑인 아들이 있었는데 그 애는 6년제 학교 시험을 떨어졌다고 했다. 자기 아들이 떨어졌는데 나에게 돈을 대줄 턱이 없었다. 나는 어렸지만 그 정도 눈치는 있었다. 그래서 아버지보고 그냥 가자고 했더니 "그냥 가면 어떻게 하냐?"고 하면서도 그 집을 나서 평원동 종조할아버지 댁으로 향하셨다. 종조할아버지도 형편은 어려웠지만 거기에 하소연해 보는 수밖에 없다면서 아버지는 나를 데리고 가셨다.

종조할아버지가 반가워하면서도 돈 때문에 왔다고 하니 걱정하셨다. 할아버지는 "나도 어떻게 할 수가 없구나"라면서 마지막엔 아버지에게 "너희 식구들도 많은데 그렇게 형편이 어려우니 입이라도 하나 줄이거라" 하고 말씀하셨다. 입을 줄이라는 것은 나에게 학교를 그만두고 취직하라는 뜻이었다. 그러면서 "이 애가 머리가 좋다니 내가 취직시켜 주마. 철원읍에 인쇄소 하는 내 친구가 있으니 얘기해 주마. 그러니 그냥 가거라" 하고 말씀하셨다.

나는 '형편이 어려우니 학교에 가는 것보다 기술을 배우며 끼니라도 해결하는 것이 괜찮겠다'고 생각하고 "그러면 그렇게라도 해주세요"라고 했지만 아버지는 아무 말씀도 안 하셨다.

할 수 없이 5일 후에 1등으로 합격한 6년제 학교에 가서 다닐 형편이 못 된다는 말을 했다. 나이 어린 몸이라도 어찌나 분하고 마음이 아팠는지 지금도 그때의 일이 잊히지 않는다. 돈을 안 꾸어 준 사람들에게 서운했는데 특히 가까운 친척 중에서도 부자로 살던 고모 댁이 제일 야속하게 느껴졌다.

이런 연유로 나는 결국 서당 3년에 일제강점기 보통학교 4학년이 내 학력의 전부가 돼 버리고 말았다.

사회 첫 출발

문방구 점원 생활

지주나 친척들은 돈을 꾸어 주지는 않으면서 오히려 우리 형편이 어려운데 억지로 공부시키려 하지 말고 밥벌이나 시키라고 권했다. 종조할아버지는 공부 잘하고 착실하다니 취직하라며 철원의 인쇄소에 소개시켜 주었다. 인쇄소에서는 종이와 필기구 등 문구류상도 겸하고 있었는데, 나는 인쇄기술이 없으니 상점의 점원으로 일하게 했다. 유영익(柳榮益)이라는 사람의 가게에서 점원으로 1년간 있었다. 당시 그 집에서 밥만 먹고 보수는 없었다.

도화지, 학용품 등 여러 물건이 놓여 있는 문구점을 나 혼자 보게 되니 주인이 무얼 믿고 나에게 가게를 맡겼는지 고심했다. 물건을 팔 때마다 적어 놓아도 복잡해서 확인이 어려웠다. 그래서 공책에 물건의 종류를 다 적어 두고 물건을 팔 때마다 옆에 바를 정(正)자를 적어 혼자서 장부를 만들게 되었다. 그 당시 사람들은 4학년을 마쳐도 계산 방법을 잘 몰랐는데 나는 그때 이미 주산을 배운 상태였다. 처음에는 별 관심 없이 돈만 받아가던 주인도 장부를 보고 이런 걸 어디서 배웠느냐고 놀랐다. 물건을 제대로 팔았는지 알아보기 위해 만들어 본 거라고 답했더니 그 뒤로 나에게 가게를 전적으로 맡겼다.

1년을 일해도 월급은 없고 숙식만 제공되었다. 집안 형편으로는 한 입이라도 덜어 양식이 절약되니 보탬이라면 보탬이었을 것이다. 객지에서 남의 밥을 먹으며 1년을 지내는 과정에서 나는 머리를 썼다. 인쇄소 점포에서는 내가 아니면 운영이 곤란할 정도로 나는 열심히 일해

신임을 얻었다.

나는 이 기회에 월급을 받는 정식 직원이 되어야겠다고 마음먹고 지략을 동원했다. 하루는 주인에게 문구점 점원 일을 그만두고 집에 가서 농사나 짓겠다고 했다. 그 집에서는 당황하여 왜 그러느냐며 만류했지만 완강하게 그만두겠다고 했다. 내 고집을 못 꺾은 주인은 나도 모르는 사이에 우리 집에 가서 부모님을 만나 내가 계속 그 집에서 일하게 해달라고 했다.

나는 생각이 달라 그 집에서 나오겠다고 한 것이지 실제로 나오려고 한 것은 아니다. 눈치를 챈 주인은 "네가 농사를 하면 얼마나 하겠니. 일꾼을 두고 해라. 내가 일꾼 품삯을 주겠다"고 하여 한 달에 5원씩 받기로 하고 계속 그 집에서 일했다. 전과 다름없이 양심껏 장사했고 계산을 정확히 하여 그 집의 심복이 되다시피 했다.

점원으로 2년쯤 있으면서 사람 대하는 것, 계산하는 것 등 여러 가지로 배운 것도 많다. 추운 겨울에 화롯불도 없이 지내는지라 옷이고 버선이고 그대로 입은 채 잤다. 그러다 발목이 가려워 대님을 맨 속으로 손가락을 억지로 집어넣다가 언 손가락이 툭 꺾였다. 현재도 오른손 가운데 손가락이 약간 꼬부라진 것은 그때 다친 후유증이다.

월급을 받아 다달이 집에 보냈으나 그것으로 가난을 벗어날 수는 없었다. 집안은 점점 더 구차해져 성년이 된 형님들은 4대를 내려오며 살던 고향 관인면 냉정리를 떠나지 않으면 안 될 지경에 이르렀다. "소도 언덕이 있어야 비계진다"고 사람도 있는 사람들 앞에 살아야 도움을 받을 수 있다. 결국 고향을 등지고 철원군 어운면 양지리 고모가 살고 있는 곳으로 이사했다. 고모 댁은 면내에서 알아주는 부자였다. 당시 약 1천 섬의 추수를 했다.

그리로 이사하여 소작이나마 고모 댁 땅을 능력 되는 만큼 경작했다. 당시 논 한 섬지기, 약 4천 평을 경영하니 고향에서 남의 밭 2천 평, 논 1천 평 농사를 지을 때와는 비교가 안 되었다. 또 큰형님은 고모 댁의 마름(집사 · 추수관)처럼 모든 살림을 보살펴 주셨다. 고모 댁은 농토가 워낙 넓어서 일꾼이 많이 필요했다. 그래서 큰형님에 이어 아버지와 둘째형님, 그리고 나중엔 모든 식구가 양지리로 이사해 농사를 지었다. 이렇게 되자 나도 인쇄소를 그만두고 양지리로 가 농사에 조력하게 됐다.

임시직 면서기 생활

당시가 일제강점기 말엽인데 내 나이가 17~18살로 징용과 징병 연령에 해당돼 이를 모면하려고 빠져나갈 방법을 모색했다. 고종사촌형은 당시 면내 유지로서 권력과 금력에 있어서 든든한 배경을 갖고 있었다. 그 형의 주선으로 어운면 사무소 임시직원(가마니 지도원)으로 취직이 되어 징용은 임시 모면할 수 있었다.

그러나 당시 학력과 경력이 부족한 나로서는 임시직원도 과람하여 업무를 감당키 어려웠다. 당시 면장이 이 사실을 알면서도 나를 채용한 것이므로 직원들에게 잘 인도하여 데리고 일을 시키라고 부탁했다. 그 덕에 직원들이 잘 살펴 주었다. 내가 일할 줄 모르기 때문에 직원들은 쉬운 심부름 정도만 시켰다. 일이 없을 땐 그냥 놀고 있어도 말하는 사람이 없었다.

그렇지만 내가 성공적으로 해낸 일도 있었다. 부락마다 가마니를 짜는 책임량이 있는데, 내가 맡았던 강생리라는 마을에 3형제 내외와 아버지까지 함께 살면서 가마니틀이 한 대뿐인 집이 있었다. 그 집에 가마니틀 4개를 놓고 볏짚을 대주며 가마니를 짜게 했더니 담당구역 할당량을 초과 달성할 수 있었다. 면에서도 아주 좋아했고 그 집은 상을 타고 부자가 됐다. 그 덕에 나는 군내 가마니 지도원 중에서 '최고왕'이 됐다.

촉탁 면서기 생활

이렇게 임시공무원으로 당분간 근무하다 면장의 추천으로 면의 촉탁 서기(식량계)로 발령받아 식량업무를 담당하게 되었다.

일제강점기 말기라 농사지은 곡물은 전량 공출하고 배급제를 실시하는 등 식량을 통제했다. 면내에 정미소는 8개가 있고, 배급소는 6개가 있었다. 방앗간은 전부 봉인하여 곡식을 함부로 찧지 못하게 하므로 농사꾼이 자기가 지은 벼를 식량으로 하려면 몰래 절구질을 해 먹어야 했다. 도회지에서도 식량이 부족하여 시골 농촌에서 몰래 한두 말씩 운반해다 먹는 형편이었다. 나중에는 이것조차 운반을 금지하여 부녀자들이 몰래 쌀 한 말 정도를 자루에 담아 등에 지고 모자를 씌워 아기를 업은 것처럼 눈가림을 하여 내가기도 했다.

식량은 식구수에 따라 일정량을 배급하는데 태부족이었다. 군(郡)에서 쌀과 잡곡(보리 · 밀 · 콩깻묵)을 타다 면내 수급 인원수에 따라 배당하지만 연명하기조차 부족한 양이다. 그중에도 군에서 수령해온 물량을 다 배급하다 보면 자연 다소의 과부족이 생기게 마련이다. 부족하면 그만큼 배급을 못 타게 된다. 매일 10리 밖, 20리 밖에서 배급을 타기 위해 와서 줄을 서서 기다리던 사람들은 배급을 못 타면 아우성은 말이 아니었다. 그 책임은 식량 담당자인 나의 몫이었다. 이럴 땐 차라리 도망이라도 가고 싶은 심정이었다.

몇몇 집들은 쌀을 넉넉하게 감춰 두고도 배급을 더 달라고 떼를 쓰기도 했다. 하루는 송진이라는 동네에 사는 여자가 면사무소에 들어와 배급표를 내놓으라고 바닥에 드러누워 악을 쓰며 뒹굴었다. 화가 난 나는 그 여자 집에 자전거를 타고 가서 부엌에 감추어 둔 쌀독 4개를 확인했지만 폭로하는 대신 집에 가 보라고만 했다. 그 여자는 아무 말도 않고 돌아가서 먼 친척인 아버지에게 그 일을 전했다. 그 바람에 왜 그렇게까지 하느냐며 꾸중을 들었지만, 자초지종을 전하니 아버지도 잠자코 계셨다.

이런 고역을 면하기 위해 밤잠을 못 자고 궁리한 끝에 면장과 의논하여 배급소를 정미소 하는 사람으로 교체했다. 면내 8개 정미소를 전부 봉인하고 가동을 못 하게 해놓았는데, 지략을 동원해 봉인지(내 도장과 면장 직인)를 여유 있게 만들었다. 그것을 정미소에 가지고 가서 "밤에는 봉인지를 떼고 방아를 찧고, 날이 밝으면 이 봉인지로 다시 봉인하라"고 하여 강산리 물방앗간을 포함하여 8개 정미소를 다 가동시켰다.

1년 동안 이런 식으로 하고 나니 면내 식량사정은 완전히 해결되었다. 면장에게는 암암리에 알렸으나 다른 면에서 이를 발견하면 즉시 군에서 알게 되고 나는 희생양이 된다. 이건 전적으로 내가 하는 일이니 나중에 누가 뭐라 하든 나 혼자 그만두면 된다고 면장과 이장에게 책임지지 말라고 했기 때문이다. 그러나 면민 전체를 위한 일이라고 생각하면 두렵지 않았다. 면내 방앗간들에 이와 같이 편리를 봐주어서 그 혹독한 일제강점기 때에 식량난을 극복한 것이 지금 생각해도 자랑스럽다.

하루는 출근하려고 사랑채에 가 아버지께 인사하니 "출근 그만두고 안으로 들어오라"고 하셨다. 들어가 뵈었더니 안색이 좋지 않으셨다. "네 이놈, '세 좋을 때 인심 쓰라'는 속담도 있는데, 남에게 무슨 못된 짓을 했기에 촌의 어려운 사람이 자기도 못 먹는 닭을 가져왔느냐!"며 꾸중하셨다. 영문을 몰라 내용을 여쭈어 보니 물방앗간 하는 사람이 닭을 한 마리를 가져왔다고 한다. 그 물방앗간에도 봉인지를 여유 있게 주어 방아를 찧을 수 있게 했더니 그 고마움의 표시로 가져온 것이다. 자초지종 설명을 드렸더니 이해하고 "조심하라"고 주의를 주셨다. 그러나 나는 일제에 수탈당하는 면민들의 배를 곯지 않게 해야겠다는 각오는 변함없었다.

이 정도로 면내의 식량에 여유가 생기니 서울 사람들이 친척집에 다니러 왔다가 식량이 있는 것을 보고 얼마씩 얻어가곤 했다. 몇 달 안 돼서 "어운면에 쌀이 많다", "어운면 쌀이 서울로 나간다"라는 소문이 퍼졌다. 면내에는 월정역, 양지역, 이길리역, 세 역이 있는데, 역에서 쌀이 나간다는 정보가 있다며 군에서 알고 각 역마다 취체원(取締員: 단속원)을 상주시키라는 지시가 내려왔다.

할 수 없이 3명의 취체원을 상주시켰다. 그러나 그들에게 "과잉충성하지 말라"고 귀띔했다. 하지만 주위의 눈이 있으니 그 또한 난처한 때도 있었다. 나는 이들을 감독한다는 명목으로 역에도 가끔씩 나가곤 했다. 하루는 추운 겨울 눈이 오는 날 월정역에 가 보니 한 부인이 쌀을 숨겨 가지고 가는 것이 내 눈에도 어설프게 보였다. 어린애를 가장하여 쌀자루를 업었는데 자루가 다 보이기에 얼른 다가가 "어린애가 춥겠다"며 포대기를 올려 주었다. 주위에서 보지나 않았을까 얼굴이 화끈거리고 가슴이 뛰었다.

이와 같이 그 당시나 지금이나 나 자신의 욕심을 채우기보다는 타인에게 피해 주지 않고 도움을 주며 살아온 삶을 스스로 마음 뿌듯하게 생각한다. 그 덕인지 면사무소에 근무하는 공무원으로서 징용과 징병을 모면할 수 있었고 해방이 되고도 동네 사람들의 지탄을 받지 않았다. 돌이켜 보면 모두 나를 보호해 주는 보이지 않는 힘과 가르침이 있었다고 여겨져 감사할 뿐이다.

사선(死線)을 넘나들다

8·15 해방 후 내무서 고문

8·15 해방을 맞았다. 일제강점기 때 세력을 부리던 권세가들은 해방과 더불어 기세가 꺾였다. 일제 앞에서 악랄하게 동족을 핍박한 사람들은 세력 약화가 아니라 타도되기 시작하여, 면서기까지도 피신하지 않으면 안 되는 혼란기였다. 그러나 나는 위험을 무릅쓰고 면민들을 위해 일한 공으로 아무런 위해(危害)도 받지 않고 지낼 수 있었다.

차차 시간이 지나 38 이북에는 소련군대가 들어와(인민군을 훈련시키는 소련군 장교가 철원의 이웃에 살았음) 인민공산당이 생기기 시작했다. 친일파 일소, 자본주의 타도, 지주재산 몰수 등을 외치는 공산당원들로 사회는 어수선한 시기를 맞았다. 이에 따라 부잣집이던 고모댁이 몰수당하니 여태까지 고모 댁에 의존하여 살았던 우리 식구들은 의지할 곳을 잃게 되었다.

뿐만 아니라 부락 공산분자들은 내가 면사무소에 다녔다는 이유로 적대시했고 친구들도 나를 멀리하며 경계하는 눈치였다. 하루하루가 불안하여 견딜 수 없었다. 그 동네에 산다는 것이 살얼음판을 걷는 것 같았다. 나는 물에 기름 뜨듯 동네 사람들과 한데 어울리지 못하고 외톨이로 나날을 보냈다. 견디다 못해 서울 외가댁으로 갔다. 서울 왕래도 자유롭게 할 수 없는 시기라 몰래 찾아갔다. 외가댁에 가서 소일거리 없이 수십 일을 묵으면서 그날그날 지내는 사이 이북에는 점점 공산당의 발악이 더해 간다는 소식이었다.

그렇다고 나 혼자의 안전만을 위해 마냥 외가에 머물러 있을 수만은 없었다. 북쪽에 있는 가족들이 염려됐다. 당시 서울에는 생활필수품이 풍족했으나 이북에는 모든 것이 부족했다. 이 기회에 장사라도 해볼 생각으로 서울에서 광목 3통을 짊어지고 철원으로 가려고 몰래 38선 근처까지 갔다. 당시는 소련군들이 38선을 경계하고 있었다. 총을 멘 군인들이 말을 타고 왔다 갔다 하는 것이 눈에 띄었다.

몸을 낮춰 풀숲에 은신하다 놈들이 보이지 않는 틈을 타서 (한탄강을) 도강했다. 짐이 무거워 뛰지는 못하고 놈들의 눈을 피하며 산 쪽으로 발걸음을 재촉했다. 그러나 몇 걸음 못 가 결국 발각돼 물건을 압수당하고 몸만 겨우 빠져나왔다. 목숨만이라도 건졌다는 것이 얼마나 다행인지 모른다. 물건을 빼앗은 놈들은 나를 관대히 대해 남쪽이나 북쪽 어느 곳으로든 가라고 했다.

'가족에게로 가야 하나, 서울로 되돌아가야 하나 ….'

마음의 결정을 하지 못하고 앉아서 생각해 봤다. 할 수 없다. 가족들이나 만나보고 다시 서울로 돌아가기로 하고 고향으로 발길을 옮겼다. 가족을 만나러 가는 것이 마치 도수장(도살장)에 들어가는 소의 신세처럼 느껴졌다.

마을에 당도하자 남의 눈에 띄는 것이 두려워 날이 어두워지기를 기다려 은밀하게 집으로 들어갔다. 집안 식구들은 반가워하면서도 불안에 떨고 있었다. 다행히 그동안 나를 찾는 사람은 아직 없었다고 한다. 내가 면사무소에 임시직으로 다녔다 해도 결코 타인에게 해로운 일은 안 했으니 원수질 사람이 없는 것은 당연한데, 해방 후 공산치하가 되면서 분위기가 워낙 살벌해 몸을 사리지 않을 수 없었다. 늘 조심스럽고 불안해 동네 사람들의 틈에 끼지 못하고 따돌림 당한 사람처럼 전전긍긍했다.

고모 댁이 몰수당할 때의 일이다. 다 빼앗기기 전에 세간살이며 값진 물건들을 빼돌려 팔아 보려고 밤 10시경 고모 댁에 갔다. 거기에 고종사촌 형제, 우리 형제, 과거 학교선생인 권오행 등이 모여 앉아 앞으로 어떻게 이 난관을 헤쳐 나갈 것인가 상의했다. 공산당 놈들의 행패를 비방하고 이남으로 갈 것을 은밀하게 의논하고 돌아왔다.

그 이튿날 생각지도 않던 동네 청년이 나를 찾아왔다. 내무서에서 데리고 오란다는 것이다. 내가 내무서에 불려갈 일이 없다며 안 가겠다고 하니 청년은 마음대로 하라며 되돌아갔다.

불안하여 집에 있을 수도 없어 고모 댁엘 갔더니 사촌형은 벌써 내무서원들이 나와 고랑(수갑)을 채웠다. 거기 우리 집에 왔던 청년도 있었다. 내무서원이 나를 아무개냐고 묻는다. 옆에 있던 청년이 그렇다고 하니 다짜고짜 나도 포승으로 묶었다. "왜 이러십니까? 이유를 알려 주십시오"라고 했더니 "이유를 알려 주지요. 어제 저녁 여기서 무슨 이야기를 했습니까?"라는 것이다.

나는 "아무 이야기도 한 일이 없으며 고모 댁에 오지도 않았습니다"라고 부인했다. 아무도 못 보는 사이에 고모 댁에 갔기 때문에 한사코 부인한 것이다. 놈들은 들은 체도 않고 나를 체포하여 내무서로 연행했다. 나중에 알고 보니 전날 밤 고모 댁에서 우리가 만났을 때 이자들이 마루 밑에 숨어서 얘기를 엿들었다는 것이다.

그날 밤 12시가량 되니 놈들은 어디서 거나하게 술을 먹고 와 하나씩 고문하기 시작했다. 당시 내무서에 연행된 사람은 그날 저녁 고모 댁에 있던 사람 전원이었다. 누구의 지시를 받고 있는지 대라며 고문했다. 나중에는 바케쓰(버킷)로 냉수를 먹이는데 숨이 막혀 기절까지 했다. 이처럼 지독한 고문이 1주일간이나 계속되었다. 그런데 놈들은 꼭 밤 12시가 넘어야 고문하는 것이다. 그래서 밤만 되면 두려움이 엄습했다.

내무서에서 너무 심한 고문을 당해 온몸에 응혈이 들고 허리가 아파 자유로이 움직일 수 없었다. 지금도 몸이 피곤하면 그때 매 맞은 것이 재발해 고통을 느낀다. 놈들은 회유와 협박을 계속하다가 지쳤는지 20여 일 만에 풀어 주었다. 집에 와 보니 가정 기물은 모두 몰수당하고 식구들만 있는데 그나마도 20리 밖으로 나가 살라는 것이다.

그러고도 놈들은 나를 그냥 두지 않았다. 이용할 만큼 이용했다. "동무는 그동안 고생했으니 우리와 같이 일합시다"라는 것이다. "나

같은 사람이 무슨 일을 할 게 있겠습니까"라며 거절했더니, "동무, 아직도 그렇게 말하면 안 되오. 우리가 하라는 대로 하시오"라며 농맹(노동자연맹)으로 나오라고 한다.

할 수 없이 끌려가니 놈들은 5정보 이상 되는 토지는 전부 몰수하여 땅 없는 자에게 분배한다며 자기네가 부르는 대로 쓰라고 했다. 당시 놈들, 이른바 공산당원이라는 자들은 주로 남의 집 머슴과 노동자들로서 한글조차 깨우치지 못했기 때문에 나를 이용한 것이다. 이와 같이 놈들은 숙청 대상자들이라 할지라도 처형하기 전까지는 자기들이 이용할 대로 다 이용했다.

며칠이 지난 어느 날 갑자기 수선거리는 것이 또 무슨 일이 일어난 모양이다. 하지만 나에게는 아무 말도 해주지 않아 궁금했다. 알고 보니 면위원장이 동네에 왔다가 테러를 당했다는 것이다. 매를 맞아 기지사경(幾至死境: 죽음에 이를 지경)인데 누가 때렸는지 모르는 상황에서 몇몇 사람을 주목하여 의심하고 있었다.

온 동네가 불안에 휩싸였다. 내무서원과 면내 공산당원들이 웅기웅기 모여 공론들을 하는 것이 살얼음판 같았다. 밤 9시경에는 부락에서 주목되는 인물들을 하나씩 불러다 심문했다. 그날 어디서 무엇을 했으며 어디를 다녔느냐 등등. 그날 다른 데 가지 않고 동네에 있었다는 사람은 모조리 내무서 유치장에 투옥시켰다. 나도 그중 하나가 되었다. 내무서에서 나온 지 불과 10일도 못 되어 또 들어간 것이다.

지난번과 마찬가지로 또 하나씩 불러 문초한다. 면위원장을 누가 때렸는지 불라는 것이다. 이거야말로 아닌 밤중에 홍두깨였다. 면위원장이라는 자가 실지로 매를 맞고서 맞았다고 하는 것인지, 공연히 트집 잡을 것이 없어 이를 뒤집어씌우려는 것인지조차 모를 일이다. 투옥되는 사람은 매일 늘어 3~4일 후에는 면내 지주들이며 이른바 그네들이 말하는 반동분자라고 하는 사람들을 모조리 잡아들여 약 40명이 됐다. 이번에도 어김없이 밤 12시만 되면 하나씩 불러내 문초하고 수틀리면 고문했다. 무려 20여 일을 까닭도 없이 고문당하니 억울함을 어디에 하소연하겠는가. 기회만 있다면 차라리 자살이라도 하고 싶은 심정이었다.

하도 무고한 사람이 억울함을 당하게 되니, 그중 김중근이라는 사람이 자기가 면위원장을 단독으로 때렸다고 허위자백을 했다. 그다음에야 모두 석방되었다. 김중근이라는 사람은 실제로 자기가 때리지도 않았지만 다른 사람들을 석방시키도록 하기 위하여 스스로 누명을 쓴 것이다.

후에 이 사실을 알고 석방된 사람들이 진정서를 냈다. 김중근은 면위원장이 테러를 당했다는 날 바로 이틀 전에 출타하여 4~5일 후에야 집에 돌아온 것이 분명하며 갔다 왔다는 친척집에서도 확인이 되었다. 그러나 사실을 진정해도 그 사람은 결국 석방되지 못했다. 그 후 소식은 알 수 없었으나 아마도 총살됐을 것이라고 했다.

이때는 점점 공산당의 세력이 강화돼 완전히 질서를 잡고 주목되는 사람은 두문불출이라는 낙인이 찍혀 다른 동네에 가려도 신고하고 승인을 얻어야만 출타할 수 있었다.

내무서에 붙들려갔을 때는 수감자가 많아 유치장이 모자라서 몰수가옥의 다락에 갇혀 있었다. 당시 부모님은 불안에 떨고 때마다 조석을 날라다 주셨다. 놈들은 수감자들에게 밥도 안 주고 집에서 갖다 먹도록 했다. 둘째형님과 함께 투옥되었으나 한 장소에 두지 않고 형님은 유치장에, 나는 5리나 떨어진 몰수가옥 다락에 수감됐다. 유치장에도 밥을 보내 주어야 하고 나에게도 밥을 보내 주려니 부모님의 고생이 오죽하였겠는가. 부모님께 그런 불효가 없었다.

너무도 억울하게 붙잡혀 시달림을 받는 데다 고문까지 당하여 밥도 제대로 먹지 못했다. 그러나 밥을 못 먹는 것을 알면 부모님의 마음이 더욱 아프고 불안해하실 것 같아 밥을 남겨서 내보낼 수도 없었다. 그래서 다 먹은 체하고 한구석에 쏟아 놓고 빈 그릇만 돌려보내곤 했다. 이렇게 모인 밥이 출옥할 때 보니 한 되 밥은 되는 듯했다.

이 모든 것을 생각하니 내 고생도 고생이려니와 부모님의 마음은 얼마나 아프셨겠는가. 이것이 불효가 아니고 무엇인가. 부모님이 돌아가시고 나니 더욱 뼈저리게 가슴에 사무친다. 차라리 부모 앞을 떠나 홀로 뛰쳐나와 행방을 감추었던들 부모님의 근심이 덜하시지 않았을까. 김중근의 허위자백으로 풀려나긴 했으나 마음의 무거움은 이루 말할 수 없었다.

6·25 전쟁 중 필사의 탈출

6월 25일. 놈들이 남침했다. 이제 나의 목숨은 점점 단축되어 가는 느낌이다. 좁디좁은 우리나라 땅에 내 몸 하나 숨길 곳이 없었다. 어디 한군데 의지할 곳이 없다. 결국 동네를 떠나 산골 동막이라는 곳에 가서 땅굴을 파고 숨어서 살기로 했다. 어찌 사람이 그렇게 무서울까. 밤에도 짐승들은 무섭지 않은데 사람만 보면 머리털이 쭈뼛하며 겁이 났다. 나는 아무런 죄를 지은 일도 없다. 다만 그자들의 주목을 받았을 뿐이다. 그런데도 목숨을 부지하기 위해 몸을 숨겨야만 하는 까닭을 모르겠다.

그렇게 숨어 살기를 서너 달 했을까. 국군이 입성했다는 소문이 들렸다. 이제야 활개를 펴고 살려나. 부모님은 국군이 들어오자 태극기를 흔들며 거리로 나가 환영하셨다. 숨어 살던 친구들이 모여서 국군에 합세하여 부락 빨갱이 토벌작전에 나섰다. 질서를 확립하기 위하여 부락 경찰대를 조직하고 대한청년단에 가입했다.

놈들은 후퇴하고 패잔병들은 자취를 감추었다. 그런데 몇 달 안 가서 국군들은 우리에게 연락도 안 해 주고 하룻밤 사이에 후퇴했다. 마을 경비를 위해 여느 때와 마찬가지로 동네의 한 빈집에 10여 명이 모여 있는데 새벽 2시경 군복 차림이 나타났다. "무엇 하는 사람들이냐?"고 물었다. 우리는 국군인 줄만 알았다. "우리는 경찰과 한청대원이오"라고 하니, 갑자기 다발총을 들이대며 "손들어!"하고 소리쳤다. 자세히 보니 인민군들이었다.

패잔병인 줄로만 알고 대항하려 했으나 그놈 뒤에는 10여 명의 인민군이 서 있었다. 할 수 없이 손을 들고 나왔다. 놈들은 우리 10여 명을 모두 하나의 포승줄로 묶어 한 줄로 세웠다. 발까지 줄로 연결하여 어디론가 데리고 나갔다. 뒤에는 다발총을 멘 인민군 2명이 따라오며 우리를 인솔했다. 북쪽으로 몰았다. 꼼짝없이 내몰려가면서 보니 놈들이 우리를 총살시키려는 것이 틀림없다는 생각이 들었다.

앞은 캄캄하여 아무것도 안 보였다. 바짝 긴장되어 끌려가는데 일행 중 한 사람이 몰래 자신의 포승을 풀었다. 그 사람이 다음 사람을 풀어 주었다. 풀린 사람은 또 뒷사람을 풀어 주고…. 이런 식으로 하여 일행의 포승이 다 풀렸을 즈음, 한 사람이 순간적으로 후다닥 옆으로 뛰면서 "다들 튀어!" 소리쳤다. 그것을 신호 삼아 일행은 일시에 산산이 흩어져 사방으로 뛰었다. 기왕 죽을 목숨, 끌려가서 죽으나 도망가다 죽으나 마찬가지이니 요행이나 바라고 사력을 다해 탈출한 것이다. 캄캄한 밤, 넓은 벌판, 죄수 아닌 죄수들은 동서남북도 모른 채 목숨을 건 대탈출을 감행했다.

뒤따라오며 감시하던 인민군 2명은 당황하여 사방에 총질을 했다. 나는 놈들에게서 최대한 멀리 달아나기 위해 정신없이 뛰었다. 뛰다 넘어지면 엎드린 채 기었다. 놈들이 내 뒤에 바짝 따라오는 것만 같았다. 사력을 다해 달리는데 총에 맞았는지 돌부리에 채였는지 다리가 꺾였다. 데굴데굴 굴러 움푹 파인 논두렁에 납작 엎드렸다. '따다다, 따다닥' 총알이 귀밑을 스치고 가는 것 같았다.

숨죽이고 엎드려 한참 있으려니 총소리가 멀어지고 사방이 잠잠해졌다. 기어가다 일어서서 또다시 뛰었다. 넘어져 구르기도 하며 달리다 보니 숨이 차고 목이 탔다. 더 이상 갈 힘이 없이 지쳤으나 그래도 사력을 다했다. 10리는 족히 달렸으리라. 총소리도 멎고 희뿌옇게 먼동이 트는 모양이다. 날이 밝기 전에 은신처를 찾아야 한다. 가까운 야산으로 들어갔다. 가다귀 포기 밑에 의지하고 숨어 널브러졌다.

날이 점점 밝아왔다. 더 이상 갈 수가 없었다. 다리가 떨어지지 않았다. 총에 맞았나 하고 다리를 살펴보았으나 피가 나지 않는 것을 보니 총은 안 맞은 것 같았다. 사방이 고요했다. 그러나 다리 하나 움직일 기운도 없고 더구나 목이 타올라 견딜 수 없다. 친구들은 다 죽었는지, 나만 살았는지, 나도 이제 죽는지, 어느 방향으로 가야 사는지 막막했다. 이때까지도 국군이 후퇴한 것을 모르고 있었다. 다만 인민군 패잔병들에게 당한 줄로만 알았다.

해가 뜨기 전 동네에 들어가면 일행 중 죽지 않은 사람을 만날 수 있지 않을까. 궁금하고 답답한 생각에 일어나려고 몸을 움직여 본다. 바지는 무릎이 다 찢어지고 흙투성이에다 신도 한 짝이 없었다. 마치 악몽을 꾸고 있는 것 같았다. 사방을 주시하며 살금살금 기다시피 하여 산등성이로 올라갔다. 먼동이 터온다. 주위를 둘러보니 어느 골목에도 사람 다니는 모습이 안 보인다. 얼마 동안 산꼭대기에서 동태를 살폈다.

우리 동네 집 근처에서 서성이는 군인 모습이 눈에 띈다. 다발총을 멘 인민군이다. 국군은 안 보인다. 동네 사람도 눈에 띄지 않는다. 이런 상황에서는 마을로 들어갈 수 없다. 그러면 어디로 간단 말인가.

혼자 떨어져 있어서 아무런 정보도 알 수 없으니 답답하기 짝이 없었다. 이 세상에서 혼자서는 못 산다고 하는데 당해 보니 알 수 있었다. 해는 떠서 10시경은 된 모양이다. 이제 배도 고프니 인가로 내려가야 했다. 아무래도 우리 동네는 못 가고 가까운 마을로 가서 정보를 얻기로 했다. 일어나 조심조심 한 노인이 살고 있는 집을 향해 걸었다. 맨발로 내려갔다. 그 노인은 나를 보더니 손을 내젓는다. 들어오라는 뜻인지 오지 말라는 뜻인지 분간을 못하겠다. 덮어놓고 들어갔다.

노인이 "국군은 후퇴하고 인민군이 또 와 있다. 동네 젊은 청년은 어제 저녁에 다 잡아갔다"고 했다. 그제서야 국군이 후퇴한 줄 알게 되었다. 나는 노인이 내주는 밥으로 요기한 뒤 신발을 얻고 지게를 빌렸다. 나무하러 가는 차림으로 위장하고 다시 산으로 올라가 이전 국군이 들어오기 전에 피신해 있던 방공호로 갔다.

그곳에 가니 함께 묶여 갔던 친구 2명이 와 있지 않은가. 얼마나 반가운지 손을 잡고 울었다. 그날 저녁에 한 줄에 묶였던 10명의 친구 중 한 사람만 총에 맞아 죽고 나머지는 전부 무사했다는 것이다. 이 얼마나 불행 중 다행한 일인가. 그 사람은 뛰지 않고 그 자리에 서 있다가 총살되었다고 한다.

결국 살아남은 친구들이 다시 한 장소에 모였다. 이때 우리는 국군이 얼마나 원망스러웠는지 모른다. 왜 후퇴할 때 연락을 주지 않았는가. 구사일생으로 아직은 살아 있으니 다행한 일이랄까. 또 앞으로 어떠한 난관에 부딪칠 것인가. 우리들은 오도 가도 못하고 독 안에 든 쥐 신세가 되었다.

인민군이 쳐들어오자 바닥 빨갱이들도 다시 마을에 나타나 전보다 더 극성을 부리는 모양이다. 놈들이 부모들을 못살게 굴며 자식들을 찾아오라고 매일 등쌀을 부린다는 연락을 받았다.

이때 우리의 식사는 그곳 여맹위원장이 매일같이 날라다 주었다. 이 동네는 비교적 빨갱이가 없다. 여맹위원장이라고는 하나 실제로는 우리 편이었다. 자기 남편도 우리 일행 중 한 사람이었다. 남편의 목숨을 지켜 주기 위해 위장으로 여맹위원장을 맡은 것이다. 이런 사람을 '사과'라고 했다. 겉은 빨갛지만 속은 흰 사과와 같이, 겉은 빨갱이지만 실제론 이남 편인 사람을 뜻한다. '토마토'는 겉과 속이 똑같이 빨간색이라 진짜 빨갱이를 가리키는 은어였다.

그곳에서 숨어 지내기를 몇 달. 이번엔 남쪽에서 미군이 들어왔다. 어느새 인민군들은 자취를 감추고 그림자도 안 보였다. 우리는 이제야 살았다는 안도감에 손에 태극기를 들고 거리로 뛰쳐나왔다. 미군은 동네에는 들르지도 않고 차량과 도보로 대로를 따라 북쪽으로 올라가고 있었다.

그날 숨어 살던 일행은 모두 집으로 돌아왔다. 동네 바닥 빨갱이 중에 어렸을 적부터 아주 절친한 친구가 있었다. 그는 해방 뒤 빨갱이들이 득세할 때 나를 곤경에서 건져 준 일도 있어 우리는 서로 사상은 달랐지만 우정은 끊을 수가 없는 사이로 지내고 있었다.

한데 그가 어느 날 저녁에 살그머니 집으로 찾아왔다. 인민군이 철수할 때 자기는 미처 북으로 가지 못했다고 한다. 그날 밤 동네에 남아있던 빨갱이들이 평강 쪽으로 탈출하기 위해 마을에서 좀 떨어진 산에 모이기로 계획을 세웠는데 나보고 함께 가자는 것이었다. 시간이 없으니 당장 나서자고 종용했다.

참으로 난처한 일이다. 이제야 살았다고 안도했는데, 절친한 친구가 북으로 가자고 하니 참으로 기가 막혔다. 그렇다고 그에게 자수하고 나와 함께 남쪽에서 살자고 권유했다가는 내 목숨이 달아날지도 모를 일이었다. 그는 이미 속까지 빨갛게 물이 든 토마토였기 때문에 당장에 내 가슴에 칼을 들이댈지도 몰랐다.

지략을 동원했다. "나는 혼자는 도저히 못 가겠네. 내 자식이 넷이나 되는데 그 애들을 다 아내에게 맡길 수는 없네. 장남인 충남이라도 하나 데려가야겠네"라고 말했더니 그는 그렇게 하라고 허락했다. "그 애를 데려가려면 맨몸으로 나설 수는 없네. 옷가지와 최소한의 먹을 것을 가져가야 하니 시간을 주게. 충남이가 잠이 들었으니 깨워서 짐을 챙겨 산으로 갈 것이니 먼저 가서 기다리게"라고 안심시켰다. 그는 급하니 빨리 준비해 오라면서 황급히 나갔다.

우리의 얘기를 방안에서 숨죽이고 듣던 집안 식구들은 걱정이 태산 같았다. 아내는 사색이 되어 "정말 북으로 갑니까? 충남이를 데리고 가렵니까? 나는 충남이 없으면 못 살아요"라며 울먹였다. "놈들이 다 급하여 도망가는 것이니 오늘 밤만 넘기면 될 거요. 내가 잠시 피해 있을 테니 그리 아시오. 혹시 그놈이 다시 올지 모르니 충남이를 깨워 놓고 짐을 싸 놓고 있으시오. 놈이 오면 잠깐 뒷간에라도 간 모양이라며 시간을 끄시오." 이렇게 일러 주고 나는 살그머니 집을 빠져나와 뒷산 숲속에 숨었다(당시에 7살이던 나는 이 일에 대한 기억이 생생하다).

놈은 그 밤에 다시 오지 않았다. 날이 밝은 뒤 나는 집에 돌아왔고 그날 국군이 마을에 들어와 우리는 다시 평온한 나날을 보내게 됐다.

천국 경험 *

영원한 천국을 보다

암흑 속 같은 이 세상에서 사는 동안은 진정한 기쁨을 맛볼 수 없다. 이 세상에 살다 저세상, 천국에 가는 순간부터가 기쁠 뿐이다.

이 세상을 떠날 때에 천장에서 내려다보니 죽은 내 신체는 이불로

---

* 이 절은 1951년 4월경 철원 양지리에서 아버지가 장티푸스를 앓았을 때의 경험을 바탕으로 쓰셨다. 아버지는 1972년 위궤양 수술 후유증으로 황달 투병생활을 하는 중에 이 내용을 일기로 써 놓으셨다. 이 일기 중에서 주요 부분은 1995년 10월에 SBS 〈그것이 알고 싶다〉의 '사후의 세계' 편에서 방영됐다.

덮여 있고 부모님은 내 시신 옆에, 형님 두 분은 윗목에서 돌아앉아 울고 계셨다. 나는 방에 누워 있는데 부엌에서 아궁이에 불을 때며 울고 있는 아내의 모습이 그대로 보인다. 나는 그 모습을 아무런 감정도 없이 담담하게 바라보고 있다가 그 자리를 떠났다.

그곳을 떠나 처음 간 곳이 영남루 같은 넓은 대청마루였다. 마루에서 앞을 내다보니 세상이 밝다 못해 붉을 정도로 환하고 주위 분위기가 은은했다. 겨울이 지난 봄 날씨에 아지랑이가 아른아른한 날인데 뜰 앞에 피어 있는 꽃들의 아름다움은 말로 표현할 수 없었다. 장미가 아름답다지만 그 꽃들과는 비교도 안 됐다.

배가 고프다고 생각했더니 당장에 큰 교자상에 차린 만반진수(滿盤珍羞)를 두 사람이 마주 들고 와 내 앞에 놓는다. 나는 손을 대고 수저로 먹는 것이 아니고 서서 눈으로만 보았는데 배가 잔뜩 불렀다.

저편을 살펴보니 흰 수염에 풍신도 좋고 장대한 노인들이 많이 모여 있었다. 잠시 후 보고 싶은 사람이 생각났다. 그러자 그 사람이 당장 내 앞에 나타났다. 평시에 그 사람은 착하고 나와 매우 친한 친구였는데 저세상에서 보니 악인이어서 무척 놀랐다. 그 사람이 이 세상에서 나쁜 짓을 한 것과 나쁜 생각을 한 것들이 죄다 내 눈앞에 보였다. 이 세상에서 나와 친하게 지낸 것도 진실이 아니고 악한 생각에서였다는 것이 그의 몸에서 보였다.

저세상에서 보니 악인이요, 어느 때 무슨 나쁜 짓을 한 것뿐만 아니라 옳지 않은 생각을 했던 것까지도 죄다 알 수 있었다. 이 세상에서 행한 일거일동과 이 세상에서 모르던 모든 것이 저세상에서는 거울처럼 들여다보였다.

이 세상이 흑백TV라면, 저세상은 컬러TV다. 그림자가 없고, 앞뒤를 동시에 볼 수 있고, 아무리 거리가 먼 곳에 있는 사람도 생각만 하면 곧 내 눈앞에 나타나고, 먼 거리에서도 그 사람이 지금 무엇을 하고 있는지 눈으로 훤히 보였다.

내 눈에 보이는 사람이면 그가 이 세상에서 어떻게 살았으며 어떠한 행동을 했다는 것뿐만 아니라 마음먹었던 것까지 다 보였다. 이 세상에서 알지 못했던 것을 죄다 알게 되었다.

이 세상에서 아무리 행복한들 저세상의 행복과는 비교도 안 된다. 이 세상에서는 모든 것이 자기 뜻대로 안 된다. 그러나 저세상에서는 생각하는 대로, 마음먹은 대로 이루어져 안 되는 일들이 없다. 이 세상에서 아무리 평안하고 행복해도 저세상의 평안과는 비교도 안 된다.

이 세상은 음양의 이치가 존재하나, 저세상에는 음양이 없고 동서남북도 없다. 저세상을 못 본 사람에게는 어떻게 설명해야 할지 모르겠다. 저세상은 아름다움, 안락함, 행복감 등으로 가득 차 있다. 이 세상에서 어떤 일들이 있는지 다 알게 된다. 개인 하나하나가 생각하고 있는 것까지 다 알게 된다.

시간이 없고, 거리가 없고, 음양이 없고, 춘하추동이 없고, 부족한 것이 없고, 어둠도 빛도 없다. 나는 사람이 태어날 때는 부모님의 육(肉)과 골(骨)을 받고 하나님의 영(靈)을 받아 이 세상에 태어난다고 생각한다. 사람이 죽을 때에 목숨이 끊어지고 몸이 굳어져 시체가 된다. 그러나 몸이 죽었다고 죽는 것이 아니고 내 몸에서 영이 나가야 죽는다는 것을 알게 되었다. 그러니까 영이 다시 돌아오면 살아나는 것이다. 그러나 이 사실을 그 누가 알 것인가.

다시 지상으로 돌아오다

죽은 육신에 영이 들어와 다시 이 세상에 돌아오니 부모님과 형님들이 "이 애가 살아났다"며 더운물로 손과 발을 씻기며 몸을 몹시 흔들어댔다. 손발에 핏기가 돌며 따뜻해졌다. "눈을 떠 보아라" 하는 부모님과 형님들의 목소리가 들렸다.

그런데 나는 그 소리가 몹시도 원망스러웠다. 저세상에서 그렇게 좋은 것을 다 버리고 다시 이 암흑세상에서 살아갈 것을 생각하니 몹시 슬펐다. 그 이후 며칠 동안 병석에 누워 있을 때 아내에게 "당신하고 안 살겠다"고 했다. 저세상에 가 봤더니 함께 안 살게 되던데 이 세상에서 어떻게 함께 사느냐고 말했다.

이 세상에 다시 오게 된 것이 후회스러웠다. 저 천국에서 좋은 음식을 실컷 먹은 것이 흐뭇하여 3, 4일간은 그 생각만 해도 만족하여 물 한 모금 마시지 않고도 배고픈 줄을 몰랐다.

사람은 누구에게나 다 영(靈)이 있다. 하나님의 영이라 할 수 있다. 저세상에 가 보면 각 개인의 행동, 마음먹은 것까지 다 알 수 있다. 즉, 개인의 영이 즉시 하나님께 보고되고 자기 몸에 사진 모양으로 찍힌다. 그러기에 그 사람의 행적이 다 나타난다.

내가 깨어난 지 3일 후에 아버지께서 돌아가셨다. 당시 온 동네에 이상한 열병(장티푸스)이 돌았다. 우리 집안 식구들도 모두 돌아가면서 며칠씩 고열로 누워 사경을 헤매다 죽기도 하고 깨어나기도 했다. 나도 그 병으로 죽었다가 살아난 것이다. 그런데 아버지는 눈을 감으신 채 영영 깨어나지 못하셨다.

나는 돌아가신 아버지를 슬퍼하기는커녕 오히려 부러운 마음으로 바라보았다. 나 대신에 아버지가 저세상으로 가신 것을 부러워하고 있는데, 형님들과 온 가족은 몹시 서러워하며 통곡을 멈추지 못했다. 아버지는 분명히 천국에 가셨다. 내가 보고 온 모든 것들을 누리고 계실 것이다. 지금도 때로는 아버지와, 때로는 하나님과 순간적으로 대화가 된다. 생활하는 데 중요한 문제는 이분들과 의논한다. 조용히 기도하면 그분들의 가르침을 깨닫게 된다.

천국을 미리 보았기 때문에 이 세상의 삶이 고달파도 내가 갈 아름다운 세상을 그리며 인내하며 살게 된다. 욕심도 없다. 이 세상에서 아무리 귀한 것을 많이 가지고 있어도 저세상의 보화에 비길 것이 못된다. 그러니 욕심이 생기지 않는다. 궁핍한 것도 견디며, 분한 것도 참게 되고 그저 마음을 깨끗이 하고 몸가짐을 올바르게 하여 내가 다시 저세상으로 갈 때 추한 모습을 보이지 않으려고 노력할 뿐이다.

월남, 피란생활

고지식한 피란민 배급

빨갱이 치하 때 산중에서 동굴생활을 하다 국군이 들어오자 집에 돌아와서 식구들과 함께 산 것도 잠시였다. 중공군이 쳐들어옴에 따라 국군은 다시 퇴각하기 시작했다. 1·4 후퇴로 또다시 빨갱이들 세상이 될 판이었다.

고향에 그냥 머물러 있다간 더 이상 생명을 부지할 수 없을 게 뻔했다. 어물어물 지체하다간 개죽음을 당하기 십상이었다. 마을의 남자들은 모두 서둘러 국군을 따라 남으로 향했다. 우리 3형제도 가족들은 남겨둔 채 월남했다. 국군이 곧 반격하여 탈환하면 다시 돌아와 함께 살 것을 기약했다.

월남하면서 서로의 모습을 보니 가관이었다. 굴속에서 수개월간 있었으니 의복도 남루하지만 머리도 깎지 못해 모두 장발족이었다. 당시 미군들은 우리의 모습을 사진 찍어 갔는데, 거지와 다름없는 행색이 전 세계에 퍼졌으리라.

월남하여 보니 별천지에 탄생한 것만 같았다. 숨어 살 필요가 없이 자유를 만끽하니 그야말로 새 세상을 사는 기분이었다. 하지만 가족 없이 빈털터리로 나왔으니 생활은 말이 아니었다. 한동네에서 나온 의지할 곳 없는 홀아비 아닌 홀아비 9명이 천호동의 빈 벽돌공장에서 지냈다. 냄비 하나 얻어 배급 주는 구호미를 타서 끓여 먹기를 1주일쯤 계속했다. 이때까지도 이발할 돈이 없어 떠꺼머리 행색을 하고 있었다. 안규호라는 정미소 주인이 보기에 딱했던지 이발비를 주어 비로소 머리를 깎고 나니 날아갈 듯 상쾌했다.

며칠이 지나자 이북에서 피란민들이 실려 나왔다. 혹시나 그중에 우리 가족이 끼어 나오나 하고 매일 피란민 속을 살피는 게 소일거리였다. 매일 수백 명의 피란민을 실어다 천호동에 하차시키니 그 일대는 피란민 집결소가 됐다.

이들은 모두 배급되는 구호양곡으로 끼니를 때웠다. 각 면단위별로 연락소를 조직하고 배급제를 실시했다. 피란민 중에 혹시 빨갱이들이 끼어 있지 않을까 염려돼 마을단위로 심사위원을 조직하여 신분증을 교부했다. 그 당시 심사위원으로 외촌리의 김필능과 내가 뽑혀 둘이서 면내 피란민을 심사했다. 그러나 우리 앞에 빨갱이는 한 명도 잡히지 않았다. 수백 명을 심사했으나 단 한 명도 나타나지 않았다.

나중에는 심사위원이 배급업무도 맡았다. 연락소에서 구호양곡에 부정이 있다 하여 심사위원이 직접 확인하고 도장을 찍어야 구호품이나 양곡을 탈 수 있게 했다. 이 당시에도 내가 어찌나 빠가쇼지키(馬鹿正直: 지나치게 고지식한 사람이란 뜻의 일본말)였는지 곧이곧대로만 해서 비웃는 이도 한두 사람이 아니었다. 안면이 있고 친한 사람들에게는 융통성을 부려 배급을 좀 넉넉하게 줄 수도 있었다. 그러나 나는 피란민들에게 공평하게 배급하기 위하여 최선을 다했다.

그때 동네 사람 9명이 모여 함께 한솥밥을 먹었는데 내가 심사위원이면서도 그 수만큼만 배급을 주었다. 하루는 그중 소를 팔아 돈이 많은 사람이 "배급표 10장만 주시오"라고 해서 "예끼, 이 사람아, 우리가 소금만 먹어도 반찬 하나 안 사면서 표를 10장이나 달래?"라고 꾸짖었다. 그래도 그는 "이 사람아, 여기는 이북 같지 않아. 요령껏 사는 거야"라고 해서 "지금 같이 나와서 굶어 죽는 사람도 있는데 10장이 무슨 말이오?"라고 거절했다.

처가 식구들도 피란 나와 굶주리고 있었으나 한 사람 분량도 더 주지 않았다. 당시 장인어른도 안 계시고 장모님과 처가 식구들이 논두렁 곁에서 천막을 치고 살 만큼 어려웠으니 너무 인색하다고 했을 것이다. 그러나 일절 부정행위를 저지를 생각은 염두에도 없었다. 끼니는 배곯지 않게만 때우고 다만 가족 상봉할 일에만 몰두해 있었다.

가족 상봉

피란민은 천호동에만 집결된 것이 아니고 경기도 평택과 전라도 이리(현 익산) 등지에도 집결시킨다고 했다. 그래서 각지의 피란민 연락소끼리 소식을 교환키로 했다. 가족들의 명부를 만들어 연락소마다 돌렸다.

한 달쯤 후 우리 가족이 평택에 있다는 연락을 받았다. 작은형님이 먼저 평택에 내려가 식구들을 만나고 연락을 보냈다. 나는 피란민 관련업무 일체를 경기도 광주경찰서에 인계하고, 가족을 만나러 평택으로 달려갔다. 당시 여비도 한 푼 없어 천호동에서부터 걸어서 평택까지 갔다.

평택에도 수많은 피란민들이 집결해 있었다. 헤어졌던 가족을 거기서 만나니 꿈만 같았다. 아내는 큰아들 충남이와 셋째아들 인성이 외에 큰형님의 자식 남매(정숙, 보성)까지 데리고 남의 집 헛간에 들어있었다. 바닥에 헌 거적을 깔아 놓고 간신히 비나 피하면서 이 집 저 집 밥을 얻어먹으며 살고 있었다. 차라리 내가 죽었더라면 이런 꼴을 보지 않았을 텐데…. 인민군한테 끌려갈 때 무엇 하러 그 포승줄을 풀고 살아났던가.

아내에게 들으니 병든 어머님은 업고 나오다 등에서 돌아가셔서 길가 보리밭에다 매장했다는 것이다. 형수는 평택까지 나와 병으로 돌아가셨고, 젖이 안 나와 영양실조였던 막내아들 문성이는 마차를 타고 수용소로 옮기다 죽었다고 한다.

큰아들 충남은 깡통을 들고 이 집 저 집 다니며 구걸하여 어린 동생들을 걷어 먹였으나, 둘째 해성이는 영양실조로 내가 오기 바로 전날 죽어 평택중학교 앞산에 묻었다는 것이다. 하루만 더 일찍 왔어도 아들을 살릴 수 있지 않았을까. 원통해서인지 서러워서인지 눈물 한 방울 나오지 않았고, 마치 정신 나간 바보처럼 멍하니 선 채 눈이 떠지지 않았다.

충남이는 거지 중에 상거지가 됐고, 아내도 당시 29세의 젊디젊은 나이인데도 얼굴에 검버섯이 나고 행색이 남루하여 차마 볼 수가 없었다. 가슴이 답답하고 마음을 진정시킬 수가 없었다.

어찌해야 좋단 말인가. 어떻게 해야 이 식구들을 살릴 수 있을까. 이 막막한 현실을 무슨 수로 타개한단 말인가. 아내는 젊은 나이에 이미 죽은 사람을 넷이나(시어머니, 맏동서, 두 아들) 그것도 한 달 남짓 사이에 자기 혼자 손으로 거두어 묻었으니 그 고초가 어떠했겠는가. 가엾은 마음에 왈칵 눈물이 쏟아져 목 놓아 울었다. "죽은 사람도 불쌍하지만 살아 있는 당신도 불쌍하구려." 아내를 보고 그 소리밖엔 더 위로의 말을 못하고 한없이 울었다.

이 얼마나 참혹한 일인가. 병든 어머니에게 약 한 첩 못 써 보고, 영양실조에 걸린 아들에게 따끈한 물 한 모금 못 먹이고 죽였으니 가슴이 미어진다. 울어도 시원찮고 탄식해도 소용이 없다. 불쌍하고 답답하기 한량없다. 어찌 인생이 이다지도 기구하단 말인가.

정신을 가다듬으니 살아남은 식구마저 죽일까 봐 걱정됐다. 주린 배를 무엇으로 채워 주고 어떻게 연명시킬 것인가. 일생을 살아오며 남에게 못할 짓은 조금도 안 했건만 전생에 무슨 죄로 이런 끔찍한 형상을 당하는고….

충남이의 손을 보니 게 발같이 앙상했다. 가슴이 미어져 그 손을 잡고 또 울었다. 그래도 아내는 남은 식구들을 살리려고 이를 악물고 버텨냈다. 어찌하면 좋을까. 가슴만 답답했다.

새우젓 장사

며칠 후 큰형님도 평택으로 오셔서 의논했다. "이곳을 뜨자. 한 발짝이라도 고향 가까운 곳으로 가자. 평택보다는 우선 수원 쪽으로 가자. 거기가 좀 나을 것이다."

괴나리봇짐을 싸고 꽁보리로 주먹밥을 만들어 가지고 길을 나섰다. 등에는 짐을 지고 손에는 어린 새끼들 손목을 잡고 한 걸음 한 걸음 발길을 옮겼다. 그러나 오라는 데도 없고 갈 곳도 없다. 정처 없이, 하염없이 떠나는 것이다. 길을 모르니 철길을 따라 북쪽으로 걸었다. 하루 한 끼, 꽁보리 주먹밥 한 덩이를 소금물에 찍어 먹는 것으로 허기를 채우며 걸었다. 가다가 저물면 남의 집 헛간이나 처마 밑을 빌려 몸을 뉘었다. 이틀을 걸어 수원에 당도했으나 누구 하나 반기는 이 있을 리 없었다. 오나가나 내 것 하나 없고, 앉으나 누우나 배고프기는 마찬가지였다. 막막하고 적막할 뿐이었다.

수원은 도회지라 남의 집 처마 밑도, 의지할 만한 곳도 없다. 헤매다가 인계동 기차역에서 망가진 채 서 있는 객차를 발견했다. 객차 안은 먼저 온 피란민들이 다 차지해 비집고 들어갈 틈이 없었다. 차 밑에라도 짐을 풀고 의지하려고 아래를 보니 그곳도 이미 피란민들이 자리를 잡고 있었다. 간신히 그사이를 비집고 들어가 자리를 잡았다. 옆집과는 치마를 쳐 칸막이를 했다.

보따리를 내려놓고 바닥을 고르고 난 뒤 구호미를 타다 저녁을 끓여 먹었다. 이렇게 여러 날 기차 밑에서 생활했다. 이 차는 고장이 나 당분간 역에 방치된 모양이다. 이때 아내는 장사를 해야 산다며 장사에 눈뜨려 했다. 그러나 장사도 돈이 있어야 한다. 갖고 나온 옷가지를 팔아 돈을 마련한 모양이다. 새우젓 장사를 해야겠다고 한다.

이튿날 새우젓 반 독을 사 머리에 이고 왔다. 그것을 이고 가가호호 돌며 팔아야겠다는 것이다. 피란생활에 큰 그릇이 있을 리가 없다. 아내는 무거운 새우젓 독을 그대로 이고 나섰다. 신발도 없어 맨발에 다 해진 삼베 치마저고리 차림이었다.

그래도 워낙 악에 받친 몸이라 부끄러움을 무릅쓰고 매일 가구적간(家口摘奸: 죄인이나 혐의자를 잡기 위해 집집마다 수색하는 일)을 하다시피 했다. 무거운 새우젓 독을 이고 하루 종일 돌아다니니 얼마나 힘들까. 새우젓을 사는 사람은 그런 모습에 동정심이 우러나 팔아 주지, 장사로 알고 사지는 않을 것이다. 맨발에 의복도 남루하고 어디로 보나 거지 중 상거지인데, 누가 장사꾼으로 알고 물건을 산단 말인가.

나무장사

나도 객차 밑에서 그냥 죽치고 앉아 아내가 벌어다 주는 것만 먹고 있을 수는 없었다. 새우젓 장사 밑천 중 몇 푼을 달래서 참외를 샀다. 지게를 얻어 길거리에 버텨 놓고 참외장사를 시작했다.

남들은 참외에 볕이 안 들도록 그늘에서 파는데, 나는 해가 쪼이는 양지에서 하루 종일 버텨 놓고 있으니 오후에는 참외가 시들시들해졌다. 이런 참외를 살 사람은 없다. 다른 사람들 하는 것을 보니 잘 팔리는데, 내 참외는 어느 누구 하나 값도 물어보지 않았다. 종일 참외 3개

판 것이 전부였다.

참외가 다 시들어 팔 수 없게 되었다. 도로 지고 객차 밑으로 왔다. 그날 저녁은 참외로 때우고 말았다. 이튿날 아침도 참외를 먹었다. 그러니 장사 밑천을 다 날리고 말았다.

다음 날은 지게를 지고 산에 가 나무를 해왔다. 팔려고 한 것이 아니고 우선 땔감으로 해왔다. 그런데 이웃에서 나무를 보더니 팔라는 것이다. 한 짐에 30환을 받고 팔았다. 이튿날도 나무를 해왔다. 이제는 팔 것으로 해왔다. 이번엔 한 짐에 60환을 받았다. 이후로 나무장사를 하기 시작했다.

아내는 계속 새우젓 장사를 했다. 새우젓 독을 이고 맨발로 장사 다니기 이틀, 나무 판 돈에서 여유가 생겨 5환을 주고 짚신을 사 신기니 마음이 덜 안쓰러웠다.

처음엔 나만이 나무를 하는 줄 알았는데 점점 피란민이 모이자 나무꾼이 5, 6명으로 늘어났다. 많은 사람이 매일 산에서 나무를 하니 이제 가까운 산에 나무가 없어 점점 멀리 가야만 했다. 나중에는 30리 길을 가야 나무를 할 수 있었다. 새벽 3시경 첫닭이 울면 밥을 먹고 점심을 싸 가지고 가는데도 저녁 6시경이나 돼야 집에 돌아올 수 있었다.

나무를 한 짐 지고 30리 길을 올 때는 점점 무거워져서 북문통에 오면 기운이 다 빠졌다. 게다가 바람이라도 세게 불면 몸이 비틀거려 나뭇짐이 날아갈 정도였다. 그래도 하루 한 짐 팔아야 60환. 이 돈이면 식구가 이틀은 살았다. 나무하러 다닐 때는 밥이 어찌나 많이 먹히던지 한 깡통의 밥을 소금 한 가지 반찬만으로 다 먹은 적도 있다.

하루는 나무를 해가지고 오니 기차역 철로가 텅 비었다. 열차가 없어졌다. 한쪽을 보니 충남이가, 하나밖에 안 남은 동생 인성이를 데리고 가재도구 옆에 쪼그려 앉아 훌쩍이고 있었다. 조금 전에 열차를 끌고 갔다고 한다. 의지간이 없어진 것이다. 진짜 내 집이 없어진 것만큼이나 허망했다. 할 수 없이 인계동 산 밑에 있는 방공호를 발견하여 좀더 넓게 파고 땅굴생활을 시작했다. 방공호는 땅속이라 겨울은 훈훈하고 여름은 시원하다. 거기서 여름과 겨울을 지냈다.

봄철이 되면서는 마을에서 농사일을 해달라며 일꾼을 구했다. 농사 품팔이를 하니 나무하는 것보다 수입은 많고 따뜻한 밥도 얻어먹을 수 있어 좋았다. 그것도 흰쌀밥이어서 이제야 사람답게 사는 듯했다. 하지만 집 식구들은 배급 타온 보리쌀, 수수 등으로 밥을 지어 먹으니 마음에 걸렸다.

고향에서도 농사를 지으며 살아온 터라 수원 본토박이들보다는 일이 능숙하고 능률도 배는 더 올랐다. 수원 농사꾼들은 새참을 먹은 뒤 쉬지 않고 계속 일한다. 그러면 능률이 안 난다. 쉴 때는 쉬고 할 때는 힘껏 해야 능률이 오른다. 나는 그래서 새참을 먹은 뒤 무조건 그늘에서 한잠 잤다. 먹고 나서 일을 계속한 토박이들은 중간에 힘들어하고 능률도 안 났으나 쉬고 난 나는 일을 끝까지 하면서도 펄펄했다. 그래서 당시 수원에서는 우리 같은 피란민들이 일 잘한다고 소문이 났다.

농사꾼의 밥은 대개 큰 함지박에 담아 각자 맘껏 퍼먹게 하는데 어느 집에서는 밥을 각각 따로 담아 준다. 그러면 보아서 제일 많이 담긴 밥을 찾아가 먹는다. 이때가 일생에서 밥을 제일 많이 먹었던 때였던 것 같다. 흰 이밥을 배불리 먹으니 일할 때도 힘든 줄 몰랐다. 이럭저럭 토박이들에게 휩싸여 일하며 하루하루를 살다 보니 세월 가는 것을 모르고 또 그들과도 친하게 지내게 됐다.

이렇게 일을 잘하니까 한번은 상여꾼으로 뽑혀 갈 뻔한 적도 있었다. 어느 날, 내일은 일하지 말고 아무개네 잔치(결혼식)인데 거기에 가자고 했다. 가마를 메자는 것이다. 그러나 다른 사람에게 알아보니 잔치가 아니라 장례요, 가마가 아니라 상여라는 것이다.

'아무리 내 처지가 지금 이 모양 이 꼴이지만 양반이요, 왕손인데 어찌 가마도 아닌 상여를 멘단 말인가!'라고 속으로 생각했다. 그래서 "내일 다른 일을 약속해 잔치에는 못 가겠다"고 핑계 대고 상일(막노동, 천한 일)을 피했다.

배급 타서 겨우 식량에 보태고 이럭저럭 번 돈이 몇천 환 정도 모였다. 계속 이렇게 벌면 의복도 사 입을 정도였다. 그러나 당시 징용법이 생겨 젊은 사람들은 모두 색출해 갔다. 이것이 무엇보다 불안했다.

경비생활

궁리한 끝에 서울의 외가를 찾아갔다. 외숙(김용환)이 당시 국방부에서 경영하는 무역회사(승리공사, 당시 사장 이기붕)의 중역으로 계셨다. 외숙은 대한민국 초대 재무부 장관을 지낸 상산 김도연 선생과 일본에서 동문수학한 분으로 정재계에 지인들이 많았다.

"요사이 젊은 사람은 징용으로 뽑아가서 불안하다"고 말씀드렸더니, 외숙이 "서울로 오라"고 하셨다. 현지 징용으로 해서 국방부의 승리공사에 취직을 하라신다. 곧 상경하여 승리공사 소속의 무역회사 현장에 근무하게 되었다. 현장이 인천 만석동이었다. 하는 일은 부두의 물류창고에서 경비하는 일뿐이었다. 당시 월급은 6천 환, 식사는 직접 만들어 먹었다. 혼자서 자취하며 지내는 것도 견딜 만했다. 이곳에는 천우사, 승리공사 등 크고 작은 무역회사들이 여러 곳 있었다. 다른 회사 경비원들도 알게 돼 함께 밥을 지어 먹었다.

당시 월급을 매월 타서 집으로 보내니 집에서도 생활은 되었다. 아내는 새우젓 장사를 그만두고 떡장사를 시작했다. 언젠가 수원에 가보았더니 떡을 해가지고 거리에 나가 앉아 오가는 사람들에게 떡 먹고 가라며 손님을 끌었다. 이런 일은 해보지도 않던 사람이 장사꾼이 되고 만 것이다. 집에 보내준 돈은 한 푼도 안 쓰고 모아 12만 환이란 큰 돈이 되었다. 그런데 그해(1953) 화폐개혁이 되어 요긴히 쓰지도 못하고 흐지부지되고 말았다.

이때 형님들은 포천 일동에서 장사에 경험을 쌓아 남부럽지 않게 살고 계셨다. 얼마 안 돼 승리공사가 해산되어 나는 다시 아이들이 있는 수원으로 가게 되었다.

생활고를 헤치며

재로 변한 생활 밑천

형님들은 일동에 먼저 들어가 거의 안정된 생활을 하고 계셨다. 아내는 충남이를 데리고 수원의 시장바닥 길거리에서 떡장사를 하고 있었다. 집이라고도 할 수 없는 인계동의 반지하 움막에서 거처하며 그날그날 생계를 유지했다. 형님들이 일동으로 와서 함께 모여 살자고 수차례 연락을 보냈다.

출생 후 아직까지 우리 3형제는 따로 떨어져 살아 본 적이 없었다. 늘 한동네에서 살았기 때문에 헤어져 사는 것이 여간 외롭지 않았다. 아내는 구태여 함께 모여 살 필요가 있느냐며 별로 내키지 않아 했다. 아마 한동네에 살면서 시집살이보다는 손윗동서들에게 은근히 짓눌려 살았던 게 마음에 꺼렸던 모양이다. 하지만, 내가 원했고 형님들도 여러 차례 권고하므로 아내를 설득해 일동으로 이사했다.

일동이란 곳은 군부대가 주둔해 있는 전방지역인데 막상 살림 보따리를 짊어지고 들어와 보니 직업을 가질 만한 업종이 없었다. 그날그날 형님들 장사하는 곳에 가서 거들며 얹혀살았다. 하루는 화대리(삼거리) 큰댁에서 자게 됐다.

당시 나는 인천에서 일을 마치고 받은 현금 4만 환을 지니고 있었다. 그날 밤 큰형님과 이것저것 살아갈 방도를 의논하고 늦게 잠자리에 들었다. 그런데 갑자기 새벽 2시경 "불이야!" 하는 소리가 났다. 놀라 깨어 보니 온 집안에 불이 확 붙어 잠결에 당황하여 맨몸으로 뛰쳐나왔다.

벗고 자던 잠바 안주머니에는 나의 전 재산이 들어있었다. 인천에서 번 돈인데 아내에게 맡기지 않고 고스란히 내 몸에 지니고 있었던 나의 유일한 생활 밑천이었다. 잠자느라고 옷을 벗어 놓았다가 불이 나는 바람에 한 푼도 못 건지고 모두 태워 버리고 말았다. 그 당시 4만 환이면 조그마한 집은 살 수 있는 액수였다.

판잣집이나 다름없는 형님 집은 삽시간에 불바다가 되었다. 도저히 옷을 가지러 다시 방에 들어갈 수가 없었다. 나의 전 재산이 순식간에 불더미 속에 휩싸여 재가 되는 광경을 지켜볼 수밖에 없었다.

당시 이웃집에서 불이 난 것이 연소가 되어 형님 댁도 세간 하나 건지지 못하고 몸만 빠져나왔다. 형님도, 나도 두 집이 다 맨몸이 되었다. 날이 새자 이웃에서는 재목을 가져온다, 볏짚을 가져온다 하여 온 동네 사람들이 모여 이튿날 형님네 집을 세워 주었다. 그 덕에 형님은 다시 그 자리에서 장사를 계속할 수 있었다. 하지만 불타 버린 내 돈을 보상해 줄 사람은 아무도 없었다.

그야말로 땡전 한 푼 없이 무일푼이 된 뒤로는 주로 시장에서 포목장사를 하는 둘째형님 댁에서 소일하며 얻어먹고 지냈다. 셋방 하나 장만할 돈이 없는 우리 식구들은 남의 집 뒷방을 얻어 거처하면서 아내는 바느질품을 팔았다. 밤낮을 가리지 않고 술집여자들의 한복을 지어 주고 품삯을 받아 아이들과 끼니를 해결하며 한 푼 두 푼 모으는 모양이었다. 나는 매일 형님들 댁에서 먹고 자며 가게 일을 거들고 있을 뿐이었다.

이렇게 세월을 보내는 사이 아이들(충남, 인숙, 은숙)은 점점 자라났다. 무언가 독립해서 돈벌이를 해야 했다.

일동은 군인 주둔지역이라 시장상인들은 군인들을 상대로 장사하면 하루 2천, 3천 환 수입은 된다고 했다. 그들은 군인들이 도둑질한 군수품을 사서 파는 것이다. 그러나 나의 양심으로는 도저히 그런 장사는 할 수 없었다. 그렇게 부정한 방법으로는 이득을 아무리 많이 내는 장사라도 절대로 하지 않았다.

매일 어떻게 살까 궁리하며 혼자 끙끙거리는 모습을 본 아내가 왜 그러느냐고 물었다. "언제까지나 형님들 댁에 신세를 질 수는 없지 않소. 무엇을 해야 아이들을 키우며 살 수 있을지 몰라 답답하오"라고 했더니 장롱이랄 것도 없는 나무궤짝을 뒤적이더니 봉투 하나를 꺼내 내 앞에 내밀었다. 그동안 밤잠을 안 자고 삯바느질을 한 돈이라고 했다. 약 3만 환이었다. 무일푼인 상태에서 그것은 큰돈이었다. 하지만 그 돈으로 집을 사고 식구들의 생계를 꾸려가기란 턱없이 부족했다.

그래도 돈을 손에 쥐니 힘이 솟았다. 당장 의지하고 살 만한 집이라도 구하려고 찾아보니 싸리고개 근처 외딴 곳에 작은 초가 한 채가 있었다. 비록 내 땅은 아니나 대지는 널찍했다. 그 집을 사서 식구들을 옮기고 마당의 딱딱하게 굳은 땅에서 매일 자갈, 돌, 바위 등을 골라내 300여 평의 채소밭을 일구었다. 산에서 나무를 잘라 주위에 울타리를 두르고 나니 그런대로 보금자리가 됐다.

학교 마크 창안

그동안 충남이 아래로 인숙이, 은숙이가 성장하면서 학교에 다닐 때가 되었다. 일동초등학교(당시 일동국민학교)에 애들을 데려가 보니 학생이 약 1천 명은 됐다. 그래서 이 아이들을 상대로 학용품을 팔면 수입이 좀 있지 않을까 생각했다.

그 길로 시장에서 공책과 연필을 좀 떼어다가 초등학교 교문 앞 땅바닥에 펼쳐 놓고 팔아 보았다. 그날 공책 몇 권, 연필 몇 자루가 팔렸다. 벌이가 시원치는 않았다. 그러나 다른 것은 밑천이 없어 할 엄두를 낼 수 없으니 별다른 방도가 없었다. 며칠 계속하니 팔리는 양이 조금씩 늘었다. 하루 수입은 200, 300환 정도였다. 아예 매점을 차리면 좀더 많이 팔릴 것 같았다.

그래서 학교 앞에 판매부를 내기로 마음먹고 교장과 선생들의 의견을 타진한 결과 승낙을 받았다. 그 길로 제재소에서 죽데기(통나무를 켜고 난 겉껍질) 쪼가리를 얻어다 얼기설기 2평 정도 가건물을 지었다. 전보다 판매량도 늘고 자연히 이득금도 나아졌다.

학교 매점을 하는 동안 가을 운동회가 있었다. 아동 운동복을 서울 가서 사다 팔면 이문이 박한 학용품보다는 나을 것 같아 50벌을 사왔다. 그러나 학용품 값은 푼돈이라 학생들이 직접 샀지만 운동복 값은 큰돈이라 학부모들이 시장에서 사다 입히지 매점에서는 안 샀다. 50벌이 고스란히 재고가 될 판이었다. 고민 끝에 생각한 것이 운동복에다 학교 마크를 새겨 넣으면 학생들에게 호기심을 불러일으켜 잘 팔릴 것 같았다. 선생들에게 학교 마크가 있느냐고 물었더니 없다고 했다. 교장과 선생들에게 학교 마크를 만들면 어떻겠느냐고 의논했더니 좋은 생각이라며 고안해 보라고 했다.

며칠 머리를 써서 학교 마크를 그려 보았다. 학교 교가에 '운악산 줄기줄기'라는 구절이 나오기에 산 모양을 배경으로 그린 뒤 그 안에 학교 이름 '일동'(一東)을 써넣었다. 그것을 교장에게 가지고 가 보이니 참 잘됐다고 했다. 학교 마크를 운동복에 새겨 넣어 팔겠다고 했더니 쾌히 승낙했다. 그 길로 마크를 두꺼운 종이에 그려 넣은 뒤 그 부분을 오려내고 그것을 운동복 상의(흰 러닝셔츠)에 대고 페인트를 뿌려 마크를 새겼다.

그것을 교장에게 보이니 이튿날 아침 조회시간에 운동복을 들고 "일동학교에 마크가 생겼다"고 자랑 겸 선전을 했다. 덕분에 재고로 쌓여 걱정거리였던 운동복 50벌이 이틀 만에 매진됐다. 자신감이 생겨 이튿날 서울에 올라가 운동복 100벌을 사다가 마크를 새겨 진열했다. 아이들이 너도나도 몰려들어 운동회 전날까지 모두 팔렸다. 자식들에게 그 얘기를 들려주었더니 그 애들도 학교에서 "우리 일동학교 마크를 우리 아버지가 만든 것"이라고 자랑했단다.

운동복을 팔았더니 장사 밑천이 조금 생겨 그 후로는 학용품도 일동 상인들에게서 떼어오지 않고 직접 서울에서 도매로 사다 파니 이익금이 좀더 나아졌다.

학생 이발 도전

또 한 가지 생각이 떠올랐다. 학생이 1천 명 가까이 되는데 이 아이들의 머리를 깎아 주면 괜찮을 것 같았다. 당시는 여학생도 단발을 했으므로 그 애들도 머리를 깎아야 했다. 이발비가 시장에서 100환인데 50환만 받아도 1천 명을 다 깎으면 월 5만 환 수입이 되리라는 계산이었다.

학용품 떼러 서울 올라간 김에 이발 도구를 사다가 아이들 머리를 깎아 보았다. 지금은 자동 전기기계로 깎지만 당시는 가위처럼 손으로 움직이는 기계만 있었다. 처음 해보는 일이라 남학생들 뒷머리는 쥐가 뜯어먹은 듯 들쭉날쭉했고 여학생들 앞머리는 아무리 해도 좌우가 층이 져 이쪽 깎고, 저쪽 깎고 반복하다 보니 껑충하게 올라가 이마가 훤히 드러났다. 애들은 거울을 보고 입을 삐죽 내밀어 불만을 표시했다. 하지만 눈 딱 감고 며칠 밀고 나갔더니 조금 익숙해졌고 처음에는 기계가 잘 들어 그런대로 버텨 나갔다.

그러나 기계가 싸구려이다 보니 불과 2, 3주 후로는 잘 깎이지 않았다. 무뎌진 기계로 깎다 보니 자꾸 머리를 집게 되니까 아이들이 찡그리고 우는 녀석들도 있었다. 심지어 아프다고 소리치고 멀찌감치 도망치며 나를 째려보는 놈도 있었다. 나는 그 모습이 우습기도 했지만 한편으로 기술도 없는 주제에 돈을 벌겠다고 싸구려 기계로 애들에게 고통을 주는 게 미안하기도 했다. 그 녀석을 간신히 달래 앉혀 놓고 조심조심 깎았다. 기계가 집을 때마다 녀석이 움찔움찔했고 그때마다 내 마음도 뜨끔뜨끔했다. 간신히 마무리했더니 50환을 내밀었다. 나는 "이건 눈깔사탕이나 사 먹어라"고 돌려주었다. 그러고는 도저히 자신이 없어 뒤에 기다리고 서 있는 아이들에게 "오늘은 이발 그만한다"고 돌려보냈다.

머리 깎는 기계도 부엌칼 모양 숫돌에 갈아서 쓴다는 걸 당시엔 몰랐다. 기계를 새로 사다 할까도 생각해 보았으나 그래 봤자 며칠 못 갈 텐데 돌팔이가 돈 욕심에 애들만 고생시킬 것이고 결국 본전도 못 건질 것 같아 '이발사'는 그만두었다.

장남의 보성중 합격

매점을 하며 그럭저럭 지내는 사이 충남이가 6학년을 마치고 졸업하게 되었다. 담임선생 말이 충남이가 전교 수석으로 졸업하니 서울의 중학교에 보내라고 했다. 그러나 나의 형편으로는 서울로 유학 보낼 만한 재력이 없었다. 당시 일동에는 중학교가 없다가 그해 중학교가 새로 생겨 신입생을 모집하고 있었다. 나는 일동중학교에나 보낼 생각이었다. 서울로 진학하면 하숙을 시켜야 되는데 도저히 그럴 능력이 없다고 했더니 담임이 1차 등록금을 부담하겠다며 강력히 권유했다. 나의 어린 시절과 똑같은 곤경을 충남이도 겪게 된다는 생각에 마음이 아팠는데 선생이 뒤를 봐주겠다니 용기를 냈다.

일단 서울에 보내 시험을 보게 했다. 당시는 성적 좋은 학생은 1차는 무시험으로 뽑고 2차로 필기시험을 보는 곳도 있었다. 처음엔 경복중학교에 1차 무시험 지원을 시켰다. 그러나 시골 출신이라 그런지 성적은 미술 '우'만 빼놓고 전 과목이 모두 '수'인데도 떨어졌다. 충남이에게 2차도 경복을 보겠느냐고 물었더니 싫다고 하여 사립학교인 보성중학교를 지원해 합격하였다.

1957년 봄이었다. 당시만 해도 시골에서 서울의 중학, 그것도 명문인 보성중학에 입학하는 것은 영광이었다. 합격여부를 확인하러 서울에 갔던 충남이가 집에 들어서며 합격했다고 말할 땐 기쁨 반, 걱정 반이었다. 아무리 담임이 1차 등록금을 대주겠다고 했으나 학부모된 입장에서 선생님의 신세를 질 수는 없었다. 매점을 정리하고 이리저리 돈을 모아서 간신히 등록시켰다.

서울에 연고가 없으니 둘째형님의 처사촌 댁에 하숙시켰다. 등록금이 1만 2천 환, 하숙비 4천 환. 나중엔 어찌되든지 있는 돈, 없는 돈 긁어모아 입학시키고 첫 달 하숙비까지 치렀다. 그러고 나니 집안에 돈이라곤 총 재산이 3천 환뿐이었다. 충남이 뒤를 댈 일을 생각하니 정신이 아득했다. 정말 막막했다. 직업도 없고 자본도 없었다.

하지만 매점을 운영하면서 보람도 있었다. 지금도 일동초등학교는 내가 만든 마크를, 비록 '一東'을 '일동'으로 고쳤지만 모양은 그대로 쓰고 있다니 이 점은 기록에 남을 만한 대목이라 생각돼 뿌듯하다. 또 한 가지는 매점을 할 때 교육청에서 아동들의 수업료를 담임선생들이 직접 받지 못하게 하는 지시가 내려왔다. 그러자 학교 측에서 나에게 학생들의 수업료를 대신 받아 달라며 각 반의 수업료 수금대장을 맡겨 선생 대신 수업료를 받아 준 적도 있다.

그때까지는 하찮은 '매점 아저씨'였지만 그 뒤로는 선생들이나 아이들이 '준선생' 정도로 깍듯이 인격적 대우를 해주었다. 선생들뿐만 아니라 교장과도 대화를 나누며 그들의 신망을 얻은 것도 보람이요, 마음의 자산이라고 할 수 있겠다.

아이스께끼 장사

충남의 등록금을 댄 이튿날부터는 빈털터리로 마음에 근심만 쌓였다. 자본 없이 할 장사가 없을까 하고 매일 궁리했다. 아무리 탐색해 보아도 빈손으로는 돈벌이할 것이 아무것도 없었다.

하루는 아이들이 아이스께끼(아이스케이크) 장사하는 것을 유심히 살펴보았다. 빙과점에서 아이스께끼를 받아가는 데 돈을 주는 게 아니라 그냥 가져가 팔고 나중에 와서 판 개수만큼만 돈을 쳐주고 남은 물건은 반납하는 것이었다. 그것을 보고 '내가 할 것은 저것밖에 없다'는 생각이 들었다.

그래서 친구 임계훈이 경영하는 아이스께끼 집에 가서 부탁했다. 그러나 임 사장은 "그것은 아이들이나 하는 장사이지 어른이 어찌 이 장사를 하겠느냐"고 했다. 나 자신이 생각해도 동네에서 아이들에게 밀리어 팔지도 못할뿐더러 창피해서 도저히 용기가 나지 않을 것 같았다. 그러나 수중에 돈이 없으니 아무래도 그것밖에는 할 장사가 없었다. 물건을 받아서 동네를 떠나 먼 곳에 가서 팔면 아이들과 경쟁도 피하고 창피하지도 않을 것이라는 데 생각이 미쳤다.

멀리 가자면 우선 자전거가 필요했다. 자전거포에 가서 고물 자전거를 물어보니 2천 환을 내라고 한다. 전 재산을 털다시피 하여 자전거를 사고 나니 달랑 1천 환이 남았다.

이튿날 아침나절 일찍이 빙과점에 가서 50개만 달라고 했다. 그러나 주인은 처음이니 우선 10개만 가져가서 팔아 보라고 했다. 내가 우겨서 50개를 받아 자전거에 싣고 무작정 페달을 밟았다. 아이스께끼 통 속에 내 처자식들의 생계가 달렸다고 생각하니 비장한 마음이 들었다. 목적지도 없이 힘껏 내달렸다. 가까운 데는 아이들이 휩쓸고 다니기 때문에 나는 될 수 있는 대로 멀리 가기로 했다.

그렇게 생각하며 약 60리쯤 달려간 곳이 현리였다. 그때는 포장도 안 된 자갈밭과 같은 길을 하염없이 달렸다. 그 동네에 들어가 보니 아이스께끼 파는 아이들이 없었다. 일동에서는 1개에 2환씩 받고, 빈병 1개에 1개씩 팔았으나, 고생해가며 여기까지 끌고 왔으니 1개에 5환씩, 빈병 2개에 1개씩 주리라 생각했다. 그러나 자전거를 끌고 아무리 동네를 배회해도 사는 사람이 없다. 결국 그날 하루 종일 5개밖에 팔지 못했다.

'주인이 10개만 가져가라 할 때 말을 들을걸' 하고 후회하면서 저녁 7시나 돼 지친 몸으로 돌아와 나머지를 반납했다. 그때까지도 아이들은 그냥 통만 메고 돌아다니는 게 아니라 "아이스께끼!", "얼음과자 사려!"라고 큰 소리로 외치며 파는 것이었다. '옳지, 저거구나. 나는 어제 아무런 소리도 내지 않고 잠자코 돌아만 다녔으니 팔릴 리가 없다. 내일부터는 나도 소리를 질러야겠다'고 결심했다.

다음 날 가게에 가서 이번엔 100개를 달라고 했더니 무리라며 50개만 가져가란다. 팔 자신이 있으니 50개를 더 달라고 우기다시피 하여 100개를 받았다. 자전거를 몰아 서파검문소까지 계속 달렸다. 거기서부터 마을이 있는 현리까지는 약 20리 길인데 중간엔 집도 한 채 없다.

그래서 사람이 없는 곳에서 연습하리라 마음먹고 "아이스께~끼", "얼음과자 사~려" 하고 힘껏 외쳐 보았다. 난생처음 질러 보는 소리였다. 순간 진땀이 났다. 도둑질하다 들킨 것처럼 누가 주위에서 들었으면 어쩌나 하고 겁이 나 두리번거렸다. 사람은커녕 강아지 한 마리도 얼씬거리지 않는 적막한 산골이었다. 한여름이라 아침부터 따가운 햇볕 아래 나무 그늘에 숨은 매미들만 '맴~맴~' 노래할 뿐이었다.

내가 지른 소리는 왜 그런지 생소하고 서툰 느낌이었다. 그래서 아이들의 소리와 같도록 "아~이~스~께끼, 얼~음~과~자~" 하고 운을 맞추어 자꾸 외쳐 보았다. 그랬더니 창피한 생각도 사라지고 자신감도 생기는 듯했다. 내리막길을 달리면서 쉴 새 없이 큰 소리로 외쳤다. "아~이~스~ 께끼, 얼음과자 사~려." 이 소리에 내 처자식의 생계와 충남이의 학업이 달렸다는 절박감에 체면이니 창피함이니 하는 생각은 멀찌감치 달아나고 용기가 솟는 듯했다.

그러나 막상 동네에 들어서서 소리를 질러 보았더니 목이 쉬어 소리가 잘 나오지 않았다. 그래도 쉰 목소리로 '아~이~스~께끼'라고 외치며 돌아다니니까 아이들이 몰려나오고 어른들도 나왔다. 병 2개에 1개씩을 팔면서도 계속해서 '아이스께~끼'를 외치니 골목골목에서 아이들이 줄을 이어 나왔다. 저녁때까지 100개를 다 팔고 보니 빈병이 120개쯤 돼 큰 마대 2개가 꽉 찼다.

큼지막한 아이스께끼 통으로도 자전거 짐받이가 꽉 차는데 그 위에 빈병 120개를 실으니 그야말로 산더미 같은 부피에 무게도 만만치 않았다. 서파검문소까지 20리 고갯길을 올라갈 생각을 하니 까마득했다. 한 손으로 짐 묶은 끈을 꽉 움켜쥐고 한 손으로 핸들을 잡고 그야말로 젖 먹던 힘까지 다해 숨을 헐떡거리며 가파른 언덕길을 끌고 올라갔다. 서파에서 일동까지도 고갯길과 내리막길이 40리나 된다. 이를 악물고 일동에 도착하니 저녁 8시가 다 됐다.

주인집에 가서 현금과 병을 계산해 보니 이익금이 600환이나 됐다. 다른 아이들의 2배 장사는 했다. 학교 매점에서는 사나흘은 팔아야 하는 이익금이었다. 그 이튿날 200개를 달라니 주인은 군말 없이 주었다. 그날도 현리에 가서 다 팔았다. 이리하여 한 해 여름 얼음과자 장사를 한 결과 충남이 등록금과 하숙비 걱정을 덜게 됐다.

내가 현리에서 이렇게 재미를 보고 있는 것을 안 다른 아이스께끼 장사들이 현리로 몰려 나중엔 그곳에서도 2환씩밖에 못 받았다. 그러니 벌이가 신통치 않았다. 그러나 그곳 마을 사람들과는 안면을 익히고 단골이 되었다. 그것이 나중에는 나에게 큰 밑천으로 작용했다.

닭장사 겸업

경쟁자들이 생겨 아이스께끼 통을 싣고 현리에 가도 장사가 시원찮고 이득도 적어 속으로 걱정이 됐다. 그래도 달리 뾰족한 수가 없어 매일 그쪽으로만 가는데 하루는 한 주부가 오더니 “혹시 닭은 안 사세요?”라고 묻는다. 닭 시세가 어떤지 몰라 “오늘은 짐이 많아 못 가져가고 내일 다시 와 사 가겠다”고 했다. 저녁에 일동에 돌아와 닭 시세를 알아보니 큰 닭은 도매로 350환, 작은 것은 300환을 준다고 했다.

현리는 워낙 촌동네라 계란 한 줄만 팔려고 해도 가평이나 일동으로 갖고 가야 했다. 때마침 김장배추를 심을 때라 놓아 키우는 닭들이 밭농사를 망칠까 봐 불가불 처분해야 할 처지여서 집집마다 닭을 팔려고 했다.

이튿날엔 닭을 살 생각으로 아이스께끼를 100개만 받았다. 큰 닭은 150환, 작은 것은 100환씩에 산다고 하니 서로 자기네 닭을 먼저 사가라고 했다. 그날 40마리를 샀다. 그것들을 한 마리씩 다리를 묶어 자전거에 거꾸로 매달아 빈병과 함께 실으니 여간 무거운 게 아니었다. 그래도 그것을 끌고 서파검문소를 올라간 생각을 하면 지금도 믿어지지 않는다. 그날의 이익금은 무려 8,500환, 충남이 두 달 하숙비 넘는 돈을 하루에 번 셈이다.

'과연 장사의 묘미가 바로 이런 것이로구나' 생각하며 즐거운 마음으로 매일 계속했다. 닭장사를 하면서부터 장사꾼 말은 거짓이라는 것을 알게 됐다. 사람들이 벌이가 얼마나 되느냐고 물으면 다른 사람들이 따라할까 봐 "하루에 300환 벌이도 힘들다"고 거짓말을 했으니 말이다.

이튿날은 밤새도록 닭장을 만들었다. 그다음부터는 아이스께끼 장사는 부업이고 닭장사가 주업이 되었다. 점심밥은 닭장 속에 넣고 아이스께끼 통은 닭장 위에 싣고 매일 현리 일대 각 마을을 누비고 다니며 단골을 만들어 근방의 닭은 모조리 사다 팔았다. 벌이가 잘돼 신바람이 났다. 매일 계속 현리를 다니니 그곳 사람들은 나를 닭장사로 못박았다. "내일은 우리 닭을 사라"며 내일 장사까지 맞추는 식으로 단골이 됐다. 이런 식으로 수개월 하니 기만 환의 돈이 생겼다. 장사가 이렇게만 된다면 충남이를 중학교뿐 아니라 대학교까지도 보낼 수 있다는 자신감이 생겼다.

그러면서 한편 이것이 내가 장사 수완이 좋아서 그런 것이 아니라 자식들이 공부할 수 있도록 눈에 보이지 않는 위대한 분이 도와주기 때문이라는 생각이 들었다. 그 큰 힘이 아니고서는 지금 생각해도 그만큼 무거운 것을 자전거에 싣고 하루에 60리 자갈밭 길을 왕복하며 오르내릴 수 없었을 것이다.

하루는 현리에서도 한참 더 들어간 하면이라는 깊은 산골마을에서 닭 50마리 정도를 사고 보니 날이 어둑어둑해졌다. 서파로 가려면 한참을 돌아가야 하므로 걱정이 됐다. 동네 사람들의 말을 들어 보니 산등성이로 올라서서 능선을 따라가면 바로 일동 청계부락이 나온다고 했다. 그 길은 소로(小路)도 못 되는, 나무꾼들이나 다니는 좁디좁은 산길이지만 거리는 서파로 돌아가는 것의 절반도 안 된다고 했다. 그러나 길이 험해 마을 사람들도 어두워지면 그 길을 다니지 않는다고 했다.

그때는 이미 서산에 해가 넘어간 시간이라 서파로 가도 새벽이나 돼야 집에 도착하게 된다. 마을 사람들은 만류했지만 나는 모험을 해보기로 했다. 서파 언덕을 올라가기가 너무 힘들고 또 돌아가는 것보다는 시간이 덜 걸릴 것 같았기 때문이다.

자전거를 끌고 산을 오르기 시작했다. 하도 힘이 들어 20~30m도 못 올라가 쉬고 또 조금 올라가다 숨이 턱에 닿고 힘이 들어 쉬곤 했다. 그렇게 하여 한 시간가량 오르니 산등성이가 보였다. 거의 다 올라갔는데 휘청하고 그만 자전거를 쓰러뜨리고 말았다. 간신히 자전거를 일으켜 세워 안간힘을 다해 산등성이에 올라섰다.

그 자리에 자전거를 세우고 10분가량 푹 쉬고 출발하려는데 땅바닥에서 '꾹꾹 꾹꾹' 닭소리가 나는 것이었다. 자전거를 살피니 닭장에서 닭이 툭 떨어지는 게 아닌가. 자전거가 자빠질 때 문이 열린 모양이다. 시간은 밤 12시경. 다행히 닭은 밤에는 도망을 못 간다. 여기저기 살펴보니 어렴풋한 별빛에 희끗희끗 닭들이 보였다. 주위를 훑어 5마리를 모두 붙잡아 닭장에 다시 넣었다. 교교하고 으스스한 산길을 자전거와 씨름하며 집에 도착하니 새벽 3시였다. 몸이 녹초가 되다시피 피곤해 그대로 쓰러져 잠이 들었다. 너무 고단했다. 그렇지만 돈이 생기는 일이라 마음은 뿌듯했다.

이렇게 한여름부터 초가을까지 가평의 서면과 현리의 닭들은 모두 내 손으로 실어다 일동에 팔았다. 어느 정도 자본이 모이니 가을과 겨울 장사를 궁리할 여유가 생겼다. 한여름이 지나면 아이스께끼 장사는 못 하고 가을과 겨울엔 동네의 닭들도 그 수효가 줄어들게 뻔했다.

돼지장사로 변경

게다가 약삭빠른 장사꾼 하나가 내 뒤를 따라다니며 그 사람도 닭장사를 했다. 그러니 자연히 이익이 이전의 절반도 못 됐다. 그래서 더욱 열심히 현리 동네를 누비며 닭을 사 모아 일동으로 날랐다. 그럴수록 날로날로 신역(身役: 몸으로 치르는 노역)이 더욱 고돼지기만 했다.

이렇게 나가면 안 되겠다 싶어 궁리한 끝에 돼지 시세를 알아보았다. 돼지 값도 역시 일동의 반값밖에 안 했다. 다음부터는 자전거로 돼지를 실어 날랐다. 300~400근 되는 돼지를 자전거에 싣고 현리에서 서파 고개까지 올라오려면 아이스께끼나 닭과는 비교도 할 수 없는 무게라 여간 힘든 게 아니었다. 그러나 어떻게 하든지 이것을 가지고 가야 충남이의 뒤를 대고 식구들이 먹고살 수 있다는 생각에 온 힘을 다해 고개를 오르곤 했다.

하지만 이것도 얼마 안 돼 경쟁자들이 생겼다. 자연히 현리에서는 전보다 높은 값을 쳐주고 일동에서는 낮은 값에 넘기게 되어 이익이 줄어들다가 나중에는 본전치기가 일쑤였다. 육체적으로나 정신적으로나 고되기만 하고 남는 것이 없으니 또 다른 궁리를 해야만 했다. 그러나 이 과정에서 '장사라는 것은 혼자만 재미를 볼 수 없다'라는 교훈을 얻었다.

장작·숯장사로 전업

일동은 군주둔지역이라 장병들과 면회자들을 상대로 한 음식점과 유흥업소가 많았다. 당시는 가스는커녕 연탄도 없고, 더구나 전기밥솥 같은 것은 나오지도 않은 때라 연료는 모두 장작과 숯에 의존했다.

닭과 돼지 장사를 집어치우고 시험적으로 산에 가서 나무를 해다 팔아 보았다. 나무장사는 수원 피란시절에도 해본 경험이 있다. 며칠 동안 죽은 나뭇가지들을 꺾고 삭정이를 주워 한 짐씩 지게로 져다 팔아 보니 곧잘 팔렸다. 그런데 영업집에서는 삭정이보다 장작을 원했다.

그때는 아무 산에서나 나무를 잘라다 땔감을 해도 무방했다. 그러나 이미 시작한 나무꾼들이 있어 가까운 산에는 장작을 할 만한 나무들이 남아 있지 않았다. 또 장작은 마른 것이라야 한다. 산에서 금방 베어온 나무는 일정 기간 말려야만 땔감이 되는 것이다.

본격적으로 나무장사를 해봐야겠다고 생각하고 청계에 사는 화전민들을 찾아가 의논했다. 장작 한 평에 얼마, 숯 한 섬에 얼마씩 주기로 하고 작업을 시켰다. 그곳 주민들이 워낙 가난해 먹을 것도 없는 형편이라 선금을 주어 생계를 유지토록 했더니 온 식구가 달려들어 열심히 일했다.

가을부터 나무를 베어 말려 장작을 만들고 숯가마를 지어 참나무 숯을 굽게 해 잔뜩 쌓아 놓았다. 그것을 겨우내 팔았다. 장작도 바싹 마르고 숯도 참숯이라 화력이 좋으니 일동의 영업집들이 모두 내 물건만 사갔다. 그들은 내 장작, 내 숯이 아니면 영업을 못 할 정도가 됐다.

땔감장사를 하면서 가만히 보니 숯은 일동 사람만이 아니라 서울 사람들도 많이 사갔다. 숯 시세를 물어보고는 한두 포씩 사서 화물로 부치거나 버스에 실어 가곤 하는 것이었다. 그래서 서울에서는 숯 값이 얼마나 하나 알아보기 위해 숯 3포(18관, 약 68kg)를 자전거에 싣고 약 150리 길인 서울 청량리까지 갔다. 시세가 일동의 2배, 1포에 2,400환이었다. 모두 팔아 7,200환을 받으니 욕심이 생겼다.

'오늘 아예 1만 환을 채워야겠다'고 마음먹고 청량리 시장에서 고등어 2짝을 샀다. 그것을 싣고 돌아올 땐 길가에 민가가 많은 의정부-포천 길을 택하기로 하고 미아리 쪽을 향했다. 그리고 아이스께끼 장사할 때 소리치듯 "고등어 사려"를 외쳤다. 그랬더니 의정부에서 송우리를 거쳐 포천에 오기 전에 다 팔렸다. 집에 와 계산해 보니 점심을 사 먹었는데도 밑천인 숯 3포 값을 제하고 1만 500환을 벌었다.

그다음부터는 집에서 파는 숯도 2천 환씩 올려 받았다. 장작도 일동에서 마른 장작은 내 것밖에 없으므로 단을 줄여 반 정도로 묶어 전과 같은 값을 받았는데도 여전히 잘 팔렸다. 그런대로 겨울 장사가 잘 되었다.

청량리 숯가게에서는 매일 물량을 댈 수 있겠느냐고 했지만 자전거로 서울 가기가 너무 힘들어 포기했다. 돈벌이가 꽤 되긴 했지만 집에서 팔아도 곧잘 돼 여유가 생기니 게으름을 피운 것이다. 서울에는 두 번밖에 안 갔지만 한겨울 눈길을 왕복한 장사라 고생이 이만저만이 아니었다. 하지만 장사 재미는 톡톡히 보았다.

이렇게 한 해 겨울에 나무장사와 숯장사로 10만 환 정도의 이익이 생겼다. 집이 싸리고개 근처에 있었는데 비록 남의 땅이지만 터가 꽤 넓어 300평 정도의 채마밭을 일구어 반찬거리로 삼았다. 그러나 이듬해에는 울타리 안 채마밭에 나무며 숯 등을 잔뜩 쌓아 놓았다. 청계에서 대는 물량으로는 모자라 산판에서 나오는 장작을 눈 오기 전에 차떼기로 사들여 쟁여놓고 팔았다.

이렇게 수년 동안 계속하니 충남이 용돈은 못 주나마 등록금이며 하숙비는 그럭저럭 대줄 수 있게 됐다. 나무장사는 나와 경쟁할 사람이 없었다. 일동의 음식점 등 큰 집들은 모조리 내 나무가 아니면 영업을 못 할 정도였다.

하지만 장사를 하다 보니 자연히 외상이 깔리기 시작했다. 매상은 많았으나 외상값을 못 받아 큰 재미를 보지는 못했다. 영업집에 외상으로 나무를 대주고 떼인 돈도 20만 환가량 된다. 이상하게도 일동에서 내 돈 축낸 사람 치고 잘된 사람이 없었다. 나는 돈을 떼이고도 별 타격 없이 살아왔다. 하지만 내 돈 떼어먹은 사람들은 나중에 모두 말로가 좋지 않았다.

나무장사로 그럭저럭 2, 3년 버텨내고 있는데 주차장 문제가 생겼다. 이것이 또 다른 인생의 시련이자 기회가 되기도 했다.

찐빵장사

그때만 해도 지금과 같이 횟수가 많지는 않았지만 하루에 몇 차례씩 이동-일동-서울 간 버스가 운행하고 있었다. 그런데 주차시설이 없이 버스들이 노상(路上)에 차를 세우고 승객을 태웠다. 그러다 버스는 반드시 주차시설이 있는 곳에서 승객을 승하차시키도록 운송사업법이 바뀌었다.

이에 따라 주차장을 설치해야 하는데 버스가 드나들며 승객을 태울 만큼 넓은 대지를 노변에서 찾기가 마땅치 않았다. 주차장 설립 추진위원들이 대지를 물색하다 우리 집에 와 보곤 마당이 널찍하니까 그것을 달라고 애원하다시피 했다. 그러나 내 땅이 아닌 남의 땅을 빌린 것이라 마음대로 결정할 수 없었다. 하지만 집만큼은 내 것이라 위치를 변경하여 거처를 마련해 준다면 응하겠다고 했다. 결국 주차장 옆에 집 3칸을 새로 지어 준다는 각서를 받고 승낙했다.

주차장을 하루빨리 만들어야 한다며 추진위원회 측은 우리가 거처할 집을 짓기도 전에 2, 3일 내로 집을 비워 달라고 서둘렀다. 이왕 내주기로 한 것이니 나도 주차장이 빨리 오는 것이 유리하겠기에 각서만 믿고 집을 비워 주었다. 우선 이웃집인 이광동 씨 집 윗방 한 칸을 얻어 이사했다. 이삿짐이라야 이불 한 채, 옷 한 상자, 양은솥 하나, 식기와 밥숟가락이 전부였다.

내 집을 철거하니 그날로 우리 집터에 중앙여객 버스가 주차하기 시작했다. 그러나 옛말에 "뒤보러 갈 때는 바쁘고, 나올 때는 바쁠 게 없다"더니 내가 그 격이 됐다. 철거하면 곧 집을 지어 준다고 각서까지 썼으나 주차장이 다 되니 서로 미루고 약속을 안 지켰다. 나는 한데에 있는 몸이나 다름이 없었다. 당장에 집이 필요했다.

할 수 없이 내가 가진 약간의 돈으로 자재를 사들여 추운 겨울에 집을 짓기 시작했다. 주차장 옆에 북향으로 3칸을 짓다가 중간에 돈이 떨어져 자재를 외상으로 들여다 지었다. 보상비가 나오면 갚기로 하고 집을 완성했다.

그러나 건축이 완료됐는데도 추진위원회에서는 자재대나 인건비를 한 푼도 주지 않았다. 추진위원 누구 한 사람 들여다보는 이도 없었다. 심지어 "그 사람, 그 자리에서 돈 잘 벌 텐데 뭐 하러 건축비를 주느냐"고 반대하는 사람도 있었다. 추진위원들뿐만 아니라 이웃의 누구 하나 돌봐 주는 사람이 없었다. 세상에 남의 일이라고 이렇게 외면할 수 있을까.

나중엔 추진위원회조차 분열돼 이전비 한 푼 못 받고 집 뺏기고 빚만 지게 됐다. 집 헐어 놓고 왜 돈을 안 주느냐고 수차례 애원하고 호소해 보았으나 돈 낼 사람이 못 주겠다는데 어찌할 도리가 없었다. 법적으로 대응할까도 생각해 보았으나 이전비 받아 봤자 소송비용도 안 될 것 같아 포기하고 말았다. 하지만 '좋다. 내가 돈을 못 받았지만 너희들 나에게 줄 돈 안 주고 얼마나 잘 사나 보자'고 마음속에 새겼다.

나와 아내는 그들에게 더 이상 구차한 말을 하지 않고 이를 악물고 빚을 얻어 건축비를 갚았다. 심지어 충남이가 알뜰히 모아 저축한 돈까지 집 짓는 데 들어갔다.

억지로 집은 다 지었으나 수중엔 동전 한 닢 없는 무일푼이었다. 무엇이라도 해야 입에 풀칠할 상황에서 궁리한 것이 찐빵장사였다. 피란 나와 수원에서 잠시 국화빵을 구워 판 적이 있어 아내가 안을 낸 것이다. 버스 기다리는 사람들이 들락날락하면서 팔아 준 푼돈을 모아 겨우겨우 식구들 끼니를 이을 수 있었다.

하지만 이것으로는 충남이의 등록금과 하숙비를 감당하기 어려웠다. 충남이는 하숙을 못하고 밥만 얻어먹는 입주 가정교사로 있으며 공부하게 됐다.

아내와 내가 직접 빵을 만들고 손님 시중을 들면서 절약에 절약을 했다. 빵기술이 어느 정도 능숙해져 손님들이 끊이지 않고 들었다. 하지만 빵장사가 겨울엔 그런대로 됐으나 봄철이 되면서는 점점 손님이 줄고 매상이 부진해졌다.

풍미식당 영업

다른 업종을 생각해 보았지만 차부(주차장) 앞이라 그래도 음식장사가 가장 유리할 것 같았다. 다른 잡화 등은 자본 관계로 생각도 못했다. 아내와 궁리한 끝에 대중식당, 밥장사를 하기로 했다. 틈틈이 계를 몇 머리(구좌) 모은 것으로 식당(풍미식당)을 시작했다. 한 그릇에 100환짜리 해장국과 300환짜리 육개장을 주로 파는 대중식사였다.

처음에는 이다바(요리사, 주방장)를 두고 했으나, 인건비가 많이 나가 나중에는 아내가 요리법을 배워 직접 음식을 만들었다. 아내의 요리 솜씨가 워낙 좋고 정성을 들인 덕인지 음식이 맛있다고 소문이 나자 손님들이 끊이지 않았다. 한창 손님이 붐빌 때는 하루 쌀 5말까지도 소비했다.

서울 같은 도시에서 음식 잘한다는 소문이 나면 그 집은 돈을 번다. 그러나 시골에서 대중식사를 잘한다 소리를 들으면 까딱하다가 빚을

지기 십상이다. 재료를 많이 쓰고 음식을 푸짐하게 퍼주니 별 이익이 없기 때문이다. 이는 내가 해본 경험에서 알게 됐다. 수년간 영업하면서 하루 최고 매상고 6천 환을 올린 날이 단 한 번 있었다. 음식장사를 해보니 분주다사(奔走多事: 일이 많아서 바쁨) 하기만 했지 매상도 시원찮을 뿐만 아니라 이익은 식구들 밥 먹을 정도에 불과했다.

영업하면서 아내의 신역은 말할 수 없이 고되었다. 저녁 늦게 영업을 끝내고는 새벽손님을 위해 해장국을 한 솥 해 안쳐 밤새도록 끓게 한 뒤 아내는 그제서야 밤을 틈타 빨래하고 아이들 옷가지 손질이며 집안 청소를 한다. 그러니 하루에 잠자는 시간은 서너 시간이 될까 말까였다. 그런 중에 성숙과 승환을 낳아 젖을 먹이면서도 영업을 했으니 아내의 고생은 말이 아니었다.

몸을 돌보지 않고 절약하며 수삼 년 열심히 노력하니 그럭저럭 집을 짓느라 얻은 빚을 다 청산했다. 그리고 주위의 집 2채를 더 사서 울타리를 털어 한 덩어리로 연결하여 식당, 하숙을 치는 외에 길가 쪽 집은 이발소, 세탁소, 건강식품점, 가축병원 등 임대를 주어 월세를 받기에까지 이르렀다.

한편 주차장이 들어선 땅의 소유자들은 자기들 이익만 생각하고 서로 고집을 부려 늘 잡음이 그치지 않고 싸움이 잦았다. 그러던 중 우리 땅의 지주인 정기억이 주차장을 아예 자기 집 앞마당으로 옮기고 말았다. 우리 집에서는 멀리 떨어진 곳이었다. 큰길에서 안쪽으로 한참 들어간 곳이어서 차부의 여건이 될 수 없으나 지주라는 위세를 내세워 심술을 부린 것이다.

주차장이 옮겨가는 바람에 버스 승객들에게 의존하던 풍미식당은 파리를 날리는 형편이 됐다. 그러나 워낙 음식을 잘한다는 소문이 났기에 단골손님들이 찾아오고 계원들의 회식이 잦아 그럭저럭 버텨 나갔다.

정기억이 자기 집 앞으로 주차장을 이전한 지 얼마 안 되어 차부는 우리 집에서 수백 미터나 더 떨어진 시장께로 또 옮겼다. 지주 정기억이 버스회사로부터 미움과 불신을 받았기 때문이다. 그나마 근근이 식구를 먹여 살려온 식당은 예전의 가정집 역할밖에 못 하게 됐다. 거리에 다니는 사람 구경하기가 힘들 정도로 한산했다. 고래 싸움에 새우 등 터진 격이 됐다. 할 수 없이 대중음식점은 휴업을 하고, 이후 몇 년 동안 또 백수로 온갖 심적 고통과 경제적 곤란을 당하는 나날이 계속됐다.

삶에서 얻은 철학

식당업을 하면서 몇 가지 영업철칙을 깨닫고 인생 경험을 했다.

첫째, 목돈으로 재료를 사면 물거품이 된다는 것이다. 즉, 여윳돈이 있다고 재료나 연료를 듬뿍 사 놓고 영업하면 안 된다는 사실을 깨달았다. 어느 땐가 쌀 10가마와 연탄 1천 장을 현찰로 미리 사 두고 영업해 보았다. 그러고는 고기나 양념류 등 필요한 재료만 사들이면서 그날그날 입금된 돈을 통에 모아 보았다. 쌀과 연탄이 다 소비된 뒤에 계산해 보니 이상하게도 그 값이 안 나왔다. 영업재료 살 부담감이 없으니 돈을 헤프게 쓴 결과이리라. 그래서 언제나 쌀 5말과 연탄 10장을 매일매일 사다 쓰면서 영업했다. 그렇게 해도 외상을 지지 않고 그럭저럭 하루 장사를 할 수 있었다.

당시(1962년 6월 화폐개혁 뒤) 월 10만 원짜리 계를 조직했다. 곗날에는 계원들이 우리 식당에서 식사를 한다. 계원 10명이 식사하고 식대 1인당 300원씩 낸 돈 3천 원을 내가 물어야 할 곗돈으로 지불하고 나서도 이상하게 다음날 영업할 재료를 살 돈이 됐다. 이것이 영업의 비결이었다. 그래서 월 10만 원짜리 계를 1년에 17개까지 들고 식사는 풍미식당에서 하도록 한 적도 있다. 이것이 나중에 목돈이 됐다.

둘째, 남에게 못할 일을 저지르면 자기도 망한다는 것이다. 주차장이 들어설 때 나에게 이전비 지불하는 것을 반대한 사람들은 그 후 전부 가산을 탕진했거나 사망하고 한 사람도 내 주위에 지금 남아 있지 않다. 주차장 문제로 주위 사람들에게 그렇게 원성을 많이 산 정기억도 그 후 얼마 안 돼 병을 얻어 이 세상을 떠나고 말았다. 그러나 나는 자식들 다 키우고 지금까지도 건강하게 살고 있다. 남의 입장은 생각하지 않고 자기 이익만 추구하려는 사람들의 결과는 결코 좋지 않다는 것을 교훈으로 삼고 있다.

셋째, 동업한 사업은 성공하지 못한다는 것이다. 그 무렵(1960년대 말경) 의견이 맞는 사람끼리 합자하여 경기도 광주에 대지를 샀다. 1970년대 초에 곱으로 뛰어 400만 원가량의 이득을 볼 수 있었다. 나는 그 땅을 팔자고 했다. 하지만 좀더 오르면 팔자는 의견이 강해 미루었는데 그 뒤 매기가 떨어져 고비를 놓쳤다. 결국은 밑져서 팔았다. 사업은 여럿이 동업할 일이 못 된다는 사실을 깨달았다. 여럿이 합자하여 동업도 못할 일이고, 내게 돈이 없어 혼자는 아무것도 못 하니 2, 3년간은 아무런 사업도 못 했다. 돈벌이를 못 하니 가족들에게 미안한 마음뿐이었다. 설상가상으로 몸에 병까지 생겨 대수술을 하는 바람에 가족과 형님들에게 큰 부담을 안겨 줬다.

횡재 포기한 이웃 사랑

구전이나 먹으려다 …

1969년 10월 주차장 문제가 한창 시끄러울 때의 일이다. 당시 약 300m 떨어진 시장 쪽으로 주차장을 옮기긴 했으나 그곳은 공간이 좁아 여러 가지로 불편했다. 버스회사에서 근처 큰길가에 땅만 확보되면 주차장을 옮기려 한다는 소문이 들렸다.

어느 날 이수진이란 동네 사람이 찾아왔다. 서울의 차주가 도로변에 땅을 가진 지주가 있으면 소개해 달라고 하더란다. 도로변은 서울 사람 땅과 정기억의 땅 외에는 별로 없다고 했더니 정기억의 토지를 소개하라기에 접촉해 봤더니 500만 원을 내라고 한다. 서울 차주는 400만 원까지는 준다고 하여 다시 접촉한 결과, 정기억은 500만 원 이하로는 팔 수 없다고 하여 결렬됐다.

그래서 나름대로 다른 땅을 물색해 보았더니 우리 집 길 건너편에 김 노인(함상길 처가 쪽 사람)이 갖고 있는 땅이 8천여 평 있는 것을 알았다. 하지만 지주는 그 땅 전부는 팔아도 일부를 떼어서는 안 팔겠다고 한다. 평당 500원씩 내라니 8천 평을 다 사도 400만 원이면 가능했다. 지주와 흥정이 됐다. 이수진은 서울 차주에게 연락했더니 "바쁜 일이 있어 수일간 일동에 갈 수 없으니 이자라도 얻어 계약하라"고 하더란다. 계약만 하면 이자까지 다 받아내겠다는 이수진의 말이다.

요사이 매일 아무런 벌이도 못 하고 놀기만 했는데 이런 것이라도 소개하고 구문(口文: 흥정을 붙여주고 받는 대가)이라도 얻어야겠다는 생각이 들었다. 그러나 나에게는 단돈 10만 원도 여유가 없었다. 그래서 “이자를 얻어 계약할 것이니 후에 책임은 이수진, 당신이 지라”고 단단히 약조했다.

같은 계원들인 김유용, 이명복, 이진구 등에게 사정을 얘기했더니 세 사람이 40만 원을 모아 빌려주었다. 다음 날 계약하면서 잔금은 1개월 후에 지불키로 했다. 그런데 10여 일이 경과해도 서울에서는 연락이 없었다. 이수진이가 상경했다 오더니 그 사람이 수일 후 곧 온다고 했단다. 일시불로 전액을 가지고 올 것이니 아무 염려할 것 없이 기다리라 하더란다.

그러나 약속한 1개월이 지나도 서울에선 소식이 없다. 매도인에게 사정하여 잔금지불을 1개월 연기했다. 친구들이 계약금으로 빌려준 돈 40만 원은 1개월만 쓰겠다고 한 것이라 고민이었다. 이자를 주겠다고 했더니 “이자가 무슨 이자냐”며 잔금이 완불되면 원금만 갚으라는 것이었다.

얼마 후 서울에서 차주의 아들이라는 사람이 왔다. 그 사람이 이수진에게 하는 말이 자기 부친이 일동에 온다고 돈 400만 원을 가지고 떠난 지가 5일이 경과해도 돌아오지 않아 찾아왔다는 것이다. 이게 어찌 된 일인가. 여기서는 그 사람이 올 때만 고대하고 있었는데 … .

아들이 당황한 빛을 띠며 사방에 수소문을 하는 모양이었으나 허사였다. 그 후 7일쯤 뒤에 연락이 왔는데 돈을 가지고 떠난 날 그 아버지가 자동차 사고로 사망했다는 것이다.

계약한 땅은 허사가 될 수밖에 없었다. 나는 친구들한테 빌려 계약한 돈 40만 원을 고스란히 손해 보게 되었다. 급한 김에 우선 김 노인에게 가서 잔금지불을 또 연기해 달라고 하여 양해를 구했다. 시간은 좀 벌었으나 뾰족한 도리가 없었다. 처음엔 모든 것을 책임지겠다던 이수진은 상황이 이렇게 되자 자기는 모르겠다며 꽁무니를 뺐다. 참으로 어처구니없었다. 구두로 한 약속이니 책임을 물을 수도 없는 노릇이다.

이수진이라는 사람은 워낙 거짓말 잘하기로 일동에 소문이 나 신용이 없다는 것을 나중에야 알았다. 그래서 서울의 차주가 실제로 그 땅을 산다고 했는지, 또 실제로 그 사람이 죽었는지, 혹시 차주의 아들이라는 사람도 가짜로 그와 짜고 거짓 연극을 꾸민 것인지 도대체 모를 일이었다. 이수진도 그 후(2000. 12) 사망했으니 알 길이 없다.

친구들에게 이 사실을 얘기했더니 "40만 원을 손해 봐서야 되겠느냐"면서 자기들이 360만 원을 모아 줄 테니 그 땅을 샀다가 적당한 작자를 만나면 팔아서 갚으라고 했다. 참 고마운 친구들이었다. 매도인에게 사정해 며칠 말미를 더 얻었다. 그동안 그 친구들이 돈을 마련해 줘 잔금을 치렀다. 그러나 이 거금은 어떻게 하든지 내가 갚아야 할 돈이었다.

일확천금의 꿈은 사라지고

그 땅을 즉시 내놓았으나 쉽게 작자가 나서지 않았다. 아무리 친구들이 내 형편을 보아 돈을 마련해 준 것이지만 최소한 이자는 주어야 했다. 그 땅에 살고 있는 가구가 모두 40호인데 그들로부터 임대료를 받아 친구들에게 이자로 나누어 주었다. 백미로 약 16가마인데 1년 이자로는 턱없이 부족한 액수였으나 친구들은 그것만 받겠다고 했다. 참으로 고마웠다. 친구들 신세를 만 2년 동안 지면서 그 땅 때문에 마음고생을 많이 했다. 그사이에 현 천주교 대지 약 700평을 팔아 약 180만 원을 갚았다.

그러는 동안 식당 영업을 3년간 하면서 집을 늘려 숙박업도 했다. 숙박객은 주로 면회 온 군인가족들로 토요일에 투숙하여 하루 묵고 떠나거나 전속 온 군인들이 미처 가족이 따라오기 전 한두 달 묵는 경우가 대부분이었다. 하루는 숙박계를 조사해 보니 윤기덕이라는 사람이 3일간 계속 유숙하고 있어 뭐 하는 사람인가 궁금했다. 바로 그날 아침에 종업원이 오더니 한 유숙객이 주인을 만나보고 싶어한다고 했다. 누구인가 했더니 바로 그 윤기덕이라는 사람이었다.

그 방에 갔더니 "아저씨, 일동에 땅 사셨죠? 그 땅 파시죠"라면서 자기가 그 땅을 사겠다고 했다. 그렇지 않아도 땅 때문에 몇 년 동안 친구들에게 미안하기 짝이 없었던 차라 '땅 팔라'는 말이 그렇게 반갑게 들릴 수가 없었다. "얼마나 주겠소?"라고 물었더니 "아저씨, 그 땅 500원씩에 사셨죠?"라며 내가 산값까지 알고 있었다. 그는 "1천 원씩 드리지요"라고 했다.

나는 그 말에 귀가 번쩍 뜨였다. 8천여 평의 땅을 친구들 돈 400만 원을 빌려 샀다가 일부를 팔아 갚고 아직 220만 원의 빚을 지고 있어 애를 태우고 있을 때였기 때문이다. 남은 땅 7,300평을 1천 원씩에 팔면 빚을 갚고도 대충 500만 원은 떨어지니 이것이 꿈인지 생시인지 믿어지지 않았다. 순간 흥분돼 가슴이 울렁거렸다.

나는 그 자리에서 확답하지 않고 생각을 좀 해보겠다고 대답하고 나왔다. 너무도 흥분되어 마음을 진정시킬 수가 없었다. 당시 내 수중엔 단돈 10만 원도 없어 전전긍긍하던 차인데 고민거리인 땅을 팔 뿐만 아니라 500만 원이란 거금까지 생기는 것이다. 나로서는 감당하지 못할 일이었다. 너무 흥분돼 주체할 수가 없었다.

간신히 마음을 가라앉히고 제시한 값에 팔겠노라고 구두로 약속했다. 윤기덕은 그러면 계약금을 마련해 오겠다며 어디론가 떠났다. 그런데 그는 며칠을 기다려도 나타나지 않았다. 초조하게 기다리고만 있을 뿐이었다. 그런데 누군가 나를 찾아와 그가 토지 사기꾼으로 걸려 피해 다니던 중이었는데 서울에서 붙잡혔다고 귀띔해 주었다. 하마터면 나도 그에게 땅을 사기당할 뻔했다.

재물이냐 이웃이냐

그 후에도 얼마 동안 땅 문제로 무거운 마음으로 나날을 보내고 있을 때 서울의 브로커들이 찾아왔다. 대지 전부를 자기들에게 매도하라고 했다. 배짱을 부려 평당 1,500원 이하로는 절대 안 판다고 했더니 군말 않고 사겠다고 했다. 그 값에 팔면 이익금이 아무리 적게 잡아도 800만 원은 된다. 내 일생일대 팔자를 고칠 수도 있는 거금이었다. 지난번에 500만 원의 이익이 생길 뻔한 것보다 더 흥분되는 일이었다. '고진감래(苦盡甘來: 고생이 끝나면 즐거움이 온다)라고 쪼들리며 살다가 이런 일도 생기는구나'라며 감격했다.

그러나 다시 생각해 보았다. '일동 주민들은 돈이 없어 500원에도 못 사는 땅을 1,500원씩에 판다니 너무 바가지를 씌우는 것이 아닐까.' 서울 사람들에게 그 땅을 무엇에 쓰려는지 물어보았다. "우리는 윤기덕 같은 사기꾼이 아닙니다. 아저씨는 일동에 살고 계시기 때문에 현재 거기에 살고 있는 사람들에게는 제값을 받고 팔 수가 없어요. 하지만 우리가 사서 팔 때는 복주여관같이 목이 좋은 곳은 평당 2,500~3,000원씩 받고 나머지 땅도 최소한 1,500원씩은 받을 수 있어요. 대신 비용은 좀 많이 들지요"라는 것이다. 그들은 어디선가 그 땅에 대한 내용을 훤히 알고 나를 찾아온 것이다.

이때 다시 생각해 보았다. 그 땅에 사는 주민들의 경우 평당 500원씩에도 못 사는데 내가 이 땅을 팔면 매입자는 십중팔구 주민들에게 땅을 사라고 강권이나 압력을 가할 것이다. 대부분의 주민들은 경제적 능력이 없는 사람들이니 결국은 희생당할 게 뻔하다. 내가 일동에 토대를 가지고 사는 이상 그 사람들을 희생시킬 수는 없다.

한편 나는 그 땅 때문에 많이 고민해왔다. 친구들의 돈이라 이자는 그리 많지 않아도 빌린 돈이니 원금은 갚아야 한다. 또 내 수중에는 돈이 없어 늘 생활에 쪼들렸다.

그 당시 일동에 대지 분란이 일어났다. 땅값이 들먹거리니까 남의 땅에 집을 짓고 살던 사람들이 가능하면 집터를 자기 명의로 하려고 했다. 이웃끼리 경계해 살고 있는 주민들은 서로 자기 땅을 넓게 확보하려는 욕심으로 다툼이 잦았다.

'이 기회에 800만 원이란 일생일대의 거금에 해당하는 이득을 볼 것인가? 주민들의 편의를 도모할 것인가?' 고민됐다. 마음속으로 간절하게 누군가 위대한 힘을 가진 분과 의논하고 싶었다. 그 길로 내 방에 들어와 누워 가만히 생각해 보았다. '누구와 의논한단 말인가. 아버지는 이미 돌아가신 지 오래이니 의논할 상대가 없다. 아내와 형님들과 의논해 봐야 대답은 들으나마나이고 돈을 빌려준 친구들에게 물어보아도 팔라고 할 것이 뻔하다.'

평생 만져 볼 수도 없는 거금을 거머쥘 것이냐, 주민으로서 이웃을 생각할 것이냐, 그것이 문제였다.

'보이지 않는 분'의 음성

그런데 문뜩 눈에 보이지 않는 위대한 분이 떠올랐다. 당시엔 교회에 다니지 않았는데, 지금 생각하면 그분이 바로 하나님이 아닌가 느껴진다. 그분은 영적으로 위대한 힘을 가진 것으로 여겨졌다.

그분에게 진지하고 간절하게 물었다. "브로커들에게 땅을 팔아 나의 곤궁한 처지를 면할까요? 아니면 건전한 작자가 나타날 때까지 가지고 있을까요?" 그랬더니 "그들에게 땅을 팔지 말라"고 하는 것이었다. "돈 800만 원이 생긴다고 네가 팔자를 고치지는 못한다. 또 땅을 팔면 너는 일동에서 살지 못한다. 그러니 대지는 현재 그 땅에 사는 주민에게 주고 농토는 그 땅을 부쳐 먹는 사람들에게 본전에 나누어 주라"는 응답이 왔다.

순간 나는 전신에 식은땀이 나고 열이 올라 몸을 어떻게 가눌 수가 없었다. 잠시 진정하고 안정을 되찾은 뒤 밖으로 나왔다. 서울 브로커들이 묵고 있는 방으로 찾아가 그 땅을 못 팔겠다고 거절했다. 그랬더니 "돈이 적어 그럽니까? 그렇다면 돈을 더 줄 수도 있습니다"라고 했다. 돈의 액수가 문제가 아니었다. 보이지 않는 영적 존재의 응답을 생각하니 도저히 팔 수 없었던 것이다. 팔지 말라는 그분의 지시를 저버리면 큰 죄를 짓는 것이라는 생각이 들었기 때문이다.

횡재의 임자는 따로

그 후 그 땅을 객지인들이 장난치지 못하게 하루라도 빨리 주민들의 소유로 해주어야겠다고 결심했다. 주민 각자의 명의로 본전에 넘겨주려고 해도 그 땅이 하나의 번지로 돼 있어 분할해야만 했다. 그러려면 측량을 해야 한다. 즉시 측량기사를 불러 3일 동안 땅을 재 경계를 정했다. 측량을 완료하고 평수를 계산하니 약 200평이 부족했다. 소로(골목길)를 재지 않은 것이다. 다시 소로를 재서 양쪽 인접한 대지에 반씩 편입시키고 계산하니 비로소 평수가 맞아떨어졌다. 측량비가 평당 5원씩 들어 500원에 산 땅의 본전이 505원으로 늘었다.

측량을 다 끝낸 뒤 그곳 40가구 주민들을 한데 모아 놓고 지금까지 지내온 상황을 자세히 설명했다. 몇 년 전에 사서 지금은 땅값이 두 배 이상 올랐으나 본전에 주민 앞으로 개인 등기를 해주겠다고 발표했다. 주민들은 이렇게 고마울 수가 있겠느냐며 치사했다. 말은 그렇게 해도 막상 매입하라고 했더니 15가구만 사겠다고 했다. 나머지 25가구는 형편상 당장 구입하기가 어렵단다. 그래서 15가구에는 평당 505원씩에 매도했다. 나머지 주민들은 실제로 돈이 없어 차일피일 미루고 있었다.

그 뒤로 1년여 동안에 10여 가구를 더 팔았다. 그러나 나머지 중에도 땅을 살 형편이 되는데도 그대로 버티는 주민들도 있었다. 비록 남의 돈을 빌렸지만 내 돈 주고 산 땅을 세 곱을 준다는 것도 안 팔고 자기들을 생각해 본전에 준다는데도 내가 사정하는 형편이 바보스럽기까지 했다.

그래서 주민이 사지 않는 땅에 대해 더 이상 신경을 쓰기가 싫어 다른 사람에게 부탁하기로 했다. 그 동네 주민 중 부면장을 지낸 채규설 씨에게 상세한 경위를 설명했다. "나는 여기까지 했네. 그러나 이제 지쳐서 더 이상 버티기 힘드니 자네가 나 대신 팔아 주게"라고 위임했다.

그 사람도 1년을 두고 주민들에게 권고했으나 결국 7가구를 못 팔고 할 수 없이 자기가 맡아 명의 변경을 해놓았다. 그렇게 하여 맡은 7가구의 땅 2천여 평이 몇 년 뒤 수십 배로 올라 채규설은 부유하게 됐다. 그는 생전에 나를 만날 때마다 늘 고맙다는 말을 잊지 않았다.

나는 당시 주민들에게 판 땅과 교회에 판 밭 2,300평 값으로 원금 일부를 갚고 그 후 중학교 뒷산 약 3정보를 샀다가 되팔아 원금과 이자를 모두 갚았다. 그러고 나니 마음이 너무 편했다. 그러나 내 수중에는 돈이 없다.

엇갈린 은혜와 배은

위임받은 땅문서 돌려줘

채규설 씨가 생존해 있을 때의 일이다. 일동중고등학교에서 중학 건물을 신축하려는데 대지가 필요하다고 했다. 그런데 학교 옆의 대지 일부가 채 씨의 땅이었다. 그것은 내가 그에게 위임하여 맡긴 땅의 일부였다. 학교에서는 그 땅을 팔지 않겠느냐고 나에게 물어왔다.

나는 채 씨에게 의논했다. "그 땅을 인계받아 큰돈을 벌었으니 아이들을 위한 교육과 일동 사회를 위해 기부하는 게 어떻겠느냐"고 했다. 그는 "이 선생이 기부하라면 기꺼이 그렇게 하겠다"고 쾌히 승낙하며 나에게 토지 처분에 대한 위임장까지 써 주었다.

그러고 얼마 안 돼 채 씨가 사망하고 말았다. 부랴부랴 그 집에 가보니 그의 맏아들(당시 일동 부면장)이 시신을 지키고 있었다. 그 아들에게 부친이 무언가 유언한 것이 없느냐고 물어보았으나 자기도 임종을 못 했다고 한다.

혹시 채 씨가 죽기 전 나에게 써준 위임장(중학교에 부지를 기부키로 한 것)에 대해 말했으면 실행하려고 마음먹고 물어보았다. 아들에게 그 위임장을 보여 주었다. 그 땅은 내가 마음대로 처분해도 법적으로나 도덕적으로 아무런 하자가 없는 것이었다. 학교에 기증키로 의논하여 위임장을 써준 땅이므로 다른 용도로 처분하는 것은 내 양심상 해서는 안 되는 일이었다. 그러나 위임장을 아들에게 내어 주며 "자네가 알아서 하라"고 했더니 고맙다며 받았다. 아들도 착한 사람이라 아버지가 그 일을 성사시키고 가셨으면 좋았을 것이라며 아쉬워했다.

그러나 그 땅을 기부한다 해도 중학교 건립에는 옆에 있는 다른 사람의 땅 200여 평이 더 필요했다. 땅을 매입하려 했으나 그때는 이미 토지 붐이 불어 평당 30만 원 이하에는 팔지 못하겠다고 버텼다. 중학교는 결국 교사 증축을 포기했다.

"거저 주라"

지금까지도 그 동네 사람들 중 일부는 자기 집 땅을 싸게 샀다는 사실에 고마워하지만 대부분의 사람들은 그런 사연을 까맣게 잊었다. 특히 우체국집 아줌마는 구설이 분분했다. 가만히 있으면 아무 일도 없었을 것을 내가 공연히 평지풍파를 일으켰다는 것이다. 하지만 그 땅이 한 필지로 돼 있어 언젠가는 누가 장난을 쳤을지도 모르는 것을 내가 각 필지로 나눠 준 공을 모르고 하는 소리였다. 결국 이웃 사람들이 상황을 설명해 주어 그 아줌마가 나중에 나에게 찾아와 사과하기에 이르러 마음이 한결 가벼웠다.

당시 땅을 각자 매입할 때 큰길 옆의 자투리 땅 9평을 아무도 사지 않았다. 20년이 지나도록 그냥 있었는데 그 땅을 끼고 사는 배터리가게 박영복과 철물가게 김성수는 각자 자기가 차지하려고 암투를 벌이며 서로 말도 하지 않고 지내고 있었다.

약 15년 전이다(이 글을 쓴 것은 2002년 12월경이다). 하루는 내가 논에서 일하는데 박영복이 달려왔다. "아저씨, 땅 좀 해결해 주세요"라는 것이다. 당시엔 땅값이 올라 평당 50만 원이었다. 9평이니 450만 원은 너끈히 받을 수 있었다. 나는 "왜 그렇게 사라고 할 때는 안 사더니 이제 와서 해결해 달라는가. 난 안 간다. 자네들끼리 마음대로 해보게"라고 했다. 그런데도 박영복은 "측량기사까지 불러 놓았습니다"라면서 함께 가서 해결해 달라고 졸랐다. 나는 당시에 애먹인 그들이 괘씸해서 "그렇게 사정할 때는 콧방귀도 안 뀌더니 이제 와서 무슨 염치로 해결해 달라고 하는가"라며 완강히 거절하고 그대로 돌려보냈다.

그리고 계속해서 논일을 하는데 난데없이 어디선가 이런 음성이 들려왔다. "네가 그 당시 땅을 돌려줄 때 돈을 남기려고 한 것이 아니었잖느냐. 지금 네가 그들을 외면하면 450만 원이라는 돈 때문이라고 생각할 수밖에 없다. 그때 거저 주었으니 지금도 거저 주거라. 그들이 싸우다 한쪽이 죽을지도 모르니 어서 가서 그 문제를 해결하거라."

정신이 번쩍 들어 박영복이 간 쪽을 보니 그는 이미 그림자도 안 보였다. 나는 논에서 나와 씻지도 않고 자전거를 타고 문제의 땅이 있는 곳으로 부리나케 달려갔다. 사람들이 빙 둘러 모여 있는 속에 박영복과 김성수는 서로 언성을 높이며 싸워 멱살잡이 일보 직전의 상황이었고 측량기사들은 멍하니 구경만 하고 있었다.

내가 그들 사이를 비집고 들어가 말했다. "지금 너희가 다투는 9평의 땅은 아직도 내 땅이다. 이곳 땅이 평당 50만 원은 하니 450만 원이다. 너희가 왜 남의 땅을 가지고 다투는가. 땅에 대한 권리행사를 하려면 누구든지 나에게 450만 원을 내놓아야 옳다. 그렇지 않으면 아무도 이 땅의 소유권을 주장할 수 없다."

그랬더니 두 사람이 머쓱해지고 주위 사람들도 과연 그래야 한다며 거들었다. "내가 그때 505원씩에 사라고 할 때 너희가 이 땅을 안 사고 애를 먹였는데 이제 땅값이 1천 배나 뛰었다. 너희도 이제 먹고살 만하게 됐으니 내가 그 값을 받아도 누가 뭐랄 수 없다." 그랬더니 그들은 정신 나간 사람처럼 나만 바라보고 있었다.

"하지만 나 이 땅을 너희에게 거저 주겠다. 15년 전에도 내가 돈을 붙여서 판 것이 아니었다시피 지금도 그냥 주겠다. 대신 너희가 이웃 간에 다투지 말고 사이좋게 나눠라. 내가 누구는 몇 평, 누구는 얼마큼 가지라고 말하지 않겠다. 땅을 나누면서 또 다툰다면 나는 결코 이 땅을 아무에게도 주지 않겠다. 이웃 간에 다정하게 사는 것이 나의 바람이다."

이렇게 말하고 자리를 뜨려 하니 구경하던 사람들이 이구동성으로 "아무리 이 선생의 뜻이 고맙고 훌륭하더라도 두 사람이 그렇게 해서는 도리가 아니다. 다만 얼마라도 땅값을 지불해야 옳다"고 말했다. 나는 아무 말도 하지 않고 다시 논으로 돌아왔다. 결국 그들은 돈 한 푼 안 들이고 그 땅을 똑같이 반씩 나누어 가졌다.

'보은(報恩)자' 죽고 '배은(背恩)자' 살다니 …

결국 그 땅을 돈 한 푼 받지 않고 넘겨주었다. 그런데 두 사람의 태도가 아주 대조적이어서 내 마음에 '겉모양은 같은 사람이라도 속마음은 천차만별'이라는 교훈을 심어 주었다.

그 일이 있고 수년이 흘렀다. 나는 소일거리로 개울에 나가 물고기를 잡곤 했다. 아내가 육류를 전혀 못 먹는 대신 생선류, 특히 민물고기를 즐겨 먹기 때문에 욕심이 생겨 많이 잡고 싶었다. 그래서 배터리가 필요해서 박영복의 배터리가게를 찾아가 고기 잡는 배터리를 조립하려면 얼마나 드느냐고 물었더니 5만 원을 달라고 했다. 비싼 듯하여 "좀 싸게 해줄 수 없겠냐"고 물었더니 한마디로 "안 된다"는 것이다.

야속하기도 하고 과거 일을 생각하니 괘씸하기 짝이 없어 서운한 마음으로 그냥 돌아섰다. 나는 수백만 원 상당의 땅을 거저 주었건만 자기는 몇만 원짜리를 조금 싸게 해줄 수도 없단 말인가. 그에게 호의를 베푼 내가 바보스럽게 느껴졌다.

그러고 며칠이 흐른 뒤, 집 대문을 새로 만들고 기둥에 고정시키려고 하니 경첩과 볼트가 필요했다. 김성수의 철물점에 가서 말했더니 물건을 내주었다. 얼마냐고 물으니 "무슨 말씀이세요. 그냥 가져가세요" 한다. 몇 푼 안 되는 것이지만 그래도 그냥 가라는 그 마음엔 나에 대한 고마움이 배어 있는 듯해 흐뭇했다.

한데 지금 철물가게 하던 김성수는 죽고 배터리가게를 하는 박영복은 아직도 활발히 돈벌이를 하고 있다. 그 모습을 보면서 인생엔 불공평한 면도 있다는 현실이 허무하게 느껴지기도 한다.

친구의 극한선택 만류

장사 욕심 부리다 빚에 몰린 친구

일동농약사를 경영하는 최재완이란 사람이 있다. 나보다 2살 위로 언변도 좋고 장사 수완도 특별하여 주위 사람들의 부러움을 샀다. 자기 소유 건물 2층은 중앙다방인데, 월 20만 원에 세를 주고 있다. 새벽잠이 없는 인근 노인들은 매일같이 새벽 4시면 다방에 모여 한담들을 하며 지냈다.

그곳에 모이는 일동 늙은이들이 종종 단체관광도 간다. 일행들은 시간 보내기가 무료하고 취미 삼아 가는 관광이라 무의미하게 구경이나 하고 돌아오기가 일쑤다. 하지만 최재완은 관광으로 각처를 다니면서도 장사할 게 뭐 없나 머릿속에 그리며 다닌다. 가진 자본은 별로 없어도 욕심은 대단한 사람이다.

그러던 중 어느 해인가 관광차 전라도에 간 일이 있는데 그 기회를 놓칠 최재완이 아니었다. 그는 일행에서 떨어져 어디론가 가서 한참 있다가 오더니 배추밭을 계약(입도선매)했단다. 약 4천 평을 우선 계약금만 치르고 왔다고 했다.

나는 그해에 농토를 매도하게 되어 계약금 500만 원을 받은 게 있었다. 이것을 안 최재완은 나에게 돈을 빌려달라고 했다. 전라도에서 계약하고 올라온 배추밭 값을 치를 돈이 없다는 얘기다. 나는 급히 쓸 돈도 아니고 김장철이 되면 팔아 갚겠다기에 선뜻 빌려주었다. 그 밭을 사고 난 뒤 약 1개월 후에 채소 시세가 상승하여 2배 이상의 이익을 보게 되었다. 나는 그쯤에서 빨리 매도하라고 귀띔했으나 그는 3배는 돼야 매도하겠다며 배짱을 부렸다.

그러나 약 15일 후에는 그해 채소가 풍년이 들어 산값도 건질 수 없이 폭락했다. 농산물이 폭락하면 작자도 없는 법이다. 다른 사람 같으면 손해 봤다고 끌탕을 할 텐데, 최재완은 오히려 그것을 만회한다고 타인의 돈을 더 차용하여 약 3천만 원 상당의 배추밭을 또 샀다. 그러나 결국은 그해 배춧값이 더욱 폭락하여 본전의 반도 못 건졌다. 그는 빚에 쪼들려 몇 년 동안 허덕이는 신세가 됐다.

"시간이 해결해 준다"며 자살 말려

3년쯤 지난 어느 날 최재완이 찾아왔다. 나한테 꾸어간 돈 500만 원을 겨우 본전만 가져왔다는 것이다. 수년간 빚에 쪼들려 쩔쩔매는 것을 알던 차에 본전이나마 가져온 것이 다행이기도 하고 의아스럽기도 했다. 아니나 다를까. 그 돈을 내놓으면서 하는 말이 "나는 오늘로 인생을 끝내겠다"는 것이 아닌가. "그동안 여러 차례 생을 마칠 각오를 했으나 차마 이 선생 돈을 갚지 않고는 갈 수가 없어 돈 마련하느라 차일피일 오늘까지 미루었다"라며 비장한 표정을 지었다.

순간 '내 돈 받는 것이 문제가 아니라 이 사람 살리는 것이 급선무'라는 생각이 들었다. 나는 돈을 받아 놓은 뒤 "무슨 소린가? 나하고 얘기나 좀 해보자"라며 그를 중앙다방으로 데려갔다. 막상 다방에 마주 앉았으나 어떻게 설득해야 할지 생각이 나지 않았다. 우선 커피를 시켜 놓고 마음속으로 기도했다.

"범사에 기한이 있고 천하만사가 다 때가 있나니, 모든 목적이 이룰 때가 있으며 날 때가 있고, 죽을 때가 있으며"(〈전도서〉 3장 1~2절) 라는 구절이 생각나 "빚을 질 때도 있고 갚을 때도 있다. 꿈이 많으면 헛된 일도 많게 마련이다. 일을 벌여 늘 성공하는 법은 없다. 실수도 실패도 어쩔 수 없는 일 아닌가"라고 말했다. 그리고 "만사는 시간이 해결한다. 시간이 해결하지 못하는 것은 하나님이 해결해 주신다"라며 설득했다. 당시엔 교회에도 잘 나가지 않고 성경을 제대로 본 적도 없는데 이런 말을 하고 있는 나 자신이 이상하기도 하고 놀랍기도 했다.

하지만 내친김에 생각나는 대로 그를 설득했다. "당신은 욕심 때문에 앞으로도 안 된다. 그러니 자살한 셈 치고 모든 욕심을 버려라. 그리고 장사하는 농약방과 모든 부채도 차남 명중 내외에게 맡겨라. 당신은 다방 월세 20만 원만 가지면 매일 차 마시고 담배 피우고 용돈은 될 것이다. 그러니 오늘부터라도 미련 없이 모든 경제권을 차남에게 인계하고 잔소리도 하지 말고 일체 간섭도 하지 말라. 그것이 당신이 살길이다. 말이 많으면 일을 그르치기 쉽다"라며 나름대로 간절한 마음으로 달랬다.

어느 말이 그를 영적으로 움직이게 했는지 "그렇게 하면 해결되겠는가? 시간이 가면 해결이 되겠는가?"라고 물었다. 나도 그에게 용기를 주기 위해 "확신한다"고 말했다. 그랬더니 놀랍게도 그는 마치 선생 앞에 꾸중 들은 학생처럼 그대로 순종하겠다며 내 손을 굳게 잡았다.

그날로 최재완은 차남에게 모든 것을 인계하고 일체 간섭도 안 했다. 차남 명중은 채소장사를 그만두고 농약상을 운영하는 한편 종묘밭(인삼밭)을 경작하여 부친의 부채 약 4천만 원을 3년 만에 다 청산하고 홍농원 본점 부채까지 정리했다. 실업자로 있던 3남마저 어엿한 사업체인 간판사업을 벌여 돈벌이를 하게 됐다. 죽으려고 작정했던 최재완 본인도 자연히 이전 상태로 돌아가 마음이 평정됐다.

그는 그 뒤로 나를 만날 때마다 "모든 것은 시간이 해결해 준다"는 내 말을 죽을 때까지 못 잊을 명담(名談)이라고 했다. 금전적 · 정신적 여유가 생기자 그는 또다시 활발하게 생활했다. 그리곤 몇 년째 배추며 무며 차로 싣고 와 "이 선생 김장이나 하슈"라며 들어뜨려 주곤 했다. 그가 개고기를 즐겨 먹기 때문에 아들들이 가끔 개를 잡는데, 그때마다 반쪽은 으레 나에게 가져오곤 했다. 내가 만류했으나 "아버지가 '이 선생은 나의 생명의 은인이고 내 사생활의 선생이니 갖다 드리라'고 하셨습니다"라며 그 연유를 물었다. 어째서 자기 부친이 나를 생명의 은인이라고 하느냐는 것이다.

하지만 나는 그의 아들들에게 자세한 말을 해줄 수가 없었다. 대신 "나도 무슨 영문인지 모르겠다. 나는 아무 도움도 준 것이 없는데 … . 아마 부친께서 돌아가시려고 망령이 드신 게지"라며 시치미를 떼고 농을 하면 그들은 "우리 아버지가 왜 돌아가십니까"라며 펄쩍 뛰곤 했다. 그만큼 그는 건장한 체구에 먹성도 좋고 건강했다.

그런데 그 후 그는 몇 년 더 못 살고 세상을 떠났다. 약골인 나는 아직 살아 있는데 혈기왕성한 그가 먼저 죽으니 안타깝다. 내가 그 아들들에게 한 농담이 마음에 걸리기도 한다.

마초(馬草) 채집 분쟁

떼돈벌이 놓고 주먹다짐

일동 중앙다방은 노인들의 단골 휴식처이다. 늙은이들은 잠이 없어 새벽에 잠이 깨면 시간 때우기가 막막하다. 중앙다방은 그것을 노려 4, 5시에 문을 여니 노인들에겐 안성맞춤이다. 눈만 뜨면 이곳에 모이는 게 일과가 되다시피 했다.

하루는 여느 날과 같이 새벽에 노인들이 모여 한담을 하는데 옆에서 차를 마시던 한 낯선 손님이 다가왔다. 서울 마사회에 사료(馬草)를 납품하는 사람이라고 자기소개를 하며 이곳이 산골이니 마초를 모을 품(일꾼)을 구할 수 없겠느냐고 물었다. 필요한 양과 품값을 계산하니 한 해 약 3천만 원 수입은 되는 큰 사업이었다. 대충 따져 봐도 노동자 한 사람이 하루 1만 원 수입은 올릴 수 있는 벌이였다.

당시 노임은 제 밥 먹고 하루 5천 원 정도였다. 그나마 일거리가 없어 걱정들인데 두 배나 되는 수입을 올릴 수 있으니 귀가 번쩍 뜨이는 얘기였다. 당시만 해도 일동에 노동자들은 많으나 일거리가 없어 모두 빈둥빈둥 놀고 있는 형편이었고 개중에는 끼니조차 어려운 사람들도 있었다.

이런 실정이라 얼른 품을 구할 수 있다고 대답하곤 실제로 일할 사람(염재선: 내가 장작장사를 할 때 운전수)을 소개했다. 염 씨는 그날로 노동자들을 동원하여 작업을 시작했다. 몇 차를 상차(上車)하여 납품하고 대금을 노동자들에게 배분하니 많이 한 사람은 하루에 1만 5천 원까지 수입을 올리기도 했다. 한여름부터 가을까지 노동자들의 노력만으로 모두 3천만 원이라는 돈이 생기는 셈이다. 이것이 고스란히 일동의 수입이 되는 것이다.

그런 호황을 만나 들뜬 기분 속에 일하는 중에 경쟁자가 생겼다. 이무영이라고, 염재선보다 젊은 사람이 따로 노동자들을 모아 풀을 베기 시작하면서 문제가 생겼다. 이들은 자연히 경쟁하게 되었고 노동자들도 두 패로 나뉘었다. 양쪽의 노동자들은 서로 자기들이 먼저 점찍어 놓은 풀인데 함부로 베어간다며 다투기 일쑤였다. 그것이 업자끼리의 싸움으로 번져 주먹다짐이 오가는 사태가 발생하곤 했다.

그러니 마초 납품이 제대로 될 리가 없었다. 서울 납품업자가 그들의 싸움을 말리려고 애를 썼으나 양쪽이 조금도 물러서지 않아 일동에서는 납품을 못 받겠다고 포기하고 떠나 버렸다. 며칠 후 들으니 납품업자가 일동에서 작업하지 않고 이웃 영중면(운천) 쪽으로 사업장을 이동한다고 했다.

그런데도 이 둘은 만나기만 하면 싸움이었다. 하루는 나도 싸우는 현장을 직접 목격하고 만류해 보았으나 막무가내였다. 일동 노동자들을 먹고살게 하기 위해 내가 소개해 준 사업인데 분쟁으로 밥벌이를 놓치게 된 것이 아쉬웠다. 싸우는 두 사람이 너무 한심했고 말을 듣지 않으니 속이 상했다.

집으로 돌아와 방에 누워 안타까운 마음을 진정하고 있으려니까 '누군가 이 싸움을 말리지 않으면 일동 사람들이 3천만 원이라는 큰돈을 잃게 된다'는 생각이 퍼뜩 스쳐갔다. 벌떡 일어나 다시 싸우는 현장으로 갔다. 그사이 싸움은 더욱 격렬해져 서로 치고받고 유리창을 깨며 사생결단의 극을 향해 달리고 있었다.

감히 누구도 그들의 싸움을 말릴 엄두를 못 내고 있었다. 체중 50kg도 채 안 되는 내가 노동으로 다져진 육중한 체구의 그들 싸움을 말린다는 것은 상상할 수 없는 일이었다. 하지만 노동자들의 생계가 달린 문제이고 지금 두 사람의 생명이 좌우된다는 생각에 나도 모르게 두 손으로 나이를 좀더 먹은 염재선의 허리를 잡아 있는 힘껏 끌어당겼다. 순간 어디서 힘이 솟구쳤는지 놀랍게도 80kg에 육박하는 그가 힘없이 끌려오는 것이 아닌가. 나는 그를 한길 건너까지 끌고 갔다.

그리곤 단둘이 됐을 때 내 입에선 생각지도 않았던 말이 쏟아져 나왔다. "나이 많은 사람이 젊은 사람과 싸우니 동네 사람들 앞에 부끄럽지도 않은가. 그리고 무영이는 자기가 잘못해 사과해야겠다고 하던데 왜 기회를 안 주는가. 당신이 무턱대고 치려고만 하니 그도 참을 수 없었을 것 아닌가. 감정을 거두고 순리로 대하게." 실제로 이무영이 잘못했다고 한 것은 아닌데 염 씨를 가라앉히기 위해 나도 모르게 거짓말을 한 것이다.

그랬더니 분을 못 참고 씩씩거리던 염재선이 뜻밖에 "그게 정말입니까? 무영이가 정말 잘못했다고 그럽디까? 그러면 내가 사과해야겠습니다"라고 하는 것이 아닌가. 당장 가서 사과할 태세였다. 그냥 놔두면 내 거짓말이 들통나 일이 우습게 될 것 같았다. 나는 얼른 그를 제지했다. "사과는 오늘 하지 말고 내일 다방에서 만나 정식으로 화해하게. 그러니 오늘은 집에 가서 마음을 가라앉히게"라고 했더니 순순히 내 말을 듣고 집으로 돌아갔다.

염 씨가 집으로 가는 것을 보고 나는 다시 길을 건너 아직도 분이 가라앉지 않아 고래고래 소리 지르고 있는 이무영에게로 갔다. "염 씨가 잘못했다고 하더라. 내일 아침 다방에서 만나 사과하겠다고 하니 젊은 사람이 이해하고 서로 화해하는 것이 옳지 않겠는가"라고 무영에게도 거짓말을 했다. 그랬더니 그도 "염 씨가 그랬다면 제가 사과해야지요"라고 하는 게 아닌가. 그래서 무영에게도 똑같이 내일 다방에서 만나 화해하도록 하라고 일러주고 집으로 돌려보냈다.

동역자가 된 원수지간

치열하던 싸움이 순식간에 조용히 가라앉은 광경을 지켜보던 수십 명의 구경꾼들은 어떻게 해서 싸움을 말렸을까 하며 수군거렸다. 그날 싸움은 이렇게 해서 끝났다. 이튿날 아침 5시에 다방에 가 보니 어제 싸우던 염재선과 이무영이 먼저 와서 벌써 화해하고 차를 마시고 있었다. 그들은 속으로 내가 싸움을 말리기 위해 일부러 거짓말했다는 사실을 알았을지도 모른다. 하지만 양쪽 모두의 체면을 손상시키지 않고, 또 서로 싸운 결과 둘 다 일거리를 잃게 된 사실을 알았기에 화해했으리라.

그들이 다투게 된 경위를 들어 보니 서로 자기 그룹이 많이 베기 위해 풀 벨 장소를 정해 두었는데 다른 쪽에서 베어 갔다는 것이다. 주인 없는 땅에 자연적으로 자란 풀이라 따로 임자가 없는데 점찍어 둔 것이라고 소유권을 주장하니 다툼이 생길 수밖에 없는 노릇이었다.

게다가 문제는 또 있었다. 풀을 베어 어느 정도 건조시킨 다음 납품해야 하는데 서로 많이 납품할 욕심에 미처 덜 마른 것을 실어 보내곤 했기 때문에 잔뜩 보내도 습도가 높다는 이유로 감량을 당해 돈을 적게 받아오기가 일쑤라고 했다. 또 납품할 때도 본인들이 직접 가져가는 것이 아니라 납품업자에게 맡겼다. 그 사람만 믿고 현장에서 실려 보낸 뒤 습도에 따른 감량이 몇 퍼센트인지, 근량이 얼마인지도 모른 채 그쪽에서 계산해 주는 대로 돈을 받아오고 있었다.

이런 일련의 과정을 자세히 들어 보니 무언가 크게 잘못됐다는 생각이 들었다. 그래서 이런 모든 문제점을 해결하도록 두 사람에게 제안했다. "사업을 서로 경쟁적으로 하면 문제가 해결될 수 없다. 그러니 양쪽이 합하여 일을 협동해서 하면 어떻겠는가?"라고 물었다. "이 씨는 현장에서 노동자들의 작업을 지휘하고, 염 씨는 차가 있으니 그 차로 직접 운반하여 납품하면 습도 감량과 계량을 확실히 알 수 있을 것"이라고 제안했다. 그렇게 하면 "첫째, 풀밭을 두고 서로 싸울 필요가 없고, 둘째, 운송비를 별도로 받을 수 있으며, 셋째, 계량과 습도 감량에 속을 염려도 없을 것"이라고 설득했다.

마음을 모아 협동해서 일하면 충돌도 없고 수입도 더 올릴 수 있는 것은 뻔한 이치다. 이와 같이 분쟁의 소지도 없애고 사업상으로도 더 큰 이득을 볼 수 있는 방안을 제시하자, 이들은 즉석에서 흔쾌히 내 의견을 받아들였다. 전날 피 터지게 싸우던 두 사람이 새벽에 사과하러 나왔다가 서로 화해했을 뿐만 아니라 뜻밖에 문제점의 해결책도 찾게 됐으니 일거양득이 됐다. 그 길로 서울의 납품업자에게 연락했다. 납품업자는 아직 운천 쪽의 업자를 정하지 못했다고 했다. 그를 불러 삼자가 의논한 결과 다시 일동에서 마초를 채취하기로 결정을 보았다.

그리하여 그들은 협동했고 노동자들도 한편이 되어 열심히 일했다. 그 결과, 그해 예상 수입 3천만 원을 훨씬 넘겨 4천여만 원어치를 납품하기에 이르렀다. 그 덕택에 40～50명의 노동자들이 그해에 각각 쌀 10여 가마씩 사들여 놓고 집을 마련하거나 농토를 마련하는 등 생활기반을 잡게 됐다. 생산비 한 푼 안 들이고 순전한 노동력만으로 4천여만 원이란 재산이 일동 노동자들의 몫이 된 것이다.

이 사업으로 나에게는 한 푼의 이득도 없었다. 그러나 원수지간이 될 뻔한 이웃 간을 동업자로 만들고, 또 머리를 써 노동자들의 생활에 적지 않은 보탬을 주었다는 것으로도 나의 마음은 뿌듯하다.

지금도 생각하면 당시 나에게 무슨 힘이 있어 그 싸움을 말렸으며 또 그 해결책은 어떻게 해서 내 머릿속에 떠올랐는지 모르겠다. 아마도 그것이 바로 하나님의 힘이자 그리스도의 지혜가 아닌가 생각한다.

2 장

아버지의 투병일기*

병마가 찾아오다

점점 심해지는 배앓이

요즘엔 속이 더욱더 안 좋아 견딜 수가 없다. 속이 아프고 쓰릴 때면 드러누워야만 견뎌낼 수 있다. 통증이 올 때마다 소다를 먹어야만 가라앉는다. 일전에도 경기도 광주 약사사 절에 가서 물도 먹고 절에서 하라는 고사도 하고 직접 지어 준 약과 바위풀, 오동나무 달인 물, 배 삶은 물 등을 많이 만들어 놓고 수일간 장복도 했다. 그러나 아무런 효험도 없이 고통은 계속되었다. 식사한 지 두세 시간이 지나면 어김없이 통증이 시작되었다. 이럴 때면 우선 소다를 먹어 가라앉게 한다.

'어린 자식들은 많은데 장래 교육이며 식생활 문제 등을 어떻게 해결할 것인가' 근심이 한두 가지가 아니다. 몸은 점점 쇠약해진다. 이와 같은 상태로 산다는 것은 고생일 뿐 아니라 도저히 살아남을 것 같

* 이 장은 아버지가 만성 위궤양으로 투병하는 중에 쓰셨던 일기를 정리한 것이다. 1971년 11월 22일부터 1972년 3월 10일까지 기록하신 내용을 날짜순으로 배열했다.

지 않은 낙망감도 떨쳐버릴 수 없다. 젊디젊은 나이(만 49세)에 매일 병으로만 허송세월하는 내 신세가 안타까웠다.

아내의 근심은 나보다 더했을 것이다. 슬하에는 어린아이들이 주렁주렁 달려 있는데 남편이 속병으로 고통받고 있으나 수중에 가진 것이라곤 아무것도 없으니 그 마음이 오죽할까. 주야로 근심하며 약이라도 쓸 돈을 벌기 위해 별의별 연구를 해보지만 무일푼으로 무엇을 한단 말인가.

어찌할 바를 모르고 애만 끓이고 있을 때 금촌에 처제(이모)가 경영하던 식당이 비어 있다는 말을 들었다. 그것을 인계받아 맡기로 하고 아내 혼자 며칠 전 금촌엘 갔다. 생활비뿐만 아니라 약값도 벌어야겠다는 생각에 고생을 무릅쓰고 객지로 간 것이다. 한 푼이라도 벌어서 약값에 보태겠다는데 부득부득 말릴 수도 없어 병든 몸은 아이들에게 의지하기로 하고 떠나보냈다. 1971. 11. 22.

산속에서 뒹굴어

요사이는 김장철이다. 집집마다 김장하는 것이 큰일이다. 우리도 배추 50포기를 소금에 절였다. 금촌 아내에게 전화해 내일 와서 김장하라고 연락했다. 배추를 절여 놓기만 했을 뿐 나머지 양념은 아내가 와서 마련하도록 했다.

나의 속병은 매일 여전한 형편이다. 먹고 나서 두세 시간 후면 속이 쓰린지 뜨거운지 분간하지 못할 정도다. 소다를 먹으면 30분가량은 아프지 않다. 오늘도 소다를 세 번 먹었다. 이와 같이 심해진 지 근 1년은 되었다. 약물도 먹어 보고 아침마다 소금도 먹어 보고 산에 다니며 운동도 해보았다. 그러나 별 효과가 없다. 이렇게 아플 때는 아무데고 드러누워 몸부림을 치곤 한다.

지난해 가을 어느 날은 운동도 하고 산초도 딸 겸 산내지(山內地: 38교 파주골 맞은편) 높은 산에 올라갔다. 금년은 유난히 산에 풀이며 숲이 우거졌다. 특히 머루덩굴이 무성하게 자라 헤치고 다니기가 매우 곤란했다. 하늘도 안 보이고 땅도 안 보이는 골짜기로 들어가니 산초나무가 있었다.

허위단심으로 올라가다가 발을 잘못 디뎌 바위가 굴렀다. 그 바람에 몸이 공중에 떴다 떨어지면서 뒹굴어 가슴과 옆구리를 돌에 부딪쳐 정신을 잃었다. 몇 분인가 움직이지 못하고 산중에서 혼자 사경을 헤매다 간신히 정신을 차리고 몸을 추슬러 집에 내려왔다. 그 이후로는 속만 쓰린 게 아니라 전신이 아파 견디기 힘이 들다. 1971. 11. 23.

피를 토해도 병원 못 가

오늘은 김장하는 날이다. 아내는 아직 금촌에서 오지 않아 아침을 먹고 기다리는 중이다. 식후 변소엘 갔다. 속이 메스껍더니 토악이 났다. 토해 보니 상상도 못 할 만큼 많은 선지피가 올라왔다. 토하는데 힘도 안 들면서 피는 순식간에 한 되 이상 쏟아졌다. 정신이 아득한 속에서도 '이 피가 속에 뭉쳐 있기 때문에 그리 아팠구나, 피를 검사해 보아야겠다'는 생각으로 욕지기를 억지로 참고 변소에서 나와 요강에 토했다. 이때도 한 되가량 토했다.

옆에서 보던 아이들이 놀라서 병원으로 달려가 의사를 데려왔다. 의사의 진찰 결과 서울에 가서 치료하라는 것이다. 그러나 피를 토하고 나니 속이 조금도 아프지 않고 편했다. 기력만 없을 뿐이었다. 서울 병원엘 가자면 우선 돈이 필요한데 집에는 무일푼이다. 자연히 형님들의 부담이 될 뿐이다. 그 나쁜 피가 다 나왔다면 그것으로 병이 끝난 것으로 생각돼 서울 병원에는 안 가고 버티기로 했다. 1971. 11. 24.

병원에서의 나날들

드디어 수술대에 오르다

기력이 없이 누워 있다가 다시 어제와 같이 속이 메스꺼워지는 것이 또 토할 것만 같다. 속으로 생각할 때 어제 토한 피로 이만큼 지쳤는데 또 토하면 위험할 것 같은 느낌이 들었다.

그러던 중 형님들이 오셨다. 핏기 없이 누워 있는 나를 보더니 어서 서울 병원엘 가자고 하신다. 이대로 견뎌 보겠다고 고집을 부렸으나 형님들은 그 길로 택시를 불러 억지로 태웠다. 택시에 누워 서울까지 갔다. 이때도 속 아픈 줄은 몰랐다. 기운만 없을 뿐이었다.

서울 수유리의 서울외과에 가자 즉시 피주사를 놓더니 의사는 빨리 수술하는 것이 좋겠다고 했다. "암인지 궤양인지 정확한 검사를 하려면 3일은 걸리는데 그때까지 환자가 견딜 수 없을지도 모릅니다. 경험으로 미루어 70~80%는 위궤양이니 수술을 하시지요. 검사결과 암일 것 같으면 손을 댈 수 없는 중증일 테고 복개해서 암으로 확인돼도 손 쓸 수 없는 것은 마찬가지입니다. 보호자의 동의만 있으면 빨리 수술하는 것이 낫겠습니다"라고 했다.

충남이와 아내가 수술 중 불의의 사고에 대해 의사에게 민형사상 책임을 묻지 않겠다는 각서를 쓴 뒤 밤 12시에 수술대에 뉘어졌다. 코에 호스를 넣어 목으로 해서 위까지 들어갔다. 코와 입에 마취기를 대는가 싶었는데 가물가물 정신을 잃었다. 얼마 동안인지 깊은 잠이 든 것 같았다. 정신을 차려 보니 집도 아니고 수술대도 아니었다.

옆에 계신 형님 모습이 눈에 띄었다. 지금 몇 시냐고 하니 오후 4시라는 소리가 들린다. 그러면 수술한다고 한 것은 어떻게 된 것일까. 그러나 그것은 나중에 알고 보니 이튿날 오후 4시였다. 형님이 아주 기쁜 표정으로 위로하며 이제 수술이 다 끝났다고 하신다. 여기가 어디냐고 물으니 입원실이라고 했다. 그러나 나는 아픈 것도 모르고 다만 호흡이 곤란할 뿐이다.

코에 호스를 계속 꽂고 있기 때문에 목이 아팠다. 그 아픔보다 더 고통스러운 점은 숨을 제대로 쉴 수 없는 것이다. 수술이 끝났다고 하나 의심이 간다. 수술했으면 배를 갈랐을 텐데 조금도 아픈 줄 모르겠고 수술할 만한 시간도 경과되지 않은 것 같다. 배에 손을 대 보니 붕대로 칭칭 동여매져 있고 손을 못 대게 한다. 그제야 비로소 수술했다는 사실을 믿었다. 1971. 11. 25.

고통보다 더한 호흡 곤란

나중에야 생각이 나서 다음 날이 26일로 알지 그 당시는 밤인지 낮인지도 분간 못했다. 병석 옆에 있는 형님, 아내, 새터 아주머니(익환모) 등 모두들 안색이 불안한 표정들이었다. 정신을 차리려고 갖은 힘을 다해 눈을 뜨니 코와 목이 아파 숨 쉴 수가 없다. 너무 답답해 이대로 가다가는 죽을 것만 같았다. 의사에게 호스를 뽑아 달라고 하니 아직 3일은 더 있어야 한다며 참으라고 한다.

이대로 사흘이나 견딜 생각을 하니 도저히 살아남을 수가 없을 것 같았다. 앞이 아득하며 '이렇게 죽는구나' 하는 생각을 하다 다시 정신이 흐려져 잠이 들곤 했던 모양이다. 하루가 갔는지, 밤인지 낮인지 분간을 못했다. 주사는 계속 놓는 모양이다. '내가 숨을 못 쉬는데 아무리 주사를 놓는다고 살 수 있을까' 하는 생각이 들었다.

지금 생각해도 그 당시가 고비였던 모양이다. 숨 못 쉬는 고통에 시달리다 잠이 들고, 깨어나면 다시 통증보다 더한 호흡곤란증에 신음하는 고통의 연속이었다. 의사의 말대로 3일이 지나가기만 참고 기다리는 것이다. 그러나 고통은 한 달 정도 계속된 것 같은데 정신을 차려 보면 하루밖에 지나지 않았다고 한다. 절망적인 생각이 든다. 이 고통을 겪느니 차라리 죽는 게 나을 것만 같다. 1971. 11. 26.

숨만 쉬면 살겠는데

정신이 여전히 흐릿하다. 다만 호흡만 제대로 하면 정신을 차릴 수 있을 것 같다. 제발 호스를 뽑아 달라고 의사나 보호자나 보이는 대로 애원해 보지만 안 된다고만 한다. 내 손으로 잡아 뽑으려 했으나 손목을 침대에 묶었는지 꼼짝할 수 없다. 아직도 이틀 후에야 호스를 뽑을 수 있으니 참으라고 한다. 병상 옆에는 가족 친지들이 늘 서너 명씩 대기하고 있는 것이 어렴풋하다. 나는 의사의 말대로 그대로 기다리는 수밖에 없었다. 눈을 뜨고서는 도저히 참을 수 없어 잠만 청했다. 계속 잤던 모양이다.

입원실은 스팀이 되어 따뜻했다. 잠결에도 귀에 들리는 것은 식구들의 근심 어린 소리뿐이다. 눈이 떠질 때마다 목의 호스를 빼 달라고 사정사정해 보지만 호스에서는 아직도 구정물이 나온다면서 더 참으라고만 한다. 주사는 계속 꽂고 있다. 정말이지 숨만 쉬면 살 것 같다. 시간도 날짜도 밤도 낮도 분간 못하고 잠만 자려고 애썼다. 모든 것을 잊어버리기 위해 잠을 청하지만 깊은 잠이 들 리 없다. 고통에 고통을 겪으며 하루를 또 보낸 것 같다. 1971. 11. 27.

숨을 쉬니 살 것 같다

또다시 날이 밝은 모양이다. 의사가 코의 호스에 손을 대는지 코와 가슴속에 어렴풋한 감각이 느껴진다. 코에서 호스가 뽑혔다. 그제야 3일이 지난 줄 알았다. 뽑고 나니 호흡이 제대로 되고 살 것 같다. 눈을 뜨고 보니 식구와 친척들이 근심어린 표정으로 나에게 시선을 모으고 있다. 나는 세상모르고 사흘을 보낸 모양인데 식구들은 잠도 못 자고 나를 간호했겠지.

아, 이제는 살았다. 아무데도 아픈 곳이 없어 안도감이 들었다. 그러나 아직도 깜박깜박 정신이 제대로 나지 않는다. 그러나 말을 할 수 있게 됐고 주사 놓을 때 아픔을 알게 되었다. 친척들이 병문안을 오는 것이 아직도 꿈만 같다. 이제는 밤과 낮도 분간할 수 있게 되었다. 별천지 세상에 다시 태어난 것 같다. 1971. 11. 28.

몸 나으니 마음 아파

오늘 아침은 미음을 먹이라는 의사의 말이 있자 신촌(둘째여동생 은순네)에서 조당수를 쑤어 왔다. 미음을 몇 술 먹었다. 위 속에 아무런 반응도 없고 수술 전과는 달리 식후 두 시간이 지나도 속이 따갑거나 아프지 않았다. 기분에 이제는 살아난 것 같다. 수시로 미음을 먹으니 차차 정신도 맑아졌다.

이제는 속으로 이것저것 걱정거리가 떠오른다. 입원 수술비가 얼마 정도나 될까? 내 집에는 무일푼인데 이 돈을 형님들이 다 부담하시겠지? 형님들도 넉넉지 못하니 빚을 얻어야겠지? 병원비가 15만 원 정도라고 하니 여비, 잡비를 합하면 20만 원 정도는 들어갈 것이다.

이런 생각에 미치니 수술 전엔 몸이 자유롭지 못해 고통받았는데 이제 마음이 부자유스럽고, 특히 형님들에게 죄송하다. 내 몸을 내 마음대로 못하고 20만 원이란 돈으로 재생된 몸인데, 그 돈도 내 돈이 아니니 송구스러운 생각이 든다. 몸이 나으니 마음이 아프다. 1971. 11. 29.

이제는 살았다

오늘도 미음을 먹었다. 어느 정도 기력이 회복돼 활동도 할 것 같았다. 수술 후 5일 만에 비로소 변소에 갈 생각으로 일어나 보았다. 의사의 말이 일어서 보라는 것이다.

침대에서 일어나 땅을 디뎠다. 좌우로 흔들릴 정도로 힘이 없었다. 몸의 중심을 잡고 걸어서 변소까지 갔다 왔다. 대변은 변비로 못 보고 관장을 해서 처리했으나 이때도 검은 피만 나온다. 의사는 경과가 좋다고 한다.

오늘은 죽을 먹어 보았다. 입맛은 변한 것 같지 않다. 신촌에서 가져온 동치미 국물을 먹으니 시원하고 상큼한 맛에 정신이 생생히 난다. 이제는 살았다는 확신이 왔다.

친척들이 문병 오며 갖고 온 과일이며 병음료, 깡통이 입원실 한구석에 50여 통이나 쌓여 있다. 이제는 입원실에 구완(간호) 할 사람이 한 사람 외에 필요치 않아 70여 세나 되는 새터 아주머니를 미아리 충남네로 모셔다 드렸다고 한다. 낮에는 장손 승민이가 와서 재롱을 떨어 시간을 보냈다.

오늘도 관장을 해 뒤를 보았다. 몸은 차차 회복되어 서서 거니는 것이 용이했다. 비로소 병원 창문에 나가 거리를 내려다보았다. 붐비는 차들, 움츠리고 다니는 사람들, 한결같이 생기가 넘치고 바깥 공기가 새롭다. 하루도 병문안을 오는 사람들이 끊이지 않았다. 하루속히 퇴원해야겠다. 구완자나 방문자들에게 너무 미안해서 안 되겠다.

몸은 완치된 것 같다. 죽은 하루에 6, 7회 먹는다. 한 번에 반 공기를 먹어도 배가 부르다. 의사 말이 위를 5분의 3가량 잘라냈다고 한다. 반 공기로 배가 부른 것에 대한 의심이 풀렸다. 1971. 11. 30.

식구들의 마음고생에 미안해

생각 같아서는 퇴원해도 무방할 것 같다. 변소 출입도 자유롭고 식사도 하루 6, 7회 먹는 죽의 양을 합하면 수술하기 전의 식사량보다 과히 적은 양은 아니다. 입원실에서 하루하루를 보내는 것이 지루해졌다. 밤이 되면 언제 날이 새나, 낮이 되면 언제 밤이 되나 초조하게 날짜 가기만을 기다린다.

깡통 통조림도 먹기 시작했다. 자유로이 세면도 하고 활동에 조금도 지장이 없다. 뿐만 아니라 얼굴에 화색이 도는 기분이다. 의사도 연령으로 보아 빨리 회복된다는 설명이다. 이렇게 되기까지 식구들은 얼마나 마음을 졸이고 근심했겠는가. 아픈 나 자신보다 주위에서 간호해온 식구들에게 마음고생을 너무 시켜 미안하다. 1971. 12. 1.

입원비 걱정에 퇴원 독촉

오늘도 병상에 무심히 누워 있으니 공상만 하게 된다. 다시 마음을 돌린다. 쓸데없는 생각은 백해무익하다. 책이라도 보며 잡념을 떨쳐 버려야겠다. 책을 보려니 글자가 아물거려 분간을 못할 정도다. 아내에게 돋보기를 사오도록 했다. 안경을 끼고 책을 보니 글자는 보이지만 머리에는 아무것도 들어오지 않는다. 책은 눈으로만 볼 뿐 머릿속에는 다른 생각들만 오락가락한다.

병원비가 15만 원. 아, 벅차다. 이것은 형님들과 충남이가 부담해야 한다. 하루속히 퇴원하여 입원비라도 덜어 부담을 적게 해야겠다. 내일이라도 퇴원하자고 하니 충남이 말이 2주일간 입원을 계약하고 15만 원이란다. 그러니 구태여 미리 퇴원할 필요가 없다는 것이다.

오늘도 죽을 7회나 먹었다. 아픈 곳은 아무데도 없는 것 같다. 다만 마음만 불안할 뿐이다. 1971. 12. 2.

담배가 제맛 안 나

수술 뒤 한 번도 피우지 않던 담배가 생각난다. 입원 전에 피우던 담배를 꺼내 피워 보았다. 담배 피우는 사람은 담배를 피워 보면 그 맛으로 자기 몸의 건강상태를 짐작한다. 담배 맛이 제대로 날 리가 없다. 한 모금 피우다 껐다. 의사가 담배는 무익하니 피우지 말라고 한다. 그날은 안 피웠다. 대신 은단으로 궁금한 입을 달래며 이 기회에 담배를 끊으리라 생각했다.

병원 밖에 나가서 주위를 거닐어 보았다. 과히 몸에 불편이 없었다. 다만 오래 서 있으면 다리가 아플 뿐이다. 몸은 매일매일 건강해지는 느낌이 든다. 주사의 영향인 듯하다. 끼니는 죽을 한 번에 한 공기씩 하루에 5, 6회 먹는다. 입원 전보다는 하루 분량이 상당히 늘어난 셈이다.

1971. 12. 3.

퇴원 준비로 마음 들떠

내일이면 퇴원할 날이다. 충남이에게 퇴원비가 어떻게 됐는지 물었다. 다 준비됐다는 것이다. 15만 원 중 5만 원은 먼저 내고 나머지도 마련됐단다.

입원 중 비교적 의사도 친절했으며 간호사도 다른 입원실보다는 자주 드나들며 특별히 잘 보살펴 준 것 같았다. 일동 중앙병원장의 부탁으로 모든 편의를 봐주고 특별히 간호해 주는 모양이다. 속으로 원장이 감사했다. 의사에게 퇴원 후 음식 먹는 것에 관해 문의했다. 1개월간 죽, 보신용 개, 염소, 소의 천엽 등으로 보신하라고 일러 준다.

내일 퇴원을 앞두고 별다른 잡념은 없었다. 마침 간호하던 식구들이 잠시 비우고 나 혼자만 있었다. 내 손으로 퇴원할 준비를 했다. 식기 등을 싸 놓고 과일, 깡통 등도 싸고 나니 병원이 더욱 지겹게 느껴져 한시가 급했다.

1971. 12. 4.

드디어 퇴원

오늘은 드디어 퇴원하는 날. 아침 9시경 충남이와 을성이가 왔다. 재촉을 해가며 퇴원을 서둘렀다. 우선 나머지 병원비 10만 원을 의사에게 전했다. 그랬더니 의사는 그중 5천 원을 되돌려 주며 차비라도 하라고 했다. 다른 환자들은 수고했다고 선물을 하거나 사례금을 준다는데 나는 오히려 의사에게서 여비를 받으니 부끄러웠다. 하지만 워낙 형편이 어려우니 감사히 받을 뿐이다.

짐을 가지고 병원 밖에 나오니 날이 몹시 추웠다. 차를 타고 미아리 충남네 집으로 갔다. 거기서 며칠간 요양하다 일동으로 내려갈 예정이다. 충남네에 가서 얼마 안 있으니 인천에 사는 재철이와 처형의 아들 정원이가 병문안을 왔다. 병원에 갔더니 퇴원했다고 해서 찾아왔다는 것이다. 그러나 잠시 앉았다가 이내 돌아갔다. 이들에게 점심 대접도 못하고 보낸 것이 미안하다.

퇴원하고 나니 한결 마음이 가벼워졌다. 요새는 천엽 곧 물에 죽을 쑤어 먹으며 천엽 찜도 해 먹는다. 차차 구미가 회복돼 가며 먹을 것만 눈에 선하다. 그러나 마음뿐이지 워낙 위가 작아져 조금만 먹어도 배가 부르다. 그래도 수시로 먹을 것을 앞에 놓고 있다. 하루에도 너무 여러 번 먹게 되니 식구들에게 미안할 정도였다. 그때마다 뜨겁게 끓여야만 하니 뒷바라지하는 승민 어미(큰며느리)의 노고가 너무 부담스럽게 느껴진다.

1971. 12. 5.

다시 일상 속으로

병문안 오는 이웃들 감사

이럭저럭 퇴원한 지 닷새가 지났다. 일동 형님들과 집에 있는 어린것들 생각이 난다. 퇴원 5일 만에 일동에 왔다. 아이들이 반가워하는 모습을 보면서 '내가 너희에게까지 걱정을 끼쳤구나' 하는 생각에 속으로 미안했다. 이웃 사람들이 병문안을 왔다. 모두 그냥 오지 않고 계란이며 과일이며 무언가 먹을 것들을 싸들고 왔다. 그때마다 이웃에게 폐를 끼친다는 생각에 마음이 무거웠다.

형님들은 고기며 약이며 여러 가지로 나의 보신에 신경을 쓰신다. 이럴 때마다 더욱 송구했다. 며칠 후 아내가 영업하던 금촌이 안식처로 생각되어 그곳으로 가 조리했다.

그렇게 지내는 사이 몸이 완치되었다. 죽을 안 먹고 밥을 먹어도 소화가 잘됐다. 다만 양이 적을 뿐이다. 대신 여러 번 먹는다. 내 몸이 비대해지는 것 같다. 이대로 지속된다면 그동안 들어간 병원비가 아깝지 않다. 기분까지 상쾌해진다. 이제는 서울이든 일동이든 혹은 금촌이나 아무 곳이고 마음 편하게 왕래하며 며칠씩 소일하곤 한다. 금촌에서 조리하고 다시 일동으로 와 애들과 지냈다. 1971. 12. 10.

몸이 다시 이상해져

그런데 퇴원 후 약 2개월이 지난 2월 5일경부터 수시로 소화가 좀 덜 되는 것 같았다. 혹시 과식을 한 게 아닌가 의심되어 다시 음식을 조심했다. 그래도 날이 갈수록 점점 심한 것 같다. 병원에서 처방해 준 약은 계속 먹는데도 차도가 없다.

불안해지기 시작했다. 금촌에 가서 아내와 의논했다. 돈 1만 원을 가지고 일동으로 왔다. 아침을 조금 먹고 중앙병원에 가서 진찰을 받았다. 간에 부작용이 있다는 것이다. 계속 관찰해 보자고 한다. 1주일간 치료받았으나 별 차도가 없다. 조금 먹어도 소화가 안 되고 기력이 떨어지며 얼굴에 병색이 짙어져갔다. 겁이 났다. 위 수술은 했지만 더 큰 다른 병을 병원에서 못 찾아낸 것인가? 금촌 아내에게 전화했다. 수술한 서울의 병원에 가서 다시 진찰을 받아보라고 한다. 1972. 2. 7.

주사 부작용 황달이 …

서울외과에 가 진단을 받았다. 수술 당시 맞은 피주사 쇼크였다. 이런 증상은 수술 후 2개월 내지 6개월 사이에 발생할 수 있는 부작용이라고 한다. 이 후유증은 수술도 못하는 병인데, 매우 힘든 고비이니 약 20일간 입원치료를 하라고 했다. 넉넉잡고 3개월쯤 치료하면 완치된단다.

하도 의외의 진단이라 현재 일동 중앙병원에서 치료 중이라고 말했다. 입원해야 운동을 안 해 몸에 무리가 오지 않는다면서 중앙병원에라도 입원해 치료를 받으라고 했다. 중앙병원에 입원하겠다면 진단결과를 상의하여 연락하겠다며 우선 몇 가지 약을 처방해 주었다.

그 길로 중앙병원에 가서 서울외과에서의 진단결과를 상세하게 얘기했더니 계속 치료를 받으라고 한다. 매일 중앙병원에서 치료받는데 현재는 황달 같은 증세가 나타난다. 서울외과에서도 황달로 진행할 것이라는 진단을 받았다. 그러나 황달은 문제가 아니니 달리 황달 약은 쓸 필요가 없다는 것이다. 다만 부작용으로 간에서 담즙이 충분히 나오지 않아 소화를 못 시키기 때문인데 심하면 물을 먹어도 소화가 안 된다고 한다.

진단을 받기 전에는 내가 나 자신에 대하여 원망도 해봤다. 지각없이 음식을 함부로 먹어 이런 결과를 가져왔나 하고. 계속 중앙병원에 다니며 치료를 받고 있다. 경과는 많이 좋아지고 있다. 일체 활동을 중지하고 방에 누워 지내며 회복되기만 기다리고 있다. 1972. 2. 14.

방세 안 들어와 걱정

집에는 돈 한 푼 없는데 진영네(우리 방을 얻어 살림하던 은정다방 주인네) 집세가 안 나와 걱정이다. 저녁 7시나 되어 다방 여자가 "서울에서 진영 아빠가 전화했는데 일동에 올 새가 없으니 상경하라는 연락이 왔어요"라며 내일 서울에 갔다 와야 집세가 된다고 한다. 그게 사실인지 임시방편으로 꾸며댄 거짓인지 알 수 없으나 내일 서울에 갔다 오겠다니 초조히 기다려 볼 뿐이다.

새터 아저씨(익환 조부, 아버지의 17촌 아저씨)가 돌아가셨는데도 가보지 못하고 방에서 혼자 새터 생각을 하고 있을 뿐이다. 아내라도 집에 있으면 보냈을 것을, 죄송한 마음뿐이다. 형님들은 다녀오셨단다. 형님들 편에 초상 때 사용할 축문만 써서 보냈다. 병간호를 위해 와 있던 미자를 명자네로 보냈다. 병세도 웬만큼 가라앉고 무엇보다 한 입이라도 더는 것이 살림에 보탬이 될 것 같아서였다. 승환이(막내아들)는 개학해 학교에 갔다. 성숙은 내일 학교 갈 준비를 한다며 책을 챙겼다.

철원서 편지가 왔다. 토지를 매도하라는 연락이었다. 평당 80원은 너무 싼 가격이기에 다시 100원 정도는 돼야겠다고 편지를 썼다.

은정네 집세는 서울 갔다 와야 된다고 했는데 갔다 왔는지 저녁 8시가 되어도 연락이 없기에 성숙을 보내 보았다. 곧 여자가 들어온다고 한다. 기다렸으나 밤 11시가 되어도 아무 연락이 없다. 초조히 기다리다 잠이 들고 말았다.

1972. 3. 1.

형님들 문병 감사

오늘은 아이들이 개학하여 8시 30분에 모두 학교에 갔다. 9시경 형님이 오시어 철원 땅 조건에 대해 의논하고 심상득에게 편지를 보냈다. 오후 하도 심심하기에 금촌 아내에게 편지를 보냈다.

집세는 3월 15일경에나 된다고 김창수가 와 사정하니 엄동설한에 어린것하고 내보낼 수도 없고 하여 그때까지 기다리기로 했다.

가축병원도 세를 기다려 달라 한다. 돈이 수중에 없으니 병원은커녕 약을 쓸 엄두도 나지 않았다. 다만 몸을 안정시키고 스스로를 위로할 뿐이다.

형님 두 분이 문병을 오셨다. 사탕과 사과 등을 사오고 큰댁에서는 동태조림을 해오는 등 수시로 보살펴 주신다.

1972. 3. 3.

친척 장삿날도 문상 못해

어제만 해도 쌀쌀한 날씨였는데, 아침에 일어나 보니 이른 봄기운이 도는 푸근한 날씨다. 7시경에 해가 뜨니 사위가 더욱 은은하고 잔잔하다.

오늘은 새터 장삿날. 기동을 하여 새터에 갈 생각을 해보았다. 내가 병원생활을 할 때 아주머니가 애쓰신 것을 생각하거나 친척의 도리상 무슨 일이 있어도 가서 문상을 해야 한다. 그러나 내 몸이 부자유스러움을 생각하면 도저히 나설 수가 없다. 자리에 누운 채 발인하는 모습, 하관하는 모습만 머리에 떠올릴 뿐이다.

밖에 나와 화창한 봄날을 거닐어 봤다. 성숙과 승환은 학교에 갔다. 혼자 있으려니 진영네가 집세에 대하여 너무 무심하다는 생각이 들어 진영 모를 불러 다시 이야기했다. 매일 되는 대로 기천 원씩이라도 주겠다고 한다.

정화 모가 병문안을 왔다. 오늘은 유난히 배가 끓고 설사가 심하고 기력도 역시 없다. 밤 10시경 금촌 아내에게서 전화가 왔다. 한약방에 가서 한약을 복용하라는 내용이었다. 가축병원에서 5천 원이 들어와 성숙이 교복을 찾아왔다. 1972. 3. 4.

삼우제에는 문상 가야지

오늘은 일요일이지만 아이들도 평상시와 같이 7시에 일어났다. 날씨는 포근하다. 아침에 병원에 가 진찰받고 치료를 받았다. 결과가 매우 좋아졌다며 조금씩 활동해도 무방하다고 한다. 의사의 얘기를 들으니 기분이 한결 가벼워졌다.

내일이 새터 삼우제(三虞祭)다. 내일은 어떻게든지 기운을 차려 새터에 갈 생각이다. 그런데 오늘 어쩐지 몸이 휘젓는 것 같다. 시장에서 익환이를 만났다. 상포대(喪布代)를 갚으러 왔다고 한다. 큰형님은 내일 냉정리 산 중도금 결제 관계로 관인에 가신다고 한다.

오늘도 하루 종일 방에서 보냈다. 밤 9시경 효숙이가 와서 "아버지(큰형님)께서 내일 새터에 갈 것이니 가지 마세요"라고 한다. 그러나 삼우제에는 꼭 참석해야겠다는 생각이다. 1972. 3. 5.

여생을 보람 있게 살아야지

아침 5시에 눈이 떠졌다. 오늘이 새터 삼우제 날이다. 장사에도 가지 못했으니 삼우제에나마 참석해야겠다. 세수하고 날이 밝기를 기다려 6시 30분경 택시를 타고 새터로 갔다. 동네 사람들이 일을 잘 돌봐 주었다기에 담배 30갑을 사서 돌렸다.

상청(喪廳: 궤연. 혼백이나 신주를 모셔 두는 곳) 앞에 당도하니 눈물이 앞을 가렸다. 진정해가며 슬픔을 참아 허희(歔欷: 흐느껴 탄식함)를 고했다. 새터 아주머니가 어딘지 초조하고 외로우신 것 같다. 아마 포천 따님이 죽고 아저씨(익환 조부) 마저 돌아가셨기 때문이겠지. 나는 아주머니 손을 꼭 잡고 위로해 드렸다. 아주머니도 내 손을 꼭 잡고 "병이 위중하다면서 어떻게 왔느냐!"라며 눈물을 흘리셨다.

70이 넘으신 노인이 내가 병원에 있을 때 밤을 새워 간호해 주신 것이 새삼스레 머리에 떠오른다. 인생이란 인정과 애정, 끊지 못할 혈육과 인연, 이 모두가 먼저 가는 사람보다 남은 사람의 가슴에 사무치는 것이다.

약 20분간 삼우제를 고한 뒤 산소에 다녀왔다. 더 머물러 있자니 심상도 좋지 못해 조식(朝食)을 끝내고, 9시경 환가(還家: 집으로 돌아옴)했다. 아이들은 조반을 해 먹고 학교에 가고 집은 비어 있었다.

생각해 본다. 아내는 객지에서 누구를 위하여 고생하고 있는가. 내가 너무 고생을 시키는구나. 하루속히 몸이 완치되어 철원에 가 농사라도 지으며 식구들의 근심과 고생을 덜어 주어야지. 현재 아내의 고생은 무거운 짐이 되고 심적으로 큰 고통을 주고 있다.

이런 것을 생각하니 따스한 아랫목에 누워 있는 내 심정도 편안치 않다. 나의 앞날이 많아야 20년, 적으면 10년. 남은 생애나마 근심과 고통 없이 살아야지, 외롭지 않게 살아야지, 안락하게 재미를 알고 살아야지, 방법과 수단을 다해서 여생을 보람 있고 행복하게 지내도록 축원해 본다. 그렇게 되도록 노력해야지. 그렇다고 남보다 불행한 형편은 아니지만 앞날에 더 행복하기 위해 과정을 밟는 중이라는 생각이 든다.

은정 집세는 서울에서 오는 대로 5만 원을 주겠다고 한다. 1972. 3. 6.

봄을 맞아 몸도 상쾌

아침부터 완연한 봄 날씨다. 아침을 먹고 장날이라 시장을 한 바퀴 돌았다. 양은솥 때운 곳이 새서 갖다 주고, 정화네 난로는 떼어 창고에 넣었다. 오늘은 날씨가 봄같이 따뜻해서인지 몸이 비교적 상쾌한 것 같아 활동을 했다.

가축병원에서 자기 형이 필요한 현금 10만 원을 차용 알선해 주거나 보증을 서 달라고 했다. 그러나 내 인감은 퇴거가 돼서 보증을 설 수 없다. 그래서 강홍관에게 5만 원을 차용해 주도록 알선해 주었다. 당구장 아줌마 소개로 방을 세 내주기로 하고 계약금 500원을 받았다. 군인 방에 탄이 꺼져 숯을 피워 탄을 갈아 주었다. 1972. 3. 7.

마음의 꽃밭을 가꾸자

아침에 눈을 떴다. 시계를 보니 6시 30분. 부지런히 밥을 해놓고 시계를 자세히 보니 5시 30분밖에 안 됐다. 잠결에 시계를 잘못 본 것이다. 8시 30분에 아이들을 깨워 밥을 먹이고 학교에 보낸 뒤 군인 방에 연탄을 갈아 넣었다.

생활이란 풀 한 포기 없는 사막, 아니면 발목이 빠지는 진흙탕이거나 살점이 찢기는 가시밭으로 느껴지기가 일쑤다. 적막하기 짝이 없는 이 세상을 싱싱하고 아름다운 꽃밭으로 만들고, 이 고난으로 이어지는 삶을 포근하고 달콤한 일상으로 가꾸려는 생각은 꿈일까. 사람의 머리로 생각할 수 있는 일이 언젠가는 한번 실현될 가능성이 있지 않을까. 그렇다면 아름다운 꿈을 가지고 살아간다는 사실부터가 하나의 크나큰 행복일 것이다.

생활의 꽃밭. 우리의 마음은 스스로 천국과 지옥 사이를 방황하고 있다. 사람의 마음을 아름다운 곳에 머무르게 하면 그곳에는 저절로 생활의 꽃밭이 이루어지리라 생각한다. 생활의 꽃밭은 다시 말해서 마음의 꽃밭이다. 이를테면 마음가짐에 따라 우리의 생활모습이 포근할 수도 있고 각박할 수도 있다. 생활의 꽃밭은 부드러운 흙, 따뜻한 햇볕, 서늘한 이슬이 있어야 하듯이, 마음의 꽃밭도 부드러운 마음, 따뜻한 마음, 서늘한 마음, 이 세 가지 마음이 꽃밭을 만들 수 있다고 본다. 마음의 꽃밭을 가꾸도록 노력해야겠다.

저녁은 명자네(둘째 큰댁)에서 먹었다. 1972. 3. 8.

부엌살림도 훔쳐가는 세상

오늘 방을 얻은 사람이 이사 온다는 날이다. 집을 비우지 말아야지. 오전 10시경 이사 온다는 여자가 왔는데 내일 온다고 한다.

형님이 철원에 다녀오셨다. (11일에 계약키로 하고) 평당 100원씩 팔기로 하셨다 한다(1만 194평, 소개료 2만 원). 팔아서 그 돈으로 다시 철원에 좋은 땅을 대토(代土)하는 것이 달리 이용하는 것보다 상승률이 더 높을 것이다.

은정 집 부엌의 스테인리스 식기가 없어졌다고 한다. 부엌살림까지 훔쳐가는 험한 세상이다. 콩 1되에 80원을 주고 사 콩장을 했다. 연탄 20개 44원에 사고, 군인 방세 2천 원을 수금했다. 정화 모는 가축병원이 5만 원 차용하는데 보증인으로 날인해도 좋을까 상의했다. 1972. 3. 9.

밀린 월세 언제 받으려나

새벽 6시 기상. 식사 8시. 은정다방 진영 모가 오늘 수금해서 입금시킨다고 한다. 왕겨 더미를 청소하고 집안을 정리했다.

밤에 진영 모를 불러 집세 독촉을 했으나 오늘 밤에 5천 원과 8천 원을 가져올 사람이 있다고 하며 가져오는 대로 들르겠다고 하기에 또 속고 그냥 보냈다. 밤에 가져올 때만 기다려 봤지만 가져올 리가 만무하다. 아마도 달리 꿈을 꾸는 모양이다. 진영 부는 서울에 취직이 되었다지만 그도 믿을 수 없는 일이다. 1972. 3. 10.

3 장

아버지를 떠나보내며*

아버지의 여행 준비

먼 곳, 낯선 곳으로 떠날 여행계획을 잡아 놓으면 하루하루 설레는 마음으로 기다려지게 마련인데 … . 푸르고 싱싱한 나뭇가지에서 매미들이 목청껏 노래하는 이 좋은 계절. 92세 아버지가 이제부터 짧으면 한 달, 길면 6개월 뒤에는 먼 여행을 떠나시게 된다는 말에 저의 마음은 줄에 앉은 새의 가슴처럼 하루하루 어찌할 바를 모르겠습니다.

매미 울음이 그치기 전에 떠나실지, 그 소리 그치고 귀뚜라미 울 때 떠나실지, 아니면 소록소록 내리는 흰 눈의 영접을 받으며 올라가실지 … . 정확한 날짜는 모르겠으나 떠나실 그 순간이 하루하루 다가오고 있는 것은 확실합니다. 결코 제가 보내드리고자 함도 아니요, 당신께서 가고 싶어 하는 여행도 아닌, 머나먼 길입니다. 아버지의 여행을 알았는지 그토록 정성들인 옥상의 채소들도 시들시들하고, 작년에 가

* 이 장에서는 이 세상을 떠난 아버지와 고모부님의 삶을 기리기 위해 저자가 쓴 애도사를 모아 실었다.

지가 찢어지도록 많이 열렸던 뒤꼍의 감나무도 올해는 열매를 하나도 맺지 않고 있네요.

10년 넘게 자리보전하고 누워 계신 어머니에게 아버지가 "나하고 함께 가지 않을래?"라고 물었을 때 "싫어. 당신 혼자 떠나!"라는 대답에 얼마나 서운하셨습니까.

'여행길에 무엇을 준비해드릴까?' 여행경비? 음식? 갈아입을 옷? 그곳에는 숙식비도 필요 없고 떠나는 비용은 물론 돌아올 여비도 필요 없다고 합니다. 그저 베옷 한 벌만 걸치고 빈손으로 오라고 한다지요? 그 나들이옷은 어머니가 수십 년 전에 이미 마련해 두셨습니다.

요즘 제 마음은 왜 이다지도 무겁고 슬픈 것일까요? 우리와 함께 조금 더 지내다 떠나시면 안 될까요? 아버지, 아버지! 100세까지 모시면서 겸손과 무욕의 마음 본받고 검소하고 베푸는 삶의 자세를 배우려 했는데 … .

당신을 붙잡지 못하는 이 불효자를 마음껏 꾸짖고 가세요. 매미가 숨넘어갈 듯이 울어대는 이 새벽, 생전에 호강 한 번 시켜 드리지 못하고 늘 걱정만 끼쳐 드린 이 못난 아들, '꺼이꺼이' 매미보다 더 크게 목놓아 울어 보지만 아무 소용없는 것을 압니다.

아버지, 아버지! 안녕히 가세요. 그 좋은 곳에서 영생복락(永生福樂) 누리세요. 언젠간 저도 그곳에 가서 뵙게 되겠지요.

2013. 7. 27. 먼동이 터오는 새벽

아버지, 안녕히 가십시오

매미가 자지러지게 울어대던 지난 7월 중순, 폐렴 예방접종을 맞고 오신 뒤 며칠째 속이 거북하고 변이 잘 나오지 않는다는 아버지를 모시고 동네 한일병원에 갔습니다. 짧게는 한 달, 길어야 6개월을 넘기기 힘들다는 청천벽력 같은 '선고'를 받았습니다.

담도에서 시작된 암이 간을 온통 뒤덮고 폐까지 번졌으나 아직 뇌에는 도달하지 않은 상태랍니다. 사형선고라도 내리는 것 같은 의사가 괘씸해 CD를 가지고 간과 당뇨전문의요, 자기 아들의 간으로 소생한 고교 동창 강성구 박사를 찾아갔습니다.

"미안하다. 아무런 도움도 줄 수가 없구나…." 가슴이 콱 막히고 앞이 캄캄했습니다. "얼마나 사실 것 같으냐?"고 물었더니 "길어야 3개월"이라고 했습니다. 순간 눈물이 왈칵 솟으며 머리가 멍하고 몸 안의 뼈가 모두 녹아내린 듯 맥이 빠져 버렸습니다.

아버지, 아버지! 50세 때 궤양으로 위를 잘라낸 뒤에도 40여 년간 건강하셨는데…. 파킨슨병으로 누워만 지내는 어머니 때문에 10여 년 전 두 분을 서울에 모셨습니다. 개울가에 채마밭 일구고 30여 평 3층 옥상에 흙을 져 날라 만든 화단과 텃밭을 가꾸셨지요. 92세의 노구로 틈틈이 어머니 수발을 몸소 맡아 하시면서. 엊그제까지만 해도 자전거 타고 저와 함께 새벽기도까지 다니셨는데….

믿을 수 없어 다시 한 번 한일병원에 모시고 갔더니 보호자만 남고 환자는 밖에 나가 있으라 하더군요. 문 쪽으로 나가면서 의사를 뒤돌아보며 "암은 아니죠?" 애써 웃어 보이는 40kg 안팎의 작고 야윈 아버지의 그 모습이 너무나 애처롭고 측은해 고개를 돌렸습니다. 그 뒤로부터 정신은 또렷하지만 아버지의 육신은 시시각각 잦아들었습니다.

"아버지, 아버지! 봄이면 봉오리진 진달래 꺾어 어머니 머리맡에 꽂아 주시던 아버지, 내년 꽃 필 때까지만이라도 머물러 주세요. 아니면, 소록소록 내리는 흰 눈의 축복이라도 받으며 떠나실 순 없나요?"

그 기도 헛되이 아버지는 기어이 하늘의 부름을 받고 머나먼 길 떠나고 마셨습니다. 그래도 시끄러운 매미소리 그치고 또르르또르르 멀리서 귀뚜라미 소리 들려오는 9월 4일 선선한 밤 8시 40분, 우이동의 포근한맘 요양병원 107호실에서 조용히 마지막 숨을 거두셨습니다. '선고' 받은 지 한 달 반. 100세까지 모시면서 겸손하고 베푸는 마음 본받고 무욕의 검소한 삶의 모습을 배우려 했는데 ….

안녕히 가세요! 아픔도 슬픔도, 미움도 다툼도 없는 사랑과 기쁨과 아름다움이 넘치는 그 나라로 ….

고려대 안암병원 302호실에 차린 하루 동안의 빈소(殯所). 너무나 많은 학교 친구와 옛 신문사 동료 및 선후배, 교인, 친지들이 찾아오셔서 아버지를 떠나보낸 죄인을 위로하고 가족들의 슬픈 마음을 어루만져 주셨습니다.

고맙습니다. 감사합니다. 일일이 찾아뵙고 인사드려야 하는데 뒤늦게 글월 올림을 혜량하시옵소서. 아버지께 못 다한 보살핌, 어머니께 쏟기로 다짐하고 거듭 용서를 빌며 감사의 인사를 드립니다.

2013. 9. 20. 새벽, 이충남 곡배(哭拜)

고모부님 산소 앞에서

오호통재라. 오늘 2020년 경자(庚子) 해 9월 1일(음 7월 14일) 사랑하는 고모부님을 먼 곳으로 배웅하면서 회상의 글을 올립니다.

고모부님, 저는 1951년 6월 한여름에 은순·오희 두 고모와 함께 어머니를 따라 6·25 피란길에 나섰습니다. 그중 은순 고모님은 당시 혼약이 된 몸이라 우리 어머니는 무척 신경을 쓰셨습니다. 왜냐하면 '미군은 젊은 여자들을 함부로 다룬다'는 소문이 돌아 머리에 수건을 푹 눌러 씌우고 얼굴에는 검댕이를 칠해 그 고운 얼굴을 일부러 보기 흉하게 꾸며 가지고 내려왔습니다.

고모님은 3남 4녀 중 셋째딸로 제일 예쁘고 마음씨도 고울 뿐 아니라 학교에도 다녀서 우리는 '학교아줌마'(고모나 이모를 '아줌마'라 했음)라고 부르곤 했습니다. 혼기도 덜 찬 어린 나이였지만 산 너머 먼 동네의 황 씨 댁(고모부 황광현)에서 탐을 내 양가 어른들이 일찌감치 혼약을 해놓으셨는데 전쟁으로 뿔뿔이 흩어져 피란을 나왔지요.

인륜이 천륜인지, 수원에서 천만다행으로 서로 소식이 닿았습니다. 당시 양쪽 모두 피란민 수용소에서 살며 양식이나 끼니 끓일 솥단지도 없는 상황인데도 우리 아버지가 "이렇게 만난 것은 결코 우연이 아니니 너희 둘이 합하여 살라"고 하셨지요.

그때 식을 어떻게 치렀는지 저는 모릅니다. 우리 수용소에서 그 댁 쪽으로 혼자 걸어가는 고모의 뒷모습을 보며 아버지는 돌아서서 눈물 흘리셨지요. 입던 치마저고리 한 벌 빨아 넣은 보퉁이 하나 겨드랑이에 달랑 끼워 보낸 게 혼수의 전부였으니까요. 냉수라도 한 사발 떠놓았을지 모를 결혼식이겠지만 아버지·어머니는 차마 부끄러워 참석하지 못하셨다고 들었습니다.

감사합니다. 고모부님. 그런 어렵고 힘든 상황에서도 한 식구를 받아들이시다니요. 당시 고모부님은 홀어머니와 여동생 외에 친척 할머니까지 책임진 20대 초반의 가장이었던 것으로 알고 있습니다. 그럼에도 순박할 뿐 세상물정 모르는 어린 우리 고모님까지 떠맡으신 것이지요.

그런 역경 속에서도 식솔을 거느리고 서울로 올라와 신촌 이대 앞 언덕배기에 의지간을 마련하셨지요. 이때부터 우리는 고모님을 '신촌 고모'라고 불렀습니다. 공산당 치하에서 반동으로 몰려 잠시 감옥생활을 할 때 어깨너머로 배운 서툰 솜씨로 고모부님은 장도리와 대패 하나 가지고 남의 집 문짝을 고쳐 주는 것이 유일한 생계수단이었을 겁니다. 그곳에서 차차 밑천을 모아 아래 동네에 납작지붕 한 채를 얻어 쌀가게를 여셨지요.

그때 고모 댁을 드나들며 보고 들은 기억이 생생합니다. 당시는 쌀에 뉘와 돌이 많아 밥을 하려면 여러 번 씻고 조리로 일어야만 하던 시절이었습니다. 머리가 뛰어난 고모부님이 풀무처럼 두 바퀴를 돌리는 커다란 '석발기'를 들여다 돌과 뉘를 골라내니 쌀이 날개 돋친 듯 팔렸지요. 혼자 힘으로 감당하기 어려울 정도로 고객이 몰리니 '부엌데기' 고모님도 행주치마 벗어던지고 몸뻬로 갈아입고 가게로 나오지 않을 수 없었을 겁니다.

그런데 우리 고모의 인물이 보통인가요? 가꾸지 않아서 그렇지 사실 당시 영화배우 최은희나 김지미는 저리 가라 할 정도였던 것은 고모부님이 더 잘 아시지 않습니까. 그러니 간판도 없는 가게이지만 손님이 나날이 늘어만 갔지요. '그 집 쌀은 뉘도 돌도 없고 예쁜 아줌마가 참 친절하더라'는 소문이 퍼진 까닭일 겁니다.

날마다 고객이 늘어나 장사는 잘돼 좋으나 내외분의 신역은 고되기가 이루 말할 수 없었지요. 식사를 제때에 못 하는 것은 일쑤이고 화장실도 갈 새 없을 정도였겠지요. 그중에 제일 힘든 분은 고모부였을 겁니다. 두세 가마 쌀 배달을 하고 오면 쉴 새도 없이 또 배달해야 하니, 자전거는 펑크나기 다반사였고, 겨드랑이와 사타구니의 땀띠는 가라앉을 새가 없을 정도였다지요. 그러나 '행복한 고행'이니 웃으며 감당해내셨으리라 짐작합니다.

나날이 계속되는 그런 상황에서 고모부님이 우리 고모를 오해했던 것 같습니다. 힘들게 배달하고 오면 "수고하셨어요"라며 시원한 음료수를 권하고 부채질이라도 해드리면 얼마나 좋았을까요. 그러나 솔직한 말씀이지만, 우리 고모는 그런 애교와 서비스는 전혀 없지요. 땀 흘리고 돌아왔는데 또 배달하라고 밖으로 내쫓고 예쁜 아내는 손님들, 간혹 남자들과도 얘기하며 웃는 것이 시시덕거리는 모습으로 보였겠지요.

그러니 얼마나 화가 났겠습니까. 그런 모습을 그냥 지나치면 남편도 아니지요. 저 같았으면 당장 참지 못하고 달려들었을 겁니다. 이런 일련의 심기 불편한 상황의 연속으로 말미암아 두 분 사이에 한동안 심각한 갈등이 빚어졌던 것을 저도 압니다.

그러나 고모부님, 용케 참으셨습니다. 잘 극복하셨습니다. 자칫 파탄으로 끝날 뻔한 순간들을 인내와 용서와 사랑으로 헤쳐 나온 결과, 두 분이 이루어 놓으신 결실들은 너무도 풍성하고 탐스럽고 아름답습니다. 부럽습니다.

여기 미순이, 윤태, 형태, 선태, 준태, 5남매를 세상에 귀한 존재요 보배로운 인물들로 키워내셨지 않습니까. 이들을 어찌 개천에서 낚아 올린 월척에 비교할 수 있겠습니까. 그뿐 아니라 그들이 생산한 손자녀들도 그 부모보다 몇 배, 몇십 배 더 큰 재목으로 자라고 있습니다.

고모부님의 90여 년 일생은 결코 헛된 것이 아니었습니다. 그것은 살을 찢고 뼈를 깎는 당신의 고행이 일궈낸 아름다운 상급입니다. 게다가 홀어머니를 지극정성으로 봉양하여 100세도 넘겨 장수토록 모신 것은 효행의 모범이요, 가족과 일가친척의 화목을 위해 노력하심은 후세의 귀감이 아닐 수 없습니다.

고모부님, 잘하셨습니다. 훌륭하십니다. 자랑스럽습니다. 여기에 모인 자손들과 조문손님들은 당신이 남기신 커다란 흔적, 그 인고의 삶을 극복한 지혜와 자세를 본받고자 합니다.

긴 장마 끝에 오늘 모처럼 하늘도 맑고 날씨도 화창합니다. 당신을 모셔가기 위해 특별히 배려한 날씨가 아닌가 생각합니다. 이생의 모든 고난과 시련과 미움은 다 떨쳐 버리고 즐거운 마음, 가뿐한 몸으로 목화솜 같이 피어오른 저 구름 타고 훠이훠이 올라가세요. 거기서 천국의 복을 마음껏 누리시옵소서. 먼저 가 자리 잡고 계신 우리 아버지와 함께 … .

용은커녕 이무기도 못 된 처조카 이충남이 눈물 감추고 웃음으로 글월 올리나이다.

2020. 9. 1. 대성리 북한강공원묘지 유택 앞에서

2 편

어머니

1 장

꽃다운 양갓집 셋째딸

곱고 영특한 양반 댁 규수

나의 어머니 정태정(鄭泰貞)은 1923년 음력 10월 22일(양력 11. 30) 연일(延日) 정씨(鄭氏) 몽택(夢澤)과 양천(陽川) 허씨(許氏) 사이에서 2남 4녀 중 셋째딸로 태어나셨다. 부친이 철원에서는 내로라하는 갑부인 고지내 댁의 살림을 맡아 보는 집사여서 부유하지는 못해도 끼니 걱정은 하지 않고 지내는, 그런대로 유복한 형편이었다.

외할아버지는 일제강점기 때 배재학당에서 이승만과 동문수학한 학자요, 한학에도 꽤 학식이 높아서 비록 남의 댁 집사였지만 일대에서는 선비요 스승으로 통했다.

외할머니는 부유한 양반 댁 규수였으나 배움은 없었던 것으로 안다. 명절이나 영감님 생신 때에는 귀한 선물이 바리바리 들어오고 친척뿐 아니라 이웃과 친구들이 많이 찾아와 매일 잔치를 벌이다시피 하는 큰살림이지만 요리 솜씨가 좋고 마음 씀씀이가 넉넉해 이웃의 칭송을 받으며 사셨다고 한다.

그 당시 웬만한 가정에서는 여자에게 배움의 기회가 주어지지 않았지만, 외할아버지는 한문선생을 사랑채에 모셔놓고 동네 아이들에게 글을 배우게 하셨는데, 어머니도 함께 공부하도록 하셨다고 한다. 그 덕분에 어머니는 신학문은 못 배우셨지만 《천자문》에 《소학》, 《대학》, 《명심보감》까지 익히셨다. 실제로 서당에 다니다 보통학교 4학년까지 마친 아버지보다 한문 실력은 훨씬 나으신 것 같았다.

자그마한 체구의 어머니는 어려서부터 인물이 곱고 심성도 바르고 맑아 집안 어른들과 이웃의 귀여움을 많이 받았다고 한다. 6, 7세 때 어린 조카를 업고 골목에 나서면 모두 대견하다고 머리를 쓰다듬어 주며 칭찬했다고 한다.

어렸을 때 오래도록 눈병을 앓아 밝은 날 밖에 나가면 눈이 부셔서 얼굴을 찡그리는 버릇이 있었는데, 그 모양이 애교스러워 누가 장난삼아 흉내로 눈을 찡그려 보이며 놀리면 곧잘 울음을 터뜨리곤 해서 '고련보'라는 별명이 붙었단다. 고지식하여 융통성이 없고 행동거지가 조신하나 좀 맹한 데가 있어서 붙여진 모양이다. 어머니는 어려서부터 생선은 잡수셨으나 무슨 연유에서인지 육식이라곤 계란찜을 제외하곤 입에 대지도 않고 주로 채식을 즐기셨다.

부자 퇴짜, 양반 신랑 선택

처녀 때 집안 형편도 웬만하고 인물 곱고 바느질 솜씨도 수준급이어서 여기저기서 중매가 들어왔는데 매파(중신어미)가 먼 이웃의 김 씨라는 부잣집 아들을 중매했다. 그러나 양반이 아닌 데다가 인물이 상스럽게 생겨 퇴짜를 놓았다. 여러 신랑감 중에 살림은 넉넉지 못하나 반듯한 양반 가문의 셋째아들로서 인물도 번듯한 아버지(이정욱)를 택하셨다. 어머니는 늘 "내가 19살에 시집와 20살에 너를 낳았다"라고 말씀하시곤 했다.

신접살이는 시부모를 모신 큰댁(강원도 철원군 어운면 양지리)에서 시작했으나 곧 같은 동네 멀지 않은 곳으로 분가하여 그곳에서 나를 낳으셨다. 내 뒤로 내리 아들만 셋을 더 낳아 시부모님에게는 사랑을 듬뿍 받았지만 아들 하나씩밖에 두지 못한 두 윗동서들로부터는 "조그만 여자가 애는 잘 낳는다"는 비아냥과 시샘 속에 크고 작은 마음의 고초를 많이 겪었다고 털어놓으셨다.

그곳에서 내가 3살 때 마마(천연두)를 심하게 앓아 중간중간에 죽음 직전의 상태에까지 이르곤 하여 부모님뿐 아니라 할머니와 할아버지의 애간장을 몹시 태웠다고 한다. 마마를 앓는 수개월 동안의 숱한 일화를 어머니가 말씀해 주곤 하셨는데 그중에 몇몇을 떠올려 본다.

우선 병을 앓기 며칠 전 외할머니가 다녀가셨는데 그 뒤로 내가 앓자 시댁에서는 외할머니가 병을 옮겼다고 원망하는 바람에 외할머니는 내가 낫기 전까지 우리 집 근처엔 얼씬도 못 하셨단다.

마마귀신이 얼마나 영특한지 동네에서 특별한 일이 있으면 영락없이 알아내고 까탈을 부렸다고 한다. 예를 들어 이웃집에서 추어탕을 끓여 먹으면 당장 미꾸리 국을 달라고 떼를 쓰고, 갖다 주지 않으면 마마로 툭툭 불거진 얼굴이고 몸이고 마구 잡아 뜯어 피범벅이 되곤 하여 혼을 빼놓곤 했단다.

하루는 느닷없이 "술, 술" 하며 술을 달라고 떼를 써 식구들이 어리둥절하여 쩔쩔매고 있는데 알아보니 할아버지가 동네에서 약주를 잡숫고 들르셨더란다. 아무리 떼를 쓴다고 해도 술을 줄 수는 없어서 할아버지가 엎드려 "마마님, 잘못했으니 용서하십시오"라고 빌었더니 "나가서 빌어!"라고 소리치는 바람에 엄동설한에 마루에 나가서 무릎 꿇고 "미련한 인간이 잘못했으니 용서해 주십시오"라고 빌어서 간신히 진정시킨 일도 있다고 한다. 3살 때부터 내가 술을 찾았다니 우습다.

그러던 중에도 마지막엔 만 3일 동안 아무것도 안 먹고 숨소리가 희미한 채 꼼짝 않고 누워만 있어서 '이제는 끝나는가 보다' 하고 포기하는 상태에 이르렀단다. 끝내는 이웃의 권유로 무당을 불러 굿을 하고 마마 혼을 짚단에 싸서 대문 밖으로 내다 버리는 의식까지 치르고 난 뒤 간신히 회복이 되었다고 한다.

어머니가 오랜 세월 동안 무당집을 즐겨 드나들어 아버지의 꾸중을 들으신 게 다 나 때문에, 나를 살리기 위해 매달리셨던 것이 빌미가 된 게 아닌가 하여 마음이 아프다.

어머니는 그렇게 나를 힘들게 키우셨다. 내가 네댓 살 때 양지리에서 철원으로 이사해 몇 년 살았는데, 6·25를 만나 우리는 다시 양지리 큰댁으로 옮겼다. 낮에는 주로 뒷동산에 방공호를 파고 생활했다. 그러던 어느 날 나는 비행기 폭격으로 우리 집이 불타는 광경을 내려다보았다. 내가 태어난 곳, 내가 마마를 앓던 곳, 그 현장이 불길에 휩싸여 사그라드는 모습을 보면서 어린 마음에도 무척 슬펐던 기억이 생생하다.

생활전선에 뛰어들다

어운면 면서기로 근무하던 아버지가 은행원으로 일하게 돼 철원으로 이사했다. 내 기억으로 철원에서도 이사를 두세 번 한 것으로 미루어 셋집을 전전했던 모양이다. 아버지가 은행원이라 해도 말단이라 생활이 넉넉지 못한 탓이었을 것으로 짐작한다. 그래서 어머니는 늘 손에서 바늘과 골무를 놓지 않고 남의 옷을 지어 주는 것으로 살림에 보탰다. 어머니가 본래 고기를 못 잡수시는 데다 살림마저 넉넉지 못하여 삯바느질을 하느라 음식 만들 시간도 아끼려 그랬는지 우리 집 반찬은 늘 보잘것없었다.

하루는 이웃집에서 저녁을 함께 먹자며 아버지를 초대했는데 나도 데려가셨다. 반찬은 한 가지. 번철(프라이팬)에 김치를 가득 넣고 거기에 듬성듬성 돼지고기를 섞어 난로 위에서 지글지글 끓이는 김치 두루치기였다. 돼지고기는 비계와 껍질이 붙어 있는데 털이 덜 깎여 까끌까끌 씹혔지만 맛있었다. 집에서는 한 번도 먹어 보지 못한 그 맛이 어찌나 좋던지 나는 체면 불구하고 양껏 먹었다. 어렸을 적 그 맛이 잊히지 않아 지금도 그거 하나면 다른 반찬이 필요 없다.

철원의 동네이름은 모르지만 제 3학교(북한에서는 학교이름을 제 1학교, 제 2학교 식으로 부른다) 앞에 살 때의 기억들이 많이 난다. 아버지가 근무하는 은행이 멀지 않았던 것 같다. 어머니는 삯바느질 외에 아버지 직장의 직원 서너 명의 점심을 해주고 약간의 비용을 받아 반찬값에 보태셨던 모양이다. 그 덕에 나와 내 동생들도 고깃국은 구경 못 해도 그 분들이 먹다 남긴 생선 부스러기나 계란찜, 국물 맛을 볼 수 있었다.

그중에서도 어머니가 자주 만드신 반찬이 도루묵 구이였다. 도루묵을 석쇠에 얹어 구울 때 그 냄새가 어찌나 좋던지 냄새만 맡고도 밥 한 그릇 먹을 수 있을 것 같았다. 도루묵은 살보다도 통통한 알이 특히 맛있었다. 짭짤하면서 입에서 톡톡 씹히는 그 맛이 너무 좋았다. 요즘 가끔 옛 생각에 알배기를 사다 먹어 보지만 어머니가 구워 주시던 그 맛은 도저히 느낄 수 없다.

또한 고등어나 조기 등 생선 대가리 찌개(찌개라기보다는 소금국) 맛을 생각해도 군침이 돈다. 소금에 짭짤하게 절인 대가리를 오지 뚝배기에 넣고 물을 넉넉히 부은 뒤 파와 고춧가루를 끼얹어 보글보글 끓인 찌개는 건더기보다 국물 한 순갈이면 밥 한 술이 절로 넘어갔다. 어쩌다 아내보고 그렇게 해달라고 했더니 거기에 마늘 다져 넣고 깨보숭이도 쳐 끓여냈지만 어머니의 손맛은 찾아볼 수가 없어 허전하다.

어머니는 바느질뿐만 아니라 요리 솜씨도 빼어났다. 그래서 나중에 식당업(풍미식당)을 하는 용기도 내셨으리라. 어머니의 도루묵 구이 외에 또 잊히지 않는 게 동태찌개다. 초겨울 김장을 담근 뒤 두부와 무를 썰어 넣고 끓인 동태찌개는 어찌나 얼큰하고 시원한지 두어 대접은 먹어야 직성이 풀렸다. 그중에서도 나는 동태 살보다는 머리를 좋아해서 언제나 내 차지였다. 그 결과 볼때기, 아가미, 눈알, 주둥이 등 동태 대가리 발라 먹는 데는 나를 따라올 자가 없을 정도였다. 어머니도 머리를 좋아하시는데 나에게 양보하고 당신은 늘 국물과 무만 드셨다.

나는 가끔 아버지가 다니시는 은행엘 찾아가곤 했다. 처음엔 어머니 심부름으로 갔었다. 가 봤더니 점심때 우리 집에 와서 밥을 먹는 아저씨들이 나를 반기며 용돈을 주었다. 5, 6살 때였다. 순진한 마음에 집에 와서 어머니에게 자랑삼아 드렸더니 꾸중하셨다. “그런 걸 받으면 안 된다. 다시는 아버지 사무실에 가지 말라”고 하셨다.

그러나 나는 그 후에도 어머니 몰래 가끔 들르곤 했다. 그때마다 아저씨들이 용돈을 쥐어 주곤 했기 때문이다. 그러나 어머니에게는 갔다 온 내색을 안 했으니 돈은 보여 드릴 수도 없었다. 나는 집에 돌아오면서 그 돈으로 감이나 사과, 찐 게 등 맛있는 것을 사 먹기도 하고 대개는 다락의 비밀서랍에 차곡차곡 모아 두고 있었다.

내가 몰래 돈 모아 두는 것을 어머니가 아신 모양이다. 언젠가 하루는 “충남아, 네 돈 좀 빌려다오” 하셨다. 이유는 양지리에서 할아버지 내외분이 나오신다니 대접해야 하는데 돈이 없어 걱정이라는 것이다. 할아버지와 할머니는 그날 철원에 나와 큰고모의 신랑감 선을 보기로 했다는 것이다. 내가 돈이 있는 걸 알고 물으시는데 거절할 수 없었다. 사실 나는 그때까지 부모에게 거역한 적이 없어 쾌히 빌려드리겠다고 했다.

어머니는 그 돈으로 찬을 장만하여 아침 대접을 하고는 낮에 나도 데리고 시내 번화가로 나가 할아버지 내외분 사진을 찍어 드리고 함께 점심을 먹었다. 메뉴는 냉면. 생전 처음 먹어 보는 음식이다. 쫄깃쫄깃한 맛은 말할 것도 없고 고명으로 얹은 돼지고기 한 점과 계란 반쪽에 배 한 쪽, 통참깨가 동동 뜬 시원한 국물은 그야말로 환상적인 맛이었다. 어머니에게 돈 빌려주고 이런 음식 얻어먹으면 백번이라도 빌려드릴 수 있다고 생각했다. 아니 거저라도 드리고 싶었다. 그 후 어머니한테 그 돈을 돌려받았는지는 기억이 안 난다.

그날 사진관에 가서 나란히 찍은 할아버지・할머니 사진이 두 분의 유일한 생전 모습이 되고 말았다. 비록 시골 노인이지만 할머니는 참으로 미인이셨고, 깡마르셨지만 할아버지도 점잖고 품위 있게 생기셨다. 그 사진은 피란 나올 때 은순 고모가 보따리 속에 간직하고 나와 오늘까지도 소중한 추억을 안겨 주고 있다. 내심 나는 '그게 내 돈과 어머니의 효심이 빚은 결과물'이라는 점에 자부심을 느끼기도 한다.

그 후 어머니께 용돈 한 번 제대로 드린 적이 없어 후회스럽다. 돌아가시기 15, 16년 전엔 어머니가 떠돌이 약장수의 꾐에 넘어가 고가(당시 100만 원)의 안마 기구를 사셨다. 그것을 아버지도 못마땅하게 여기셨고, 나도 "왜 그런 쓸데없는 곳에 돈을 쓰시느냐"며 불만을 터뜨렸다.

그랬더니 "네가 나한테 용돈 한 푼 준 적 있냐? 내가 번 돈 내가 쓰는데 웬 잔말이냐?"고 역정을 내시는 바람에 무안해 아무 소리도 못 하고 말았다. 그 뒤로도 나는 아버지께만 용돈을 드렸지, 어머니께는 한 푼도 드리지 못했음을 고백한다. 아직도 죄스러운 마음 가누지 못한다.

폭격 덕에 먹은 쇠고깃국

6·25 전까지 철원에서 살았다. 이북지역이라 인민군들이 점령하고 있었다. 이웃집에는 소련군 장교 부부가 살면서 돼지를 키웠는데 굉장히 컸다. 그 돼지를 잡아 순대를 만들어 우리 집에도 보내 난생처음 순댓국을 먹어봤다. 그들은 평행봉 등 운동기구를 갖추고 살았는데 우리의 삶과는 퍽 다른 별천지의 사람들인 것 같았다. 그들에게서 빵을 얻어먹은 적이 있는데 맛은 별로였다. 지금 보니 식빵이었는데 오래됐는지 무척 딱딱했던 것으로 기억한다.

그 집 남자는 낮에는 동네에서 좀 떨어진 공터에 나가 인민군들을 모아 놓고 하루 종일 무언가를 가르치고 있었다. 군사훈련의 일종인 사격연습이나 총검술, 제식훈련, 각개전투 등이 아닌가 생각한다.

전쟁이 나자 남쪽 폭격기들이 출몰했다. 아버지는 인민군에 끌려가지 않으려고 식구들과 헤어져 동막(영화 〈동막골〉의 배경과 비슷한 마을)이라는 곳에 친구들과 함께 은신하고 계셨다. 우리는 도심을 피해 시골로 피란 갔는데 외가댁 마을, 왜미라는 곳이었던 것 같다. 방공호 생활이 시작됐다. 낮에는 매미가 울고 밤에는 반딧불이 반짝이는 평화로운 시골이었다. 방공호에서 멀리 바라보이는 우(牛) 시장에는 주인 손에 이끌려온 소들이 새 주인을 기다리는 광경도 펼쳐지는 한가로운 시골 마을이었다.

그런 평화롭고 고즈넉한 대낮에 어디선가 순식간에 쌔앵 하고 쌕쌕이 서너 대가 날아오더니 새우젓 독 같은 폭탄을 내리쏟았다. 펑, 쿵, 쾅. 우시장 사람들이 이리저리 흩어지다 쓰러지고 소들도 맥없이 주저앉았다. 방공호에서 내려다본 광경이다. 한바탕 내리쏟고 난 비행기들은 그 자리를 한 바퀴 확인하듯 돌고 난 뒤 쏜살보다 빨리 저 멀리 날아갔다. 여기저기 불길과 연기가 솟아오르고, 폭격 맞거나 충격을 받은 소들과 사람들의 시체가 여기저기 흩어져 있었다.

그날 저녁때였다. 우리가 의지해 있는 집의 여물 가마가 허연 김을 뿜어내며 펄펄 끓고 있었다. 소고기를 고는 것이란다. 냄새가 구수했다. 폭격 맞아 죽은 소를 끌어다 마을 사람들이 몇 토막씩 나눠 삶는 중이라고 했다. 덕분에 우리도 그날 쇠고깃국을 실컷 얻어먹을 수 있었다. 너무 맛이 있었다. 마을 사람들은 비록 폭격은 당했을망정 고깃국을 양껏 먹으니 우선은 살 것 같다며 씁쓸한 웃음을 지었다.

전쟁으로 죽은 사람도 많았지만, 그 덕에 고깃국을 먹는 행운도 얻은 나는 참으로 복이 많았나 보다.

큰댁과 합류

왜미에서의 생활은 그리 오래가지 못했다. 전란 중에 가족들이 흩어지기보다 함께 있어야 의지가 되기 때문인지 어머니는 우리를 데리고 시댁이 계신 양지리로 갔다. 그곳은 아버지가 숨어 있는 동막과도 가깝고 큰댁이 모두 거기에 살고 있어 어머니도 한결 의지가 됐을 것이다.

큰댁 식구들은 겨울에 무나 배추, 감자, 고구마 등 농작물을 갈무리하는 울타리 옆의 움막에서 주로 생활했다. 그곳이 비좁아 우리 식구는 동네에서 조금 떨어진 앞동산에, 둘째 큰댁은 뒷동산에 따로 방공호를 파고 그곳에서 주로 낮과 밤을 보냈다.

어머니는 낮에는 마을에 내려가 큰댁 식구들 조석 뒷바라지를 해드리고, 밤에는 밥과 반찬을 싸서 이고 방공호로 와서 우리 3형제(막내 젖먹이 문성이는 업고 다니셨다)의 끼니를 챙겨 주곤 했다. 할머니와 큰어머니가 병으로 누워 계시니 어머니 혼자 10명도 넘는 대식구의 뒷바라지를 해야 하는, 그야말로 몸이 가루가 되는 고달픈 나날이었다.

그러던 중에 은신처(동막)에 동지들과 함께 계시던 아버지가 양지리로 합류했다. 아버지는 방공호에 부엌을 만들어 우리 식구는 거기서 밥을 해 먹도록 하셨다. 아버지는 어머니에게 큰 도움이고 의지가 됐다. 그러나 그것도 잠시. 며칠 뒤 아버지가 병들어 누우셨다. 어머니가 기댈 '의지'는 순식간에 짊어져야 할 '짐'이 됐다.

어머니는 다시 큰댁에서 이어 나르는 생활을 계속했으니 참으로 견뎌내기 어려웠을 것이다. 방공호에서 자식들을 먹이고 옆에 누워 쪽잠을 잔 뒤 날이 밝기 전에 다시 동네로 내려가 시댁 식구들 조석을 챙겨 드리는 생활의 연속이었다. 그것도 폭격이 없을 때의 일이지 비행기가 쌕쌕 날아다닐 땐 모두 방공호에서 숨을 죽이고 있어야만 했으니 끼니는커녕 목숨 유지도 어려운 형편이었다.

북한군이 상승세일 때 아버지 3형제는 가슴을 졸였지만 아이러니하게도 (인민군 치하였으니까 당연한지도 모르지만) 식구들은 기를 폈다. 미군 비행기 출격이 뜸하면 인민군들은 낮에도 활개를 쳤다. 우리 식구들도 방공호에서 나와 기지개를 켰다. 인민군은 우리 큰댁 가마솥에 밥을 짓고 여물 가마에 푸짐하게 국을 끓여 병사들에게 배식했다. 그럴 때면 우리 식구들도 그들이 베푼 음식을 맛보곤 했다.

가족들을 앗아간 돌림병

6·25 당시 양지리 큰댁에는 할아버지 내외분과 은순·오희 고모, 큰아버지 내외와 사촌 정숙 누나, 동생 보성, 둘째 큰아버지 부부, 사촌형과 그 여동생, 그리고 우리 부모와 4형제 등 모두 18식구가 함께 살았다. 둘째 큰댁은 큰댁 바로 뒷동산에 파 놓은 방공호에서, 우리는 좀더 떨어진 앞산 방공호에서 숨어 살았다. 우리 3형제는 하루 종일

방공호에 있고 어머니는 젖먹이 막냇동생(문성)을 업고 낮에는 큰댁에서 식구들 조석을 챙기셨다.

그때 이상하게도 동네에 염병(장티푸스)이 돌아 모든 식구들이 한 차례씩 며칠간 설사와 고열로 누워 지냈다. 처음 앓아누운 할아버지는 결국 일어나지 못하고 저세상으로 떠나셨다. 그때가 음력 3월. 아들 3형제와 식구들이 지켜보는 가운데 돌아가신 할아버지는 불과 56세였다. 전쟁 중이라 장례도 제대로 치르지 못하고 뒷산에 묻어 드렸다. 그나마 두어 달 후 막내며느리(어머니)의 등에서 돌아가셔서 남의 밭고랑에 묻힌 할머니에 비하면 복이라고 해야 할까.

할아버지가 돌아가시자 큰아버지, 다음엔 아버지, 큰어머니, 둘째 큰어머니 등 온 식구가 차례로 전염병에 걸려 생사의 갈림길을 헤맸다. 동서들이 앓아눕자 큰살림과 병수발을 어머니 혼자 떠맡게 됐다. 낮에는 없는 양식을 아껴가며 식구들 끼니를 챙기고, 밤이면 50m가 족히 넘는 동네 우물에서 동이로 물을 길어 식수를 마련하고 빨래도 해대야 했다. 작달막한 20대 여인의 연약한 몸으로 어찌 그리 험하고 힘든 일을 감당해낼 수 있었을까.

그뿐인가. 큰댁 살림을 마친 뒤 늦은 밤, 어머니는 우리가 있는 방공호에 올라와 주린 배를 채울 끼니를 끓여야 했다. 아버지는 어머니가 낮에 큰댁에서 하루 종일 힘들었는데, 밤에 또 식구들의 끼니를 챙겨 산으로 이고 올라오는 게 안쓰러우셨던 모양이다. 방공호에 아궁이를 만들고 밖으로 굴뚝을 내어 밥을 해 먹을 수 있도록 했다.

낮에는 연기가 나면 비행기가 폭격할까 봐 방공호에서 불을 땔 수 없다. 밤에만 불을 때는데 아버지의 솜씨가 없어서 그런지 그 연기가 굴뚝으로 나가지 않고 거꾸로 아궁이로 뿜어 나와 숨을 쉴 수가 없었다. 우리 형제들은 그때마다 이불에 코를 묻고 있다가 잠시 코를 떼고 숨쉬기를 계속했다. 어느 땐 어머니가 밥을 해놓고 먹으라고 깨우지만 동생들은 잠에 곯아떨어져 굶기 일쑤였다. 그 속에서도 유지해온 목숨인데 그 뒤 1년도 못 버티고 동생들 셋이 모두 가버리고 말다니 ….

염병을 앓기 시작하면서 아버지는 우리 형제와 함께 방공호에서 지냈다. 오뉴월인데도 아버지는 솜이불을 덮고 신음과 헛소리를 계속하셨다. 방공호에는 아궁이 외에 천장 부분을 뚫고 그곳에 유리를 덮어 햇빛이 들어오도록 했다. 모두 아버지의 배려이자 지혜였다.

늘 들려오던 폭격기 소리가 하루는 '쌔 - 앵' 하고 유난히 가깝게 들리는가 싶더니 '쨍강' 하고 유리가 산산조각으로 깨져 아버지가 덮은 이불 위로 떨어졌다. 그때 나는 우리 방공호에 폭탄이 떨어진 줄 알았다. 고열로 신음하는 아버지는 그 와중에도 "유리에서 반사되는 빛을 비행기가 본 모양"이라고 하셨다. 그리고 뚫린 천장 구멍에 나뭇가지를 얼기설기 얹어 놓았다. 그 뒤로는 낮에도 컴컴한 굴속에서 지냈다.

인민군의 감잣국

전쟁이 나고 얼마 안 돼 우리 동네에서 제일 큰 기와집에 인민군 부대본부가 설치됐고, 큰댁 사랑채도 몇 명의 인민군이 점령했다. 그들 중엔 여군도 있었는데 장교였는지 복장이 멋있고 얼굴도 예뻐서 쳐다보았더니 "너, 오줌싸개지?"라고 놀려 실망했다. 그 뒤부터는 여우같은 그 여군의 얼굴이 보기도 싫어졌다.

그들은 낮에는 죽은 듯이 잠만 자고 밤이 되면 소리 소문 없이 어디론가 갔다가 돌아오나 대개는 아예 사라져 버리고 다른 군인들이 들어오곤 했다. 그들은 밥을 해 먹는데 가끔 우리에게도 국을 주어 그때 얻어먹은 감잣국 맛이 지금도 지워지지 않는다.

국거리가 없어 어머니는 비름나물이나 돼지풀(마디풀)을 뜯어다 국을 끓였는데, 그것도 씨가 말라 나중에는 마당의 댑싸리 순을 꺾어 넣기도 했다. 그마저도 넉넉지 않아 대개는 건더기가 거의 없는 멀건 된장국이었다. 그러다 먹어 본 감잣국은 참으로 맛있었다. 나는 지금도 감잣국을 좋아한다.

그해 어느 겨울 새벽, 개미떼처럼 새까맣게 마을에 들이닥친 건 인민군이 아니라 중공군들이었다. 무슨 소리인지 알아듣지 못할 말을 쏼라쏼라하면서 집안으로 들어오는데 너무 무서웠다. 큰아버지가 중국말을 좀 하셨는지 몇 마디 나누더니 부엌에서 밥을 해 먹겠다는 것이다. 한 솥엔 밥을 해 안치고 한 솥엔 국을 끓여 큰 양동이에 퍼서 몇 군데로 흩어져 있는 대원들에게 분배했다.

그런데 국을 푸는 도구를 보고 식구들이 놀랐다. 그때는 대소변도 다 거름으로 사용하던 시절이라 시골은 집집마다 헌 물동이나 오지항아리에 오줌을 받아 두었다. 그것이 다 차면 밭으로 퍼 날라 거름으로 쓰곤 했다. 그런데 그것을 퍼 담는 오줌 바가지로 국을 푸는 게 아닌가. 어머니를 비롯한 어른들은 그것을 보고도 모른 체하셨다. 인민군들과 마찬가지로 함부로 남의 집에 쳐들어와 북새통을 놓는 꼬락서니가 밉살스러웠기 때문이었을 것이다.

중공군 밀가루로 만든 부침개

하루는 방공호에 있는데 아침나절 한 녀석이 입구에 앉더니 두 발을 안으로 뻗쳐 밀고 들어오는 게 아닌가. 나는 얼른 다가가 녀석의 발을 두 손으로 때리며 들어오지 못하게 소리쳤다. 그러나 녀석은 꿈쩍도 않고 밀고 들어오더니 어깨에 메고 있던 자루에서 무언가를 꺼냈다. 인민군과 중공군은 마치 자전거 튜브 같이 만든 긴 자루에 비상식량을 넣어 갖고 다녔다. 그가 꺼낸 것은 설탕과 밀가루였는데, 당시 북한에서는 귀한 물품이었다.

나는 그 '뇌물'을 받고 그가 하루간 머무는 데 동의해 준 셈이다. 그는 낮에 실컷 잠만 자고 밤에 인민군과 마찬가지로 연기처럼 사라졌다. 그들은 미군 비행기가 무서워 낮에는 방공호나 볏짚 낟가리 속에 숨어 잠을 잔 뒤 밤에만 활동하는 올빼미 생활을 했다. 며칠 전 어머니가 "병석의 할머니가 입맛을 잃으셔서 아무것도 못 잡수신다"고 하셨다. 중공군에게 밀가루를 받는 순간 할머니가 평소 즐기시던 부침개 생각이 났다.

이튿날 그 밀가루에 소금을 조금 섞어 물에 푼 뒤 김치를 썰어 넣고 휘저어 풀 반죽을 했다. 아궁이에 불을 피워 달군 번철에, 기름이 없어 대신 김칫국물을 두르고 반죽을 부어 전을 부쳤다. 손바닥만 한 것 두 개였다. 동생들이 침을 흘렸지만 모른 체하고 보자기에 싸들고 마을로 내려갔다. 어머니에게 내놓으며 "이거 할머니 드리세요" 하고 되짚어 방공호로 올라왔다.

저녁에 방공호에 올라온 어머니가 "할머니가 맛있게 잘 잡수셨다"고 하셨다. 기분이 좋았다.

2 장

전란 속에서의 삶

평택 피란시절

아버지 3형제만 남행

인민군·중공군과 함께 겨울을 지내며 얼마쯤이나 됐을까. 병들어 방공호에 누워 있던 아버지가 어느 정도 회복되어 동네로 내려와 지냈다. 어느 날 밤 동네 사람이 아버지를 찾아왔다. 국군이 밀고 들어오니 함께 피신하자는 것이다. 철원에서 조금 북쪽의 평강이라는 곳으로 집결하기로 했다고 한다.

아버지가 "나는 아직 몸이 회복되지 못해 가족과 떨어져 혼자는 못 간다. 하다못해 큰아들이라도 데리고 가야 살 수 있다"라고 하셨다. 그가 "데리고 가도 좋다"라고 하니까 아버지는 "간단한 짐이라도 꾸릴 시간을 달라"고 핑계를 대셨다. 그러자 당장 떠나자고 재촉하던 그가 "그러면 밤에 올 테니 짐 챙겨 놓고 기다리라"고 말하고 돌아갔다.

아버지는 "놈이 오면 방금 떠났다고 해라"라고 이르곤 곧바로 어디론가 피신하셨다. 잠에서 깬 나는 어머니가 대충 싸 놓은 이불 보따리 옆에서 기다렸다. 아버지는 인민군과 빨갱이들의 눈을 피해 며칠을 보내셨다.

그러다 국군과 미군이 온다는 소식에 태극기를 펼쳐들고 환영하며 다시 동네로 돌아와 우리와 함께 지냈으나 그 기간은 오래가지 못했다. 국군들이 동네 장정들을 모두 불러내 빨갱이를 색출해내는 것이었다. 몇 명이 어디론가 끌려가는 모습을 보았다.

아버지 3형제는 여러 장정들과 함께 앞집 마당에 얼마 동안 머물러 있다가 모두 열을 지어 남쪽으로 떠났다. 군인들은 짐을 챙기기는커녕 가족과 작별인사 나눌 시간조차 주지 않았다. 그만큼 시간이 촉박했던 모양이다.

동네 남자들이 모두 떠난 이튿날 국군 두어 명이 다시 와서 모두 동네를 떠나야 한다고 했다. 이곳이 불바다가 될 것이니 작전상 비워야 한다고 말했다. 아녀자와 노인만 남았던 동네 사람들은 그 길로 봇짐을 싸 남으로 내려갔다. 큰어머니 두 분도 식구들을 데리고 외양간의 소에 짐을 실려 떠났다.

그러나 어머니는 떠나지 않았다. 아니, 떠날 수가 없었다. 군인에게 사정을 말했다. "시어머니가 병들어 오늘 돌아가실지 내일 돌아가실지 모르는 상태여서 모시고 갈 수도, 두고 갈 수도 없습니다"라고 했다. "게다가 어린 자식들도 한둘이 아니니 꼼짝할 수 없어요. 차라리 이 자리에서 모두 폭격을 맞더라도 할 수 없습니다"라고 버티셨다.

다시 와서 재촉하던 군인도 어머니의 효심에 감동하여 "그러면 부대에서 차를 마련해 볼 테니 준비하고 기다려 보시오"라고 말미를 주고 돌아갔다. 어머니는 그날 밤으로 비상식량과 옷가지를 싸 피란 짐을 꾸리는 외에 동네를 뒤져 가족들조차 버리고 간 늙고 병든 사람들을 업고 부축하여 4명이나 데려왔다. "군인이 차를 보낸다니 함께 갑시다"라고. 그러나 그 뒤 이틀을 기다렸지만 차는 오지 않았다.

피란길, 할머니의 죽음

그날 밤 '콰강, 콰강' 고막을 찢는 듯한 두 발의 포성이 울리더니 두어 채 아랫집이 순식간에 불길에 사라졌다. 멀고 가까운 곳에서 밤새도록 포성이 그치지 않았다. 공포에 숨죽여 밤을 지새우고 나니 낮에는 조용해졌다. 어머니는 더 이상 군인 차를 기다릴 수 없고 그대로 있다가는 몰살당할지 모르니 떠나야겠다고 결심했다.

우리 다섯 식구 외에 할머니, 고모 둘, 동네 환자 넷, 이렇게 12명의 피란 대열은 6월의 따가운 여름 햇살을 받으며, 비록 굼벵이 걸음이었지만 남쪽으로 향했다.

병든 할머니는 당신이 업고, 돌도 안 된 막냇동생은 8살 나에게 업히고 고모들도 세간살이며 양식거리 등을 머리에 잔뜩 이고 내려오던 길. 등에 업힌 할머니가 계속 가쁜 숨을 몰아쉬기에 "어머님, 힘드시죠? 다시 집으로 돌아갈까요?"라고 여쭈었더니 힘없는 팔을 들어 남쪽을 가리키셨다. 아들 3형제가 남쪽으로 갔다는 사실을 알고 계셨던 것이다.

10리길이나 왔을까. 갑자기 어머니 베적삼 앞섶이 벌겋게 물이 들었다. 피. 등에 업힌 할머니 입에서 토한 검붉은 피였다. 간신히 버티던 고개가 어머니 어깨로 떨어지고, 겨드랑이를 그러안고 있던 양팔이 맥없이 밑으로 축 늘어졌다. 할머니가 숨을 거두신 것이다.

어머니가 "아가씨, 어머니가…"라며 서너 발 앞서가던 고모를 불렀다. 뒤돌아보고 되짚어 와 어머니 등의 할머니를 본 고모의 눈에 눈물이 핑 괴었다. 머리 부분을 고모가 안고 양다리를 어머니가 들고 조심스레 빈집 추녀 밑 그늘에 뉘었다. 두 고모들이 할머니 옆에서 소리 내어 울고 있는 사이 어머니는 멀찍이서 참호 작업을 하고 있는 군인들 쪽으로 내달렸다.

잠시 후 돌아오는 어머니 뒤로 2명의 군인이 어깨에 삽을 메고 따라왔다. 할머니의 모습을 보더니 '쯧쯧' 혀를 차고는 막 이삭이 패기 시작한 보리밭 고랑 쪽으로 갔다. 그사이 어머니는 할머니 입속과 얼굴의 피를 닦고 흐트러진 머리를 빗겨드린 뒤 홑이불을 뜯어 고이 감쌌다. 구덩이 작업을 마친 군인들이 다가와 할머니를 마주 들고 어머니는 그 뒤를 따랐다. 깊이가 허리께나 팠을까. 거기에 할머니를 뉘어드리고 흙을 덮었다. 봉분이랄 것도 없는 뭉긋한 흙더미 위엔 잔디 한 줌 입혀 드리지 못했다. 단지 흙 속에 섞인 보릿대만이 푸릇푸릇 비칠 뿐이었다.

할머니는 그렇게 군인들의 도움을 받아 남의 보리밭 고랑에 잠드셨다. 통곡도 할 시간 없이 어머니는 식구들을 이끌고 남행길을 재촉하면서도 두어 번 뒤를 돌아보셨다. 주위엔 큰 나무나 바위도 없는 평평한 밭이랑일 뿐이다. 어머니는 멀리 보이는 산과 옆에 흐르는 개울 모양을 눈여겨보았다. 나중에 좋은 곳으로 모셔 가리란 마음에서 묻힌 위치를 재삼재사 확인했던 것이다. 양지리에서 남쪽으로 10리쯤 내려온 오목이라는 이름의 외딴 동네 보리밭이었다.

피란길 기차 놓칠 뻔

할머니를 묻어 드리고 한참 동안 내려와 문혜리라는 곳에 이르니 군인들이 피란민들을 조사하여 몇 개의 부류로 나누었다. 한참 뒤 우리는 철원역으로 안내되어 기차를 탔다. 객차 안은 이미 사람과 짐 보따리로 꽉 찼고 화물칸도 이름 모를 화물이 가득 실렸는데, 그 위에 피란민들이 짐 보따리를 껴안고 쪼그려 앉아 있었다.

우리도 그사이로 비집고 들어갔더니 얼마 안 돼 기차가 서서히 움직였다. 그러나 한 정거장을 가서 멈춘 뒤 몇 시간 동안 움직이지 않았다. 한여름의 태양은 너무도 뜨거웠다. 땀이 줄줄 흐르고 목이 말랐다. 몇몇 사람들이 열차에서 내려가더니 병에 물을 받아왔다.

기차가 언제 떠날지 모르기 때문에 우리는 선뜻 그들을 따라나설 수 없었다. 시간이 흐를수록 갈증은 점점 참기 어려워졌다. 어머니가 "얘야, 너도 내려가 물 좀 받아오지 않겠냐"면서 짐 보따리에서 주전자를 꺼내주셨다. 옆에 있던 작은고모(오희, 나보다 한 살 위)도 함께 가자며 내렸다. 50~60m 거리의 마을 입구에 펌프가 있었고 사람들이 줄을 서서 물을 푸고 있었다.

얼마쯤 뒤에 우리 차례가 됐다. 내가 펌프질을 하고 고모가 주전자를 들고 물을 받고 있는데 '삐익' 하는 기적소리가 났다. "충남아, 뛰어!" 고모는 혼비백산 주전자를 내던지고 앞서 달리기 시작했다. 뒤따라 나도 뛰었다. 그러나 나는 고모보다 나이도 어리고 본래 달리기를 못하니 마음만 급했지 기차와의 거리가 영 좁혀지지 않는 느낌이었다.

너덧 발 앞서 달린 고모는 열차에 올랐다. 죽어라 달린 내가 간신히 다가갈 즈음 기차가 '치익, 칙' 소리를 내며 움직이기 시작했다. "엄마!" "충남아!" 손을 뻗은 어머니와 옆에 앉았던 한 아저씨가 함께 내민 두 손이 내 팔목을 잡고 끌어올렸다. 그러자 기차는 '치익, 치익, 폭폭, 칙칙폭폭' 달리기 시작했다.

'후유.' 어머니는 나를 껴안고 눈물을 흘리셨다. 그때 만약 기차를 놓쳤다면 나는 어떻게 됐을까. 한 발짝, 정말로 한 발짝만 늦었더라도 나는 엄마의 손을 잡지 못하고 기찻길 옆에 엎어져 "엄마" 목 놓아 울면서 멀어져가는 열차만 바라보았을 것이다. 그 뒤엔 어떻게 됐을까? 지금 생각해도 몸서리가 쳐진다.

평택 피란민 수용소

기적적으로 기차에 올라타고 짐짝처럼 실려 내려와 내린 곳이 평택의 어느 피란민 수용소였다. 개천가 학교 교실만 한 크기의 허름한 창고였는데, 이미 수십 가구가 들어차 있어 나중에 온 피란민들은 눈치를 보거나 심지어 싸우면서 그들 사이에 비집고 들어갔다.

며칠을 그곳에서 보내던 중 식구들은 옴이 올라 밤낮없이 몸을 긁적거리는 고통을 겪었다. 바로 아래 동생(해성)은 내려오면서 이질 설사 끝에 탈항으로 비실대더니 결국에는 부종이 들었다. 몸이 뚱뚱 부어 걷거나 앉지도 못하고 누워만 지내며 밤낮없이 앓는 소리와 헛소리만 질러댔다. "먹을 것 좀 줘. 다리 좀 주물러 줘. 아이고, 아파. 배고파 죽겠어." 옆에 있는 피란민들은 위로는커녕 따가운 눈총만 보냈다.

그나마 건강한 4살배기 둘째동생(인성)과 함께 그를 지켜보는 나도 그 모습이 불쌍하기보다는 미웠고 신음소리가 듣기 싫었다. 어머니는 젖먹이 막내(문성)를 업고 먹을거리와 땔감을 구하느라 하루 종일 이리저리 거리와 골목을 헤매느라 우리를 돌볼 겨를이 없었다.

저녁 늦게 보리나 수수 한 줌 구하고 나뭇가지를 주워온 어머니는 양철통 화덕에 불을 피워 양은 냄비에 죽을 끓여 식구들이 연명하는 나날이 계속 됐다.

어머니는 틈틈이 구호소에서 약을 구해 병든 아들(해성)을 살려 보려고 애썼지만 아무런 효험이 없었다. 고통으로부터의 탈출과 삶을 향한 몸부림의 연속이었지만, 우리에게 주어진 것은 배고픔과 절망뿐이요, 다가오는 것은 죽음의 손짓밖에 없는 듯했다.

큰어머니의 죽음

수용소에서 얼마를 지냈을까. 고향에서 이웃에 살던 사람이 소식을 전해왔다. 먼저 내려온 큰어머니가 큰고모(연홍) 시댁 식구들과 함께 평택 변두리 시골마을에 방을 얻어 살고 있다는 것이었다. 너무나 반가운 소식에 어머니가 그 길로 큰어머니를 만나러 갔다. 그러나 맞닥뜨린 것은 기쁨보다는 태산 같은 걱정거리였다.

큰어머니는 이미 병이 깊은 환자였다. 짐을 실려 몰고 온 소를 팔아 그것으로 남매를 데리고 지내다 심한 이질로 몸져누워 있었다. 다행히 소 판 돈이 아직 남아 있으니 큰어머니네 식구를 데려가라는 것이다. "수용소에서 고생하느니 비록 남의 집이나마 어엿한 '방'을 얻을 수 있지 않겠느냐"는 말과 함께.

어머니 혼자 몸으로 병들어 시들시들한 제 새끼들을 데리고 살아가기도 힘든데 큰댁 식구들까지 맡으라니 …. 하지만 거절할 어머니가 아니다. 어머니의 인정과 효심으로는 비록 수용소에서 살게 되더라도 병든 동서를 외면하지 못했을 것이다.

그렇게 해서 우리는 오랜만에 농촌 마을의, 고모네서 멀지 않은 어느 집 문간방을 구해 여덟 식구가 지내게 됐다. 그런데 식구들이 한데 모여 방에서 산다는 '행복'의 시간도 길지 않았다. 먹을 것도 없지만 먹을 수도 없는 큰어머니는 병마를 떨쳐내지 못하고 결국 유명을 달리하셨다. 우리와 합친 지 사흗날 밤이었다. 오래 사시지 못할 것이라고 예견은 했으나 이렇게 빨리 돌아가실 줄은 몰랐다.

졸지에 또 큰일을 당한 어머니는 먼동이 트자마자 고모 댁으로 달려갔다. 큰어머니가 돌아가셨으니 일을 도와달라고. 그러나 돌아온 대답은 "우리도 여자들뿐이니 도울 수 없네. 소 판 돈 있으니 그것으로 사람을 사서 일을 치르게"라는 싸늘한 한마디를 던지곤 대문을 닫아 버리더라는 것이다. 슬픔보다 더한 야속한 마음에 눈물을 머금고 되돌아서셨다고 한다.

큰어머니의 뒤처리를 위해 어머니는 새벽부터 이리저리 일꾼을 찾아다니느라 종종걸음을 치셨다. 젖먹이 막내(문성)는 울 기운조차 없이 숨진 큰어머니 곁에 죽은 듯이 누워 있고, 둘째(해성)는 밥 달라는 소리를 그치지 않았다. 나와 셋째(인성) 그리고 사촌들은 그 집 처마 밑에 쪼그려 앉아 있는데 눈앞에 커다란 개구리가 엉금엉금 기어가는 것이 보였다. '저것이라도 잡아 구워 먹었으면 좋겠다'는 생각이 들었다. 그렇게 우리는 하루 종일 굶고 있었다.

어머니는 시집올 때 가져와 아껴둔 모시 치마저고리를 큰어머니에게 입혀 염을 한 뒤, 동네 노인의 지게로 모시고 가 남의 보리밭 자락에 뉘어 드렸다. 큰어머니 시신과 함께 슬픔도 애써 땅속에 묻고 앉으로 살아갈 걱정만 안고 돌아온 어머니를 기다리는 것은 주인의 한마디였다. "오늘 당장 방을 내놓으라."

눈앞이 캄캄했다. 이유는 몹쓸 병(염병)을 앓던 환자이니 돌림병이 돌기 전에 동네를 빨리 떠나라는 것이다. 하늘이 무너지고 땅이 꺼지는 암담한 순간이었다.

젖먹이 문성의 죽음

어머니는 허기진 우리를 내버려 둔 채 주인의 '추방명령'에 밖으로 나가더니 한참 만에 말 마차 한 대를 몰고 오셨다. "애들아, 다른 데로 가야겠다." 주섬주섬 이부자리와 냄비, 솥단지, 밥그릇 따위 살림살이들을 싣고 식구들이 모두 올라탔다. 어머니가 평택 시내 한 귀퉁이에 방을 마련하여 그리로 옮겨간다는 것이다. 마차는 자갈밭 신작로를 달리기 시작했다. 요동치는 마차 위에서 떨어지지 않으려고 우리는 짐 보따리를 움켜쥐고 있었다.

얼마쯤 달렸을까. 어머니의 빈 젖을 문 채 간장병 모가지를 움켜쥐고 있던 막내의 고사리 같은 손이 힘없이 스르르 떨어졌다. '저 애가 죽는구나.' 가슴이 찡하고 눈물이 났지만 억지로 참았다. 나보다는 어머니가 먼저 아셨다. 싸늘하게 식어가는 젖먹이를 꼭 끌어안고 아무 말씀도 아무 표정도 없이 허공만 바라보셨다. 아무것도 모르는 마차꾼은 "이랴, 이랴!" 채찍을 가하니 말은 더욱 세차게 달렸다.

어머니는 마차를 멈추라고 하지도 않았다. 식어가는 자식의 몸뚱이를 당신의 체온으로 덥히려는 듯 가슴에 힘껏 끌어안고만 있었다. 등에 업은 시어머니를 여의고, 이레 만에 큰동서를 한 이불 속에서 떠나

보내고, 바로 이튿날 젖 물린 자식을 또 잃다니…. 등에서 어머니, 옆구리에서 동서, 가슴에서 자식을 보내는 여인의 신세, 그것이 어머니의 운명인가? 꽃다운 20대 어머니의 마음은 어땠을까.

어머니가 드디어 말을 멈추라고 했다. 길가에 마차를 세우고 뒤를 돌아본 마부는 "저런! 어쩌죠?" 혀를 끌끌 차며 안쓰러워했다. 보따리에서 치마를 꺼내 막내를 둘둘 말아 안고 마부와 함께 논두렁, 밭두렁을 건넌 어머니의 모습이 보이지 않았다. 한참 만에 빈손으로 돌아온 어머니 눈에는 눈물 자국도 보이지 않았다. 표정도 없었다.

식구는 졸지에 여덟에서 여섯으로 줄었다. 돌도 안 된 막내는 그렇게 엄마 품을 떠나고 우리는 앞을 헤아릴 수 없는 삶의 빛줄기를 향해 다시 마차에 몸을 실었다. "어서 가세요." 힘없는 어머니의 한마디에 마부가 "이랴!" 채찍을 가하니 말은 다시 달리기 시작했다.

하루에 형님과 자식을 자신의 손으로 연달아 묻고 돌아서는 어머니의 한과 슬픔이 오죽할까만, 그것을 느낄 여유마저 허락되지 않았다. 당장 삶을 향한 싸움에 뛰어들어야만 했다.

동생 해성의 투병

자갈밭 신작로를 계속 달린 마차가 어느새 시내 평탄한 길을 천천히 달렸다. 소달구지 길 옆 어느 허름한 집에 도착해서 마차는 멈추었다. 농로 길가에 면하여 부엌 하나 달린 문간방. 논 옆의 그 방엔 문짝도 없이 거적때기로 가렸다. 말은 나면 제주도로 보내고 사람은 서울로 보내라고 했던가. 시골에 방을 얻어 지내본 어머니는 그래도 도회로 나가야 먹고살 수 있다고 생각하여 비록 변두리일망정 평택읍내로 '진출'한 것이다.

나보다 2살 아래 동생 해성은 피란 나올 때부터 비실비실했다. 염병을 앓은 뒤끝이 안 좋아 설사가 그치지 않았고 그것이 계속되자 탈항까지 앓았다. 조금만 힘을 주면 항문이 삐져나오는 곤욕을 치렀다. 만 6살 나이에 병치레가 심했다. 양지리에서 피란 나올 때 그 애는 걸음을 제대로 걷지 못해 자기보다 2살 아래 동생(인성) 보다 뒤처지곤 했다.

어머니가 할머니를 묻어 드릴 동안 우리는 빈집 처마 그늘 아래 앉아 있었다. 그런데 돌아보니 그 애가 안 보였다. 되돌아가 보니 녀석이 작은 바위에 걸터앉았는데 모습이 이상했다. 어머니가 지어 입힌 베잠방이에 아랫도리는 아무것도 걸치지 않았었다. 설사를 자주 하고 그때마다 항문이 삐져나오는 바람에 아랫도리는 아예 아무것도 입지 않았다. 다가가 보니 긴 국방색 러닝을 입고 있는 게 아닌가. 지나가던 미군이 밖으로 나온 항문을 들이밀어 주고 입혀 주었단다.

미군이 입던 러닝이니 오죽이나 컸으랴. 발목까지 내려와 자연히 아랫도리를 가리게 됐다. 그뿐 아니라 무언가를 먹고 있었다. 하나 달래서 먹어보니 그런 맛은 처음이었다. 달콤한가 하면 짭조름하고 고소하여 다 뺏어 먹고 싶었다. 봉지째 들고 먹는 동생이 부러웠으나 더 이상 달라고 하지 않았다. 병든 어린이를 불쌍히 여겨 자기 옷까지 벗어 입히고 먹을 것을 준 사람도 있는데 그것을 알겨먹을 수가 없었다. 나중에 알고 보니 그것이 비스킷이라는 서양 과자였다.

불편한 항문을 옷으로 받쳐 입고 따뜻한 바위에 앉아 맛있는 과자를 먹고 있으니 녀석은 너무 편하고 좋은지 일어설 줄 몰랐다. 그때가 동생이 일평생 누린 가장 행복한 순간이었을 줄이야…. 녀석이 과자를 다 먹을 때까지 기다렸다가 일행이 있는 곳으로 데려와 합류했다.

동생은 날이 갈수록 병세가 더욱 악화돼 평택 수용소에 있을 때 약을 타다 먹여 보았지만 아무런 소용이 없었다. 큰어머니가 돌아가실 때부터 누워만 있더니 마차를 타고 이사 온 뒤부터는 배가 남산만 하게 부어올랐는데도 배가 고프다며 밤낮으로 먹을 것을 달라고 졸랐다. 사실 배부르게 먹어 본 적이 있었을까. 내 배도 고픈데 아픈 녀석의 배는 얼마나 고플까. "나 좀 줘. 배고파. 먹을 것 좀 줘!" 헛소리처럼 쉴 새 없이 외치는 그 소리가 듣기 싫었다. 밉기까지 했다.

어렸을 적 고향에서 지낼 때 나와 동생은 툭하면 다투었다. 그때마다 내가 "죽어라"고 하면 동생은 "너나 죽어라" 하고 되받아쳤다. 잠도 안 자고 밤낮으로 "밥 줘", "주물러 줘" 소리치는 동생이 차라리 죽었으면 좋겠다고 생각했다. 어머니가 밤새 그 애의 배를 쓰다듬고 아프다는 다리를 주무르며 돌보시곤 했다. 동생은 "언니(당시 우리는 형을 언니라고 불렀다), 내 발 좀 꼼작꼼작 해줘." 아프고 저린 다리를 주물러 달라고 했지만, 나는 졸음을 떨치지 못해 누운 채 손을 뻗어 슬슬 문지르는 시늉만 했다. 어머니가 "좀 잘 주물러 주거라" 해도 나는 못 들은 척 그냥 돌아눕곤 했다. 그때마다 어머니는 대신 밤새 주물러 주셨다.

밀전병 장사

"정숙아, 우리가 무얼 해야 굶어 죽지 않을까?"

"작은엄마, 소 판 돈 남았는데 그거 가지고 무어든지 해보세요."

어머니는 사촌누나와 의논했다. 그 돈은 어디까지나 큰댁 것이었고 누나의 소유였다. 어머니는 그 돈의 얼마를 가지고 장사를 시작했다. 풍로와 번철, 주걱을 사고 밀가루와 부추 호박 등을 사서 시장에 나가 밀전병을 부쳐 팔기 시작했다.

그 장사를 한 것이 우리 가정에는 크나큰 축복이었다. 아버지 3형제가 먼저 남으로 내려오는 바람에 우리는 서로 어디서 살고 있는지 소식을 전혀 모른 채 이산가족으로 살고 있었다. 단지, 북으로 가지 않고 모두 남으로 왔으니, 죽지 않고 살아만 있다면 언젠가는 만나지 않겠나 하는 막연한 기대와 희망 속에 지내던 터였다. 시장 바닥에서 장사하고 있으니 수많은 사람 중 고향에서 이웃에 살던 사람이 어머니 눈에 띄었다. 반가움 속에 더욱 기쁜 기적과도 같은 소식은 아버지들이 서울 근처 광나루 피란민 수용소에 살고 계시다는 얘기였다. 어머니는 그 사람에게 밀전병을 대접하며 우리가 평택에 살아 있으니 꼭 소식을 전해 달라고 신신당부하셨다.

어머니는 아침에 나가실 때 장사 재료와 도구를 챙기고 누나와 사촌동생(보성, 나보다 3살 아래)만 데리고 가셨다. 나에게는 점심 대책도 없이 동생들(해성, 인성) 데리고 집 잘 보라고만 하셨다. 그나마 다행인 것은 나보다 4살 아래인 둘째동생은 비교적 건강해서 큰 걱정이 없었다. 그 녀석은 어디를 싸돌아다니는지 모르지만 하루 종일 나갔다가 저녁때 돌아오곤 했는데 얻어먹었는지 주워 먹었는지 배고프다는 소리를 안 하고 얼굴도 반질반질한 게 배는 곯지 않은 듯했다.

나 혼자 집을 지키고 있자니 너무나 서러운 생각이 들었다. 사촌들은 어머니를 따라 시장에 나가면 부침개 조각이라도 얻어먹을 텐데, 밥 달라고 소리 지르는 동생을 데리고 하루 종일 굶으며 집만 지키라니…. 배가 고파올수록 서러움이 더욱 북받쳤다. 내가 어렸을 적에 어머니와 이웃집 아주머니들이 "너는 주워온 아이야. 네 진짜 엄마는 다리 밑에 있는 거지 아줌마야!"라고 놀리곤 했다. '혹시 그때 그 얘기가 사실이 아닐까? 저 엄마가 내 진짜 엄마라면 누나에게 집을 보라고 하고 나를 데리고 나갔을 텐데….'

야속한 마음이 가시지 않았지만 어쩔 수 없는 일. 매일매일 추녀 밑 그늘에 앉아 지나다니는 사람들만 바라보고 있을 뿐이었다.

동생 해성의 죽음

하루는 동생의 헛소리도 듣기 싫고 비관도 돼 밖에 나가 추녀 밑 굴뚝 옆에 쪼그리고 앉아 실컷 울고 있었다. 한참을 울다 방에 들어와 보니 동생 손에 난데없이 돈이 한 장 들려있었다. 저녁에 돌아온 어머니가 그게 웬 돈이냐고 물었으나 헛소리하는 동생은 돈을 꼭 움켜쥔 채 밥 달라고만 소리치고 있었다. 그 돈은 지폐인데 지금 100원 가치나 됐을까. 어머니와 누나는 순간적으로 방 귀퉁이에 처박아 둔 보퉁이를 보았다. 풀어헤쳐져 있었다.

"작은엄마, 없어요!" 누나가 소리쳤다. 헌옷으로 싸 말아 깊숙이 넣어둔 돈다발이 없어진 것이다. 장사 밑천으로 조금 꺼내고 남긴 소 판 돈. 이다음에 큰아버지를 만나면 드려야 할 귀중한 재산이었다. 퉁퉁 부은 몸으로 누워서 밥 달라는 동생이 불쌍해 도둑이 한 장 주고 갔던 것이다. 어머니와 누나는 절망에 넋을 잃고 나는 집을 지키지 못한 죄로 아무 소리도 못 했다.

이튿날 새벽 어머니가 깨우셨다. "충남아, 해성이가 죽었구나." 얼른 눈을 뜨고 일어났다. 밥 달라는 소리도, 아프다는 소리도 뚝 그쳤다. 지폐 한 장을 오른손에 꼭 움켜쥔 채 동생의 몸뚱이가 싸늘하게 굳어 있었다. 아무 말 없이 부리나케 나갔던 어머니가 지게꾼을 데리고 오셨다.

누나의 양해를 구하고 큰아버지가 입던 모시 바지저고리를 품삯으로 주기로 하고 데려왔단다. 어머니는 당신의 속치마로 동생을 둘둘 말아 지게에 얹히더니 따라 나가셨다. 방이 허전하다. 동생의 신음소리, 밥 달라는 소리도 사라졌다. 후회가 됐다. 밤에 그 애 발이라도 제대로 주물러 줄 것을, 다툴 때 죽으라고 하지 말았을 것을, 정말 죽어 버릴 줄이야….

한 달여 사이에 시어머니와 동서, 자식 둘 모두 4명의 시신을 당신 손으로 땅에 묻어 버린 어머니의 가슴이 얼마나 쓰리고 아팠을까. 당신 몸으로 낳은 핏줄과 가족을 줄줄이 잃어버린 20대의 여인 가장. 그나마 유일한 삶의 밑천이라고 여겼던 소 판 돈마저 잃어버리고 말았으니 무엇으로 식구들을 굶겨 죽이지 않을 수 있을까.

길거리 거지로 나서다

밀가루나마 부쳐 팔 돈을 도둑맞고 말았으니 하루 한 끼도 연명할 길이 막막했다. 어머니가 누나에게 말했다. "정숙아. 나는 내 새끼들과 어떻게든 버텨 보겠는데 너희까지 거두기는 힘들구나. 너희 남매마저 굶겨 죽일 수는 없지 않겠니? 그러니 너희는 아버지를 찾을 때까지 잠시 고아원에 가 있거라. 아버지를 만나면 데리러 가마."

이렇게 이해시키고 누나와 사촌동생을 데리고 고아원을 찾아갔다.

사정을 말하고 남매를 맡기고 돌아서는데, 누나가 울면서 뛰쳐나왔다. "작은엄마, 우리는 여기서 살기 싫어요. 우리 함께 살아요. 우리를 데려가요. 내가 밥을 얻어먹을 게 우리 같이 살아요"라며 막무가내로 매달렸다.

어머니도 눈물을 흘리며 "그래. 내가 잘못 생각했다. 먹든지 굶든지 함께 살자"라며 남매를 도로 데려왔으나 살아갈 길이 막막했다. 의지하고 살아갈 손윗동서(큰어머니)도, 생때같은 자식도 둘씩이나 졸지에 떠나보내고 남은 다섯 식구가 살아갈 길이 보이지 않았다. 어머니는 더 이상 지탱할 기력이 없었던 모양이다. 시름시름 앓아누워 초점 잃은 눈으로 천장만 멍하니 바라보고 계셨다. 누나의 말이 씨가 됐는지 우리는 꼼짝없이 비렁뱅이 생활을 하지 않을 수 없게 됐다.

그날부터 누나는 사촌동생과 함께, 나는 혼자 깡통을 들고 거리로 나섰다. 난생처음 밥을 얻으러 동네를 헤매야 했다. 해가 뉘엿뉘엿 저물어갈 무렵 처음 간 곳이 남자 서넛이 모여 목공일을 하는 어느 집 헛간이었다. 기어들어가는 목소리로 "밥 좀 주세요" 했더니 나를 딱하다는 표정으로 바라보며 "얘야, 밥을 얻으려면 밥 있는 데 가서 달라야지. 여기는 이것밖에 없다. 대팻밥이라도 주랴?"라는 것이다.

'그렇지. 밥 있는 데로 가서 달라고 해야지.' 돌아서서 한참 돌아다니다 마침 밥을 짓고 있는 곳을 발견했다. 피란민들이 모여 사는 개천 옆 공터에서 화덕에 양은솥을 걸어 놓고 불 때고 있는 모습이 눈에 띄었다. 머뭇머뭇 다가가 "아주머니, 밥 좀 주세요" 했더니 "얘야, 우리도 하루 종일 굶다가 이제야 겨우 한 끼 끓이는 중이란다. 다른 데로 가 보거라" 하면서 혀를 끌끌 찼다.

돌아서서 걷다가 커다란 기와집 대문 앞에 섰다. 안쪽에 들리라고 "밥 좀 주세요"라고 딴에는 좀 큰 소리로 외쳤다. 아무런 기척이 없다. 다시 한 번 소리쳐 보았다. 대문 틈에 귀를 대고 가만히 듣고 있었더니 안쪽에서 "요새 거지새끼들 때문에 못 살겠네"라는 중얼거림만 들릴 뿐 대문은 열리지도 않았다.

그 뒤부터는 자신이 없었다. 하루 종일 아무것도 먹지 못해 배가 몹시 고팠다. 그러나 아무리 밥을 달라고 해봤자 아무도 주는 사람이 없는데 어찌할 것인가. 몇 집 대문 앞을 기웃거리다가 입도 떼어 보지 못하고 그대로 돌아왔다. 마침 식구들이 모여 앉아 막 밥을 먹으려던 참이었다. 누나가 얻어온 밥과 반찬을 양푼에 털어 넣어 비비고 있었다.

누워 계시던 어머니가 일어나 내 깡통을 보았다. 가지고 나간 그대로 빈 것임을 알고 아무 말씀도 없다. 누나가 "어서 이리와 같이 먹자"고 했다. 나는 염치없이 다가앉아 숟가락을 들이댔다. 우리들의 깡통생활은 한동안 계속됐지만 나는 한 번도 밥 한술 제대로 얻지 못하고, 늘 누나가 동냥해온 밥으로만 허기를 채웠다.

깡통생활로 며칠을 보내고 있을 때 우리 소식을 들은 둘째 큰아버지가 찾아오셨다. 며칠 누워 계시던 어머니는 구세주를 만난 듯 그 길로 기운을 차려 일어나셨다. '살길이 생겼다. 살아야겠다'는 의지가 다시 솟아난 듯 생기를 찾으셨다. 둘째 큰아버지가 얼마간의 돈을 주고 가신 모양이다. 그 뒤부터 우리는 거지생활을 더 이상 하지 않고 어머니는 다시 부침개 장사 길에 나서셨다. 전과 같이 누나와 사촌동생만을 데리고.

아버지와 재회하다

그날도 추녀 밑에 앉아 멍하니 지나다니는 사람들만 바라보고 있는데 저녁 무렵 누나 남매가 멀리서 오고 있었다. 가까이 다가올수록 미웠다. '재들은 배가 고프지 않겠지. 시장에서 엄마가 뭐든지 먹을 것을 주었을 테니까.' 그 뒤 멀찍이 어머니의 모습이 보였다. 야속했다. 부침개 한 쪽 남겨다 준 적이 없는 엄마. 내 진짜 엄마가 아닌지도 모르는 사람. 그러나 그런 생각은 잠시였다.

어머니 뒤쪽에 웬 남자가 따라오고 있었다. 순간 '저 사람이 아버지였으면 얼마나 좋을까?'라는 생각이 들었다. 그런데, 그런데 진짜였다. 분명히 아버지였다. 놀랍고 반가웠다. 그러나 "아버지!"라고 부르지도 못했다. 너무 뜻밖의 일이었기 때문에 "충남아, 잘 있었니?"라고 다가온 아버지를 그저 멀거니 쳐다보고만 있을 뿐이었다.

앞산 진달래가 꽃봉오리 빛을 채비를 하는 이른 봄, 선뜻한 아침 공기를 마시며 동네 아저씨들과 함께 국군의 안내로 먼저 남쪽 피란길에 나선 아버지! 그 아버지를 늦여름 저녁놀 빛을 뒤로 받으며 걸어오는 모습으로 만나다니.

3형제의 막내인 아버지는 형님들과 약속하셨단다. 고향에서도 거의 한동네에서 살았는데 앞으로도 한데 모여 살자고. 며칠 뒤 큰아버지도 오셨다. 우리 집은 갑자기 생기가 돌았다. 비록 꽁보리밥이나 수수밥일망정 하루 두 끼 정도는 거르지 않고 배를 채울 수 있었다.

그로부터 평택 피란생활은 오래가지 않았다. 한 발짝이라도 고향 가까운 곳으로 가자고 하신 모양이다. 그때까지 고향 철원 양지리는 수복되지 않은 밀고 밀리는 전쟁터였다.

수원 피란생활

고향을 향해 북쪽으로

이른 아침 꽁보리밥으로 주먹밥을 만들고 이번엔 피란 보따리 아닌 이삿짐을 쌌다. 우리 집 네 식구와 큰댁 세 식구가 새벽에 길을 나섰다. 길을 모르니 철길을 따라 북쪽을 향해 걸었다. 중간에 사촌동생(보성, 5살)이 다리가 아프다고 하니까 큰아버지는 등짐 위에 얹고 걸으셨다. 그보다 한 살 아래인, 하나밖에 안 남은 내 동생(인성)은 군소리 없이 잘도 걸었다. 점심때가 됐다.

따가운 햇살을 피해 나무 그늘에 둘러앉아 보리주먹밥을 꺼냈다. 반찬은 바가지로 떠온 냇물에 소금을 풀어 녹인 찝찔한 냉수 한 가지. 거기에 주먹밥을 찍어 먹는데 그것도 꿀맛이었다. 다시 행낭을 챙겨 해가 저물 무렵에 도착한 곳이 오산 못 미쳐 서정리 한 농가의 외양간 옆 짚단을 쌓아 놓은 헛간이었다. 그곳에서 먼저 온 다른 피란민과 함께 머물게 됐다. 바닥엔 볏짚을 깔고 여름이라 이불은 필요 없었지만 어찌나 모기가 극성인지 잠을 제대로 못 잤다. 밤새 뒤척이다 다른 일행은 첫새벽에 먼저 떠났다.

아침에 눈을 뜬 어머니가 더듬더듬 주위의 짚 덤불을 뒤지며 무언가 찾고 있었다. 몇 푼 안 되나마 장사도구를 처분하고 받아 속곳에 간직했던 돈이 없어졌다는 것이다. 아무리 헤집어 봐도 없다. 유난히 친밀한 척하며 어머니 옆에 다가가 누웠다 먼저 떠난 아낙의 소행이 틀림없다고 단정하지만 만사휴의(萬事休矣). 고난의 피란길, 어머니는 인복(人福)도 재복(財福)도 지지리 타고나지 못했다.

그렇게 사흘을 걸어 도착한 곳이 수원이다. 큰댁은 개천 옆 나무시장 귀퉁이 공터에 짐을 풀고, 우리는 피란민들이 몰려든 어느 공장 커다란 창고 한구석으로 밀고 들어갔다.

여기서 살 때 먹어 본 잊지 못할 음식이 있다. 어느 날 어머니가 저녁밥을 들여왔는데 비릿한 냄새가 났다. 보글보글 끓는 뚝배기를 보니 멀건 국물 속에 생선 한 토막이 들어있었다. 갈치찌개. 웬 거냐고 아버지가 물으니 어머니는 우물가에서 쌀을 씻는데 보니 누가 갈치 한 토막을 떨구고 갔기에 주워 왔다는 것이다. 그날 어찌나 맛있게 먹었던지 지금도 비릿하고 찝찔한 생선찌개 국물만 있으면 밥 한 그릇은 거뜬히 치운다.

그리고 또 며칠 안 돼서는 게찌개를 실컷 먹었다. 역시 우물가에서 주운 것인데 부잣집 아낙이 게를 수십 마리 닦으면서 다리의 뾰족한 끝마디는 모두 잘라 버리기에 그것을 얻어왔단다. 발라 먹을 속살은 없어도 국물만은 들쩍지근한 게 '게 맛' 그대로여서 역시 달게 먹은 기억이 지금도 생생하다.

협궤열차 아래서 살다

무슨 이유에서인지는 몰라도 우리는 수원의 피란민 창고에서도 오래 버티지 못하고 나왔다. 찾아간 곳은 수원과 여수를 오가는 협궤열차 수여선(수원-여수)의 인계동 기차역, 폭격에 멈춰 버린 객차 밑이었다. 열차 객실과 화물칸은 먼저 온 피란민들로 꽉 차 비집고 들어갈 공간이 없었다. 겨우 찾아낸 곳이 잔뜩 엎드려 기어들어가고 나와야 하는 열차 밑이었다. 그곳도 온전히 다 차지하지 못하고 몇 가구가 치마로 칸막이를 하고 나누어 살아야 했다.

거기서 아버지는 남의 농사나 허드렛일을 돕는 막노동으로 생계를 유지했으나 여의치 않았다. 어머니가 또다시 생계투쟁에 나서지 않으면 안 됐다. 어느 날 아침 기차 밑에 앉아 밖을 보니 저만치 나서는 어머니의 뒷모습이 보였다. 양말이나 버선도 안 신은 맨발에 아버지가 사다 주신 새 짚신을 신고, 머리에는 새우젓 독을 얹고 걸어가신다. 빈 독만도 무거운데 새우젓이 든 것이니 얼마나 무거울까. 작달막한 어머니가 더욱 작아 보였고 목은 자라목처럼 내려앉은 듯했다.

그것을 이고 집집마다 다니며 파는 것이다. 저녁에 돌아오는 모습을 보니 새우젓 독을 머리에 인 채 한쪽엔 부대 자루, 한쪽엔 짚신을 손가락에 낀 채 독을 붙잡고 있었다. 발은 맨발이었다. 자루는 새우젓 대신 받은 쌀이나 보리이고 짚신은 발뒤꿈치가 까져 아예 벗어 들고 맨발로 다녔단다. 이튿날은 피란 때부터 신던 닳아빠진 검정고무신을 꿰고 나가셨다.

기차 밑 생활을 얼마나 했을까. 우리는 삶의 터전을 다시 옮기지 않을 수 없었다. 하루아침에 열차가 없어진 것이다. 의지할 곳을 찾아 헤맨 끝에 동네이름은 알 수 없으나 수원중학교 가는 길목 도살장 옆 언덕배기에 있는 작은 방공호를 발견했다. 좀 옹색한 듯해 아버지가 삽과 곡괭이로 하루 종일 더 파냈다. 굴 안이 꽤 널찍해졌다. 비록 입구에 가마니로 문을 달았지만 우리 네 식구가 기거하기에는 충분했다. 우선 제대로 안고 설 수 있는 높이라 잔뜩 구부리고 들락거리던 열차 밑과 비교하면 대궐이라 할 만했다. 거기서도 어머니의 새우젓 장사는 계속됐고, 아버지는 산에서 나무를 해다 팔기 시작했다.

도살장 옆 굴속 생활

나는 하루 종일 방공호 안에 앉아 도살장에서 죽어가는 소와 돼지의 모습을 지켜보는 게 일과였다. 소는 덩치가 큰데도 끌려가면서 아무런 반항이 없지만, 커다란 눈에는 눈물이 고인 듯 보였다. 돼지는 열이면 열, 하나 같이 '꽥액, 꽥액' 소리 지르며 버틴다. 그러나 얼마 가지 않아 '퍽' 하고 쓰러지는 소리가 들려오곤 조용하다. 단말마(斷末魔)의 비명을 지르는 돼지도 불쌍하고, 묵묵히 순종하는 소들의 죽음도 애처롭게 여겨져 내 마음도 울적하곤 했다.

그런 모습을 하염없이 바라보던 어느 날 소변이 마려워 일어서려는데 이상하게 통 일어날 수가 없었다. 다리에 아무런 힘도, 감각도 없어 움직여지지 않는 것이었다. 꼼짝없이 그대로 앉아 있었다. 저녁때 어머니가 돌아오셨다. 돌부처인 양 앉은 채 굳어 있는 나를 보고 깜짝 놀라 새우젓 독을 얼른 내려놓으며 "충남아, 왜 그러냐?"고 물으셨다. "몰라요. 일어설 수가 없어요" 했더니 나를 들쳐 업고 물어물어 동네 한의원을 찾아갔다.

늙은 의원이 인정사정없이 여기저기 침을 놓는데 아프지도 않았다. 맞고 났더니 말짱했다. "애가 왜 그랬을까요?" 어머니 물음에 의원은 "전쟁통에 먹지 못해 영양실조가 됐기 때문이겠죠"라고 했다.

돌아올 땐 언제 그랬냐는 듯 두 발로 걸어서 왔다. 아들을 연달아 잃고 이제 장남마저 죽는 게 아닌가 하여 겁이 덜컥 났던 어머니는 그제야 안도의 한숨을 내쉬셨다.

방공호에서의 생활도 오래가지 못했다. 굴 임자가 나선 것이다. 또다시 방랑하는 피란민 신세가 돼 의지간을 찾아야 했다.

하나 남은 동생마저 떠나고…

살 곳을 찾아 헤매던 아버지가 식구들을 피란민 수용소 창고 한 귀퉁이로 이끌고 갔다. 여기서 아버지는 어머니와 함께 장터에 자리 잡고 국화빵 장사를 시작했다. 가끔 팔다 남은 것을 가져와 우리에게 먹이기도 했다.

그러던 어느 날 하나밖에 남지 않은 4살배기 동생(인성)이 탈이 났다. 토하고 설사를 멈추지 않고 비실비실 며칠 앓아누웠다. 시장 바닥을 쏘다니며 아무거나 주워 먹은 게 탈이 됐는지, 전날 먹은, 팔다 남은 국화빵이 얹혔는지…. 그때도 역시 앓는 자식에게 약을 사 먹이거나 병원에 데려가는 것은 꿈도 못 꾸었다. 동생은 누운 채 희미한 신음소리만 며칠간 내더니 영영 일어나지 못하고 눈을 감고 말았다.

역시 어머니 치마로 둘둘 말았다. 이번엔 아버지가 삽 한 자루 들고 지게에 얹어 나가셨다. 한참 만에 돌아오신 아버지의 지게에는 삽만 달랑 얹혀 있었다. 제 형과 동생은 먹지 못해 굶고 병들어 죽어 어머니 손에 묻혔는데, 이놈은 먹고 죽어 아버지 손에 묻혔으니 그나마 복을 받았다고나 할까? 내리 세 동생을 모두 잃고 이젠 나 혼자 남았다. 허전하고 외롭고 멍멍한 나날이었다.

우리는 얼마 안 돼 수용소에서도 내몰려 큰댁과 합치게 됐다. 나무시장 옆에 반지하로 땅을 파고 위는 짚으로 이엉을 엮어 지붕을 한 움막집에서 살게 됐다. 부엌과 아래위 방 두 개로 칸이 구분돼 있었다.

여기에 식구 한 분이 늘었다. 어머니가 종조모라고 부르는 꼬부랑 할머니였다. 그 할머니는 우리가 철원에 살 때도 가끔 우리 집에 들러 며칠씩 지내곤 했는데, 큰어머니들보다 우리 어머니를 특별히 좋아하셨다. 어머니가 워낙 손님 대접하기를 좋아하고 특히 웃어른을 공경하는 마음이 지극했기에 그 할머니가 자주 찾아오신 것 같다. 그분은 슬하에 자식이 없어 외로우셨던 모양이다. 피란생활에서 합류한 이 할머니는 그 뒤로 수십 년 동안 우리와 함께 살면서 새로 태어나는 내 동생 다섯을 모두 업어 키우신 고마운 분이다.

얼마 뒤 겨울이 닥치기 전에 움막집 바닥에 구들을 깔아 아궁이에 불을 땔 수 있게 하니 제법 살림집의 형태를 갖추었다. 방 두 칸 중 아랫목은 큰댁, 윗목은 우리가 쓰고 길가 쪽에는 구멍가게를 차려 큰댁에서 운영했다. 진열 물품이라야 과자, 사탕, 오징어다리 등이 전부였다. 그러나 그것도 오래가지는 못했다. 팔리는 것보다 우리가 들락날락하며 몰래 집어먹는 것이 많았기 때문이다. 일곱 식구를 먹여 살려야 하는 어머니의 두 어깨는 점점 더 무거워질 뿐이었다.

그러던 중에 큰아버지는 새 마나님을 맞으셨다. 아들 하나를 둔 분으로 고향에서도 가까운 동네에 살았는데 전쟁 중에 사별했단다. 꼬부랑 할머니가 적극 권유해 큰아버지가 마지못해 맞아들이셨다.

떡장사

큰댁과 합친 뒤 이번에는 어머니가 떡장사를 시작했다. 저녁때 찹쌀 두어 되와 팥 한 홉을 사 갖고 와, 새벽에 찹쌀을 찌고 팥을 삶는다. 찐쌀을 절구에 치고 나면 삶은 팥을 으깨서 거피를 한다. 할머니도 달라붙어 만든 인절미를 어머니는 함지박에 이고 부리나케 시장으로 나간다. 이때도 역시 밀전병 장사를 할 때와 마찬가지로 옆에서 군침 흘리며 바라보는 나에게 한 조각 떼어 먹어 보라고도 하지 않았다. 한 개라도 팔아야 재료를 더 살 수 있기 때문인 줄은 알지만 내 마음은 서운했다. 그래서 그 뒤부터는 아예 떡은커녕 떨어진 팥고물 부스러기도 먹을 생각을 안 했다.

어머니는 그 떡을 한나절이면 다 팔았다. 워낙 적은 양이기도 했지만 솜씨 좋은 분들이 만든 것이라 맛도 있고 어머니의 손도 커 듬뿍듬뿍 주니까 사람들이 꼬였다. 그 덕에 만들어야 하는 떡의 양이 차차 많아졌다. 됫박으로 사던 쌀을 말로 사고, 홉으로 사던 팥은 되로 살 정도로 장사는 번창했다. 그러나 그 장사도 오래가지는 못했다.

어머니의 사업을 눈여겨본, 피란 나와 이웃에 사는 사돈댁 옥자 엄마가 경쟁자로 등장했다. 그분은 어머니보다 몇 살 위인데 어찌나 샘이 많고 욕심도 많은지 모른다. 그 사돈이 "충남 엄마, 나도 좀 같이 하면 안 될까?"라며 물어오는데 어찌 안 된다고 할 수 있겠는가. "그래요. 사돈댁도 해봐요." 그러자 그 아줌마도 똑같이 떡을 만들어 어머니 옆에서 팔기 시작했다. 거기까지는 좋았다.

날이 갈수록 어머니 쪽보다 그쪽으로 손님들이 몰렸다. 이유는 간단했다. 옥자 엄마는 "어서 오세요. 이리 앉으세요. 많이 드려요"라며 갖은 수단을 부릴 뿐만 아니라 어머니 것보다 더 크게 만든 떡을 하나라도 더 주니 결과는 뻔할 수밖에. 하루 종일 시장 바닥에 서서 손님을 기다렸지만 다 팔지 못하고 집으로 되 갖고 오는 날이 잦아졌다.

어머니의 실망과 삶에 대한 상실감은 나날이 커 갔다. 할머니와 아버지의 근심도 깊어갔다. "어떻게 하죠?" "글쎄 … 칼국수를 만들어 보면 어떨까?" 어머니와 아버지는 의논 끝에 칼국수 장사로 업종을 바꿨다.

칼국수 장사

아버지는 질동이와 양은그릇을 사고 밀가루를 사다 반죽을 하여 널따란 판때기에 놓고 방망이로 얇게 밀어 놓았다. 어머니는 그것을 둥글넓적하게 말아 칼로 채치듯 썰어 밀가루를 섞어가며 살살 펴면 가느다란 국수발이 되었다. 그때쯤 할머니는 부엌에서 양은솥에 감자를 썰어 넣은 멸치 국물을 준비하셨다. 설설 끓는 국물에 국수 가락을 한 움큼씩 넣고 주걱으로 휘휘 저어가며 한참 있으면 다시 부글부글 끓어올랐다. 그러면 미리 송송 썰어 놓았던 애호박을 털어 넣은 뒤 골고루 섞어가며 잠시 뜸을 들이면 칼국수는 완성되었다.

어린 나의 뱃속은 그 구수한 냄새에 회가 동하지만 어머니는 역시 아랑곳하지 않고 국물 한 방울 남김없이 모두 질동이에 퍼 담아 똬리 얹어 머리에 이고 휑하니 장마당으로 나갔다. 집에서 1km쯤 되는 거리를 그 뜨거운 동이를 이고 한 손엔 국자며 양은그릇 등을 들고 이마에 흐르는 땀도 닦을 새 없이 달리다시피 잰걸음을 움직였다.

한여름에 뜨거운 김이 모락모락 피어오르는 칼국수. 결과는 대박. 고객은 주로 장사치나 지게꾼, 장 보러 온 시골 아낙, 멀쩡하게 차려입은 쓰리꾼(소매치기) 등 다양했다. 개중에는 단골손님도 있어 한나절이면 동이를 다 비웠다.

점심 한 끼 식사로는 떡보다야 국수가 한 길 위가 아닌가. 옥자 엄마 쪽 떡 손님들이 엄마의 칼국수로 몰렸다. 반죽하고 썰고 삶아 퍼내기를 하루에 두세 번씩 할 정도로 장사는 잘됐다. 저녁때 돌아오는 길에 밀가루, 멸치, 호박, 감자 등 다음 날 필요한 재료를 사고 조금 남은 돈으로 식구들 양식거리로 보리나 수수 됫박을 받아오곤 하셨다. 덕분에 우리는 하루에 세끼를 다 채우는 날이 많아졌다. 그것도 밥으로만.

그런데 그런 호사도 오래가지 못했다. 신나게 팔리는 칼국수를 질투 어린 눈으로 바라보던 옥자 엄마가 드디어 떡판을 걷어치우고 질동이를 이고 나선 것이다. 물론 그 안에 든 것은 칼국수. 어머니의 매상은 절반으로 줄어들었다. 반죽하는 아버지의 팔에 힘이 빠지고 동이를 이고 나서는 어머니의 두 다리도 맥 풀린 나날이 계속됐다. 그러나 삶의 동아줄을 놓을 수는 없었다. 경쟁자가 있으므로 가능한 한 음식을 더 맛있게 해야 하고 손님들에게 좀더 많이 퍼주게 되니 이문이 박할 수밖에 없다. 피 말리는 생존경쟁의 연속이었다.

속으로는 옥자 엄마가 얄밉기 그지없지만 고향에서 함께 피란 나온 처지요, 더구나 시누이를 그 댁에 시집보낼 때 맨몸으로 보낸 죄로 싫은 내색은 전혀 할 수 없었다. 그 마누라보다 한 발이라도 빨리 나가야 한 그릇이라도 더 팔 수 있으니 어머니의 몸과 마음은 나날이 고달파졌다.

또 점심은 꿈도 못 꾸는 하루하루를 보내던 어느 날 "만두를 만들어 섞어 보면 어떨까?" 할머니가 안을 내셨다. 식구들이 달려들어 만두 일손을 도왔다. 밀가루는 칼국수 때와 마찬가지로 반죽을 하여 방망이로 밀어 놓고 작은 주발뚜껑으로 눌러 동그랗게 자른 뒤 미리 만들어 놓은 소를 넣어 나도 함께 빚었다. 만두 섞인 칼국수 '만칼.' 결과는 대히트였다. 옥자 엄마와 양분됐던 손님은 다시 엄마 쪽으로 쏠렸다.

하지만 옥자 엄마가 누군가? 참고 있을 리가 없다. 떨어지지도, 떼어 놓을 수도 없는, 그림자 같은 존재, '고향 까마귀'요 '외면 못 할 사돈'께서 묵과할 리 없다. 옥자 엄마의 칼국수 속에도 드디어 만두가 들어가기 시작했다. 속으로는 부글부글 끓지만 겉으로는 다정한 친구인 양 웃음 띤 얼굴로 그 아줌마와 나란히 장사하는 어머니가 불쌍해 보였다. 자연히 장사는 또다시 시들시들해지고 말았다.

칼국수에 만두를 섞어 장사할 때의 일화 한 토막. 하루는 인천에서 잠깐 들른 아버지가 일손을 도우셨다. 소를 조금 넣고 입으로 바람을 불어넣어 만두피를 부풀려 오므린 뒤 "이렇게 하면 커 보이잖아" 하셨다. 재료를 조금이라도 아껴 보자는 마음이었던 모양이다. 어머니가 대뜸 "그러면 안 돼요. 삶으면 쪼그라들어서 못써요" 하신다.

아버지는 빙그레 웃으면서 "그런가?" 하더니 이번엔 소를 잔뜩 넣고 빵빵하게 빚은 뒤 "이러면 되나?" 하셨다. 어머니가 즉각 "이 양반이? 그러면 뭐가 남겠어요?"라고 핀잔을 주었다. "내가 잘못했소." 짐짓 꾸중 듣는 어린애처럼 순진한 아버지의 대응에 할머니도 나도 웃음이 터졌다. 만두를 빚는 지루한 시간에 아버지가 지어낸 파한(破閑)의 순간이었다.

가난으로 힘들고 고단한 삶 속에서 만두를 빚는 순간이나마 웃음을 함께 나누며 빚어가던 부모님의 정겹고 아름다운 모습이 아련히 떠오르곤 한다. 배를 곯는 생활이었지만 아버지·어머니와 함께 살던 그 때가 그립다.

담배꽁초 줍기

수원에서 피란살이 할 때의 여러 가지 추억이 떠오른다.

끼니 잇기도 힘든 피란생활임에도 불구하고 큰 아버지와 아버지 그리고 꼬부랑 할머니는 담배를 피우셨다. 무슨 돈으로 담배를 살 수 있었겠는가. 나와 사촌동생 사열(새 큰어머니가 데리고 온 아들)은 참외껍질 등을 주워 먹는 것으로 허기를 채우면서도, 시장 바닥과 버스정류장 등을 돌아다니며 담배꽁초를 주웠다. 그것을 주머니 가득 담아 집으로 가져오면 할머니와 아버지는 일일이 까서 속을 모아 두고 얇은 종이로 말아 맛있게 피우시곤 했다.

그렇게 매일 모아 드리는 꽁초의 양이 꽤 됐던 모양이다. 당시는 담배에 필터가 달려 있지 않아 아무리 작은 꽁초라도 담배 알갱이는 남아 있게 마련이다. 할머니는 그것을 모았다가 이웃에게 팔아 어느 정도의 용돈을 쓰시는 듯했다.

하루는 장마당을 돌아다니다가 용변이 마려워 공중변소에 들어가 쪼그리고 앉았는데 어디선가 담배 타는 냄새가 나서 주위를 둘러봐도 담배는 보이지 않았다. 그대로 앉아 일을 보려고 힘을 주는데 갑자기 오른쪽 허벅지가 따끔해지는 거다. '앗 뜨거.' 깜짝 놀라 일어나 주머니에서 꽁초들을 몽땅 꺼내 보았다. 그중에 하나가 불꽃도 선연하게 빨갛게 타고 있는 게 아닌가. 뜨겁고 놀라서 일도 못 보고 한 주먹 모은 꽁초를 모두 변소통에 던져 버리고 나온 적이 있다.

우유죽과 술지게미

어떤 때는 학교 같은 데서 끓여 주는 우유죽을 받아다 식구들 끼니를 때우기도 했다. 외국에서 구호물자로 보내온 가루우유인데, 이것은 요즘 아기들이 먹는 분유와는 달리 지방분을 제거하지 않고 그대로 말린 분말이어서 맛이 퍽 고소했다. 우유죽은 그 우유에 물을 붓고 약간의 쌀(안남미)을 넣어 끓인 죽인데, 이것이 배급되는 때는 긴 줄에 끼어 있다가 깡통에 받아 따뜻한 채로 집에 와 마시면 참 고소하고 든든했다. 우유죽도 맛있지만 어쩌다 가루우유를 얻어먹어도 그 맛이 기가 막혔다. 입에 하나 가득 넣으면 침이 나와 자연히 녹으면서 목구멍으로 넘어가는데 그 달콤함과 고소함이 환상적이었다. 가루우유와 얽힌 기억이 아련하고 새롭다. 그 얘기는 초등학교 시절 이야기에서 밝히겠다.

우유죽을 받아오지 못하는 날은 양조장에서 하수구로 흘려버리는 술지게미를 한 깡통 퍼다가 둘러앉아 먹기도 했다. 술을 거르고 남은 찌꺼기인데, 그걸 먹고 나면 머리가 띵하고 어지러웠지만 배를 채우기 위해선 어쩔 수 없는 일이었다. 그나마 제시간에 가야지 늦게 가면 다른 사람들이 이미 다 퍼가고 흙바닥에 구정물만 흐르기 일쑤였다.

내가 정식으로 술을 먹기 시작한 것은 중 3 여름방학 때였다. 땀 흘려 집안일을 돕고 나면 어머니가 막걸리를 받아다 주며 마시라고 하셨다. "네 아버지는 술을 못 드셔서 평생 재미가 없는데 너라도 술을 좀 배워라. 남자는 술도 좀 먹을 줄 알아야 한다"면서 주시는 것을 받아 마셔 보니 꽤 먹을 만했다. 그 뒤로 고등학교 때 어머니는 여름방학 전에 큰 청주병에다 인삼주를 담갔다가 주시곤 하였다. 그것이 원인이었는지 내 주먹코가 빨갛게 딸기코가 돼 수년 동안 얼마나 창피했는지 모른다. 할 수 없이 고 3 때 병원에 찾아가 대수술을 받기도 했다.

내가 지금 꽤 많은 술을 마셔도 거뜬한 것은 아마 어려서 술지게미로 시작해 중학교 때부터 쌓아온 '내공' 덕이 아닌가 생각한다.

참외껍질과 꿀꿀이죽

우유죽, 술지게미로만 연명한 게 아니다. 참외껍질도 한여름 허기를 때우기에 훌륭했다. 시장 바닥에 지게를 받쳐 놓고 파는 참외를 사람들은 껍질을 벗기고 속과 씨를 발려내 버리고 살(과육)만 먹는다. 그래서 지게 삼태기 구석에는 벗겨낸 껍질과 발려낸 속이 수북이 쌓이게 마련이다.

염치없이 달라고 하여 깡통에 받아서 집에 와 할머니와 식구들이 한 끼를 해결하는 일도 많았다. 나는 지금도 참외는 껍질과 씨째 먹는다. 변을 보면 미처 씹지 못한 씨가 그대로 나오긴 해도. 씨를 품고 있는 야들야들한 속이 제일 단데 왜 버리는지 모르겠다. 참외뿐만 아니라 포도도 마찬가지다. 그 아드득아드득 씹히는 씨와 달콤새콤한 껍질을 왜 버리는지 아깝다.

어머니가 파는 떡이며 칼국수 옆에는 커다란 양은솥에서 설설 끓는 꿀꿀이죽이 있다. 그 냄새가 어찌나 구수하고 구미를 당기는지 먹고 싶어 미칠 지경이지만 어머니는 한 번도 사 준 적이 없다. 당시 소원은 꿀꿀이죽 한 그릇 먹는 것이었다.

그런데 두어 번 그 행운의 맛을 보았다. 나중에 생긴 사촌이 사 준 것이다. 돈은 어디서 난 것일까? 동생은 생일이 한 달 정도 늦을 뿐 나와 나이가 같은데 어찌나 민첩하고 약삭빠른지 내가 오히려 동생처럼 그의 뒤를 따라다녔다. 그는 버스 종점을 자주 배회하면서 담배꽁초를 줍고 간혹 남이 뱉어 버린 껌을 주워 질겅질겅 씹기도 했다.

피란 때뿐만 아니라 전쟁 전 고향에서도 어쩌다 껌이 생기면 그것을 하루 종일 씹었다. 밥 먹을 때는 밥상머리에 붙여 놓았다가 다시 씹었고, 잠잘 땐 벽에 붙여 놓았다가 씹는 게 예사였다. 어떤 날은 남의 것을 떼어 씹어 다툼이 벌어지기도 했다.

그렇게 귀한 껌 외에 가끔은 버스 안을 청소하고 쓸어버린 쓰레기 속에서 돈을 줍기도 했다. 찢어진 돈 조각들을 여러 장 모아 붙여 사용하는 등 동생은 재주도 좋았다. 그렇게 모은 조각 돈으로 사촌과 나는 꿀꿀이죽 한 그릇을 사서 함께 먹은 적이 몇 번 있다. 어떤 땐 새 돈을 꺼내기도 해서 물어보면 나무꾼이 파는 장작 묶음 속에서 주웠다고 하는데 그건 아무래도 아닌 것 같았다. 혹시 새 큰어머니가 몰래 주신 것이 아닌가 의심도 되지만, 꿀꿀이죽을 사 주는데 돈의 출처는 그다지 중요하지 않다고 생각했다.

그때 먹어 본 꿀꿀이죽 맛은 지금도 잊을 수 없다. 어디서 그와 똑같은 음식을 판다면 당장 달려가 먹고 싶다. 혹자는 지금 부대찌개의 원조가 꿀꿀이죽이라지만 천만의 말씀이다. 어찌 그때의 환상적인 꿀꿀이죽 맛을 따라오겠는가. 나중에야 그 속에 든 음식의 이름을 알았지만 거기에는 햄, 소시지, 스테이크 등 각종 육류와 식빵, 야채, 콩류 외에 이름도 모를 각종 음식물이 들어 있어 한마디로 세상에서 제일 맛있는 종합식품이었다. 가끔은 담배꽁초나 이쑤시개가 씹혀 입속에서 그것만 골라내고 달게 먹던 추억이 새롭다.

아버지가 가르쳐 준 한글

옥자 엄마의 '엄마 따라 하기'로 장사 형편이 어려워졌지만 나는 학교에 들어가게 됐다. 1950년 봄 철원에서 1학년에 입학했으나 한 달도 안 돼 6·25로 중단하고 이듬해 피란을 나와서도 2년여가 지났으니 글자 그대로 일자무식이었지만, 나이가 10살이나 됐으니 다시 1학년으로 들어갈 수는 없어 2학년에 입학했다.

학교는 수원중학교에 있는데 운동장 한 귀퉁이에 지은 초가지붕 막사였다. 이름은 거창하게도 '서울특별시 수원종합국민학교'였다. 몇 달 뒤 3학년에 올라갔지만 한글은 여전히 깨우치지 못해 인천에서 잠시 집에 들르는 아버지가 가르쳐 주곤 하셨다. 아버지는 시장건물 공사가 마무리된 뒤엔 역시 진외가댁 회사에서 운영하는 인천 부두의 창고회사로 옮기셨다.

부두에 하역되는 각종 물품을 보관하는 사업인데 아버지는 창고 물품관리역을 맡으셨다. 어머니 심부름(아마 생활비를 받으러 갔던 듯하다)으로 아버지가 근무하는 곳에 찾아가 하룻밤 자면서 아버지가 해주시는 밥을 먹은 적도 있다.

배에서 내리면서 흘러내린 곡식 알갱이들(벼, 겉보리 등)을 모아 두었다가 손절구에 찧은 쌀과 보리로 밥을 지어 된장국에 말아 먹은 기억이 난다. 잠자리는 창고 구석에 가마니를 모아 놓고 그 위에 담요를 깔았다. 거기에서 모기에 뜯기면서도 아버지는 등불 밑에서 나에게 한글을 가르쳐 주셨다.

어머니의 칼국수 장사는 신통치 못했지만 계속됐다. 그러던 중 큰댁과 헤어지게 됐다. 함께 남하한 3형제 중 둘째 큰아버지의 처가가 있는 포천군 일동면 기산리에 터를 잡으셨다. 그곳으로 와 함께 살자는 연락을 받고 떠나신 것이다. 자리를 잡으면 우리도 불러올리겠다는 약속과 함께. 새로 생긴 두 식구(새 큰어머니와 그 아들)를 포함해 모두 다섯 식구가 떠나니 집안이 허전하기 짝이 없었다.

예쁜 여동생 출생

그러던 중 기쁜 일이 생겼다. 내가 3학년이 되던 해(1953)에 학교에서 3·1절 행사를 하는 중에 나는 혼자 싱글싱글 웃고 있었다. 소리쳐 자랑이라도 하고 싶은 마음이었다. '야! 나에게 동생이 생겼다. 그것도 예쁜 여동생이.'

내 밑으로 내리 세 아들을 연달아 잃고 큰댁마저 떠나신 외롭고 허전한 가운데 새 생명을 얻었으니 어머니의 마음도 얼마나 기쁘셨을까. 그러나 얼마 동안은 장사를 못하니 무엇으로 식구들을 굶기지 않을 수 있을까? 어머니는 산후 고통보다 그것이 더 큰 걱정이었다. 비록 아버지가 인천에서 벌이를 하신다지만 미역국조차 제대로 끓여 먹지 못하는 형편인데 하나 더 늘어난 식구는 어떻게 먹여 살린단 말인가.

자식을 얻은 기쁨보다 막막한 생계 걱정에 느긋하게 산후조리로 누워 지낼 수는 없었다. 어머니는 해산 붓기가 채 가라앉지도 않은 사흘 만에 또다시 칼국수 동이를 이고 장터로 나가셨다. 꼬부랑 할머니가 말리는데도 불구하고. 어머니의 이런 뼈를 깎는 고생이 아니었으면 우리, 아니 나에게 어떻게 오늘이 있었을까?

그렇게 지내기를 며칠. 포천 일동에서 연락이 왔다. 큰댁이 어느 정도 정착됐으니 그쪽으로 오라고. 그즈음 진외가댁 사업도 끝나 아버지의 인천 일도 계속할 수 없게 됐다. 할머니가 먼저 일동엘 다녀오셨다. 둘째 큰댁은 시장에서 포목점을 내 장사가 꽤 잘되고, 맨 큰댁은 거기서 약 5리쯤 더 북쪽으로 들어간 삼거리에서 비록 판잣집일망정 자기 집을 짓고 가게를 차렸다고 한다.

미군부대가 있는 지역이라 장사가 곧잘 돼 밥을 굶지 않을 정도가 아니라 호화롭게 먹고 지내더라고 했다. 닭을 백숙으로 고아 식구들이 포식하더라는 것이다. "애들이 입술을 번들거리며 먹는 걸 보니 충남이 생각나서 내 몫을 다 못 먹겠더라"고 하신 말씀이 생생하다.

그런데 수원으로 돌아오실 때 어린애도 낳고 했으니 쌀 됫박 값이라도 쥐어 줄 줄 알았는데 겨우 찻삯만 쥐어 주었다며 몹시 서운해하셨다. 큰댁이나 우리나 그 할머니에게는 다 같은 조카뻘인데 유독 어머니 편만 드는 입장이었다. 그러면서 우리에게 "일동에 가지 말고 어떻게든지 수원에서 버티며 살아 보자"고 하셨다.

어머니도 할머니와 마찬가지로 큰댁과 합류하는 것을 달가워하지 않으셨다. 어머니에게는 그럴만한 이유가 있었다. 양지리에서 함께 살 때 신역이 고됐던 것은 별문제이고, 동서들의 시기와 질투를 견디기 어려웠던 기억 때문이었을 것이다. 하지만 아버지의 주장을 꺾지 못해 결국 포천군 일동면으로 옮겼다.

어머니의 억울한 사연

피란 나와 어렵게 만나 일동에 합류하여 살았지만, 평택과 수원 피란 생활부터 큰아버지와 어머니 사이에는 떨떠름한 관계가 유지되었다. 그럴 이유가 있다. 꼬부랑 할머니가 어머니에게 전해 주신 얘기다.

큰아버지가 평택에 찾아와 만났을 때 반가움은 이루 말할 수 없었지만, 10살이 넘어 철이 들 만한 사촌누나가 큰아버지에게 그동안 지내온 얘기를 소상히 말했단다. 그 요지는 큰어머니 돌아가셨을 때 큰아버지 모시 바지저고리를 주고 인부를 샀고, 자기들을 고아원에 맡기려 했고, 소 판 돈을 도둑맞았다는 것 등이었다.

어머니는 어떻게든 살아 있는 식구들을 살리기 위해 돈을 아끼려고 돌아가신 분(큰어머니)의 뒤처리에 큰아버지의 옷을 내주었고, 또 남매를 고아원에 맡기려 한 것은 돈을 잃고 살길이 막막했기 때문이지, 그들을 떼어 놓기 위한 것이 결코 아니었다. 당신이 낳은 자식들은 굶더라도 조카들은 굶기지 않으려는 고육지책(苦肉之策)이었다.

그런데도 누나는 어머니의 그런 진정을 생각지 않고 철없이 자기 아버지에게 고자질한 것이다. 더욱 어처구니없는 것은 큰아버지는 소 판 돈 잃어버렸다는 것도 거짓이 아닌가 생각하더라는 것이 할머니의 귀띔이었다. 그러니 큰아버지와 어머니 두 분 사이가 서먹할 수밖에 없었다.

큰아버지의 옷을 없앤 것은 당신 아내의 시신을 묻기 위한 품삯이요, 남매를 고아원에 맡기려 한 것은 조카들만이라도 굶어 죽이지 않게 하기 위함이요, 소 판 돈은 배를 곯으면서도 그대로 간직했다가 돌려드리려고 했는데 도둑맞은 것이다. 어머니는 그 사연은 이해하지 않고 결과만 놓고 미워하는 게 너무나 야속했지만 '나의 진실은 그게 아니었으니 그만'이라며 '언젠가 누명이 벗겨지겠지'하는 마음으로 참으셨다. 워낙 엄한 유교집안에서 자란 터라 아무런 말씀도 안 하신 것이다. 집안 간에 제일 조심스럽고 어려운 게 시아주버니와 계수 사이라고 교육받았기에 감히 큰아버지에게 당돌하게 맞서지 못하셨다.

나중에 아버지가 말씀하셨지만, 그때 큰아버지는 아버지에게 어머니와 이혼하라고까지 했다니 큰아버지가 우리 어머니를 얼마나 괘씸하게 생각하셨는지 짐작이 간다. 그래도 어머니의 진실한 마음을 이해하시는 아버지는 큰아버지의 생각이 그르다고 대들거나 외면하지 않고 형님을 늘 공경하며 지냈다.

그러다가 큰아버지가 돌아가신 다음에야 모든 사실을 말씀하셨다. 게다가 그 소가 사실은 아버지가 은행에 취직하여 모아 둔 돈으로 사 드린 것이라는 사실도 큰아버지 장사를 치른 뒤에야 털어놓으셨다. 그 말씀을 들은 어머니는 그 자리에서 소리 내어 우셨다.

"그런 얘기를 왜 이제 해요? 살아 계실 때 했으면 내가 서방님께 덜 미안했을 거 아녜요. 그리고 이혼하랄 때 왜 헤어지지 않았어요?"라는 어머니의 물음에 아버지는 담담히 말씀하셨다. "나는 송아지를 사 드렸지만 그것을 키운 분은 형님이니 그분의 소유이기도 하지. 또 당시엔 형님의 노여움이 너무 심해 무슨 말을 해도 소용이 없을 것 같아 시간이 지나면 누그러지시겠지 하며 지냈던 거요. 이제 형님도 돌아가셨으니 여태까지 참아온 만큼 참고 삽시다."

큰아버지 생전에 어머니는 옷을 처분한 것도, 애들을 고아원에 보내려 한 것도, 소 판 돈 잃어버린 것도 사실이니 꾹꾹 눌러 참고 그것들을 보상해 드리려 노력하셨다. 그런 일념에서 우리의 형편이 좀 나아진 뒤(풍미식당 할 때) 봄가을이면 큰아버지에게 옷 한 벌씩 지어드리고, 누나 시집갈 땐 장롱과 채단이며 혼수 등 결혼비용 일체를 도맡았다. 그리고 제사 때면 둘째 큰어머니와 함께 제수 장만하기를 평생 하셨다. 그것으로 큰아버지의 어머니에 대한 괘씸함과 미움을 조금이나마 씻어드리고자 했다.

내가 보기에 어머니는 큰아버지에 대한 보상을 충분히 해드렸다. 그것이 어머니의 진정한 마음이라고 생각한다. 오해를 풀어드리기 위해 해명한들 그 어른의 마음이 풀릴 리도 없고, 또 풀린다 해도 물질적으로 보상이 되지 않는 것이니 잃은 것에 대해서는 말로써가 아니라 실질적인 것으로 천배 만배 갚으리라는 마음이셨던 것이다.

그것은 결코 보복의 심리가 아니다. 또한 단순히 배상하는 마음이 아니라 윗분의 서운함을 풀어 드리고 마나님 잃은 분의 슬픔을 달래 드리기 위한 효심에서 우러나온 아름다운 삶의 자세가 아니었을까 생각한다.

3장

인고의 세월을 넘어

포천 일동에서의 새 출발

고향 근처로 옮겨

어머니와 할머니의 수원 체류 의지는 아버지의 결정으로 꺾였다. 여태까지 형제가 흩어져 산 적이 없는데, 한 발이라도 더 고향 쪽으로 가서 함께 사는 게 낫지 않겠느냐는 아버지의 의견에 따라 우리는 살림살이를 챙겨 수원을 떠나게 됐다. 우유죽, 술지게미, 참외껍질, 담배꽁초, 꿀꿀이죽, 소 돼지들의 도살 광경, '5월이라 푸른 하늘 녹음방초에 …'(초등학교 운동회 때 노래) 등 추억을 뒤로 한 채.

피란길에 평택에서 수원은 걸어왔지만, 수원서 포천군 일동까지는 걸어서 갈 수 없는 머나먼 거리였다. 당시 정기 버스노선이 있는 것도 아니어서 어찌어찌 화물차에 편승하여 하루 종일 비포장 길을 달려 저녁나절 일동에 당도했다.

그곳에서의 뚜렷한 생계대책이 세워진 것도 아니었다. 차차 거처할 집을 알아보기로 하고, 어느 날 밤 우리는 둘째 큰댁 가게 방에서, 아버지는 큰댁에서 자게 됐다. 그런데 새벽에 기별이 왔다. 삼거리 큰댁에 불이 나 몽땅 타 버렸다고. 다행히 사람은 모두 빠져나왔단다. 단숨에 달려가 보니 판잣집은 흔적도 없이 잿더미로 변해 있었다.

부모님은 망연자실, 먼 산만 바라볼 뿐이었다. 아버지가 인천에서 벌어온 돈과 어머니가 수원 집을 처분한 돈을 합쳐 주머니에 넣어 둔 잠바를 벗어 벽에 걸어 두고 주무시다가 몸만 빠져나왔다는 것이다. 앞으로 살아갈 밑천이 흔적도 없이 몽땅 타버린 것이다. 철없는 나는 그때 타다 남은 사과를 실컷 맛있게 먹은 기억이 남아 있다.

삯바느질의 달인

피붙이 따라 고향 가까이 왔건만 어떻게 살아갈 것인가? 큰아버지들의 도움으로 포천군 일동면 기산리 시장터에서 좀 떨어진 싸리고개 근처 제재소 옆 초가 한 칸을 얻어 봇짐을 풀었다.

아버지는 둘째 큰댁 포목점에서 장부정리 등 일을 돌보아 주며 낮에는 거기서 세 끼를 해결하고 밤에 잠만 자러 오셨다. 어머니는 철원에서부터 하던 방식대로 목재소 서너 명의 일꾼들에게 매일 점심밥을 해주는 것으로 겨우 연명했다. 그러나 그것만으론 배만 곯지 않을 정도이지 근본적인 생활대책은 되지 못했다.

일동에는 군인들이 많았고 따라서 음식점과 술집들이 즐비한데 거기에 종사하는 화류계 여성들도 많았다. 또 '양갈보'라고 몸을 파는 아가씨들도 많았다. 하루는 둘째 큰어머니가 어머니를 부르셨다. "충남 엄마, 술집 색시들 옷을 만들어 줄 수 있을까? 공임은 몇 푼 안 되지만 살림에 조금은 보탬이 될 거야."

당시 기성복은 전혀 없고 특히 여자들의 치마저고리, 남자들의 한복, 두루마기 등은 모두 천을 사다 집에서 직접 지어 입던 때였다. 둘째 큰댁 포목점(포천상회)에서 옷감을 사는 아가씨들은 남에게 맡기게 마련이었다. 큰어머니는 다른 사람에게 맡겼던 그 일감을 어머니에게 소개하겠다니 불감청고소원이 아닐 수 없었다.

일감을 받아든 어머니는 그 길로 바늘과 실, 자와 골무, 다리미와 인두, 화로 등 바느질 도구를 사들였다. 어려서 올케한테 꾸중 들어가며 배운 솜씨이고, 시집와서는 식구들 옷뿐만 아니라 철원에서도 틈틈이 이웃의 옷을 지어 주고 반찬값을 보태던 솜씨라 겁낼 것도 없고, 살아갈 길이 막막한 터라 망설임도 없었다.

어머니는 그 뒤부터 바느질을 시작했다. 어머니 바느질 솜씨는 소문이 나 직업여성들뿐만 아니라 여염집 여인들도 단골이 돼 어머니는 날이 갈수록 바빠졌다. 그런 중에도 일꾼들 점심 해주는 일은 계속됐다. 그렇게 눈코 뜰 새 없이 바쁜 생활에는 꼬부랑 할머니의 도움이 컸다. 덕분에 중고 재봉틀(브라더 미싱)도 들여놓을 수 있었다. 처음엔 손틀이었다가 나중엔 발틀로 발전했다.

옷감을 맡기는 손님들 중엔 더러 혼수를 의뢰하는 경우도 있었다. 그때는 여러 벌을 날짜에 맞추어야 하니까 여간 바쁜 게 아니다. 어느 한날 옷감을 맡긴 혼주가 폐백도 해줄 수 있겠느냐고 물었다. 폐백은 결혼식 날 신랑 신부가 신랑 쪽 어른들에게 첫 인사를 드리는 예물인데 여기에 올리는 음식 중에 가장 중요한 것이 닭이다. 그것을 '폐백닭' 혹은 그냥 '폐백'이라고 한다. 삶은 닭에 은행, 잣, 밤, 대추, 계란 등으로 장식하여 살아 있는 것보다 더 아름답게 꾸미는 일종의 예술작품이다. 웬만한 솜씨가 아니면 감히 엄두도 못 내는 예절 음식이다.

남의 잔치에서 눈으로만 보았지 한 번도 만들어 보지 못해 사양했더니 맡길 데가 마땅치 않다며 대충이라도 해달라고 매달렸다. 어머니는 마지못해 맡아서 밤을 새우다시피하며 온갖 정성을 다하여 완성했다. 워낙 눈썰미가 좋고 요리 솜씨가 뛰어난 어머니의 작품이니 결과는 보나마나다. 그 뒤부터 소문이 퍼져 일동의 폐백은 어머니의 독차지가 되다시피 했다. 사례비도 짭짤했다. 어머니는 바느질하면서 일꾼들 밥도 해주고 짬짬이 폐백을 만드셨다. 고되지만 신나는, 요즘말로 '스리 잡'을 갖게 된 것이다.

아버지의 지혜로 어머니 보호

나는 학교(4학년)에 가고 아버지는 시장 포목점에 나가시니 낮에는 집에 늘 어머니와 할머니, 젖먹이 여동생 등 여자들밖에 없었다. 그래서 옷감을 맡기거나 찾으러 온 여자들은 어머니에게 "아저씨는 안 계세요?"라고 묻곤 했다. 젊은 여자가 혼자 몸으로 고생하는 게 안쓰러웠던가 보다. "애 아빠는 시장 큰댁 포목점에서 일해요"라는 어머니의 대답에 여인들은 더 이상 어머니의 신상을 묻지 않았다.

어느 날 일꾼들이 점심밥을 먹는 사이에도 어머니는 옆에서 바느질을 하고 계셨다. 식사가 끝나자 할머니는 밥상을 들고 부엌으로 나가시고 나는 아직 학교에서 돌아오지 않고, 어린 동생은 아랫목에서 잠이 들었다.

점심을 끝낸 제재소 일꾼 하나가 담뱃불을 붙이는 체하면서 미적미적 화롯가로 다가와 어머니에게 손을 뻗치더란다. 질겁한 어머니가 순간적으로 화로에서 인두를 꺼내 그놈 얼굴에 들이대고 "이게 무슨 짓이에요?"라고 소리쳤더니 할머니가 부엌에서 달려오고, 녀석은 혼비백산 도망쳤단다. 할머니는 평소에도 그 녀석의 눈길이 예사롭지 않다며 어머니에게 주의를 당부하곤 하셨다.

저녁에 아버지가 돌아오자 할머니가 낮의 일을 얘기하셨다. 아버지는 이튿날 제재소로 달려가 그놈을 찾아 조용히 불러냈다. "당신, 내 아내에게 무슨 짓을 한 거야? 사장에게 알려 모가지를 치라고 할까? 아니면 경찰에 알려 콩밥을 먹일까?" 아버지의 으름장에 놈은 무릎 꿇고 싹싹 빌며 "죽을죄를 지었으니 한 번만 용서해 주시오"라고 매달렸다. 아버지는 다시는 그런 짓을 않겠다는 다짐을 받고 덮어 두셨다.

나는 그때 아버지의 뒤처리가 현명하셨다고 생각한다. 사장에게 일러 밥줄을 끊게 하거나 경찰에 불려가 벌을 받게 했다면 그 험상궂은 놈이 나중에 무슨 보복을 할지 모르니 녀석의 약점을 잡고 있는 게 오히려 안전하다고 판단하신 것이다.

그놈은 우리 집에서 '밥줄'이 끊어졌고, 어머니의 바느질감은 날이 갈수록 밀렸다. 특히 추석이나 설 때는 동이 트는 줄도 모르고 뜬눈으로 새우는 날이 비일비재했다. 육신은 고돼도 어머니의 얼굴엔 생기가 돌았다. 어머니의 삯바느질은 내가 중학생이 돼 서울에 올라올 때까지도 계속됐다.

그동안 아버지는 둘째 큰댁의 포목점 점원생활을 접고 산에서 나무를 해다 팔기 시작했다. 수년간 산을 헤매는 중에 자연스레 화전민들을 사귀게 됐다. 아버지의 생활투쟁에 대한 지혜가 발동했다. 화전민들에게 나무를 해 쌓아 놓게 했다. 지게로 하던 나무를 차로 실어내는 규모로 발전했다. 나무만 하는 것이 아니라 화전민들에게 숯도 굽게 했다. 아버지는 그 숯을 집에 쌓아 놓고 팔기 시작했다. 나무꾼 아버지가 숯장사도 겸한 것이다.

나는 한 달에 한 번씩 내려가 꼬박꼬박 하숙비를 타오면서도 아버지와 어머니의 그 고생에 대한 감사함을 모르고 지냈다.

사업 번창의 나날들

버스정류장 앞 찐빵장사

언젠가부터 제재소가 문을 닫고 그 자리가 텅 빈 공간이 되었다. 그에 따라 일꾼들 밥해 주던 일이 끊겨 어머니의 벌이는 반감됐다. 그러던 중 우리 삶에 한 줄기 빛이 비쳤다. 우리 집이 신작로 옆인데 집 마당과 제재소 자리에 버스정류장이 생긴다는 것이다. 서울-일동행 버스의 종착지이며, 서울-이동, 춘천-철원행 버스의 중간 정거장이 된다고 했다.

본래 시장 근처에 정류장이 있는데 터가 좁아 버스가 들락거리기 불편하고 사고도 잦기 때문에 좀더 넓은 공간으로 옮기기로 한 것이다. 비록 남의 땅이지만 집은 우리 것이라 버스정류장이 들어서면 보상을 받거나 옆에서 장사할 수도 있다.

드디어 버스정류장이 들어섰다. 하루에도 수십 대의 버스가 들며 나고 수많은 사람들이 타고 내리면서 조용하던 공터는 어수선한 장마당이 됐다. 우리 집은 헐리고 정거장 옆에 집을 새로 지었다. 거기서 무엇이든지 장사하면 먹고살 수 있겠다는 생각이었다.

이미 어머니는 삯바느질을 거두고 아버지는 숯장사를 접으셨다. 궁리 끝에 생각한 것이 음식장사. 밑천이 없으니 식당은 못 차리고, 그 대신 생각해낸 것이 빵장사였다. 수원 피란시절 팔던 싸구려 풀빵이 아니라 찐빵과 만두였다. 막걸리와 이스트를 넣고 버무려 밤새 숙성시킨 밀가루 반죽을 아기 주먹만큼씩 떼어 팥소를 넣고 빚으면 찐빵, 두부와 숙주나물, 다진 고기 등을 넣고 빚으면 만두다.

수원서 칼국수 장사할 때 익혀 둔 노하우가 있어 두 분의 만두와 찐빵 솜씨도 능숙했다. 넓적하고 커다란 양은솥에 대소쿠리를 앉히고 그 위에 소창을 덧씌운 뒤에 만두와 빵을 나란히 얹어 설설 끓는 물에서 뿜어 나오는 증기에 쪄내면 구수한 냄새로 군침이 절로 났다. 오가는 여행객들이 요기하기에는 안성맞춤이었다.

가게 안 한편엔 땅을 파 독을 묻고 막걸리를 받아 잔술도 팔았다. 땅속에 묻었으니 한여름에도 시원한 맛을 유지했다. 만두와 찐빵은 안주로도 팔렸다. 장사가 쏠쏠하게 돼 어머니의 손놀림과 아버지의 손님 시중이 바빴다. 하숙비 타러 가끔 집에 내려가는 나도 일손을 도울 만큼 빵장사는 잘됐다.

여기서 솔직히 고백한다. 아직까지 누구에게도 발설하지 않은 나의 수치스러운 비밀이다. 그때 가게 일을 도우며 손님에게서 받은 돈 얼마간을 몰래 내 주머니에 슬쩍한 적도 있다. 들킬까 봐 가슴이 뛰었지만 용돈을 넉넉히 주지 않으니 짧은 생각에 양심을 속인 것이다. 아마 부모님은 나의 그 '검은 짓'을 눈치채고도 모른 체 눈감아 주셨는지 모른다. 부끄러운 과거였다. 이제야 고백하고 용서를 빌지만 너무 늦었다. 아버지도, 어머니도 이미 세상을 떠나신 뒤인 것을… .

맛집으로 소문난 풍미식당

버스는 승객만 있는 것이 아니다. 당시 버스 한 대에는 반드시 3명의 종사자가 있어야 했다. 운전사, 조수, 안내양이다. 그들도 밥을 먹어야 한다. 빵만으로 끼니를 해결할 수는 없다.

하루는 이른 아침 출발시간을 기다리며 세워 놓은 버스의 안내양이 어머니에게 물었다. "아주머니, 우리가 서울 갔다 다시 내려오면 점심 때가 되는데, 그때 먹을 수 있게 밥 좀 해놨다가 줄 수 없겠어요?" "뭘 잘 먹지요?"라는 어머니의 물음에 안내양은 "아무렇게나 해주세요. 집에서 먹는 것처럼요. 여기는 식당이 없어서 제시간에 밥을 먹을 수가 없어요. 왔다가 서울까지 참고 가면 너무 배가 고파요"라고 말했다. 망설일 어머니가 아니다. 남의 밥 해주는 데는 고향 철원에서부터 이골이 났지만 "일단 준비는 해놓을 테니 갔다 와서 먹어 봐"라고 대답했다.

어머니는 부지런히 만두를 빚어 놓고 아버지에게 정육점에 가서 고기를 뜨고 몇 가지 찬거리를 사오게 하곤 부엌으로 들어가 '버스 식구들'(어머니는 버스 종사자들을 이렇게 불렀다) 식사준비를 했다.

점심때 그 버스가 내려왔다. 잠시 뒤 3명의 버스 식구가 시장하다며 들어섰다. 어머니가 부랴부랴 정성스레 준비한 것은 곰탕에 된장찌개. 바느질 못지않게 요리 솜씨 또한 타의 추종을 불허하는 어머니가 만든 음식이니 평은 들으나마나였다.

그들은 게 눈 감추듯 밥 한 사발씩 뚝딱 해치웠다. "아, 잘 먹었네요. 아주머니, 참 맛있게 먹었어요. 다음에도 또 해줄 수 있으세요?

그러면 다른 식구들에게도 얘기할게요." "해보긴 하겠는데 입맛에 맞을는지…." 겸양의 말로 응대했지만 어머니는 마음속으로 쾌재를 부르셨을 것이다.

그 뒤부터 어머니는 만두를 빚는 틈틈이 그들이 주문한 시간에 맞추어 음식을 준비하셨다. 버스가 도착하는 시간이 각각 다르니 늘 한 번에 세 사람씩 먹을 양만 마련했다. 모두 정말 달게 잘들 먹었다. '맛있다', '고맙다'는 치하의 말도 빼놓지 않았다. 어머니는 찐빵보다 그들의 끼니 챙기기에 더욱 시간과 정성을 기울였다. 그사이 소문이 퍼져 버스 식구들만 아니라 일반 승객들도 하나둘 찾아들기 시작했다.

그런 일이 얼마간 계속될 즈음 어머니가 아버지에게 물으셨다. "충남 아버지, 우리 여기에 식당을 차리면 어떨까요?" 아버지는 "무슨 돈으로…"라고 말씀하셨지만 내심 어머니와 똑같은 생각이셨다. 포목점에 들러 둘째형님께 여쭈었다. "식당을 했으면 하는데 형님이 좀 도와주실 수 있는지요?"

어느 정도 자금을 마련한 뒤 찐빵장사를 접고 며칠 동안 가게를 고치고 주방을 꾸미고 식탁과 의자를 사들인 뒤 간판을 걸고 개업했다. '풍미식당.' 아버지가 고심 끝에 작명해낸 이름이다. '양이 풍부하고 맛이 좋은 식당'이란 뜻이었다.

어머니의 요리 솜씨가 아무리 좋더라도 정식으로 식당 음식을 만들어 본 경험이 없는 터라 주방장을 두었다. 그뿐 아니라 식모(주방보조)도 두어야 할 정도로 손님이 몰려들었다. 메뉴는 설렁탕, 곰탕, 육개장, 된장찌개, 김치찌개, 고기덮밥, 가정식 백반 등 다양했다.

그중에서도 주방장 손을 빌리지 않고 순전히 어머니 손으로 만드는 해장국은 일동면뿐만 아니라 포천군에서도 알아줄 만큼 푸짐하고 맛있어 급기야 소문은 버스를 타고 서울까지 번졌다. 주차장을 들락거리는 버스는 주로 서울-일동 왕복이었는데 일동에서 식사할 때는 물론 우리 집에서 먹었고, 서울에서 먹게 될 시간이라도 참았다가 일동에 와서 먹었다. 풍미식당의 성가는 날로 높아만 갔다.

명불허전(名不虛傳). 어머니의 해장국 맛은 정말 최고였다. 둘이서도 간신히 들 정도의 큰 무쇠 솥에 쇠뼈를 넣고 선지, 내장, 우거지, 콩나물 등 갖가지 재료와 파, 마늘 등 양념을 듬뿍 넣고 밤새도록 연탄불에 고다시피 끓여낸 구수하고 푸짐한 그 맛은 아무리 먹어도 질리지 않는 천하일품이었다. 그것이 한나절이면 다 팔리고 마니 사업이 얼마나 번창했겠는가.

꼼꼼하기가 둘째가라면 서러워할 아버지가 요리조리 수입과 지출을 따져 보셨다. 낮에 손님 치르느라 정신없이 신바람 나게 몰아치고 저녁에 손익계산을 해보면 맥이 풀리고 말 때가 많았다. 손님이 많아 들어온 돈이 많은 대신 재료비나 인건비 등 나간 돈을 계산하면 겨우 밑지지 않을 정도였단다. 아버지와 어머니의 수고비는 계산에 넣지 않고도 말이다. 하루 장사한 돈으로 이튿날 쓸 재료를 사고 나면 그달 인건비 지불할 돈이 모이지 않을 때가 많았다.

아버지는 재료를 아끼라고 했지만 어머니의 성격상 날림장사는 할 수 없고 또 그랬다가 손님이 떨어지면 어쩌나 하는 걱정에 이러지도 저러지도 못하는 지경이었다.

게다가 식당이 좀 된다 하니까 군식구들도 많이 꾀었다. 언제부터인가 외할아버지 내외를 우리가 모시게 됐고, 방학 때면 서울의 친척 아이들이 대여섯 명씩 몰려들어 며칠씩 북새통을 이뤘다. 가뜩이나 남는 것이 별로 없는 상황에서 이들이 먹어 치우는 해장국이며 육개장, 곰탕의 양도 엄청난데 그 재료값을 무엇으로 감당한단 말인가.

그래도 워낙 사람을 좋아하고 사랑이 많은 어머니는 싫은 내색은커녕 그 바쁜 중에도 여름이면 수박이며 참외, 옥수수 등을 사 먹이고, 개울에 나가 멱도 감고 천렵도 하라며 찌개거리와 음료수, 과일 등을 챙겨 주곤 하셨다. 겨울방학이면 고구마,. 밤, 호떡 같은 주전부리도 끊이지 않고 사 주니 아이들은 우리 집에서만 놀기를 좋아했다. 어머니와 아버지의 허리가 휘는 것은 아랑곳없이.

그뿐인가. 군대 가서 이 지역에 배치되는 친척은 으레 우리 집이 베이스캠프라도 되는 양 외출·외박 나와 묵기가 일쑤였고, 가족이 면회 와 먹고 자고 하지만 숙박비는커녕 식사비도 거저였다. 그때 우리 살림집엔 방을 몇 개 들여 간판 없는 숙박업도 운영했다. 영외 거주 장교가 장기 숙식을 하거나 면회객이 묵고 가기도 했다.

아무리 머리를 써 영업해도 앞으론 남는 것 같지만 뒤로는 밑지는 장사였다. 생각 끝에 주방장을 내보내고 어머니가 직접 요리하기로 했다. 그러기 위해선 요리사 자격증을 따야 했다. 시험은 필기와 실기. 그 당시만 해도 시험이 그리 엄격한 것이 아니어서 필기는 아버지가 보고 실기는 어머니가 치르셨단다. 실기는 칼로 무를 깍두기와 채 써는 것이 고작이었단다. 어머니의 '칼솜씨'는 웬만한 요리사도 못 따라올 정도였으니 거뜬히 합격했다. 주방장을 내보내 인건비는 줄었지만, 몸이 둘이라도 견디기 어려울 정도로 어머니의 역할은 가중됐다.

이 당시의 일화 한 토막. 설렁탕을 시켜 먹던 한 손님이 국물을 더 달라고 했다. 가끔 들러 국밥 한 그릇 먹고 가는 동네 건달이었다. 홀심부름을 하던 아버지가 주방의 추가 국물을 받아 와 손님에게 내밀었다. 받아든 그 건달이 숟가락을 놓고 버럭 소리쳤다. "아저씨, 여기와 봐요. 이게 뭐예요. 먹던 것을 팔 수 있어요?" 아버지가 다가가 보니 추가 국물 속에 밥알 몇 알갱이가 있었다.

홀에서 떠드는 소리에 어머니가 주방에서 얼른 나오셨다. "우리는 절대로 손님이 먹던 것을 팔지 않아요. 이리 와 보세요"라고 씩씩대는 건달을 데리고 주방으로 가셨다. 당시는 보온밥통이 없던 때라 미리 밥을 한 솥 해서 커다란 양동이에 담아 놓았다가 손님이 음식을 시키면 대접에 밥을 덜어 담고, 솥에서 뜨거운 국물을 국자로 떠 붓는다. 그릇의 식은 국물을 솥에 쏟고 다시 뜨거운 국물 떠 붓기를 몇 차례 한다. 이것을 '토렴'이라고 한다.

국물을 갈아 부을 때 밥알이 솥에 떨어지지 않도록 국자로 밥을 누르고 아무리 조심해도 몇 알의 밥알이 솥에 떨어지는 수가 있다. 어머니는 손님에게 이 과정을 자세히 설명하고 또 주방 구석의 뜨물통(잔반통)을 보여 주셨다. 거기에는 먹다 버린 밥이며 반찬 등이 수북했다. "여기 보세요. 손님이 남긴 음식은 이렇게 다 버려요. 우리가 돼지를 키우기 때문에 이것도 모자라는데 먹던 밥을 왜 팔겠어요?" 그제야 녀석은 "아, 그렇군요. 미안합니다"라며 돌아섰다.

요즘도 옛날 화신백화점 뒤에 '이문 설렁탕'이라는 역사가 꽤 오래된 음식점이 있다. 여기서는 설렁탕을 낼 때 밥 따로 국 따로 주지 않고 주방에서 아예 밥을 말아 내온다. 옛날 어머니 생각이 나서 짐짓 "왜 밥을 따로 주지 않느냐"고 물었다. "밥을 따로 내와 즉석에서 말아

먹는 것보다 주방에서 말아야 그동안 어느 정도 국물이 밥에 스며들어 제맛이 난다"는 주인의 설명이었다. 우리 어머니는 벌써부터 그 이치를 터득하셨던 것 같아 혼자 빙긋이 웃었다.

막걸리 예찬

실제로 아버지는 돼지를 여러 마리 키우셨다. 집에서 나오는 뜨물이 모자라 이웃의 것을 걷어 오기도 하고, 그것도 모자라 양조장에서 지게미를 퍼 오셨다. 우리가 수원 피란생활 때는 끼니를 연명하던 귀한 것인데 이제는 돼지 먹이가 된 것이다.

연구심이 많은 아버지가 실험을 하셨다. 일동에는 막걸리를 만드는 장촌양조장이 있고(여기서 만드는 일동막걸리는 지금도 유명하다), 개울 건너엔 소주를 제조하는 미성양조장이 있었다. 아버지는 돼지우리를 두 개로 나누어 지게미를 각각 나누어 주셨다.

특별한 생각이 있었던 것이다. 한쪽엔 소주지게미, 다른 한쪽엔 막걸리지게미만 먹여 키우셨다. 다 자란 뒤 잡아 살펴보니 막걸리지게미를 먹인 돼지들은 창자가 튼실한데, 소주지게미를 먹은 돼지들은 하나같이 창자가 종잇장처럼 얇아 순대를 만들 수 없을 지경이라고 하셨다.

그런 실험을 하신 분이라 후일 나에게도 소주보다는 막걸리를 마시라고 권하셨다. 당신은 술 한 방울도 못 마셔서 가끔 소화가 안 돼 활명수를 드셔도 취하기 때문에 반병씩만 드시는 분이다. 그런데도 내가 저녁을 집에서 먹게 되는 날은 슬그머니 슈퍼에서 막걸리를 한 병 사다 밥상에 올려놓곤 하셨다. 아들의 반주를 사오는 것이다. 소주 먹지 말고 막걸리를 먹으라고.

그 덕분인지 내가 요즘 술을 꽤 마시는 편인데 별로 속앓이를 하지 않고 지낸다. 그 이전엔 늘 배가 아프고 설사도 많이 해 소화제며 위 보호제 등을 상시 복용하다시피 했는데, 아버지의 '막걸리 처방'에 순응하니 확실히 효험이 있었다. 그래서 내 술친구들에게도 아버지의 실험적 경험과 나의 실천담을 들려주고 막걸리를 적극 권한다. "소주, 양주 대신 막걸리로 주종을 바꿔 봐. 우선 이튿날 변이 누런 황금색이고 뱃속도 편해"라고.

몇몇 꾼들이 실행해 보더니 모두 '과연'이라는 답을 해왔다. 아버지보다 먼저 어머니는 이미 내가 중학교 때부터 막걸리를 받아다 주셨으니 그걸 부창부수(夫唱婦隨)라 해야 할까. 어머니도 초년엔 술을 전혀 안 하셨는데 말년엔 나와 한두 잔씩 하신 뒤로 동서나 친구들과 얼큰하도록 마신 적도 있다. 어쩌다 흥이 나면 "석탄, 백탄 타는데 이내 가슴…" 하며 한가락 뽑고 난 뒤 신세 한탄하며 울기도 하셨다.

남의 집에 주었다 되돌려온 셋째딸

지금 되돌아보면 아버지와 어머니의 신역은 고됐어도 풍미식당 때가 가장 풍족하게 살던 시절이 아니었나 생각한다. 배불리 먹고 식구도 늘었다. 수원 피란생활에서 생긴 동생 외에도 내리 4명의 동생이 더 생겼다. 6·25로 셋을 잃고 다섯을 얻어 '밑지는 장사'를 안 했고, 더구나 3남 3녀, 균형을 갖추게 되었다.

막내로 아들(승환)을 낳고 누워 계신 어머니에게 아버지가 서운케 한 말씀이 있다. "애를 지우래도 또 낳았으니 어떡해? 가뜩이나 힘든

데….” 어머니는 끝으로 아들을 낳아 마음이 가벼우셨지만 수고했단 말은커녕 핀잔을 주는 아버지가 야속하셨나 보다. 그 책임이 어찌 어머니 때문만인가? 아버지는 “열 식구 벌지 말고 한 입 덜라”는 옛말을 생각하신 것이고, 어머니는 “첫 아들을 낳았으면 막내도 아들이라야 집안이 잘된다”는 말을 믿으셨던 것이다.

아버지의 마뜩잖고 냉랭한 한마디에 어머니는 속으로 ‘하나 없애면 될 것 아닌가?’ 생각하셨다. 삯바느질할 때부터 친하게 드나들던 부인이 있었다. 소야라는 동네의 밥술깨나 먹으며 부러울 게 없이 사는 집인데 아기가 없었다. 그 부인이 어머니를 부러워하며 자식 하나 달라고 조르다시피 해왔다. 가끔 사탕이며 과자를 사들고 와 동생들에게 주며 낯을 익혔다.

그날도 장 보러 나왔다며 소야 아줌마가 들렀다. 예의 아기 하나 달라는 타령이었다. 막내아들에게 젖을 먹이며 누웠던 어머니가 “인숙아, 성숙이 좀 찾아와라” 하셨다. 잠시 후 셋째(성숙)가 제 언니 손에 이끌려 들어섰다. 한여름 어디서 놀았는지 발가벗은 몸과 발은 흙투성이이고 땀과 콧물에 먼지로 범벅된 얼굴도 꼬질꼬질했다.

그 애는 언니들과 휩쓸려 놀지 못하고 온종일 남의 집 울타리 밑에서 혼자 소꿉장난을 하거나 개미나 방아깨비를 벗 삼아 재잘거리며 보내기 일쑤였다. 그러나 저 혼자 나가 놀다가도 밥 때만 되면 들어오는 착하고 예쁜 동생이다.

어머니가 씻기고 머리 빗겨 검정 고무줄로 묶어 주었다. 옷을 꺼내 입히고 내복 나부랭이 등을 챙겨 주며 이르셨다. “성숙아, 너 이 아줌마 따라가 살아라. 말썽 부리지 말고 말 잘 들어야 해. 그리고 이제부터는 이 아줌마를 엄마라고 불러야 한다." 어린 동생이 "아줌마가 우리 엄마야?"라고 물었다. 그 부인은 "그래. 이제부터는 내가 네 엄마야"라 이르곤 어머니에게 "예쁘게 잘 키울게요"라며 인사하고, 셋째를 들쳐 업고 일어섰다. 등에 업힌 동생은 다시 "아줌마가 우리 엄마야?"라면서 어리둥절한 표정이었다.

어머니는 별 망설임 없이 이렇게 3살배기 딸을 선뜻 내주신 것이다. 아무리 아버지의 핀잔이 야속하더라도 한마디 의논도 없이 간단히 해치우셨다. 여동생들이 다 예쁘지만 셋째라 그런지 정말 예쁘게 생겼고 마음도 착했다. 언니나 오빠들에게 장난감이나 먹을 것을 빼앗겨도 앙탈하거나 대들지 않고 다소곳이 당하고 마는 천사 같은 아이였다.

부모님은 식당 일로 너무 바쁘기 때문에 식구들과 한 상에 둘러앉아 함께 밥을 먹는 때가 드물었다. 동생을 주어 버린 뒤 며칠이 지났다. 저녁 먹을 때 아버지가 보니 식구 하나가 안 보였다.

"성숙이는 아직 안 들어왔냐?" 아버지 물음에 큰 동생(인숙)이 대뜸 "성숙이? 소야 아줌마가 데려갔어" 했다. 아버지가 "뭐야?" 하더니 어머니에게 "애들은 다 자기 먹을 것은 타고난다는데 애를 버려? 당장 데려와!"라고 말씀하셨다. "당신이 애를 또 낳았다고 야단치니까 그랬죠"라고 어머니가 항변하자 "낳지 말라는 걸 낳았으니까 그랬지, 누가 낳은 애를 남 주라고 그랬어?"라고 언성을 높이셨다. 사실 자식을 남 주어 아픈 마음은 아버지보다 어머니가 더했으면 더했지 조금도 덜 하지는 않았을 것이다.

이튿날 소야 아줌마가 셋째를 업고 왔다. 노랑저고리와 분홍치마를 예쁘게 차려입고 머리에는 꽃핀을 꽂았다. 그동안 잘 먹여서 그런지 얼굴도 뽀얗다. 딸을 껴안은 어머니도 울고, 내주는 그 아줌마도 울었다. 아무것도 모르는 셋째는 '두 엄마'의 우는 얼굴을 번갈아 쳐다보고 있었다.

성숙이를 다시 데려왔지만 부모님은 특별히 금이야 옥이야 귀여워하며 정을 쏟지는 못했다. 그 애가 다시 온 뒤로 왠지 식당 손님은 날이 갈수록 더 많아 두 분의 일손은 더 바쁘고 고됐기 때문이다. 밥만 먹으면 밖으로 나가 동네를 돌며 혼자 노는 성숙이의 일과에도 변함이 없었다.

그러던 어느 날 서울 용산에서 남의 집 셋방살이를 하는 막내이모가 우리 집에 오셨다. 성숙이의 '가엾은 사연'을 듣고는 당신이 데려다 키우겠다고 하셨다. 남이 아닌 이모가 기르겠다니 아버지도 반대하지 않으셨다. 막내딸 성숙이는 다시 부모 곁을 떠나는 신세가 되었다. 그 애는 학교 들어갈 때가 돼서야 집으로 돌아왔으니까 3~4년을 이모 밑에서 자랐다. 그동안 이모가 엄마인 줄 알았었다는 성숙이의 말을 들을 땐 요즘도 가슴이 찡하다.

그렇게 어린 시절에 부모 품을 떠나 자랐지만 중고등학교를 마치고 결혼하기 전까지는 부모 곁을 한시도 떠나지 않고 계속 함께 살았다. 우리 6남매 중 누구보다도 오랫동안 부모님과 살았으니 어렸을 때의 '이별'에 대한 '보상'이라고 해야 할까?

나를 비롯한 동생들 넷은 모두 서울에서 학교를 다녔는데 막내딸인 셋째만 시골에서 부모를 모신 것을 생각하면 고맙기도 하고 미안하기 하다. 그 딸이 부모님 말년에 어느 자식들보다 효녀 역할을 톡톡히 한 얘기는 나중에 할 기회가 있을 것이다.

"못 박기 할 때 못 뽑기도 생각하라"

아버지가 말씀하신 "애들은 제 먹을 것을 타고난다"는 옛말이 맞는지 셋째 딸 성숙을 다시 데려온 뒤부터 풍미식당은 날로 손님이 늘고 숙박을 요구하는 군인들도 많아졌다. 아버지는 궁리 끝에 이웃에서 돈을 빌리고 조금 무리하여 옆집을 샀다. 기존의 풍미식당도 마찬가지이지만 집터는 남의 땅이고 건물만 산 것이다. 그 집을 헐고 새로 집을 지었다. 집이라야 기둥과 서까래를 얼기설기 엮고 슬레이트를 덮는 무허가 가건물에 불과한 것이었다.

그 집을 지을 때의 일이다. 터를 닦고 기둥을 세우고 서까래를 얹는 등 아버지는 건축과정을 세세히 살피며 일손을 거들어 주셨다. 그런 중에 보인 아버지의 지혜가 예사롭지 않았다. 목수들이 나무에 못을 박을 때 아버지는 완전히 박지 말라고 하셨다. 왜 그러냐고 묻자 아버지는 "그래야 나중에 이 집을 헐 때 못 뽑기가 쉬울 거 아닙니까"라고 대답하셨다. 그러자 목수들은 "나 원 세상에, 집 지으면서 헐 생각을 하는 사람은 난생처음 보네요"라면서 장도리 끝이 들어갈 정도로 여유를 남기고 박았다.

아버지의 예언적 말씀이 실현되는 데는 그리 오랜 시간이 걸리지 않았다. 사업이 번창해 수년 뒤 두 집을 다 헐고 크게 새 건물을 지을 계획이 세워졌다. 집을 해체할 때도 집 지을 때 일한 목수들을 불렀다. 그 당시는 집을 헐어도 웬만한 건축자재는 재활용하던 시절이라 재목들을 일일이 분리해냈다. 목수들은 수월하게 못을 뽑았다. 그들의 입에서 한결같이 나온 감탄이다. "역시 이 선생은 특별한 분이야. 집 지으며 박은 못을 우리가 다시 빼게 될 줄 누가 알았을까. 우리가 대충 박았더니 뽑기가 여간 쉽지 않네그려."

옆에서 작업을 지켜보던 아버지는 그저 빙그레 미소만 짓고 계셨다. 아버지는 그렇게 지혜로우면서도 겸손한 분이셨다.

집을 허는 과정에 인부들이 천장에서 갓 태어난 쥐새끼들을 보았다. 짚 검불을 모아 놓은 아늑한 곳에 대여섯 마리의 털도 나지 않은 새빨간 알쥐였다. 어미는 먹이 구하러 갔는지 새끼들만 오글오글 몰려 꼬무락거렸다. 이것을 발견한 인부들은, "저거 고아 먹으면 몸에 좋은 약인데" 하더니 즉석에서 짚불을 놓아 구워 먹고 말았다. 아버지가 이 광경을 지켜보셨다.

알쥐 얘기를 들은 어머니는, "그거 충남이 고아 먹였으면 좋았을 텐데…" 하고 아쉬워하셨다. 하마터면 알쥐를 먹을 뻔하여 얼굴이 찡그려졌으나 어머니의 나에 대한 큰 사랑에 감사할 뿐이다.

집을 다시 짓는 과정에서 아버지가 이번에는 못을 덜 박으라는 주문을 하지 않으셨다. 이번 집은 가건물이 아니라 영구 건물이기 때문이었다. 오히려 꼼꼼히 살피며 인부들에게 단단히 지으라고 이르셨다. 기둥을 세우고 들보를 걸치고 서까래를 엮는 등 공사는 꽤 오랜 시일이 걸렸다. 전면에 가게가 식당을 포함 4개, 뒤로 살림집, 기역자로 꺾어 숙박용 방 5개 등 대공사였기 때문이다.

그러는 사이 집도 다 짓기 전 어느덧 쥐가 들기 시작했다. 아버지는 들보에 쥐덫을 놓아 몇 번 잡아내셨다. 철망 속에 미끼를 넣고 그것을 먹으러 쥐가 들어가는 순간 입구가 닫히게 만든 것이다. 어느 날 보니 쥐덫 입구에 지푸라기가 나란히 세워져 막혀 있었다.

아하, 새끼들이 한두 번 당하는 모습을 지켜본 어미 쥐가 자식들을 보호하기 위해 설치한 바리케이드였다. 그것을 본 아버지는, "쥐들도 새끼를 위해 저렇게 머리를 쓰는구나" 하시곤 덫을 치우고 쥐 사냥을 포기하셨다. "정 그러면 함께 살자꾸나."

그래서인지 그 집에서 살 때 밤에 천장에서 쥐들이 '대운동회'를 여는지 너무 요란했다. 알쥐새끼들을 잡아먹은 것에 대한 보복으로 저 난리인가 하는 생각도 들었다. 처음엔 신경이 몹시 쓰였으나 나중엔 체념하고 그 소리를 자장가 삼아 잠을 자야 했다.

할머니 · 큰어머니를 선산에 모시다

일동에서 어느 정도 자리를 잡은 뒤 할아버지와 피란 나오며 객지에 묻은 할머니와 큰어머니를 철원군(현 포천시) 관인면 냉정리 선영으로 모시기로 어른들이 의논하셨다.

큰아버지가 혼자 오목이에 가서 평소 어머니에게 들은 대로 할머니를 묻었다는 보리밭을 헤맸지만 못 찾으셨다. 이장할 묘 자리까지 파 놓고 시신을 못 찾으니 보통 문제가 아니었다. 결국 어머니가 가셔서 단번에 찾아내 모셨다. 할머니를 묻고 몇 번이나 뒤돌아본 어머니의 관찰력과 기억력 그리고 용의주도한 자세가 성가를 발휘한 것이다.

평택, 남의 밭머리에 묻은 큰어머니의 경우도 마찬가지였다. 큰아버지 혼자 가셨다가 못 찾아 어머니가 달려가 찾으셨다. 애초부터 어머니를 모시고 갔으면 수월했을 텐데 어머니를 무시하고 혼자 가셨다가 두 번 다 낭패를 당한 것이다. 그만큼 큰아버지가 어머니의 존재를 대수롭게 여기지 않았다는 증거였다.

어머니는 그때도 무척 섭섭하셨다고 했다. 할머니와 큰어머니의 유골을 찾아 선산에 모셨는데 누구 하나 어머니에게 '잘했다', '고맙다'는 말 한마디 건넨 사람이 없었으니 얼마나 서운하셨을까. 어머니는 두 분의 이장을 마친 뒤 "내 새끼는 셋이나 묻었는데, 어떻게 묻었냐고 물어보는 사람도 없더라"고 하셨다. "그 애들이 땅속에서 두더지 밥이 됐는지 지렁이 먹이가 됐는지 모른다"며 한숨을 쉬셨다. 어머니의 한 서린 마음을 누가 풀어 드릴 수 있겠는가.

기울어가는 집안 형편

풍미식당의 쇠락

쥐들이 천장에서 시끄러울 때 어머니 말씀이 "옛말에 '집안에 쥐가 들끓으면 좋지 않다'고 했는데 … " 하시면서 한밤중에 들어와 고단한 몸을 누이면서도 잠 못 들어 하셨다. 그 탓인지 그 집에서 우리는 오래 버티지 못하는 상황이 벌어졌다.

버스정류장이 옮겨가게 된 것이다. 터미널을 끼고 있는 상점들이 성황을 이루자 그 땅을 소유한 사람이 정류장을 자기 집 앞으로 옮기라고 압력을 넣었다. 그 사람 집은 큰길가에 있는 우리 집보다 50~60m 안쪽에 있었다. 정류장이 그리로 옮겨갔다. 그 뒤부터 풍미식당은 손님보다 파리가 많았다.

주민들의 민원이 쏟아졌다. 새 정류장이 길에서 멀어 승객들과 운전사, 버스회사의 불평이 쏟아졌다. 이 틈을 타고 시장상인들은 자기들 쪽으로 옮겨야 한다고 아우성이었다. 밀고 당긴 끝에 터미널은 얼마 못 가서 다시 시장 쪽으로 내려가고 말았다. 우리 집과는 100m도 더 떨어진 거리였다.

파리 날리던 풍미식당엔 개미새끼 하나 안 보였다. 10년 남짓 성황을 이루던 식당은 문을 닫지 않을 수 없게 됐다. 세를 놓았던 가게들도 개점 휴업상태가 돼 버렸다. 아버지와 어머니가 뼈를 깎는 고생을 하며 일군 풍미식당은 우리 삶에 풍요를 안겨 준 사업체이자 배고픔을 모르고 자라게 한 곳이다. 그 시절에 6남매 중 4남매가 대학을 졸업했고, 두 딸은 고교를 마쳤으며, 3남매가 결혼했고, 막냇동생은 미국에 유학해 박사학위까지 받는 영화를 누렸다.

동생 화성이가 5, 6살 때 용돈을 달라고 "1원만, 1원만" 노래를 부르다시피 하루 종일 조르기도 하고, 잔술을 팔기 위해 술통에 연결해 놓은 호스로 소주를 꿀꺽꿀꺽 마시고 취해 "술, 술" 하며 비칠대던 곳도 풍미식당이다. 일동 사람들은 지금도 우리를 '풍미식당 아들', '풍미식당 딸'이라고 부른다.

그렇게 고마운 풍미식당 건물을 헐값에 처분하고 말았다. 땅은 본래 우리 것이 아니어서 손에 쥔 돈이 몇 푼 안 됐다. 동네 안쪽으로 들어가 낡은 집을 구했다. 서운하고 아쉬웠으나 천장에서 들끓는 쥐들과 헤어지게 되니 시원하기도 했다. 아버지가 그때 쥐들에게 '인정'을 베풀지 않았더라면 어떻게 됐을까. 엉뚱한 아쉬움도 가져 본다.

한때 식모살이로 전락

비록 빚은 없고 거리에 나앉지는 않았지만 당장 먹고살 길이 막막했다. 아버지는 풍미식당 영업이 저조해질 무렵부터 속앓이를 시작했다. 식후에는 속이 쓰리고 아파 괴로워했는데 증세가 점점 심해졌다. 아마 신경을 너무 쓴 나머지 위에 탈이 난 모양이다. 예전 같이 건강하면 무엇이든 벌이를 하련만 몸이 아프니 아무것도 할 수 없었다. 식구들을 먹여 살리기 위해 자연히 어머니가 또다시 나서야만 했다. 마침 막내이모가 파주 금촌극장 앞에서 영업하다가 서울 용산으로 옮기게 돼 가게가 빈다는 얘기를 듣고 어머니가 맡기로 하고 떠나셨다.

그동안 아버지는 서울에서 위궤양 수술을 받았다. 퇴원 후 서울 우리 집에서 약 1주일간 요양한 뒤 일동으로 내려가셨다. 일동 살림은 고등학생인 막내딸 성숙이가 맡았다. 다행히 학교가 가까워 점심시간과 휴식시간을 이용해 수술 후 누워 계신 아버지의 하루 대여섯 차례 식사와 약을 챙겨 드릴 수 있었다. 성숙이는 학교 다니면서도 어린 나이에 어머니 역할을 대신했다. 어렸을 때 남의 집에 주었다가 되찾아온 딸인데 효녀 노릇을 톡톡히 하는 것이다.

한편 금촌의 어머니는 풍미식당이라는 큰 음식점을 운영해 본 노하우가 있는지라 앞뒤 가릴 것 없이 그곳에서 작은 밥집을 시작했다. 극장을 들락거리는 건달패와 막노동꾼들이 고객이었다. 영업을 시작한 지 며칠 뒤부터 손님들이 모이기 시작하고 먼 동네 사람들도 들락거렸다. 어머니의 트레이드마크인 푸짐하고 값싸고 맛있는 요리 솜씨가 주효했던 것이다.

그러나 어머니의 이 번창하던 밥집도 오래가지 못했다. 그 일대 땅이 팔려 커다란 건물이 들어선다며 집을 비우라는 통고를 받은 것이다. 일동의 생활비와 아버지 약값을 어떻게 해결할 것인가. 눈앞이 캄캄했다. 어머니는 다시 이모에게 의논했다.

과거 풍미식당이 한창일 때 우리 집에 와서 일을 도왔던 막내이모가 금촌에서 서울로 옮겨 용산 주차장 옆에서 싸구려 밥집을 운영하고 있었다. 이모는 어머니에게 당장 올라와 죽이 되든 밥이 되든 함께 영업하자고 했다. 과거 이름깨나 있는 풍미식당 '여사장'이 이번에는 동생의 간판도 없는 무허가 밥집에서 '식모살이'를 하는 신세가 됐다.

가뜩이나 열악한 이모님 가게에 어머니까지 얹혀서 장사하게 되니 양쪽 다 궁핍을 면하기 어려웠다. 이모는 "세끼 먹던 거 두 끼만 먹더라도 함께 지내자"고 했지만, 어머니는 동생에게 짐이 될 수는 없었다. 그리고 몸도 성치 못한 아버지를 어린 딸에게 맡긴 것도 마음에 걸려 두어 달 만에 다시 일동으로 내려오셨다.

'설마 산 입에 거미줄 치랴' 하는 마음으로 영감님 곁으로 돌아왔지만 앞을 봐도, 뒤를 돌아봐도 비빌 언덕이 없었다. 살길이 막막했다. 무엇을 해야 병든 남편과 어린 자식들을 굶기지 않고 살아갈 수 있을까.

아버지는 위궤양 수술을 받고 퇴원하신 뒤 가장 힘든 것이 식사조절이었다. 위를 잘라냈기 때문에 연한 죽을 조금씩 여러 번 나누어 섭취해야만 했다. 병원에서 준 약을 제시간에 복용하고 하루에 대여섯 차례 죽을 쑤어 잡숫게 하는 것이다. 그러나 어머니의 지극정성에도 몇 달 안 돼 아버지는 뜻하지 않은 황달에 시달렸다. 수술할 때의 수혈 부작용이라고 했다.

한 1년 크게 고생하셨다. 투병하는 아버지도 고통이었지만 간병하는 어머니의 고생은 말로 다 할 수 없을 지경이었다. 가슴 졸이며 하는 간병뿐 아니라 생활대책도 세워야 했으므로, 어머니는 피란 때의 절망 못지않은 고행길을 헤쳐 나가지 않으면 안 됐다.

부식장사와 밥장사

어머니는 형편이 어려워도 들어앉아 한탄만 하지 않았다. 아버지가 드실 약과 식사를 준비해 놓고 장날 소쿠리를 들고 싸리고개 쪽으로 향했다. 닷새에 한 번씩 열리는 장날이면 시골 아낙들이 나물이나 잡곡, 계란 꾸러미 등을 이고 와 시장에 넘기고 생필품이나 옷가지 등을 사간다. 그 짐이 들어오는 길목이 싸리고개다.

그들이 시장에 내려오기 전에 길목을 지키다가 "그게 뭐예요? 어디 봅시다" 하고 매물을 선점하는 것이다. 적당한 값에 흥정해 갖고 시장 한 귀퉁이에 펼쳐 놓고 소매를 한다. 도라지, 더덕, 고구마줄기, 녹두, 풋콩, 오이, 호박, 무말랭이, 고사리, 파, 마늘, 시금치 등 주로 반찬 재료를 받아 하루 종일 쪼그리고 앉아 파는 노점상으로 나선 것이다. 그 밖에 콩나물, 두부, 숙주나물에 무, 배추 등 닥치는 대로 받아 팔았다.

여름엔 수건으로 머리를 덮고 앉았지만 뙤약볕 아래 이마와 목덜미에 흐르는 땀을 주체할 수가 없다. 도라지며 더덕, 마늘, 고구마줄기 껍질을 까느라 손톱은 새까맣게 변했고, 손바닥은 거북등처럼 갈라졌다. 엄동설한엔 바람막이도 없는 한데서 언 손 호호 불며 고사리며 콩나물, 시금치를 다듬느라 손가락은 부르터 갈라지고 동상 걸린 양 뺨은 시퍼렇게 멍이 든 것 같았다.

그나마 수술한 몸임에도 불구하고 아버지가 나와 옆에서 도와 한결 위로가 되고 힘이 솟았다. 이즈음 내가 청량리 청과물 새벽시장에서 앵두나 바나나, 딸기를 사서 버스로 부치곤 했었다.

전심전력을 한 어머니의 노력과 아버지의 애틋한 조력으로 말미암아 드디어 가게를 얻어 의지간에 들어앉게 됐다. 비록 반 평도 될까 말까 한 굴속 같은 공간이지만 겨울엔 칼바람, 여름엔 뙤약볕을 피할 수 있는, 어머니의 어엿한 사업장이었다. 가게를 가졌다는 뿌듯함에 어머니는 지칠 줄 모르고 더욱 장사에 몰두했다.

부식 장사뿐만이 아니다. 당시 시골에도 부동산 붐이 불어 집 근처 공터에 아파트 공사가 한창이었다. 일꾼들이 밥 먹을 데가 마땅치 않다더라는 아버지의 말씀에 어머니는 그들의 식사를 도맡겠다고 나섰다. 가게를 보는 틈틈이 종종걸음으로 집에 들어가 대여섯 명의 일꾼들에게 삼시 세끼 밥을 해대기 시작했다. 집과 가게는 신작로를 건너야 하는 100m 정도의 거리였다. 몸이 돌덩이라도 배겨낼 수 없는 힘든 일을 어머니는 용케도 감당해 내셨다.

풍미식당을 처분하고 남은 돈으로 겨우 마련한 집은 30~40년도 넘은 초가 건물이라 언제 주저앉을지 모를 지경으로 낡았다. 아파트공사가 거의 마무리될 무렵 공사현장 책임자가 아버지에게 뜬금없는 얘기를 했다. "아저씨, 이 집 헐고 새로 지으시죠." "그러면 좋겠는데 돈이 있어야지…"라고 머뭇거리자 "돈 걱정은 마세요. 아파트 자재가 많이 남았는데, 그걸로 지어 드릴 테니 인건비나 대세요. 인건비 일부는 밥값으로 제하고요"라고 했다.

횡재나 다름없는 제안이었지만 예상되는 공사비 1천여만 원은커녕 단돈 10만 원도 없이 허덕이는 형편이었다. 그때 아버지가 나에게 의논하셨다. "이 기회에 집을 새로 지었으면 좋겠는데 돈이 없구나." 당시 나도 전셋집을 전전하던 터라 답답했다. 그러나 별생각 없이 "제가 어떻게 해볼 게 지으세요"라고 대답했다. 아내와 의논하여 적금을 해약하고 몇 군데 손을 내밀어 800여만 원을 마련하여 보내 드렸다.

나머지는 부모님이 어떻게든 마련하시기로 하여 묵은 집을 헐고 새 집을 짓기 시작했다. 인부들은 남은 시멘트를 있는 대로 들이부어 이웃 사람들이 "군대 토치카를 짓느냐"고 할 정도로 자재를 아끼지 않았다. 비록 단층이지만 30여 평의 건물은 웬만한 폭격에도 끄떡없을 정도로 단단히 지어졌다. 더구나 슬래브 지붕이라 옥상에 방 하나 부엌 하나 옥탑방을 들여 월세까지 놓게 됐다. 어머니가 시집오셔서 실로 60년 가까운 세월이 흐른 뒤에야 비로소 반듯한 살림집을 갖게 된 것이다.

비록 시장 한 귀퉁이 작은 가게에서 부식장사를 할망정 새집을 갖게 된 어머니는 마치 부잣집 마나님이라도 된 기분이었을 것이다. 빚진 공사비 부담감에 더욱 바쁘게, 더욱 열심히 "어서 오세요. 많이 드릴게요"를 연발하셨다. 그 덕분에 적지 않은 빚을 다 갚고 막내딸과 막내아들마저 짝을 지어 주게 됐던 것이다. 두 분은 6남매 다 떠나보내고, 여든이 넘도록 부식가게를 계속하셨다.

깊어가는 어머니의 병

어머니의 병은 무엇일까?

어머니는 돌아가시기 20여 년 전쯤부터 혀에 허옇게 백태가 끼고 목이 쓰다며 음식을 제대로 못 드시고 한겨울에도 등이 뜨겁다고 호소하셨다. 등을 만져 보면 뜨겁기는커녕 찬 느낌이 드는데도 뜨겁다고 해 냉찜질을 해드려도 소용이 없었다.

시골 병원에 다녀보았지만 효과가 없어 서울로 모셔 연세대 세브란스병원에서 진찰을 받았다. 하루 종일 갖가지 검사를 한 끝에 젊은 의사는 "아무렇지도 않은데 할머니, 뭐가 뜨겁다고 그러세요"라며 핀잔을 주다시피 했다. 어머니는 분명히 뜨겁다는데 의사는 아무 이상이 없다니 이상한 일이다. 의사는 어머니를 노망이 든 늙은이로 판단한 모양이다. 의사의 태도와 말이 못마땅한 어머니는 나보고 "얘야, 가자!" 하시더니 의사에겐 인사 한마디 없이 먼저 일어섰다.

그런지 10여 년 뒤 어머니가 파킨슨병을 앓으실 때 세브란스병원에 모시고 가려 했더니 한마디로 "나는 죽어도 거긴 안 간다"고 하셨다. 그만큼 그때 일이 야속하셨던 모양이다.

큰 병원에서도 알아내지 못하는 어머니의 알 수 없는 고통은 무엇이며 왜 생긴 것일까? 어머니는 당신 몸을 아끼지 않고 집안을 위해 희생하셨건만, 그 공을 알아주는 사람은 별로 없다. 나중에는 경희의료원 한방병원으로 모시고 가 증상을 호소했건만 역시 원인도 처방도 받아내지 못했다.

누명 벗지 못한 화병

어머니는 "시집온 며느리는 벙어리 3년, 귀머거리 3년, 장님 3년을 살아야 한다"는 봉건의식에 젖어 있던 분이다. 큰아버지가 당신을 못마땅해하는 사실에 늘 야속함과 서운함을 안고 있었지만 벙어리 냉가슴 앓듯 참고만 지내셨다. 홀로 되신 분 앞에서 시시비비를 따지고 대드는 것도 도리가 아니라고 여기셨다. 아버지도 "나는 다 알고 당신을 이해하니 참고 살라"고 만류하셔서 억울함과 서운함을 풀지 못한 채 혼자 인내하고 살아오셨다.

큰아버지가 약속함에도 불구하고 제사 때면 제수(祭需) 홍정을 해드리고, 복날이면 개고기에 수박을 사서 아버지 손에 들려 보내드리곤 하셨던 우리 어머니다.

그 오랫동안의 스트레스와 갖가지 억울함이 어찌 병이 되지 않았겠는가. 아무리 과학과 의술이 발달했기로서니 어머니의 그 깊고 짙은 마음의 상처를 어찌 알아내 다스릴 수 있었겠는가. 등 뜨거운 증상은 날로 심해졌고, 혀의 백태는 검푸른 색으로 변하고 혓바닥이 갈라지기까지 했다.

'화병.' 유명한 정신과 의사가 이런 특이한 증상을 가리켜 화를 풀지 못해 생기는 병이라며 화병이라고 했다는 기사를 보았다. 어머니의 이 병이 바로 화병이었다고 확신한다.

오랫동안 어머니의 이런 고통과 통증이 언제부터인가 감쪽같이 가라앉았다. 등이 뜨겁다고 하지 않았다. 혀도 정상으로 돌아왔다. 아무런 처치를 안 했는데도 증상이 싹 가라앉은 것이다. 우연하게도 큰아버지가 돌아가시고 난 뒤 어머니가 파킨슨병과 치매증상을 보이기 시작했다. 그때부터 이 증상이 사라졌다. 짐작컨대 마음속 원한을 풀지는 못했어도 스스로 잊으신 것이라고 믿는다.

마음의 병 추스르니 육신의 병

어느 때부터인가 어머니의 발걸음이 이상하게 주춤주춤 빨라지는 것이었다. 본래 어머니의 걸음이 재긴 했으나 조금 달랐다. 몸이 앞으로 쏠리는데 발걸음만 잦을 뿐 내딛는 거리는 짧았다. 서울에 모시고 와 검사를 받았다. 파킨슨병이란다. 수십 년간 억울함을 풀지 못하고 참아 온 마음의 상처를 추스르나 했더니, 돌덩이처럼 굴려온 육신의 병인가.

치료법은 없고 단지 진행만 더디게 할 뿐이란다. 초기엔 그다지 심하지 않아 지팡이를 쥐어 드렸다. 하지만 보조를 제대로 맞추지 못해 자주 쓰러졌다. 나중엔 네발 달린 보조기를 가지고도 제대로 걷지 못했다. 어머니의 병세는 점점 악화돼 살림살이는 아버지 몫이 되었다.

1년 가까이 조석을 끓여 오다가 힘에 부쳐 시골집을 팔고 두 분을 서울로 모셨다. 1957년 중학교에 진학한 14살에 부모를 떠났다가 2003년 60살에 모시게 됐으니 46년 만이다. 숨 가쁘게 살아온 어머니의 파란만장한 생계투쟁이 마침내 막을 내리게 됐다. 이제 쉬셔야 했다. 마음과 육신이 홀가분하게 쉬실 시간이었다.

안방에서 화장실, 거실 현관에서 옥상 계단까지의 통로에 아버지가 손잡이를 설치하여 어머니가 붙잡고 움직일 수 있게 만들어 주셨다. 그 손잡이도 몇 번 쓰지 못하고 어머니는 줄곧 누워만 지내셨다.

서울로 모신 뒤 아버지는 10여 년, 어머니는 13년간 우리와 함께 지내셨다. 백수인 상태에서 모시는 형편이니 흡족한 봉양을 못해 드려 죄스러운 마음 가눌 수 없다.

아버지 먼저 저세상으로 가신 뒤, 어머니를 막내 여동생 성숙이 내외가 3년간 지극정성으로 모셨다. 어머니는 둘째아들 화성이가 밤새워 지켜보는 앞에 입원한 지 이틀 만에 조용히 눈을 감으셨다. 새벽 1시에 편안한 모습으로.

"어머니! 6・25 때 꿋꿋하게 잘 버텨 오셨어요. 그리고 큰아버지의 누명을 용케 잘 참아내셨어요. 따져 보니 어머니는 큰아버지보다 나이로 11년, 돌아가신 뒤 21년을 더 오래 사셨습니다. 화를 밖으로 뿜지 않고 속으로 삭여온 상급이 아니었을까요? 어머니가 이기셨어요. 잘하셨습니다. 그 숭고한 인고의 자세 본받겠습니다.

어머니! 고생 많이 하셨습니다. 자식들을 위해 몸이 부서지도록 수고하심에 무한한 감사드립니다. 그동안 험한 세파에 맞서 싸운 어머니의 고초와 아픔을 이 짧은 글로 어찌 다 표현할 수 있겠습니까. 하늘같이 넓고 바다같이 깊은, 어머니의 그 사랑 영원히 잊지 않겠습니다."

어머니, 이제 편히 쉬십시오*

3년 반 전 귀뚜라미 노래 따라 떠나시는 아버지를 붙잡지 못했는데, 흐드러지게 핀 개나리, 목련꽃의 환한 미소와 향기에 홀려 15년 가까이 누워 계시던 자리 털고 엊그제 저세상으로 훨훨 날아가시는 어머니마저 놓치고 말았습니다. 조문과 위로에 감사하고 소홀했던 대접에 송구합니다.

"70대에 고아가 됐으니 얼마나 행복하냐. 복 받았다"며 농반진반으로 던지는 친구들의 말에 미소로 답했지만, 가슴속은 허전하고 슬프기 그지없습니다. 비바람 불고 눈보라 휘몰아치는 드넓은 광야에 홀로 서서 사방을 둘러봐도 부여잡을 나뭇가지 하나, 풀 한 포기 없는 황량함에 외롭고 두려웠습니다. 사랑엔 나이가 없다고 노래하듯이 슬픔과 고독에도 나이가 따로 있을 수 있겠습니까?

10살 난 어머니의 막내 증손녀가 엎드려 연필로 꾹꾹 눌러 쓴 편지와 함께 자기 머리핀을 선물이라며 영정 앞에 살그머니 바칩니다.

---

* 이 글은 저자가 어머니의 장례식에 왔던 문상객들에게 보낸 답례 글이다.

증조할머니, 하늘나라는 편하신가요? 이제 아프지도 않으시고 좋은 나날 보내세요. 저 궁금한 게 있어요. 천국에서는 저의 모습이 보이시나요? 궁금해요. 보이신다면 지금 제가 쓴 편지를 봐 주세요. 안 그러면 제 꿈에라도 나타나 주세요. 그리고 증조할아버지는 잘 계신가요? 지금 무슨 이야기를 나누고 계신지 정말 궁금해요. 오늘 밤이 정말 기대돼요. 오늘 밤 꿈에서 뵈었으면 좋겠어요. 보고 싶어요. 여원 올림

그러네요. 이제는 만질 수도, 볼 수도, 이야기를 나눌 수도 없는 어머니. 꿈에서나마 만나기를 바라는 수밖에 없게 됐습니다. 하지만 저의 마음에는 언제나 살아 계시어 저를 지켜 주실 것으로 믿습니다.

가족과 친지들 그리고 많은 교인들이 지켜보는 가운데 춥지도 덥지도 않은 그 이상 더 좋을 수 없는, 어머니 마음씨 같이 따뜻한 청명절에 경기도의 북쪽 끝자락 포천 관인면 냉정리, 아버지가 태어나고 자라신 고향. 그 뒷동산에 미리 가 깊이 잠들어 계신 아버지 곁으로 가셨습니다. "며칠 후 며칠 후 요단강 건너가 만나리 …" 울먹울먹 찬송가 부르며 조심조심 뉘어 드렸습니다.

19세에 시집와 20세에 저를 낳고 이어 세 아들을 더 낳은 뒤 6·25를 맞아 아버지가 먼저 남쪽으로 피란 가시자, 가족들도 팽개쳐 두고 떠난 동네의 늙고 병든 환자들까지 이끌고 따가운 햇살을 맞으며 피란길에 나섰지요. 병들어 누워 계신 할머니는 당신이 업고, 돌도 안 된 막냇동생은 8살 저에게 업히고 내려오던 길. 10리길이나 왔을까. 입으로 피를 토하고 어머니 등에서 숨 거두신 할머니를 군인들의 도움받아 남의 보리밭에 묻어 드리셨지요. 또 평택까지 내려간 피란처에

서 큰어머니가 돌아가시자 당신의 모시치마 저고리를 입히고 동네 일꾼 불러 지게에 얹어 남의 밭자락에 모셨지요.

그뿐인가요? 6살, 4살, 젖먹이 세 아들마저 병들고 굶주림에 못 이겨 한두 달 사이로 눈을 감자 거적때기에 둘둘 말아 들쳐 업고 나가시더니 어느 산기슭에 한 섞고 눈물 버무려 묻어 주고 오셨지요. 저는 그 애들이 묻힌 곳이 어디인지 모릅니다. 동생들이 죽어가도 허기진 배를 채우기 위해 거리를 헤매야 했으니까요. 하지만 저는 알고 있습니다. 당신은 결코 그 애들을 땅속에 묻지 못하고 가슴속 깊이 꼭 끌어안고 일평생 지내 오셨음을… .

어머니! 그 아리고 쓰린 가슴 어찌 한시인들 지울 수 있었겠습니까. 작년 가을 평택시청에 의뢰하여 생활고를 겪는 자녀 많은 한 가정을 찾아 아이들의 끼니나 약값에 보태라고 작은 봉투를 전했습니다. 10여 년 넘게 누워 괴로워하면서도 차마 눈을 감지 못하시는 어머니 모습이 애처로웠습니다. 그게 가슴에 묻은 세 아들 때문인가 생각돼 어머니를 대신하여 동생들의 넋을 달래려는 마음에서였습니다. 그런지 한 달 만에 평안히 잠드시는 어머니의 모습을 보면서 조금은 마음이 가벼웠습니다.

어머니! 고통과 슬픔으로 점철됐던 이생의 아픈 추억일랑 이제 훌훌 털어 버리고 아버지 곁에서 평안히 쉬세요.

꽃잎 섞어 흙 채우며 꾹꾹 밟아 봉분 쌓아 잔디 덮고 되돌아오는 길, 산모퉁이에선 이름 모를 새들이 지저귀고 어린 벚꽃들이 하얀 이를 드러내며 미소 짓고 있었습니다. 공허한 마음에 다소 위로가 됐습니다.

한식날인 삼우제 때는 새 잔디뿐 아니라 말라비틀어진 잡초들도 일으켜 세울 정도로 오랜 가뭄 끝에 단비가 흠뻑 내려 산소를 촉촉이 적셔 주었습니다. 아버지·어머니, 두 분도 편안히 잠드신 것 같아 제 마음이 한결 위로가 됐습니다.

조문해 주신 친지, 동료, 선후배, 교인, 이웃 여러분들의 위로와 격려 잊지 않겠습니다. 기쁠 때나 슬픈 일 당하셨을 때 달려가 마음의 빚을 덜 수 있도록 기별해 주십시오.

건강하십시오. 가정의 평안과 사업의 번창, 자손들의 행복을 기원하면서 '75세 고아'가 엎드려 감사의 인사를 글로써 대신합니다.

2017. 4. 10. 고애자 이충남 올림

3편

추모의 장

1 장

부모님의 추억을 더듬으며

"나는 괜찮다"

아버지는 요즘 조상님 모시는 일로 궁리가 많으시다. 우리의 직계는 아니지만 나의 10대조 이한규 할아버님의 아들들과 그 3대 직계손 네 분의 이장 문제를 떠안으셨기 때문이다.

한규 할아버님은 좌찬성을 증직(贈職) 받은 분으로 우리 화의군파 문중을 일으켜 세운 종친회의 중시조로 받들어 모시는 조상님이다. 그분의 아들 두 분과 내리 4대까지 모두 병마절도사(兵馬節度使) 라는 큰 벼슬을 하며 선정을 베풀어 경상남도 진주공원에 송덕비가 나란히 세워져 있다. 종친회에서는 이분들을 기리기 위해 진주공원의 비석들을 모사하여 진관 화의군 묘역에 설치했다.

이분들이 묻혀 있던 산소가 모두 수용됐는데 모실 직계 자손이 없고 이장할 땅도 없어서 종친회에서는 걱정이 많았다. 우리 뜻대로라면 화의군 묘역인 서울 진관동이나 신림동 아니면 전북 익산에 모실 수도 있겠으나, 서울에는 묘지를 전혀 쓸 수가 없고 익산에 모시더라도 제사를 받들 후손이 없어 큰 걱정거리였다.

당시 종친회 성모회장이 아버지와 의논한 결과, 그 네 분의 산소를 우리 선산인 포천 관인면 냉정리로 모시고, 이장비 일체와 추후 제사와 묘지 유지 관리비를 종친회에서 부담키로 결정하셨다.

후손도 없는 조상님들을 우리 산에 이장하면 앞으로 누가 그 제사를 지내며 산소를 관리할 것이냐고 우리 집안에서는 반대하는 분들이 많았다. 아무리 종친회 차원에서 지원한다지만 먼 후일까지 누가 보장할 것이냐며 큰아버지들과 특히 어머니들의 반대가 만만치 않았다. 쓸데없는 일을 저질러 후손들 고생만 시키게 됐다며 아버지를 원망하기까지 했다.

하지만 아버지는 그분들이 우리 10대 할아버지(한규)의 직계손이고 9대가 같은 형제분들이라 우리 집안이 가장 가까우니 나 몰라라 할 수는 없다며 우리 산소에 모시기로 종친회장과 합의하여 추진키로 한 것이다.

최근에 구체적으로 네 분의 산소를 어디로 정할 것인지를 놓고 걱정이 많았다. 위대한 업적을 남기신 분들인데 소홀히 모실 수는 없는 일이었다. 경남 진주의 상점 고문과 의논하여 그 지방의 이름 있는 지관을 모시고 산소자리를 보러 가기로 했다. 진주서 오신 두 분은 전날 우리 집에서 주무시고 함께 포천 관인산에 가기로 했다.

나는 마침 15년 묵은 고물차를 폐차하고 새 차를 뽑은 지 얼마 되지 않은 때였다. 당시 현대차의 최고급 차종인 스텔라였다. 500여만 원의 거금을 들였다. 정년을 마치면 언제 차를 또 뽑을 수 있으랴 하는 생각에 큰맘 먹고 좀 무리했던 것이다. 새 차로 어른들을 모시고 가게 돼 기분 좋기도 하고 긴장도 됐다. 전날 세차를 하고 기름도 가득 채웠다.

2000년 3월 1일 새벽에 출발했다. 두 분은 산소에 다녀와 그 길로 진주로 내려가셔야 하기 때문에 일찌감치 길을 나선 것이다. 조수석에 아버지, 뒷좌석에 두 어른을 모셨다. 며칠 전 전국적으로 꽤 많은 눈이 내렸으나 서울은 흔적도 없이 다 녹았다. 이른 봄 삼일절 휴일을 맞은 거리는 한산했다. 날씨는 좀 쌀쌀했으나 맑고 신선했다. 기분이 상쾌했다.

1시간 남짓 달려 한탄강 다리까지 얼마 남지 않았다. 50~60m 앞에 SUV 차가 달리고 있었다. 비슷한 속도로 뒤따랐다. 지금은 한탄강 다리가 새로 놓여 도로와 평행을 이루고 있으나 그 당시에는 가파르게 경사진 길을 50~60m 내려가야 건널 수 있었다. 앞서가던 차가 갑자기 안 보였다. 비탈길로 내려섰기 때문이다.

나는 달리던 속도를 그대로 유지했다. 그런데 내리막길에 들어서자마자 앞선 차가 10m 코앞에서 서행하는 게 아닌가. 계속 달리면 추돌할 찰나 무의식적으로 브레이크에 발이 올라갔다. 여태까지 달려오면서 눈이 없었는데 길이 하얗다. 북쪽으로 경사진 길이라 전혀 녹지 않은 것이다. 순간 차는 옆으로 빙그르 돌기 시작했다. 반대로 핸들을 꺾어 보지만 소용이 없다. 나의 제어능력을 벗어나 제멋대로 움직였다.

아버지도 동승자들도 아무 소리 없이 숨죽여 차의 움직임에 온 신경을 쏟고 있었다. 왼쪽으로 돌던 차가 슬그머니 오른쪽으로 방향을 튼다. 핸들과는 전혀 관계없이 움직인다. 어떻게 손을 쓸 도리가 없다. 몇십 초 동안이었지만 몇 시간이 흐른 것 같았다.

오른쪽으로 방향을 튼 내 차는 다행히 비포장 소로로 접어드는가 했더니 다시 왼쪽으로 기우뚱하면서 길옆으로 꼬라박혔다. 군인이 쳐 놓은 가시철망에 처박혀 멈춘 것이다. 천만다행으로 전복되지는 않고 왼쪽으로 기운 채 철망에 걸렸다. 그 덕분에 낭떠러지 강으로 추락하는 참변은 면했다.

옆좌석의 아버지를 보았다. 이마에서 피가 흘렀다. 차가 처박히는 순간 앞 유리에 부딪친 것이다. 안전벨트를 맸더라면 화를 면했을 텐데…. "아버지, 괜찮으세요?"라고 여쭈었더니 "나는 괜찮다. 뒤의 어른들이…"라며 걱정하셨다. 돌아보니 모습이 안 보였다. 좌석에서 밀려나 밑바닥에 두 분이 주저앉아 엉켜 있었다. 왼쪽 문을 열 수가 없다. 아버지가 먼저 차 밖으로 나가셨다. 내가 뒤따라 나왔다. 뒷문을 열고 어른들을 부축해 꺼냈다.

"괜찮으세요?" "응, 괜찮아." 두 분 모두 상처는 없었다. 아픈 데도 없다고 하셨다. 두툼한 외투를 입고 있어서 충격을 덜 받은 덕이다. 아버지는 이마의 피를 손수건으로 누르고 길옆에 쪼그려 앉으셨다.

앞에서 멈춰 우리의 모습을 보던 SUV차 운전자가 다가왔다. 자기도 갑자기 눈길을 만나 저단 기어로 서행하는데, 뒤에서 우리 차가 바짝 달려와 들이받을까 가슴 졸였단다. 우리의 상태를 묻더니 아버지를 자기 차로 태워 병원으로 모셔갔다. 그제야 군인들이 눈을 치우러 작업도구를 들고 올라왔다. 그곳이 군사도로를 겸하고 있었던가 보다.

어른들과 나는 뒤따라 온 버스를 타고 산소엘 갔다. 아버지도 치료를 받고 한참 만에 산에서 합류했다. 어르신들 말씀이 "우리가 다른 일을 보러 가다 사고가 났으면 다 죽었을 텐데, 그래도 조상님들 산소자리를 보러 가던 길이라 그분들이 돌보셨나 보다"라고 하셨다. 그래서 더욱 샅샅이 명당을 살펴 자리를 정하고 돌아왔다.

아버지와 어른들 몸이 괜찮아서 다행이었다. 하지만 내 차는 엉망이 됐다. 운전석 쪽 문과 보닛이 찌그러지고 왼쪽으로 누운 채 시동도 안 걸렸다. 레커차를 불렀다. 작업하는 장면을 보니 마음이 상했다. 조심해서 꺼내야 할 텐데 함부로 다루었다. 속으로 '저놈들이 견적이 많이 나오게 하려고 일부러 그런다'는 생각이 들었다.

아니나 다를까. 이튿날 공장에 찾아가 견적을 물어보니 새 차 값에 육박하는 350만 원이란다. 물론 보험으로 처리하니까 별문제는 아니지만 우선 내 손으로 낸 사고차를 다시 타기도 싫고 고쳐서 탄들 제 기능도 못할 것 같아 아예 폐차하고 말았다. 폐차비로 5만 원을 받았다. 기름을 가득 넣은 게 아쉬웠다. 아버지 몸이 괜찮은 대신 내 차는 영영 가 버렸다. 사람 대신 차를 장사 지낸 셈이니 흘가분한 생각도 들었다. 그 뒤 나는 한 번도 새 차를 사지 못했다.

이런 연유로 해서 해마다 그 산소에 모신 조상님들 제사를 지낼 때마다 나는 남다른 감회가 떠오르곤 한다.

나의 '희망', 아버지의 '소망'

며칠 전 어머니를 모시고 병원에 다녀왔다. 국민건강보험공단에서 실시하는 노인장기요양보험 혜택을 받기 위해서였다. 교회의 아는 분 도움으로 서류를 공단에 제출한 지 1주일여 만에 직원이 방문하여 환자의 상태를 체크해간 뒤 의사의 진단 소견서를 받아오라는 통지가 온 것이다. 병원에 문의했더니 왕진은 올 수 없으니 환자를 직접 모시고 와야 한단다.

당뇨병과 파킨슨병을 앓고 있는 86세의 어머니는 수년 전부터 아예 일어설 수조차 없어 방에서 누워만 지내신다(이 글은 2009년에 썼다). 우리 집은 3층 단독주택이라 업고 계단을 내려갔다. 어머니 체중이 60kg에 육박하는지라 힘이 들었다. 아버지가 뒤에서 부축해 주셨지만 힘에 부쳤다. 2층에서 어머니를 내려놓고 잠시 쉬었다가 다시 업고 내려와 차로 모셨다. 병원에서는 휠체어를 빌려 밀고 들어가 의사에게 보였다.

병원에까지 찾아온 교회 분은 급수를 잘 받아야 혜택이 많으니 의사가 물어보면 잘 모른다고 하고 몸 상태가 아주 안 좋은 양 엄살을 부리라고 귀띔해 주었다. 어머니는 나이가 몇이냐는 의사의 첫 물음엔 모른다고 대답하시더니 그 이후로는 자녀가 몇이냐, 집이 어디냐는 의사의 질문에 대답을 또박또박 아주 잘하시고 다리도 움직여 보라고 하니까 억지로 들어올리기까지 했다. 집에서는 다리를 꼼짝도 안 하셨는데 … .

나는 속으로 '급수 잘 받기는 틀렸다'고 생각했다. 의사가 서류에 이것저것 적더니 됐다며 공단에 갖다 내라고 한다. 진찰실을 나서자 교회 분이 서류를 보더니 "1급 받기는 힘들고 잘해야 2급을 받을 것 같다"면서 6개월이나 1년 뒤에 다시 검사하니 그때 잘 받으면 된다고 했다(그 후 통보가 왔는데 3급이었다). 마치 시험을 잘못 치른 수험생에게 재수하면 된다고 위로하는 것 같은 느낌이었다. 그때 아버지는 옆에 안 계셨다.

공단에 서류를 접수하고 돌아오는 차중에서 아버지에게 "1년 뒤 다시 검사할 때 잘 받으면 된대요"라고 말씀드렸더니, 아버지가 "그래, 그때는 엄마가 걸어올 수 있을지도 모르니까" 하시는 게 아닌가.

순간 정신이 번쩍 났다. 나는 1년 뒤면 어머니의 상태가 더 악화돼 1급 판정을 받을 수 있기를 희망했는데, 아버지는 그때에 어머니가 걸어 다닐 수 있게 호전되길 소망하고 계신 게 아닌가. 자식은 어머니가 악화되길 바랐고, 88세의 남편은 아내가 회복되기를 바랐다. 나는 아버지 앞에 너무 부끄럽고 죄스러워 아무 말도 못 했다.

30도를 웃도는 날씨였다. 차에서 내려 어머니를 업고 층계를 올랐다. 이상했다. 내려올 땐 힘들어 한 번 쉬었는데 올라갈 땐 3층까지 한 번도 쉬지 않고 올랐다. 그런데 하나도 힘든 줄 몰랐다. 흐르는 땀방울에 섞여 나도 모르게 눈물이 흘렀다. 어머니를 방에 잘 모셔 뉘어 드렸다.

"어머니, 내년엔 걸어서 가세요."

"아버지, 죄송합니다. 용서하세요."

'등급 외 A' 어머니는 누가 돌보나?

어머니가 작년에 노인장기요양보험 3급 판정을 받아 1년 동안 고마운 보살핌을 받았다. 요양사가 1주일에 세 번씩 꼬박꼬박 찾아와 목욕시키고 입에 맞는 반찬도 가져오고 말동무를 해드리니 어머니의 생기가 되살아나는 듯했다.

어머니는 몇 년째 걸음을 한 발짝도 떼지 못하고 24시간 누워만 지내신다. 그러다 보니 아침인지 저녁인지 분간을 못하고, 어느 때는 "아까 누가 찾아왔는데 어디 있느냐?"고 엉뚱한 말씀을 해 식구들을 당황하게 하신다. 세수를 시켜 드렸는데도 안 했다고 우기셔서 다시 양치와 세수를 시켜 드린 적도 있다.

손발 떨림은 없지만 젓가락을 잡지 못해 숟가락에 반찬을 놓아 드리면 저고리 앞섶에 국물이며 밥알을 떨어뜨리기는 해도 아침저녁은 거르지 않고 드신다. 습관이 될까 봐 먹여 드리지는 않는다. 그런데 왠지 점심은 막무가내로 안 드시지만 요양사가 가끔 국수를 해드리면 반은 흘리면서도 맛있게 드신다.

지난 6월 건강보험공단에서 통지가 왔다. 1년이 지났으니 판정을 다시 받아야 한다는 것이다. 서류를 제출했더니 공단에서 직원이 나와 어머니에게 여러 가지를 물으며 검사했다. "어쩌면 계속 요양을 받고 어쩌면 못 받게 될지도 몰라요"라고 했다. 어머니 상태가 예전보다 별로 호전된 것이 없으니 혜택이 계속될 것이라고 생각하면서도 그 직원의 말이 마음에 걸렸다.

의사 진단을 받고 소견서를 제출해야 한다기에 작년과 마찬가지로 어머니를 업고 3층을 내려왔다. 아버지의 작년 '소망'이 이루어지지 않은 탓이다. 올해 89세의 아버지는 사람을 부르자고 하셨으나 작년에 업어 모신 경험도 있고 '내가 아직 70도 안 됐는데 어머니를 업지 못해서야 되겠는가?' 하는 생각에 마음을 단단히 먹고 업었다. 작년보다는 어머니의 체중이 좀 덜 나가는 듯했다. 쉬지 않고 내려왔고 돌아올 때도 단숨에 올라왔으나 별로 힘들지 않았다. '어머니가 그동안 많이

줄어드셨구나!'

의사는 작년과 비슷한 질문과 검사를 했고 어머니의 대답과 반응도 그때와 비슷했다. '계속이냐, 탈락이냐?' 수험생의 심정으로 보내는 며칠이 길기만 했다. 하루 종일 주무시거나 멍하니 누워 천장만 바라봐야 하는 우리 어머니. 육신의 불편함도 문제지만 누구 하나 말 상대가 돼 줄 사람이 없어 정신이 점점 몽롱해지는 길로 접어들고 있다. 그나마 지난 1년 동안 요양사가 말벗이 되고 뒷바라지를 잘해 드리니까 가끔 웃기도 하면서 더 이상 악화되지 않고 잘 버티셨다.

통지가 왔다. '등급 외 A.' 1~3등급이라야 혜택을 받는데 탈락한 것이다. 작년에 아버지는 어머니가 '걸을 수 있기'를 소망하셨고, 나는 '높은 등급 받기'를 희망했었다. 그러나 올해 아버지나 나나 마음으로는 내년에는 '해당 없음'이 되도록 빌었었다. 소원대로 결과가 나왔다. 하지만 막상 요양사 보호혜택에서 탈락되니 기쁨보다는 걱정되는 게 사실이다.

아직 정신이 혼미하지 않은 어머니는 내가 목욕을 시키지 못하게 하신다. 대소변은 가끔 기저귀를 이용하시는데 그것도 전적으로 여자만 조력하게 하신다. 70을 바라보는 아내는 20여 년 전에 당한 교통사고 후유증으로 다섯 식구 가사를 꾸려가는 것만도 벅차한다. 게다가 40에 가까운 둘째아들이 장애 1급이라 24시간 붙어 있다시피 하면서 1주일에 3일은 치료를 위해 데리고 나가야 한다. 마음은 어머니를 보살펴 드리고 싶어도 몸이 따르지 못함을 안타까워할 뿐이다.

요양사 아주머니는 이제 더 이상 우리 집에 올 수 없게 됐다. 그동안 어머니와 정이 든 그분에게 "아주머니가 우리 어머니를 너무 잘 돌봐 주셔서 똘똘해지셨으니 감사합니다. 그러나 그 결과, 요양보호 대상에서 탈락했으니 아주머니 책임"이라고 농담했다. 이제 천사와 같은 요양사의 보살핌을 받을 수 없다면 어머니는 누가 돌볼 것인가 걱정스러웠다. 아버지도 요사이 점점 야위시는데 … .

환자의 상태가 작년과 별로 차도가 없는 만큼 재신청을 하여 요양혜택을 계속 받게 하라고 교회 분이 재차 알려 주셨다. '조력이 필요 없다'는 판정에 기쁘긴 하지만 늙으신 아버지 혼자 감당하기 힘들어 실제로 도움이 필요하므로 재신청 절차를 밟으려 한다. 하나님의 보살핌이 있기를 … . (결과는 간신히 '3급'을 따내 한시름 놓았다.)

경로카드 심부름

내 나이 만 65세 되던 달(2008. 6) 주민센터에서 '경로효친카드'가 나왔다. 서너 달 전 경로카드가 필요하면 신청하라는 통지가 왔었다. 그것이 지하철을 공짜로 타는 실버카드는 아니다. 그러나 돈 드는 일도 아니고, 또 지하철을 공짜로 타게 되니 혹시 역무원이 젊게 보아 신분증을 보자고 하면 당당하게 내보이겠다는 생각으로 기꺼이 신청했다.

한동안 잊고 있었는데 경로카드가 나왔으니 찾아가라는 전화가 왔다. 나는 직접 찾아올까 하다가 아버지에게 부탁했다. 아침에 내 주민등록증을 꺼내 드리며 "아버지, 제 경로카드가 나왔다니 주민센터에서 좀 찾아다 주세요" 하니까, 9순이 다 되신 아버지가 기꺼이 갔다 오겠다고 하신다.

파킨슨병과 약한 치매증세로 누워 지내시는 어머니를 시골에서 아버지 혼자 감당하기 어려워 수년 전부터 두 분을 서울 우리 집으로 모셨다. 어머니의 보살핌은 전적으로 아버지 몫이다. 40kg 남짓한 약체인데도 힘든 내색 없이 묵묵히 어머니뿐 아니라 가정사를 구석구석 살펴 주신다.

아버지는 연세가 높으신 데도 우두커니 앉아 쉬지 않고 무엇이든 소일거리를 찾아 시간을 보내는 분이다. 개울에서 흙 퍼 나르고, 골목에서 연탄재 져 올려 3층 옥상에 채마밭을 일구셨다. 그것도 부족하여 동네 우이천 하천부지도 밭으로 '개간'하셨다. 비가 많이 올 때 쓸려 내려와 쌓인 흙에 눈독을 들이시더니 매일 나가 돌 고르고 나뭇가지들 골라내 옥토를 만든 것이다. 이를 본 이웃 사람들도 따라서 밭을 일구었다.

아버지는 개울과 옥상에서 오이, 상추, 고추는 물론이고 들깨, 배추, 총각무까지 자급하는 '농사꾼'이기도 하다. 우리가 먹고도 남을 풍성한 수확이라 이웃에 나눠 주기까지 한다. 그런가 하면 다섯 식구의 그 많은 빨래를 세탁기에 돌려 옥상에 널고 걷어 오는 일도 아버지가 도맡으셨다. 또 그런 틈틈이 며느리가 가끔 "콩나물 좀 사다 주세요" 하면 부리나케, "고춧가루 좀 빻아다 주실래요?" 하면 자전거로 휑하니, "계란이 없네요" 할 때마다 가벼운 몸, 즐거운 마음으로 심부름도 척척 잘해 주신다.

나도 실은 장난기가 발동하여 이날 아버지께 이렇게 돼먹지 못한 심부름을 시킨 것이다. 마음 한구석으로 이런 아버지를 모시고 사는 게 너무 자랑스럽게 느껴진다.

아버지가 주민센터에 가서 "경로카드를 찾으러 왔소"라며 내 신분증을 내미니까 "누구 것입니까?"라고 묻더란다. 아버지는 뻐기기라도 하듯이 "내 아들 거지"라고 대답하셨더니 직원이 아버지의 얼굴을 쳐다보며 "아들 경로카드 찾으러 온 분은 할아버지가 처음이네요"라며 경이로운 듯 웃더란다. 아버지도 기분이 썩 좋으셨다고 한다.

마나님의 수발을 지극정성으로 잘하고, 며느리의 크고 작은 뒷바라지도 기꺼이 도맡고, 아들 심부름까지 군말 없이 하는 아버지를 모신 사람 있으면 나와 보시라!

"아버지, 오래오래 사세요. 그리고 이다음에 제 아들 경로카드도 찾아다 주세요."

〈보성고 53회 소식〉, 113호, 2006. 5. 1.

아버지가 사 준 자전거

아버지가 자전거를 사 주셨다. 3살배기에게 사 준 세발자전거가 아니다. 환갑, 진갑이 넘어 '지공선생'(만 65세가 넘어 지하철 공짜로 타는 사람)이 된 아들, 나에게 사 주신 엄연한 두발자전거이다.

사연은 이렇다. 늙은 나이에도 복에 겹게 여전히 회사에 출근하는 나는 예전 65세 전에는 마을버스를 타고 지하철로 환승했다. 그러나 '지공' 신세가 된 뒤로는 마을버스비가 아까웠다. 집에서 지하철역까지 마을버스비는 600원이고 지하철은 수유역에서 광화문까지 1천 원이다. 환승제도가 없었을 때, 65세가 되기 전까지 마을버스와 지하철을 이용하면 1,600원이 들었다. 그런데 환승할인제가 생긴 후에는 회사까지 1,100원밖에 안 나온다. 환승제로 500원이 할인되는 것이다. 퍽 도움이 됐다.

지하철을 공짜로 타게 되면서부터는 마을버스비 600원도 아까워 지하철까지 자전거를 이용하고 있으니 교통비는 완전 제로다. 그게 어디인가. 지하철역 자전거 거치대에 세워 놓고 출근했다가 퇴근 때 타고 들어오곤 하니 교통비 걱정이 전혀 없다. 하루 출퇴근 마을버스비만도 1,200원, 한 달이면 3만 원이 절약되는 것이다. 게다가 붐비는 버스를 타고 이리저리 흔들리지 않게 돼 더욱 좋았다. 나에게 자전거는 자가용이나 다름없다.

하루는 저녁 늦게 지하철에서 내려 자전거 거치대로 가 보니 자전거가 안 보였다. 아침에 출근하면서 분명히 거치대 옆에 세워 놓고 뒷바퀴에 자물쇠를 채워 놓았는데…. 주위를 둘러보니 거치대에 묶어서 채워 놓은 것들은 그대로 있는데 빈자리가 없어 공터에 세워 놓았던 것들은 몽땅 없어졌다. 물론 자물쇠는 채워 놓았다. 어느 놈이 트럭을 들이대고 모조리 싣고 간 것이다.

주위에서 두리번거리는 사람이 있어 물어보니 그의 것도 없어졌다고 한다. 1년에 한두 번쯤은 당하는 일이라고 했다. 어느 때는 지지대에 묶어 놓은 것도 쇠사슬을 끊고 실어간 적도 있다고 한다. 수년 전 내 아들에게 사준 지 1주일도 채 안 된 새 자전거도 그렇게 사라졌다.

"못생긴 나무가 선산을 지킨다"는 속담처럼, 그 뒤부터는 '자전거는 헌것이 좋다'는 지론을 갖게 됐다. 그날 없어진 자전거도 사실은 개울에 버려진 것을 아버지가 끌어다가 자전거포에서 1만 원 주고 고친 것이라 고물이나 마찬가지였다. 아무리 헌것이라도 없어지고 나니 얼마나 허전한지 모른다. 당장 출퇴근 때 아쉬웠다. 지하철까지 걷자니 20분이 넘는 거리여서 시간도 아깝고 힘이 든다. 그렇다고 다시 마을 버스를 이용하자니 600원이 아까웠다.

그날 저녁을 먹으면서 아버지에게 자전거를 어느 놈이 가져갔다고 얘기했다. 집에는 아버지가 적어도 50년은 족히 탔을 삼천리표 짐자전거가 있다. 물론 부속은 셀 수도 없이 갈았지만. 시골서 부모님을 모셔올 때 버리자고 했으나 아깝다며 아버지가 이삿짐 차에 굳이 싣고 온 것이다. 그 자전거로 아버지는 아이스케이크며 닭과 돼지, 숯 포대를 실어 나르며 생계를 이으셨다. 그런 보물을 어찌 버릴 수 있었겠는가. 아버지는 그거라도 타고 다니라고 하셨다. 그러나 너무 무겁고 나에게는 안장이 높아 싫다고 했다.

그리고 며칠이 지났다. 저녁을 먹고 나서 TV를 보고 있는데 아버지가 잠깐 따라 나오라고 하신다. 자전거포로 데려가셨다. 헌 자전거 하나를 이리저리 훑어보시더니 흥정하신다. 누가 새것을 사면서 버리고 간 것인데 손질하여 쓸 만했다. 3만 원 달라는 것을 2만 원만 건네시더니 타 보라고 하셨다. 한 바퀴 돌아보니 곧잘 나갔다. 잃어버린 것보다 차라리 나았다. 어렸을 때 내 것은커녕 남의 세발자전거도 빌려 타 보지 못하고 자랐지만, 처음 세발자전거를 타 보는 심정이 이랬을까.

아버지가 사 준 자전거. '지공거사'가 된 아들이 자전거를 잃고 서운해하는 모습을 안쓰럽게 여겨 미수(88세)의 아버지가 지갑에서 비상금을 털어 사 주신 선물이었다. 그런 것이기에 무엇과도 비교할 수 없는 값진 자전거요, 비록 안장이 찢어져 검은 비닐봉지로 싸매고 몸체가 상처투성이이긴 하지만, 아버지의 자상한 마음이 담긴 선물이기에 참 좋았다.

그 자전거로 출퇴근할 때마다 부끄러움 반, 감사함 반이다. 이 나이 되도록 자가용도 유지할 형편이 안 돼 폐차해서 시골에 제사 지내러 갈 때마다 버스나 남의 차에 편승해 아버지를 모시고 가야 한다. 이런 못난 자식에게 아버지는 '두발 자가용'을 사 주셨다. 아버지의 사랑을 잊을 수 없다.

찢어진 안장을 아버지의 아이디어로 두어 겹 비닐봉지로 싸매니 좋은 점도 있다. 가끔 자전거 거치대에 보면 누군가 안장을 뽑아간 것들이 눈에 띈다. 안장이 찢어져 싸맨 줄 알기에 내 자전거는 그럴 염려가 없다. 또 비나 눈이 와 흠뻑 젖었거나 먼지가 앉았어도 한 꺼풀 벗겨내 버리면 그만이다. 여러 겹 더 싸 놓으면 쿠션도 되고 또 젖거나 더러워질 때 대비가 된다. 미처 우산을 준비하지 못했을 때 비닐봉지를 풀어 머리에 둘러쓰면 임시방편이 된다.

언젠가 아침나절 비가 오기에 자전거를 집에 놔두고 출근했다가 돌아와 보니 새 짐받이와 바(묶음줄)가 달려 있었다. 아버지가 1만 원을 주고 달아 놓은 것이란다. 기분이 좋았다. 그런데 며칠 안 돼 거치대에 세워 둔 자전거에서 누군가 줄을 풀어갔다. 우리 동네는 그런 곳이다. 없어진 것이 서운한 게 아니라 그것을 본 아버지의 마음이 아프실 것 같아 자전거포에 들러 똑같은 것을 2천 원에 사서 달았다.

몇 개월 타니 워낙 낡은 것이라 앞바퀴에 펑크가 났다. 출근하면서 아버지께 말씀드렸더니 때우지 않고 5천 원을 주고 새 튜브로 갈았단다. 최근엔 한쪽 페달이 부서졌다. 이것도 아버지가 고쳐다 주셨다.

이번엔 3천 원 달라는 것을 2천 원만 주셨단다. 아버지는 2만 원에 사 준 자전거를 철저히 AS까지 해주신다. 그동안 아버지가 내 자전거에 투자하신 금액이 모두 3만 7천 원이다.

그해 겨울 몹시 추웠다. 장갑을 끼어도 출퇴근길에 손이 시렸다. 새벽에 출근하러 내려가 보니 양쪽 핸들에 검은 비닐봉지가 씌워져 있었다. 장갑 바람막이였다. 아버지가 준비해 놓으신 게 분명하다. 그 속으로 장갑 낀 손을 넣어 핸들을 잡고 새벽길을 달렸다. 아버지의 자상함이 고스란히 전해져 손이 훈훈해지는 듯했다. 내 가슴은 아버지의 사랑으로 뜨거웠다.

이 자전거는 앞으로 또 어디가 망가져 수리해야 할지 모른다. 그때마다 나는 철저하게 아버지에게 고쳐 달라고 할 것이다. 아들 자전거 고쳐다 주는 아버지 있으면 나와 보시라!

아버지가 앞으로 얼마나 사실지 모른다. 기력 떨어지지 않고, 정신 흐려지지 않고, 자리에 누우시기 전까지 아버지의 정을 흠뻑 받고 싶다.

"아버지 건강하게 오래오래 사세요. 이 자전거 망가지면 그때는 새 것으로 하나 사 주세요."

추기

아버지는 새 자전거를 사 주지 못하고 5년 뒤 먼 나라로 떠나셨다. 50년 묵은 아버지 자전거는 고이 보관하다 돌아가신 지 3년 만에 고물상 리어카에 실려 보냈다.

금연으로 드린 용돈, 땅으로 일궈

아버지, 제가 드린 용돈으로 큰 재산 일구신 일 기억하시지요? 처음에 3만 원으로 시작했을 거예요. 그 사연을 추억해 봅니다.

제가 〈동아일보〉 현역시절 그러니까 1986년 말 〈스포츠동아〉에서 편집기자로 근무할 때 일입니다. 1주일에 한 번씩 발행하는 주간지 근무라 시간 여유가 있어 제가 직접 취재하고 편집하는 건강관련 시리즈물을 맡아 신년호 특집으로 금연에 관한 기사를 쓰기로 했습니다. 연말 송년호에서는 연말연시 음주를 어떻게 할 것인가에 대한 기사를 실어 호평을 받았거든요.

그래서 새해 첫 호에는 금연 방법을 소개하는 기사를 쓰겠다고 기획안을 내어 좋은 아이디어이니 써 보라는 허락을 받았습니다. 그때 당시 저는 솔직히 하루에 담배를 두 갑씩 피우던 시절이라 골초가 금연 기사를 쓴다는 것은 참으로 웃기는 일이었죠. 어쨌든 기획안을 냈으니 기사를 써야 했습니다. 그날부터 조사부에서 자료를 찾고 서점에서 참고할 만한 책을 구입해 2, 3일 구상하고 퇴근 후 하루저녁 집에서 원고를 쓰기 시작했습니다.

초저녁부터 끙끙거리며 200자 원고지 20장 남짓을 작성하고 나니 새벽 3시가 넘었습니다. 완성된 원고를 최종적으로 다시 검토하면서도 담배를 피웠습니다. 헌데 기사를 완성했다는 후련함보다는 걱정이 앞섰습니다. 우선 '과연 이대로 실행하면 금연할 수 있을까?' 저 자신부터 의심이 들었습니다. 그날 밤 그 기사를 작성하면서도 저는 담배를 한 갑 이상 피웠으니 양심에 걸리기도 했습니다. 그보다 더 염려스러운 것은 '과연 이 기사를 부장님이 통과시켜 줄 것인가?'라는 문제였습니다. 부장님(이광석)은 철저한 금연자로서 자기 옆에서는 담배를 꺼내지도 못하게 하는 엄격한 사람이었죠.

원고마감은 금요일까지이지만 저는 다른 기자들의 기사를 편집해야 하기 때문에 수요일 아침 출근과 동시에 원고를 부장님에게 제출했습니다. 제목은 '골초의 금연비법: 새해에 이것만은 실천해 보자!'였을 겁니다. 아니나 다를까. 부장님은 염려했던 대로 "당신부터 담배 끊고 이 원고 내시오" 하고는 내용은 들춰 보지도 않고 엎어 버리고 말더군요. 그래서 저는 대뜸 "좋습니다. 오늘부터, 아니 지금부터 끊겠습니다"라고 단호하게 말했습니다.

저는 그날 출근하면서 서너 개비 피우고 난, 당시 최고로 비싼(500원) '솔' 담뱃갑을 책상 위에 올려놓고 있던 상황이었습니다. 1963년 봄 대학 입학하면서부터 피우기 시작했으니 24년 가까이 피워온 셈이지요.

여기서 잠깐. 담배에 얽힌 추억이 한 가지 떠오르네요. 제가 대학 1학년 여름방학 때 아버지 심부름으로 춘천 막내고모 댁에 다녀온 적이 있습니다. 그때 용무가 무엇인지는 생각나지 않네요. 갔다 와서 보고드려야 하는데 아버지가 어디 나가고 안 계셔서 제 방에 들어와 담배를 한 개비 막 피워 물었는데 갑자기 방문이 열렸어요. 눈을 들어 보니 아버지였습니다. 금방 문이 조용히 닫히더군요. 저는 난생처음 아버지에게 담배 피우는 모습을 들켜 당황하고 민망했으나 이왕 피워 문 담배, 더욱 힘껏 빨아 버렸습니다. 한 대가 거의 다 탈 때까지.

그런데 또 문이 열리더군요. 또 아버지 얼굴. 이번에도 아버지는 아무 말씀 안 하고 문을 닫고 돌아서셨습니다. 저는 너무 무안하고 죄스러워 몸 둘 바를 몰랐습니다. 서둘러 담배를 끄고 방을 나섰죠. 아버지께 다가갔더니 담배 건에 대해서는 아무 말씀도 안 하고 춘천에 다녀온 내용만 물으시기에 대충 말씀드렸더니 그러냐고 한마디 하고는 자리를 뜨시더군요. 저는 왜 담배를 피우냐고 꾸중하실 줄 알고 잔뜩 긴장했는데 아무 말씀이 없으시니 더욱 송구한 마음이었습니다.

그날 저녁 어머니가 저에게 말씀하셨죠. "아버지가 그러시는데 '학생이 너무 고급담배를 피우면 되느냐'고 충남이에게 이르라고 하시더라"고 하셨죠. 저는 그때 제일 비싼 '파고다' 담배를 피우고 있었습니다. 아버지는 제일 싼 '파랑새'나 아니면 군대서 나온 '화랑'을 피우셨지 한 번도 고급담배를 피우시는 모습을 보지 못했습니다.

얘기가 너무 길어졌는데. 어쨌든 저의 금연 기사원고를 부장님이 서랍에 넣어 둔 채 편집자인 저에게 넘기지 않고 있는 거예요. 저는 그날 그 시간 이후 독하게 마음먹고 책상 위에 놓은 담배에는 손도 대지 않고 견뎌냈습니다. 부장님에게 약속한 대로 제가 직접 금연해야 제 원고가 실릴 수 있기 때문이었습니다.

담배를 못 피우는 고통과 허전함을 견뎌내면서 일상의 업무에 열중했습니다. 그런데 제가 화장실에 가면 옆에 앉아 있던 후배(최영하)도 덩달아 따라나서더라고요. 그 친구도 담배를 피우는데 제가 일어설 때마다 한 개비 피워 물고 맛있게 들이마시면서 따라나서는 거예요. 그날은 몰랐어요. 그런데 그 이튿날도, 그다음 날도 똑같은 행동을 하는 거예요. 그래서 제가 물었습니다. "너, 부장님이 시켰지? 내가 화장실에서 몰래 담배를 피우나 안 피우나 감시하라고…." 후배가 생생 웃으면서 사실이라고 실토하더군요.

제가 말했죠. “나, 약속은 지키는 놈이야. 그리고 내 원고대로 하면 누구든지 금연할 수 있어. 너도 해봐”라고 단호히 일갈했더니 그 뒤부터는 따라다니지 않았고, 또 퇴근 후 부원들과 한잔하면서도 결코 담배에는 손도 안 대는 것을 부장님에게 보고했는지 제 원고는 제 손을 거쳐 멋진 디자인과 함께 지면에 실렸습니다. 저는 그 뒤로 오늘까지 담배는 한 모금도 피우지 않고 있습니다. 금연한 지 34년째가 됐군요.

얘기가 너무 길어졌네요. 그래도 하려던 말씀은 다 드릴게요. 아까 말한 대로 그때 최고로 비싼 담배가 500원짜리였어요. 그것을 매일 두 갑씩 피웠으니 하루에 1천 원씩 태워 없앤 셈이죠. 그때 ‘이 절약되는 돈을 어떻게 할 것인가’, 궁리한 끝에 아버지 용돈으로 드리기로 했던 겁니다. 그래서 다달이 3만 원씩 보내드리기 시작했지요.

나이 40이 넘은 아들로부터 용돈을 받기 시작했으니 한심하게도 여기셨겠지만 아버지는 그것을 대견하게 생각하여 정말로 요긴하게 쓰셨지요. 동네 개울 옆 하천부지 자갈밭에서 돌을 하나하나 거둬내 땅을 일구기 시작하셨지요. 제가 보내 드리는 돈을 한 푼도 딴 곳에 쓰지 않고 그 작업에 필요한 도구나 운반기구를 구입하고 하천부지를 사들이는 데에만 투입하신 겁니다.

몇 년에 걸친 아버지의 땀은 돌밭이 콩밭과 들깨밭이 되고, 그것들이 나중에는 어엿한 논이 되어 쌀가마를 수확하는 보람을 느끼게 됐지요. 그동안 제가 아버지께 드리는 용돈이 조금씩 많아져 아마 월 10만 원씩은 보내드리는 상태였을 것입니다.

그렇게 일군 논이 적어도 1천여 평은 됐던 모양입니다. 그런데 당시 전국적으로 부동산 붐이 일어 서울의 업자가 우리 논을 팔라고 하기에 흥정을 하니 무려 1억 원! 그날 아버지·어머니는 '이게 꿈인가 생시인가?' 놀랐다고 하셨죠. 생전 처음 만져 보는 1억 원. 그것은 당시 70여 평생 고생만 하고 살아오신 두 분에게는 정말 꿈같은 일이요, 기적이라고 할 만한 큰돈이었습니다.

두 분은 그것이 팔려 난생처음 거액을 지니게 되자 불안하여 밤잠을 못 이루었다고 하셨죠. 아버지와 어머니는 의논 끝에 그 돈을 모두 6남매에게 골고루 나눠주고 나니 그야말로 무일푼이 되자, 그때서야 편한 잠을 잤다고 하셨지요. 아버지·어머니는 한 고승이 말한 '무소유(無所有)의 만족'을 몸소 실천하셨던 것입니다. 담배 끊고 드린 푼돈을 거금으로 일구신 아버지의 노력과 자식 사랑을 존경합니다.

88세에 금연

아버지는 1922년 임술(壬戌)생 개띠, 우리 나이로 올해(2009) 88세이시다. 38년 전 위궤양 수술을 받으신 것 외에 병원과는 거리가 먼 건강한 나날을 살아오셨다. 한데 몇 달 전 그 좋아하던 담배를 끊으셨다. 술은 활명수에도 취하는 체질인데, 담배는 19세 때부터 배워 70년 가까이 피워 온 골초셨다.

6·25 피란생활 때도 밥은 굶을지언정 담배는 피우셨다. 내가 주워 온 꽁초를 까 모아 종이에 말아 피우면서도 금연은 꿈도 안 꾸신 분이다. 교회를 다니지만 담배는 여전하시고, 사돈 중에 목사가 한 분 계신데 그분 앞에서도 양해를 받고 피울 정도로 애연가셨다. 위궤양 수

술 회복 중에도 끈질기게 피우신 담배였다.

그런데 어떻게 금연을 하시게 됐을까. 하루는 식구들 앞에서 "나 담배 끊은 지 사흘 됐다"고 하셨다. "네?" 온 식구가 놀랐다. 약간 치매기가 있는 어머니도 "정말이유?"라고 믿어지지 않는다는 표정이셨다. 집안 식구들은 아무도 아버지의 금연을 눈치채지 못했다.

15년 동안 당뇨를 앓고 계신 계해(癸亥) 생 돼지띠 87세 어머니는 5, 6년 전부터 파킨슨병까지 겹쳐 걸음을 못 걷고 누워만 지내신다. 하루에 대여섯 차례씩 약을 챙겨드리는 것도, 이부자리 개고 펴는 것이며 방 청소와 요강을 부시는 것도, 양치질과 세수를 시키는 것도 아버지 몫이다.

장남인 나는 함께 살지만 회사에 다니느라 바쁘고, 아내는 어려서부터 정신장애를 가진 둘째아들 뒷바라지에 여력이 없으니 어머니의 수발은 전적으로 아버지가 하실 수밖에 없다. 그런 고단한 뒷바라지를 해드리는데도 어떤 때는 어머니가 하도 잔소리하고 심술을 부려 혼자 옥상에 올라가 눈물을 보이신 적도 있다. 아버지의 이런 마음을 달래 주는 유일한 '위로자'가 담배였는데 무슨 연유로 끊으신 것일까.

그날 이후 아버지는 피우시던 담뱃갑과 라이터, 재떨이를 그 자리에 그냥 놓아둔 채 늘 보면서도 담배에 대한 유혹에 한 번도 넘어가지 않으셨단다. 그동안 자녀와 친척들이 인사차 들르며 사온 담배가 몇 보루 되는데 그것을 이젠 큰딸 시아버지에게 다 보내 주셨다.

아버지는 어떻게, 무슨 이유로 담배를 끊으셨을까? 해마다 국민건강보험공단에서 건강검진을 하라고 통고가 오지만 특별한 지병도 이상도 없는 상태라 등한히 넘기고 지내셨다. 하루는 막내딸이 오더니

"아버지 건강검진 받으셨어요?"라고 묻자 "아무데도 아프지 않은데 무슨 검사냐?" 하셨으나 굳이 병원에 모시고 가 검사를 받게 했다.

그 결과, 의사가 "모든 기관이 다 이상이 없는데 폐가 약한 듯하니 담배를 삼가시는 게 좋겠습니다"라고 하더란다. 그 길로 병원을 나와 개천가 둑에 앉아 담배를 한 개비 피워 물고 곰곰이 생각하셨단다. '아내가 병들어 누워 있고 손자 한 녀석도 온전치 못한데, 나마저 자리에 누우면 누가 그 수발을 한단 말인가? 아내를 구완하고 며느리의 힘도 좀 덜어 주기 위해서는 나라도 건강해야 할 게 아닌가? 내가 애들에게 힘은 못 돼도 짐이 돼서야 되겠는가?'라고 자문해 보니, 피우던 담배 맛이 싹 떨어져 개천 물에 던져 버렸다고 털어놓으셨다. 내가 20여 년 전 금연할 때와 마찬가지로 아버지도 그 뒤로 한 모금도 피우지 않으셨다.

'아버지 금연 성공.' 아버지는 이제 담배로부터 완전한 자유인이 되신 것이다. 아버지, 건강하세요. 그리고 오래오래 사세요.

죽 쒀서 개 줬다

2010년 3월 1일 월요일. 내리 사흘을 집에서 쉬고 있었다. 연휴가 시작되기 전날, 발을 다쳐 들락거릴 몸도 아니어서 집에만 틀어박혀 지낸 사흘. 여러 가지 편리함과 불편함이 교차되는 나날이었다.

우선 편한 것은 늦잠을 마음껏 누리고 식사도 내가 편한 시간에 할 수 있어 좋고, 면도와 세수를 날마다 하지 않아도 아무렇지 않고, 옷을 챙겨 입을 필요도 없어 더욱 좋았다. 신문도 넉넉하게 내용을 읽을 수 있고, TV도 한가롭게 들여다볼 수 있었다. 졸리면 자고 배고프면 먹고…. 참 좋은 휴식의 나날이었다.

한데 불편함도 없지 않았다. 무엇보다 심심했다. 신문을 읽고 TV를 보아도 마음에 와닿지 않고, 집안식구들과 하루 종일 있으려니 할 얘기도 없었다. 끼니때마다 차려 놓고 밥 먹으라는 마누라의 채근엔 짜증도 났다. 그래도 40을 바라보는 둘째아들에게 받아오게 한 막걸리 한 통을 반주로 '3식이'의 의무를 충실히 해냈다.

나는 모처럼 며칠 쉬면서 몸살이 날 정도로 무료하고 답답한 심경인데 1년 365일 매일 집에서 하루 세끼 먹으며 지내야 하는 식구들 마음은 어떨까? 어머니, 아버지, 아내, 둘째아들은 오죽이나 답답하고 무료한 생활을 하는 것일까. 더욱이 어머니는 치매기도 있는데…. 그런 어머니는 하루에 세끼를 다 드실 경우는 드물고 마지못해 아침, 저녁만 잡수신다.

아내는 70을 바라보는 나이에도 며느리인지라 '어떻게 하면 어머니가 잘 잡수실까?', '무슨 반찬을 해드리면 맛있게 드실까?' 신경 쓰지 않을 수 없다. 연속극을 보면서도, 교회에 가면서도, 청소를 하면서도 늘 뇌리에는 그 생각뿐이다.

이날도 그랬다. 마침 정월 대보름이라 아내가 오곡밥에 여러 가지 나물 반찬으로 정성껏 아침상을 차렸다. 어머니가 진지를 안 드시겠다고 하여 아버지가 이것저것 반찬을 넣고 고추장에 밥을 비벼 같이 먹자고 하니까 마지못해 몇 수저 드셨다.

점심에는 전혀 안 잡수시겠다고 하여 포기하고 말았다. 3시경이 됐을 때 자상한 아버지가 며칠 전 막내딸이 사다 놓은 찰떡 두어 조각과 두유를 함께 내드렸더니 마지못해 일어나 한 입 드셨다.

아내는 저녁상 차리기가 걱정이었다. 아침만 들고 점심을 안 드셨으니 무엇을 해드리면 잘 잡수실까 걱정하며 시장 갈 채비를 한다. 심심하던 차에 나도 모처럼 만에 장바구니를 들고 따라나섰다. 콩나물을 샀다. "평소 입맛이 없다고 하실 때 콩나물밥을 해드리면 달게 잡수셨어요"라고 하면서. 콩나물을 바구니에 담고 돌아서려는데 보니 진열대에 맛깔스럽게 양념이 된 수십 가지 반찬이 눈에 띄었다. 아내는 "저거야" 하더니 새우젓을 샀다. "어머니는 진지를 잘 안 잡수실 땐 흰죽에 새우젓 반찬이면 그만이에요"라고 한다. 아내는 집에 오자마자 죽을 쑤었다.

밥상에는 흰죽에 새우젓이 놓였다. 어머니가 달게 잡수시리라 기대하며 차린 것이다. 그런데 웬걸. 두어 숟갈 드시더니 "됐다" 하시며 수저를 놓았다. 아내의 낯빛이 실망으로 변했다. 기껏 정성 들여 쑤어드린 죽을 안 드시다니 … .

아버지가 옆에 계시다가 어머니가 남기신 죽을 앞으로 끌어당겨 달게 자시더니 "남은 게 있으면 더 다오" 하셨다. '아버지가 웬 죽을?' 어려서 조석을 죽으로만 때워 죽 그릇을 내동댕이친 적이 있다며 평소에 죽을 즐기지 않던 분이다. 오늘 그 죽을 맛있게 드시는 것은 아마도 며느리 때문일 것이다. 정성껏 마련하여 올린 음식을 내물리는 어머니의 모습에 마음 상했을 며느리를 달래 주기 위함이었으리라.

그런데, 그런데 말이다. 아버지의 그토록 배려 깊고 갸륵한 마음에 감사와 경의를 표해도 모자랄 판에 졸지에 아버지를 '개' 취급한 불손하고 망신스러운 사태가 벌어졌으니 … .

죽 잡수시는 아버지 모습을 가만히 지켜보던 어머니가 "나 먹으라고 쑨 죽을 아버지가 다 잡수시는구나"라고 한마디 하셨다. 옆에서 듣고 있던 내가 장난기가 발동해 "참 그러네요. 이런 걸 뭐라고 하죠?"라고 어머니에게 물었다. 그랬더니 대뜸 또렷한 말로 "죽 쒀서 개 줬다고 하지"라며 웃으셨다. 이 한마디에 아버지가 졸지에 '개'가 된 것이다. 내가 "맞아요, 어머니. 돼지 먹으라고 쑨 죽을 개가 드시네요"라고 한마디 덧붙였다. 순간 어머니가 "그러면 내가 돼지란 말이냐?"라고 발끈하셨다.

내가 대뜸 "그렇잖아요? 엄마는 돼지이고 아버지는 개가 맞잖아요"라고 대답했다. 순간 분위기가 이상했다. 옆에 있던 아내도 '감히 부모를 개돼지 취급하다니…' 하며 놀란 표정이다. 내가 이어서 설명했다. "아버지는 개띠이고 어머니는 돼지띠잖아요? 그러니 개와 돼지 맞죠." 그랬더니 어머니가 "정말 그러네. 내 죽을 저 개가 먹네"라며 깔깔대고 웃으셨다. 어머니의 이 한마디는 '어머니 덕에 아버지가 잘 잡수신다'는 뜻도 담겨 있는 촌철의 한마디가 아닐 수 없다.

아버지는 1922년 임술(壬戌) 생이시니 개띠이고, 어머니는 1923년 계해(癸亥) 생이니 돼지띠이다. 아버지의 생신은 음력 5월 18일이고 어머니의 생신은 음력 10월 22일이다. 그래서 어머니는 평소에 "네 아버지는 오뉴월 개띠라 울타리 밑에서 한가롭게 지낼 팔자이고, 나는 먹을 것이 풍부한 계절에 태어났으니 아버지는 내 덕에 먹고살 팔자"라고 들려주곤 하셨다. 오늘 아버지가 드시는 죽도 어머니 덕이라는 뜻으로 해석된다.

어쨌든 어머니의 이 한마디가 온 집안을 웃음바다로 만들고 말았다. 모자간의 대화를 들으며 조용히 잡수시던 아버지 입속에서 순간 '푸우' 하고 죽이 뿜어나와 사방에 퍼지고 말았다. 옆에서 지켜보던 1945년 을유(乙酉) 생 닭띠 아내도 시아버지의 민망한 모습에 참지 못하고 웃음을 터뜨렸다. 아내의 웃음소리가 왠지 '꼬꼬댁, 꼬꼬댁' 하는 것 같아 1943년 계미(癸未) 생 양띠인 나도 소리 내어 크게 웃지 않을 수 없었다. 1972년 임자(壬子) 생 쥐띠 장애 1급 둘째아들도 무슨 뜻인지 모른 채 식구들 따라 껄껄 소리 내어 웃었다.

죽 한 그릇에 아버지의 위신은 '개차반'이요, 가정의 위계는 '죽사발'이 돼 집안은 잠시 '동물의 왕국'으로 변했으나, 온 식구는 '웃음 천국', '행복의 도가니' 속에서 한껏 즐거웠다. 이래서 한집에 여러 식구가 어울려 살아야 즐겁고 행복한 모양이다.

사흘간의 무료함이 어머니의 '죽 쒀서 개줬다'는 한마디로 말미암아 집안은 생기가 돌았고 나는 다시 활력이 넘쳐났다. 어머니가 오늘처럼 그렇게 천진하게 웃는 모습은 서울에 모셔온 뒤 처음인 것 같다. 어머니는 그때까지만 해도 정신이 또렷하셨다.

평소 웃음이 흔치 않은 어머니는 젊을 때부터도 '특별한 상황'에서는 참지 못하고 오늘과 같은 웃음을 터뜨리곤 하셨다. 그 특별한 상황은 방귀소리다. 아버지나 내가 어쩌다 방귀를 뀌면 어김없이 크게 소리 내어 웃곤 하셨다. 나는 그것이 재미있어 어머니 앞에서 방귀를 뀔 땐 밥상머리든 손님이 있든 가리지 않고 일부러 힘주어 큰 소리가 나게 한 방 터뜨린다. 그러면 어머니는 "저런, 버릇없이 …"라면서도 깔깔 웃곤 하셨다.

자리에 누워 지내면서도 내 방귀소리만 들으면 여지없이 그 천진스러운 웃음을 보이셨다. 주위 사람들은 내 방귀소리가 아니라 어머니의 어린애와 같이 해맑은 웃음소리에 함께 웃곤 했는데, 오늘 모처럼 만에 바로 그 웃음을 선보여 여간 유쾌한 게 아니다.

피라미 한 마리 1,300원

어머니는 어려서부터 육류는 전혀 못 드시고 채소류나 생선류만 즐기기 때문에 우리는 고깃국보다는 시래깃국이나 콩나물국을 많이 먹었고 또 좋아했다. 둘째동생 화성이도 어머니 식성을 닮았는지 육류를 먹긴 해도 해물이 더 좋다고 한다. 어머니는 생선을 좋아하기만 하는 게 아니라 감별도 잘하셨다. 조기를 겉으로만 보고도 암놈인지 수놈인지 가려내고 국산인지 중국산인지도 정확히 알아낼 정도다. 아내도 어머니에게 배워 곧잘 가려내곤 한다.

나는 어머니가 구워 주시던 알배기 도루묵 맛을 평생 잊지 못한다. 통통하게 알이 밴 놈을 소금 뿌려 석쇠에 올려놓고 이리저리 뒤집으며 구우면 우선 그 냄새만 맡아도 군침이 돌고 회가 동한다. 노릇노릇 익은 다음 밥 한 숟갈 떠 넣고 젓가락으로 알을 반 토막 정도 베어 물어 씹으면 오도독오도독 씹히는 그 맛은 그야말로 환상적이었다. 하지만 요즘 아내가 구워 주는 것은 아무리 해도 어머니의 그 맛이 안 난다. 언제 어머니가 회복돼 도루묵을 구워 주시려나 … .

일동 38교 밑에서 천렵할 때 어머니가 매운탕을 떠 주면서 하신 말씀이 잊히지 않는다. "물고기는 잡을 땐 큰 것이 좋지만 먹을 때는 작은 것이 좋단다." 지금도 매운탕을 먹을 때면 늘 그 말씀이 떠올라 친구들에게도 들려주곤 한다.

한편 아버지는 파를 싫어하시는데 특히 생파는 절대 안 잡수셔서 설렁탕에 혹시 생파가 들어있으면 모두 건져내는 식성이시다. 어머니는 냄새를 거의 못 맡는데도 어떻게 음식을 맛있게 만드시는지 모르겠다. 고기를 못 먹고 냄새도 못 맡는데 풍미식당 할 때 해장국이며 육개장 맛이 천하일품이었다는 게 불가사의한 일이다.

육식을 못하기 때문에 초겨울 김장을 하고도 돼지고기 삶아 보쌈을 먹는 것이 아니라 동태찌개가 고정메뉴가 되다시피 했지만 그래도 그 맛 또한 기가 막혔다. 된장과 고추장을 적당히 섞어 푼 국물에 먼저 무를 큼직큼직 썰어 넣고 설설 끓을 때 동태 토막을 머리와 배알과 함께 집어넣고 푹 끓여낸 찌개 맛은 '고깃국 저리 가라'다.

풍미식당이 잘될 때 어머니는 가끔 아버지께 드리기 위해 쇠고기를 사다 갖은 양념을 하여 석쇠에 얹어 숯불에 구워 드리곤 했다. 어느 땐 우리가 달려들어 게 눈 감추듯 먹어 치우는 바람에 "아버지 좀 드시게 하지 너희들이 다 먹냐?"는 꾸중을 듣기도 했다.

그런가 하면 아버지는 저녁나절 슬그머니 낚시도구 챙겨 38교 다리 밑에서 피라미 모래무치 쏘가리 등을 한 소쿠리 낚아 오셔서 매운탕을 끓여 어머니 잡수시게 하셨다. 이렇게 어머니는 아버지를, 아버지는 어머니를 위해서 마음을 쓰면서 애틋한 정을 주고받으셨는데, 두 분이 서울로 올라오신 뒤로는 그런 정을 나눌 수 없었다. 어머니는 거동을 못하니 정육점에서 고기를 떠다 양념하여 숯불에 굽지도 못하고, 아버지는 개울이 없으니 물고기를 잡아오지도 못하는 형편이었다.

그런데 한 해 여름 큰 장마가 져 동네 근처 우이천 물이 넘칠 정도가 되더니 비가 그친 뒤엔 맑은 물이 풍성하게 흐르고 있었다. 거기에 피라미들이 노니는 장면이 아버지 눈에 띄었나 보다. 어느 날 아침 식탁에서 아버지가 말씀하셨다. "일동에서 괜히 낚싯대를 버리고 왔어." 내가 "왜요?" 묻자 "개천에 피라미가 많더라" 하셨다. "서울에선 그런 거 잡으면 안 돼요"라고 하자 "그래도 재미로 … " 하면서 몹시 아쉬워하셨다.

그 모습이 안쓰러웠던지 아내가 낚싯대를 하나 사다 드렸다. 9천 원 주었단다. 그게 10월 17일이었다. 아버지는 좋아하며 들고 나가더니 딱 3마리 잡아오고 신발만 물에 빠져 질퍽거리며 들어오셨다. 이튿날은 내가 5,500원 주고 장화를 사드렸다. 그날은 5마리 낚아 전날과 같이 밸을 따내고 씻어서 냉동실에 넣으셨다. 모아서 어머니 끓여 드릴 생각이셨으리라.

다음 날은 나가더니 금방 빈손으로 돌아오셨다. "왜 그냥 오세요?" 묻자 "사람들이 낚시 못 하게 하더라" 하신다. "거 봐요. 서울에선 개천 물고기 잡으면 안 된다고 했잖아요?" 하자 "그래도 엄마 한 끼는 끓여 주어야겠다. 어디서 어항 하나 사오렴" 당부하신다. 어머니를 생각하는 아버지의 마음, 못 말리는 그 집념. 물어물어 청량리 낚시점에서 어항과 떡밥 등 1만 3천 원을 주고 사다 드렸다.

사람 눈에 띌세라 새벽같이 일어나 챙겨들고 나가셨다. 저녁때 어항을 걷어오셨는데 9마리였다. 기대에 못 미쳐 실망하면서도 정성껏 밸 따고 씻어 또 냉동실에 넣으셨다. 도합 17마리가 됐다.

이튿날은 된장에 버무린 떡밥을 조심스레 어항에 넣고 아가리를 하야 천으로 덮어 고무밴드로 꽁꽁 묶는 등 전날보다 더 정성껏 준비하여 장화 신고 나가셨다. 그러나 이날은 고작 4마리. 일동에선 개울에 나갔다 하면 적어도 반 버킷 정도는 잡아 스스로 '어부'임을 자처하셨는데 서울에서는 실적이 형편없다.

"서울 고기들은 시골 고기보다 약은가 봐" 하면서도 다음 날 첫새벽에 또 챙겨 들고 나가셨으나 그날 저녁엔 완전히 빈손으로 돌아오셨다. 얼굴엔 실망을 넘어 슬픈 기색마저 감도는 것 같았다. "오늘은 왜 빈손이세요?" 물으니 "떠내려갔는지 없어, 어항이" 하셨다. 뭐라 위로의 말씀을 드릴 수가 없었다.

아버지는 냉동실에서 그동안의 '어획물'을 모두 꺼내 냉수에 담가 녹이며 며느리에게 "이거로 엄마 매운탕 해드리거라" 하셨다. 기껏해야 새끼손가락 정도 굵기에 불과한 것들 21마리였다. 밀가루에 두어 번 굴려 옷을 입혀 놓더니 아내가 갖은 양념을 하여 국물을 끓였다. 푹 우러나는가 싶을 때 물고기를 넣고 한소끔 끓어오르니 계란을 하나 풀어 홰홰 저어 한 사발 떠 드렸다.

매운탕을 달게 잡수시는 어머니에게 내가 "어머니, 이게 얼마짜리인지 아세요?" 했더니 "돈 주고 샀어?"라고 물으셨다. "맞아요. 엄청 비싸게 줬어요. 2만 7,500원 주고 21마리이니, 한 마리에 1,300원 정도이고 양념값 수고비 등을 계산하면 3만 원도 넘는 비싼 거니까 많이 맛있게 잡수세요"라고 말씀드렸다.

옆에서 보고 있던 아버지가 빙그레 웃으셨다. 그 낚시도구를 그대로 보관했다가 그것도 자전거처럼 아버지 돌아가시고 3년 만에 치웠다.

아버지의 흐느낌

퇴근 후 '참새 방앗간'에 들르지 않고 조금 일찍 바로 집으로 돌아오는 길이었다. 현관을 들어서는데 3층 옥상에서 '흑흑' 웬 남자의 흐느낌 소리 같은 게 들렸다. 서서 가만히 들어 보니 아버지 목소리가 분명했다. 무슨 일이 있었을까? 아버지가 민망해하실까 봐 올라가지 않고 모른 체하고 어머니 방으로 들어갔다.

"어머니, 저 다녀왔어요." 건넌방 문을 열고 선 채로 퇴근 인사를 드렸다. 평소 같으면 "그래. 잘 다녀왔냐?"고 하실 텐데 왠지 대답이 없었다. 아침에 출근하며 "다녀올게요" 했을 때는 "그래, 잘 갔다 와" 하고 또렷하게 말씀하셨는데, 이상하다. 들어가 보니 반듯이 누워 멀거니 천장만 쳐다보고 계셨다. 안색도 안 좋아 보였다.

"왜, 어디 아프세요?" 여쭈었더니 "애비야, 나 이혼시켜 다오" 하신다. 느닷없는 말씀에 "이혼요? 아버지하고 싸우셨어요?"라고 다시 물었다. 오늘 아버지와 무슨 일이 있었기에 이혼을 시켜 달라고 하는 걸까. 우리 아버지는 평생 외도는 물론 술 한 모금도 마실 줄 모르고 여자라곤 오로지 정태정, 어머니 한 분밖에 없다. 다른 여자는 손목 한 번 만져 본 적 없이 깨끗하게 살아오셨음은 어머니가 더 잘 아신다. 그런 아버지와 왜 헤어지고 싶을까? 두 분이 평소 부부싸움은 고사하고 목소리 높이는 모습도 본 적이 없다.

어머니 말씀에 따르면, 평생에 딱 한 번 아버지에게 뺨을 맞은 적은 있다고 하셨다. 그것은 나 때문이었단다. 내가 2살 때, 아침에 아버지 벤또(도시락)를 싸 드리려고 방 이곳저곳을 뒤지며 신문지를 찾고 있는데 내가 젖을 달라고 칭얼거리며 매달리더란다. 남편의 출근시간이 라 마음은 급한데 아기가 매달려 떼를 쓰고 성가시게 굴기에 "애가 왜 이래?" 하고 볼기를 한 대 때렸단다.

순간 어머니 얼굴에 '철썩' 하고 일격이 가해졌다. 옆에서 지켜보던 아버지가 "애를 왜 때려?"라며 어머니 뺨을 갈기더라는 것이다. 그것이 부모에게도 맞아 본 적 없는, 평생 처음 맞은 매요, 또한 남편의 처음이자 마지막 '폭력'이었단다. 어머니는 그때 그것이 그렇게 서운할 수가 없었다고 하셨다.

아버지가 어머니의 속을 썩인 일이 한 가지 있긴 하다. 아버지는 장기를 무척 즐기셨다. 한번 판을 벌이면 간혹 밤을 꼬박 새우는 일도 있다. 면이나 군 단위의 시합에도 출전하실 정도의 실력자다. 식당 영업을 할 때 어머니가 이리 뛰고 저리 뛰면서 일손이 바빠 부식거리를 사다 달라고 도움을 청했으나 아버지는 입으로만 "알았어" 할 뿐 장기판에만 몰두해 있기가 일쑤였다. 그래서 한번은 어머니가 "이놈의 장기판을 쪼개 버려야겠다"고 도끼를 들고 달려든 적이 있었다. 그제서야 아버지가 일어나시더라고 했다. 이 단 두 가지 과오 외에 아버지에게 흠잡을 데라곤 단연코 없다.

파킨슨병으로 거동을 못하는 어머니를 돌보는 아버지의 일과는 이렇다. 아침에 일어나자마자 요강 부시고 방을 쓴 뒤 어머니 세숫물과 양치물 떠와 치약 묻혀 바치고 내복을 갈아입힌다. 아침상 차려 놓으면 바퀴 달린 의자에 어머니를 앉혀 5, 6m 거실 식탁까지 밀고 온다. 식사 중엔 생선뼈 발려 수저에 얹어 드리고 흘린 밥알을 주워 담는다. 식사가 끝나면 아침 약봉지를 뜯어 손바닥에 놓아 준다. 그다음에 다시 의

자를 밀어 방으로 모셔간다. 점심때와 저녁때도 마찬가지다. 온종일 누워만 지내 생긴 욕창에 연고를 바르고 몸을 이리저리 뒤척여 드린다. 수백만 원짜리 간병인이라도 이렇게 할 수는 없을 것이다. 아버지의 그런 지극정성에도 치매기를 보이는 어머니는 고마운 줄 모른다.

그런 아버지를 두고 왜 이혼시켜 달라고 하는 걸까? 옥상으로 올라가 아버지를 뵈었다. "무슨 일이 있으셨어요?" 여쭈었더니 "아니다. 그런데 엄마가 점점 이상해져 가는구나. 얼마 못 살 것 같다" 하면서 쓸쓸한 표정을 감추지 못하셨다.

어머니의 '이혼 타령'은 무엇일까? "어머니가 왜 그러셔?" 주방으로 들어가 묻는 나에게 들려준 아내의 상세한 보고다. 그날 낮에 어머니의 6남매 중 하나밖에 안 남은 피붙이 84세의 막내이모가 다녀가셨단다. 그 이모는 첫아기를 배고 남편을 잃은 뒤 청상과부로 유복자 외동딸네에 얹혀살고 계신데, 예전엔 1년에 너덧 차례 찾아오곤 하셨으나 2, 3년 전부터는 거동이 불편하여 통 나들이를 못하신다.

그날은 하나밖에 남지 않은 언니(어머니)의 생신이 며칠 안 남았는데 보고 싶다고 하기에 딸이 차로 모셔왔단다. 바로 그 이모가 원인이었다. 이모는 우리가 일동에서 풍미식당을 할 때 수년간 함께 지내며 어머니를 도운 적이 있다. 그때 두 분은 피를 나눈 자매답게 참으로 다정다감하게 지내셨으나, 다정도 진하면 병이라고 가끔은 티격태격 다투고 며칠씩 뾰로통하여 말도 않고 지내기도 하셨다.

그 이유는 어머니와 아버지가 금슬 좋게 지내시는 모습을 본 이모가 공연히 심통을 부리며 울근불근하곤 했단다. 그럴 때는 아버지가 중개를 하여 두 분 사이를 풀어 주곤 했다고 한다.

그날 이모가 오시자 어머니는 무척 반가워하셨다. 그러나 어머니는 긴 대화를 할 수가 없어 누워만 계시고 이모와 아버지는 머리맡에서 이런저런 대화를 오랫동안 나누고 계셨다. 가끔은 소리 내어 웃어가면서. 그러는 동안 어머니는 자는 듯 마는 듯 눈을 감고 조용히 누워 계셨단다. 그러더니 이모가 가신 뒤 느닷없이 아버지에게 이혼시켜 달라고 소리를 지르더라고 한다.

'아하, 어머니가 이모를 질투하셨구나.' 90을 바라보는 연세에 투기(妬忌)를 하다니. '나이가 들고 치매를 앓아도 여자는 여자인가 보다' 생각하고 어머니 방에 들어가 여쭈었다. "어머니, 아버지하고 이혼시켜 드릴까요?" 대답은 "미친놈"이었다. 그러곤 눈을 감고 또 먼먼 나라를 헤매는 것 같았다.

'미친놈'이 아버지에게 하신 말인지, 나를 두고 한 말인지 알 수 없었다. 아버지는 어머니에게 이혼당할까 봐 서러운 게 아니라 어머니의 사위어가는 육신과 혼미해져 가는 영혼이 가여워 흐느끼셨을 것이다. 아버지가 옥상에서 내려와 잠든 어머니의 비뚤어진 머리를 베개에 바로 베어 드리더니 그 옆에 조용히 누우셨다.

어머니의 호곡(號哭)

아버지가 돌아가시고 며칠이 흘렀다. 어머니 방에 들어가 봤더니 주위를 두리번거리며 무얼 찾는 것 같았다. 조심스럽게 "어머니, 무얼 찾으세요?" 하고 여쭈었더니 "네 아버지는 어디 가셨냐?"고 물으셨다.

순간 가슴이 콱 막혔다.

아버지가 담도암으로 한 달여 입원하셨다가 갑자기 돌아가셔서 장례를 치를 때 어머니를 모시고 가지 않았다. 충격을 받지 않게 하기 위해서였다. 장례를 치르고 조용한 시간에 "아버지는 하늘나라에 가셨어요"라고 말씀드렸더니 "그랬냐?" 하더니 이어서 "왜?" 물으시기에 "갑자기 배가 아파 돌아가셨어요"라고 말씀드렸다.

그랬더니 멀거니 천장을 바라보고 계셨었다. 그 표정이 마치 이웃집 늙은이가 죽었다는 소리로 들은 것인지, 영감님이 돌아가셨다는 소식에 슬픔을 억누르는 모습인지 분간하기 어려웠다.

그런데 오늘 뜬금없이 아버지를 찾다니 …. 아버지를 떠나보내고 가뜩이나 울적하고 아픈 마음이 가라앉지 않는데, 이제 어머니마저 점점 멀어져 가시는구나 싶어 가슴이 먹먹했다. 잠시 말을 잇지 못하다가 "어머니, 아버지 돌아가셨다고 말씀드렸잖아요"라고 했더니 "그랬냐? 언제?" 하고 거푸 물었다.

잠시 누운 채로 계시더니 "나 좀 일으켜다오" 하셔서 양 겨드랑이를 부축해 앉혀 드렸다. 옷매무새를 고치고 헝클어진 머리를 두 손으로 가다듬은 뒤 두 무릎을 꿇고 벽 쪽을 향해 앉더니 갑자기 "아이고, 아이고, 아이고" 큰 소리로 세 마디 곡(哭)을 하시곤 그 자리에 엎드려 '흐윽 흐윽' 흐느껴 우셨다. 옆에서 지켜보는 나도 콧날이 시큰하고 눈물이 났다.

19세에 시집와 1년 만에 첫아들인 나를 낳고 그 뒤로도 5남 3녀를 더 낳으셨다. 9남매 중 6·25 때 아들 셋을 연이어 잃고 남은 우리 6남매를 키우며 아버지와 함께 살아오신 지 70여 년. 비록 끼니조차 어려운 살림 속에서도 부부싸움 한 번 없이 합심하여 가정을 일구어 오면서 쌓인 그 숱한 사연들을 어찌 잊을 수 있겠는가. 아무리 파킨슨병과 치매로 누워 계시지만 어머니의 가슴엔 아버지가 변함없이 생존해 계셨던 것이다.

잠시 통절히 작별을 고하신 어머니는 눈물을 닦고 다시 조용히 누우셨다. "어머니, 잘하셨어요"라고 말씀드렸지만 아버지 장례식 때 '쉬쉬' 하고 빈소에 모셔가지 않은 게 죄송하고 후회스러웠다. 영정 앞에서 실컷 통곡하게 해드렸을걸 ….

어머니 평생에 시어머니, 큰동서, 막내아들, 둘째아들, 셋째아들, 친정부모님에 이어 영감님마저 저세상으로 보낸 그 마음이 얼마나 쓰리고 아프실까. 차라리 치매를 앓고 계셔서 슬픈 사연들을 망각하고 있어 다행이라는 생각도 들었다.

어머니의 통곡 모습을 보면서 언젠가 아버지가 하신 말씀이 새롭게 떠올랐다. 어머니를 지극정성으로 구완하던 아버지가 언젠가 나에게 "네 엄마가 아무리 저렇게 누워 있어도 나보다는 틀림없이 오래 살 거다" 하시기에 "왜요?" 여쭈었더니 "네 엄마는 고생을 많이 했거든. 그리고 착한 사람이야. 그러니 하나님이 오래 살게 하실 거야"라고 말씀하셨다.

아버지 예언대로 당신이 먼저 돌아가시어 어머니가 아버지를 위해 애곡(哀哭)을 하시다니. 아버지는 그때 건강에 아무런 이상이 없었는데 …. 부부지간에는 무언가 통하는 것이 있는 모양이다.

아버지는 사그라져가는 어머니의 모습이 애처로워 흐느끼셨고, 어머니는 떠나가신 아버지를 호곡(號哭)으로 배웅하시는 모습을 보면서

두 분의 아름답고 숭고한 부부애를 다시 한 번 느꼈다.

"아버지하고 이혼시켜 드릴까요?"라고 여쭈었을 때 어머니가 "미친 놈"이라고 하신 게 누구를 가리키는지 알려 주지도 않은 채, 어머니는 아버지 떠나신 지 3년 반 만에, 이혼하고 싶다던 그 영감님 따라 머나먼 나라로 영원히 떠나셨다. 그날 어머니와 이모님의 만남도 결국 이 생의 마지막이 되고 말았다.

아버지가 물려주신 《천자문》

아버지는 어려서 서당에 다니셨다. 《천자문》(千字文)에 《소학》(小學)까지 마치고 《명심보감》(明心寶鑑)을 배우는 중에 신식 학교로 옮기셔서 《논어》(論語), 《맹자》(孟子)까지는 못 배우셨던 모양이다. 어머니도 한학을 배우셨다. 두 분이 나누는 대화를 가끔 들으면 옛 말씀 인용에서 아버지가 약간 달리는 듯하였다. 그래도 아버지는 가끔 붓글씨를 쓰셨지만, 어머니는 한 번도 붓을 잡은 모습을 본 적이 없다.

어머니도 글방 선생에게 글을 배웠으나 여자의 몸이라 책을 놓고 살림을 배우기 시작했다. 그 뒤로 늘 부모와 함께 살았으니 문안 편지를 쓸 일도, 조신한 규수로서 연애편지를 받거나 써 본 일도 없었다. 더구나 시집온 뒤로 가난한 집안의 대식구 살림에 어찌 글 쓸 겨를이 있었겠는가. 단지 노점상이나 부식가게를 할 때 겨우 외상장부나 적어 봤을 뿐이니 글쓰기는 고사하고 읽기라도 잊지 않으신 것이

다행이다.

아버지는 서당교육은 비록 어머니보다 짧았을망정 신식학교 물맛을 본 덕에 면사무소와 은행을 다녔고, 남자인 이상 제사 때 축문과 지방을 써야 했으며, 또 남의 집 제사 제문도 틈틈이 적어 주시느라 쓰기와 읽기는 어머니의 스승 격이었다.

아버지는 서울에 옮겨와서도 개울 옆 둑에 쌓인 흙을 지나쳐 보지 않고 밭을 일구어 어머니 병구완에 바쁜 중에도 봄, 여름, 가을철 농사를 놓치지 않았다. 가을걷이를 다 마친 겨울이 돼도 무료한 시간을 그대로 보내지 않았다. 신문지가 온전하게 버려지는 법이 없다. 검은 비닐 모양 새까맣다. 아버지가 붓글씨 연습을 한 것이다. 몇 해 동안 부지런히 끈질기게 먹물 갈아 신문지를 채우셨다. 좀 익숙해지셨는지 지물포에서 초배지를 사다 연습을 하셨다.

아버지는 글씨를 잘 쓰셨다. 고등학교 때 내 공책을 보시더니 "초등학생 동생들 글씨만도 못 하구나"라고 하셔서 창피했다. 아무리 연습해도 내가 봐도 형편없다. 좀처럼 볼 수는 없지만 어머니의 글씨도 엉망이다. 아마 어머니를 닮아서 그런가 보다 핑계 대고 글씨 연습을 포기했다.

아무 종이에나 습작하신 아버지의 글씨를 그냥 버리기가 아까웠다. '유품으로 받아 두어야겠다'는 생각에 인사동을 들렀다. 속으로 좀 괜찮은 붓을 사 드리려고 한 것이다. 둘러보니 한문책처럼 생겼는데 겉장이 제목도 없는 백면이고, 속을 보니 한지로 돼 있는데 그것도 빈 종이였다. 물어보니 시첩(試帖), 즉 붓글씨를 쓰는 노트라고 했다.

두 권을 사다 드렸다. "이런 게 있었느냐?"며 그렇게 좋아하실 수가 없었다. "혹시 《천자문》 책이 있거든 사 와라" 하셔서 그것도 사다 드렸다. 그 후 신문지나 갱지에 몇 자 연습을 해보곤 본격적으로 시첩에 쓰기 시작하셨다. 어찌나 열심히 매달렸는지 몇 주 사이에 1천 자씩 두 권을 다 채우셨다. 나중에 서너 권을 더 사다 드렸다. 한 달여 만에 다 작성하셨다. 한문 글자만 쓰시는 것이 아니다.

天(하늘) 地(따) 玄(검을) 黃(누루)
천 지 현 황
하늘은 위에 있어 그 높이는 아득히 멀고 땅은 아래에 있어 그 빛이 누르다.

宇(집) 宙(집) 洪(큰물) 荒(거칠)
우 주 홍 황
하늘과 땅 사이는 넓고 커서 시작이 없으며 끝이 없다.

이와 같이 글자 하나하나에 음과 훈을 달고 뜻까지 작은 글씨로 적어 넣으셨다.

겉장에 '천자문 연습'이라고 표지도 쓰셨다. 그해 겨울 《천자문》 5권을 완성하더니 이듬해엔 《소학》 책을 사달라고 하셔서, 책방에서 '소학 필사교본'을 사다 드렸다. 그때부터는 《소학》에 정진하셨다. 거기에도 《천자문》과 마찬가지로 음과 훈과 뜻을 병기하셨다.

父(아비) 生(날) 我(나) 身(몸)
부 생 아 신
아버님 내 몸을 낳으시고

母(어미) 鞠(기를) 吾(나) 身(몸)
모 국 오 신
어머니 내 몸을 기르시다.

이렇게 봄이 오기까지 《소학》 5권도 '완간'하셨다. 비록 남의 글씨를 필사하는 작업이지만 아버지는 온갖 정성을 쏟으셨다. 반드시 의복을 갖춰 입고 바른 자세로 앉아 오랫동안 먹을 진하게 갈고 붓을 다듬고 행여 먹물을 묻힐세라 오른쪽 옷소매를 한 겹 걷고 열심히 쓰셨다.

책이 완성된 뒤에는 제목을 적어 넣었다. 그러면 온전한 '천자문 연습'이요, '소학 필사교본'이 된다. 두 권을 한 질로 하여 다섯 질의 작품을 완성한 것이다. 아들 셋, 손자 둘을 염두에 두셨던 모양이다. 글씨 하나하나 흐트러짐이 없는, 내 눈에 보기에 완벽한 작품이다.

모르긴 하지만 아버지도 아마 마음속으로 이 책을 자식들에게 남겨주시며 '유훈'(遺訓)으로 삼게 하려는 뜻을 품은 것으로 짐작된다. 실제로 그해 겨울 큰손자며느리, 작은손자며느리에게 직접 한 질씩 주면서 "이거 내가 쓴 거다" 하지 않고, "여기에 적혀 있는 글들을 아이들에게도 가르치기 바란다"고 말씀하셨다. 나머지 중 두 벌은 동생들 주고 한 벌은 내가 받았다.

내가 가진 것은 5권의 책 중 유일하게 '천자문 연습'(天字文 練習)이라고 제목이 쓰여 있다. '천'(千)을 '천'(天)으로 잘못 적으신 것이다. 분명한 실수였겠지만 나는 이 책을 오히려 더 소중히 여긴다. '1천 글자'란 의미보다 '하늘이 가르치는 글'이란 뜻이고 그것이 더욱 아버지의 깊은 뜻이요, 그분의 체취를 진하게 느낄 수 있기 때문이다.

그런데 제목에 왜 구태여 '연습', '필사'란 글자를 넣으시는 걸까. 당신은 혼신의 정신으로 작성한 것이지만 자랑할 것이 못 된다는 겸손한 마음에서 그러셨을 것이다. 아버지는 그렇게 이태 겨울 혼신의 힘을 다 쏟고, 다음해 겨울을 맞지 못하고 초가을 서늘한 바람 타고 훠이훠이 떠나셨다. 《천자문》과 《소학》을 손수 써서 자식들에게 물려주고 평안하게 영원한 잠자리에 드셨다.

제사의 의미

아버지는 3형제 중 막내라 집에서 지내는 제사는 없었지만 큰댁 제사에는 빠지지 않고 참석하셨다. 6·25 전 큰댁은 양지리이고 우리는 철원에 살았지만 아버지와 어머니는 빠지지 않고 참석하셨고 나도 따라다녔다. 그때 절 몇 번 하고 흰쌀밥에 기름이 동동 뜬 고깃국을 배불리 먹었던 기억이 생생하다. 국은 쇠고기가 아닌 닭 국물이었다.

암탉을 한 마리 잡아 큰 여물 가마솥에 무를 썰어 넣고 함께 끓인다. 다 익으면 닭은 꺼내 적(炙: 제사에 안주로 올리는 산적)으로 쓴다. 제사가 끝나면 제상에서 우선 닭을 내려 잘게 찢어 다시 국솥에 넣고 한 번 더 끓여 홰홰 저어 무와 함께 한 그릇씩 담아내는데 그렇게 맛있을 수 없었다. 닭 한 마리를 열댓 명의 식구가 먹으니 그 국물이 멀겋지만 그래도 고기 냄새나마 맡을 수 있었다.

피란 나와서도 제사만큼은 거르지 않고 꼬박꼬박 지냈다. 제사는 주로 음력 정월에 많았다. 할아버지, 증조할아버지, 고조할아버지 내외분 외에 큰어머니까지 지내니 1년이면 일곱 차례나 지냈다. 제사는 일곱 번이지만 설과 추석에도 차례를 지내야 하니 때만 되면 어른들은 제사음식 장만에 여간 신경을 쓰지 않으셨다. "가난한 집에 제사 돌아오듯 한다"는 말 그대로다. 그럴 때마다 큰댁, 둘째 큰댁, 우리 집, 세

집이 서로 보태 가짓수를 빼놓지 않고 정성껏 모셨다. 그때 비로소 쌀밥과 고깃국 맛을 보곤 했다. 끼니가 어려워도 제사만큼은 빼놓지 않고 지낸 어른들의 효심과 정성이 잊히지 않는다.

포천 일동에 살 때 하루는 아버지가 저녁은 우리끼리만 먹으라고 하고 잡숫지 않으셨다. 속이 좋지 않으신가, 밥이 모자란 듯해 그러시는가 생각했다. 이유는 이웃집에서 제사가 있으니 와서 함께 먹자고 해서 연락 오기를 기다린다는 것이다. 그 시절까지만 해도 제사음식은 이웃 간에 나누어 먹었다. 밤늦게 다녀오셔서 "그 댁의 아버지 제사인데 밥 한 그릇, 국 한 그릇에 술 한 잔만 놓고 지내더라"고 하시며 그 이웃의 얘기를 전하셨다. "이 선생, 미안하오. 이렇게 초라한 제사에 오시라고 해서. 이나마 오늘 제가 입던 모시 조끼를 팔아 정성으로 올린 제사이니 함께 드십시다" 하더란다.

아버지는 후일에도 이 말씀을 우리들에게 가끔 들려주며 제사의 의미를 일깨워 주곤 하셨다. "제사를 지내는 것은, 첫째, 생전의 부모를 섬기듯이 조상님들을 기리기 위함이요, 둘째, 자식들에게 한 끼나마 골고루 잘 먹이기 위함이고, 셋째, 자손과 친척들이 한자리에 모여서 음식을 나누며 우애를 다지라는 뜻이라고 생각한다."

나는 아버지의 이 말씀에 전적으로 동감한다. 자기 옷을 팔아서라도 조상님을 기리는 것이 제사요, 아무리 만반진수(滿盤珍羞)를 차린들 조상님이 밥알 한 톨 드시는 게 아닌데도 정성으로 차리는 것은 자손들이 잘 먹고 건강하게 살라는 뜻이요, 평소 서운한 점이 있더라도 제삿날 조상님 앞에서만큼은 경건한 마음과 자세를 갖춤으로써 형제간에 다투지 않고 사랑으로 감싸며 지내라는 것이 제사의 올바른 의미라고 생각한다.

언젠가 종친회 회의를 하는 가운데 중앙의 대종회에서 각 지파에 지원을 잘해 주어야 제사를 잘 모실 수 있으니 자금을 지원해 달라는 요구가 있었다. 그래서 내가 "그것은 마치 '아버지 제사 모시게 할아버지 돈 좀 주세요'라는 것과 마찬가지"라며 아버지의 말씀, 즉 조끼 팔아 제사 지낸 이웃의 얘기를 곁들여 들려주었다. 그때 회의 분위기가 썰렁했고 그 뒤부터 종친들이 나를 멀리하는 것 같았다.

솔직히 종친들의 요구대로 하면 나도 좋다. 우리 직계 조상님들 산소를 더 잘 가꾸고 제사도 풍성히 모실 수 있다. 그러나 그것이 제사의 본 목적이 아니기에 한마디 한 것이다. 그렇게 야금야금 종친회 돈을 축내면 나중에 어려운 일이 닥쳤을 때 누구 하나 선뜻 종친회에 지원하겠는가?

큰아버지 두 분이 다 돌아가시고 형제 중엔 아버지 혼자 생존해 계실 때이다. "제사를 줄여야겠다. 지금 우리가 형편이 어려워서가 아니라 번거로움을 덜고 좀더 간소화하자는 뜻"이라면서 고조할아버지 내외분은 시제로 모시고, 증조부모 이하만 기제사로 모시되, 할머니 제사를 따로 지내지 않고 할아버지 제사 때로 합쳐 1년에 한 번만 지내게 하셨다. 할아버지 제사라고 한 분의 메(밥)만 올리지 않고 할머니 몫도 함께 차리니 결코 할머니 제사를 궐하는 것이 아니므로 결례가 되지 않으며 다른 집안도 요즘 많이 그렇게들 한다고 하셨다. 자손들의 수고와 번거로움을 덜어주기 위한 아버지의 큰 용단이자 배려였다.

그렇게 간소화시켜 주셨건만 아버지 돌아가신 뒤 자손들이 이 핑계 저 핑계, 예를 들어 '몸이 아파요', '코로나 바이러스 때문에' 등 툭하면 제사를 건너뛰게 돼 안타깝다. 그래서 내가 생각했다. '그래. 할아버지 제사를 지내기 어려운 상황이면 대신 할머니 기일에 제사를 올리면 되겠다.' 그래야만 아버지의 제사 존중 교훈을 어기지 않고 내 마음도 편할 것 같다.

명색이 기독교인이자 안수집사까지 된 사람이 제사 예찬론을 늘어놓은 것 같아 우습지만, 나는 나름대로 제사와 예배의 의미와 가치를 생각한다. 아버지도 평소 말씀하셨지만 제사도 예배도 그 목적은 마찬가지인 것이다. 단지 그 형식이 다를 뿐이다. 음식을 차려 놓고 절을 하느냐, 성경을 펼쳐 놓고 찬송을 하느냐의 차이일 뿐 조상님을 기리는 뜻은 마찬가지라고 본다. 따라서 내 자식들이 나를 위해 제사를 하거나 예배를 하거나 구속하지 않고, 또 조상님들 제사도 예배로 돌리지 못하게 하지도 않겠다.

그런데 나는 지금 왜 제사를 물리치지 못할까? 이유는 간단하다. '할아버지, 아버지가 그렇게 하셨으니까.' 그때는 예배가 없었으니까 그랬다고? 하지만 나는 어쨌든 그분들이 그렇게 정성스레 올리던 제사를 내팽개칠 수가 없다. 그래서 절충식으로 한다. 아버지 제사는 추석 며칠 전이니 번거롭지 않게 추모예배로 드리고, 어머니는 4월 꽃피는 계절이니 산소에 가거나 집에서 제사를 드리는 것으로 정했다.

온 가족과 친척이 한 상에 둘러앉아 즐겁게 먹고 마시며, 조상님들의 가르침을 떠올리고 서로 정을 나누는 것은 제사나 예배나 마찬가지이기 때문이다.

“왜 그러셨어요?”

아버지 · 어머니, 연탄가스에 중독돼 큰일 날 뻔한 일 기억하시지요? 왜 그러셨어요? 당시 제가 부모님 환갑 차려드리지도 못할 정도로 힘들지는 않았던 시절인데 극구 사양하셨지요. 어머니 환갑을 포천 일동에서 차릴까 서울에서 모실까 의논드렸더니 아무데서도 하지 말라고 말씀하셨지요. 일동 아무개네는 남편 환갑잔치를 열어 손님을 초청한 지 며칠 안 됐는데 이번엔 마누라 환갑이라고 또 사람들을 불러 빈축을 샀다고 하셨지요. 아버지 환갑 때는 “부모님도 못 해 드리고 형님들도 환갑잔치를 안 하셨는데, 내가 어떻게 잔칫상을 받겠느냐”며 말리셨지요.

그래서 아버지 환갑 때 억지로 여행이라도 하시라고 해서 두 분이 비행기 타고 제주도를 다녀오신 것으로 기억합니다. 그 이전 큰아버지 환갑 때 사촌들이 힘을 모아 제주도에 보내 드린 적이 있었기에 그나마 응낙하신 것이지요. 그런데 이듬해 어머니 환갑 때는 잔치는커녕 여행마저도 거의 결사적으로 마다하셨습니다.

당시에는 환갑까지만 살아도 장수했다고 축하하는 뜻에서 자식들이 친척과 친구들을 초청하여 대접하는 것이 결혼식 못지않은 큰 행사이고 관습이었지요. 초대받은 친척이나 이웃은 모두 봉투를 들고 와 축하하고 음식을 나누며 즐거워하던 시절이었습니다.

주관하는 입장에서는 어느 정도 규모로 할 것이며, 손님은 어느 범위로 초대할 것인가 신경을 쓰고, 초대받는 손님은 봉투가 부담이 되는 것도 사실이었습니다. 그러나 영악한 집에서는 그 봉투를 ‘장사’로 여겨 내외의 환갑을 꼬박꼬박 별도로 챙겨 이웃에 부담을 준 것도 사실이었지요.

어머니 환갑 때 "친척들이나 두루 만나 보련다"라며 두 분이 이모 댁이며 어머니 친정식구들을 찾아 하루 이틀 묵으며 날을 보내셨지요. 친척들에게 환갑 말씀은 일체 안 하시고요.

그러다 둘째이모의 딸 순원이네서 자다가 밤중에 방문 틈으로 새어든 연탄가스에 중독돼 혼난 적이 있지요. 밤중에 숨이 답답하고 어지러워 깬 아버지가 '혹시나' 하고 어머니를 흔들어 깨웠으나 정신을 못 차리더라고 하셨지요. 어머니는 본래 냄새를 못 맡는데 내처 무셨으면 어쩔 뻔했습니까. 간신히 마당에 데려나가 맑은 공기와 동치미 국물을 마시고 정신이 드셨다니 천만다행이었지요.

저는 그때 얼마나 가슴이 철렁했는지 모릅니다. 아들에게 부담 주지 않으려고 나들이 길에 나섰다가 잘못돼 큰일을 당하셨더라면 그런 낭패가 어디 있습니까. 제 가슴엔 큰 상처가 되고 저는 불효막급한 놈이 되고 말 뻔하지 않았습니까? 환갑은 그렇게 해서 못 차려 드렸는데 7순도 그냥 넘겼으니 제 마음이 무겁습니다.

일찌감치 미국으로 건너간 둘째딸 은숙이 내외와 미국에서 공부하고 그곳에 자리 잡은 막내아들 승환의 초청을 받고 두 분이 미국에 가신 적이 있지요. 그곳에서 마침 아버지 7순을 맞아 사돈네가 잔치를 베풀어 주셨다니 저는 송구할 뿐입니다.

부모 환갑과 7순을 챙겨 드리지 못해 늘 마음에 짐을 진 기분이어서 속으로 오래 사셔서 8순을 차려 드릴 수 있기를 기원했습니다. 다행히 건강하게 버텨 주셔서 아버지 8순을 조촐하게나마 차려드리게 돼 얼마나 마음이 홀가분한지 모릅니다. 더구나 9순도 맞이하시어 그때는 식구들끼리 식사하는 것으로 때웠지요. 두 분이 고생은 많이 하셨어도 해로하시고 떠나셔서 적으나마 위로가 되고 감사할 뿐입니다.

"아버지, 참 잘하셨어요"

신문 지국장 시절 이웃 사랑 앞장서

아버지가 직접 쓰신 글이나 녹취록을 아무리 찾아보아도 〈조선일보〉 일동보급소장(후일 지국장) 시절의 얘기가 전혀 없었습니다. 제가 알기로는 당시 〈조선일보〉뿐만 아니라 〈동아일보〉를 제외한 〈중앙일보〉, 〈경향신문〉, 〈한국일보〉 등 모든 신문 판매를 맡으셨는데, 신문사 지국장 얘기는 왜 안 쓰셨는지 모르겠네요.

제 기억에서 아버지의 15, 16년에 걸친 〈조선일보〉 지국장 시절 일화를 잊을 수가 없는 것은 제가 〈동아일보〉에 근무할 당시의 일이었기 때문입니다. 나는 〈동아일보〉에 근무하는데 아버지는 〈동아일보〉와 경쟁지인 〈조선일보〉의 지국장을 하시는 것이 왠지 마음에 부담이 돼 회사에서는 일체 아버지가 〈조선일보〉 지국장이라는 것을 밝히지 않고 지냈습니다.

당시 대충 얘기 듣기로는 일동의 구독자 수가 〈동아일보〉는 30여부도 안 되는데 〈조선일보〉는 300부에 육박하는 성가를 올리고 있다고 하더군요. 판매국에 근무하는 친구가 어느 술자리에서 털어놓은 얘기입니다. 조그만 면 단위에서 〈동아일보〉가 고전을 면치 못해 직접 출장 가서 현장확인을 한 결과, 〈조선일보〉의 지국장이 워낙 탁월한 판매전략을 짜놓았기 때문에 비집고 들어갈 틈이 없다고 푸념했습니다. 그분이 '이정욱 일동지국장'이라고 하더군요. 그 친구는 고충을 털어놓았지만 저는 속으로 기분이 좋았습니다. 그러나 그 친구에게 차마 그분이 바로 우리 아버지라는 말은 하지 못했습니다. 그 정도로 아버지는 신문 판매에 일가견을 가지고 지혜와 열성을 발휘하셨지요.

당시 〈동아일보〉는 정통 야당지이고 〈조선일보〉는 중립적 입장을 취하는 신문이라는 인식이 있어 〈동아일보〉는 관공서나 군부대에서는 구독을 기피하는 경향이 있었습니다. 아버지는 그 점을 놓치지 않은 것입니다. 면사무소, 파출소, 은행을 파고들었고, 멀리 떨어진 군부대를 방문하여 구독을 권유했으며 배달은 우편을 이용하고 수금도 부탁하셨지요.

먼 시골동네에도 집집마다 들러 구독을 권유하고 구독료는 가을에 추수한 곡식으로 받기로 하는 등 갖가지 아이디어를 짜내어 판매에 매진하니 나날이 신문부수가 늘 수밖에 없었던 것입니다.

그런가 하면 경쟁지 〈동아일보〉 지국장은 건강이 안 좋은 데다 열의가 부족해 신문이 확장되지 않았습니다. 그분이 나중에는 건강이 악화되자 아버지에게 얘기하더라고 하셨지요. "이 선생, 난 이제 얼마 못 살 것 같아요. 〈동아일보〉도 맡아 주시오. 당신 아들이 〈동아일보〉에 다닌다니 얼마나 좋소!" 아버지는 속으로 그렇게 해도 좋겠다고 생각하면서도 "무슨 소리요? 빨리 몸을 추슬러 열심히 해봅시다"라고 하셨다지요.

그로부터 얼마 되지 않아 그분이 돌아가셔서 문상 갔다가 쌀장사로 어렵게 살아가는 그 아들을 보고 "자네 아버지가 내게 〈동아일보〉를 맡으라고 했는데, 자네가 이어서 해보게. 내가 힘닿는 대로 도와주겠네"라고 했더니 아들 친구들이 옆에서 "그래, 우리도 도울게 열심히 해 보자"고 하더라고 들려주셨지요.

그 뒤 실질적으로는 경쟁지이지만 친구의 젊은 아들이 생계를 위해 뛰어들어야 하는 일이고, 또 당신의 아들이 만드는 신문이므로 경쟁지라고 여기지 않고 〈동아일보〉도 잘돼야 한다는 생각에 열심히 도와 100여 부의 판매부수를 올리도록 해 주셨지요.

그 속에도 〈조선일보〉는 나날이 부수가 늘어 신문사 창간 기념일엔 우수지국장 표창이나 판매부수 확장 공로상 등도 여러 차례 받으셨습니다. 어느 핸가는 부상으로 받은 새 자전거를 저에게 주셔서 제가 그 자전거를 타고 월요일 새벽 포천 일동에서 출발해 4시간 가까이 걸려 서울 수유리 집에 와서 아침을 먹고 출근한 적도 있습니다. 〈동아일보〉 기자가 〈조선일보〉 판매왕 아버지가 상 받은 자전거로 서울과 일동을 수차례 왕복하면서 아버지의 매사에 성실하심과 지혜로움을 배워야겠다고 마음먹곤 했습니다.

그뿐만이 아닙니다. 신문배달원들을 공부시킨 얘기도 왜 기록해 놓지 않으셨는지 모릅니다. 배달원들은 대개 집안이 빈한하여 학비는커녕 끼니도 잇기 어려워 공부를 제대로 하기 힘든 형편이지요. 개중에는 손버릇이 나빠 남의 집 물건을 훔치는 애들도 더러 있었는데, 이 애들을 아버지가 반듯하게 키우신 것을 저는 압니다.

대개는 일동중학생이나 고등학생인데 이 애들이 새벽에 지국으로 와서 신문이 우송돼 올 때까지 기다리는 시간에 여러 가지 교훈의 말씀으로 격려를 잊지 않으셨습니다. 혹시 비행을 저지른 학생일지라도 결코 나무라지 않고 좋은 말씀으로 타일러 그 애로 하여금 스스로 깨닫게 하는 것이 아버지의 훈육방침임을 저도 이미 경험한 만큼 그들에게도 큰 효과가 있었던 것입니다.

또한 배달을 마치고 집에 가면 학교에 갈 시간이 조금 남는데 더 자지 말고 공부하다 가라고 이르곤, 그것을 실천하는지 가끔 그 애들 집에 들러 확인하곤 하셨다지요. 또한 한 달에 한 번씩은 배달 소년들에게 꼬박꼬박 회식을 시켜 주셨다고 어머니에게 들었습니다.

그 결과, 〈조선일보〉 배달 학생들은 모두 모범생이 됐고 취직도 잘했다는 소문에 이웃 사람들이 서로 자기 아들을 배달원 시켜 달랬다는 얘기도 들었습니다. 당시 그 애들이 장성해서 명절 때 아버지에게 세배하러 오는 광경을 여러 차례 보았습니다. 한복을 차려입고 그들의 절을 받는 아버지의 모습이 그렇게 존경스럽고 자랑스러워 보일 수 없었습니다.

연세가 너무 많아 신문 지국을 그만두실 때도 남들은 상당한 프리미엄을 받고 넘기는 게 예사인데, 아버지는 밑에서 충실히 근무한 총무에게 한 푼도 안 받고 넘기셨습니다. 젊은 부부가 빈손으로 일동에 들어와 우리 집에 월세를 들었는데 가만히 보니 아무것도 하는 일 없이 지내고 있기에 불러서 "자네가 지금까지 어떻게 지내왔는지는 모르지만, 제2의 인생을 신문 일에 한번 걸어 보지 않겠느냐?"며 총무 일을 맡기셨습니다.

박 아무개라는 그 사람은 아내와 함께 열심히 판매에 매달려 아버지의 '위업'을 잘 이었고, 나중에는 〈한겨레신문〉 본사의 판매책임까지 맡은 것으로 압니다. 그가 〈조선일보〉 어느 지면에 "인생 실패하여 일동에 갔는데 〈조선일보〉 이정욱 지국장님의 인간미 넘치는 격려 말씀에 신문 일에 들어서게 됐다"고 쓴 글을 보았습니다. 아버지는 그렇게 욕심도 없이 사시면서 인간적으로 후배를 키우신 분입니다.

경로당 회장으로서 지역사회에 봉사

신문 지국을 물려주고 80대가 된 뒤에는 일동경로당 회장직을 맡아서도 보람되고 큰일을 하셨습니다. 노인들이 모이면 화투를 치거나 술판을 벌이는 게 예사였으나, 아버지가 맡은 뒤로는 노인들도 건강을 지키며 무언가 일동 사회를 위해 좋은 일을 찾아보자고 제안하셨다지요?

그 결과, 게이트볼장을 마련하여 새벽마다 운동을 하고, 낮에는 골목길 오물 줍기로 거리를 깨끗하게 하고 폐지를 모아 불우이웃들을 도우셨습니다.

또 빼놓을 수 없는 일은 서당을 열어 어린이들에게 한문을 가르치신 것입니다. 처음엔 어린이 대여섯 명으로 시작했으나 나중엔 소문이 나서 청장년들까지 지원하는 바람에 수십 명의 수강생들을 몇 개의 반으로 나눌 정도로 성황이었다지요.

이런 일들을 실행하는 데에는 유지들과 시장상인들의 도움이 컸고, 특히 일동파출소 주임의 적극적 협조가 큰 역할을 한 것이 사실입니다. 하지만 어디까지나 경로당 회장인 아버지의 아이디어와 지도력 없이는 이루어질 수 없는 일이었습니다. 그런데도 아버지는 그 공을 지서 주임에게 돌려 그 내용이 〈조선일보〉 신문에 실리도록 기사까지 제보하여 그가 큰 상을 받도록 하셨습니다.

아버지는 이처럼 좋은 일들을 지혜로 이루어내면서도 자신을 드러내지 않고 그 공을 다른 사람에게 돌리는 분이십니다. 그런 인격을 소유하셨기에 아버지와 동년배는 물론이고 연장자들도 아버지를 함부로 대하지 않고 누구나 '이 선생'이라며 공대했습니다. 이웃 간에 다툼을 해결하는 역할도 늘 아버지 몫이었다고 어머니가 말씀하여 잘 알고 있습니다.

풍미식당에서 거둔 젊은이들

아버지의 훌륭하신 일은 여기에 그치지 않았습니다. 풍미식당 시절의 몇 가지 사례를 저는 지금도 생생히 기억합니다. 식당은 항상 일손이 달리게 마련이었습니다. 그러나 이익이 많은 장사가 아니므로 요리사나 뒷바라지할 일손을 충분히 채용할 수 없었지요. 아버지와 어머니가 그 고된 일을 감당하면서 늘 한두 사람의 싸구려 품꾼만 부릴 뿐이었습니다. 그런가 하면 워낙 못 먹고 헐벗던 시절이라 거저라도 좋으니 먹고 자게만 해주면 일하겠다고 사정하는 사람들도 있었습니다.

어느 날인가 한 처녀가 찾아왔지요. 전라도에서 올라왔는데 일을 할 테니 먹여만 달라고 했습니다. 어려서 계모에게 맞아 귀가 먹었고 계속되는 학대를 견딜 수 없어 가출한 처녀였습니다. 오갈 데가 없다고 하여 데리고 허드렛일을 시키기로 했지요. 나이는 17, 18세로 인물이 반반했습니다. 가는귀먹어 잘 듣지는 못하나 눈치가 빠르고 일을 깔끔하게 잘했고 성품도 고왔습니다. 한두 해 데리고 있어 보니 양심이 바르고 심지가 곧았습니다. 비록 글을 배우지는 못했지만 가난한 집 자식 같지는 않았습니다.

"고향이 어디냐, 아버지가 누구냐?" 물었으나 그것만큼은 절대 입을 열지 않았습니다. 고향과 식구들은 생각하기도 싫다며 머리를 흔들었습니다. 단지 이름이 '고미숙'이라고만 밝혔습니다. 하도 딱하고 그 애 장래도 걱정돼 아버지가 주민등록에 딸로 올려놓으셨습니다.

식당 영업을 그만둔 뒤로도 우리 집 일을 돌보며 아마 10년 남짓 한 식구로 지냈을 겁니다. 아버지의 주선으로 나중에 면사무소 직원과 결혼해 1남 2녀를 두었는데 아들은 연예인으로 성장했고, 딸들도 가정을 이루어 잘들 살고 있습니다. 아버지는 농사를 지으면 해마다 미숙네에도 쌀을 나눠주시곤 했는데 돌아가시고 난 뒤부터 발길이 뜸해지더니 지금은 아주 끊겨 서운합니다.

떠돌이 남 씨도 생각납니다. 일동이란 곳은 군부대가 주둔한 전방 지역이라 본토박이들보다 각지에서 흘러들어온 타지인들이 더 많았지요. 그중에는 근본을 알 수 없는 떠돌이, 부랑아들도 많았습니다. 이런 뜨내기들 속에 30대 초반의 남 씨라는 청년이 있었습니다. 어디선지 혼자 굴러왔는데 몸이 약해 노동일도 못하고 거처도 없어 이 집 저 집 헛간에서 잠을 자며 걸식하다시피 했지요. 어쩌다 누가 막일을 시키고 몇 푼 주면 술 사 먹기에 바쁜 한심한 사람이었습니다.

아버지가 불러다 타이르셨습니다. "젊은 사람이 뭘 하든 벌어먹고 살 궁리를 해야지 그렇게 살면 어떡하나? 정 일할 곳이 없으면 우리가 밥은 먹여 줄 테니 장작이나 패고 시장 심부름이라도 하겠나?" 물었더니 감지덕지하여 데리고 있었습니다. 사람이 좀 헤프고 모자란 듯해서 그렇지 심성은 착했습니다. 이 사람도 풍미식당을 할 때라 음식배달이며 청소, 돼지 키우기 등 궂은일을 군말 없이 척척 잘해냈습니다.

한 2년간 데리고 있다가 아버지가 짝을 지어 주어 살림을 차려 내보내셨지요. 그는 딸을 낳아 안고 다니며 늘 싱글벙글 자랑하던 모습이 선합니다. 근본도 모르는 떠돌이를 돌봐 주어 가정을 이루고 어엿한 가장으로 키워 주신 것입니다. 그런데 그 남 씨가 병마에 시달리다 몇 년 못 살고 세상을 떠나 마음이 아픕니다.

하루는 18, 19세쯤 된 처녀가 식당으로 들어섰습니다. 밥을 먹으러 온 손님인줄 알았는데 쭈뼛거리고 있었습니다. 처녀는 기어 들어가는 목소리로 "여기 식모 안 쓰세요?"라고 물었습니다. 아버지가 "식모 쓸 일은 없는데 … "라면서 처녀를 살폈습니다. 차림새가 깔끔한 것으로 보아 여기저기 떠돌아다니지는 않은 듯했습니다. 앉혀 놓고 물 한잔을 건네며 자초지종을 물었습니다.

일동에서 30리쯤 떨어진 마을에 사는데 자기 아버지가 시집가라고 해서 도망 나왔다고 털어놓았습니다. "시집가면 될 거 아니냐?"고 물었더니 자기는 따로 마음에 둔 남자가 있는데 다른 남자와 결혼하라고 해서 뛰쳐나왔다는 것입니다. 아버지는 김순옥이라는 그 처녀 이름과 주소를 적은 뒤 "네가 정 갈 데가 없다면 우리 집에 있어도 좋다. 그러나 월급은 없다"고 말하고 받아 주셨지요.

아버지는 한편으로 처녀가 산다는 마을로 사람을 보내 부모에게 알려, 며칠 후 그의 아버지가 찾아왔습니다. 자기 아버지를 본 처녀가 도망치려는 것을 붙들어 앉혀 놓고 "아버지를 따라 집으로 가거라" 타이르셨지요. 처녀가 "싫어요" 하자 처녀 아버지가 "시집가라고 안 할 테니 집으로 가자"고 애원했습니다. 그래도 "싫어요. 나 여기서 살래요"라고 고집을 부리자 처녀 아버지도 할 수 없이 데려가길 포기하고 아버지에게 잘 돌봐 달라고 부탁하고 돌아갔지요.

아버지 허락을 받은 순옥이는 생긴 모양대로 일을 시원시원하게 잘 하고 사람들에게도 붙임성 있게 행동해 귀여움을 받았습니다. 손버릇이 좀 있는 듯했으나 아버지가 부드럽게 타이른 뒤로는 일체 의심받을 짓을 하지 않았지요. 그 처녀도 2년 가까이 데리고 있다가 시집을 보내 주었습니다.

아버지는 의지할 곳 없는 사람은 '월급은 없고 숙식만 제공'하는 조건으로 고용했습니다. 그러나 실은 첫 달부터 그들 몫으로 꼬박꼬박 적금을 부으셨습니다. 그들이 그만둘 때 찾아 목돈을 건네니 너무 놀라 눈물을 보이기까지 하더라고 어머니가 전해 주셨습니다. 위의 미숙, 남 씨, 순옥 등에게 그 돈은 결혼 밑천이 됐던 것이죠. 가정을 이룬 뒤 명절 땐 부부가 찾아와 아버지에게 세배하던 모습을 저는 잊지 못합니다.

아버지, 참 잘하셨습니다. 훌륭하십니다. 영원토록 존경합니다.

고모부님 추억

아버지, 제가 요즘 고모부(은순 고모 남편 · 윤태 부친)께 매달 용돈을 보내드리고 있어요. 비록 몇 푼 안 되는, 3만 원에 불과하지만(송금 수수료 300원 별도) 매달 월말에 꼬박꼬박 보내드리고 있어요. 왜 그러는지 아세요? 그 사유를 말씀드리지요.

제가 1986년 말 담배를 끊고 절약되는, 한 달 담뱃값 3만 원(당시 최고 500원짜리 '솔'을 하루 두 갑씩 피웠다) 을 아버지께 부쳐 드리기 시작하여 해마다 조금씩 더해 2005년부터는 매월 50만 원씩 용돈을 드렸지요. 그런데 언젠가는 어머니가 "나한테 용돈 한 푼 준 적이 있냐?"고 말씀하시어 당황한 적도 있습니다. 아버지, 거기서 어머니께 좀 나눠 드리지 왜 그러셨어요? 저도 요즘 애들이 어미에게만 몇 푼씩 주는 모양인데 좀 서운하더라고요.

어머니가 쇠약해지셔서 서울로 두 분을 모실 때도 제가 아직 현역이라 용돈은 액수를 줄이지 않고 드렸더니 아버지가 "한집에서 밥 먹고 사는데 용돈이 무슨 필요가 있느냐?"고 사양하셨지만, 저는 드리는 보람이 있어 계속했지요. 그런데 아버님이 돌아가시고 정신이 혼미한 어머니만 모시게 된 뒤로는 용돈을 받을 분이 안 계셔서 허전했습니다.

그러던 중 막내 여동생(성숙)이 어머니를 보살피겠다고 모시고 가자 그쪽으로 보내기 시작한 지 만 3년 만에 어머니마저 아버지 곁으로 떠나셨지요. 이제는 용돈을 보내도 받으실 어른이 아무도 없다는 사실에 너무 허전하고 안타까워하던 중 문득 생각나는 분이 한 분 계셨습니다.

고모부님이었습니다. 아버지보다는 훨씬 연하의 매제이지만 처남매부지간이 아닌 친형제처럼 가깝게 지내시던 분. 그 고모부님이 수년 전부터 요양원에 계신데 정신은 맑답니다. 그 댁에 혼사가 있을 때 저와 을성 형은 별도의 봉투를 마련하여 전해 드리곤 했지요. 문득 '무슨 일 때만 드릴 것이 아니라 꾸준히 드리자'는 생각이 떠올랐습니다. 그래서 재작년부터 매월 보내 드리고 있어요. 그 액수는 보잘것없지만 저로서는 아버지께 처음 드리기 시작한 것과 같은 액수이고 또 저도 백수나 다름없는 형편이라 그렇게밖에 드리지 못하지만 마음은 한

결 가볍습니다.

제가 고모부님께 용돈을 드리는 것은 결코 그 댁 형편이 안 좋아서가 아닙니다. 고모님 댁은 우리보다 월등히 윤택하고 자식들도 다 출세하고 부러울 것이 없는 집안입니다. 그런데도 왜 제가 이런 일을 하는 것일까요? 거기에는 사실 몇 가지 이유가 있습니다.

첫째, 먼저 말씀드린 대로 용돈을 드릴 어른이 생존해 계시다는 데 대한 감사함입니다. 제 위로 막내고모가 한 분 있지만 여자이기도 하고 저보다 겨우 한 살 위인 데다 초등학교도 같은 반으로 친구나 다름없는 사이여서 용돈을 드릴 처지는 아니죠.

둘째, 어머니가 돌아가시니 수십 년 동안 드려오던 용돈을 받을 분이 없어 너무도 허전했기 때문입니다. 그래서 그 대신 아주 적은 액수나마 웃어른께 보내드림으로써 저 자신이 위안을 받고자 함입니다.

셋째, 천국에 계신 아버님의 자존심을 높여드리기 위함입니다. 아무리 친형제같이 지낸 사이이지만 은연중 두 분은 경쟁심이 없었던 게 아닙니다. 수원 피란생활으로 이웃에 살 때 두 분이 장기를 즐겨 두셨는데 어찌나 승부에 대한 집착이 강하셨던지 비록 다툼은 없었지만 승자가 패자에 대해 한껏 뽐내고 위세를 부리는 장면을 여러 번 보았습니다. 그런가 하면 가끔 팔씨름도 하셨는데 자웅을 가리기가 어려웠지요.

자식들이 그쪽은 5남매요 우리는 6남매로 숫자로는 아버지가 이기셨는데 서울에 터를 잡은 고모 댁은 아이들을 잘 키워 서울대를 둘씩이나 보내 박사요 교수에, 대기업 임원들을 배출했는데, 포천 일동 시골에 자리 잡은 우리는 겨우 박사 하나가 고작이어서 아버지가 밀리셨습니다.

제가 대학 입학하여 인사 갔을 때 고모부님이 저를 "개천에서 용 났다"고 하셨습니다. 그것이 저를 칭찬하는 말씀이지만 따지고 보면 우리 집안을 얕보는 것이요, 아버지에 대한 모욕으로 느껴졌습니다. 그 일을 마음에 품고 있다가 언젠가 고모부님 댁에서 함께 식사할 때 "저보고 '개천에서 용 났다'고 하셨는데 그러면 우리 집이 개천이란 말씀입니까?"라고 당돌하게 따졌더니 "허허, 그랬냐? 그러면 내가 잘못했다"는 사과를 받아낸 적도 있습니다.

주절주절 늘어놓았지만 고모부님이 생존해 계시는 동안은 이 일을 계속하려고 합니다. 잡숫고 싶은 식사라도 한 끼 하시고, 또 가끔 몰래 빠져나와 좋아하는 '빨간 소주'도 한잔 드시게 하고 싶습니다. 그럼으로써 아버지의 자존심을 세워 드리고 저 자신도 위안을 받으려 합니다.

추 기

이 글을 쓰고 난 뒤 몇 달 안 돼 고모부님이 돌아가셨습니다. 생존해 계실 때 한번 찾아뵙지 못해 죄송한 마음입니다. 이제 집안에 저보다 위의 항렬은 막내고모를 제하곤 아무도 안 계시니 허전하기 짝이 없습니다. 고모부님이 100세가 넘도록 생존하시길 비는 마음에서 2030년 12월까지 송금하기로 했는데 시작한 지 고작 2년 반 만에 … . 보내도 받을 분이 안 계시니 이제 자동이체를 해제하려니 서운한 마음입니다.

따져 보니 1922년 음력 5월 18일생인 아버지가 2013년 9월 4일, 1929년 음력 9월 9일생인 고모부가 2020년 8월 30일 돌아가셔서 두 분 다 만 91세 남짓 향유하셨네요. 생전에 장기도, 팔씨름도 난형난제

(難兄難弟)였는데 이 세상에 사신 기간도 어쩌면 그렇게 같은지 놀랍습니다. 날짜도 며칠 사이로 앞서거니 뒤서거니 하늘로 가셨습니다. 자녀들 숫자뿐만 아니라 손주들도 10명, 11명으로 우열을 가릴 수 없어 두 분은 숙명의 맞수였던 것 같네요. 부디 그곳에서는 라이벌이 아닌 영원한 동지로 지내시리라 믿습니다.

참, 고모부님을 만나거든 "내 아들이 용돈 준 거 다 알고 있으니 한턱 톡톡히 내라"고 큰소리 한번 치세요. 그리고 가슴 쫘악 펴 보세요.

2장

그녀와의 슬픈 인연

주인 모를 책 배달

어머니와 아버지도 안동에 내려와 보신 신경숙 선생에 대한 얘기를 좀 상세하게 말씀드리겠습니다. 그 여선생과의 만남은 이렇습니다.

제가 근무한 부대는 경북 영덕군 병곡면 금곡리와 백석리라는 곳에 걸쳐 주둔했는데, 더위가 기승을 부리던 어느 여름날, 우리 연대 관할인 지경검문소에서 근무하는 헌병이 저를 찾아왔습니다. 시외버스를 검문하는데 한 승객이 "이 근처에 안경 쓴 소위가 있느냐?"고 묻기에 있다고 했더니 이것을 전해 주라며 맡기더라는 것입니다. '○○초등학교 신경숙'이라고 적힌 겉봉을 뜯어보니 월간 〈신동아〉였습니다.

신경숙? 전혀 모르는 사람이었습니다. 아마 다른 사람에게 전할 것을 잘못 가져온 모양이라고 생각했어요. 그러나 이 부근에 소위는 모두 4명 있는데 그중에 안경 낀 장교는 저밖에 없으니 이상했어요. 그래서 책은 펼쳐 보지 않았습니다. 도대체 누구이기에 나에게 책을 선물한단 말인가? ○○초등학교가 어디에 있는 학교인가? 동네 사람에게 물으니 경북 영양군 ○○면에 있다고 하더군요. 부대에서 70~80리 떨어진 거리였지요.

그곳으로 편지를 썼습니다. "나는 이 지역에 근무하는 장교 중 유일하게 안경을 쓴 소위인데 댁이 누구인지, 왜 나에게 책을 보냈는지 이유를 몰라 책을 그대로 보관하고 있으니 잘못 전달된 것이면 돌려보내겠다"는 내용이었지요. 며칠 뒤 답이 왔습니다.

몇 달 전 친구와 함께 여행 중 안동에서 탄 버스 바로 앞자리에 장교와 사병이 앉았는데, 그 장교가 사병을 어찌나 다정하게 대하는지 마치 친형제같이 느꼈답니다. 대화를 가만히 들어 보니 사병은 어머니상을 당해 휴가를 얻었다가 귀대하는 길이고, 안동의 사단에 용무차 다녀오는 장교가 사병을 지극하고 다정한 말로 위로하는 모습을 보고 감동을 받았답니다. 그 군인들이 검문소에서 내리기에 그 지역에 근무한다는 것을 알았는데, 마침 또 그 지역을 지날 일이 있던 차에 책이라도 전하고 싶은 마음에 준비했다는 사연이었습니다.

그 선생이 본 건 제가 확실해요. 그날 우연히 만난 사병은 가정형편이 어려워 미귀(휴가 갔다가 부대에 오지 않는 것) 할까 망설이다 마지못해 귀대하는 중이라고 했습니다. 탈영하면 평생 죄인으로 살아야 하니 조금만 참고 견뎌 제대하면 떳떳하게 살아갈 수 있다고 제가 충고하고 위로했던 기억이 납니다.

막사로 찾아온 두 여인

다음 달에도 또 새 책이 배달돼 오곤 하면서 편지도 주고받는 사이로 발전했습니다. 그렇게 시간이 흘러 겨울방학 때쯤 그쪽에서 편지가 왔어요. 방학을 맞아 친구와 함께 방문하겠다고. 저는 그때 마을 옆에 막사를 짓고 소대병력을 거느리고 해안근무를 하고 있었습니다. 소대원들은 낮에 막사에서 쉬고 밤에는 해안초소에서 침투하는 간첩을 제압하는 작전임무였지요. 저는 따로 소대 옆 농가에 방 하나를 빌려 잠은 거기서 자고 식사는 내무반에서 소대원들과 함께했습니다.

선생들이 온다는 그날 오후, 해가 아직 서산에 걸려 있을 때 두 여자가 면회 왔습니다. 한 여자는 퉁퉁한 몸매로 검정 코트에 검정 목도리를 두르고 있어 마치 곰과 같은 모습이었고, 한쪽은 호리호리한 몸매에 붉은색 계통의 코트에 하얀 털목도리를 한, 여우 이미지를 풍기는 여인이었습니다.

둘 다 키가 비슷한데 검은색보다는 붉은색 코트의 여인 얼굴이 더 예뻐 보였습니다. 두 여자 쪽으로 다가가니 그중 여우 같은 모습의 여인이 다짜고짜 묻더군요. "우리 중 누가 신경숙인지 맞혀 보세요." 잠시 머뭇거렸지요. 마음속으로는 여우 쪽이 신 선생이었으면 좋겠는데 그쪽을 지목했을 때 만일 곰 쪽이 신경숙이라면 얼마나 실망할까 해서 검은 코트 쪽을 신 선생이라고 가리켰지요. 그랬더니 두 여인은 "맞았어요"라며 웃었지만 저는 솔직히 실망했던 게 사실입니다.

그러나 내색하지 않고 반가운 듯 웃음으로 대했습니다. 군복을 입고 처음 만나는 젊은 여인들인데 인물을 가릴 처지가 아니었지요. 그날 저녁은 부대 식사로 대접하고, 제가 묵는 농가 방으로 안내하여 잠을 재웠습니다. 저는 막사에서 소대원들과 지내고.

이튿날 제가 책임 맡은 해안 모래밭을 걸으며 이런저런 얘기를 나누며 '분에 넘치는' 데이트를 즐겼습니다. 신 선생과 동행한 여자의 이름은 오○○(후일 교육계 고위직을 지냄)로서 신 선생과는 초등학교 때부터 친구인데 그는 중학교 선생이라고 하데요. 속으로 '이왕이면 다홍치마라고, 인물도 좋고, 초등학교보다는 중학교 선생이 낫지. 앞으로 오 선생과 가까이 지냈으면 좋겠다'는 마음도 가져 보았습니다. 그러나 엉큼한 생각도 잠시. "오 선생의 남편도 선생님이에요." 신 선생의 한마디에 제 꿈은 산산조각이 나고 말았죠. 신 선생이 저의 마음을 간파하고 미리 방어막을 쳤는지도 모릅니다.

저는 당시 만 25세, 신 선생은 저보다 4살 위, 우리 나이로 30세였으니 결혼하고도 남을 나이였죠. 꿩 대신 닭이라고. 그 뒤론 신 선생에게만 관심을 기울일 수밖에 없었습니다. 그러고 보니 뚱뚱한 몸도 거슬리지 않고 얼굴도 후덕하고 요모조모 복스럽게 생겼더군요. 흔히 이런 모습을 부잣집 맏며느리감이라고 하지요.

찬바람 몰아치는 한겨울 캄캄한 밤바다를 뜬눈으로 지켜보아야 하는, 삭막하기 그지없는 해안근무 중에 한 줄기 훈풍이 지나간 듯 두 선생님들은 하룻밤을 묵고 훌쩍 떠났습니다. 바닷가 모래사장에 찍혔던 여섯 개의 긴 발자국은 이튿날 성난 파도에 흔적도 없이 지워지고…. 다시 메마른 군생활의 연속이었지만 짧은 만남의 추억을 길게 간직하며 즐거운 마음으로 근무했습니다. 그 뒤부터 신 선생과 저의 서신 왕래는 더욱 잦아졌습니다.

결혼을 약속하다

그해 겨울을 바닷가에서 보내고 저는 전역을 앞두고 이듬해 2월 안동 사단사령부에 있는 연대본부로 옮기게 됐지요. 안동으로 가고 나서부터 신 선생은 주말이면 면회를 와 맛있는 것도 사 먹고 영화도 함께 보며 데이트를 즐겼습니다.

그러던 어느 토요일, 저녁을 먹는 자리에서 그녀가 문득 "이 소위님, 대학 들어갈 땐 공부를 잘했는데 졸업 땐 별로였데요" 해서 놀랐습니다. 그걸 어떻게 알았단 말인가. 그뿐이 아니라 "본적은 강원도 철원군 어운면 양지리 771번지가 맞지요?" 하는 겁니다. 놀라서 "그런 것을 어떻게 알았느냐?"고 물었더니 망설이지 않고 솔직히 대답하더군요.

저를 처음 면회하고 돌아가는 버스 안에서 두 여선생이 이런 얘기를 했답니다. "야, 이 소위가 사람이 진지하고 무게가 있게 생겼더라. 한번 잘해 봐"라는 오 선생의 권유에 "그렇지만 나이가 … "라며 신 선생이 머뭇거리자 "연하면 어때? 생긴 게 듬직해 나이가 들어 보이던데" 라며 오 선생이 부추겼답니다. 신 선생이 "글쎄 인상은 괜찮은데 … " 하자, 오 선생이 "우리 이 소위를 자세히 알아보자"고 했답니다.

그래서 둘이 그 길로 고려대에 찾아가 성적표와 학적부를 떼어 보았다는 것입니다. 기혼의 오 선생은 아직 미혼인 친구와 저를 적극적으로 이어 주려 했던 것이지요. 저의 뒷조사를 했다는 것이 좀 불쾌하기는 했지만, 그만큼 관심을 가졌다는 것이 마음 한구석에 싫지만은 않았습니다.

그 뒤로 서로 가족 얘기도 하고 각자 과거 얘기도 나누며 둘의 관계가 깊어지게 됐지요. 신 선생 부모님은 ○○면에 살고 계시고 신 선생 위로 해군 상사인 오빠가 있고 여동생이 둘인데 바로 아래 여동생은 결혼하여 어린 아들이 하나 있는데, 그 조카의 옷과 우윳값 등 뒷바라지를 자기가 도맡다시피 한다고 들려주었습니다.

신 선생은 주말마다 안동으로 저를 찾아왔습니다. 그렇게 만나는 횟수가 쌓여가는 사이 양가의 허락을 받아 결혼하자는 약속까지 했습니다. 그쪽 집에서 저를 초대했습니다. 대학 때 스승인 조지훈 시인의 생가와 가까운 영양군 ○○면, 일동보다 규모가 작은 조용한 마을이었어요.

토요일 저녁에 방문하여 그쪽 부모, 여동생과 저녁식사를 함께했어요. 방안에만 있기가 어색해 잠깐 산책하고 돌아오니까 잠자리를 보아 놓았다고 하더군요. 방문을 열고 보니 그때가 여름이었는데 하얀 모시 홑이불에 두 개의 베개가 나란히 놓여 있는 게 아니겠어요. 깜짝 놀랐습니다. 아무리 결혼 약속을 했더라도 약혼식도 올리지 않은 남녀를 공공연히 한 방, 한 이불 속에서 자게 하다니…. 더구나 부모가 계시고 동생이 옆방에 있는 상태에서 말입니다. 제가 펄쩍 뛰었습니다. 이런 법은 없다고.

그 집에서는 딸의 나이가 많으니까 어서 보내고 싶어 저에게 동침을 유도하는지 모르지만, 제가 고집을 부려 저 혼자 근처 여관에서 자고 이튿날 아침은 그 댁에서 먹었지요. 어색하지도, 부끄럽지도 않고 떳떳했습니다.

그런 상태에서 제가 연락해 일동에서 아버지와 어머니께서 저를 찾아오신 것입니다. 신 선생을 보고 인상이 좋다고 하셨지요. 튼실하고 복이 있게 생겼다고. 어머니는 생년일시를 묻고, 아버지는 관향과 집안 내력 등을 간단히 물으면서 선을 본 셈이 됐습니다. 어쨌든 비공식이나마 양가 부모님의 허락은 받은 사이가 됐지요. 둘은 그 이후 마음 놓고 사귀게 됐습니다. 미래를 위한 장밋빛 꿈을 꾸면서 ⋯. 둘은 백암온천, 주왕산 약수터 등 가까운 명승지를 찾아다니며 1박 2일을 함께 지내는 사이로까지 발전했습니다.

어느 날 신 선생이 충청남도 공주시 계룡산 밑에 땅을 사 놓았는데 함께 가 보자고 하여 택시를 대절하여 가기도 했습니다. 집이 두서너 채밖에 없는 한적한 시골마을에 있는 2천여 평의 땅이 자기 것이랍니다. 자기와 제가 은퇴하면 반은 팔아 나머지 땅에 빌딩을 지으면 노후를 편안히 보낼 수 있지 않겠느냐고 했습니다. 그곳이 아마 지금의 세종시로 된 지역이 아닌가 추측합니다.

주말마다 신 선생과 보내는 사이 어느덧 6월 말 전역날짜가 다가왔습니다. 제가 군대생활을 끝내기 전 1주일 동안 신 선생은 휴가를 내 안동에서 함께 보냈습니다. 여름방학을 하면 서울로 올라와 집안 어른들께 인사드리고 곧 식을 올리자고 의논했습니다. 그런 의미에서 신 선생은 저에게 반지를 끼워 주더군요. 5돈짜리 누런 금반지였지요. 잠시 헤어지더라도 잊지 말라고 당부하면서 ⋯. 생전 처음 끼어보는 금반지가 묵직하더군요.

6월 30일 전역신고를 마치고 드디어 청량리행 열차로 서울에 도착했습니다. 우선 고교 2학년인 동생 인숙이의 자취방에 짐을 풀었지요. 이튿날 일동에 내려가 부모님께 제대인사를 드렸습니다.

그런데 뜻밖에 어머니가 물으셨지요. "얘야, 신 선생과는 계속 만났냐?" "네. 이번 여름방학 때 오기로 했어요." 어머니의 안색이 어두워 보였습니다. "내 얘기 잘 들어라. 그때 안동에서 올라와 무당에게 물어봤다. 안 좋다더라. 그 여자와 결혼하면 머지않아 네가 홀아비가 될 점괘라더라. 그 말을 들으니 나도 아버지도 마음이 언짢구나. 그 선생에겐 안 됐지만 끊도록 하거라." 숙연히 듣고 있을 수밖에 없었습니다. 왼손 약지의 금가락지를 만지작거리면서 ….

저도 막상 제복을 벗고 보니 '자유'라는 홀가분함보다는 절해고도(絶海孤島)에 홀로 떨어진 듯한 외로움과 두려움에 휩싸인 나날을 보내는 터라 실은 결혼이라는 호사스러운 생각을 할 겨를이 없었습니다. 몸과 마음 편히 머물 거처도, 용돈은커녕 출입할 교통비도 없는 백수 주제에 무슨 결혼을 꿈꾸겠습니까.

여기저기 지원서와 이력서를 넣고 입사 시험지를 받아 보니 용어 자체도 생소한 것들이니 무슨 수로 답을 쓰겠습니까. 책을 덮은 지 2년이 훨씬 넘었으니 까막눈이나 마찬가지였지요. '언제 다시 공부하여 취직한단 말인가.' 가슴 답답하고 막막한 나날을 보내던 중이었지요. 어머니 말씀에 순종키로 했습니다.

방학이 돼 서울로 올라올 신 선생을 어떻게 달래서 돌려세워야 할지 걱정이 태산 같았습니다. 어머니의 말씀을 들은 뒤부터 금반지는 빼놓고 지냈습니다.

반지에 맺힌 이슬

서울에 오겠다고 편지한 8월 초, 그날 시간에 맞추어 금반지를 찾아 끼고 청량리역으로 나갔습니다. 해는 떨어졌으나 아직 훤한 초저녁. 개찰구를 통해 나오는 모습이 보였습니다. 한 달여 만에 보지만 반가움보다는 '어찌해야 하나?' 하는 걱정으로 마음이 무거웠습니다. 멀찍이 보이는 그녀의 모습. 검정 치마에 흰 저고리를 입고 높은 통굽구두를 신었더군요. 제대 후 한 달여 간 서울에서 본 여자들은 모두 날씬한 차림에 뾰족구두를 신었는데. 한눈에 촌스러워 보였지요.

"나왔네!"

"응. 잘 지냈어?"

"그럼. 많이 보고 싶었어."

"그래?"

그쪽 얘기는 촉촉했지만 이쪽 대답은 썰렁했지요.

"서울서 새로 사 입으려고 아무렇게나 하고 왔어. 미안해."

여러 시간 열차 안에서 구겨진 몸 매무시를 가리키며 지레 저의 눈치를 보는 듯하더군요.

아무리 오랜 시간 기차에 시달렸다지만 옷차림도 헐렁하고 머리카락도 부스스하여 덕지덕지 촌티가 났습니다. 하지만 저는 "아냐. 괜찮아"라고 건성으로 대답하곤 "저녁 먹어야지?"라고 했더니. "그래. 뭐 맛있는 거 먹자. 내가 살게" 하더군요. "아무거나 먹지 뭐"라고 심드렁하게 대답하곤 가까운 설렁탕집으로 갔습니다.

밥을 먹으면서도 신 선생은 주저리주저리 그동안의 시답지 않은 사연들을 늘어놓았지만, 귓등으로도 들리지 않았습니다. '어머니의 통고, 나의 결심을 어떻게 말할 것인가?' 하는 생각에 골몰했지요.

저녁밥을 먹은 뒤 택시 타고 시내로 들어갔습니다. 비원 앞 좀 괜찮고 이름도 그럴듯한 운정(雲情)이란 이름의 여관이 눈에 띄었습니다. 별 망설임도, 스스러움도 없이 들어가 안쪽 아늑한 방을 잡았습니다. 탁자를 마주하고 앉아 얘기를 꺼냈습니다.

"신 선생, 내 말 잘 들어."

몇 시간 동안 지내면서 제가 자기를 대하는 태도로 미뤄 뭔가 짚이는 데가 있는지 대꾸가 없데요.

"우리 어머니는 완고한 데다가 미신을 믿어. 우리의 사주를 보니 아주 안 좋대. 결혼하면 얼마 안 가 내가 홀아비가 될 점괘래. 그리고 우리 집안의 제일 웃어른이신 큰아버지도 반대하셔. 나이가 나보다 많다고. 그분들을 설득할 자신이 없어."

"아버지는 뭐라고 하셔?"

모처럼 입을 떼 묻더군요.

"아버지는 아무 말씀이 없으셨어."

"……."

"제대한 뒤 계속 몇 군데 입사시험을 봤지만 모두 떨어졌어. 앞이 캄캄해. 아마 몇 달 혹은 몇 년 공부해야 할까 봐. 이런 상황이니 내가 결혼할 수 있겠어? 또 우겨서 결혼한들 집안이 반대하고 내가 백수인데 우리가 행복할 수 있겠어?"

"……."

"그러니 우리 헤어지기로 해. 신 선생 나이가 있으니 나를 기다리지 말고 좋은 사람 만나 행복하게 살길 바라."

차마 꺼내기 어려운 말을 하고 나니 등에서 식은땀이 나는 듯했습니다. 제가 말하는 동안 신 선생은 꼼짝하지 않고 앉아 고개를 떨군 채 듣고만 있었습니다.

말을 마치고 저는 조용히 금반지를 빼서 탁자 위에 놓고 그녀 앞으로 밀어 보냈습니다. 숨 막힐 것 같은 적막이 흘렀습니다. 금반지 위로 이슬방울이 똑똑 떨어졌습니다. 두 뺨을 타고 흘러내리는 소리 없는 눈물. 건너가 등을 토닥여 주었습니다.

"미안해. 내 마음도 아파."

"흑흑…."

소리 없는 통곡, 그녀가 흐느끼고 있었어요. 잠시 내버려 두었지요. 10여 분이나 됐을까? 그 질식할 것 같은 상황이 몇 시간이나 흐른 듯했습니다.

"우리 이 반지 팔아 다 쓸 때까지만이라도 함께 지내면 안 될까?"

억지로 마음을 추스른 신 선생이 어렵게 꺼낸 제안이었어요. 차마 그것까지 야멸차게 거절할 수는 없었습니다.

이튿날 아침 아무 일도 없었던 연인들처럼 여관을 나서며 주인에게 오늘 저녁도 여기서 묵겠으니 방을 비워 두라고 했습니다. 막상 현관문을 나서니 어디로 갈지 몰랐습니다. 절박한 마음으로는 둘이 한강으로 가고 싶은 충동도 없지 않았지만 정신을 바짝 차렸습니다.

가까운 비원을 한 바퀴 둘러 나온 뒤 창경원 담벼락을 끼고 산책, 영화구경, 음식점 등을 전전하며 하루를 지냈습니다. 다시 그 여관으로 돌아와 헤어짐을 확인하는 한여름의 긴긴 밤을 보냈습니다.

전날 저녁 미리 신 선생에게 말해 두었습니다.

"나 내일 학교에 가서 입사원서 제출용 졸업증명서를 떼야 돼."

그녀와 헤어지는 타이밍을 잡기 위해 지어낸 거짓말이었지요.

이튿날 아침 방문을 열고 보니 앞마당에 명주실같이 가는 비가 조용히 내리고 있었습니다. 밤새도록 못 이룬 잠에 취했는지 신 선생은 이불을 덮은 채 꼼짝하지 않고 있더군요. 저는 가만히 나가 구멍가게에서 비닐우산을 하나 사들고 왔습니다. 신 선생이 일어났더군요.

"어디 갔다 왔어?"

"우산 사러."

"난 또, 날 버리고 도망간 줄 알았지."

"도망은? 내가 뭐 자기한테 죄지은 거 있나."

진심이 섞였을 그녀의 농담에 나도 맞받아쳤지요.

실없는 대화에 맥없는 미소를 지으며 둘은 여관에서 내온 아침 밥상을 마주하고 앉았습니다. 이게 마지막 식사인 것을 알기에 둘은 아무 말도, 숟가락·젓가락 소리도 죽여가며 '최후의 조찬'을 끝냈습니다.

문밖을 나서니 빗줄기는 이제 타래실같이 굵어졌습니다. 둘이 우산을 받쳐 들고 길에 나가 택시를 잡았습니다. 안동에서는 지프형 시발택시로 오갔는데, 서울에는 이미 세단형 택시가 다니고 있었습니다. 신 선생을 먼저 태우고 제가 뒤따라 올랐지요.

"고려대 앞으로 가 주세요."

목적지에 당도할 때까지 둘의 입은 닫힌 채였습니다. 차창 밖의 빗줄기는 국수발처럼 굵어져가고 있더군요. '좀더 있으라고 이슬비, 잘 가라고 가랑비'라는데 점점 더 굵어지고 세차게 장대같이 쏟아지는 저

비는 무슨 뜻일까?

안암동 고려대 정문 앞에 택시는 섰습니다.

"비 오는데 안에까지 들어갔다 오지?"

택시 타고 처음 꺼낸 신 선생의 한마디였습니다.

"아냐, 괜찮아. 이 택시 타고 그냥 가."

그녀는 장위동에 친척이 있다고 했거든요.

"여기서 기다리고 있을 테니까 얼른 갔다 와."

신 선생이 마치 자기가 가르치는 학생을 대하듯 명령인지 애원인지 모르는 말을 했지만, 저는 '여기서 끊지 못하면 한 발 한 발 빠져들고 만다'고 생각하고 마음을 굳게 먹었지요.

"아냐. 그냥 가라니까."

"그럼 우산이라도 갖고…."

목이 멘 듯한 목소리에 눈물 글썽한 표정이었어요.

"난 괜찮아. 자기가 쓰고 가."

단호히 내뱉곤 택시 문을 열고 후다닥 길 건너 학교 안으로 내달렸습니다. 잠시 몸을 피했다 돌아다보니 택시는 빗속으로 멀리멀리 사라졌습니다. 빗줄기는 더욱 세차고 굵어졌습니다. 나도 모르게 눈물이 핑 돌았으나 빗물에 섞여 버렸습니다. '피눈물'만큼 가슴 아픈 '비눈물' 속에 저와 신경숙은 헤어졌습니다.

장위동 친척집으로 갔을까, 아니면 엉뚱한 곳으로…. 대학 때 친구에게 병원에 근무하는 초등학교 여자 후배를 소개한 일이 있습니다. 두어 번 만난 뒤 친구는 싫어졌다며 후배를 만나 주지 않았습니다. 며칠 후 그 여자 후배는 비오는 날 비닐우산을 쓰고 강으로 나가 자살했다는 소문을 들었습니다. 그 뒤부터 저는 비닐우산만 보면 신 선생과의 마지막 헤어짐이 생각나곤 해 견딜 수 없었습니다.

당시 문교부 고위직에 근무하는 고향 선배에게 부탁했지요. ○○초등학교 신 선생의 근황을 알려 달라고. 며칠 후 "그 선생, 모 육군 준장과 혼담이 오간다더라"고 전해주더군요. 얼마나 마음이 가벼워졌는지 모릅니다. 육군 소위와 사귀던 여인이 별 단 장군의 부인이 돼 잘살게 됐으니 참 다행이라고 생각하며 마음으로 축복해 주었습니다.

이후로는 신 선생을 까맣게 잊고 지냈습니다. '사별'이 아닌 '이별'이라 스스로 위로했습니다.

22년 만의 극적인 조우

1991년 가을, 제가 〈소년동아일보〉에 근무할 때 부원들과 회식하고 늦게 귀가하던 중이었습니다. 밤 11시 가까운 시각에 종각역에서 지하철을 탔습니다. 좌석이 모두 차고 서 있는 승객은 몇 명 되지 않았습니다. 올라타자마자 눈에 띈 건, 그건 바로 … 신경숙.

술이 확 깼습니다. 잘못 본 게 아닌가? 그 바로 앞에는 20대 건장한 청년이 서 있었습니다. 가로막고 있는 그 청년의 좌우로 고개를 돌려 뚫어지게 다시 보았습니다. 상대는 눈을 꼭 감고 있었습니다. 100% 신 선생이었습니다. 어디를 다녀오는지 무릎 위에 올려놓은 배낭을 꼭 끌어안고 있었습니다.

저는 동대문운동장역에서 4호선으로 갈아타야 합니다. 그러나 그냥 지나쳤습니다. 추억 속에 묻어 둔 여인을 다시 만난 천재일우(千載一遇)의 순간인데 그냥 지나쳐 버릴 수 없지 않겠습니까? 특히 궁금한 것이, 앞에 버티고 선 그 청년의 정체였습니다. 따져 보면 헤어진 지 만 22년. 청년의 나이는? 그렇다면 혹시 … .

'저 여인을 절대로 놓쳐선 안 된다.' 온 신경과 시선을 그쪽으로 집중한 채 지켜보고 있었습니다. 제가 탈 때부터 감긴 눈은 잠든 듯 잠시도 열리지 않았습니다. '이번 역은 마지막 청량리역입니다'라는 소리가 들려도 눈은 감긴 채 그대로였습니다.

열차가 서서히 속도를 늦추다 완전히 멈추었습니다. 문이 열리자 돌부처인 양 미동도 않던 그녀가 그제서야 일어나 문을 향해 나갔습니다. 청년도 그 뒤를 따라 내리더군요. 저는 재빨리 뒤따랐습니다. 얼마쯤 가더니 개찰구 앞에서 뭐라고 짧게 얘기를 나누더니 청년은 왼쪽, 그녀는 오른쪽으로 갈리더군요.

얼른 여자 쪽으로 바짝 따라붙었습니다. 두어 발짝 다가가 "신 선생!" 하고 불렀습니다. 아무 대답이 없었습니다. 한 발 더 다가가 "신경숙 선생님!" 하고 좀더 큰 소리로 불렀습니다. "이름은 용케 안 잊었네." 원망인지 비아냥인지, 짧게 한마디 대꾸를 해왔지만 전혀 반갑거나 놀랐다는 반응이 아니었습니다.

"어디 가서 얘기나 합시다." 제가 앞장을 섰습니다. 따라오더군요. 호텔 커피숍에 마주 앉았습니다. 한동안 둘이 뻔히 바라보고만 있었습니다. 그동안 흐른 세월을 더듬고 이렇게 뜻밖의 만남에 대한 의미를 찾아보려는 듯 … .

제가 단도직입적으로 입을 뗐습니다. "아까 그 청년은 누구야? 혹시

아들 아냐?" "쳇, 시집도 안 갔는데 무슨 아들?" 이 한마디에 '혹시나, 만약 그 청년이 내 핏줄이라면 어떡하나 …' 하던 저의 걱정은 안개처럼 사라져 버렸습니다.

"여태 혼자 살았어?"

"자기는 둘이 사는 모양이지?"

"예전에 육군 장성과 결혼할 것이라는 얘기를 들었는데 … ."

"남의 뒷조사는 왜 했어?"

"자기는 내 뒷조사 안 했었나? 남의 성적과 출생지까지 뒤져 본 게 누군데?"

잠시 토닥토닥 튀는 대화 속에 둘의 마음은 풀어져 마주 보고 피식 웃고 말았지요.

"그 애는 내 조카야. 내가 전에 말했지? 여동생 아들인데 내가 돌본다고."

"그랬구나. 나는 그 애가 혹시 내 … ."

"내가 미쳤어? 자기 애를 낳게."

그렇게 한마디 쏘아붙이고 잠시 침묵하더니

"사실은 지워 버렸어. 비 오던 그날, 자기는 고려대에서 내리고 나는 곧장 병원으로 갔어."

'저런, 왜 그때 그런 얘기를 안 했을까? 어머니께 말씀드렸더라면 상황은 달라졌을지도 몰랐을 텐데 … .'

저는 속으로만 생각할 뿐 아무 말도 할 수 없었습니다.

20년도 넘은 세월 뒤의 조우였지만 밤늦은 시간이라 긴 얘기는 나눌 수가 없었지요. 그래서 그녀가 서울 ○○초등학교에 근무하며 어머니와 전농동에 살고 있다는 것을 듣고 전화번호만 나눈 뒤 긴 얘기는 다음에 만나 풀어 나가기로 하고 헤어졌습니다.

안타깝고 슬픈 회포

기적처럼 다시 만난 첫 주말, 둘은 구파발 북한산 자락 한 음식점에서 식사하며 길고 긴 대화를 나누었습니다. 신 선생은 장군과 혼담이 오가긴 했으나 자식이 달린 재취 자리라 포기했답니다. 서울로 올라와 아버지가 돌아가시어 포천 소흘리 어느 공원묘지에 모시고 어머니와 단 두 식구가 지낸다고 했습니다. 여동생은 제 남편이 은행 지점장이라 살기가 웬만한데도 욕심이 많아 자기에게 손을 많이 벌린다고 했습니다. 그래서 조카가 대학을 마칠 때까지 자기가 도맡아 뒷바라지 했답니다.

그러면서 저에게 묻더군요.

"충남 씨는, 어떻게 살았어?"

그동안 지내온 저의 상황을 대충 얘기해 주었습니다.

"집은 자기 집이야?"

"그럼. 비록 강북의 단독주택이지만 내 집이야."

"노후대책은 마련해 놓았어?"

"웬걸. 동생들 뒷바라지하느라 월급 가지고 겨우겨우 버텨왔어."

그리고 나는 둘째아들 승호가 장애아라는 얘기도 솔직히 해주었지요. 그랬더니 신 선생이 뜻밖의 느닷없는 제의를 했습니다.

"그전에 계룡산 밑에 있는 땅 보여 준 적 있지? 그곳이 개발돼 값이 꽤 올랐어. 나는 퇴직하면 그것으로 노후 걱정은 없어. 이제 조카도 다 키웠어. 승호를 내가 키워 줄까?"

어이가 없었지만 신 선생의 말은 진정성이 배어 있는 것 같았습니다. 한편 고생하는 아내의 짐을 덜어 주고 홀로 사는 여인의 외로움을 달래 주는 방법이 될 법도 하지만 너무도 상상하지 못했던 제안이라 동의할 수 없었습니다.

"안 돼. 아내가 동의할 리 없고 나도 그러고 싶지 않아. 성의는 고맙지만 그런 생각은 접어 둬."

집으로 돌아와 아내에게는 둘이 나눈 얘기는커녕 신 선생을 만났다는 사실 자체도 철저히 비밀로 했습니다. 그 뒤론 거의 주말마다 만나 밥 먹고 영화 보고 하는 등 '제한된 밀회'를 즐겼습니다.

그해 여름방학을 맞아 둘은 여행을 떠나기로 했습니다. 젊은 날 추억의 공간인 과거 군대생활 할 때 만났던 곳, 묵었던 곳을 다녀 보기로 한 것이지요. 시발택시도, 세단택시도 아닌 제 자가용으로 마음껏 돌기로 했습니다. 아내에게는 친구들과 지방여행을 한다고 말했죠.

첫날 저녁 당도한 곳이 백암온천이었습니다. 저녁식사를 하며 일부러 가져간 가족사진을 보여 주었습니다. "이게 내 와이프야!" 했더니 "미인이네. 그러니까 날 버리고 장가갈 만했네!" 하더군요. 그 말이 칭찬인지 질투인지 알 수 없었지만 듣기 좋았습니다.

그리고 승호를 가리키며 "이놈이 그 특별한 둘째 승호야"라고 말했더니 "야, 잘생겼네. 충남 씨보다 훨씬 미남이네"라며 오랫동안 가족사진을 들여다보더군요. 특히 승호 사진을 오래 응시하는 그녀의 눈빛을 보았습니다.

식사를 끝내고 각자 온천욕을 한 뒤 제가 먼저 잠자리에 들었습니다. 신 선생이 제 옆으로 들어오길 기다렸는데 꼼짝하지 않고 앉아 있는 거예요. '함께 여행은 해도 몸은 다시 허락하지 않겠다는 건가?' 아니면 '기혼 남자와 관계한다는 것이 선생의 입장에서 도덕적으로 용납이 안 된다는 것인가?' 사실은 저도 아내가 있는 몸으로서 마음이 켕기긴 했습니다.

"왜 그래? 어디 아파?"라고 물었더니 잠자코 있더군요. "왜, 싫어?" 하고 일어나 다가갔더니 숙이고 앉은 눈에 이슬이 맺혀 있었습니다. "왜 그래?" 하고 묻자 그녀가 입을 열었습니다. "정말 날 원해, 충남씨?" "무슨 소리야?" 하고 끌어안고 자리에 뉘어 윗옷을 벗기려 했습니다. "실망하지 마" 하기에 "실망이라니?" 하고 물었더니, "나 유방암 환자야. 한쪽 떼어냈어" 하는 게 아닙니까.

단추 풀던 손을 멈추었습니다. 먹먹하더군요. 한참 아무 말도 못하겠더라고요. 그녀도 반듯이 누운 채 축축한 눈으로 천장만 바라보고 있었습니다. 잠시 후 "그랬어? 고생 많이 했군" 한마디 하고 "어디 좀 봐" 했더니, 브래지어를 풀고 납작한 공 모양의 물건을 떼어내더니 가슴을 열어 주더군요. '헉 … ' 봉긋 솟아 있어야 할 왼쪽 그 자리가 움푹 파여 있었어요. 저는 그 자리에 입술을 대어 위로해 주었습니다.

'얼마나 아프고 괴롭고 절망했을까' 하는 마음에 상처를 쓰다듬어 주었습니다. 그녀는 흐느끼면서도 조금은 위로가 된 듯 마음을 진정하고 몸을 열어 주었습니다. '불쌍한 여인, 내가 해줄 수 있는 것은 무엇이든 해줘야겠다'는 생각에 그 후 만남은 더욱 애틋해졌습니다.

그해 가을, 제가 약 2주간 유럽 출장을 떠나게 됐습니다. 당시 일반인은 물론 신문기자도 해외여행을 하기 쉽지 않은 시절이었습니다. 그래서 누가 외국에 나간다면 집안 식구는 물론 동네 사람도 공항에까지 나가 배웅하는 게 예사였습니다. 외근기자도 나가기 힘든 해외출장인데 내근기자인 저에게 그런 기회가 왔다는 것은 큰 행운이었습니다.

그래서 일동에 내려가 부모님은 물론 큰댁에도 말씀드렸습니다. 그런 상황이니 신 선생에게 얘기 안 할 수 없었지요. 무척 좋아하고 이것저것 여행용품뿐 아니라 근사한 옷도 몇 벌 사 주더군요. 그리고 공항까지 배웅 나오겠다는 겁니다. 그날이 평일인데 아이들 수업은 어떡하냐고 했더니 휴가를 낸다더군요. 떠나는 날 집에서는 큰아들 승민이가 저를 따라 배웅을 나왔습니다.

공항을 둘러보니 멀찍이 신 선생이 먼저 나와 있었습니다. 저는 승민이가 알면 어떻게 하나 무척 조심스러웠습니다. 그래서 승민이와 짐을 함께 들고 바짝 붙어 대화하면서 신 선생 쪽으로 '이 애가 내 아들이니까 모른 체하라'는 신호를 보냈지요. 대여섯 발짝 떨어진 그쪽에서도 눈치채고 빙긋이 웃음을 보내더군요.

짐을 내려놓고 의자에 앉아 아들에게 음료수를 사오라고 시켰습니다. 그 애가 자리를 뜨자 신 선생이 다가와 "아들 잘생겼네"라며 두툼한 봉투 하나를 건넸습니다. 받아 보니 달러였습니다. 신 선생의 신세를 많이 입은 덕에 여행을 잘 다녀왔습니다. 그런데 제가 받은 환송을 몇 개월 뒤 되갚을 일이 생겼습니다.

두 번째 암 수술

해외출장을 마치고 돌아왔습니다. 신 선생도, 집안 식구도 마중을 나온 사람은 아무도 없더군요. 집에 돌아와 보니 아내 혼자 멍하니 앉아 있었습니다. "승호는?" 어미와 그림자같이 붙어사는 놈이 보이지 않는 겁니다. 제 둘째아들 승호 잘 아시지요? 지적장애 1급으로 나이는 당시 20세를 바라보았지만 지능은 4, 5세밖에 안 되는, 툭하면 집을 나가는데 찾아올 줄 몰라 며칠씩 애를 먹이곤 하는 녀석 말입니다.

"병원에 보냈어." "왜? 어디가 아픈데?" 녀석은 바보일 뿐만 아니라 어려서 무척이나 몸도 약하고 툭하면 간질로 나자빠져 버둥대곤 하여 식구들, 특히 어미 속을 무던히도 썩였지요. 수년간 기도원에서 특별 안수 받기, 익은 음식은 절대 안 먹이고 날것만 먹이기 등 어미의 끈질기고 혼신을 다한 정성으로 말미암아 15, 16세가 되면서부터는 몸은 건강해졌거든요. 그런데 병원에 입원시켰다니 궁금할 수밖에요.

집에서 거울을 깨고 장롱을 때려 부수는가 하면 칼을 들고 동생을 찌르려 하는 등 난동과 혈기를 부려 도저히 감당할 수 없는 나머지 아버지를 올라오시게 하여 함께 청량리정신병원에 집어넣었다는 것입니다. 아내의 얼굴에 핏기가 없고 몹시 지쳐 있었습니다. 승호도 걱정됐지만 아내가 불쌍해 보였습니다.

이튿날 퇴원시키려 했더니 병원에서 놓아 주지를 않았습니다. 그러더니 며칠 뒤 데려가라고 연락이 왔습니다. 병원의 말로는 아무거나 막 먹고 또 먹은 후 있는 대로 토하고 배가 점점 불러오니 다른 병원에 가서 치료받으라는 것입니다.

입원시킬 때 갖고 간 담요를 보니 쥐가 갉아먹은 것같이 한 귀퉁이가 손바닥 두어 개 넓이만큼 잘려 나갔습니다. 같은 병실 환자의 말이, 승호가 뜯어 먹었다는 것입니다. 꼼짝 못 하고 갇혀 있는 상태에서 불안과 공포를 벗어나려는 몸부림이었을 것을 생각하니 가슴이 아팠습니다.

제가 승호 얘기를 길게 한 것은 다름이 아니라 이런 상황을 신 선생에게 털어놓았더니, 그도 "애 엄마가 얼마나 마음 아프고 힘들까"라면서 눈물을 흘리더군요. 그러면서 "그러게 승호를 나 달라고 했잖아. 내가 잘 키워 볼게"라는 거예요. 제가 "그 녀석을 돌볼 만큼 건강해? 몸은 요새 어때?"라고 물었더니 "사실은 안 좋아"라고 힘없이 대답해 마음이 무거웠습니다.

전이가 돼 남은 한쪽마저 잘라내야 한답니다. 수술 날짜가 잡혔다고 하기에 "그러면서 무슨 승호를 달라고 해?"라고 짐짓 핀잔을 주었더니 "그러게 말이야. 내가 욕심이 너무 많지? 언제 죽을지도 모르는데 자식을 갖고 싶어하다니 … " 하는데 가슴이 찡하더군요. "죽긴 왜 죽어? 쓸데없는 생각 말고 마음을 굳게 먹어"라고 격려하자 "그래, 알았어"라고 짧게 대답하며 억지로 웃음을 지어 보이더군요.

장충동 동국대 옆 제일병원에서 수술하던 날 가 보지 못했습니다. 아니, 가 볼 수가 없었습니다. 둘의 만남은 비밀인데 어떻게 그 집 가족이 와 있을지도 모르는 곳에 나타나겠습니까.

궁금한 속에 며칠 있으니 연락이 오더군요. 수술은 잘됐고 1인실에 있으니 저녁에 오라고. 장미꽃 한 송이 사들고 달려갔더니 핏기 없는 얼굴로 일어나 앉더군요.

"아픈 덴 없어?"라고 물으니 "응, 아직은 괜찮아"라면서 앞으로 항암 치료 받을 걱정을 하더군요. 과거 한쪽을 떼어냈을 때의 고통을 떠올리는 것이지요. "잘 버틸 거야. 환부를 완전히 제거했으니 이제 치료만 잘 받으면 괜찮을 거야"라고 위로했습니다.

유방암은 결혼한 여성보다는 미혼이나 홀로 된 여성에게서 더 많이 발병한다는 기사를 읽은 적이 있습니다. 수십 년간 외로이 살게 한 죄를 지은 것 같기도 했습니다. '나와 인연이 안 돼 가슴 도려내는 고통을 당한 게 아닌가.'

잠시 상념에 젖은 저에게 침대에 비스듬히 누운 신 선생이 "냉장고 좀 열어 봐" 하더군요. 열어 봤더니 세상에, 생선회 한 접시와 소주 한 병이 들어있는 게 아니겠습니까. "환자가 뭘 이런 걸 신경 쓰고 그래?" 하면서도 고마워 맛있게 먹었습니다.

그 뒤로 매일 퇴근하여 약속된 시간 저녁 6시에 찾아가면 언제나 중국요리 아니면 통닭이나 참치회 등을 준비해 놓곤 했습니다. 병원에 들렀다가 저녁 늦은 시간에 집에 돌아오면 친구들과 어울려 한잔하고 오는 줄 아는 아내에게 미안하고 가책을 느꼈지만 털어놓을 수 없었습니다. 어쩌면 눈물 많은 아내가 용서해 줄지도 모르지만, 차라리 모르는 게 나을 것 같아 말하지 않고 지냈습니다.

마지막 배웅

약 1주일 뒤 퇴원하여 통원치료를 받고 있었지만 날이 갈수록 괴로워했습니다. 팔이 아프다며 수저 들기도 힘들어했습니다.

그렇게 지내기를 두어 달, 겨울방학이 다가올 즈음이었습니다.

"방학 때 중국엘 갔다 와야겠어."

"중국엔 왜?"

"침과 약으로 암을 치료하는 유명한 의사가 있대."

"그러면 어서 다녀와야지."

약 한 달간 치료할 계획으로 떠나는 날 공항으로 배웅 나갔습니다. 그쪽 집에서는 아무도 나오지 않아 출국 검사대를 통과하기 전까지 마치 부부처럼 둘이 함께 시간을 보낼 수 있었습니다.

"정년까지만 살아 있어도 좋겠어."

저보다 4살 위인 신 선생은 정년이 한두 해 남았을 것입니다.

"쓸데없는 소리 말고 가서 치료나 잘 받고 돌아와."

"정년을 마치면 공주 땅 일부를 팔아 호텔을 지을 거야. 그러면 충남 씨도 정년퇴직하고 내려와 도와줘. 그러면 우리는 편안하게 여생을 살 수 있을 거야."

"고마워. 꼭 그렇게 할게. 어서 다녀오기나 해. 돌아올 때 연락해 마중 나올게."

그렇게 그녀를 떠나보내고 난 지 한 달여. 개학하고 1주일도 지났는데 아무런 연락이 없었습니다. 궁금했습니다. 돌아왔으면 소식을 보내왔을 텐데 … . 기다릴까, 알아볼까 하는 망설임 속에 며칠 지내다 전화기를 들었습니다.

"여보세요, ○○초등학교죠?"

"네."

여자 목소리였습니다.

"신경숙 선생님 좀 바꿔 주세요."

"네? 잠깐만요."

잠시 뒤 다른 사람에게 전화를 바꿔 주었습니다. 나이가 좀 든 남자 목소리였습니다.

"저는 여기 교감입니다만 혹시 누구신지 … ."

"먼 친척 되는 사람인데 최근 연락이 없어서요."

"그러세요? 신 선생님은 돌아가셨는데요."

"네? 언제요?"

"중국에서 돌아온 지 이틀 만에 돌아가셨습니다."

"잘 알았습니다. 고맙습니다."

'한 달 전 배웅이 마지막이었단 말인가?' 가슴이 뻥 뚫린 것 같았습니다. 꿈이 아닌가 했습니다.

허전한 가슴, 무거운 마음으로 보내는 나날 속에 2주일쯤 지났을 무렵 신문사 사환이 수화기를 건네주었습니다.

"이충남 씨를 찾네요."

"누구래?"

"몰라요. 여자예요."

전화를 넘겨받았습니다.

"여보세요. 전화 바꿨습니다."

"이충남 씨이세요?"

"그렇습니다만 … ."

"저 … 신경숙 씨 아시죠?"

"네? 아, 네."

"저 신 선생 동생이에요. 언니한테 이충남 씨 얘기 들었어요."

"그랬습니까?"

"언니가 돌아갔어요."

"네?"

저는 짐짓 처음 듣는 소리인 양 놀라는 체했습니다. 그러면서 잠시 '무슨 유언이라도 남겼나? 아니면 전해 달란 물건이나 편지가 있었나?' 생각했습니다.

그런데 그쪽에서 하는 말은 너무나 뜻밖이었습니다. "언니가 중국에서 돌아올 때 한약재를 사 왔는데 먹지 못하고 죽었어요"라는 것이다. 너무 고가라 원매자를 구하기가 어렵다면서 "이충남 씨가 신문기자이니 구매할 만한 사람을 소개해 줄 수 있나요?"라는 것입니다.

평소 신 선생은 자기 동생이 너무 욕심쟁이라 밉살스럽다고 말하곤 했는데 사실이었던 것이 증명되는 순간이었습니다. "죄송하지만 저는 그런 사람을 알지 못합니다." 그것으로 전화를 끊으려다 한마디 물었습니다. "신 선생님 장례는 어떻게 치렀나요?" "네, 화장해서 포천 송우리 아버지 산소 발치에 묻었어요." 메마른 대답이었습니다.

'언니가 살기 위해 사온 약을 먹지도 못하고 죽었는데, 그 약마저 팔아먹으려는 사람이 무엇인들 남겼을 것인가? 나와 여생을 보내자던 공주 땅은 이미 꿰차고도 남았을 것'이라는 생각이 들었습니다. 신 선생이 생전에 몇 차례 그 땅을 저와 공동명의로 하자고 제안했던 것도 아마 앞날을 내다보고 동생에게 빼앗기지 않으려고 그랬던 게 아니었나 하는 생각에 마음이 씁쓸했습니다.

꿈속의 작별

신 선생이 죽은 후 저는 마음이 너무 공허했습니다. 그녀와 끊지 못할 애정이나 애틋한 사랑 때문만은 아닙니다. 과거 인연이 있었던 여인이 홀로 육신적 고통을 겪은 데 대한 애처로움이 지워지지 않아서 그런지 그 후로 자꾸 이상한 꿈을 꾸었습니다.

신 선생 여동생의 전화를 받고 며칠 뒤의 꿈입니다. 지금도 아주 생생하게 기억됩니다. 신 선생이 죽었다고 많은 친척들이 모여 장례를 치르고 있었습니다. 저도 그 현장에 갔습니다. 그곳은 이상하게도 제가 다니던 고등학교 강당이었어요. 그 안에서는 신 선생의 관을 놓고 조문객들이 문상하고 있고 유족들은 손님 접대하느라 분주하게 움직이고 있었어요. 저는 차마 장례식장 안에는 들어가지 못하고 강당 바깥 멀찍이서 지켜보고만 있었습니다.

그런데 강당에서 누군가 걸어오고 있었어요. 점점 저에게 다가오는 겁니다. 가까이 오는 모습을 보니 신 선생이었어요. 염을 하여 삼베로 몸이 칭칭 감긴 채 뒤뚱거리며 천천히 걸어오고 있었습니다. 안에서는 장례를 치르고 있는데 시체는 저에게로 걸어 나온 것이지요. 놀란 저는 아무 말도 못 했습니다. 그쪽에서도 아무 소리 않고 저만 바라보고 있었습니다. 섬뜩했습니다. 깨어 보니 꿈이었습니다.

그런데 며칠 뒤 희한하게도 똑같은 꿈을 꾸었습니다. 똑같은 학교 강당에서 조문객들이 향을 피우고 절하는 자신의 빈소를 빠져나와 제가 서 있는 바깥으로 나오는 거예요. 수의로 칭칭 감겨 뻣뻣한 몸으로 얼굴엔 금방이라도 울음을 터뜨릴 것 같은, 무언가 애원하고 싶은 표정으로 다가오고 있었어요. 거기서 또 꿈이 깨었습니다. 머리에서 식은땀이 흘러 베개가 축축하더군요.

얼핏 '무언가 한이 남아있어 혼백(魂魄)이 이생을 떠나지 못하고 허공을 헤매는 게 아닌가' 하는 생각이 들었습니다.

며칠 동안 찜찜한 나날을 보냈습니다. '화장하여 분골한 재를 묻었다는 포천 송우리 묘지를 찾아갈까?' 하는 생각도 했지만 한갓 꿈이었을 뿐인데 그렇게 할 필요가 있나, 또 산소를 찾으려면 그 집 식구들의 도움을 받아야 하는데 그것도 못할 짓이어서 포기하고 말았습니다.

그런데 며칠 뒤 또 똑같은 꿈을 꾸었습니다. 선명한 장면이 세 번이나 되풀이되는 상황이라 꿈에서도 생각했습니다. '그래, 내가 당신의 혼을 제사 드리겠소.' 정식 장례식장인 강당이 아니라 그 바깥 멀찌감치 남의 눈에 띄지 않는 은밀한 곳이었습니다. 제가 있는 쪽으로 다가오는 베옷 두른 시체를 맞아 앉혔습니다. 그 앞에 향을 피우고 '사랑하오. 잘 가시오'라며 꿇어 엎드려 깊이 절했습니다. 일어나 보니 신경숙의 모습은 흔적도 없이 사라져 버렸습니다.

그 이후로는 신 선생과 관련한 아무런 꿈도 꾸지 않았습니다. 아무리 꿈이지만 지금 생각해도 참 희한한 일입니다. 그렇게 저는 신경숙이라는 한 여인을 꿈속에서도 영원히 배웅하고 말았습니다.

아내의 눈물

그해 여름, 어머니가 무슨 일로 서울에 올라 와 계셨어요. 아내는 거실에서 다림질을 하고 어머니는 그 옆에서 홑이불 다듬이질을 하고 계셨지요. 저는 그 옆 소파에 앉아 이런저런 얘기 끝에 신 선생에 대한 그동안의 사연을 말하게 됐습니다.

서울 지하철에서 22년 만에 우연히 만난 일, 서울로 전근해 식구들이 모두 올라왔다는 얘기, 아직 혼자 살더라는 얘기, 해외여행 때 배웅하고 휴가 때 함께 여행한 얘기 등을 털어놓고, 마지막에 유방암 수술을 두 번이나 받고 세상을 떠났다고 솔직히 말했지요.

털어놓기 어려운 얘기를 하자니 참으로 조심스러워 흘깃흘깃 아내의 눈치를 살피고 있었습니다. 자칫 아내의 심기를 건드려 벌겋게 단 다리미를 획 던져올지도 몰라 겁도 났습니다.

어머니가 그때 뭐라고 하셨는지 아세요? "거 봐, 네가 그 여자하고 결혼 안 하길 잘했지. 만약 그랬다면 지금 너는 홀아비가 됐을 거야." 그 말씀이 어머니의 진심이기도 하지만, 앞에 앉은 며느리를 안정시키는 역할을 했을지도 모릅니다.

아내를 바라보니 다림질하던 모시치마에 한두 방울 얼룩이 지더군요. 아내의 두 눈에서 떨어지는 눈물이었습니다. 옛 여인과 몰래 사귀어왔던 남편에게 멱살잡이를 해도 시원찮을 판에 눈물을 흘리다니….

저는 아내 앞에 더욱 큰 죄를 지은 기분이었습니다. 그러면서도 한편 그 눈물이 신 선생과 그동안의 만남을 용서하는 것으로 여겨져 더욱 아내가 고맙고 미안했습니다.

제가 이토록 장황하게 말씀드리는 이유는 제 아내가 됐을지도 모르는 신 선생이 아버지·어머니보다 먼저 그 나라에 갔으니 혹시 만나시거든 그 아픈 가슴, 아린 마음을 어루만져 위로해 주셨으면 하는 바람에서입니다. 아니, 먼저 간 신 선생이 이미 아버지·어머니를 잘 모시고 있을지도 모르지만 말입니다.

4편

내 식구

1장

사랑하는 아내, 박갑순

참한 우체국 아가씨를 만나다

내가 〈신아일보〉 6개월 수습을 마칠 즈음 중매가 들어왔다. 둘째이모의 우체국에 다니는 큰며느리(형식 엄마)가 직장 동료 중 참한 신붓감이 있다는 것이다. 월급도 시원찮고 전세방도 아닌 월세 방에 사는 주제에 결혼이란 꿈도 못 꿀 처지라 사양했더니, 어쨌든 한번 만나 보기나 하라는 것이다.

결혼할 형편은 안 되지만 상황이 급했던 것도 사실이다. 큰댁의 장손인 사촌동생(보성)이 죽고 나니 큰아버지는 집안의 대들보가 무너졌다며 나날을 시름에 겨워 지내셨다. 나를 양자로 들일 생각을 하셨지만 내가 완강히 거절했다. 나는 남동생들이 둘이나 있지만 아버지와 어머니를 떠난다는 게 용납이 되지 않았다. 또 새로 들어오신 큰어머니에게서 낳은 아들이 있었기 때문이다.

그래서 사촌형(을성)과 나 중 누구든지 장가가서 아들을 낳을 경우 먼저 낳은 애를 보성이의 양자로 삼아 큰댁 핏줄을 잇도록 하자고 약속했다. 그즈음 형은 예서제서 혼담이 한창 오가던 때였다. 나에게도 중매가 들어왔다고 부모님께 말씀드렸더니 걱정하면서도 만나 보라고 허락하셨다.

우선 외모는 괜찮아 보였다. 소개받은 첫날은 다방에서 차만 한잔 하고 헤어졌다. 그러나 아무리 '겉볼안'이라도 사람 됨됨이를 봐야 하지 않겠는가. 또 상대방도 마찬가지일 것이다. 그래서 다음에 또 만나기로 했다. 손꼽아 기다린 약속 날, 그러니까 두 번째 만난 날은 근사한 저녁을 우아하게 먹으며 주로 가정사 중심으로 대화를 나누었다. 다음에 또 만나자고 했더니 싫단 말을 안 했다. 세 번째 날은 영화구경을 하기로 하고 종로 3가 피카디리극장 공중전화 박스 앞에서 만나기로 했다.

약속 날 시간에 맞추어 극장 쪽을 향해 걸어가면서 보니 공중전화 박스 앞에 하얀색 베레모에 옅은 밤색 정장차림의 날씬한 여인이 눈에 띄었다. 굉장히 멋있고 아름답게 보였다. 속으로 '저 여인이 내 여자였으면 참 좋겠다'고 생각했다. 그런데 다가가 보니 '내 여자'였다. 가슴이 뛰었다. 반갑게 인사하고 극장엘 들어갔다. 그때 무슨 영화를 봤는지는 기억나지 않는다. 오직 상대방에게만 신경을 쏟았으니까. 영화가 끝난 뒤 이번엔 수수하게 중국집에서 탕수육과 짜장면에 배갈을 시켰다. 맥주 한잔하겠냐고 물으니 술은 못한다고 했다.

다음에 또 만나자고 했더니 좋다고 했다. 네 번째 만난 날은 남산에 올라가 죽은 사촌에 대한 얘기를 했다. 을성 형이나 내가 결혼해서 먼저 낳은 아들은 양자를 주기로 약속했다는 얘기를 들려준 것이다. 다소곳이 듣고만 있었다. 그녀가 나와 결혼하면 그 약속을 실천하는 데

반대하지 않겠다는 무언의 의사표시 같아 마음이 놓였다.

산에서 내려와 남대문 시장 바닥 좌판에 앉아 순댓국으로 저녁을 때웠다. 일부러 그런 것이다. 처음엔 우아하게, 다음엔 평범하게, 마지막엔 초라하게 식사해도 잘 따르는가, 음식에 까탈을 부리지 않는지 시험해 본 것이다. 군소리 없이 따라 먹기에 마음에 들었다. 나의 이 '테스트'가 어리석었음을 나중에 깨달았다. 상대방은 동생들을 데리고 자취하는 형편이었으니 순댓국 아니라 시래깃국인들 마다했겠는가.

어쨌거나 나는 '첫아들 양자 묵인'과 세 번의 식사 테스트로 그녀와의 결혼을 결심했다. 하지만 상대는 어떤 마음을 가지고 있는지 확인할 수 없었다. 그래서 "결혼할 것이냐, 아니냐를 결정합시다. 만약 나와 결혼할 의사가 있으면 처음에 만났던 명동의 그 다방으로 나오고, 그렇지 않으면 안 나와도 좋습니다. 나도 마찬가지로 그때까지 결정하겠습니다"라고 1주일간의 말미를 주었다.

'하루가 여삼추'라던가. 그야말로 하루하루가 너무나 길고 걱정은 태산 같았다. '나는 분명히 나갈 텐데 만약 상대가 나오지 않으면 어떡하지?' '막상 그녀가 나와도 과연 내가 결혼할 형편인가?'

드디어 약속한, 아니 만나자고 일방 통고한 그날이 됐다. 설레는 마음으로 조금 일찍 다방 문을 열고 들어갔다. 혹시 먼저 나와 얌전히 앉아 있지는 않을까 하는 기대에 주위를 두리번거렸다. 드문드문 앉아 있는 손님 중에 그녀의 모습은 보이지 않았다. 여종업원이 차 주문을 받으러 왔으나 친구를 기다린다면서 엽차만 받아 놓고 있었다. 시계를 보았다. 약속한 정각 낮 12시. '삐걱' 하고 문 열고 들어올 것 같아 출입문 쪽만 바라보았으나 문은 미동도 않는다. 5분, 10분…. 그녀는 그림자도 안 보인다. 15분, 20분…. 변동 상황 없음. 그동안 출입문이 몇 번 삐걱거렸으나 모두 낯선 얼굴들뿐이었다.

어항 속 금붕어들은 내 마음을 아는지 모르는지 평화롭게 노닐었다. '물먹었나?' '나가 버릴까?' '30분까지 참고 기다려 보자.' 30분이 채 안 됐는데 문이 열렸다. 고개 돌리고 눈을 크게 뜨고 바라봤다. 아니다. 30분이 넘어 5분쯤 지났다. 실망과 허전함과 치솟는 분노를 안고 막 일어서려는데, '삐익' 하고 문소리가 나서 맥없이 바라봤다. '아, 왔다!'

뾰족구두를 삐가닥거리며 종종걸음으로 다가와 "미안해요. 오다 버스가 고장 나서…"라고 변명한다. 순간 분노는 사라지고 속으로 '맹추야, 버스가 고장 났으면 택시라도 타고 와야지' 하면서 '네가 온 것은 나에게 시집오겠다는 신호렷다'라는 생각에 그저 고맙고 반가워 손을 내밀었다.

결혼 뒤에 아내가 털어놓은 사실인데, 그날 버스 고장이 아니었단다. 약속시간보다 훨씬 전에 맞은쪽에 있는 은행 안에서 다방을 지켜보고 있었다는 것이다. 자기에게 나오라고 해놓고 정작 상대방은 나오지 않으면 허탕이니 머리를 써 미리 나왔다는 것이다. 내가 들어가는 것을 보았으나, 내친김에 나의 인내심도 테스트해 보려고 시간을 끌었단다. 시험은 내가 한 게 아니라 그쪽이 했던 것이다. 나는 이렇게 머리를 쓴다고 하지만 늘 당하기만 한다.

그러나 어쨌든 나왔으니 나와 결혼하겠다는 강력한 의사표시 아닌가. 속으로 쾌재를 불렀다. 그 뒤 모든 행사를 서둘러 순조롭게 진행했다.

진창길 빠지며 모신 신부

남은 절차는 양가 부모의 허락을 받는 것이다. 아버지·어머니는 일동에서 서울 올라와 당사자를 보고 '오케이' 하셨다. 그쪽은 어머니와 이모 몇 분만 우선 뵈었다. 그녀의 아버지는 시골에서 양계장을 하는데 떠나올 수가 없다기에 내가 가서 뵙기로 했다. 정한 날 둘이 만나 경기도 광주 미사리라는 곳을 찾아 나섰다.

버스에서 내려 마을까지는 2km쯤 걸어가야 하는 시골이다. 그런데 전날 비가 많이 와서 길이 질척거리고 또 중간에 개울물이 불어 징검다리가 잠기는 바람에 신발 벗고 맨발로 건너야 했다. 양말 벗은 작은 발과 치마 걷은 그녀의 하얀 종아리가 고와 보였다. 개울을 건너고도 한참 가야 하는 논두렁길, 밭두렁길은 팥죽 같은 진흙탕 '고행길'이었다. 그러나 넘어질까 봐 처음 그녀의 가녀리고 따뜻한 손을 잡고 조심조심 걸어가니 행복을 향한 '꽃길'로 여겨졌다.

집에 도착해 장인어른께 큰절로 인사하고 "다 키우신 따님을 데려가려고 힘든 길 왔습니다"라고 했더니 "고생했구먼. 여긴 마누라 없인 살아도 장화 없이는 못 사는 곳일세"라고 웃으며 맞아 주셨다. 잠시 뒤 방구석을 뒤지는가 싶더니 비료부대 조각과 연필을 내밀면서 "자네 주소나 적어 보게" 하기에 적어 드리고, 장모님이 미리 내려와 정성껏 마련한 겸상을 받고 반주 곁들여 맛있게 먹었다.

결혼을 서두르는 나에게 장모님은 내년에 하자고 했다. 못 참겠다고 떼를 썼더니 대신 약혼식을 치러 주었다. 식을 끝내고 8월 15일 약혼녀를 데리고 포천 일동에 가 큰댁 어른들께 인사를 드렸다. 그날 밤 어머니가 "약혼했으니 너희는 부부"라면서 잠자리를 마련해 주셨다.

'초구 히트!' 몇 달 뒤 소식이 왔다. 장모님이 "내년까지 기다리면 신부 드레스가 보기 흉하겠다"며 식을 빨리 치르자고 했다. '그러게 내가 뭐랬습니까?' 어쨌든 감사, 감사!

그 후 일은 일사천리로 진행돼 11월 18일자 청첩장을 돌렸다. 회사 예비군 중대장이 "내가 차차 말하려고 했는데 기회를 놓쳤네"라는 것이다. 무슨 소리냐고 물었더니 "내 처제가 의사인데 이충남 씨를 소개하겠다고 말했더니 좋다고 해서 언젠가 날을 잡아 만나게 하려고 했었다"는 거다. 속으로 '우체국 직원보다야 여의사가 낫지' 하는 아쉬움이 컸지만, 운명은 이미 결정된 뒤였다. 그렇게 나는 지금의 아내 박갑순과 평생의 연분을 맺었다.

철없는 새댁의 해프닝

결혼하고 나서 새댁 때 아내가 저지른 부끄러운 해프닝이 아직도 잊히지 않는다. 결혼식 참석에 대한 감사 인사로 신문사 교열부 전원을 집으로 초대했다. 집이라야 미아리의 월세 방이었다. 퇴근하여 부장님을 비롯한 10여 명의 부원이 집에 도착하니 전날 미리 올라온 어머니가 음식을 장만하고 계셨고, 노랑저고리와 다홍치마에 행주 두른 새댁은 어머니를 돕고 있었다.

미처 음식상이 들어오기 전에 친구들은 "신랑을 달아 먹자"며 나의 두 다리를 묶어 어깨에 메고 부장님은 자기 허리띠를 빼어 내 발바닥을 내리치며 "신부 들어와 노래 부르게 하라"고 달구쳤다. 장가든 신랑의 행복감을 더해 주고 새색시의 됨됨이를 시험해 보기 위해 친구들이 장난치는 오래된 풍습이다.

나는 짐짓 아픈 듯 "아이구, 아얏" 소리를 질렀다. "이봐요, 들어와 노래 좀 해요." 내가 엄살을 부리며 비명을 올렸지만 부엌에서는 아무런 반응이 없었다. '달구질'은 계속됐고, 나는 더욱 아픈 체 소리를 높였다. 그러자 부엌으로 난 샛문이 벌컥 열리고 신부가 들어왔다. 친구들은 노래를 부르러 들어오는 줄 알고 잠시 매질을 멈추고 잔뜩 기대에 찬 눈길을 보내고 있었다.

그런데 이게 웬일인가. 신부는 매를 들고 있는 부장님 쪽으로 다가가더니 "왜 그러세요?"라면서 대뜸 혁대를 빼앗아 던지고 곧바로 부장님의 넥타이를 잡아당기는 것이었다. 순식간에 신부의 기습을 당한 부장님도, 부원들도 어안이 벙벙해 멍하니 서 있었다. 그러는 동안 거꾸로 매달려 있던 내가 풀려났지만 상황이 영 엉망이 됐다. 나는 황당무계한 신부의 처사에 기가 찼고, 친구들 앞에 부끄러워 몸 둘 바를 몰랐다. 어머니는 잠깐 가게에 가셨던 모양이다. 어머니가 계셨더라면 "장난들 하는 것이니 들어가지 말라"고 말리셨을 것이다.

나는 부장님과 친구들에게 너무나 미안하고 창피하고 화가 나서 참을 수 없었다. 성질대로라면 뺨이라도 한 대 갈기고 큰 소리로 꾸짖고 싶었지만 '즐거우나 괴로우나 서로 사랑하라'는 결혼서약의 잉크가 채 마르기도 전에 친구들 앞에 추태를 보일 수는 없었다. 꾹 참고 대신 "미안합니다. 모두 나갑시다"라고 했다. 부장님과 친구들은 괜찮다며 눌러앉아 있으려 했다. 나는 "안 됩니다. 다들 나오세요" 하고 먼저 문을 열고 신발을 신었다. 나의 태도가 완강한 것을 안 일행이 하나둘 일어서 따라나섰다. 부엌에서 훌쩍거리는 아내를 거들떠보지도 않고 나는 친구들을 몰고 근처 음식점으로 가 그날 엄청 마셨다.

거의 통금시간이 될 즈음 돌아왔더니 어머니는 망연자실한 모습으로 앉아 계셨고, 새 며느리는 시어머니의 책망을 들었는지 고개 숙인 채 쪼그리고 앉아 훌쩍이고 있었다. 부엌에는 차리다 멈춘 갖가지 음식들이 즐비하게 놓인 채였다. 나는 며칠 동안 한 이불 속 잠은커녕 한마디 말도, 눈길도 주지 않고 냉랭하게 지냈다.

'이런 무례하고 억센 여자를 어떻게 일생 동안 데리고 살 것인가.'

걱정이 태산 같았다. 어머니가 타이르셨다.

"새아기가 순진해서 그런 것이니 네가 참아라."

"아무리 순진해도 그렇지, 어떻게 남편의 친구, 아니 상사의 멱살을 잡을 수 있어요? 초장에 잡아 놓지 않으면 앞으로 무슨 일을 저지를지 몰라요."

"새아기도 잘못했다고 빌었다. 그러니 참고 살아가거라."

속은 풀리지 않았지만 버리지 못하는 한 데리고 살아야지 어쩌겠는가. 그날 마련한 어머니의 정성 들인 음식은 며칠을 두고 먹었다. 그 맛있는 요리를 씁쓸한 입맛으로.

아내의 벽창호 짓은 그것으로 그치지 않았다. 겨우겨우 마음을 추슬러가며 나날을 보내는데, 철없는 아내는 또 '사고'를 치고 말았다. 그 이듬해 음력 10월 22일 어머니 생신을 맞아 우리 내외가 일동에 내려갔다. 뒤이어 서울에서 이종사촌 태섭 형과 이종사촌 매형 순호 아버지 김 서방, 재석 아버지 오 서방이 함께 내려왔다. 그날 어머니의 솜씨로 마련한 천하일미 안주로 흠뻑 취하도록 마시며 즐겼다.

하지만 모두 서울로 돌아와야 했기에 막차를 놓칠세라 술이 채 깨기도 전에 모두 서둘러 시외버스에 올랐다. 차 안에서 내가 호기를 부렸다. "형님들, 모두 수유리에서 내립시다. 우리 집에서 한잔 모시겠습니다." 술을 먹고는 가도 지고는 못 가는 꾼들이니 싫다고 할 리가 없었다. 아내는 "그렇게 취했는데 무슨 또 술이에요?"라고 마뜩잖은 표정이었지만, 나는 "간단히 마실게"하고 형님들을 집으로 모셨다.

일행이 거실(이때는 단독주택 전셋집이었다)에 앉아 왁자지껄 떠들면서, 옷 갈아입으러 안방으로 들어간 아내가 술상 내오길 기다리고 있었다. 한참 만에 내온 개다리소반을 보니 일동에서 싸온 과일과 부침개는 있는데 술잔이 없었다. "술은?" 하고 물었더니 "안 돼요. 그만 마셔요" 하고 한마디 쏘아붙이듯 내뱉고는 홱 돌아서 방으로 들어가 문을 쾅 닫아 버리고 말았다. 잠시 분위기가 썰렁한 속에 오 서방이 "충남이 장가 한번 자알 갔네"라며 나를 놀렸다.

나는 지난해 '신랑 달구질' 기억이 되살아나 무안하고 약 오르고 화가 치밀어 견딜 수 없었다. '이걸 그냥…' 안방을 향해 주먹이 불끈 쥐어졌지만 꾹 참고 "형님들, 일어나세요. 나갑시다" 하고 집 근처 방석집으로 모시고 가 젓가락 장단 맞춰 고래고래 목청껏 노래 부르며 부어라 마셔라 실컷 마셨다.

'집에서라면 소주 두어 병이면 충분했을 텐데 얇은 지갑에 이게 무슨 꼴이람.' 일행을 보내고 헤어져 집에 돌아오는 나의 가슴엔 천불이 일었고 발걸음은 천근만근 무거웠다. 장모님은 처이모들로부터 "언니 사위 잘 두었수"라는 소리를 들었는데, 나는 "충남이 장가 잘 갔다"는 놀림을 당하다니 …. 툭하면 남편 체면 완전히 구겨 놓는 저 여편네를 어떻게 평생 데리고 살 것인가. 무슨 방법으로 잡아야 하나 …. 앞길이 캄캄했다.

송년에 맞은 베개 폭탄

"나가! 그 여자하고 살아."

느닷없이 베개가 날아왔다. 지하철 안에서 아내의 표정이 심상치 않아 어느 정도 각오는 했지만 이렇게까지 나올 줄은 예상치 못했다. 집에 돌아와 방에 들어서자마자 벌어진 돌발상황이었다.

"그까짓 일 가지고 뭘 그래?"

"그까짓 일? 날 뭣 때문에 데려갔어? 사람을 데려다 놓고 그렇게 무시할 수 있어?"

그러고 보니 아내가 화를 낼 만도 했다. 동국대 언론정보대학원 재학 중에 연말 송년회가 남산 타워호텔에서 열렸다. 늦깎이 대학원생들이니 결혼한 사람들도 많아 부부동반으로 참석해 달라고 미리 연락이 왔다. 가지 않겠다는 아내를 끈질기게 설득했다. 그날이 막 언론재단에서 보내준 유럽여행을 마치고 돌아온 이튿날이었다. 정신장애 1급인 둘째아들이 집에 있으면 아내가 함께 참석할 수 없었을 텐데, 마침 아들이 없었다. 내가 해외여행 중에 녀석이 크게 말썽을 부려 청량리 정신병원에 입원시켜 놓았다고 했다. 나의 강권에 아내가 마지못해 따라나섰던 것이다.

예약된 호텔은 남산 언덕배기에 있어 지하철에서 내려 올라가는 길이 약간은 힘들었다. '자가용은 없지만 택시로라도 타고 올걸…. ' 속으로 아내에게 미안했다. 행사장 안에 들어서니 10여 명의 동기생들이 먼저 와 자리를 잡아 놓고 있었다. 부부가 나란히 끼어 앉았다.

7기 동기생들 중에는 오금옥이라는 홍일점, 당시로서는 올드미스가 있었다. 30대 중반인데 매사에 활동적이고 재력도 갖춘 싱글이었다. 평소 사내처럼 남학생들에게 '형님', '아우님' 하면서 살갑게 굴고 가끔 술도 한잔 사곤 했다. 하지만 나에게는 깍듯이 '이 선생님'이라고 부른다. 고향 영광에서 어머니가 싱싱한 생선을 보내왔다고 동기생들을 초청하여 거하게 한잔 내기도 했다. 본인은 밀밭 옆에도 못 간다면서도….

다른 친구들이 더러는 부부로 왔으나 대개는 혼자 왔는데 물론 오 양도 혼자였다. 그녀가 "오늘은 이 선생님과 한잔해야지"라며 내 옆으로 와 앉았다. 아내는 왼쪽, 오 양은 오른쪽이었다. 두 사람을 인사시켰다. "아유, 사모님 미인이시네요" 하자 아내는 기분이 좋은 듯 웃음 한 번 빙긋 보냈을 뿐이다. 거기까지는 좋았다.

뷔페식 식사였다. 동기들 중의 '꼰대'인 나는 앉아 있고 아내와 오 양이 몇 차례 음식을 날라왔다. 아내가 한 접시를 내 앞에 놓아 주었다. 잠시 후 오 양도 접시를 가져와 앉더니 "이것도 좀 들어 보세요"라면서 음식 몇 가지를 내 접시에 올려 주었다. 음식과 대화를 주고받으며 다정한 눈빛과 웃음도 오갔다. 왼쪽의 아내는 자기 접시만 끼적거리고 있었다.

파티가 끝났다. 아내의 표정이 아무래도 심상치 않아 '미안 반, 두려움 반'인 마음에서 "택시 타고 갈까?" 했더니 "택시는 무슨 택시 …" 라면서 휑하니 앞서간다. 올 땐 언덕길을 비록 손은 안 잡아도 어깨를 나란히 하여 걸었는데 내려갈 땐 누가 붙잡을세라 종종걸음이다. 터덜터덜 아내의 뒤꼭지만 보고 따라 내려왔다. 집에 도착하여 뒤따라 방에 들어가자마자 졸지에 '베개 폭탄'이 날아왔다. 호텔 송년파티 뒤풀이로 받은 베개 세례. 몸보다 마음이 아팠다. 동기 여학생이 음식 몇 점 덜어 준 게 아내에게 그렇게 큰 상처였단 말인가. 아내는 그렇게 속이 좁은가.

딴 이불 덮고 등 돌려 누우니 옛날이 떠오른다. 신혼 때 부장님 넥타이 잡은 사건, 친척 형들에게 들은 '장가 자알 갔다'는 비아냥 … . 새록새록 마음이 무거웠다. 게다가 이튿날 아침 밥상에서 던진 아내의 한마디가 나의 가슴을 찔렀다. "자식새끼는 병원에 갇혀 있는데, 파티에 가 여자랑 낄낄거리기나 하고, 쯧쯧 … ."

부처님에게 바친 금붙이

아내가 내 속을 긁어 놓은 건 이게 다가 아니다. 그 후에도 심심치 않게 내 혈압을 부쩍부쩍 올려 주곤 했다. 몇 가지만 추려서 뒤늦게 곱씹어 본다. 부처에게 바친 금붙이 얘기다.

둘째아들 승호가 서너 살 됐을 때였다. 그동안 아이들 백일이며 돌 때 들어온 반지와 팔찌가 몇 개 있는 줄 알았는데 하나도 없는 거다. 아내가 베갯잇을 빨았는지 베갯속을 갈아 넣을 때 보니 아무것도 보이지 않았다. 평소 금붙이는 잘 싸서 그 베개에 넣어 두곤 하는 것을 보았는데 그게 안 보이는 것이다.

“딴 데 두었나? 여기 넣었던 금반지들 말이야” 하고 물었더니 아내가 우물우물한다. 잠시 후 이실직고하는 내용인즉, 절에 가 백일기도를 드리면서 거기에 바쳤다는 것이다. 평소 절이나 교회를 다니지 않았는데 웬 백일기도란 말인가.

얼마 전 돌중 하나가 들어와 “이 집 바깥양반이 쇠붙이 다루는 일을 하시죠? 올해 운수가 안 좋으니 불공을 드려야겠네요” 하기에 “아니요, 우리 집 양반은 신문기자인데요” 했더니 “기자면 글을 쓰는 직업인데 글은 펜으로 쓰죠? 펜은 철로 됐으니 맞지 않습니까?”라고 미끼를 던졌는데, 아내가 고개를 끄덕인 게 탈이었다. “기자는 펜으로 글을 쓰는데 까딱 잘못하면 큰 화를 당할 수 있다”는 말에 아내의 마음이 덜컥한 것이다.

그 동네에 주로 운전사들이 많이 사는 것을 알고 찾아온 돌중이 운전사를 쇳덩이 다루는 직업으로 넘겨짚었는데, 엉뚱하게 신문기자의 아내가 낚인 것이다. 아직 때가 덜 묻어 어수룩한 아내가 귀를 기울이자 이자는 액땜을 하기 위해서는 절에 가 불공을 드려야 한다고 꼬였다. 쇠와 관련한 액운은 좋은 쇠로 풀어야 하니 자기를 통해 부처님께 금붙이를 바치면 백일 특별기도회에 참여토록 해준다기에 베개를 뜯어 내주었다는 것이다.

그날 아이들 반지를 몽땅 내주고 빈 베개를 꿰매는 아내의 모습이 너무나 한심했다. 마치 방아 찧어 곡식 알갱이는 남 주고 빈 겨 껍데기만 핥고 있는 것 같아 어처구니없고 내 신세가 처량하기까지 했다.

기가 막혔다. '이런 바보를 어떻게 데리고 살 것인가?' 앞이 캄캄했으나 또 참는 수밖에 …. 백일 동안 매일 절에 가 마지막 108배를 마치고 아내가 돌아왔다. 떼꾼한 눈, 파김치처럼 처진 몸으로. 그래도 만족한 듯 웃는 모습을 보곤 차라리 불쌍하다는 생각이 들었다.

그 금붙이들을 가난한 사람에게 주었더라면 앉아서 절을 받았을 텐데 몽땅 털어 주고도 쫓아가서 절하다니 저게 무슨 꼴인가. 측은한 생각에 마음에도 없이 "수고했다"고 위로하고 말았다. 심하게 야단쳤다가 자칫 금도 잃고 아내도 잃을까 조심스러웠기 때문이다.

부처님 버리고 예수님에게로

여기까지는 그래도 하해와 같은 마음으로 참을 수 있었다. 그런데 이번엔 도저히 참을 수 없는 짓을 저지르고 말았으니 이 일을 어쩌면 좋단 말인가. 아내는 2, 3년간 절에 드나들며 드리던 불공을 그만두고 어느새 예수님을 믿고 있었다. 첫째아들 승민이가 초등학교에 다니면서부터이니까 내가 〈한국일보〉를 거쳐 〈동아일보〉에 다닐 때의 일이다.

새벽마다 일어나 살그머니 기도하러 나갔다가 들어오는 아내가 밉살스러워 가끔은 발길로 걷어차 버리기도 했다. 그래도 쇠심줄같이 고집 센 아내는 눈 하나 깜짝하지 않고 교회에 다녔다. 한번은 초등학교 5학년 승민이가 전국어린이 성경암송대회에서 금상을 탔다며 좋아했다. 교회에서 상을 주니 아들을 격려하는 마음으로 함께 가자고 조르기에 마지못해, 도살장에 끌려가는 소처럼 따라갔다. 그날 아들이

상을 받을 때 손바닥이 아프도록 박수를 친 것이 내가 예수님을 믿게 된 시발점이었다.

아내는 대놓고 예수님에게 빠져들었다. 급기야 새벽기도 가다가 택시에 들이받히는 사고를 당했다. 간신히 목숨은 건졌으나 반년 넘게 입원하는 '벌'을 받아야 했다. 그때 어머니가 올라와 간병하느라 고생을 무척 많이 하셨다.

내가 술과 담배를 끊지 못한 채 교회에 다닌 지 5, 6년 됐을 때 성경공부를 하게 됐는데 무척 재미있었다. 100여 명이 공부하는 2년 과정에서 내가 1등을 했다. 내친김에 신학대학원에 들어가 목사가 될까 하는 마음도 있어 아내에게 넌지시 물었다. 반길 줄 알았는데 의외로 반응이 싸늘했다.

안 그래도 근래 들어 교회를 옮겨 보자고 해 몇 군데 함께 다녀 보긴 했으나 설교 말씀이 들려오지 않기는 거기서 거기인 것 같아 나는 첫 교회를 그냥 다니고 있었다. 그런데 아내는 혼자 여러 곳을 돌더니 마침내 한 곳에 빠져들고야 말았다. 기존의 교회는 모두 썩었다는 것이다. 자기가 다니는 교회의 교주가 앞으로 세상을 바꿀 것이라는 엉뚱한 얘기를 하기도 했다. 한마디로 '사이비'에 빠졌다. 아내를 그런 곳으로 이끈 게 나의 외사촌 누나였다.

그 누나 때문에 나는 이미 집 한 채 값을 날려 아픈 상처를 안고 있었다. 누나네가 장사할 때 돈이 있으면 불려 줄 테니까 빌려달라고 했다. 은평구 진관동의 기자촌에 30만 원짜리 전세를 살 때였다. 그때 그곳 집 한 채 값이 110만 원인데 아내의 퇴직금과 나의 적금 등을 모은 돈 60만 원을 몽땅 맡겼다. 다달이 이자를 받아 20만 원만 더 모이면 전세금과 합쳐 그 집을 살 계획이었다.

그런데 달랑 한 달 이자만 준 뒤론 깜깜무소식이었다. 자신들은 번쩍번쩍하는 금시계와 금반지 끼고 컬러 TV를 놓고 살면서도 이 핑계 저 핑계 미루기만 하더니 끝내 폭삭 망해 버렸다. 순간 내 집 마련의 꿈도 산산조각이 나 버렸다. 그 뒤로 나는 누나가 너무 원망스러워 견딜 수 없었다. 그 아픈 상처가 지워지지 않고 있는데 아내가 전전하던 끝에 빠져든 게 하필이면 그 누나 일당이 속한 곳이란 말인가?

그 사실을 안 나는 미칠 것만 같았다. '누나는 나의 집 마련 꿈을 앗아가더니 그것도 모자라 이제는 아내의 영혼마저 뺏어가 버렸다'는 생각에 살인이라도 할 것 같은 분노를 억제할 수 없었다. 누나도 그렇거니와 아내도 원수로 보였다. 그럴수록 나 자신이 너무 초라하고 비참하게 느껴졌다.

'죽여 버릴까' 아니면 '이혼할까?' 차라리 내가 '죽어 버릴까?' 그 일 이후로 나는 극한상태에 빠져들었다. 내 신세가 왜 이 모양 이 꼴이 됐나? 패물 바치고 재산도 날린 데다 정신마저 빼앗긴 한심한 골칫덩이 아내를 어떻게 할 것인가? 앞길이 막막했다. 잠이 안 왔다.

한밤중에 벌떡 일어났다. 밖에 나갔다. 비가 내렸다. 차에 올라 시동을 걸었다. 어디로 갈 것인가? 한강으로 갈까? 서울을 벗어나 북쪽 시골길을 달렸다. 거리엔 차도 사람도 없는 빗속의 칠흑 같은 밤.

예전에 귓결에 들은 곳을 가고 싶었다. 희미한 불빛이 비치는 구멍가게에 멈추어 '오산리 기도원'을 물었다. 한참을 달려 찾아갔다. 기도원도 잠들어 괴괴한 마당 옆 풀밭에 주차하고 차 속에 누웠다. 새벽에 사람들이 꾸역꾸역 모여들기에 따라가 교회당 구석에 비집고 앉았다. 목사가 무슨 말을 하는지 귀에 들려오지 않았다. 낮에는 다른 강사가 열변을 토했지만 역시 들리지 않기는 마찬가지였다. 그렇게 3일 밤낮을 보내고 내려왔다. 떠날 때 무거웠던 마음은 내려올 때도 마찬가지였다. 그러나 갈 곳 못 찾고 집으로 돌아왔다.

신혼의 아내는 고양이와 같은데, 중년엔 여우가 아니면 곰으로 변하고, 노년엔 호랑이로 변한다고 한다. 하지만 내 아내는 이미 초년에 고양이는커녕 살쾡이와 다름없었고, 중년에 '곰 짓'을 하더니, 이제는 벌써 '호랑이'가 돼 제멋대로 하고 있다. 영혼도 빼앗긴 호랑이를 어찌할 것인가?

집안에 애정은 고사하고 대화가 사라진 지 오래고, 오직 싸늘한 냉기만 감도는 상태로 나날을 보내고 있었다. 까딱하면 가정이 폭발하여 공중분해될 수 있는 상태였다. 그즈음 어머니의 당뇨병과 파킨슨병이 악화돼 일동 집을 정리하고 부모님이 서울로 올라와 우리와 합쳐 살게 됐다.

'미움과 분노'가 '용서와 사랑'으로

부모님을 모시고 살게 되니 부부간에 싸울 수도, 헤어질 수도 없는 신세가 되고 말았다. 두 분을 모시기 전에 아내가 제의해왔다. "두 분을 모시고 살게 되면 가정예배를 드리자." 부모님도 시골에서 교회를 다니셨다. 그렇지 않아도 그러고 싶었던 나는 즉답했다. "좋다. 그러나 예배는 드리되 서로의 종교는 얘기하지 말자."

저녁 식사 때마다 부모님을 모시고 경건하고 엄숙하게 함께 가정예배를 드렸다. 그러나 그거 사실은 '가짜'였다. 아내가 밉고 꼴도 보기 싫어 속은 부글부글 끓었지만 겉으론 무조건 "감사합니다. 아멘" 했던 것이다. 마음에 분노의 불덩어리가 이글거리는데, 부모님 앞이라 겉으론 평안한 듯 다정한 체 살아야 하는 내 신세가 비참하고 우스웠다.

부모님을 모시면서 아내는 나의 무관심과 싸늘한 눈초리도 일부러 모른 체하고 두 분 봉양에 열과 성을 다하는 것 같았다. 처음엔 그게 가식으로 보였다. 그런데 날이 가고, 달이 지나고, 해가 바뀌어도 두 분에 대한 지극정성은 변함이 없었다. 그렇게 지내기를 10여 년. 나의 마음은 나도 모르게 차차 녹아들었다.

여우가 아닌 곰 같은 여자, 장애인 아들을 끼고 24시간 살면서도 진정으로 시부모를 모시는 '진국', 겉과 속이 다르지 않은 사람, 나에겐 원수 같아도 모든 식구를 위해선 꼭 필요한 '천사' 같은 존재. 저런 여자를 내가 어떻게 미워할 수 있겠는가? 아내가 저렇게 할 때 나는 부모와 자식에게 무엇을 했던가? 아내에 대한 '미움과 분노'가 어느새 '용서와 사랑'으로 바뀌었음을 느꼈다.

그렇게 세월이 흐르는 속에 아버지가 하늘에 가신 지 3년 반 만에 어머니마저 따라 떠나셨다. 그런 뒤부터 나는 아내가 더욱 고맙게 느껴졌고 그 마음은 지금도 계속되고 있다. 요즘도 매일은 못하지만 저녁에 잠들기 전에 세 식구가 함께 앉아 가정예배를 드리고 있다. 이번에는 '진짜'다. 아버지·어머니, 걱정 마세요. 이렇게 우리 부부는 서로 위하고 아끼면서 살아가고 있습니다. 아직도 아내 갑순이가 가끔 엉뚱한 짓을 해서 조마조마하긴 하지만….

부부의 편지

고교 친구들과 다달이 모이는 1박 2일 '월백회' 여행을 떠나려고 전날 챙겨 놓았던 배낭을 보니 누가 밤사이에 모두 뒤져 방안 가득 늘어놓았다. 승호가 그런 줄 알고 다시 챙기려 했더니 편지 한 장이 있었다. "이충남 씨 보세요"라는 아내의 글씨가 보였다.

안녕하세요? 이충남 씨.
이 방을 보신 소감이 어떠신지요? 당신은 당신만 생각하는 사람인 줄 진작 알았지만, 너무하다고 생각지 않는지요? 누구는 쉬고 싶지 않아서 이러고 있는 줄 아십니까? 집안을 두루두루 살펴보시지요. 제대로 정리된 것이 없습니다. 나도 지치고, 힘들고, 짜증나고, 별별 생각을 다 하다가도 마음을 돌리곤 한답니다.

나도 인간이지요. 소나 돼지가 아니지요. 당신의 가슴에 손을 얹고 생각해 보세요. 내가 병이 나는 것이 왜 그럴까요? 왜 힘이 빠진다고 말할까요? 당신은 그런 소리조차 듣기 싫지요? 나도 나가면 들어오기 싫다고 몇 번 말한 적이 있는 것 아시지요? 당신은 마음이 들떠서 옷을 챙기고 가방에 체육복도 새로 사 챙겼더군요. 좋으시겠어요!

내가 부모님이 짐이 되어서가 아닙니다. 미워서도 아닙니다. 다 당신 때문이지요. 당신은 가족에 대해서 전혀 관심이 없는 사람이죠. 당신은 인도 사람, 또한 농담이나 하고 분위기나 잡고 시시덕거리고 그런 것을 좋아하지요. 당신은 자식들 하나하나에 관심을 갖고 마음을 쏟은 적이 있던가요?

당신은 이 집안에 어떤 사람인가요? 가족들에게 관심을 갖고 귀 기울여 주는 사람인가요? 당신은 이 집안에서 사랑을 받고 있나요? 필요한 사람인가요? 필요치 않은 사람인가요? 있으나마나 한 사람은 아닌지요. 모든 것은 당신이 판단할 문제이군요. 하나님은 자유의지를 주셨잖아요. 그분은 당신이 행한 대로 보응합니다. 당신한테 내가 도움이 되지 않으면 내가 나갈까요? 나하고 같이 있기 싫어하는 것 같은데요. 그러면 정직하게 싫다고 하시지요. "이혼하자"고요.

"나 다른 여인, 맘에 있는 사람이 있는데 당신 때문에 제대로 만나지 못하고 있다"고 솔직히 말씀하세요. 내가 도장 찍어 주지요. 내가 많이 늙었잖아요. 밖에 나가면 젊고 예쁜 여인, 중년쯤 되고 날씬한 여자들이 눈에 많이 띄데요. 내가 당신에게 홀가분하게 해드릴까요?

2006. 11. 11. 당신이 거들떠보려고도 않는 박갑순이

아내의 편지를 읽어 보니 그녀의 마음을 풀어 주기 위한 편지를 써야 할 것 같아 나도 답장을 썼다.

박갑순 여사 보세요.

이 순간 프랑스의 세계적 디자이너 피에르 가르뎅의 일화가 생각나는군요. 오늘 친구들과 계획된 여행을 갈 것인가? 아니면 승호와 산에나 갔다 온 뒤 집안 정리를 하면서 당신의 아픈 마음을 위로해야 하나?

당신이 느낀 대로 나는 나만 생각하는 사람인지도 모르오. 당신, 승호, 부모님, 어느 누구를 위해서도 내가 시간을 내고 마음을 쓰고 노력한 일이 없음을 고백하오. 가끔 새벽에 교회에 가서 기도한 것밖에는.

하지만 오늘 일은 당신이 오해한 부분이 있는 듯하오. 내가 좋아하는 여자가 있어서 나가는 것도, 당신이 미워서도, 집안일 정리하기가 싫어서도 아니랍니다. 전에 내가 말했잖소? 한 달에 한 번씩(매월 둘째 월요일, 화요일) 고교 동창들이 국내여행을 하기로 했다고.

내가 여기에 합류하는 이유는 단순히 놀러가는 것이 목적이 아니랍니다. 내가 동창회 총무를 맡아 이것저것 많은 일을 해야 하는데 그중에 하나가 한 달에 한 번씩 동창회보 〈보성고 53회 소식〉을 내는 것이지요. 여기에 친구들의 소식과 동정, 읽힐 만한 동창의 얘깃거리를 실어야 하는데 그 소재를 여간해서 구하기가 힘듭니다. 한데 10여 명의 친구들과 여행하면서 대화를 나누거나, 혹은 지방에 있어 통 만나지 못하다가 그를 만나 지내온 일들을 듣다 보면 꽤 좋은 글감이 있어 나름대로 내게는 유익한 시간이 되기에 나서곤 했던 것이라오. 이 모임에는 결코 여자도 없고 흥청거리고 놀며 마시는 자리도 아닙니다. 단지 식사하면서 반주나 곁들이는 정도이지요.

또 이번 여행에 동참하려는 것은 솔직히 종친회의 일이 귀찮기 때문이기도 합니다. 요즘 종친회 일이 여간 골치 아픈 게 아닌데 내가 집에 있으면 반드시 불러낼 것이에요. 하지만 여행을 떠났다고 하면 전화로나 대화가 되겠지요. 이렇게 며칠 그 일에서 떠나 있고 싶었어요.

그리고 인도인들 심방 등 교회 봉사는 내가 전에도 말했지만 65세가 될 때까지만 하려고 해요. 물질적 봉사는 못 하지만 아직 건강하니 그때까지는 내 몸을 움직여 봉사하고, 그 이후엔 내가 남의 도움을 받지 않을 정도로 내 육신을 유지하는 데 힘쓰려고 생각해요.

또 역정이 난 나머지 당신이 배낭에서 꺼내 팽개친 체육복은 내가 산 것이 아니에요. 아버지 옷을 넣어 둔 장롱 속에 걸려 있는 것을 꺼낸 것이랍니다. 옷은 평생 입어도 남을 것이라고 생각하는 터인데 내가 무슨 옷을 산단 말입니까. 그래도 운동화는 살까 생각했지만 그것도 요즘 우리 형편을 생각하여 단념하고 신발장을 뒤져 보니 쓸 만한 것이 있어 꺼내 놓은 것이라오. 한두 가지 오해가 있으면 모든 것을 이상하게 생각하게 마련이지요.

피에르 가르뎅은 처음엔 적십자사에 취직할 것인가, 디자인 회사에 취직할 것인가, 나중엔 디자인 회사에 머물 것인가, 독립할 것인가, 이런 중요한 고비에서 그 선택을 동전 던지기나 연필 쓰러뜨리기로 결정했답니다. 그 결과, 세계적 디자이너로 성공했는데 문제는 그 선택을 잘하고 못하고가 중요한 것이 아니라 그가 선택한 일에 최선을 다했다는 것이랍니다. 지금 내가 그런 처지라오.

여행을 떠날 것인가, 포기할 것인가. 무엇으로 정할까. 동전을 던져 보았소. 세종대왕 얼굴이 나오면 떠나고, 100자가 나오면 포기하기로 했소. 잠든 당신의 머리맡에서 던져 보니 100자가 나오더이다. 그래! 이번엔 여행을 포기하고 당신을 도와 집안 정리를 하리다. 친구들에게는 약속을 안 지키는 실없는 놈이 되겠지만, 그렇지 않으면 집에서 쫓겨날지도 모르는 형편이니 잘된 선택이라 생각하오.

나는 이 집안에서 사랑받고, 필요하고, 있어야 될 사람, 없어서는 안 될 존재로서 집안일에 관심을 가지고 늘 가족을 사랑하고 보살피는 사람으로 남으렵니다. 아침에 깨거든 내가 집에서 도울 일을 말해 주시오.

2006. 11. 12. 버려도 조금도 아깝지 않은 존재 이충남이

2만 원에 기뻐하는 천사 아내

2년여 전 어느 토요일 아침. 목욕이나 갔다 오겠다는 아내에게 이불 속에서 일어나 주머니에서 2만 원을 꺼내 주었더니 "이게 웬 거냐?"며 그렇게 좋아할 수가 없었다. 늘 밝게 웃는 얼굴이라 "내가 장가는 잘 갔다"고 평소 생각해온 터이지만, 단돈 2만 원에 만족해 웃는 그 모습이 정말로 보기 좋고 고마웠다. 예전 현역시절엔 20만 원, 아니 200만 원을 주어도 "고작 요거냐?"며 시큰둥하던 아내가 그만한 돈에 그토록 좋아하다니 … . 순간 콧날이 시큰했다.

그 돈이 실은 전날 저녁 친구가 택시비 하라며 주머니에 찔러 넣어준 차비다. 고교 동창 박월이 갑자기 죽어 그 초상을 치렀는데 뒤늦게 소식을 접한 친구들이 어떻게 애도의 뜻을 표할 수 없겠느냐며 물어왔기에 내 통장에 입금하면 대신 전달하겠다고 했더니 10여 명이 온라인으로 부조금을 보내왔다. 그 돈을 전달하려던 차에 친구 C가 전화를 걸었다. 누구보다 박월과 가깝게 지내던 그는 직접 유족에게 조의를 표하고 싶다며 나와 함께 만나자고 했다.

삼우제가 지난 다음 날 저녁 박월의 아들을 강남 교대역 근처 한 음식점으로 불러 식사하며 친구들이 전해 달라는 봉투를 건넸다. C는 조위금을 내밀며 문상 못 간 것을 사과하고 너무 슬퍼하지 말고 홀로 된 어머니를 모시고 열심히 살아가라고 친구 아들을 격려했다.

눈물을 멈추지 못하는 아들에게 여러 가지 말로 위로하며 얘기를 나누다 보니 시간이 꽤 흘렀다. 나는 지하철이 끊어지기 전에 가야 한다며 일어섰다. 그러자 C도 자리를 끝내자며 따라나섰다. 부지런히 지하철역을 향해 가는데 그가 따라오면서 늦었으니 택시 타고 가라며 억지로 돈을 건네는 것이었다. 시간은 밤 11시가 가까웠다. 나는 "아직 지하철이 있으니 걱정 말라"며 사양했다. 하지만 워낙 고집이 센 친구인 데다가 술까지 한잔 걸쳤으니 그 고집을 꺾을 재간이 없었다. "그래, 주는 것이니 받긴 하지만 오늘은 지하철을 타고 가고 이 돈은 요긴하게 쓰겠다"고 받아 넣었다.

아내에게 준 2만 원이 바로 그 돈이었다. 돈을 받아든 아내가 마치 세뱃돈을 받은 어린아이처럼 좋아하며 내 뺨에 입맞춤을 하면서 "돌아올 때 남은 돈으로 삼겹살을 사오겠다"고 한다.

사업하는 동생에게 집문서를 빌려주었더니 그것을 담보로 빚을 얻은 것이 결국은 경매에 붙여지게 됐다. 채권자에게 두 차례나 사정해 경매에 넘어가는 것을 막고 간신히 급매로 처분했다. 10억 상당의 집을 7억 남짓 받고 헐값에 판 것이다. 집값은 한 푼도 손에 쥐어 보지 못하고 그 자리에서 고스란히 채권자의 손에 넘겨주고 말았다.

막막하고 허탈한 나날이 계속됐다. 30여 년의 퇴직금을 투입해 마련한 유일한 노후대책이었는데 물거품이 되고 만 것이다. 아내는 그럴 때마다 "그 집은 동생의 빚을 갚으라고 하나님이 미리 예비해 두셨던 게 아니겠느냐"며 나의 끓어오르는 분을 녹여 주곤 했다.

그러나 그것으로 끝이 아니었다. 생각지도 않은 양도세가 자그마치 5천만 원이 나왔다. 경매로 넘겼으면 양도세는 없지 않았겠느냐고 세무사에게 문의했더니 그래도 물어야 한다는 대답이었다. 막막하다. 수중에는 한 푼도 없다. 아내에게 정말로 미안하다. 시동생이 재산을 날렸으니 원망하며 사네, 못 사네 울고불고 난리칠 만도 하건만 아내는 천사인지 바보인지 얼굴에는 웃는 표정까지 지으며 태연하다.

오히려 사업에 망해 좌절과 절망에 빠진 시동생이 혹시 몹쓸 짓이나 저지르지 않을까 걱정하며, 동서에게 "아이들이 있으니 희망을 잃지 말아요"라고 격려하곤 한다. 최근엔 어디서 마련했는지 몇 푼 부쳐 주며 남편 한약이라도 한 재 지어 먹이라고 전화하는 소리도 들었다.

집을 날린 쓰라린 마음을 채 가라앉히지도 못했는데 엎친 데 겹친 격으로 양도세 마련할 길이 막막해 전전긍긍하면서 나날을 보내는 중이었다. 그러나 겉으로는 태평한 체 일상을 지낸다. 늙은 부모를 모시고 사는 까닭에 그런 걱정을 내비쳐 두 분의 마음까지 아프게 할 수 없기 때문이다.

그런 상태에서 받은 2만 원이니 아내가 기뻐할 만도 하다. 그날 낮 아내가 사온 삼겹살을 구워 식구들이 상추쌈 점심을 맛있게 먹었다. 잠시나마 아내와 부모님에게 행복감을 안겨 줄 수 있게 한 고교친구 C(최웅)에게 마음속으로 다시 한 번 감사한다.

〈보성고 53회 소식〉, 120호, 2009. 12. 1.

추 기

위의 일이 있은 지 10여 년쯤 된 지난해 가을. 아버지 5주기를 맞아 산소에서 추도예배를 드리고 돌아오는 길에 식구들이 오랜만에 이동갈비로 반주도 곁들여 포식했다.

거나해진, 환갑도 지난 예의 그 동생이 서울에 도착했더니 "형, 나 차비 좀 줘" 한다. 한낮이라 지하철을 타고 가도 충분할 텐데 택시비를 달라는 것이다. '늙은 나는 친구가 준 택시비도 아껴 심야에 지하철을 탔는데, 젊은 너는 대낮에 택시를 타겠다고 돈을 달래는구나. 언제 철이 들려나….' 한심한 생각이 들었다. 지갑을 보니 만 원짜리가 3개 밖에 없었다. 다 꺼내 주었다. 아내는 그 동생에게 갓 담근 김치라며 비닐봉지에 담아 들려 보냈다.

나는 피곤해서 잠자리에 누워 막 잠을 청하는데 벨소리가 들렸다. 아내가 받는 소리를 들으니 동생한테서 걸려온 모양이다. 택시 타고 집에 잘 도착했고, 형수에게 고맙다고 인사하는 모양이다. 잠들면서 빌었다.

'그래. 돈도 없고 철도 없지만 염치와 건강만 잃지 말고 잘 살거라.'

우리 집 주전자 이야기

내 나이 어언 망 50. 이 댁 맏며느리로 시집온 새댁이 이제 70대 후반 백발의 할머니가 됐으니까 나도 늙은이가 된 건 어쩔 수 없는 일이죠. 1970년대 초 서울 변두리 미아리고개 너머 달동네, 겨울에 눈이 오면 연탄재를 뿌려야만 오르내릴 수 있는 언덕배기, 한때 서울시장이 옥탑방 체험을 했다는 바로 그 동네에서 밤새 양철통 줄 세워 놓고 기다렸다가 공동 수돗물 받아먹어 가며 새댁의 신접살림이 시작됐죠.

몇 년 뒤 평지마을로 내려왔지만 그곳 역시 서울의 북쪽 끝자락 서민들의 마을이었어요. 번동. 그 동네도 수도가 있는 집은 가뭄에 콩나듯 적고 대부분이 펌프 물을 먹었어요. 혹 리어카로 배달하는 물장수의 수돗물을 사 먹는 가정도 있었는데, 당시 이런 집은 이 동네에서는 꽤 괜찮은 편에 속했죠.

하루는 이 댁 마나님이 물은 끓여 먹어야 하겠다며 그릇가게에서 제일 큰 나를 택했답니다. 나요? 주전자랍니다. 5리터들이 최고급 백금색 스테인리스 제품.

펌프 물을 먹을 몇 년 동안 나는 참으로 요긴하게 쓰였습니다. 내 몸에 하나 가득 물을 채워 연탄아궁이 철판 뚜껑 위에 얹고 밤새도록 끓였죠. 때로는 볶은 겉보리를 함께 넣었던 것으로 기억나네요. 그런데 몇 년 지나 지하수가 오염돼 펌프 물을 식수로 사용하지 못하자 이 댁은 어쩔 수 없이 수도를 놓아 수돗물을 먹기 시작하니 나는 슬그머니 잡동사니들과 함께 구석에 처박혀 지내는 신세가 되었답니다.

그로부터 또 세월이 지나 수돗물도 끓여 먹어야 한다는 얘기가 퍼지자 이제 중년이 된 마나님이 나를 그 어두운 구석에서 끄집어내 목욕재계시키더니 다시 물을 끓이기 시작했어요. 이번에는 수돗물에 볶은 보리뿐만 아니라 둥굴레며, 두충잎이며, 옥수수수염이니, 결명자니, 하여튼 몸에 좋다는 것이면 그때그때 빼놓지 않고 함께 넣고 푹 달이다시피 하여 식구들을 먹이더군요.

그즈음 미국에서 박사학위 받고 출세한 이 댁 막냇동생, 그러니까 노부모님의 막내아드님이죠. 그분이 어느 해 고국에 오더니 컬러 TV며 냉장고에 에어컨 등 갖가지 가전제품을 시골의 부모님 댁에 들여놓아 드리더군요. 그중에 웅진인가 뭔가 하는 회사의 정수기도 끼어 있었습니다. 당시 서울의 이 댁에 있는 가전제품이라곤 정수기는커녕 냉장고 한 대에 흑백 TV 한 대로 만족하면서 견뎌내더군요. 글쎄, 그 흔한 세탁기도 없었다니까요

그 흑백 TV도 어찌나 오래 썼는지 채널 돌리는 손잡이가 부서져 떨

어져 나가자 펜치로 꼭지를 집어 틀어가면서 뉴스나 연속극을 보더라고요. 그 광경을 본 미국 시동생이 선뜻 컬러 TV 한 대를 들여놓아 주었답니다. 그렇게 이 댁은 살림이 넉넉지 못했으나 그런대로 근검절약하면서 살고 있었습니다.

그로부터 수십 년. 시골 시어머니가 몸져누우실 즈음에 서울 큰아들 집으로 합치면서 세탁기에 대형냉장고며 에어컨이 함께 실려 왔어요. 그중에 정수기도 끼어 올라와 떡하니 주방에 자리를 차지하더군요. 그런데 정수기란 놈은 참 희한한 게, 버튼만 누르면 금방 뜨거운 물이 나오는 거예요. 나는 적어도 수십 분, 어떤 땐 몇 시간씩 불 위에서 그 뜨거운 인고의 시간을 보내야만 하는데. 그뿐인가요? 거기서는 찬물도 나오는 거예요, 세상에 …. 꼭지만 누르면 뜨거운 물, 찬물이 제꺽제꺽 나오니 내가 무슨 필요가 있겠습니까?

그래서 나는 또다시 찬밥 신세, 아니 창고 신세가 될 수밖에요. 마나님은 이번에도 또 나를 가차 없이 잡동사니 구석에 처박더군요. 그래도 고마운 것은 엿장수에게 넘기지 않은 게 다행입니다. 게다가 곰팡이나 녹이 슬지 않도록 깨끗이 닦고 물기를 말끔히 없애고 신문지로 꼭꼭 채워 주는 것으로 미루어 언젠가 다시 불러 줄 마음이 있다는 걸 알고 고마워할 뿐이었습니다.

그러고 나서 또 흐른 세월이 십수 년. 이 댁 할아버지가 먼저, 할머니는 3년 뒤 저세상으로 가시고 말았답니다. 할머니가 떠나신 지 몇 달 안 돼 이상하게 그 정수기도 고장 나 찬물도, 더운물도 미지근하게만 나오는 거예요. 개도 거의 30살은 됐을 테니 살 만큼 산 셈이죠. AS를 받을까 망설이던 차 정수기 물이 인체에 별로 좋지 않다는 뉴스를 접한 마나님이 영감에게 "아예 정수기를 없애고 다시 물을 끓여 먹어야 할까 봐요"라고 말하는 소리가 들리는 거예요.

"얏! 호! 룰룰루 루루." 나는 드디어 그 비좁고 어두운 잡동사니 소굴에서 다시 세상으로 나오는 행운을 얻었습니다. 마님이 나를 끄집어내 먼지 털고 수세미로 싹싹 닦아 주었답니다. 얼마 만에 나와 보는 이 광명한 세상인가? 그동안 얼마나 변했는지 살펴보았죠.

집이며 가재도구, 심지어 15년 전 이 집에 이사 올 때 벽지도 그대로였어요. 그 벽지도 그때 새로 한 게 아니라 먼저 살던 사람이 쓰던 그대로여서 누렇게 찌들었어요. 마나님의 이빨은 다 빠져 틀니를 했고, 그리도 곱던 얼굴엔 깊은 주름이 지고, 머리칼은 백발이 되어 한 달에도 몇 번씩 염색을 하더군요. 왜 안 그렇겠어요? 그동안 시동생을 셋이나 키워 시집 장가 보내고도 시부모 수발을 15년이나 더 했으니.

젊어서도 우거지상이던 이 댁 영감님 얼굴은 더욱 쭈그렁이가 됐는가 하면 마나님처럼 틀니를 했더군요. 그러나 머리칼은 아직도 흰 올 하나 없이 새까맣더군요. 무슨 일이고 깊이 머리 쓰지 않고 그저 거나하게 취해 허랑허랑 살았으니 머리털이 셀 까닭이 없었겠지요. 한데 소갈머리는 없고 주변머리만 듬성듬성 남았더군요.

40대 중반에 접어든 지적장애 1급, 이 댁 둘째 도련님은 덩치만 더 커졌지 행동은 그때나 이때나 마찬가지로 서너 살배기 모양 그저 실실 웃고만 있더군요. 마나님이 이 도련님 때문에 속을 무지 태우셨는데 이제는 체념한 듯, 아니 하나님의 축복인 듯 감내하면서 즐겁게 사는 걸 보면 저절로 머리가 숙여져요.

그건 그렇고 나는 다시 세상에 나온 기쁨에 매일 물을 끓여내면서 마냥 즐겁기만 했지요. 게다가 이번엔 냄새 지독한 연탄불이 아니라 깨끗한 가스불 위에 올라앉으니 신선이라도 된 기분이랍니다. 오랫동안 팽개쳐 두었던 나의 존재를 다시 인정해 주는 마나님이 고마워 연옥보다 더 뜨거운 불 위에서도 꾹 참고, 물이 끓는 소리와 율동에 맞춰 뚜껑을 달달거리며 장단을 맞추곤 했습니다.

이 뜨거운 시간이 지난 뒤 몸이 어느 정도 식으면 이제는 시원한 냉장고 속으로 들어간다는 생각에 그야말로 죽을힘을 다해 화형(火刑)을 견뎌내곤 했던 거죠. 드디어 그 오만한 정수기를 물리쳤다는 승리감과 자부심도 고통을 이겨내는 데 한몫했던 겁니다.

그런데, 그런데 말입니다. 이게 웬일입니까? 그 연옥 같은 가스불과 시베리아보다 더 차가운 냉장고 속을 오가는 보람찬 생활도 이제 다시는 할 수 없게 될 줄이야. 세상에 다시 나온 지 몇 달 안 됐는데 세상에, 세상에, 이런 일이 있을 줄이야.

모든 일엔 예고가 있다던가요? 그날 아침 평소에 통 말이 없는 이 댁 영감님이 식사하면서 한마디 합디다. "누가 재활용품으로 큰 주전자를 내놨던데 우리 것보다 새것 같아. 가져올까?" 하더군요. 나는 끓인 물을 식히느라 방금 가스불 위에서 내려와 앉았는데 그 소리를 듣는 순간 얼굴이 화끈해지고 몸뚱이가 뜨거움을 넘어 기름에 튀겨지는 느낌이었습니다. 내가 이제 늙은이를 넘어 폐물 취급을 당하다니…. 드디어 올 것이 오는가 보다.

사실 백옥같이 흰 피부에 펑퍼짐하나 빵빵하고, 딱딱하나 매끄럽고, 동글동글한, 새댁 때 마나님의 궁둥이보다 더 매력적인 내 엉덩이, 학의 앞가슴과 목을 떼어다 붙여놓은 듯 유연하고 아름다운 곡선미를 지닌 내 주둥이, 밋밋한 듯 봉긋하며 동글납작한 뚜껑, 숫처녀의 앞가슴에 붙은 그것마냥 동그랗고 딴딴한 뚜껑 꼭지, 누가 잡아도 착착 안겨 주는 촉감 좋고도 단단한 손잡이, 갖출 것 다 갖추고 아름답게 잘 빠진 내 몸매 등은 그야말로 어느 미인대회에 나가도 꿀릴 게 없다고 자부합니다. 50이 다 됐어도 사실 내 육체는 아직 변함없이 탱탱하고 싱싱하답니다.

하지만 마나님이 설거지하다 몇 번 바닥에 떨구고 잡동사니 틈에 끼여 이리저리 부대끼는 바람에 몸뚱이에는 긁힌 자국이 몇 군데 있고 이 댁 마나님이 눈이 안 좋아 그런지 솔직히 구석구석 제대로 닦아 주지 않아 여기저기 땟국이 끼어 있기는 해요. 그렇다고 아직 고려장(高麗葬)을 지낼 지경은 아닌데, 이젠 세대교체를 당하는가 보다 생각하니 눈앞이 아찔하데요. 차라리 뜨거운 물이 채워진 채 땅바닥에 굴러 떨어져 죽고 싶은 심정이었답니다.

그런데 구태여 내가 그 길을 택하지 않아도 될, 더 기가 막힌, 그야말로 땅을 치고 통곡해도 시원치 않을, 천지가 뒤집히는 사단이 벌어지고 말았습니다. 아이고, 데이고. 두어 달 전부터 이 댁 마나님이 생전 처음 미국 여행을 준비했어요. 영감님과 함께 가도록 학교 선생으로 근무하는 막내아들이 주선했으나, 이리저리 뺀질나게 밖으로 나돌기만 하지 돈벌이도 시원찮은 영감님은 공사다망하다는 핑계로 빠지고 마나님만 막내아들, 막내손녀와 셋이 가기로 했다나요.

그때부터 마나님은 마음이 들떴나 봐요. 왜 안 그렇겠어요. 비밀이지만 마나님은 신혼여행도 못 갔어요. 요즘 신혼여행이라면 모두 해외 유명 관광지로 떠나지만, 그때 신혼여행은 제주도로 2박 3일쯤 가는 것이 최고였죠. 보통은 고작 온양온천 정도였고요.

사실 마나님네도 비행기 타고 제주도에 가기로 했었지요. 당시엔 예식을 마친 신랑 신부들이 친지의 것을 빌려서라도 고급승용차나 택시를 대절해 색색의 테이프로 치장하고 시내를 한 바퀴 도는 것이 유행이었습니다. 결혼해 짝을 이루었음을 세상에 알리며 그날의 주인공 행세를 톡톡히 했던 것이죠.

그날 예식이 끝나고 택시로 북악스카이웨이(당시 서울 최고의 드라이브코스였다)를 타고 도는데 마나님이 차멀미를 하는 거예요. 그것도 아주 심하게. 이런 낭패가…. 왜 그런지 아세요? 이건 정말 털어놓으면 안 되는 비밀인데, 임신 4개월이었거든요. 어쨌든, 그래서 신혼여행은 물 건너 보내고 시내 여관에서 첫날밤을 치르는 신세가 되고 말았죠. 신랑은 그래도 "애기 낳고 다음에 해외로 가자"고 위로했다나요.

그러고 나서 벌써 48년이 지났네요. 그 후 해외는커녕 겨우 제주도 한번 다녀온 게 고작이랍니다. 그동안 시동생들 뒷바라지하랴, 아들 셋 낳아 키우랴, 한눈 팔 새 없는 세월을 보내느라 여행 한 번 변변히 못 했는데 이제 비행기 타고 생전 처음 미국에 가게 됐으니 마나님 마음이 들뜨지 않을 수 있겠어요? 그것도 미국에 사는 큰아들 부부와 손녀딸을 15년 만에 보게 되는데.

그날이 마침 일요일이었지요. 마나님은 둘째 도련님을 데리고 교회에 가기 위해 이것저것 챙기느라 분주한 속에서도 나에게 물을 잔뜩 부어 결명찬가 뭔가를 한 움큼 집어넣고 빨리 끓으라고 최대한도로 불을 세게 틀어 놓고는 도련님을 목욕시키고 자기 얼굴에 대충 찍어 바르는 등 정신없이 몰아치더군요. 그러더니 시계를 힐끗 쳐다보는가 싶더니 "승호야, 빨리 가자"라고 휑하니 현관문을 열고 나가는 거예요. 몸이 서서히 달아오르는 나는 거들떠보지도 않은 채 … .

그때가 아침 10시쯤일 거예요. 마나님이 돌아온 시간은 오후 2시가 조금 넘었을 무렵이지요. 그동안 가스불 위에서 벌어진 일은 구태여 설명할 필요도 없겠죠? 그 기나긴 시간 동안 내 몸 안에 가득 찼던 물은 흔적도 없이 증발하고 끓는 물속에서 뜨거움을 피해 이리저리 몸부림치며 곤죽이 됐던 결명차인지 보리차인지는 물이 없어져 버리니, 맨몸으로 내 밑바닥에 눌어붙어 꼼짝 못 하고 빨갛게 타더니 급기야 새까만 숯이 되고 말더군요. 그뿐인가요. 뚜껑을 열어 놓고 끓이는 바람에 그대로 녹아내린 손잡이의 플라스틱도 새까맣게 타 버렸습니다.

그러니 내 몸뚱이는 어땠을 것 같아요? 녹아내린 것들은 숯덩이가 되고 내 엉덩이는 마치 대장간의 쇳덩이같이 빨갛게 달구어졌지요. 나는 그야말로 젖 먹던 힘을 다해 끝까지 버텼습니다. '내 시뻘건 몸이 화근이 되어 이 집이 화마(火魔)에 휩싸이게 하면 안 된다. 이 댁 마나님 내외가 수십 년간 얼마나 많은 절약과 고생 끝에 마련한 집인데 그렇게 허무하게 잿더미로 날려 버릴 수는 없다.' 아무도 없는 빈집에서 혼자 이를 악물고 버텼습니다.

호되게 뜨거운 7월 하순 오후. 땀 흘리며 돌아온 마나님은 탄 냄새와 열기로 가득 찬 주방으로 달려오더니 허겁지겁 가스불을 끕디다. '후유.' 화재는 면했으나, 만사휴의 …. 나는 이미 이 세상에 '존재할 가치도 없는 존재'가 되어 버리고 말았습니다. 찌그러진 흉터도, 찌든 땟국물 자국도 사치죠. 그 백금 같은 때깔에 윤기 흐르던 모습은 온데간데없이 시커먼 고철로 변해 버리고 말았으니까요.

몇 시간 뒤 마나님은 어느 정도 식었으나 아직도 온기는 가시지 않은 나를 재활용 망태기에 담아 밖으로 내어놓고 말더군요. 옆에서 나의 참혹한 화장(火葬) 현장을 가슴 치며 지켜보던 뚜껑과 함께. 네가 무슨 죄가 있다고, 고철이 돼 버린 나 때문에 멀쩡한 너마저 버려지다니…. 뚜껑아, 미안하다.

이 몸은 비록 사라질 운명이 되고 말았을지언정, 한 가지 바람이 있답니다. 이 집에 들어올 내 후임을 위해. 나, 비록 백화점 아닌 재래시장 바닥에서 놀던 몸이지만 그래도 잡놈들에게 손목 한번 안 잡혀 보고, 또 대폿집에 팔려가 시큼털털한 막걸리나 끈적끈적한 기름 나부랭이 한 방울 담아 보지 않은 '숫처녀의 몸'으로 이 댁에 들어와 맑은 물만 끓이며 목숨 바쳐 온 '조강지처'(糟糠之妻)의 입장에서, 오늘 이 댁 영감이 들고 올 '세컨드'에게 간곡히 부탁하는 바이오.

그대 신분도 이미 어느 가정에서 버림받아 내다 버려진 몸임을 망각하지 말고, 이 댁에서 순종하며 잘 지내길 바라오. 연옥(煉獄)과 빙옥(氷獄)을 들락거리게 돼도 불평 말고 마나님께 온몸 바쳐 봉사하시오. 사시사철 물 잘 끓여내기 바라는 바이오. 부디 잘하시오. 영감님 욕심에 어디서 또 그대보다 더 쌩쌩하고 빵빵한 '서드'를 덜렁 들고 올지 모르니 하는 말이오. 그렇게 되면 그대는 잘해야 뒷방 신세일 것이고 까딱하면 나처럼 재활용 망태기에 넣어져 팽 당하기 십상일 게요. 부디 몸조심하고 천수를 누리시오.

마지막으로 마나님 내외분도 부디 건강히 백년해로하시길 바랍니다.

2017. 8. 14. 모기에 뜯겨 잠 깬 심야, 406동 경비초소에서

세탁기에 얽힌 사연

아침 9시 정각. 전날 약속한 호성(사촌동생)이 자기의 탑차를 몰고 내가 근무하는 아파트 경비초소로 왔다. 함께 지하로 내려가 세탁기(2011년산 통돌이)를 낑낑거리며 끌고 올라와 차에 실었다. 집에 도착해 3층까지 밧줄로 끌어올려 욕실에 앉히고 나니 얼굴과 잔등에 땀이 흥건했다. 슈퍼에서 시원한 음료수를 사다 목을 축이며 가쁜 숨을 가라앉혔다.

두어 달 전부터 아내가 세탁기가 잘 돌지 않고 탈수도 잘 안 돼 두 번씩이나 돌려야 한다는 둥 불편을 호소했다. 그게 언제 것이냐고 물었더니 1999년산이란다. 올해(2019)로 만 20년을 사용했으니 어찌 멀쩡할 수 있겠는가. 평생을 단독주택에서만 살아왔는데 노년에 좀 편히 살 계획으로 작년에 아파트를 청약해 놓았다. 몇 년 뒤 20년 남짓 살아온 이 집을 처분하고 아파트로 이사를 할 계획인데 그때까지만이라도 견뎌 주었으면 좋으련만….

요즘 가정에서 세탁기는 필수품이지만 나와 내 아내 입장에서는 특별한 사연을 지닌 생필품이라고 하지 않을 수 없다. 우리는 결혼하고도 셋방을 전전하는 생활이라 1970년대 초 당시로서 세탁기는 우리에게 그림의 떡이나 다름없었다. 그렇게 살기를 3년여. 둘째가 태어나 똥 기저귀를 빨 때까지도 아내는 공동펌프 가에 앉아 손빨래를 했다.

그러던 어느 날 일평생 처음으로 부부싸움, 싸움이라기보다는 나의 일방적인 폭행사건이 벌어졌다. 발단은 도시락 반찬이었다. 시동생 넷을 거느리며 도시락을 3개씩이나 싸는 힘든 생활을 해 나가다 보니 반찬이 변변할 리 없었다. 도시락 반찬이라야 고작 김치, 콩나물, 멸치, 콩장 등이 두어 가지씩 번갈아 들어갈 뿐이니 고 1인 둘째 여동생이 도시락을 먹지 않고 그대로 갖고 돌아오는 무언의 스트라이크를 했다. 괘씸하게 여긴 아내는 사흘째 똑같은 반찬을 계속 싸 주었다.

그러자 동생은 시골의 어머니에게 이 사실을 고자질했고, 어머니는 나에게 "어미에게 동생들 도시락 반찬에 신경 좀 쓰도록 하라"는 주문을 하셨다. 아내에게 "반찬을 매일 같은 것만 싸주면 되겠느냐?"며 나무랐더니 "생활비를 쥐꼬리만큼 주면서 나보고 어떡하란 말이에요?"라고 나의 아픈 곳을 건드리며 대들었다.

순간 나도 모르게 오른손이 아내의 뺨을 향해 날아갔다. 재차 한 방 더 날리려는데 어라, 아내가 제 팔로 내 팔을 꽉 잡아 뿌리치니 더 이상 공격할 수가 없었다. 그때가 저녁을 먹은 뒤였다. 아내는 그 길로 방을 뛰쳐나가고 말았다. 분을 삭이며 시간을 보냈다. 이제나저제나 기다려도 아내는 돌아오지 않았다. 자정이 가까워 오자 은근히 겁이 났다. 당시는 통행금지가 있어 밤 12시가 넘으면 차량과 사람의 통행이 엄격하게 금지되던 때였다. '화곡동 친정으로 달아났나? 혹시 홧김에 무슨 일을 저지르진 않았을까?' 불길한 생각이 들기도 했다.

다행히 1살, 3살배기 두 아들은 깊이 잠들었다. 옆방의 동생들을 들여다보니 모두 잠을 자고 있었다. 큰놈들을 깨웠다. 찾아보라고 소리쳤다. 어린 자식들을 바라보며 혼자 방에 앉아 있자니 별생각이 다 들었다. '월급도 시원치 않은데 결혼은 왜 하고, 아무리 부모가 쌀은 보내 주지만 동생 넷을 맡아 뒤치다꺼리를 시키는 못난 주제에 추하게 아내에게 손찌검을 했단 말인가.' 그러면서도 한 방 맞고 두 번째 공격을 완강하게 막아낸 아내의 팔 힘이 보통이 아닌 것에 놀라기도 했고 미안하고 불쌍한 생각이 들었다.

그 많은 식구들의 빨래를 일일이 손으로 해댔으니 팔뚝이 저절로 강해졌기에 내 폭력을 막아낼 수 있었던 게 아닌가. '그동안 얼마나 정신적, 육체적으로 힘들었을까?' 하는 생각에 마음이 짠했다. 그날 밤 아내는 주인집 안방에 피신해 있다고 그 부인이 나에게 귀띔해서 모시듯이 데려왔다. 그 뒤 우리는 어쩌다 이러쿵저러쿵 말로 밀고 당기기는 했어도 주먹이 오가는 싸움은 한 번도 한 적이 없다.

보너스를 타면 열일 젖혀 두고 사 주어야겠다고 다짐하여 들여놓은 것이 세탁기다. 비록 중고품일지언정 처음으로 구입해 집안에 들여놓은 뒤 몇 번 교체는 했어도 우리 집에서 한시도 없었던 적이 없었다. 그런 뒤부터 아내의 팔에서 힘이 빠진 듯하지만 나는 결코 아내의 몸에 폭력을 가한 적이 없음을 자랑으로 여긴다.

새로 살 것인가, 중고품을 구할 것인가? 고민하던 중에 마침 내가 일하는 아파트 지하에 있던 중고품에 생각이 미쳤다. 아침에 교대하면서 경비 동료에게 "지하실에 있는 세탁기 작동되는 거요?" 물었더니 "네, 잘돼요. 지난번 이사하는 주민이 아직 멀쩡한데 버리고 가기가 아까우니 쓰려면 가져가라고 하데요"라는 것이다. 염치 불고하고 "그거 내가 갖다 쓰면 안 될까?" 했더니 흔쾌히 "그러세요" 해서 쇠뿔도 단김에 빼라고, 그 자리에서 사촌에게 전화해 이튿날 차를 갖고 오라고 했다.

그 세탁기를 집에 갖다 놓고 수도꼭지와 호스를 연결해 주고 근무지로 돌아왔더니 그새 아내가 묵은 때를 깨끗이 닦아내고 시험해 본 뒤 잘되더라고 전화했다. '만족하다'는 반응이었다. 나는 속으로 무척 다행이라 생각했다.

이유는 이렇다. 사실은 그 세탁기가 아내로서는 공짜가 아니었다. 거금 20만 원이나 투자한 것이다. 그런데 마음에 안 든다고 불평하면 어쩌나 내심 조마조마하던 터였다. 세탁기를 가져오기 전에 아내에게 미리 말했다. "세탁기를 싣고 오려면 용달차 운반비를 주어야 하는데, 이왕이면 호성이가 탑차를 운전하니 거기다 부탁합시다." 그랬더니 "맘대로 해요"라고 대답했다. 아내는 내 작전에 낚인 것이다. "그냥 운반비는 5만 원이면 되지만, 한 20만 원 줍시다" 했더니 "왜요?"라고 묻는다.

지난달 할아버지 제사가 있었는데 그냥 지나쳤다. 제사 이틀 전 제수(호성의 아내)가 갑상선암으로 갑자기 수술하고 입원하는 바람에 제사를 지낼 수 없었다. 제사를 거른 것도 마음에 걸리지만 차일피일 미루다 문병도 못 한 것이 몹시 미안하던 차였다. 그래서 "지난번 수술했다는데 문병도 못 했으니 이참에 봉투나 하나 보냅시다" 해서 아내가 봉투에 20만 원을 넣고 빨리 회복되길 바란다는 내용의 메모를 하여 사촌동생에게 건넸던 것이다. 그런데 만약 세탁기가 제대로 돌아가지 않으면 얼마나 실망했을까.

며칠 뒤 세탁기를 양보한 동료에게 고맙다는 표시로 동료들 몇몇을 불러 밥을 사는 자리였다. "형님도 참, 이왕이면 형수님한테 요새 유행하는 드럼세탁기 하나 사 드리지 쩨쩨하게 남이 쓰던 것을 갖다 드려요?"라면서 핀잔을 준다. "이 사람들아, 마누라도 49년이나 묵은 헌 것인데 뭐 하러 돈 들여 새것을 사 주나?"라는 나의 대답에 "에이, 형님도. 그럴수록 새것을 사 드려야 늙어서 대우받죠"라며 가르친다. 나는 "알았어. 아파트로 이사 가면 꼭 드럼세탁기 하나 사 줄 테니 염려들 마시게나"라며 웃고 껄껄거리며 막걸리잔을 기울였다.

2 장

별 같은 세 아들

아버지를 존경하는 큰아들

결혼 7개월 만에 얻은 첫 아들 이승민. 인물도 보통, 키도 보통, 공부도 보통, 마음도 보통. 그저 평범한 녀석이다. 그러나 재주는 없어도 재수는 좋은가 보다. 어려서 귀여움 받고, 학교 다닐 때도 미움 안 받고 친구들 잘 사귀고, 처음엔 먼 지방대에 들어갔으나 수도권 대학으로 편입하는 끈기를 보이더니 군대 가서도 아버지나 엄마 찬스도 없는데 사단장 당번병으로 마쳤다.

대학 졸업 때 공부를 썩 잘하지는 못한 것 같은데 교수로부터 일류기업(삼성전자)의 취업 추천서를 받았다. 대개의 경우 웬만해선 편입생에게 그런 특혜를 주지 않는데 본교생을 제치고 따낸 것이다. 각 학교의 추천받은 지원자들 중에서 선발하는데도 수십 대 일이라고 한다. 만 이틀에 걸쳐 시험을 치렀다.

며칠 뒤 합격통지서 대신 재시험을 치르라는 통지를 받았다. 한 과목에 너무 엉뚱한 답을 써 이상하다는 것이다. 자기도 큰 실수를 했다더니 시험관들도 아까웠던 모양이다. 한나절에 걸쳐 그 과목을 다시 보았단다. 그 결과, 필기시험은 합격. 운수는 타고난 녀석이다.

최종 면접도 몇 대 일의 비율이었다. 이것저것 물어보는 중에 면접관이 물었다.

"자네가 존경하는 사람이 있는가?"

"네, 있습니다. 우리 아버지입니다."

아들은 서슴없이 대답했다.

"뭐 하시는 분인가?"

"네, 〈동아일보〉에 다니십니다."

"직책이 뭔가?"

"평기자입니다."

"그런데 어째서 존경하지?"

"네, 제가 5살 때 부모님이 연말에 친구 집 모임이 있다고 가시면서 저보고 동생들 데리고 집에 있으라고 하셨습니다."

"그런데?"

"돌아오셔서 저를 과일가게로 데려가셨습니다. 뭘 먹겠냐고 하셔서 저는 빨간 사과를 가리켰습니다."

"그랬더니?"

"아버지께서는 과일가게 한가운데에 매달아 놓은 야구 글러브같이 생긴 크고 노란 바나나를 가리키며 주인에게 '저거 주시오'라고 하셨습니다. 그러니까 주인이 하나를 떼어내려고 하더군요."

"그러니까?"

"아버지가 '아니 통째로 주시오' 하니까 주인이 '그건 비싼데요'라고 말했어요. 그러니까 아버지가 '우리 아들이 먹을 건데 아무리 비싸면 어떻소?' 하시곤 바나나를 통째로 저에게 안겨 주셨습니다. 그래서 저는 그때부터 아버지를 최고로 존경하게 됐습니다."

시험관들은 아무 말 없이 고개를 끄덕였고 결과는 합격! 기특하고 영리한 녀석이다.

큰아들이 좋은 회사에 입사한 것은 아비를 잘 두어서가 아니라 아비를 존경한다는 그 마음 덕인 줄 안다. 그런데 입사한 지 몇 년 안 된 어느 해에 미국의 큰 회사에서 스카우터들이 왔는데 여러 명을 테스트한 결과 자기가 선발되었다며 훌쩍 떠난 지가 벌써 15, 16년이 된다. 잘 지내고 있고 집안에 큰일이 있을 때마다 귀국해 효도하고 있다. 대견하고 든든하다.

아들아, 아비를 존경한다니 고맙다. 그러나 이젠 존경할 것도 배울 것도 없다. 말년에 거치적거리는 존재나 되지 않았으면 좋겠다. 다른 글에서도 밝혔지만, 내가 죽을 때 너희 앞에 "존경은 못 받아도 부끄럽지 않은 삶을 살았노라"고 고백할 수 있도록 참되고 성실하게 살아가련다.

나는 너를 소중히 여긴다. 부디 재수만 믿지 말고 재주도 키우고 사랑을 베풀면서 살아가기를 당부한다.

가슴으로 키운 둘째아들

나에게는 아주 특별한 아들이 하나 있다. 모두 3형제를 두었는데 가운데, 둘째 승호다.

승호는 어려서부터 좀 남달랐다. 발육과 언어가 늦은 데다 표정도 별로 없었다. 대개 백일이 넘으면 웃는데 전혀 무덤덤했다. 사람을 봐도 눈동자를 마주치지 않았다. 돌이 지나도록 걸음마는커녕 잘 앉지도 못하고, 두어 살이 되도 앉혀 놓으면 못을 박은 듯 몇 시간이고 그대로 있었다. 늦되는 아이도 있다는 어른들 말씀에 기다리다가 너덧 살 때 병원에서 정신적 · 육체적 지진아란 진단을 받았다.

15, 16세까지 병치레도 잦았다. 특히 간질병을 앓아 툭하면 어미가 들쳐 업고 응급실로 달려가는데 이골이 났다. 좋다는 약은 다 써 보고 이름 있는 병원은 다 다녀봤지만 소용이 없었다. 무당을 불러 굿을 하거나 점만 보지 않았지, 불공도 드려 보고 기도원마다 찾아다니며 금식기도도 수없이 했다. 애타는 어미의 마음은 위로가 됐을지 몰라도 어느 것 하나 아들의 병을 고치는 데는 효험이 없었다.

누구의 얘기를 들었는지 음식을 날것으로 먹이는 게 좋다고 하여 수년간 쌀은 물론 콩, 보리, 감자, 인삼, 배추, 무 등 모든 음식을 날로 먹였다. 특히 마른 인삼가루는 끼니때마다 거르지 않았다. 어느 기도원의 특별 안수기도를 2년 남짓 받기도 했다. 어미의 그런 지극정성 덕인지 20세쯤부터는 잔병치레와 간질이 사라졌다. 몸도 건장하게 자라고 인물도 3형제 중 제일 훤하게 잘생겼다.

그러나 지능만큼은 제자리걸음이었다. 초등학교를 보냈으나 어림

없는 일. 수소문하여 특수학교에 보냈다. 20세에 이르도록 고등과정을 두 번이나 마쳤다. 자기 의사표현도 제대로 하지 못하나 떠듬떠듬 한글은 읽을 줄 안다. 쓰기도 하는데 글씨는 엉망이다. 숫자도 읽고 쓰기는 하나 셈은 전혀 못한다. 하나에 하나를 더하는 것도 모른다. 그러니 시계도 볼 줄 모르고 돈 계산도 할 줄 모른다.

그뿐 아니다. 아주 골치 아픈 몇 가지 버릇이 있는데 전혀 고쳐지지 않는다. 그중 하나가 아무거나 먹는 것이다. 단추, 동전, 옷핀, 이쑤시개, 껌, 볼펜 끝, 사인펜 뚜껑 등 못 먹는 것이 없다. 배가 아프다고 하여 촬영해 보면 발견되는 물건들이다.

십수 년 전 일이다. 녀석이 며칠째 변을 못 보고 괴로워했다. 화장실에 가도 변기에 앉지 못하고 엉거주춤 서서 어쩔 줄 모른다. 병원에 데려가 촬영했더니 뱃속에 이물질은 없다고 하여 그냥 데려왔으나 증세는 가라앉지 않았다. 이튿날 밤늦게 귀가했더니 아내가 녀석을 붙잡고 쩔쩔매고 있었다. 항문을 들여다보았다. 무언가 가느다란 게 비스듬히 걸려있다. 깊숙한 곳이라 손가락이 미치지 못했다. 끝이 길고 뾰족한 라디오 펜치를 갖고 와 빼냈다. 바늘이었다. 그것도 이불 꿰매는 큰 바늘이었다. 녀석의 고통이 오죽했겠는가. 도대체 어떻게 이걸 먹었을까? 실타래를 먹는 등 비슷한 곤욕도 여러 차례 치렀다. 이 녀석이 앞으로 또 무엇을 먹고 어떤 곤욕을 치르게 될지 걱정이다.

또 녀석은 집을 나가면 돌아올 줄 모르고 정처 없이 헤맨다. 나가서 몇날 며칠이 걸린 적이 허다하다. 이런 일이 1년에 수차례나 반복되니 현관문을 잠그고 가둬 놓다시피 한다. 그래도 어쩌다 손님이 와 부산하거나 잠깐 쓰레기를 버리려 나간 사이 문이 열렸으면 어느새 밖으로 나가고 만다. 그러면 식구들이 나서서 산지사방으로 동네 근처를 뒤진다. 녀석의 걸음이 어찌나 빠른지 평소에 함께 데리고 나가면 따라가지 못할 정도다.

밖에 내보내면 마치 매어 기르던 강아지를 풀어놓은 듯 어디론가 쏜살같이 사라지고 없다. 그런 날 밤엔 출입문을 열어 놓고 불을 훤히 밝혀 둔 채 전화기를 머리맡에 두고 누워 눈을 붙인다. 운이 좋으면 그날 밤으로 연락이 온다. 새벽 2시나 3시경 '따르릉' 소리에 얼른 수화기를 들면 "거기, 이승호 씨 집입니까?" 묻는다.

어떤 때는 편의점에서 연락이 온다. 들어와 빵이고 음료수고 먹고는 그냥 나가기에 붙잡아 놓았단다. 대개는 파출소다. 수상하여 붙들어다 넘기거나 제 스스로 찾아와 "집을 찾아 주세요"라고 한 적도 있다. 주소를 골백번 알려 주어도 한참 만에 물으면 어렸을 적에 가르쳐준 옛날 동네 이름을 대는 바람에 포기했다. 제 사는 집이 어디인지 알지는 못해도 다행히 집 전화번호만큼은 어려서부터 입력해 놓은 그대로다.

연락이 오면 용수철처럼 일어나 자동차 시동을 건다. 아내는 준비해 둔 음료수 박스를 들고 따라나선다. 연락해 준 분들에게 음료수로 사례하고 어느 정치인 후보보다 더 허리 굽혀 인사하고 데려오곤 한다. 언젠가는 엄동설한에 5일간 감감소식이어서 '이제는 포기해야 하나?' 하고 있을 때 한밤중에 전화가 온 적도 있다. 수원이었다. 어떻게 거기까지 갔을까. 이 겨울에. 하염없이 걸어갔을 것이다. 녀석은 지하철이나 버스를 탈 줄 모르고 돈도 쓸 줄 몰라 수중엔 한 푼도 없다. 걸어갔을 것이다. 너덜너덜해진 운동화가 그것을 증명해 주었다.

어느 때는 캄캄한 밤중에 산속에서 이상한 소리가 나기에 붙잡았다는 연락을 받기도 했다. 이 녀석은 컨디션이 좋으면 킬킬대며 손가락을 퉁겨 '딱, 딱' 소리를 내는 버릇이 있다. 그 소리에 놀란 행인이 다가가 발견한 것이다. 그 녀석이 벌써 50을 바라본다. 몸무게는 90kg이 넘는다. 겉보기엔 어엿한 '아저씨'이지만 하는 짓은 4, 5세에도 못 미친다.

이 녀석이 최근에 우리 부부를 웃겼다. 우리는 다가구주택 3층에 사는데 바로 앞에 슈퍼가 있어 가끔 대문을 열어 주고 녀석에게 심부름을 시킨다. 혹시나 다른 곳으로 샐까 봐 보내 놓고는 창문을 통해 내려다본다. 물건을 한 가지만 시켜야지 두 가지 이상을 시키면 한 번 더 보내야 한다.

며칠 전이다. 막걸리를 사오라고 시켰다. 비가 오기에 "우산을 갖고 가라"고 했더니 녀석이 현관에서 우산을 챙겨 갖고 나갔다. 그런데 그것을 펴지 않고 손에 그대로 든 채 슈퍼로 들어가더니 한 손엔 막걸리, 다른 손엔 우산을 들고 비를 흠뻑 맞으며 겅중겅중 돌아오는 게 아닌가. "우산 갖고 가랬더니 그냥 들고 갔다 오네"라며 아내와 함께 웃었다.

이튿날도 비가 왔다. 이날도 똑같은 심부름을 시키면서 이번에는 "우산 쓰고 갔다 오라"고 했다. 그랬더니 이번에는 제대로 쓰고 갔다 오는 게 아닌가. 돌아온 아들의 머리를 쓰다듬으며 "참 잘했다"고 칭찬해 주었더니, 녀석도 자랑스러운 듯 씩 웃는다. 우산 '갖고 가라'고 하면 그냥 들고 가고, '쓰고 가라' 하면 쓰고 가는 기특한 놈이다. 아내와 둘이 웃었지만 마음은 항상 무겁다.

이 녀석이 왜 그럴까? 내 속에 오랫동안 감추었던 잘못을 고백하고 회개하지 않을 수 없다. 녀석을 낳았을 때 어머니가 해산구완을 하러 올라오셨다. 산부인과에서 아직 퇴원하기 전에 어머니는 아기 씻길

대야가 있어야겠다며 시장에 가셨다. 나도 따라갔다. 이것저것 스테인리스 대야를 살피더니 큼지막한 것을 고르셨다. 어머니가 "얼마요?" 라고 물으니 3,500원이란다. 어머니가 돈이 모자라니 깎아 달라고 하니 주인이 안 된다고 했다. 그것보다 조금 작은 것을 물었더니 3천 원이라고 했다. 어머니는 작은 것을 흥정하셨다.

어머니가 안쪽으로 들어가 주인에게 값을 치르시는 사이 나는 밖에 진열된 대야를 집어 들었다. 작은 것이 아니라 큰 것이었다. 모르고 그런 게 아니라 알면서 그랬다. 큰 것을 원하는 어머니를 위해 주인 모르게 속임수를 쓴 것이다. 들고 나오면서 주인이 달려올까 봐 등에서 식은땀이 났다.

그 대야가 지금도 집에 있다. 그것을 볼 때마다 속으로 부끄럽고 죄스러운 마음이 지워지지 않는다. 어머니가 돌아가시기 전, 치매로 정신이 오락가락하실 때 나에게 느닷없이 한마디 하셨다. "너 그때 대야를 슬쩍했으니 네 아들이 온전하겠냐?" 순간 가슴에 화염병을 맞은 것 같았다. 어머니는 그때 당시 그 사실을 아시면서도 평생 말씀을 안 하셨던 것이다. 그런데 이제 돌아가실 때가 가까워서야 토해내신 말씀이다. 그동안 왜 말 않고, 왜 나무라지 않으셨을까?

"어머니 죄송해요."

"나한테 죄송할 거 없다. 하나님께 빌어라."

"네, 빌고 회개합니다."

어머니는 더 이상 아무 말씀도 없이 그 후 얼마 안 돼 저세상으로 떠나셨다.

"아들 승호야, 미안하다. 나 때문에 … ."

장남 역할 하는 막내아들

나의 세 아들 중 막내 용석이가 있다. 이 녀석은 어려서부터 귀여움은 받았어도 사랑은 받지 못했다. 자기가 잘못해서 그런 게 아니라 주어진 상황이 그랬다. 우선 태어날 때 나에게 환영받지 못했다. 해산구완하러 어머니를 서울로 올라오시게 할 여건이 되지 못했다. 위궤양 수술을 한 아버지가 허약하셨고 시장에서 부식가게로 생계를 꾸려야 하기 때문에 어머니가 떠나올 수 없었다.

그래서 아예 산모를 시골에 내려보내 아이를 낳도록 했다. 산부인과가 아닌 시골집에서 할머니의 조력으로 태어나는 푸대접을 받았다. 새벽에 이웃에 사는 고모가 찾아와 나를 깨웠다. 당시 우리 집에는 전화가 없었다. 아내가 아기를 낳았다고 알려 주러 온 것이다. "축하해요. 아들이라오"라는 말에 잠자리에서 일어나지도 않고 "에이" 하고 돌아누워 버렸다. 아들이 둘이나 있어 딸을 낳기를 바랐는데 또 아들이라니 실망했다. 그래서 이 녀석은 태어날 때 아비의 축복도 받지 못했다.

자라면서는 위로 형이 둘인 셋째요 막내이니 누구보다 사랑을 독차지할 만도 한데 그렇지 못했다. 바로 위의 형이 정신장애 1급이니 엄마의 온 정신과 손길은 형에게만 쏠렸기 때문에 아무리 어린 막내이지만 관심 밖이라고 해도 과언이 아니었다.

자연히 이 녀석은 어려서부터 따로 놀고 자기를 스스로 챙겼다. 저녁때 밥상머리에서 안 보여도 미처 찾으러 나가지 못하는 경우가 많았다. 밖에서 흙장난 물장난하다 새까매진 모습으로 들어와도 엄마가 제대로 씻겨 줄 겨를이 없어 "씻고 와!" 야단맞기가 일쑤였다. 그렇게 셋째 녀석은 어려서부터 홀로 자랐다. 첫째형도 둘째에게 신경 쓰느라 막냇동생을 챙겨 줄 겨를이 없어 이 녀석은 형제의 보살핌과 사랑도 모르고 자랐다. 어쩌면 녀석의 셋째고모와 비슷한 상황이었다고도 할 수 있겠다. 형제 서열도 세 번째이고 보살핌을 제대로 받지 못한 것도 똑같다.

이 녀석이 너덧 살 때 한여름의 일이었다. 저녁때가 돼도 놈이 들어오지 않았다. 해 질 녘에 동네 아저씨가 녀석을 데려왔다. 어쩐 일이냐고 물었다. "이 애가 뙤약볕 아래 한낮부터 시멘트 블록 담벼락에 붙어 있었어요. 거기서 놀고 있는 것이겠거니 생각하고 지나쳤어요. 그런데 한나절이 지나 지금까지 그대로 붙어 있더군요. 도대체 무엇을 하고 있나 다가가 봤더니 구멍 뚫린 곳에 손을 넣고 땀을 뻘뻘 흘리며 서 있는 거예요. 알고 보니 구멍에 무엇을 떨어뜨렸는지 손을 넣었다가 빠지지 않아 쩔쩔매고 있더라고요. 그래서 블록을 깨고 빼내 주었어요. 애가 울지도 않고 참 침착하더군요."

대여섯 시간은 족히 그러고 있었다고 한다. 놈은 그렇게 차분하고 느긋한 녀석이다. 참을성도 많다. 뛰어놀다 무릎이 깨지거나 이마가 찢어져 피가 나도 웬만해선 울지 않는다. 엄마나 형들이 돌봐 주지 않으니 응석이나 엄살을 부려도 소용없고 받아 주지도 않는다는 것을 일찍이 터득했기 때문일 것이다.

그것이 몸에 배어서 그런지 어려서 할머니를 별로 좋아하지 않았다. 왜냐고 물었더니 "할머니는 내가 안 먹는다는데도 자꾸 '먹어라, 먹어라' 해서 싫어"라고 한다. 그게 할머니의 정성이요, 사랑인 줄 모르는 녀석이었다. 녀석이 태어나기 28년도 훨씬 전에 죽은 제 삼촌들, 그러니까 할머니의 어린 아들 셋이 병들고 굶어 죽은 게 한이 돼 손주들은 어떻게든지 잘 먹이려는 그 애틋한 마음을 알 턱이 없기 때문이다. 사랑을 잘 느낄 줄 몰랐던 것이다.

초등학교 5학년 때 일기를 봤다. "학교 가는 길에 비가 왔다. 우산은 썼지만 운동화에 물이 들어와 질퍽거렸다. 함께 가던 애들이 내 발을 보고 놀렸다. 나는 '구멍이 두 개라 한쪽으로 들어온 물이 다른 쪽으로 빠져나가니까 괜찮아'라고 말하고 신을 들어 올려 보였다. 뚫어진 구멍으로 물이 주르르 흘렀다. 아이들이 보고 깔깔 웃었다. 그래도 나는 아무렇지도 않았다." 신발이 해져도 보통 아이들처럼 사 달란 말도 없이 그대로 신고 다닌 아들이다. 이튿날 어미에게 당장 운동화를 사 주라고 했다.

녀석은 이렇게 참을성 많고 마음도 넓지만 복은 없는 것 같다. 큰애는 성격이 좀 냉정한 편이라 동생들을 따뜻하게 대하지 않고 나무라거나 윽박지르고 심지어 때리기도 했다. 그렇게 당하는 막내가 가엾어 모처럼 큰맘 먹고 세발자전거를 사주었다. 어찌나 좋아하는지 밤에도 머리맡에 놓고 잠을 잤다. 그런데 며칠 안 돼 그 애지중지하던 자전거를 잃어버렸다. 둘째 녀석이 끌고 나갔다 그냥 들어왔기에 뛰쳐나가 산지사방 찾아보았으나 허탕이었다. 보통 때 웬만해선 울지 않는 녀석이 이때는 눈물을 철철 흘렸다. 그래도 형에게 울고불고 대들지 않고 원망의 눈빛만 보내며 그 아쉽고 서운함을 주체하기 힘들어했다.

커서도 복이 안 따랐다. 할아버지와 내가 새 자전거를 몇 번이나 사주었다. 그러나 며칠 가지 못해 잃어버리고 말았다. 언젠가는 새것을 하루 만에 서예학원에 세워 놓았다가 당했다. 허탈하고 실망에 빠진 모습을 보면서 안쓰럽기도 했다.

그러나 복은 없어도 이해심과 정은 많다. 둘째형이 아무리 잘못해도 대들거나 욕을 하지 않는다. 큰 녀석은 모자라는 동생을 무시하고 때로는 쥐어박기도 한다. 그럴 경우 오히려 막내가 형을 말리곤 한다. 둘째형을 돌보는 것은 큰 녀석을 제치고 이 녀석이 도맡다시피 한다. 함께 데리고 나갔다가 누가 놀리거나 때리면 대신 나서고 엉뚱한 길로 가면 바로잡아 주곤 한다. 그래서인지 대학도 의대를 지원했으나 뜻을 못 이루고 재활의학과를 택했다. 물리치료사 자격에 특수교육 교사 자격을 땄다. 형을 돌보겠다는 마음이었으리라. 생각하는 마음이 갸륵하다. 현재 특수학교 교사로 재직 중인데 만족해한다.

큰아들은 미국으로 간 지 15년이 넘는다. 고국에 들어오지 않고 그곳에서 살겠단다. 오히려 우리를 그리로 오라고 한다. 갈 마음 전혀 없다고 했더니 우리의 노후는 막내에게 맡기는 수밖에 없겠단다. 동생 야곱에게 장자의 자리를 넘긴 에서와 같다고나 할까. 장차 장남의 짐을 짊어질 막내이다. 그 일을 기꺼이 그리고 능히 감당하리라 믿는다. 기특하다. 대견하다. 든든하다. 형보다 낫다는 생각도 든다.

막내에게 세 가지를 당부한다. 첫째, 너는 나의 아들이다. 아비 어미에게 순종하고 공경하라. 둘째, 너는 아내와 딸을 거느린 가장이다. 식구를 사랑하라. 셋째, 너는 선생이다. 교육에 충실하라. 일생을 그렇게 살아가노라면 하나님이 30배, 60배, 100배로 갚아 주시리라 믿는다.

연못 사랑, 물방울 사랑*

올해(2020) 외동 손녀가 중학교에 입학할 때 진학 축하금과 아파트 중도금으로 '거금'을 보내고 며느리와 전화로 대화를 나누었다.

"아버님, 고맙습니다."

"고맙긴…. 얼마 되진 않지만 1년간 적금한 거다. 그 돈은 여원(막내손녀)이가 중학 졸업할 때까지 오로지 그 애만을 위해 보태 써라. 요즘 애들은 친구들한테 옷차림이나 소지품이 뒤처지면 주눅이 든다더라. 기죽지 않게, 그렇다고 사치하지도 말고 요긴하게 쓰거라. 장담은 못 하지만 고등학교 올라갈 때 또 보태 주려고 한다."

"네. 아버님 말씀대로 잘 쓸게요."

"그런데 네 시어미가 보낸 아파트 중도금도 받았지?"

"네, 잘 받았어요. 고맙습니다."

"나한테 고마워할 거 없다."

"무슨 말씀이세요?"

"내가 보낸 것은, 예를 들면 연못에 작은 돌 하나 던져 튕긴 물방울에 불과하지. 그러나 네 어미가 보낸 것은 넓고 깊은 연못 그 자체야. 액수가 문제가 아니다. 나는 내가 쓰고 싶은 대로 다 쓰고 남은 것을 모은 것이지만, 어미는 수년간 아낀 목돈이란다. 입고 싶은 옷 외면하고, 싸구려 신발만 신고, 먹고 싶은 것 참고, 머리 염색도 제 손으로 하고, 화장도 안 하고 수수하게 살아오며 모은 돈이니 하는 말이다."

---

* 2020년 손녀 여원이가 중학교에 입학할 때 저자 부부가 진학 축하금과 아파트 중도금을 보낸 후 저자와 며느리가 통화한 내용이다.

"네. 잘 알아요. 아버님. 넓고도 깊어 마르지 않는 연못과 같은 어머님의 사랑과 연못 위의 물결같이 잔잔한 아버님의 배려 잊지 않고 살아가겠습니다."

"고맙다. 그리고 한마디 덧붙이련다. 너, 아들 없지?"

"잘 아시면서 왜 그러세요?"

"이제 너 아들 하나 얻었다고 생각하거라. 네 남편 말이다. 용석이, 그 녀석이 아직 철이 덜 들었어. 많이 속상하지?"

"그래요, 아버님. 술 먹고 늦게 들어올 때 무척 미워요."

"나도 젊었을 땐 네 시어미 속깨나 썩였었다. 툭하면 통행금지 시간을 넘기고, 동네가 떠나가라 고래고래 소리 지르고, 대문을 열어 주지 않아 담을 넘거나, 동네 놀이터 벤치에서 새우잠을 자는 등 이루 헤아릴 수 없는 망나니짓을 했다. 그럴 때마다 네 어멈은 나에게 실망하여 정신 차리라고 꾸짖곤 했지만 내가 말을 들을 놈이냐? 어미는 한심해서 잠 못 이루고 울기도 했지만, 나중엔 포기하고 아들 하나 더 둔 셈 치고 참고 지냈다더라."

"그 말씀은 저도 들었어요, 아버님."

"너는 아들이 없으니 남편이 기특한 일을 하거든 큰아들이라 생각해 칭찬하고, 철없는 짓을 할 때는 막내아들이라고 여겨 타이르며 참고 지내노라면 든든한 남편이 될 게다. 아무쪼록 둘이 힘을 모아 열심히 살다 보면 좋은 날이 돌아올 것이다."

"잘 알았습니다. 아버님, 그런데 한 가지 여쭐게요. 아버님은 어머님을 어떻게 생각하세요?"

"그래 잘 물었다. 나는 뒤늦게 부모님을 모시면서부터 어미가 왠지 불쌍하다는 생각이 들더라. 좀더 잘살고 출세한 사람을 만났더라면 좋았을 텐데, 나같이 보잘것없는 사람을 만나 호강은커녕 고생만 하고 사는 모습을 보면 안쓰럽더라. 그래서 도와주지는 못할망정 웬만한 것은 덮어 주고 참으며 지내니 집에서 큰소리 안 내고 조용하게 살아가게 되더라. 나는 어미를 불쌍하게 생각한다."

"잘 알았어요. 아버님."

"내가 아범에게도 얘기해 줄 테니 서로 불쌍하게 여겨 위하고 아껴주며 오순도순 재미있게 살거라."

"감사합니다. 아버님. 안녕히 주무세요."

내 사랑 여원이에게*

여원아, 너의 첫돌을 축하한다.
너의 태어남과 존재 자체가 우리 가정의 축복이란다.
네가 어떤 사람이 되면 좋을까 생각해 본다.
제일 먼저 하나님을 사랑하는 사람,
사람을 사랑할 줄 알고 남을 배려할 줄 알며,
참을 줄 알고 기다릴 줄 알며,
어느 누구에게나 인정받는 사람,
가는 곳마다 웃음을 주는 사람,

---

* 2008년 손녀 여원이의 돌잔치를 맞아 아내가 사랑과 축복의 마음을 담아 글 한 편을 썼다. 오래도록 가슴에 새길 만한 좋은 글이기에 옮겨 본다.

여원이는 그런 사람이 되었으면 하는 바람이다.

증조할아버지와 증조할머니
그리고 할아버지와 할머니는
네가 늘 건강하고
하나님의 은혜가 항상 풍성하기를 기도한다.

5편

수상록

1장

인생수업, 사랑수업

기똥찬 A 선배, 기막힌 B 선배 *

A 선배 이야기

1990년대 중반, 〈동아일보〉 충정로사옥 시절 얘기다. 비가 내리는 퇴근길, 누군들 술 생각이 간절하지 않을까. 지하철역으로 향하던 중 나이로만도 띠동갑이 훨씬 넘는 A 선배를 만났다.

사람 좋기로 말하면 그런 분이 따로 없다. 한마디로 법 없이도 살 양반이다. 아니나 다를까 나를 보더니 무조건 골목길의 고갈비 막걸리 집으로 끌고 들어간다. 그러더니 술에 안주를 시켜 놓고 여주인이 준비하는 동안 잠깐 어디 갔다 오겠다면서 나가더니 종무소식이다.

기다리는 중에 후배 2명이 들어온다. 오는 길에 A 선배를 만났더니 "저 집에 가면 누가 있을 테니 들어가 보라"고 해서 왔다는 것이다.

---

* 오래전에 직장 후배가 사내 메일에 올린 글을 보내왔기에 옮겨 적는다(〈동아일보〉 후배 최영록의 글, 2005. 5. 23).

한참 만에 돌아온 A 선배의 환한 표정을 보고 금세 알아차렸다. 무인 예금인출기를 찾아 어두운 밤 지하철역이고 고층빌딩이고 몇 군데를 뒤지다 온 게 분명하다. 당시에는 카드를 받는 집이 거의 없고 현찰만 통하던 시절이었다. 그까짓 막걸리 한두 되 값이야 내가 낼 수도 있는데 … . A 선배는 돈만 찾은 게 아니라 술친구도 끌어모은 것이다.

1970, 80년대 선배들은 그랬다. 후배들에게는 눈곱만큼도 폐를 끼치지 않고, 어떤 경우든지 당신들이 내야 하는 게 '법 그 자체'였다. 얼쩡얼쩡 내려는 폼만 잡아도 욕을 한 바가지 얻어먹었다. 선배 알기를 우습게 안다고. 그것을 몸으로 행하는 '기똥찬' 분, A 선배는 다름 아닌 이충남 형님이다. 이런 풍토는 이제 고전이 돼 버렸지만 말이다.

B 선배 이야기

이것은 고전이 아닌 2000년대 신파조 이야기다. 지난주 옆자리의 후배 동료가 볼이 메었다. 구시렁거리는 것이 무언가 몹시 불쾌하고 못마땅한 모양이다. 왜 그럴까. 저 착한 동료가. 그도 참 술을 좋아한다. 애주가는 저런 친구를 말하는 거다. 잘 놀고 잘 먹고 분위기 잘 맞추고 … . 타고났다. 그런 친구가 왜 그럴까? 조금 있으니 나에게 오는 폼이 다 털어놓으려는 모양이다.

한 달 전쯤 같은 층에 근무하는 B 선배가 삼겹살에 소주 한잔을 하자고 하더란다. 집에 가야 하는데도 모처럼 선배의 권유인지라 못 이겨 따라갔다고 한다. 이곳저곳 전화하여 멤버들이 자꾸 모이니 자리는 흥겨워지게 마련. 얼추 걸친 후 어정쩡한 차에 2차로 간 곳이 노래방이었고, 도우미 아가씨를 불렀는지 어쨌는지 계산하는데 제법 부담이 갔을 것이라고 짐작했다.

후배는 그 일을 까마득히 잊어버리고 있었는데, 그날 회사 사내 메일이 왔단다. 지난날 술값을 분담하자는 내용이더란다. 처음엔 무슨 말인가 싶어 메일을 몇 번 들여다보았다고 한다. 이내 그 속셈을 알아차리곤 절망했다고 한다. 돈도 돈이지만 '이건 아니다'는 생각에 분통이 터졌다고 한다.

그래도 어떻게 하는가? 하늘 같은 선배의 지시나 다름없는 요구인데. 그날 함께 갔던 친구가 조금 더 내고 자기가 10만 원을 내어 23만 원을 갖다 주었더니 군말 없이 받더란다. 돌아서며 욕이 절로 나오더라는 것. 아무리 생각해도 그 상황이 이해가 안 되더란다. 여기서 B 선배의 이름은 차마 밝히지 않겠다.

이렇게 인간의 됨됨이에 따라 '선배'라는 호칭의 격이 엇갈리고 또 세월 따라 시절 따라 풍경도 변하는 모양이다. 아, 세월은 잘 간다.

노후대책 '10억 건물' 날린 사연

2003년 1월 30일 〈동아일보〉에서 30년 가까운 직장생활을 끝내고 손에 받아든 2억 5천여만 원의 퇴직금이 앞으로 내가 살아갈 유일한 밑천이었다. 이것으로 무엇을 할까? 어떻게 해야 노후생활을 잘 영위해 갈 수 있을까? 은행에 저축해 두고 받는 이자로는 입에 풀칠하기도 어려울 지경이다.

남들은 직장을 다니면서도 꽤 많은 재산을 모으던데 나와 내 아내는 재테크는 꿈도 못 꾸고 매달 꼬박꼬박 나오는 월급만으로 지탱해왔다. 그래도 빚지지 않고 강북의 30여 평 단독주택이나마 내 집을 가졌다는 것에 자족하며 살아왔다.

그런데 이제부터는 월급 대신 이 퇴직금만 가지고 살아가야 한다. 집이나 상가를 사서 월세를 받아먹자니 너무나 적은 액수라 명함도 내밀지 못할 지경이다. 여러 날 아내와 궁리하고 생각해낸 것이 집을 지어 팔자는 것이었다. 주위 사람들도 그 돈으론 그것밖에 할 게 없다고 권유했다. 그래서 미아역 근처 낡은 집 2채가 있는 대지 90평을 구입했다. 그러나 막상 땅을 사고 나니 수중엔 여유자금이 한 푼도 없다.

어찌할 것인가? 앞뒤 가릴 것 없이 다세대 주택을 짓기로 하고 건축업자를 만났다. 지상 4층 10가구가 입주할 건물을 짓기로 하고 공사비 견적을 받았다. 예상 분양가를 비교해 보니 이득이 꽤 될 것 같았다. 공사비는 분양이 되는 대로 지급키로 하고 착공했다. 공사가 진행되는 사이 나는 다시 직장(〈동아일보〉 사사편찬위원회)을 다니게 돼 아내가 전적으로 매달려 '사업'을 성공리에 마쳤다. 착공 6개월 만에 완공, 준공 6개월 만에 분양 완료. 꼭 1년이 걸렸다.

공사비용, 분양비용, 세금 등 모든 경비를 제하고 나니 퇴직금 전액을 투자한 금액의 약 50% 이익이 생겼다. 당시 부동산이 오르던 시대라 '대박'을 터뜨린 것이다. 집 장사가 이렇게만 된다면 뭐 하러 월급쟁이 생활을 한단 말인가. 나의 성공사례를 본 동네 부동산업자가 함께 본격적으로 건축업을 해보자고 제의했으나 건물을 지을 때도, 분양할 때도 너무 신경을 썼기에 거절했다. 대신 그 돈으로 적당한 건물을 사서 속 편하게 임대업을 하기로 했다.

여러 곳을 물색하여 구입한 것이 미아리-의정부 8차선 대로변의 도봉동 버스정류장 근처 대지 60평에 지하 1층, 지상 3층의 주상복합 건물이었다. 당시 세금을 포함해 5억 원이 채 안 들었다. 월세는 300만 원 조금 넘게 들어오는 건물이었다. 그 정도는 내가 퇴직할 때의 월급보다 조금 많은 액수라 비록 한가하게 골프나 즐길 형편은 못 됐지만 식구들 밥은 굶기지 않을 수 있었다. 한 2년 가까이 순조롭게 생활했다. 시골에서 부모님을 모셔와 함께 사는데도 살림에 지장이 없었다.

이처럼 순탄했던 생활에 균열이 생기게 된 사연은 이렇다.

나에게는 남동생 둘, 여동생 셋이 있는데, 바로 밑의 남동생이 제조업을 한다. 엘리베이터나 겨울에 자동차 타이어에 장착하는 체인을 생산하는 공장이다. 이 동생은 본래 견실한 모 중견기업의 중견사원이었으나 IMF 금융 한파 때 회사의 신임을 받아 구조조정을 진두지휘한 공으로 체인 생산라인을 떼어 맡아 독립한 것이다. 초기엔 모기업에서 적극 지원하고 야망이 큰 만큼 사업도 잘되었다.

아버지가 두어 번 동생 공장에 가 보시곤 "규모가 어마어마하더라. 커다란 기계가 몇 대인지도 몰라. 주문량도 많아 미처 대기가 바쁜 모양이더라"고 전해 주셨다. 동생도 가끔 찾아와 "형님 퇴직하시면 제가 모실 테니 꼭 도와주셔야 해요. 그리고 승호(장애 1급 나의 둘째아들) 도 제가 책임질 테니까 염려하지 마세요"라고 흰소린지 장담인지 늘어놓곤 했다. 나도 그런 동생을 든든하게 여겼다.

마음속으로 뿌듯하고 대견하게 생각하면서도 나는 "요즘 스노타이어가 나오고, 선진국에서는 도로에 열선을 깐다는데 체인사업이 잘되겠냐? 조심하는 게 좋겠다"고 주의를 주었다. 그럴 때마다 동생은 들기 싫은 내색을 하며 "염려 마세요. 우리나라는 산악지대가 많고 또 앞으로 제가 해외시장도 공략할 계획을 갖고 있어요"라면서 자신감을 내비치곤 했다. 그럴 땐 '아무것도 모르는 내가 너무 기우(杞憂)에 치우쳐 동생의 의기를 꺾어 놓지나 않나'라는 생각도 들었다.

동생은 화공학을 전공한 공학도로 회사에 취직해 근무할 때부터 특허도 여러 개 획득해 기술력을 인정받았다. 당연히 승진도 빨랐다. 하지만 독립해 나와 자체 사업을 운영하는 데는 제조기술 못지않은 판매망 확보가 중요한데, 이 분야에는 백면서생인 동생이 벽을 만났다. 극복은커녕 버텨내기에도 너무나 어려움이 많았던 모양이다. 그래서 여기저기 자문을 구하고 협력자를 물색하던 끝에 사달이 벌어졌다.

사기꾼을 만나 그의 마수에 걸려든 것이다. 수렁에 빠지듯 한 발 한 발 끌려들어가 결국에는 사업을 들어먹는 것은 고사하고 빚에 빚을 걸머지고 말았다. 그 불똥이 나에게도 튕겨온 것이다.

2006년 8월 인도에 단기 선교여행을 다녀왔다. 약 2주일 만에 돌아와 식구들을 대하니 그 반가움은 말할 것도 없었다. 그런데 왠지 집안 분위기가 썰렁했다. 이유를 알게 되기까지는 오랜 시간이 걸리지 않았다. 도봉동 집문서를 동생의 빚보증용으로 내주었다는 것이다.

예감이 좋지 않았다. 이미 1년 전에 경기신용보증재단에서 2억 원의 자금을 빌릴 때 아버지가 보증을 선 상태였다. 아버지야 재산이 한 푼도 없으니 만약의 경우에도 별문제가 없다. 그러나 동생의 사업이 꼬이고 있음이 분명한데, 이번엔 노후대책으로 마련한 도봉동 집문서를 내주었다니 상황이 심각했다. 그뿐이 아니다. 나 모르게 아내가 그 이전에 처제의 돈 3억 원까지 빌려 동생에게 주었다는 것이다. 아뿔

싸, 사업은 망하고 빚이 봇물처럼 터졌음이 분명하다.

2008년부터 아버지 앞으로 등기 우편물이 날아오기 시작했다. 연대보증 선 채무를 갚으라는 독촉장이 오더니 차차 이자를 포함하여 3억 원 가까운 돈을 상환하라는 경고장으로 변하고 드디어 법원으로부터 압류 통고서까지 날아들었다. 아내와 나는 우편물이 올 때마다 아버지가 충격받으실까 봐 쉬쉬하고 동생에게만 알려 주고 빨리 처리하라고 나무랄 뿐이었다.

처제의 돈은 1억 원을 탕감받고 내 살림집을 담보로 융자를 받아 급한 불을 껐다. 처제에겐 "미안해. 고마워"라는 말밖에 할 수가 없었다('미안하고 고맙다'는 말은 이때 내가 처음 썼는데 10여 년 뒤 대통령이 세월호 희생자들에게 사용했다니 이상하고 놀랐다).

그 와중에 도봉동 빌딩까지 잡혔다는 얘길 들으니 하늘이 노랬다. "왜 집문서를 내주고 도장을 찍었소"라고 아내를 닦달했다. "아버님이 도와주라고 하시고 또 당신도 해외에 나가 있으니 어떻게 해요"라는 아내의 말에 올려붙이려던 주먹이 맥없이 내려왔다.

위 세 차례의 경우, 즉 아버지의 2억 원 연대보증, 처제 돈 3억 차용, 도봉동 집문서 담보 등 모두 내가 없을 때에만 이루어졌다. 동생은 나에게 한 번도 사전에 의논이나 사정을 한 적이 없다. 꼭 내가 없는 틈에 벌어진 일이다. 그것이 더욱 서운하다.

아니나 다를까. 채 1년도 안 돼 나의 노후대책 건물은 결국 날아가고 말았다. 그동안 두 차례나 경매 경고를 받았으나 그때마다 매각하여 갚겠다는 각서를 써 주고 사정사정했다. 경매로 넘어가면 1억 원 가까운 보증금을 못 받게 될 임차인들이 나에게 달려들 것이다. 또 집

날리고 보증금 물어 주는 이중고를 당할 것이다. 무엇보다 내 평생에 경매를 당했다는 치욕을 남기고 싶지 않았다.

급매로 내놓았더니 작자가 나타났다. 2008년 당시 시세 10억 원, 2020년 현재 시세로 적어도 20억 원은 넘는 재산인데 … . 매수자의 손에서 7억 5천만 원 수표를 받았다. 한 푼도 손에 남기지 못하고 그 자리에서 고스란히 채권자 손에 넘겼다. 순간 밖으로 뛰쳐나갔다. 어둑어둑한 골목에서 '엉엉' 울며 고래고래 소리쳤다. 허무하다. 괘씸하다. 억울하다. 가슴 아프다. 하늘이 노랗다 못해 새까맣다.

그로써 끝난 것이 아니다. 뜻하지도 않은 양도세 고지서가 날아들었다. '차라리 경매로 넘겼더라면 … ' 하는 생각에 알아보니 그랬어도 양도세는 따라붙는다고 했다. '세금은 무덤까지도 따라간다'고 했던가. 7천만 원이 넘는 액수다. 부동산에 문의하니 나에게 집을 판 사람이 당시 매도가를 높여서 계약서를 다시 작성해 주면 줄일 수 있다고 한다. 매도자를 찾아가 사정하고 매달려 봤으나 허사였다.

결국 지인의 도움을 받아 5천여만 원으로 낮추어 찍소리 못 하고 빚에 빚을 내 물었다. 재산 날리고 세금 물고, 이런 원통한 일이 어찌 나에게 닥쳤단 말인가. 이 빚을 어떻게 다 갚아 나가야 하나?

융자받은 2억 원과 빚진 양도세를 갚기 위해 아내와 나는 10여 년 동안 절약에 절약, 그야말로 피나는 노력을 기울였다. 한여름에 에어컨 떼어 팔아 치우고 한겨울에도 웬만해선 보일러를 켜지 않았다. 너무 추울 땐 잠자는 방만 켰다가 새벽에 눈뜨자마자 서둘러 껐다. 이런 상황이니 친척이나 친구들의 애경사 때 봉투 채우기도 여간 힘들지 않았다.

그래서 나는 마음 내키지는 않았어도 맡은 것이 보성고 53회 총무요, 불러줌에 감사한 마음으로 응한 것이 〈동아일보〉 사사편찬위원이요, 우연치 않게 차지한 것이 동아꿈나무재단 사업국장이요, 골치 아프고 힘들어도 거절하지 못한 것이 전주이씨 화의군파 종회 총무이사요, 아쉬울 때 달려가 부탁한 것이 현대자동차 대리점 이사요, 닥치는 대로 떠맡은 것이 일본 책 번역이었고, 최후에는 아파트 경비원 노릇도 감내하지 않을 수 없는 지경에 이르렀다.

몸이 하나둘도 아닌 서너 개로 살아야만 했다. 친구들은 속도 모르고 '투잡', '스리잡'을 한다고 부러워하기도 했다. 나 스스로 '인생 밑바닥, 노숙자의 전 단계'라고 생각했던 아파트 경비원까지 하는 내 신세를 그들은 이해할까?

이렇게 닥치는 대로 두세 가지 일을 겸하면서 받는 수당은 꼬박꼬박 적금을 들었다. 담배는 그전에 끊어 다행이었고 술은 한때 끊었으나 재취업하면서 다시 시작했다. 다만 염치 불고하고 얻어 마시는 것으로 일관했다. 체면이고 안면이고 챙길 여유가 없었다.

이를 악물고 부은 적금통장이 차곡차곡 쌓여갔다. 한 해, 두 해 만기가 되면 찾아서 빚을 갚아 나갔다. 항상 마이너스인 잔고 통장은 그때마다 숫자가 줄어들었다. 남들은 통장에 돈이 쌓이는 재미로 살아간다지만 나는 마이너스 통장의 숫자가 줄어드는 것을 즐기며 지냈다.

드디어 2013년 7월 장맛비가 추적추적 내리는 밤늦은 시각, 친구들과 한잔 걸치고 귀가하는 길. 집 앞 횡단보도에서 교통신호를 기다리는데 바로 옆에 두어 뼘 굵기의 가로수도 비를 맞고 서 있었다. '이 나무는 아버지·어머니보다 오래 살아 이 자리에 그대로 서 있겠지. 아니, 나보다도 훨씬 더 오래 버티고 있을 거야.'

그래도 나는 조금도 내 인생이 이 가로수보다 못하다는 허무는 느끼지 않았다. 오히려 '너보다 오래 못 살아도 나는 오늘 행복하다'고 자부했다. 왜냐하면 내 안주머니에는 잔고 제로인 대출통장이 들어있었기 때문이었다. 건물이 날아가 가슴은 아프지만 빚이 사라져 홀가분했다. 비를 맞고 걸어오면서도 마음은 훈훈하고 몸은 훨훨 날고 있었다.

"저 돌아왔어요." 화장실에서 어머니의 요강을 부셔 들고 나오는 아버지께 귀가인사를 했다. 그때가 아버지가 돌아가시기 바로 두 달 전이었다. '잔고 0원' 통장을 보여 드리며 "아버지, 저 오늘부로 빚 다 갚았습니다"라고 엎드려 절하며 고했다. "그동안 수고 많이 했다." 아버지가 손 내밀어 악수해 주셨다. 눈물이 왈칵 솟았다.

대를 이어 받은 술대접

지난 토요일 새벽, 아니 전날 금요일 한밤중부터 배가 쥐어짜듯 계속 아파 견딜 수가 없었다. 저녁에 술을 좀 마시긴 했지만 내 실력에 결코 과음은 아니었다. 그 사연은 이렇다.

과거 내가 대학 4학년 때 아르바이트로 중학 3년생을 가르친 적이 있는데, 변두리 3류 학교에서도 바닥을 기던 학생이 차차 성적이 올랐다. 그래서 밤이 깊도록 가르쳐도 힘들기는커녕 재미가 있었다. 결국 그를 일류 고교인 용산고등학교로 진학시키는 혁혁한 공을 세운 바 있다. 그가 바로 큰이모의 큰딸의 큰아들 김순호다.

그의 아버지(이종사촌 매형)는 방앗간을 가진 시골 부자였다. 아들을 중학교 때 동서네 집에 방을 얻어 서울로 유학 보냈는데 3학년 때 두 사람분의 식량을 대주고 나를 선생으로 앉힌 것이다. '식객'인 나는 틈틈이 주인집 아들(오재석, 초등학교 3년)의 공부도 들여다봐 주곤 했다.

가끔 순호 아버지(큰매형)가 서울로 올라와 집주인인 동서(재석 아버지)와 술을 마실 때면 늘 나도 옆에 불러 앉히는 바람에 취하도록 마신 적이 많았다. 집주인인 작은 매형(재석 부친, '오 서방')은 나보다 10살, 큰매형은 15살 위인데도 두 분은 대학생인 나를 평소 선생으로 대우하며 술친구로 삼았다.

아들이요, 처조카를 일류 고교에 합격시켰으니 그 집안에서 이충남이란 존재는 초를 치면 '우상'이었다. 나를 그토록 대우해 주니 나도 그분들을 친형님 못지않게 존경하고 가깝게 지내게 됐다. 이 관계는 그 후로도 변함없이 계속됐다. 길흉사 때 인사를 차림은 물론 셋이 만나 대취하도록 마신 적도 헤아릴 수 없다.

한데 최근 몇 년 사이 (이 글은 2010년에 썼다) 그 두 분이 앞서거니 뒤서거니 먼 나라로 떠나셨다. 형님이요, '술 선생'들을 잃어 슬프고 허전하기 이를 데 없다. 그러던 차에 며칠 전 제자 순호한테서 전화가 왔다.

"한번 모시고 싶어요. 재석이와 함께."

그렇게 기쁠 수가 없었다.

"좋다. 만나자."

그래서 셋이 모인 게 지난 금요일 저녁이었다. 그 아버지들이 두주(斗酒)를 불사하는 호주가들이었는데 자식들은 그보다 더한 듯해서 나는 절주를 했다.

"내일 중요한 행사가 있어 많이 못 마시니 너희들이나 맘껏 마셔라."

용산고 출신 순호는 전 국무총리 이해찬의 바로 한 해 선배로 대한항공에서 근무하다 나와 꽤 짭짤한 회사를 운영하며 밥술깨나 먹는 모양이었다. 그의 이종사촌 아우인 재석은 서울대 정치학과를 나와 모 언론사 편집국장을 거친 논설위원인데 그날이 바로 논설실장 발령을 받은 날이라고 했다.

이런 상황에서 술을 사양한다는 건 고역이다. 그뿐인가. 그 둘을 앞에 놓고 보니 참으로 대견했다. '선생님들이 제자가 잘되면 바로 이런 기분이겠구나' 하는 생각이 들었다. 묘하게 나는 그들보다 10살, 15살 위이다. 그 아비들과 자식들 사이에 낀 세대로서 아비들한테도 대접받고 자식들한테도 대를 이어 극진한 대우를 받으니 방석에 앉은 엉덩이가 구름 위에 뜬 기분이었다.

그래도 그날 술은 정말 절제했다. 내일의 큰 행사(고교 동창회 야유회)를 내가 주관해야 하기 때문이었다. 내 앞의 잔은 좀처럼 비워지지 않았지만, 그 아버지들이 과거에 나에게 해주었듯이 둘의 잔에 연신 술을 채워 주는 것만으로도 내 마음은 이미 대취한 듯 흐뭇했다.

"선생님, 아저씨, 아니, 형님, 이렇게 즐거운 날 너무하십니다. 아버지들하고는 잘하면서 저희들은 상대가 안 된다 이겁니까?"

그들은 어리광인 듯, 건주정인 듯 나를 아예 아저씨라고 하지 않고 "형님! 2차 생맥주 딱 한잔"이라는데 이것마저 뿌리칠 수 없었다.

"그래, 좋다. 2차는 내가 쏘마" 했더니 "역시 형님, 아니 아저씨, 아니 선생님은 짱이야" 하는 녀석들을 데리고 르메이르 어느 호프집에 들어가 한치 한 마리 시켜 놓고 두어 조끼 마셨다. 시간은 새벽 1시

반. 얼큰한 기분으로 집에 오니 2시 조금 넘었다.

그리고 바로 잤는데 뱃속에서 그 야단이지 뭔가. 아픈 배를 움켜쥐고 한참 뒹굴다가 10분이 멀다 하고 날이 새도록 화장실을 들락거려야 했다. 낮에도 배앓이와 설사는 멈추지 않아 1시간 간격으로 화장실에 가야 했다. 아내가 지어다 준 약 외에는 아무것도 먹지 못하고 내리쏟기만 했다. 나중에는 정신마저 몽롱해지는 듯했다. 결국 고교 행사 진행은 다른 친구에게 맡기고 참석하지 못했다.

그런 중에도 '선생님들은 참 힘들겠구나' 하는 생각이 들었다. 출세한 제자들마다 찾아와 술대접을 하면 그걸 무슨 수로 견딘단 말인가?

일요일까지 맥을 못 추다가 월요일 아침에야 죽으로 기운을 차렸다. 그래도 그날 약속된 점심 나들이를 하고 돌아와 다시 누웠다. 대를 이어 받은 술대접에 배탈이 나 몸은 괴로웠어도 마음만은 무척 흐뭇했다.

출산 미스터리: 내 동료들은 왜 아들만 낳았을까?

'동아맨'으로서 선배라고도 후배라고도 하기 어정쩡한 몸으로 이 모임 저 모임에 나아가는 일이 많다. 원로들의 특종기사, 명칼럼이나 후배들의 취재에 얽힌 무용담을 들으면서 '나는 그동안 과연 무슨 업적을 남겼는가?' 생각해 본다. 정말로 내놓을 만한 것이 없어 늘 말석에 앉아 남들의 얘기를 들으면서 시간만 때우다 돌아오곤 한다. 그러다 우연히 딱 한 가지 '희한한 자랑거리'가 떠올랐다.

나는 〈동아일보〉에서 정해진 만 58세 정년을 넘어 1년, 또 6개월간 연장돼 30년간 근무한 뒤에도 두 번에 걸쳐 다시 부름을 받아 6년 가까이 더 다니는 35년 넘게 재직했는데, 그동안 나와 함께 일한 동료들이 남자든 여자든 모두 아들만 낳았다는 놀라운 사실이다. 이것을 우연이라고 치부하기엔 그 숫자가 너무 많고, 필연이라고 하기엔 논리나 과학적으로 증명할 아무런 방법도 없다. 그러나 그것은 엄연한 사실이기에 여기에 실명을 들어 그 믿어지지 않는 얘기를 증언하고자 한다.

본론에 들어가기에 앞서 1960~1970년대까지는 다산(多産)이 보편적 사회현상이었음을 알아야겠다. 특히 남아선호 사상이 강해 아들을 낳을 때까지 자식을 낳는 관계로 먹을거리는 달리는데 인구는 자꾸 늘어나서 정부에서 '아들, 딸 구별 말고 둘만 낳아 잘 기르자!'는 슬로건을 내걸고 산아제한정책을 펴던 시기였다. 당시 세간에서는 '한 집 건너 하나만 낳자'는 우스갯소리가 유행했고 콘돔을 누구나 부끄럽지 않게 구입할 수 있었으며, 당시 남자의 경우 예비군 소집장에서 정관수술을 받으면 훈련을 면제해 주던 시절이었다.

우선 나 자신도 딸 없이 아들만 셋을 두었음을 미리 밝히고 시작하는 게 좋겠다. 딸을 낳고 싶어도 못 낳았다. 그래서 남들처럼 딸이 태워 주는 비행기는커녕 사위의 술 한잔 받아 보지 못한 것을 못내 서운해하는 '아들 제조기'였다. 그 덕에 친구들이 장가갈 때 평생 함을 딱 4번 졌는데 그중 3명은 첫아들을 생산했다. 첫 번째 손희광(고교 · 대학 동창, 해태그룹), 두 번째 박동진(〈소년동아〉), 세 번째 이욱용(〈동아일보〉)이다. 네 번째는 고교 동창 최창만(한전)인데 그는 딸을 낳았다.

그래서 지금 생각하니 내가 만일 네 번째 자식을 낳았으면 딸이 아니었겠나 하는 후회도 해본다. 나는 하늘에 두고 말하건대, 여자 동료나 후배의 손목을 잡아 본 적 없고 남자 동료의 경우 그 부인들을 만난 적도, 그의 집이 어디인지도 알지 못했으니 엉뚱한 추측은 하지 말기 바란다.

나는 교열부 5년을 거쳐 만 10년 동안 〈스포츠동아〉에 근무했다. 그동안 출산한 동료는 김용암, 송대근, 윤득헌, 이욱용, 이재권, 이향렬, 조광식, 조덕일, 최명우, 최용원, 홍호표, 이홍우(당시 동아맨은 아니었으나 〈스포츠동아〉에 만화 '오리발'을 연재하며 교제) 등 기억나는 사람만도 12명인데, 이들 모두가 아들을 낳은 것이다. 그 뒤로도 말년에 여론독자부, 기획특집부, 심의실, 독자서비스센터, 사사편찬위원회, 동아꿈나무재단 등에 근무하던 중 출산한 후배들은 강미경, 박미정, 양영채 등 3명인데 이들도 모두 아들만 생산했다.

이들 중에서도 조덕일(교열부), 전용호(스포츠동아부), 양영채(여론독자부)의 경우는 더욱 특이한 스토리가 있다. 이들 3인은 딸만 셋을 두어 아들을 포기한 '딸딸 또 딸 아빠'들이었다. 그런데 나와 함께 근무하는 동안에 천금 같은 아들을 낳았으니 놀라운 일이 아닌가. 그들은 늘 싱글벙글하는 모습이었다. 그게 다 누구 덕인 줄도 모른 채 ….

이 대목에서 "한국 여자농구 대표선수로 실력과 미모가 뛰어나 '국민 포인트가드'로 불리는 강현숙을 아내로 맞아, 쌍둥이 딸을 낳고 당시 보사부 장관의 격려금을 받은 뒤, 또 딸을 낳은 세 딸의 아버지로 장모님까지 모시고 있어서 '여자 농구팀 감독'이라는 농담을 듣고 있던 김종완은 어떻게 된 거냐?"고 이의를 제기하는 분이 있을지 모른다.

하지만 그가 비록 내 고등학교와 대학교 같은 과 후배일지라도 딸을 낳았을 때 나와 다른 부서(사회부)에 속해 있었고, 후일 같은 부서(독자서비스센터)에 근무할 때는 머리가 희끗희끗한 50대 중반이 된 뒤라 생산라인이 이미 끊긴 상황임을 일러두는 바이다.

그런가 하면 고 조광식 선배는 이미 아들만 셋을 두었는데 집안이 너무 삭막하니 딸이나 하나 낳자는 일념으로 40대에 늦둥이를 낳았는데 기대와 달리 또 아들이어서 실망했다는 사실을 뒤늦게 털어놓기도 했다. 조 선배의 실수는 나와 함께 근무한 업보가 아닐까 하여 죄송하다.

그동안 딸을 낳은 후배가 한 사람 있긴 하다. 여기자 신연수. 생활부에서 근무하다가 기획특집부로 발령받고 나하고 나란히 앉아 근무한 지 몇 달 안 돼 출산휴가를 다녀왔다. 혹시나 하여 물어봤더니 딸이란다. 속으로 '나의 신비스러운 기록이 깨졌구나' 했다.

그러나 가만히 따져 보니 그건 결코 내 책임이 아니었다. 그는 다른 부서에서 이미 임신한 상태로 옮겨오지 않았는가. 아무리 신통력을 가졌기로서니 난들 뱃속의 아기를 어찌하겠는가. 그러니 내 '아들 출산 신화'는 결코 깨어지지 않은 것이다.

게다가 〈스포츠동아〉 연재만화 '오리발'로 인연을 맺은 사나이 중의 사나이 이홍우와 여론독자부에서 함께 근무한 아리따운 강미경은 각각 결혼 10여 년이 넘도록 모두 아기가 없어 포기하다시피 한 상태였는데 나와 '인연'을 맺은 뒤로 꿈에도 그리던 출산을 했다. 그것도 떡두꺼비 같은 아들을 낳았으니 하늘을 날아가는 기분이라고 했다. 그 뒤로 강미경은 둘째도 아들을 낳아 시댁의 귀여움을 듬뿍 받고 있다며 늘 생글생글 웃으며 지냈다.

이홍우 화백도 둘째를 낳았는데 이번엔 딸이었다. 그러나 이것으로 결코 나의 신화가 깨어진 건 아니다. 왜냐하면 둘째를 낳았을 때 그는 10년여 만의 첫아들 출산 은공도 모른 체하고 나한테 '오리발'을 내던지고, 〈동아일보〉 본지 화백으로 등극해 '나대로'를 그리며 '멋대로' 낳았기 때문이렷다.

그런가 하면 수년간 함께 근무했으나 나와 헤어진 뒤 결혼한 후배 이정은(독자서비스센터)과 문성지(동아꿈나무)는 모두 딸만 둘을 두었단다. 나와 같이 있을 때 시집을 갔더라면…. 이러니 "절에 가서 백일 불공을 드리느니 이충남과 같은 부서에 근무하면 100% 아들을 낳는다!"는 이야기가 돌아 나와 함께 근무하게 해달라고 고위층에 로비까지 했다는, 믿거나 말거나 한 얘기도 있었다나….

〈동아일보〉를 떠난 뒤로도 나의 '아들 출산 신화'는 깨어지지 않았다. 백수인 내게 무슨 일터가 있으랴만 교회의 한 부서에 속해 있으니 그것도 조직이라 할 수 있겠다. 나는 동네의 평강교회 외국인전도부라는 부서에서 20년 가까이 봉사하고 있다. 거기에는 20여 명의 교인들이 봉사하는데 그동안 결혼하여 아기를 낳은 부부가 세 쌍 있다.

그런데 이들도 모두 첫아들을 두었으니 참으로 놀라운 일이 아닌가. 직장에서 매일 접하는 동료나 후배들에게서 벌어진 '기적'이, 교회에서는 1주일에 한 번밖에 만나지 않는 사람들에게도 일어난 것이다. 비록 육신은 70대라도 나의 신통력은 시들지 않았음을 흐뭇하게 여기며 마음속으로 '할렐루야'를 외치며 신앙생활을 하고 있다.

그런데 오호, 애재라! "대장장이 집에 식칼이 녹슨다"고 내 몸의 정기가 다 빠져나가서 그런지 정작 내 두 아들이 장가들어 한집에 살기는 했는데 각각 딸만 하나씩 낳고 마감한 상태다. 증손자를 안아 보지 못하고 돌아가신 부모님께 죄스러운 마음이고, 앞으로 제사 모실 자손이 끊겼으니 조상님들 뵐 면목이 없다.

늙어가는 내 마음도 옷 속을 파고드는 겨울바람처럼 냉랭하고, 잔고 바닥난 지갑만큼이나 허전하다.

2017년 끝자락의 저녁 석양을 바라보며. 〈동우회보〉, 58호.

진관 묘역 모기와의 전쟁

2011년 7월 18일 월요일, 새벽 1시 10분. 진관 화의군 묘역. 제가 여기서 잠을 자고 있었습니다. 재실을 다시 짓기 위해 이곳에 살던 가정이 떠나는 바람에 폐허가 된 건물입니다. 여름 장마철. 사람이 떠난 집안은 쥐들의 천국이 됐습니다. 강아지만 한 놈들이 제 세상 만났다고 떼를 지어 부엌이고 방이고 휘젓고 다닙니다. 흉가도 그런 흉가가 없을 것입니다. 그런 속에 조상님을 혼자 계시게 할 수는 없다고 종회장이 종회원 몇 사람에게 밤에 와서 잠을 자면서 사당을 지키라고 부탁했으나 모두 꺼려하는 바람에 할 수 없이 총무인 제가 밤마다 이곳에 와 지키고 있습니다.

회사에서 퇴근하여 친구와 저녁을 먹고 올라와 이불을 덮고 자는데, 한여름 긴 장마에 이부자리가 눅눅했습니다. 사우나의 탕 속에서도 잠을 자는데 축축하면 대수냐 생각하며 눈을 감자마자 '애앵' 모기란 놈이 귓가를 맴돌며 공격해옵니다. 졸려서 미치겠는데 피 몇 방울 빨아먹게 하고 그냥 자리라 마음먹고 내버려 두었습니다. 빰이 따끔합니다. 손으로 가려운 곳을 문지르고 잠을 청했습니다. 그런데 잠시 뒤 또 앵앵거립니다. '그놈이 배가 덜 찼나? 에라, 한 방울 준 피, 두 방울인들 못 주랴' 하고 참으려 했습니다.

그런데 가만히 들어 보니 한 놈이 아니었습니다. 어라? 한 모금 맛본 놈이 식구들에게 알린 건가, 아니면 "그놈 피를 맛보니 오미자 술 먹은 놈인가 봐. 맛이 기가 막혀"라며 동네방네 소문을 낸 것인가.

이젠 여기서 앵앵, 저기서 앵앵 군대로 몰려왔습니다. '이래선 안 되겠다. 참는 데도 한계가 있다. 잠을 포기하자. 이놈들을 때려잡자.' 비가 오는 매일 밤 도깨비가 나올 것 같은 빈집에서 자는 걸 안쓰러워하시는 아버지가 자상하게도 갖고 가라고 주신 전기 모기 채를 이제는 써먹어야 하겠습니다.

이불을 걷어차고 불을 켠 뒤 "덤빌 테면 덤벼 봐라" 하며 팬티 바람에 알몸을 맡기고 일어나 앉았습니다. '앵~' 하고 달려드는 놈들을 몇 마리 잡긴 했습니다. 그런데 그 비명소리가 영 신통치 않습니다. 보통 모기 채에 걸려 잡힐 땐 '탁, 타다닥' 하고 외마디 경쾌한 비명을 질러 한두 방 물린 것을 보복한 것 같아 통쾌했는데 이놈들은 그 비명소리가 '피시식, 피시식' 하는 거였습니다. 긴 장마에 놈들의 몸도 눅었나 봅니다. 비명이 맥없으니 보복에 대한 쾌감도 별로 없었습니다. 한 30여 분 전쟁을 치르고 나니 잠잠해졌습니다. 잠을 청했습니다. 이 전쟁은 21일까지 나흘간이나 진행됐습니다.

7월 22일부터 8월 4일까지 약 2주간 교회에서 떠나는 인도 단기 선교여행에 동참키로 했습니다. 아내와 아버지는 탐탁지 않게 여기셨습니다. 저도 이번 여행이 경제적으로나 시간적으로 무리라고 생각합니다. 하지만 가기로 한 약속. 가족에게 말로써 설득할 재주가 없던 차 진관 재실이 비게 돼 그곳에서 홀로 자면서 매일 밤 기도하고 있습니다. "하나님 아버지, 우리 조상님을 지켜 주시고 제가 인도 선교 여행을 보람 있게 다녀올 수 있게 해주십시오."

2 장

함께하여 따뜻한 세상

친구의 뜨거운 봉투

2015년 3월 19일 아침. 핸드폰이 울렸다. 8시 51분. 새벽에 들어와 늦잠을 자던 중이었다. 눈을 비비고 더듬어 폰을 열었더니 H였다. 중요한 친구라 입력해 놓았으나 수년간 거의 연락이 없던 터였다.

"어, 웬일이야?"

"오랜만인데 잘 지내냐?"

"그럼."

대답하면서도 내심 혹시 무슨 상(喪)을 당해 연락했나 생각했다.

"만난 지 오래됐는데 S하고 밥이나 함께 먹었으면 하는데 괜찮겠냐?"

"좋지."

약속한 1주일 뒤 점심을 기다리는 동안에 여러 가지 생각이 오갔다. H와 S는 나와 고교 동기동창이다. 샐러리맨에 불과한 셋은 까마득한 십수 년 전 정년퇴직한 상태였다. 사업하는 동창 K와 또 다른 H를 포함해 다섯 친구가 노후를 위해 약간의 자금을 출자하여 모종의 사업을 벌이기로 했다. 사업계획을 H가 주도한 만큼 출자금액도 다른 친구들의 몇 배를 냈다. 구체적인 사업은 K가 맡기로 했다. 회사 명칭을 정하고 회계사를 통해 설립등기를 마친 뒤 공장을 얻어 시제품을 만드는 등 의욕에 넘쳐 사업을 시작했다.

한데 꿈을 펼치기도 전, 주도적으로 사업을 이끌어가던 K가 갑자기 세상을 떠났다. 그로 인해 창파(滄波)를 헤치고 나아갈 것 같던 사업은 돛대도 올려 보지 못하고 닻을 내리고 말았다. 투자한 돈은 한 푼도 못 건졌다. 까맣게 잊었던 일이요, 생각하기도 싫은 과거였다. 그런데 느닷없이 H가 밥을 먹자고 하니 … .

그날 약속한 장소에 나아갔다. H와 S는 먼저 와 있었다. 그동안의 안부와 다른 친구들의 소식 등 변두리 얘기를 나누며 거한 오찬을 나누었다. 한데, 나는 그날 또 다른 약속이 있어서 마냥 노닥거리고 있을 수 없었다. 자리를 떠야 할 시간이 거의 다가오기에 H에게 말했다.

"오늘 점심 잘 먹었다. 내가 다른 스케줄이 있어 먼저 일어나야겠는데 오늘 무슨 특별한 용건이라도 있냐?"

"그래. 실은 내가 할 얘기가 좀 있어서 보자고 한 거야. 그동안 내가 너희에게 너무 미안했어. 나 때문에 큰 손해를 끼쳐서 말이야. 다른 친구들은 그 투자한 돈이 별것 아니겠지만 너희 둘은 수십 년 월급쟁이의 퇴직금이었는데 … . 나도 이제 70을 넘어 머지않아 이 세상을 떠나야 할 텐데, 마음의 짐을 그대로 지고 갈 수 없다는 생각이 들더라. 그래서 며칠 전 마누라와 의논했어. 다만 일부라도 갚아야 하겠다고 말이야. 그래서 오늘 너희에게 적은 금액이나마 전하고 미안하다는 말을 하고 싶었어. 투자금액 전액을 돌려주지 못해 미안하다."

H는 나와 S 앞에 봉투를 하나씩 건넸다. 순간 무엇에 크게 부딪친 것 같이 머리가 핑하고 마음이 멍했다.

"야, 그거 다 잊은 것이고 또 그게 왜 네 잘못이냐? 사업이 실패한 것일 뿐인데, 네가 왜 마음의 부담을 갖고 있었냐? 우리 그 돈 안 받아도 좋으니 그대로 넣어 둬라."

"이렇게라도 해야 내 마음이 좀 가벼울 것 같다."

그러나 H는 한사코 받아달라고 했다. 마지못해 봉투를 받아드니 그의 마음은 가벼워졌는지 모르지만, 대신 나의 마음이 무거워졌다.

'이런 친구를 나는 앞으로 어떻게 대해야 한단 말인가? 나 자신은 다른 친구들에게 빚진 것이 없는가?'

봉투를 주머니에 넣고 돌아서는 나의 마음은 봉투 무게의 천배 만배 무거웠고 친구의 아름답고 따뜻한 배려에 가슴이 뜨거웠다.

이것이 보성고 53회 정신이 아닌가 생각한다. H는 한오수다. 서울 아산병원의 정신과 과장으로 근무하다 정년퇴직하고 그도 백수로 지내는 신세다.

"또 만나자"라는 낯선 '작별 인사'*

"잘들 가. 다시 또 만나자."
"그래, 또 올게."

---

* 고교 동창 의사 최강의 입장에서 정리한 글이다.

오랜만에, 참으로 오래간만에 사람들과 헤어지며 '다시 만나자'는 말을 해보는 것 같다.

2015년 3월 27일 서울에서 느닷없이 고교 동창 이승홍, 이동식, 홍의순이 찾아왔다. 경상남도 중에서도 끝자락인 이곳 밀양까지 …. 친구가 멀리서 찾아오니 어찌 아니 기쁠쏜가(有朋自遠訪 來不亦樂乎)!

1박 2일 동안의 즐거운 시간도 감격이었지만 헤어지면서 재회를 약속한 그 말 한마디가 아직도 귓가에 쟁쟁하다. 그동안 문자나 메일을 통해 서로 안부를 나누며 지내기는 했지만 아무래도 아쉬운 구석이 있었는데, 오랜만에 얼굴을 마주하고 앉아 옛 추억을 더듬고 허허거리며 잔을 기울이니 그렇게 즐거울 수 없었다. 그래서 우리는 어쩔 수 없는 아날로그 세대인가 보다〔有朋自遠方來 不亦樂乎〕.

비록 청주라는 작은 지방도시일망정 안과의원을 개업하고 여자로서 의사협회 부회장까지 역임하는 등 미모와 인품, 실력을 두루 갖추어 이름을 날리던 나의 반려자. 갑자기 불치의 병을 얻어 수년째 앓고 있는 아내의 증세가 악화돼 3년 전부터 요양병원에 입원을 시켰다. 그리고 나도 아예 의사직을 버리고 집을 떠나 아내를 따라 병원에서 함께 생활하기로 했다. 아내의 병수발을 들기 위해서였다. 아내 보호자 생활을 얼마 하지 않았는데, 나의 경력을 어찌 알았는지 원장이 부르더니 병원 업무를 도와달라며 부원장직을 맡겼다.

이곳은 회복이 안 되는 말기 환자들만 들어오는 곳이다. 예컨대 막차만 도착하는 인생 종착역인 셈이다. 되돌아가는 열차는 영영 오지 않고 실려 들어온 앞문으로 다시 나가는 사람은 아무도 없는 곳이다. 이곳에서 나의 역할은 뒷문으로 나가는 사람들에게 사망진단서를 떼어 주는 일이다. 이승을 떠나는 이들에게 저승으로의 '송장'(送狀) 을 써 주는 업무이다.

사람을 살리기 위해 일시적으로 죽이는 일(마취) 을 본업으로 하던 내가 아예 '사망진단 전문의'가 되다니 … . 1주일에 한두 번씩은 떼어 주어야 한다. 심하면 하루에 두세 번씩 작성할 때도 있다. 그때마다 떠나는 분들에게 비록 마음속으로나마 '평안히 가시라'고 인사하지만 결코 '다시 만나자'고 말할 수 없다. 그래서 오늘 친구들과 헤어지며 '또 오라'는 인사말이 낯설고 생경하게만 느껴진 것이다.

그런가 하면 장의사들도 마찬가지이겠지만, 새로 들어오는 '손님'에게 '어서 오시라'는 인사도 하지 못한 채 묵묵히 맞아야 하는 이곳의 생활이 나의 마음을 늘 무겁고 아프게 한다. 그러나 비록 서서히 사위어 가지만 아직은 눈을 마주치며 대화를 나눌 수 있는 아내의 모습을 지켜볼 수 있음에 하루하루가 감사하다. 게다가 불원천리 찾아와 위로의 말과 정을 나누는 친구들이 있어 나는 더욱 행복하다.

반갑고 즐거운 시간을 보내고 아쉬운 마음으로 친구들을 떠나보내던 날, 열차에 오르는 그들의 뒷모습을 보면서 솔직히 나는 속으로 '너희들은 좋겠다. 돌아가면 아내가 따뜻이 맞아줄 테니까 … ' 하는 부러움을 넘어 질투심마저 일었다.

그런 씁쓸한 마음을 안고 병원으로 돌아와 고이 누워 있는 아내 곁에 다가갔다. '혹시나 … ' 가슴에 손을 얹고 귀 기울여 작은 숨소리를 확인하니 마음이 놓였다. 앙상하나마 따뜻한 아내를 가만히 보듬고 옆에 누웠다. 순간, 친구들에 대한 부러움과 질투가 사라지고 내 손으로 아내의 사망진단서를 써야 하는 참담한 순간이 아직 돌아오지 않았음에 감사와 고마움의 눈물이 흘렀다.

"여보, 그리고 친구들이여, 우리 이별의 순간일랑 잊어버리고 늘 이렇게 하루하루를 감사하고 행복한 마음으로 살아갑시다. 다시 오시게, 자주 보세, 백발의 친구들이여."

"해경은 이 몸이외다"

요즘도(2015) 고교 동창 홈페이지나 교회 외국인전도부 카페에 가끔 글을 올리면서 필명을 '해경'이라고 하면 '해경이 누구냐?'고 물어오는 댓글이 달린다. 즉답하면 해경은 海警이 아니라 海耕이다.

1980년대 말 어느 날 함께 근무하던, 시를 좋아하는 한 친구와 퇴근길에 '방앗간'엘 들렀다. 이 친구는 어느 지방지에 등단한 시인인데 나름대로 끄적거리기는 해도 이름이 거의 알려지지 않은 '무명시인'이었다.

그런데 이 친구는 한잔 걸치고 거나해지기만 하면 아니꼬운 꼴을 보고는 못 참는 성미다. 기고만장해서 세상의 꼴불견들을 향해 고래고래 호령하는데 그것이 왠지 동료들의 마음을 후련하게 해주기도 한다. 모처럼 기를 펴게 된 일행들도 덩달아 객기(客氣)를 부리다 툭하면 방범에 걸리고 경찰에 끌려가 곤욕을 치르기가 일쑤였지만 아무리 그래도 그 기개만은 꺾이지 않았다.

그런데 이 '헷갈린 시인'이 드디어 시집을 냈다. 제목이 '치통'(齒痛)이다. 그래서 이 친구의 출판을 기념하는 의미에서 그날 한잔을 걸치는 자리였다.

"내가 이제 어엿한 시인인데 호가 없어 섭섭하단 말씀이야."

"그래? 내가 지어 주지. 치통으로 하면 어떻겠나?"

"예끼, 하필이면 왜 치통인가?"

"이가 아픈 치통(齒痛)이 아니라 세상의 아픔을 다스리는 치통(治痛)일세. 앞으론 자네의 아픔만 아니라 세상의 아픔을 다스려 주게나."

그랬더니 이 친구 좋다고 하며 나에게도 호를 지어 주겠다고 한다. 그러나 다시 연달아 퍼마시곤 횡설수설하면서 고래고래 예의 그 객기를 부렸다. 결과는 뻔한 것. 기어이 신고를 받고 달려온 경찰에 함께 끌려가는 신세가 됐다. 종종 겪는 상황인데 이때마다 물론 신문기자라며 '증'을 내보이면 통과될 수 있다. 하지만 결코 그것은 내보이지 않고 주민증만 내밀고 객기를 부리는 것이다. 가능하면 '증의 효력' 없이 '자력'으로 난관을 헤쳐가고 싶고 또 증을 보여 회사에 누를 끼치고 싶지 않았기 때문이다.

조서를 꾸미던 경찰이 잠깐 한눈파는 사이 그 친구가 뜬금없이 나에게 귓속말을 했다. "자네 해경이라고 하세"라는 것이다. 순간 나는 해양경찰이라고 관명을 사칭하고 이 자리를 빠져나가자는 소리인 줄 알고 엉거주춤하는데 이 친구 하는 말이 "자네는 땅을 가는 놈이 아니라, 바다를 가는 멍청한 놈이란 말이야"라는 것이었다.

자기는 핏대를 세우며 대들어 경찰과 한판 붙기 직전인데 나는 경찰에게 고분고분하게 자초지종을 설명하면서 관대한 처분을 바라는 모습이 순진하고 답답하고 바보 같아 보인다는 것이다.

'아무리 갈아도 표가 나지 않고 죽어라 노력해도 헛수고인 줄 뻔히 알면서도 미련하게 바다를 갈고 있는 어리석은 자'라고 풀이까지 해준다. 가만히 생각해 보니 나에게 그럴듯한 호칭인 것 같았다. 그래서 그 후 나는 이 별호가 마음에 들어 가끔 사용하곤 한다.

내가 호를 지어 준 시인 '치통'은 세상의 고통은커녕 자신의 고통도 해결하지 못한 채 10여 년 전 땅속으로 들어가더니 영영 나올 생각을 하지 않고 있다. 하지만 어리석은 나의 '바다 갈기'는 오늘도 계속되고 있으니 그 친구가 고맙게 느껴지기도 한다.

해경, 그 사람은 바로 이 이충남이외다.

평택 기부금 내역

2019년 2월 28일, 보성고 53회 카페 '친구의 소식'에 다음과 같은 기사가 올라왔다. 뒤늦게 보고 쑥스럽지만 새삼 과거 일이 떠올라 수년 전 돌아가신 어머니 생전에 바쳤던 마음의 글월을 실어 본다.

서울에 거주하면서 사업상 평택을 자주 오가는 이충남(남, 74세) 씨가 9일 서정동 주민센터를 방문해 이웃돕기 성금 300만 원을 전달해 주위를 훈훈하게 했다. 이 씨는 6·25 전쟁 시절 어린 동생 3명과 함께 평택으로 피란 오면서 고생했던 기억이 떠올라 평택시에 기부하게 됐다고 밝혔다.

이날 기탁받은 성금은 사회복지공동모금회를 통해 어린 자녀 3명 이상을 어렵게 키우고 있는 관내 저소득층 3가구에게 매월 10만 원씩 10개월간 지원될 예정이다.

이 씨는 "비록 적은 금액이지만 자라나는 아이들이 꿈과 희망을 가지고 열심히 살아가는 데 보탬이 됐으면 좋겠다"고 말했다. 이동민 서정동장은 이에 대해 "값진 성금을 전해 주신 이충남 씨에게 진심으로 감사드리며, 아름다운 마음이 오랫동안 기억될 수 있도록 소중히 전달하겠다"고 말했다.

〈에너지경제신문〉, 한철희 기자

6·25 때 평택으로 피란 나와 병들고 굶주림에 못 이겨 한 달 남짓한 사이에 머나먼 나라로 떠난 세 자식들. 어머니가 그 애들을 어느 산 기슭, 어느 골짜기에 묻으셨는지 저는 모릅니다. 저는 그 애들이 묻힌 곳이 평택의 어느 산, 누구네 밭고랑이인지 전혀 모릅니다.

하지만 저는 알고 있습니다. 어머니는 결코 그 애들을 땅에 묻지 않고 꼭 끌어안고 되돌아와 일평생 가슴속 깊이깊이 품은 채 살아오셨음을…. 어머니는 할머니와 큰어머니가 6·25 피란길에 돌아가신 날짜(할머니: 음력 5월 22일, 큰어머니: 음력 5월 29일)는 꼭 기억하고 계시다가 평택에서 아버지를 만났을 때 알려드려 그분들의 제사를 오늘날까지 깍듯이 모시게 됐습니다. 하지만 자식 셋의 죽은 날은 알려고도 기억하려고도 안 하셨던 것이지요. 가슴속에 있으니까.

우연인지 필연인지 최근 전주 이씨 종회에서 평택에 임대건물을 구입했는데, 제가 그 건물 관리를 맡게 됐습니다. 그래서 평택에 내려갈 때마다 먼저 보낸 동생들 생각이 문득문득 떠오르곤 했습니다. 또한 그때마다 어머니의 그 아리고 쓰라린 마음을 헤아릴 수 있을 것 같았습니다. 어머니가 그토록 오랫동안 자리에 누워 계시면서도 차마 눈을 감지 못하고 고통 속에 나날을 보내시는 것은 마치 그 애들의 아프고 배고프다는 소리를 해결해 주지 못하셨기 때문이 아닌가 하는 생각도 들곤 했습니다.

그래서 제가 받은 건물관리 수고비 석 달치를 모아 평택에 사는, 자녀들이 많아 힘든 가정에 보태 주기로 했던 것입니다. 세 동생 몫으로. 오늘 그 일을 실천하고 돌아오니 저의 마음도 한결 가벼웠습니다.

그러니 어머니, 이제 걱정 마시고 아버지가 가신 곳, 하나님 품에 고이 잠드세요. 평안히 가세요. 아픔도 슬픔도 없는 저세상으로. 가서 그곳에서 그 애들도 만나 보세요.

금시계에 대한 단상

죽음의 시기를 알려 주는 시계가 있었으면 좋겠다. 아무도 자기가 언제 죽을지 모른다. 사람에게는 세 가지 불변의 진리가 있다고 한다. 즉, 누구나 빈손으로 왔다가, 빈손으로 돌아가고, 아무도 죽는 날을 알지 못한다는 것이다.

아무리 짧게 살다 가더라도 의도하든 아니하든 누구나 살아가면서 어떤 행위든 멈추지 않고 하는데, 그것이 유무형의 흔적이 되어 후세에 전해지게 마련이다. 어떤 사람은 좋은 흔적, 어떤 사람은 나쁜 흔적을 남기는데, 그것으로써 그 사람의 생애가 평가되는 것이다.

누구나 죽음의 시점을 알면 좋겠지만 아무도 그것을 모른다. 그래서 특별한 시계를 만들었으면 좋겠다. 먼저 자기가 언제쯤 죽었으면 좋겠다고 작정한다. 그 시간부터 현재의 시간을 역산하여 '재깍재깍' 앞으로 남은 시간을 알려 주도록 하는 것이다.

그러면 좋은 흔적을 남기기 위해 좀더 겸손하고, 욕심 부리지 않고, 다투지도 아니하고, 선하게 살아가지 않을까. 손목에 차고 있는 시계를 보면서 이제 내 생이 얼마 남지 않았음을 알고 마음을 다스리면서, 웬만한 일에 화를 내지 않고 참으며 남을 이해하고 사랑하면서 살아갈 수 있을 것 같다.

때때로 이런 생각을 하던 중 어느 모임에서 "야, 충남이가 금시계를 찼네!"라는 원로 선배의 말에 내 손목의 '금시계'를 확인했다. 흐뭇했다. 번쩍번쩍한 금시계 찬 촌놈 같은 나를 놀리는 선배의 반농담조의 말이었지만 싫지 않았다. 일부러 손목을 들어 다른 회원들에게도 자랑스레 보여 주었다.

나는 얼마 전까지도 낡은 가죽 줄에 허접한 은색 시계를 찼었다. 동료가 차지 않는 시계를 몇 년 전 얻은 것인데 며칠 전 멈춰 버렸다. 수리하거나 배터리를 갈자니 돈이 아까웠다. 그렇다고 풀어놓고 지내니 우선 답답했고 손목이 허전했다.

그래서 다른 친구에게 차지 않는 시계 있으면 좀 갖고 나오라고 부탁했다. 요즘은 스마트폰이 있어 시계를 차지 않고 장롱 속에 처박아 두는 친구들이 많다. 그랬더니 모 기업에서 중역으로 근무하던 친구가 회사 창립 기념품인데 한 번도 안 차고 보관했던 것이라며 새 시계를 갖고 나왔다. 뒤뚜껑에 'SS 1939~1989'라고 새겨져 있으니 창립 50주년 기념품인가 보다. 이 시계를 2019년 10월에 받았으니 30년 동안 서랍 속에 처박혀 있던 시계가 아닌가. 친구가 "오래돼 잘 갈지 모르겠다"며 건네준 노란 줄이 달린 '금시계'였다. 이튿날 시계방에서 배터리를 넣었더니 곧잘 갔다. 이날 그것을 차고 나갔던 것이다.

나는 어려서부터 시계에 대한 집착이 강했다. 그중에서 몇 가지 사례를 들어 보겠다. 중학교 3학년 때 하숙집의 초등학생을 가르쳤는데 성적이 올랐다며 그 부모가 노란 금시계를 사례로 사 주었다. 그것이 생애 처음 차 본 손목시계였다. 애지중지 아끼며 대학까지 차고 지냈다. 그러던 중 여름방학 때 친구들과 한강변에 텐트를 치고 캠핑을 하며 지낸 적이 있다. 나는 아르바이트 때문에 낮에는 시내에 나갔다가 저녁때 돌아오곤 했다. 연애하는 친구들은 낮에 애인들이 찾아오기도 했다. 우리는 서로 먹을 것과 음료수 간식 등을 사 갖고 와 여자친구들을 대접하며 며칠간 즐거운 시간을 보냈다.

나는 매일 빈손으로 가 맨입으로 얻어먹기만 하는 게 친구들에게 염치없고 부끄럽고 미안했지만 무일푼인 신세라 어쩔 수 없었다. 하루는 시내에서 아르바이트를 끝내고 캠핑장으로 향하는 길에 마침 버스 차창으로 전당포 간판이 보여 내렸다. 2층 계단을 올랐다. 시계를 풀었다. 맡겨 봤자 되찾을 보장이 없으니 아예 팔았다. 가게에 들어가 소주 몇 병과 안주를 샀다. 손목은 허전해도 마음은 흐뭇했다. 당당하게 텐트 속으로 들어가 친구들과 마음껏 즐거운 시간을 보냈다. 여자친구들이 돌아간 뒤 한밤중에 강변으로 혼자 빠져나가 실컷 울었다. 그 후로 한동안 시계를 차지 못했다.

전방 소대장 때 내 전령이 어찌나 성심껏 수발하는지 동료 소대장들이 모두 부러워했다. 내 군복을 빳빳하게 다리고 구두를 거울같이 닦아 놓는 것은 기본이었다. 내가 입맛이 없다면 취사병을 구워삶아 특식을 마련해 오기는 식은 죽 먹기다.

한겨울 엄동설한에도 내가 머리를 감아야겠다고 하면 금방 물을 데워 갖고 와 철모에 따라 준다. 내가 비누칠을 하여 초벌로 감고 나면 새물을 부어 헹구게 할 뿐 아니라 다 감고 일어설 때까지 수건을 들고 옆에 대기하고 서 있곤 한다. 너무 착실하게 근무하고 정성껏 뒷바라지하는 게 고마워 휴가를 보내주기로 했다.

떠나는 날 그가 말했다. "소대장님, 시계 좀 빌려주실 수 있어요?" 고향에 가서 자랑을 하고 싶었던 모양이다. 얼른 풀어 주었다. 그 시계는 ROTC 5기 소위 임관 기념으로 어머니가 사 주신 것이다. 고급제품은 아니었지만 당시엔 차고만 있어도 행세하는 게 시계였다. 녀석은 좋아하며 잘 다녀오겠다고 신고하고 떠났다.

그러나 귀대한 그의 손목엔 아무것도 없었다. 며칠이 지나도 시계 얘기가 전혀 없어 물었더니 잃어버렸다는 것이다. 그 뒤로 내가 제대하고 직장에 다니며 결혼할 때까지 또 왼쪽 손목이 허전하고 답답한 세월을 보내야만 했다.

결혼예물로 받은, 내 생애 최고급인 블로바 시계. 그것도 얼마 차지 못하고 퇴근길 만원 버스에서 소매치기당하고 말았다. 그것이 1970년대 중반이다. 1980년대 초 해외출장 길에 스위스에서 큰맘 먹고 시티즌 자동시계를 샀다. 그전에는 모든 시계가 하루에 한 번씩 태엽을 감아야 했으나, 내가 산 시계는 팔에 차고 흔들면 태엽이 자동으로 감기는 당시로서는 최신형 '자동시계'였다.

그러고 얼마 지나지 않아 배터리로 작동되는 시계가 나오고 숫자로 시간을 알려 주는 디지털시계도 나왔다. 이때부터 중국에서 싸구려 시계가 들어와 흔해 빠진 게 시계가 돼 버렸다. 시계는 아무래도 바늘이 돌아가야 제맛이기에 나는 한 번도 디지털은 차 보지 않았다. 시티

즌은 꽤 오래 찼으나 수명이 다했는지 한 번 서더니 꼼짝을 안 했다. 아쉽지만 버렸다.

그 뒤부터는 길거리에서 싸구려 시계만 사서 차곤 했는데 얼마 가지 않아 멈춰 버려 짜증만 났다. 그렇다고 고급 시계를 사기에는 주머니 사정도 그렇고 잃어버릴까 봐 선뜻 마음이 내키지 않았다. 아들이나 친구들이 쓰던 것을 얻어 차던 끝에 금시계를 갖게 됐으니 기뻤다. 게다가 번쩍번쩍 빛나는 새것이나 다름없는 것이다. 30년 동안 서랍 속에 고이 있었으니 세상에 나와서도 너끈히 그만큼 살아 움직여 주리라고 믿는다.

'충남이의 금시계.' 이 시계가 30년 뒤 멈출 그때까지 살았으면 좋겠다. 남은 수명 30년! 한 해, 한 해 거꾸로 헤아리며 살아갔으면 하는 과욕을 부려 본다.

초월회를 아시나요?

1998년 5월 초여름의 둘째 목요일. 강남의 한 빌딩의 최서면 선생 연구실에서 《이봉창 평전》을 집필하고 계신 홍인근 선배를 찾아가 점심을 함께 먹은 일이 있다. 이런저런 대화 끝에 김인태(전 〈스포츠동아〉 부장)와도 다음 달에 한번 만나자고 하셨다.

김인태와 연락이 돼 6월 둘째 목요일 광화문 파주옥에서 셋이 만나 식사하며 왕년의 〈스포츠동아〉 부원들이 어떻게 지내는지 궁금하니 정기적으로 모였으면 좋겠다는 데 의견이 모아졌다.

그래서 다음 달 규합한 멤버가 김담구, 최명우, 전용호 등이었다. 그 자리에서 앞으로 다달이 둘째 목요일에 정기적으로 만나기로 한 뒤 이름을 '이목회'(二木會)로 정하고 회원도 더 늘리자고 입을 모았다. 그리하여 엄격한 심사를 거치고 삼고초려 끝에 합류한 인사가 최성두, 박문두, 송대근이다. 이 기라성 같은 멤버들 중에 저자도 끼어 모두 9명이 매달 두 번째 목요일에 만나 점심을 즐겨왔다.

〈스포츠동아〉는 1978년 창간해 만 10년 만인, 하필이면 1988년 서울올림픽이 열리던 해에 휴간됐다. 그 뒤로 꼭 10년 만에 결성된 모임이다. 돌이켜 보면 〈스포츠동아〉 10년엔 일화도 참 많다.

세기의 프로복싱 대결인 김성준과 보라싱의 세계챔피언 결정전이 밤에 열리는데 그날 아침 이겨도 져도 오보라고 시비할 수 없는 아리송한 기사에 '아, 김성준'이란 타이틀을 크게 뽑아 고고(呱呱)의 성(聲)을 내지르며 창간한 〈스포츠동아〉이다. 초판 발행 20만 부가 매진되는 위업을 달성했다. 창간 기념 백지 벽보에 일민 김상만 회장이 '신화를 맹글자'(후일 '만들자'로 수정)란 격려문과 금일봉을 받으며 기염을 토했다.

프로스포츠는 복싱과 레슬링만 있던 시절에 창간된 뒤 야구, 축구, 농구, 배구 등 그야말로 프로스포츠 탄생 러시를 맞아 10년간 낙양의 지가를 올렸다. 하필 역사상 처음으로 우리나라에서 올림픽이 열리는 해에 왜 문을 닫는단 말인가. 그러나 어쩌랴, 회사방침인 것을….

대개는 다른 부서로 '웃으며' 올라가고, 일부는 '울며' 내려가면서 뿔뿔이 흩어졌다. 그러나 멤버들의 정은 개별적으로 끈끈이 이어져왔다. 그 마음이 10년 만에 한데 어우러진 모임이니 만날 때마다 정겹고 넘치는 추억담에 시간 가는 줄 모른다. 이름과 달리 남들의 이목을 끌지도 받지도 않으면서 조용히 연륜을 쌓아 올해 벌써 어언 22년의 역사를 기록하고 있다.

그러는 사이 멤버에 결원이 생겼다. '물통형님'이란 애칭으로 불리던 김인태 선배가 오랜 병고와 싸우다 세상을 떠났다. 몇 년 뒤 또 한 분, 한자 이름이 어려워 '월구 선생'으로 통하던 김담구 선배 역시 지병 끝에 그만 유명을 달리했다. "너는 안 돼. 내가 할게" 초월(楚越) 지간으로 날을 지새운 난형난제 '양김'(兩金)이 아닌, 권하며 허허, 자시며 껄껄, "형님 먼저, 아우 먼저" 사욕을 초월(超越)하여 호형호제하던 '두 김'(二金)이 떠났다. 그 허전함 속에도 이목회는 꿋꿋이 버텨오고 있다.

초기엔 맛 따라 여기저기 옮겨 다니다가 어느 때부터인가 두 과부의 손맛과 한 처녀의 애교에 이끌려 인사동 한식집 '우정'을 단골로 드나들었다. 그러다 잠시 이 집, 저 집, 방황하던 끝에 수년 전부터는 프레스센터 옆 뉴서울호텔 2층 VIP 동원참치로 옮겨 단골로 다닌다.

작년 봄 어느 날. 모처럼 일찌감치 모임 장소로 갔다. 이목회라니까 방을 안내해 주었다. 그런데 평소 우리가 모이던 219호가 아니라 4, 5명밖에 앉을 수 없는 작은 방이었다. '오늘 몇 명이 못 나오나?' 생각하며 앉아 있는데 잠시 후 종업원의 안내를 받고 누가 들어온다. 생면부지의 젊은 얼굴이다. "여기는 이목회인데요"라고 했더니 그쪽에서 "저도 이목회인데요" 한다. 최근에 이곳에 오기 시작했단다. '박문두 간사가 몰래 회원을 늘렸나?' 생각했다.

책임자를 불렀다. 40대 여자 김 이사. 중간 이상의 키에 볼륨 있는 몸매, 당당한 체구, 동서양의 미를 겸비한 수준급 미모의 소유자다. 이 집은 맛과 가격과 분위기도 좋지만 그 여인의 인물과 한잔 권하면 우아하게 마시는 매너도 우리를 유인하는 데 큰 몫을 했다.

"오늘 선생님 쪽 이목회는 예약이 안 돼 있는데요." 김 이사의 한마디에 머쓱하여 그 방을 나왔다. 그러나 "분명히 박 간사가 오늘 여기서 만나기로 연락했다"니까 룸은 예약이 찼다며 홀로 안내했다. 확인 결과 박 간사가 예약 전화를 했더니 직원이 "이미 이목회 예약이 돼 있다"고 해서 사건이 벌어진 것이다.

서너 명의 멤버가 더 와서 의자에 걸터앉았다. 잠시 뒤 김 이사가 오더니 아주 죄송하다며 자리를 또 옮기란다. 우리보다 숫자가 더 많은 손님이 있으니 양보해 달란다. 6석의 테이블로 밀려났다. 화를 낼 법도 하건만 우리는 순한 양처럼 그녀의 지시를 따랐다. 아름다운 여인이 뇌쇄시킬, 그러나 절대로 천박하지 않은, 기품이 배어 있는 아름다운 미소로 양해를 구하는데 어찌 뻗댈 수가 있겠는가.

잠시 뒤 7명 전원이 모였다. 자리가 하나 모자란다. 한 사람은 보조의자에 앉아야 하는 '푸대접'을 받았다. 예약을 단단히 하지 못한 벌을 톡톡히 치르면서도 "오늘 점심은 벌써 3차째"라고 농담 섞어 즐겁게 먹고 마셨다. 미인의 미소에 일곱 사내의 마음이 녹아 버린 것이다.

그런데 '고생 끝에 낙'이라고, 그 김 이사가 주방장의 손에 쟁반을 들려 무언가 내오는 게 아닌가. 참치의 최고 부위와 몇 가지 특별 요리란다. '푸대접' 끝에 '특별대접'인가. 누군가 "우리 다음부터는 홀에서 먹읍시다" 하여 또 한바탕 웃었다.

그러나 마냥 웃을 수만은 없었다. 이 집에 이목회가 둘이니 다음 달에도, 그다음 달에도 그 팀과 겹칠 게 아닌가. 헷갈리지 않게 우리 쪽에서 양보하여 이름을 바꾸자고 했다. 유머와 재치가 뛰어난 최명우가 "이목회 안 되면 '두목회'로 하지" 했다. 순간에 튀어나온 이 명칭은 죽은 김봉수나 백운학도 짓지 못할 명작이었다. 여태까지 남의 이목을 끌지 못했으니 말년에 두목(頭目) 노릇을 톡톡히 해보자는 야무진 꿈에 회원들은 모두 만족해했다.

역시 이름이 좋긴 좋았던 모양이다. 모임 명칭을 바꾸자마자 새 인물이 영입돼 자리를 채웠다. 한진수. 남의 이목을 피해 멀리 파주 시골 동네에 둥지를 틀고 있는 은둔거사. 그를 세파로 끌어내며 유혹한 말은 "세상 이목 안 받고 두목 밑에 졸개 노릇만 해도 좋다"였다. 그리하여 풀 멤버 8명.

그러나 '두목질'도 몇 달 못 해보고 우리는 또 이름을 바꿔야 할 운명에 처했다. 이번엔 내부적 요인이었다. 박문두가 장본인. "최근 부부모임을 갖게 됐는데 둘째 목요일이니 어찌하오리까?" 사정해 왔다. 그쪽의 날짜 변경은 불가하니 이쪽이 변경되지 않으면 자기는 빠질 수밖에 없다고 엄포를 놓으며 강고한 입장이었다. 우리가 수십 명을 거느린 대식구라면 하나둘쯤 빠져나간들 대수일까만, 달랑 7명에서 겨우 8명으로 충원됐는데 한 명이라도 줄면 안 될 일. 게다가 수십 년 동안 간사 역을 맡아 수고한 사람을 내칠 수야 없지 않은가.

날짜를 변경하자는 데 의견이 모아졌다. 8명이 모두 참석할 수 있는 날을 따져 봤다. 우선 목요일부터 1목, 3목, 4목 모두 불가했다. 금요일은 1~4금 전부 안 됐다. 화요일, 수요일도 곤란했다. 난상토론 끝에 찾아낸 공통분모가 첫째 월요일이었다.

이름은 즉석에서 초월(初月)로 결정됐다. 역시 최명우의 번득이는 아이디어였다. '초월'하면 옛날 조선시대 기생이 연상되기도 하지만, 느긋한 나이에 돈도 명예도 초월(超越)하고 사는 우리 멤버들에게 딱 들어맞는 이름인 것 같아 좋아들 했다.

몇몇 〈동아일보〉 OB들 회합에 참석하는데 병환, 작고, 자진 탈퇴 등으로 숫자가 줄어 폐쇄되는 모임이 늘어나고 있다. 그런데 우리는 20여 년 동안 2명 잃고 한 명 늘었으니 생존율 88.8888…%. 나이도 욕심도 초월한 초월회의 2020년 경자년 1월 6일 첫 모임, 추억을 안주 삼아 낭만의 잔을 기울이며 소망을 기원했다. 우리 모임이 연연히 이어가며 정담을 나눌 수 있게 해달라고 … . 〈동우회보〉, 70호.

"아직도 마실 술이 남아 있네요"*

새해 첫날 아내와 함께 가까운 교회에서 자정예배를 드리고 돌아왔다. 이런저런 얘기를 나누다 잠든 아내의 맑고 평안한 얼굴을 들여다보는 순간 벅차오르는 감사의 마음을 주체할 수 없었다. 2차 암 수술을 받고도 10여 년째 건강한 모습을 잃지 않은 아내. 감사한 마음에 불현듯 차를 몰고 첫새벽 칠흑 같은 길을 달려 병원에 도착했다.

지난 1월 1일 새벽 5시.

"선생님, 뽀뽀해 주세요."

---

* 삼성생명 퇴직임원 모임 '동성' 회장 유태전이 회보 〈SamSung Forever 2009〉 봄 112호에 투고한 글이다. 그의 구술을 받아 정리한 것이기에 양해를 구하고 옮겨 싣는다.

졸지에 받은 여인의 구애. 나는 두 팔로 포옹을 하고 잠시 그녀의 뺨에 내 뺨을 갖다 대주었다. 피부가 보드랍고 따뜻했다. 여인은 나의 뺨 맞춤만으로도 만족해했다. 고맙다는 그녀의 입가에는 미소가 흘렀고 정말로 행복한지 얼굴에는 홍조마저 띤 듯했다. 서울 외곽의 말기 암 환자들이 입원해 있는 한 호스피스병원의 얘기다.

짧은 포옹을 끝내고 다른 병실로 가려는데 남편을 태운 휠체어를 붙잡은 채 복도에서 잠든 한 부인을 보았다. 흘러내린 담요를 어깨에 올려 주고 자세를 편케 해주었더니, 남편이 하도 소란을 피워 다른 환자들의 수면을 방해하지 않게 하려고 데리고 나왔다고 한다. 그 남편은 조용히 눈을 감고 있었다.

옆방에 들어가 보니 할아버지의 변을 치우느라 늙은 부인이 쩔쩔매고 있었다. 다가가 처리해 준 후 복도에서 "누가 좀 도와주세요"라는 다급한 소리가 들려 뛰어가 보니 조금 전 휠체어를 잡은 채 잠들었던 여인이었다. 들어 보니 휠체어에 앉아 조용하기에 잠든 줄 알았던 남편이 숨을 거두었다는 것이다. 시신을 닦고 수의를 입히고…. 마지막 가는 길에 세상에서 못 다한 얘기가 많아 그렇게 소란을 피웠던 것일까.

일주일 만인 1월 8일 수요일. 정례적으로 병원을 찾아갔다. 새해 첫날 새벽, 뺨 비빈 여인 생각이 나서 그 병실을 찾았다. 다른 사람이 누워 있었다. 그 병상에 있던 여자는 초하룻날, 그러니까 나에게 뽀뽀해 달라고 한 그날 저녁에 세상을 떠났다는 것이다. 그 여인이 실은 78세의 할머니였다. 젊어서 홀로 돼 딸 하나를 키웠는데 그 딸도 자주 들르지 않아 몹시 외로워했다는 주위 환자의 귀띔이다.

'아, 그때 뺨이 아닌 입술을 대주었을걸. 사랑에 목마른 영혼의 마지

막 소원이었을 텐데 … .'

몇 년 동안 그곳에서 봉사하면서 나는 많은 친구를 사귀었다. 하지만 우정이 오래 지속되는 친구는 없었다. 길어야 한두 달, 대개는 그 여인과 같이 한두 주일이 고작이고 심하면 만난 지 몇 시간 만에 이별하는 경우도 있다. 그럴 때마다 마음이 찡하고 생이란 무엇인가 생각하게 된다.

40대 여자가 있었다. 해외 선교사로 일하던 그녀는 하체 불치병으로 휠체어에 의지해야만 움직일 수 있다. 그런데도 "나는 기쁨조"라며 병실마다 데려다 달라고 조른다. 휠체어를 밀고 병실에 들어서면 노래도 하고 남자 환자에게는 애인 하자고 애교도 부리고 웃기는 얘기도 하여 분위기를 즐겁게 만든다. 죽음을 앞둔 환자들에게 마지막일지도 모르는 웃음을 선사하고 다니는 것이다. 그녀도 며칠 전에 저세상으로 갔다. 시한부 삶을 살면서도 같은 처지의 사람들에게 기쁨을 안겨준 그 여인은 분명 하나님이 보낸 천사였으리라.

그런가 하면 마지막 순간까지 목줄 세우며 부부싸움을 하는 환자도 있다. 70대 할아버지는 말도 못해 필담으로만 의사표시를 하면서도 자신의 간호를 위해 함께 병실에서 생활하는 아내와 툭하면 싸움을 한다. 한번은 할머니가 집으로 가겠다며 보따리를 싸들고 나가 버렸다. "할머니가 없으면 누가 돌봐요? 가서 붙잡으세요"라고 말했더니 할아버지는 화를 못 참고 씩씩거리고만 있었다. 병원 문을 나서는 할머니에게 달려가 "얼마 안 있으면 영원히 헤어지실 텐데 그동안을 못 참으세요"라며 달랬더니 푸우 한숨을 내쉬고는 돌아서면서 "평생을 고생시키더니 죽을 때까지도 속을 썩인다"며 눈물을 흘렸다. 그리고 일주일도 안 돼 할아버지가 돌아가셨다. 할머니는 이제 진짜 보따리를 싸들고 떠났다. 할머니는 그때도 눈물을 흘렸다.

조폭으로 힘깨나 썼다는 50대 남자도 있었다. 처음 대했을 때는 "왜 내가 이곳에 와 있소? 내보내 주시오"라고 떼를 쓰며 나에게 주먹이라도 날릴 태세로 기세가 등등했다. 마구 욕설도 해댔다. 나가면 모두 죽여 버리겠다고 소리소리 지르기도 했다. 두어 주 동안 만나면서 친구가 돼 진정을 시켰더니 양같이 순해져 헤어질 땐 언제 또 오느냐며 아쉬운 눈빛을 보내곤 했다. 다음 수요일에 만나자고 했는데 이번에 가 보니 그도 부르심을 받아 떠나고 말았다. 몸이 그렇게 강해 보여서 나도 '오진이 아닌가' 생각했었는데 … . 이생에 태어남도 마음대로 되는 것이 아니고 내생으로 가는 것도 뜻대로 되는 것이 아님을 수없이 실감한다.

내가 할 일이 아직도 많이 남아 있음에 감사한다. 내 어찌 마실 술이 얼마 남지 않았다고 투정하겠는가. 아직도 이렇게 남아 있는데. 내 어찌 지난 세월을 후회하며 남은 시간이 얼마 안 된다고 아쉬워하겠는가. 호스피스로 봉사하면서 육체적으로는 환자를 돕지만 정신적으로는 오히려 내가 도움을 받으며 산다. 못다 이룬 소망에 심신을 혹사하지 말고 이제까지 베풀어 주신 은혜에 감사하며 남은 생을 봉사로 마칠 생각이다.

친구의 용돈, 주님의 상급

2006년 6월 30일 금요일. 오전에 아버지를 따라 개천가 텃밭에서 열무, 배추 등을 뽑아 씻어 이웃에 돌렸습니다. 오후에는 주중 내내 밖으로만 돌아 집안을 등한히 한 죄로 아내 눈치 보고 자청하여 설거지를 한 뒤 방과 거실을 땀 흘려 쓸고 닦고 나니 녹초가 됐습니다. 감기 몸살기도 좀처럼 떠나지 않고 며칠째 괴롭히던 터였습니다.

내일은 토요일인데 친구 딸 결혼식이 있고, 이어서 교회에 나오는 이주노동자들(인도인들)을 심방해야 할 텐데 걱정이었습니다. 남의 영혼 구제보다 내 몸의 회복이 문제였습니다. 3시경 가족에게 얘기하고 사우나로 갔습니다. 목욕탕에서의 시간은 세상의 모든 것과 단절되므로 심신을 푸는 데 안성맞춤이라 가끔씩 오랜 시간을 그 안에서 보내곤 합니다.

특히 휴대폰과 떨어져 있게 돼 더욱 좋습니다. 이것이 요즘 나에게 여간 스트레스를 주는 게 아닙니다. 올해부터 고교 동기회 총무를 맡고 나서는 더욱 귀찮은 존재가 됐습니다. 회원이 모두 200여 명인데 나이가 나이인지라 애경사가 그치지 않는 데다 모든 연락은 총무를 통해 전달되는 시스템이라 잠잠한 날이 별로 없습니다. 백수의 특권이랄 수 있는 낮잠도 웬만해서는 허용치 않는 것입니다.

한데 사우나에 갈 때만은 가지고 들어갈 수 없습니다. 진동으로 하여 옷장에 넣고 탕에 들어간 뒤에는 밖으로 나올 때까지 완전히 격리된 상태로 있어야 합니다. 찜질방에는 갖고 들어가는 사람들이 더러 있지만 저는 이때도 라커룸에 처박아 둡니다.

그곳에서 보통 서너 시간씩 보냅니다. 육신의 때를 벗기는 데는 비누질 한 번에 10분 정도면 충분합니다. 그러나 마음의 때를 벗겨내는 데는 이용할 수 있는 시설은 모두 들락날락하며 여러 시간이 걸립니다. 온탕, 냉탕과 한증막을 들락거리며 탈진한 상태까지 이른 뒤에는 한쪽 구석에 드러누워 잠자는 것이 저의 휴식 방법 중 하나입니다.

그날 충분히 쉰 뒤 나오니 8시경이었습니다. 옷장을 열고 휴대폰을 보니 부재중 전화가 13통이나 와 있었습니다. 그중 9건은 한 친구로부터 온 것이었습니다. 나머지는 내일 결혼식에 참석 못 하니 축의금을 대신 내달라는 것이겠지만, 이 친구가 3시부터 8시까지 5시간 동안 9통의 전화를 걸어온 것을 보면 급하고 중요한 사연일 것 같았습니다.

옷을 입기도 전에 그 친구에게 전화했습니다. 아직도 사무실이라고 했습니다. 그 친구는 수십 년 동안 제조업을 하며 기업가로서의 꿈을 안고 한때는 남부럽지 않은 부를 누리기도 했습니다. 하지만 수년 동안 사업부진이 누적돼 이제는 매매될 때까지 비워 놓은 친척의 연립주택을 얻어 살며 사무실 하나에 전화기 한 대만 있는 초라한 오퍼상을 하고 있습니다. 제가 휴식하는 5시간 동안 그 친구는 혼자 사무실에서 수시로 전화한 것이었습니다.

순간 불길한 생각이 들었습니다. 혹시 이 친구 무슨 일을 저지르려는 건 아닌가? "무슨 일이냐?"고 물었더니 "별일 아냐"라는 대답이었습니다. "별일이 아닌데 그렇게 자주 전화했냐?"고 반문했습니다. "그냥 궁금해서 전화했는데 네가 받지 않아서 그랬지"랍니다. 하지만 그의 음성으로 미루어 결코 그런 한가한 상황이 아니었습니다. 한숨 섞어 뿜어내는 담배냄새까지 풍겨오는 듯했습니다. 그가 말을 잘 안 하기에 "우선 집에 들어간 뒤에 다시 통화하자"고 했습니다.

8시 반경 밥을 반쯤 먹었을 때 핸드폰이 울렸습니다. 받았더니 그 친구였습니다. "야, 나 용돈 좀 주라"는 것입니다. "그래? 네가 내 사정을 잘 알면서 어떻게 나보고 용돈을 달라고 하냐?"고 반문했습니다. 하지만 '혹시 이 친구 내일 친구 딸 결혼식에 갈 축의금이 없어 그러는 게 아닌가?' 하는 생각이 들어서 "어쨌든 밥 먹고 있으니 조금 있다가 통화하자"고 했습니다. 밥을 먹으면서도 '축의금 봉투 정도면 다행인데 그 이상이면 어쩌나' 걱정이 됐습니다.

밥을 다 먹고 옷 갈아입고 성경을 챙겨 드니 8시 40분입니다. 9시 심야기도회에 늦지 않으려면 바로 떠나야 했습니다. 빗속에 우산을 받쳐 들고 가면서 생각해 보았습니다. '축의금 5만 원 넣어 주는 거야 별문제 아니지만 용돈(실은 생활비)을 줄 능력이 내게 있는가? 내 통장은 항상 마이너스인 상태에도 불구하고 엊그제 겨우 인도 단기선교 참가비 140만 원을 마련해 놓았는데 ….' 한 사람의 인도인 영혼이라도 구하기 위해 떠나려 했던 선교여행, 그 참가비였습니다. 그것이 현재 제가 가진 자금의 전부였죠.

하지만 먼 곳의 이국 영혼보다 가까운 내 친구의 육신이 더 중하지 않을까? 친구의 딱한 사정을 외면하고 이방의 영혼을 구한다는 것이 무슨 값어치가 있는가? 나의 거절로 이 친구가 잘못되면 평생 죄책감에서 벗어날 수 없지 않을까?

교회에 도착하니 9시 정각이었습니다. 현관문 앞에서 우산을 접어 겨드랑이에 끼고 핸드폰을 꺼냈습니다. "그래 용돈을 조금 줄게." "야 조금은 안 돼." "내가 네게 줄 수 있는 용돈이 조금이지, 어떻게 많은 돈을 줄 수 있겠냐?" "100만 원은 돼야 해." "그래? 나도 100만 원을 생각했어. 그 이상은 없어. 그러니 내일 그 친구 딸 결혼식에 와. 네 축의금 봉투도 마련해 갖고 갈 테니까." "고맙다"는 대답을 듣고 심야기도회에 참석했습니다. 그 친구를 위해서도 기도했습니다. 그리고 가기로 했던 인도 단기선교팀에도 합류할 수 있게 해달라고 기도했습니다.

심야기도회를 마치고 집에 돌아오면서 마음이 무거웠습니다. 외국인전도부에서 봉사한 지 수년, 그동안 여러 번 단기선교여행 기회가 있었지만 '앉아서'만 갔지 직접 가진 못 하다가 이번에는 꼭 가기로 했는데…. 사탄이 가로막는 게 아닌가 하는 생각마저 들었습니다.

이튿날 결혼식은 오후 5시라 토요심방은 포기하고 참석했습니다. 50~60명의 친구들이 연이어 들어오며 혼주에게 축하 인사를 하고 있으나 그 친구의 얼굴은 보이지 않았습니다. 남은 시간은 10여 분. 전화했더니 근처까지 왔다고 했습니다. 예식시간 전에 충분히 도착할 수 있는 거리였습니다. 하지만 혼주가 딸을 데리고 입장하고 나서도 친구는 나타나지 않았습니다. 다른 친구들은 다 식장으로 들어가거나 피로연 장소로 가고 접수대 앞에는 저 혼자만 남았습니다.

내 주머니에는 2개의 봉투가 들어 있었습니다. 하나는 그 친구의 이름으로 된 5만 원짜리 축의금 봉투. 또 하나는, 그는 불교신자이지만, '하나님께서 돌보아 주시길 빌면서'라고 쓴 10만 원짜리 수표 10장이 든 '용돈' 봉투입니다. 왜 늦는 것일까. 아마 이 친구, 되돌아갈까 망설이는 건 아닐까? '되돌아가면 자존심은 건지나 용돈은 놓치는 패자요, 나타나면 자존심은 잃으나 하나님께는 순종하는 승자가 되리라.'

5시 15분쯤, 그가 멋쩍은 웃음을 지으며 나타났습니다. 축의금 봉투를 꺼내 주었습니다. 방명록에 사인하고 접수토록 한 뒤 피로연장으로 갔습니다. 많은 친구들이 그를 반겼습니다. 나란히 앉아 식사하며 마련했던 나머지 봉투를 내밀었습니다. 이 친구 짐짓 "이게 뭐야?" 하더군요. "지난번에 네가 빌려주었던 거야" 하니까 씩 웃으며 받고는 자리에서 슬그머니 일어나 밖으로 나갔습니다. 잠시 후 식탁으로 돌아온 그에게서는 담배냄새가 진하게 풍겼습니다. 화장실에 가 감정을 진정시킨 모양입니다.

그로부터 2주일. 그동안 저는 여행비 마련이 캄캄했습니다. 통장은 마이너스 한도액이 꽉 차 더 이상 꺼낼 수가 없습니다. 아내나 친구에게 손을 벌릴 수도 없습니다. 명색이 나이깨나 먹은 외국인전도부 부위원장으로서 선교팀을 위한 후원비는커녕 자신의 여행비 하나 해결하지 못하는 주제가 한심했습니다.

요즘 경제가 어려우니 선교여행 참여자도 10명이 될까 말까 한 형편이었습니다. 이번엔 교회에서 바자회도 안 열어 선교비 보조도 없답니다. 궁여지책으로 성도들에게 헌금을 받을 수 있도록 해달라고 건의했으나 거절된 상태였습니다. 팀원들은 1주일에 한 번씩 모여 준비훈련을 하면서도 뾰족한 대책이 없어 답답한 마음이었지요. 그저 합심하여 기도만 할 뿐이었습니다.

그러던 중 인도 단기선교 안내 팸플릿이 나와서 살펴보니 참 잘 만들어졌습니다. 제목은 '선교는 선교사들이나 하는 거 아니야?'라고 달았지만 내용이 알차며 디자인도 세련된, 정성을 기울인 제작이었습니다. 그것을 제가 소속된 제1선교회에 20여 장 돌리고 한 장 남은 것을 집에 가지고 와 책상 위에 올려놓고 눈에 띌 때마다 기도했습니다. "이

번 선교여행에 동참할 수 있게 해주세요."

지난 수요일(12일) 고교 동창들의 점심 모임이 있었습니다. 10여 명이 모였습니다. 점심이 끝나고 헤어질 때 그중 한 친구에게 "집에 가서 읽어 봐"라며 그 팸플릿을 주었습니다. 그 친구는 가톨릭 신자입니다.

그 후 전화할 용기와 기회를 잡지 못하고 만 이틀이 지난 금요일 오후였습니다. 그날도 다른 친구들과 모임이 있어 20여 명이 함께 식사하고 나서 5, 6명이 다방에 가 차를 마시고 있는데, 핸드폰이 울렸습니다. 팸플릿을 건네받은 친구였습니다.

"그 팸플릿이 뭐냐?" "이번에 우리 교회에서 인도 단기선교를 가는데 나도 가기로 했어. 뜻이 있으면 선교후원금 좀 낼 수 있나 해서 … ." "그래? 네 계좌로 보내면 되니?" "응." "알았어." "고맙다." 보성고 53회 윤교중 회장과의 통화였습니다.

전화를 끊고 자리로 돌아왔으나 약간 흥분된 상태라 친구들이 무슨 대화를 나누는지 귀에 들어오지 않았습니다. 잠시 후 또 전화기가 울렸습니다. 다시 한옆으로 가 받았습니다. "저 윤교중 회장님 비서인데요, 지금 선생님 통장으로 250만 원을 입금했는데 확인해 보세요." "고맙습니다." 뛰는 가슴을 진정하며 "할렐루야! 하나님, 감사합니다"라고 마음으로 외쳤습니다.

자리로 돌아오니 한 친구가 뭐 그리 바쁘냐고 묻습니다. 대충 얘기했습니다. "응, 내가 이번에 인도 단기선교여행을 간다고 했더니 후원금을 보냈대." 한 친구가 "그래? 그럼 나도 좀 할까?"라는 것이었습니다.

친구들과 헤어져 그 친구 사무실로 갔습니다. 100만 원을 주겠답니다. 하지만 그 친구는 예수를 믿는 사람도, 결코 넉넉한 사업가도 아니었습니다. 그래서 이 친구에게는 자초지종을 얘기했습니다. 사실은 내 여행비를 마련했으나 사정이 딱한 친구에게 주었다고. 그러니 이 돈은 그 친구가 나에게 갚을 때까지 빌리는 것으로 하겠다고 했더니 이 친구는 "그래도 좋고, 안 갚아도 좋고…"라면서 계좌번호를 적어 달라고 했습니다.

이들 친구 외에 한 친구는 50만 원을 보내왔고 한 착실한 가톨릭 신자는 점심을 먹자고 불러내더니 200달러를 내밀었습니다. 그 밖에 몇 명의 동창들이 봉투를 보내와 저의 참가비를 내고도 380만 원이란 풍성한 헌금을 팀 경비에 보태서 인도 단기선교여행을 다녀올 수 있었습니다.

어렵게 마련한 저의 여행 경비 100만 원을 포기하게 하신 뒤 그 몇 배로 갚아 주신 살아계신 하나님 아버지, 감사합니다. 이번 여행의 경우뿐만 아니라 저를 물심양면으로 후원해 준 윤교중, 구제병, 이정인, 홍평우, 홍정수, 임태선, 최웅, 박동진, 최창만, 김진환, 유태전, 오정일, 김상규, 이충복, 김익환과 이름을 밝히지 않은 고교 친구들에게 다시 한 번 고맙다는 인사를 드립니다.

어머니, 저 이런 친구들을 두었어요. 자랑스럽지요?

하늘의 미아 될 뻔

2009년 1월 연초부터 바보 짓한 사실을 고백합니다. 두 번째 인도 단기선교 여행을 가기 위해 지난 3일(토) 타이항공을 탔습니다. 비용을 한 푼이라도 아끼기 위해 홍콩을 경유해 방콕에서 환승하는 아주 불편한 경로를 택한 것입니다. 본대는 먼저 1주일 전(2008. 12. 27)에 떠났고 저는 혼자 후발대로 이날 비행기를 탔습니다. 영어도 못하고 해외여행 경험이 별로 없는 터라 복잡한 비행기 편을 제대로 찾아 타지 못해 국제 미아가 되는 게 아닌가 겁도 났습니다.

홍콩을 거쳐 방콕까지 잘 갔습니다. 인도 델리로 가는 비행기 탑승구까지도 잘 찾아냈습니다. '이제 시간 맞춰 비행기를 타기만 하면 된다.' 안도하면서 '비행기 환승쯤이야 지하철 갈아타기 정도밖에 안 된다'며 스스로 대견해했습니다. 델리행 비행기는 약 3시간 정도 기다려야 하기 때문에 면세점에서 간단한 식사를 하고 대기실 의자에 앉아 책을 보고 있었습니다. 한참이 지나 혹시나 하여 여권을 넣어 둔 가방 주머니에 손을 넣어 보았습니다.

'아뿔싸.' 가방 속에서 아무것도 잡히지 않았습니다. 비행기표와 함께 넣어 둔 여권이 없어진 겁니다. 그 가방은 인도 형제가 고향에 선물로 전해 달라는 컴퓨터인데 묵직했습니다. 비행기표와 여권을 그 가방의 바깥쪽 지퍼가 달리지 않은 열린 주머니에 넣어 두었죠. 손을 더 깊이 집어넣어 보니 '어라?' 손가락이 바깥으로 쑥 나오는 게 아닙니까? 아래가 트어 있었던 것입니다. 알고 보니 그것은 주머니가 아니라 여행용 핸드캐리 손잡이를 그 속에 넣어서 컴퓨터를 운반할 수 있게 하는 것이었습니다. 그것을 주머니로 알고 그 중요한 여권과 비행기표를 넣고 돌아다녔으니 … .

그 밑으로 이미 여권은 흘러 어딘가에 떨어져 나갔고 비행기표도 밑으로 약간 비어져 나와 떨어져 나갈 준비를 하고 있었습니다. '여권을 잃어버렸다.' 하늘이 노래졌습니다. 비행기에서 내려서 거쳐 온 그대로 같은 길을 되짚어가며 바닥을 살폈지만 허사였습니다. 안내소에 가서 손짓, 발짓 '여권 분실'을 얘기했더니 이용하는 여행사(타이항공)를 찾아가라더군요.

그곳을 찾아가 직원에게 사정을 얘기했죠. 여권이 없으면 아무 곳에도 입국할 수 없으므로 서울로 돌아가는 수밖에 없다고 하더군요. 결국 9시간 날아온 방콕에서 3시간 남은 델리행을 포기하고 화물을 되찾아 인천행으로 옮기도록 하는 등 귀환수속을 밟았습니다.

착잡한 기분, 국제 미아가 된 찜찜한 마음이었습니다. 밤 11시 인천행 비행기를 기다리는 밤 10시 30분쯤. 타이항공 직원이 헐레벌떡 저를 찾아왔습니다. 여권을 손에 들고 흔들면서 "미스터 리!" 누군가 흘린 여권을 주워 안내소에 맡겼다는 겁니다. '리충남' 방송을 듣고 그 직원이 가서 찾아왔답니다. 죽었던 친구가 살아 돌아온 양 그렇게 반가울 수가 없었습니다. 하지만 이제 다시 델리로 가는 수속을 밟기에는 시간이 없고 꼭 인도로 가려면 일단 서울로 돌아가서 비행기표를 새로 구입해야 한다는 것입니다. 짐을 이미 서울행으로 옮겨 실었고 그 비행기가 떠나기 직전이라 안 된다는 겁니다.

그렇게 해서 24시간 만에 서울로 되돌아왔습니다. 연초부터 하늘에서 뱅뱅 돌다 돌아온 것입니다. 주님께서 제가 인도 땅 밟는 것을 허락지 않으신 것입니다. 하나님 아버지, 선교의 사명 제대로 수행하지 못한 이 못난 사람을 용서하소서.

2부

39년 내근기자의 인생고백

1편

유년시절

1장

어린 시절의 기억

돈대 높은 집, 순한 아이

제가 학교 가기 전 어렸을 적 일은 저보다 어머니가 더 잘 알고 계시지요. 철원에서 계단을 10여 개는 밟고 올라가야 하는 돈대 높은 집으로 이사 갔을 때 어머니가 하신 말씀이 기억납니다. 이웃 사람들이 저를 가리켜 "애가 꽤 험상궂고 싸움깨나 하게 생겼으니 아이들에게 조심하라고 해야겠다"고 했다던가요. 사실 지금도 그렇지만 저는 아주 못생겼지요. 주먹코에 살짝 곰보에 눈썹은 시커멓고…. 생긴 게 아무래도 곱상한 내 동생들과 다르지요.

그래서 처음 본 이웃집 아줌마들이 겁을 먹었는데, 막상 한동안 지내며 보니 말도 없이 조용하고 순해서 안심이 됐다나요. 사실 저는 이 나이가 되도록 누구와 크게 다툰 적도, 더구나 주먹질하거나 맞아 본 적도 없습니다. 그렇게 얌전하게 산 것은 제가 성격이 좋거나 교육을 잘 받아서가 아니라, 힘이 약하고 겁이 많아 아예 남에게 싫은 소리를 하거나 시비를 걸지 않았기 때문이 아니었나 생각합니다.

거기서 살 때 어머니와 이웃집 아주머니들이 저에게 “너는 이 집 자식이 아니라 주워왔어. 네 진짜 엄마는 다리 밑에 있는 거지 아줌마야”라고 놀리곤 하셨지요. 그래서 언젠가는 제가 옷을 주섬주섬 싸 갖고 집을 나가려고 했더니 한 아주머니가 “그 옷은 이 집에서 해준 거니 놓고 가라”고 해서 보따리를 내동댕이치고 울면서 뛰쳐나가는데 어머니가 붙들어 앉히신 적이 있지요.

그 아줌마들 중 우리 집 바로 아래에 사는 댁에서 하루는 아버지와 저를 저녁에 초대해 주었지요. 그때가 겨울이었는데 난로에 번철을 올려놓고 거기에 김치를 잔뜩 썰어 돼지고기와 함께 섞어 놓고 보글보글 끓이고 있었어요. 지금도 생각나는데 냄새가 기가 막히게 좋았어요. 침이 꿀꺽 넘어갔죠. 그것은 생전 처음 먹어 보는 거였어요. 어찌나 맛있었는지 모릅니다. 아버지도 맛있게 드셨던지 가끔 어머니에게 돼지고기 김치 두루치기를 해달라고 하셔서 식구들이 달게 먹곤 했지요. 육류를 전혀 못 드시는 어머니는 젓가락도 안 대셨지만 맛은 그 집 것 못지않았습니다.

이모네 심부름의 추억

제가 어렸을 때 심부름은 곧잘 한 것 같습니다. 10여 리나 떨어진 외가와 거기서 멀지 않은 곳에 막내이모 댁이 있었는데 가끔 두 곳에 어머니의 심부름을 다녀오곤 했지요. 한번은 외가에서 떡을 한 짐 싸 주셨는데 산모퉁이를 돌아오는 중에 고무신이 발뒤꿈치를 물어 질질 끌며 온 적도 있었던 거 아시죠?

저는 이모(경숙 모)를 좋아해 심부름이 아니라도 가끔 놀러가곤 했는데 그건 이모님이 저에게 잘해 주셨기 때문이지요. 가면 우선 목욕부터 시키고 맛있는 음식을 주셨는데 특히 여름에 앞마당에 빨갛게 익은 딸기를 따다 하얀 설탕까지 끼얹어 주는 그 맛이 잊히지 않네요.

6·25 때 농협에 다니시던 이모부가 인민군에 끌려가 집단학살을 당하고 이모님은 임신한 몸으로 시아버지를 모시고 전라도로 피란을 나오셨지요. 우리가 풍미식당을 할 때 그 이모네가 와서 한동안 함께 지내기도 했지요. 그때 어머니와 이모는 다정하게 지내면서도 때로는 의견이 맞지 않아 다투곤 며칠씩 서로 말도 않고 눈도 마주치지 않던 모습이 생각납니다. 그 이모님도 어머니가 돌아가신 이듬해에 떠나고 마셨답니다.

돌이켜 보면 저는 부모님께 칭찬을 받은 적도 별로 없지만, 그렇다고 크게 꾸중을 듣거나 더더욱 매를 맞은 일은 없었던 것 같네요. 가끔 바로 밑의 동생 해성이와 말다툼을 벌이면 어머니가 왜 그러느냐고 말리신 기억이 납니다. 곰곰이 어렸을 때 일들을 더듬어 보니 아련히 떠오르는 장면들이 참 많습니다.

동생들에 대한 회한

6살 때였을 겁니다. 어머니가 아버지의 은행 동료들 점심밥을 해주실 때지요. 저는 가끔 아버지 직장엘 찾아갔어요. 가면 우리 집에서 밥 먹는 분들이 저를 알아보고 가까이 불러 용돈을 주곤 했습니다. 저는 그 돈으로 고구마나 사과 등을 사 가지고 와 동생들과 나눠 먹곤 했습니다. 저는 그 맛에 심심하면 아버지 사무실엘 찾아갔는데 어머니가 눈치채곤 가지 말라고 나무라셨지요. 그런 뒤로는 몰래몰래 갔습니다. 아버지 친구들이 주는 용돈으로 주전부리를 샀지만 집으로 갖고 오지는 못했지요. 혼자 다 먹고는 입 닦고 돌아와 시치미를 떼곤 했습니다.

하루는 여느 때처럼 은행에 갔다가 연시를 한 봉지 사 갖고 먹으며 오는데 갑자기 소나기가 쏟아졌어요. 뛰면서 급히 먹었지만 미처 다 먹을 수 없었어요. 그래서 대충 한 입 베어 먹은 뒤 길바닥에 버리곤 해도 못다 먹어 나머지 두어 개는 개천에 던져 버리고 부리나케 집에 돌아왔지요. 그런데 어머니는 어디 가셨는지 안 계시고 어린 해성이와 인성이 두 동생만 있는데 인성이가 배가 고픈지 몹시 울고 있어 해성이가 달래느라 쩔쩔매고 있더군요.

저는 속으로 무척 후회했어요. 어머니가 집을 비운 줄 알았더라면, 아니 어머니에게 야단을 맞더라도 그 감을 그대로 가져와 동생들과 함께 먹었으면 얼마나 좋았을까. 지금도 그 생각을 하면 죄라도 지은 기분입니다. 후일 평택 근무를 할 때 받은 첫 3개월 월급을 6·25 때 피란살이 했던 서정동의 주민센터를 찾아 불우한 가정에 준 것은 그 죗값을 치르는 뜻도 포함돼 있답니다.

2 장

전쟁과 평화의 시간

7살에 겪은 6 · 25

저는 7살 되던 해 4월 철원의 한 초등학교에 입학했지요. 그런데 공부한 기억은 전혀 없고 방공 훈련한 것만 생각납니다. 선생님의 인도로 모두 교실에서 나와 학교 뒷산에 파 놓은 통로를 따라 방공호로 가는 연습이었지요. 실제로 6 · 25 전쟁이 터져 비행기가 머리 위로 날아다닐 때 교장선생님이 직접 교문을 걸어 잠그고 학생들을 모두 방공호 통로에 엎드리게 했습니다. 그러나 결국은 더 이상 학교를 다닐 수 없게 됐지요. 숫자도, 한글도 배우지 못한 채.

그리고 우리는 철원에서 양지리로 옮겨 큰댁과 합류했지요. 거기는 북한지역이라 폭격기가 날면 방공호로 숨고 인민군이 내려오면 마치 평화가 온 양 동네에 활기가 돌았습니다. 마을 사람들이 논에 나가 미꾸리도 잡아 끓여 먹고, 집에서 기르던 멍멍이도 개울에 끌고 나가 끄슬러 천렵도 했습니다. 겉보기로는 그야말로 옛날 태평시대의 맛을 누리는 것 같았지요. 그러다 인민군이 밀려 나가면 동네는 다시 쥐 죽은 듯 고요했습니다.

그런 와중에 어느 날 사촌형(을성)과 함께 변전소 옆 보뚜랑(농로 옆 도랑)에 나가 둘이 발가벗고 멱을 감고 있었습니다. 그 넓은 들판에 사람들은 아무도 없었어요. 한여름 허허벌판, 나비와 잠자리가 한가롭게 날갯짓을 하는 평온한 냇물에서 한참 신나게 물놀이를 하는데, 갑자기 '쌔앵' 어디선가 쌕쌕이가 날아오더니 '따따따 다악' 내려 갈기는 것입니다. 보뚜랑 옆 농로를 따라 총알이 튀는 소리가 들렸습니다.

형과 저는 혼비백산, 물에서 뛰쳐나와 길옆 아카시아 나무 밑에 몸을 움츠리고 있었습니다. 형은 그때 저보고 "어츠거냐, 어츠거냐"(어떡하냐, 어떡하냐) 하고 사색이 돼 있었습니다. 형은 저보다 한 살 위인데도 겁이 저보다 많았나 봅니다. '어떡하긴 어떡해. 그대로 엎드려 있을 수밖에.' 저는 아무 말도 못 하고 형과 함께 숨을 죽이고 한참 동안 땅바닥에 엎드려 있었습니다.

한바탕 쏘아대더니 전투기가 멀리 날아갔습니다. 숨죽인 채 그대로 있었더니 사방이 조용해졌습니다. 조금 더 주위를 살피다가 잽싸게 나무 그늘에서 뛰쳐나와 집으로 내달렸지요. 그때 옷을 챙겨 입었는지 알몸이었는지는 기억이 없네요.

집에 돌아오니 어른들도 정신이 나간 듯했습니다. 비행기에서 쏜 총탄이 앞마당에도 몇 발 떨어졌는데 다행히 우리 식구들은 모두 무사했지요. 형과 제가 보이지 않자 모두 "이 애들이 어떻게 된 거냐"며 크게 걱정하던 참에 우리가 뛰어 들어왔으니 얼마나 반가웠겠어요.

그런데 그날 저녁 밥상엔 미꾸리국이 올라왔지요. 어머니가 끓이셨는데 참 맛있게 먹었습니다. 할머니와 할아버지도 맛있게 드시며 우리에게도 더 먹으라고 해 오랜만에 푸짐하게 먹었습니다. 형과 제가 멱 감으러 간 동안 어른들은 미꾸라지를 잡으러 가셨던 것이지요.

'전쟁과 평화.' 그것은 서로 상반된 게 아니라 순간순간 공존하는 게 아닌가 생각합니다. 개울에서 발가벗고 멱 감는 평화로운 순간에 갑자기 날아온 폭격기의 총탄 세례, 폭격이 멈춘 틈에 논바닥의 미꾸라지를 잡아 식구들이 포식하는 풍요로움. 이렇게 치열한 전쟁터에서도 사람들은 끈질기게 생을 이어가고 있었지요.

피란생활, 학교생활

수원에서 피란생활을 할 때 나이가 9살이 돼도 어머니는 저를 학교에 보낼 엄두를 못 내셨지요. 학교는커녕 끼니도 때우기 어려운 형편이었으니 …. 그런데 아버지가 진외가의 도움으로 인천에 취직하자 용단을 내려 저를 수원중학교로 데려가셨어요. 거기에는 서울에서 피란 온 초등학생들을 수용해 가르치는 '서울특별시 수원종합국민학교'가 있었지요. 비록 운동장 한편에 흙벽돌에 이엉으로 지붕을 얹거나 천막을 친 교실이지만 학생들이 많았습니다.

선생님은 제 나이가 9살이라니까 2학년에 넣어 주었습니다. 글자나 숫자를 하나도 모르는 까막눈인데 어떡하나 겁이 났지만 선생님과 아버지가 결정하신 일이니 저는 그저 따라갈 뿐이었지요. 그때가 2학기 말께였나 봅니다. 얼마 안 돼 3학년이 됐어요. 한 학년 올라갔으나 여전히 글자도 숫자도 모르는 상태이니 수업시간에 천장만 멀거니 바라볼 뿐이었지요.

공부는 제대로 못했어도 그때 운동회를 했는데 응원가는 어렴풋이 기억이 납니다. '오월이라 푸른 하늘 녹음방초에 ….' 5월 어느 날이었겠지요. 수원에 있는 모든 초등학교가 한군데 모여 운동경기를 했는데 그때 교장선생님이 지어 부르게 한 노래입니다. 완전히는 기억나지 않지만 앞의 한 소절만은 지금도 부를 수 있습니다. 또 2, 3학년 때 반장을 한 친구의 이름과 얼굴도 생생하게 기억납니다. '최정평'이라고. 보고 싶네요.

한글은 인천에서 일하시는 아버지가 틈틈이 들르실 적마다 가르쳐주시어 겨우 읽을 수 있을 때쯤 포천 일동으로 이사 가게 됐지요. 거기서 4학년에 들어갔습니다. 일동초등학교. 남학생과 여학생이 한 반이 돼 군대 막사에서 배웠죠.

첫날 선생님이 국어책을 읽게 했어요. 일어나 떠듬떠듬 읽었더니 선생님은 잘했다, 못했다 말씀 없이 다른 학생을 시키시더군요. 키가 좀 크고 곱슬머리에 눈이 약간 사시인 여학생인데 옆줄 맨 가장자리에 앉아 있었어요. 그 애가 일어나니까 머리가 천막에 닿는 거예요. 그러니까 그 여학생이 머리에 신경이 쓰이는 듯 고개를 잔뜩 숙이고 천막을 손으로 받치면서 "머리 때문에 …"라며 책을 읽지 않는 거예요. 그러니까 선생님이 그냥 앉으라고 하곤 다른 학생을 시키셨어요.

글을 읽을 줄 아는 애들이 별로 없었어요. 그래서 저는 좀 덜 창피했고 마음이 놓였지요. 나중에 알고 보니 그 키 큰 여학생도 사실은 글을 모르는데 천막에 머리가 받혀 읽을 수 없는 것처럼 꾀를 부린 거였어요.

반장과 학생회장으로 뽑히다

그 후 그럭저럭 한글을 완전히 깨우치고 셈본도 곱셈 나눗셈 등을 남에게 뒤지지 않고 곧잘 하게 됐습니다. 그 여학생도 공부를 꽤 잘하게 돼 5학년에 올라가서 저는 남자 부반장, 그 애는 여자 부반장이 됐지요.

3학년 때부터 반장을 해온 서홍철이란 아이는 저보다 나이가 두어 살 많은데 여학생들이 노는 고무줄을 끊거나 치마를 들치고 도망가는 등 장난이 심해 여학생들이 싫어했고 선생님에게 벌도 많이 받았어요. 그래서 6학년이 되어서는 제가 반장이 되고 그 애는 부반장으로 밀려났지요. 6학년은 1반과 2반, 두 반으로 나뉘었는데 저는 1반이었어요. 한 반의 학생은 모두 60명 정도인데 그중 여학생이 10명쯤 됐던 것으로 기억납니다.

이때 아버지가 학교 매점을 하셨지요. 6학년 때 학생회장 선거를 치르게 됐어요. 저와 2반 반장이 후보로 나섰습니다. 선거공약도 내걸고 포스터도 그려 붙이는 등 선생님의 지도로 그럴듯한 선거를 치른 것입니다. 제가 그때 어떤 공약을 내걸었는지는 기억나지 않는데 "여학생들 고무줄을 절대로 못 끊게 하겠다"는 것도 들어 있었던 것 같습니다.

그런데 상대방에서 흑색선전을 하는 거예요. "매점 아저씨가 이충남의 아버지인데 애들에게 사탕을 주면서 찍어 달라고 한다"는, 말도 안 되는 헛소문을 퍼뜨리며 저를 모함하는 겁니다. 아버지는 그런 정당하지 못한 행위를 할 분이 아닐 뿐더러 사실 얼마나 '짠돌이'인데요. 아버지는 아마 제가 회장에 출마한 사실도 모르셨을 겁니다.

그 속에서 제가 압도적으로 승리했습니다. 그 뒤 저는 아침 조회 때마다 전교생들을 지휘하는 대대장 역할도 맡았습니다. 학생들을 반듯하게 정렬시켜 놓은 뒤 교장선생님이 연단에 올라서면 "차렷, 교장선생님께 경례!" 구령을 한 뒤 훈화가 끝나면 다시 똑같은 구령을 붙이는 것이지요. 제가 키도 작고 평소 말소리는 작지만 구령소리만큼은 우렁찼습니다. 어머니는 그 소리를 한 번도 못 들으셨겠지만 아버지는 매점에서 들으셨을 거예요.

제가 일동초등학교 회장이 됐다는 소식을 담임선생님이 아버지에게 알려주며 한턱내라고 하셨는데, 담배 한 갑으로 때웠다고 하시더군요. 그런 분인데 무슨 사탕을 돌리며 아들 선거운동을 하셨겠어요? 말도 안 되지요.

아버지는 그 뒤 곧 매점을 거두고 어머니와 찐빵가게를 차리셨지요. 선거에서 저한테 떨어진 2반 반장은 졸업할 때까지 저와 말도 하지 않고 외면하고 지냈습니다. 어린 나이였지만 승부욕과 명예욕이 너무 강해 상처를 받았던 모양입니다. 나중에 들으니 그는 일동중학에 진학했으나 병을 얻어 학업을 중단했다더군요. 안 됐다는 생각이 들었습니다.

가루우유 세례

6학년 때 일이 생각납니다. 방과 후 교실 청소를 마치고 집으로 가려고 교실 모퉁이를 막 돌고 있을 때 누군가와 부딪쳤어요. 저는 오른쪽으로 돌고 상대방은 왼쪽으로 꺾다가 모서리에서 마주친 거죠. 가슴이 아플 정도로 세게 맞부딪쳤습니다. 얼굴을 보니 같은 반 여학생이었습니다. 순간 그 애 입에서 '푸' 하고 하얀 가루가 뿜어져 나와 제 얼굴을 덮쳤어요. 앞이 안 보일 정도였답니다. 가루우유였지요.

우유죽을 쑤어 배급하기 위해 학교에 가루우유가 지급되었는데, 학생들이 몰래 통을 뜯고 한 움큼씩 훔쳐 먹곤 했습니다. 입에 가득 넣고 서서히 녹여 먹으면 달콤하고 고소했습니다. 다 녹으려면 적어도 몇 분은 지나야 하는데 그동안은 '꿀' 아닌 '우유' 먹은 벙어리로 있어야 했습니다. 그 애는 막 가루우유를 입에 털어 넣고 선생님들에게 들킬까봐 뛰어 달아나다가 저와 정면으로 부딪친 겁니다.

그 뒤부터 그 애는 저만 보면 얼굴을 붉히며 돌아서고 저는 그때 부딪친 감촉이 되살아나는 듯해 가슴이 쿵쿵 뛰곤 했답니다. 그녀와의 가슴 충돌이 오랫동안 마음속의 멍울처럼 아련한 추억으로 남아 있었습니다.

그 애는 일동에서 군인과 결혼하여 여관업을 하며 지냈는데, 50대쯤 된 어느 날 우리 집에 왔더군요. 어머니와 같은 계원이라 그날 계를 하러 왔다더군요. 제가 "가루우유 사건 생각나냐?"고 물었더니 "어떻게 그걸 잊냐? 지금도 가슴이 아픈데"라며 깔깔 웃더군요. 나이 먹은 여편네가 되니까 부끄러움이 멀리 사라진 모양입니다. 저도 새삼 그때의 '대형사건'을 떠올리며 빙그레 웃어 주었습니다.

멱 감다가 본 것은 …

여학생에 대한 추억은 또 한 가지 있습니다. 그것도 6학년 때였을 거예요. 여름방학 때 동네 친구들과 '똥통바위', 마을 앞 금주산 밑으로 흐르는 개천 가운데 큰 바위가 있는데 그 모양이 마치 된똥을 싸 놓은 것 같다고 하여 사람들은 그렇게 불렀지요. 거기에 나가 멱을 감고 있는데 몇 명의 여자애들도 물놀이를 하러 왔어요. 그중에는 우리 반 여학생도 있었지요. 얼굴이 퍽 예뻤지요. 우리 집 길 건너 대구옥이라는 식당 집 딸이었지요. 이름이 심옥숙이라고.

모두 발가벗고 물놀이할 나이는 지난 터라 남자는 바지, 여자애들은 팬티나 치마를 입은 채로 물장난하며 놀았습니다. 여자애들도 우리와 어울려 한참 재미있게 물놀이를 했지요. 저는 헤엄을 못 쳐 물이 가슴 높이만 올라와도 겁이 나 얼른 나오곤 했는데, 어쩌다 그만 헛발을 디뎌 깊은 데로 들어가 꼴깍 물을 먹고 말았어요. 다행히 애들이 눈치채지 못하고 그 여자애도 전혀 몰라서 창피를 면했지요. 아무 일도 없었던 듯 그 뒤론 멀찍이 얕은 데서만, 그야말로 '땅 짚고 헤엄'만 쳤습니다.

그런데 한 여자애가 밖으로 나가 쉬고 있었어요. 옥숙이였죠. 물속에 몸을 담그고 엎드려 뒹굴뒹굴하다 보니 그 애는 물 밖으로 나가 자갈밭에 두 무릎을 세우고 이쪽을 향해 쪼그려 앉아 있었어요. 분홍치마를 입고 있었어요. 말리려고 그랬는지 물놀이 때 입었던 알록달록한 팬티는 안 보였어요. 대신 치마 밑으로 보인 것은, 보지 말아야 할 것, 아니 여태까지 한 번도 보지 못한 그것을 보고야 말았어요. 아니,

본 게 아니라 눈에 띄었지요.

그 애는 그걸 전혀 모르는 것 같았어요. 우리가 물놀이하는 이쪽을 바라보기만 할 뿐이었지요. 아무것도 모른 채. 저는 민망해 눈길을 피했습니다. 이건 정말입니다.

그 일이 있고 개학이 됐을 때 학교에서는 군부대로 위문을 가기로 했습니다. 프로그램 중에는 노래도 있고 춤도 있고 짤막한 연극도 들어 있었어요. 저는 연극팀에 끼었는데 야릇하게도 옥숙이와 제가 6·25로 헤어졌다가 극적으로 만난 남매 역할이었어요. 배경으로는 '세상은 넓다만은 남매는 단 둘이다'라는 노래가 흘러나왔지요.

극 중에는 서로 잠깐 껴안는 장면도 있었습니다. 연습 중에 그 장면을 할 적마다 저는 멱 감을 때 생각이 떠올라 얼마나 난처했는지 모릅니다. 제가 연기를 잘 못한다고 선생님이 꾸중을 했습니다. 하도 꾸중을 하기에 한번 용기를 내서 꽉 끌어안아 버렸습니다. 그 뒤부터는 자연스럽게 되더군요. 그 애는 전혀 저의 이 말 못할 상황을 모르고 있었지요. 그 애도 시집가 잘 산다고 들었습니다. 지금 만나 그 얘기를 하면 새침데기 그 애는 아무리 늙었어도 아마 기함(氣陷)을 할 겁니다.

이삭 주워 불우이웃 돕기

6학년 때 반장으로서 학생회의를 열었어요. 학교 옆에 고아원이 있는데 연말에 무언가를 선물하자는 논의 끝에 논에서 벼이삭을 주워 쌀을 보태 주자고 결정했습니다. 고아원엔 7, 8명의 원생들이 있었는데,

그중 한 아이는 우리 반 학생이었지요. 저보다 서너 살은 위인 박현철이라고. 비록 고아이지만 공부도 잘했고 공도 잘 찼는가 하면 얼굴도 잘생기고 마음도 착했습니다.

저는 그를 무척 좋아했어요. 하루는 제가 당번이라 교실 청소를 끝내고 교무실에서 선생님이 부르셔서 이것저것 심부름하고 늦게 집에 가려는데 텅 빈 교실을 보니 누가 한구석에 앉아 열심히 공부하고 있는 거예요. 문을 열고 들어갔더니 그 애가 놀라 얼른 책을 덮고 일어서려고 하더군요. 학교 소사(관리 직원)가 쫓아내려고 온 줄 알고 나가려다가 저인 줄 알더니 다시 앉더군요. 제가 다가가 보니 전과지도서를 보고 있었어요. 저는 그런 참고서가 있는 줄도 몰랐는데 그는 갖고 있었어요. 고아원 선생님이 공부하라고 사 주셨답니다. 그가 공부를 잘하는 이유를 알았지요.

그 뒤로 그 애와 저는 거의 밤마다 빈 교실에 몰래 들어가 공부했습니다. 교실엔 전기가 들어오지도 않던 시절이었지요. 어떻게 했는지 아세요? 그 친구가 담요를 갖고 오고 저는 초를 갖고 갔습니다. 담요를 뒤집어쓰고 그 안에서 촛불을 켜고 같이 공부했습니다. 공부가 잘되고 재미있고 스릴도 있었습니다. 그러나 오랫동안 할 수는 없었지요. 숨이 막혀서. 그래서 주로 어두워지기 전까지만 했습니다. 빈 교실에 몰래 들어가 공부하기는 여러 날 계속 됐어요.

그러니 성적이 오를 수밖에요. 시험을 보면 거의 100점. 그 애와 저는 늘 1, 2등을 다투는 사이가 됐습니다. 그래도 우리는 라이벌 의식보다는 친형제같이 친밀하게 지냈어요. 그런 관계로 그 애를 어떻게 하면 도울까 궁리한 끝에 고아원을 돕자는 안을 제가 낸 것이랍니다.

그때가 늦가을이라 추수가 끝나갈 무렵이었지요. 논에서 벼를 베어 묶은 볏단을 집 마당에서 타작해 방앗간에 싣고 가 도정(搗精)하는 것이 그 당시의 추수 절차였지요. 논에서 벼를 옮기는 과정에서 벼 알갱이나 더러는 고갱이가 부러져 떨어지게 마련입니다. 떨어진 낟알들은 들쥐나 새들의 먹이가 되거나, 그대로 논바닥에서 썩어 버리고 말지요. 그것들을 줍자는 얘기였습니다.

저는 그날부터 방과 후에 매일 깡통을 들고 들판으로 나갔습니다. 그때마다 떠오르는 생각을 지울 수 없었습니다. '평택에서 피란살이할 때는 얻어먹기 위해 들었던 깡통을 이제는 남을 돕기 위해 들게 됐으니 얼마나 행복한가. 불과 5년 전의 일인데….' 감사하는 마음으로 어둑어둑해지도록 열심히 한 개 두 개 이삭을 주웠습니다. 집에 와 부대에 모아 두는 양이 늘어갈수록 저의 마음도 뿌듯했습니다.

그런데 어느 날 역시 이삭을 줍는데, 저만치 수북한 벼 낟가리 곁에 있는 우리 반 애들 둘이 보였습니다. 그 애들도 이삭을 주우러 나왔기에 반가운 마음으로 다가갔지요. 그런데 그 애들이 멈칫 이삭 깡통을 뒤로 감추는 거예요. 그 안에는 깨끗한 벼 고갱이가 반 정도 찬 게 제 눈에 들어왔어요. 주운 이삭은 아무래도 오래되고 흙도 묻어 지저분한데 그 모양이 깨끗한 것으로 미루어 그들은 낟가리에 기대 앉아 고갱이를 똑똑 끊어 담은 것이 분명했습니다.

그러나 저는 그것을 모른 체했습니다. 같은 반 친구인데 그들의 비양심적인 행동을 제가 알아차렸다면 얼마나 무안하고 부끄럽겠습니까. 그래서 "많이들 주웠구나" 하고 헤어졌습니다. 이튿날 그 애들은 저를 약간은 두려운 눈초리로 보았습니다. 혹시 제가 선생님께 어제의 일을 고자질하지 않았을까 해서였을 거예요. 그래서 저는 그 친구들을 안심시키려는 마음에서 벼이삭 얘기는 꺼내지도 않고 전혀 엉뚱한 얘기로 분위기를 누그러뜨렸습니다.

그 일이 있은 다음에 그들을 논에서 드문드문 만났지만 모두 볏단 옆에는 얼씬도 않고 열심히 논바닥을 누비며 줍고 있더군요.

이삭줍기는 아마 한 달쯤 계속됐을 겁니다. 각자 주운 것을 모으니 양이 꽤 됐는데, 그것을 정미소에 맡겼더니 쌀 한 가마가 조금 넘었던 것으로 기억됩니다. 선생님께 말씀드려 그것을 고아원에 전했습니다.

이 일을 아마 고아원 선생님이 신문기자에게 알렸나 봐요. 하루는 선생님이 신문을 보여 주시더군요. 신문 맨 아래쪽에 "일동초등학교 6학년 학생들(반장 이충남)이 벼이삭을 주워 고아원에 쌀을 기증했다"는 내용이 실려 있더군요. 가슴이 뿌듯했습니다.

저는 그렇게 공부도 1등으로 잘했고 선행도 앞장선 결과, 졸업식 때는 경기도지사상을 탔습니다. 상장과 두툼한 부상으로 《문세영 국어사전》을 주더군요. 운동회 날도 그랬지만 그날 큰 상을 타는 졸업식 날도 부모님은 바빠서 참석하지 못하셨습니다. 저는 생애 처음 최고의 상을 축하하는 가족 없이 혼자 탔지만, 서운한 마음은 조금도 없이 기분이 으쓱해 날아갈 것 같았습니다.

2 편

학창시절

1장

서울 유학생활의 시작

명문 보성중에 합격하다

시골 면 단위의 작은 학교이지만 거기서 반장과 학생회장까지 맡았을 뿐 아니라 타의 추종을 불허하는 최고의 학과 성적으로 1등을 했건만 저는 어디까지나 촌놈에서 벗어나지 못했습니다. 과연 내가 중학교 시험에 합격할 수 있을까, 부모님이 내 학비를 대줄 수 있을까, 걱정이 많았습니다. 당시 포천군 포천읍과 일동면에 새로운 중학교가 생긴다는 얘기가 있었습니다. 새로 생기는 학교이기 때문에 성적이 좋은 학생은 시험을 보지 않고 무시험으로 뽑는다고 했습니다. 거기나 갈까 하는 마음을 갖고 있었습니다. 아버지도 그렇게 생각하고 계셨지요.

그런데 담임선생님(허확)이 펄쩍 뛰셨다지요? 벌써 오래전에 돌아가신 그 선생님은 아버지와 동년배이고 둘째 큰아버지의 처가 쪽으로 4촌이어서 사돈지간으로 친구처럼 지내는 사이였지요. 선생님이 "충남이를 시골에서 썩히면 안 돼요. 서울로 보내야 합니다"라고 강력히 주장하니, 아버지는 "내가 무슨 수로 서울로 유학 보내 하숙비를 댄단 말이오?"라고 하셨지요. 선생님은 "서울 사는 우리 형 집에서 다니면 그렇게 큰돈은 안 들여도 될 거예요"라고 권유하는데도 아버지는 "그래도 …"라며 망설이니, "첫 하숙비는 내가 댈 테니 염려 마세요"라고 강력히 주장하셨지요. 그리고 선생님은 학교도 보성중학교를 보내라고 하셨습니다. 선생님 바로 밑의 동생이 보성 출신이라면서.

이에 용기를 얻은 아버지가 서울 유학을 보내기로 용단을 내리셨는데, 이때 큰아버지께서 이왕 서울로 보내려면 경복중학교로 보내라고 하셨다지요. 경복중학 교장이 이모부의 친구인데 그 학교에 보내면 혜택을 받을 수 있을지도 모를 것이라고 하셨나 봅니다.

그래서 아버지는 허확 선생님을 찾아가 두 학교의 입학원서를 준비해 접수했습니다. 중학교 입학시험은 같은 날 동시에 실시하는데, 경복중학은 필기시험 이전에 일부를 무시험으로 뽑는다고 했습니다. 입시요강에 무시험에서 탈락하더라도 필기시험에 다시 응시할 수 있다고 해서 무시험과 필기시험 모두 접수했습니다. 큰아버지 말씀이 이모부가 교장에게 부탁했으니 안심하라는 전갈이 왔다고 하셨지요.

무시험 전날 서울에 올라가 효자동 아버지의 외삼촌댁에서 자고 경복중학교로 갔습니다. 가슴엔 수험번호 69번을 달고, 마음으로는 벌써 합격한 기분이었습니다. 시험은 교장선생님 면접이 전부였습니다. 자세한 것은 이미 서류 심사를 하고 면접만 보는 것이었겠지요. 면접실 밖에서 5, 6명이 기다리다 제 차례가 돼 떨면서 들어갔습니다.

두툼한 안경을 낀 근엄한 표정의 교장선생님이 물었습니다.

"오징어 다리가 모두 몇 개냐?"

'아니, 면접에 웬 오징어 다리?'

아닌 밤중에 홍두깨로 맞은 듯 잠시 멍하니 아무 말도 못하다가 "8개인가요?"라고 얼버무렸습니다. 시험은 단 한 가지 물음, 그것이 끝이었습니다. 아버지께 말씀드렸더니 "너는 이미 합격이 결정된 것이라 아무거나 물어본 거겠지" 하셨지만 아무래도 꺼림칙했습니다. 오징어 다리 숫자를 물어본 것은 '저놈이 오징어를 통째로 사 먹을 수 있는 집안인가, 아닌가?' 하는 것을 알기 위함인 것 같았습니다.

어쨌든 교장의 질문에 쩔쩔매고 나오면서 잠시 어머니를 서운하게 생각했던 게 사실입니다. 어머니가 우리에게 한 번이라도 오징어를 통째로 사 주신 적이 있나요? 동네 구멍가게에서 오징어를 통째로 팔기도 하지만, 대개 다리와 몸통을 따로 떼어내 철사에 꿰어 달아매 놓고 한 개씩 떼어서 파는데 큰 다리는 작은 다리의 두 배였지요. 저는 작은 다리 하나도 제대로 사 먹어 본 기억이 없습니다. 어머니가 저에게 그런 용돈을 주신 적이 없으니까요.

무시험 결과요? 합격자 발표 날 교문에 내걸린 명단을 훑어보았습니다. 1, 2, 4 ··· 68, 70 ··· . 제 바로 앞과 뒤 번호는 있는데 69번만 안 보이더군요. 불합격이죠.

아버지는 친척이 사는 돈암동에 있을 테니 결과를 보고 그리로 오라고 하셨지요. 그 친척 아저씨는 아버지를 형님이라고 부르는데 아버지의 고모님이 시집간 집안입니다. 그러니까 내외종간이지요.

아버지에게 사실을 말씀드렸더니 "그러면 필기시험은 어느 학교를 보겠냐?"고 물으시기에 "경복은 싫어요. 보성 볼래요"라고 단호하게 대답했죠. 단지 오징어 다리가 몇 개인지 몰랐다고 사람을 떨어뜨린 교장이 미웠습니다.

돈암동에서 자고 이튿날 혜화동에 있는 보성학교로 갔습니다. 그런데 그 집 아들도 보성을 지원해 둘이 함께 시험을 보게 됐습니다.

그날 아침, 그 애 형(보성중 3년)이 "엊저녁 꿈에 보성 교복단추를 주웠는데 하나밖에 없었다"며 우리 둘 중 하나는 떨어질 것 같으니 조심하라고 해서 기분이 언짢았습니다. 그렇지 않아도 아침 밥상에서 내 앞의 밥그릇을 보니 언저리에 이빨이 빠져 있었어요. 그 애 어머니가 저에게 합격의 기원이 아닌 불합격의 주술을 건 것이라고 생각돼 기분이 찝찝한 상태였습니다.

그래도 오랜만에 보는 하얀 쌀밥에 기름이 동동 뜬 고깃국이라 한 그릇 뚝딱 해치우고 시험장으로 갔지요. 모두 240명을 뽑는데 1천 수백여 명이 지원해 5 대 1에 가까운, 상당히 높은 경쟁률이었습니다. 무시험 합격자를 추리고 나서 그런지 경복은 이보다는 경쟁률이 조금 낮았던 것으로 기억합니다.

그때는 중학교 합격자도 신문에 발표되던 시절이었지요. 담임선생님이 신문을 보고 먼저 알려 주셨고, 곧 합격 통지서가 날아들었습니다. 입학하여 알아본 결과 240명 중 175등. 까딱했으면 보성에서도 떨어질 뻔했습니다. 아무리 시골학교에서 난다 긴다 하는 실력이지만 서울 애들과는 비교가 안 되는구나 생각했습니다. 그런데 감히 경복에 무시험 지원을 했으니…. "말을 낳으면 제주도로 보내고, 사람을 낳으면 서울로 보내라"는 속담을 깨달았습니다.

덧붙여 말씀드리면 돈암동 집 아들은 떨어졌어요. 그래서 서울서 하숙할 때도 그 집에는 미안해서 놀러가지 못했습니다. 그 애는 다른 학교에 다니다 고등학교 때 보성으로 왔지요. 저는 반가웠지만 그 애는 저를 별로 가까이하지 않는 눈치였습니다. 아마 중학 3년 동안 저에 대한 경쟁심을 불태우며 열심히 공부했던 모양이에요. 고등학교에서도 그런 자세로 공부했는지 그 애는 서울대에 갔죠. 결국은 지금 돈을 많이 벌어 잘살고 있어요. '실패는 성공의 어머니'라는 교훈이 생각나는 대목입니다.

서울 하숙생활

보성중학에 입학하고 드디어 촌놈의 서울생활이 시작됐습니다. 보문동 남자스님의 보문사와 여자스님들의 탑골승방이 붙어 있는 절 앞의 한옥(허확 선생님 형님 댁)에서 하숙생활을 시작했습니다. 방이 5개나 돼 주인네 8식구, 5명의 하숙생, 셋방 2가구 등 대충 15, 16명이 기거하는 비교적 큰 집이었습니다.

그런데 그 당시 가옥이 다 그랬지만 펌프 하나, 화장실 하나밖에 없었습니다. 하숙생을 빼고도 3가구가 사는데 라디오 한 대 없었습니다. 그때 〈청실홍실〉이라는 연속극이 커다란 인기를 끌었습니다. 드라마가 시작되는 저녁에는 기둥에 매달아 놓은 광석 라디오 하나에 온 식구가 귀를 기울였습니다. 광석 라디오는 손으로 조립한 스피커에 불과한 거지요.

하숙비는 당시 쌀 한 가마 값인 4천 환 정도였던 것으로 기억합니다. 그 집에는 사촌형(을성)과 다른 두 학생도 이미 와 있고 대학생도 2명이나 있어 그들과 함께 먹고 자며 학교를 다녔습니다. 저는 다른 학생과 한방을 쓰게 됐어요. 우선 서랍 둘 달린 앉은뱅이책상을 하나 사 갖고 자리를 잡았습니다.

그때 사촌형과 난생처음 목욕탕엘 갔어요. 중학생이 되기 전까지는 여름엔 개울에서, 겨울엔 어쩌다 물 데워 대야에 담아 씻는 게 고작이었지요. 형과 목욕탕에 들어가니 6·25 때 철원 양지리 보뚜랑에서 멱 감던 생각이 나더군요. 적어도 한 달에 한 번은 목욕탕에 가니 이제 본격적으로 '서울 사람'이 되기 시작한 것입니다.

보문동 하숙집에서 혜화동 학교까지는 교통편이 불편해 오히려 걸어 다니는 것이 편했습니다. 약 30분 걸리죠. 그 길을 매일 시계추처럼 왕복할 뿐이었습니다. 친구가 없으니 나가 놀 수 없고, 용돈이 없으니 극장에 가거나 시내 구경도 못 하고 하숙집에 틀어박혀 공부밖에 할 게 없었습니다. 덕분에 입학 때는 하위급이었지만 차차 상위를 차지했지요. 그 집에서 1학년을 마친 것으로 기억합니다.

외할아버지·외할머니에 대한 추억

2학년 때는 용산에 있는 외사촌 형님(정석용) 댁에서 다니게 됐습니다. 형님은 기차를 운전하는 기관사인데, 본래 이북에서 열차를 몰았으나 6·25 때 기관차를 몰고 내려와 남한에서도 계속 철도공무원으로 근무하고 있었지요. 그런데 그 집이 구멍가게를 하고 있어도 살림이 넉넉지 않으니 이왕 하숙비를 줄 바에는 그 형님 댁에 보태 주는 게 낫겠다는 어머니 말씀에 그곳으로 옮겼지요. 그때부터는 전차로 통학해야 하므로 교통비가 추가로 들었습니다.

외할아버지와 외할머니도 그 집에서 함께 사셨습니다. 그 집 애들이 셋이고 가게 보는 청년(외사촌 형수의 친정 동생)도 있었지요. 그런데 형수님 성격이 강퍅해 외할아버지 내외분이 몹시 못마땅하게 생각하고 지내시는 것이 제 마음에도 언짢았습니다. 외할아버지는 '연일 정씨' 족보를 만드느라 무척 노력을 많이 하셨습니다. 그때 제가 조금 도와드렸어요.

문중에 안내문을 보내고 당신의 직계 가계를 정리하는 데 일일이 손으로 쓸 수가 없어 등사했으면 좋겠다고 하시기에 제가 등사기 일체를 사 드렸어요. 외할아버지가 어찌나 좋아하셨는지 모릅니다. 제가 그때 그 돈을 어떻게 마련했는지 지금 생각해도 수수께끼 같습니다.

그 등사기로 인해 외할아버지는 형수님에게 눈총을 더 받으셨지요. 가뜩이나 좁은 집구석에 종이며 등사기 등 너절한 물건들로 어지럽힌다고. 그래도 외할아버지는 아무 말씀 없이 눈만 뜨면 그 일에 매달리셨습니다. 안방에 달린 벽장에 올라가서 일을 보셨습니다.

외할아버지가 그 숙원을 이루지 못하셔서 못내 아쉽습니다. 취직사기를 당한 손녀(정애용) 문제로 고심하던 끝에 뇌졸중으로 쓰러지셨다가 끝내 일어나지 못하셨지요. 제가 군생활을 할 때라 외할아버지 영전에 절도 못 한 게 죄송합니다.

큰길에 있는 그 집 구멍가게 점원으로 일하는 사람은 저보다 10살은 위인데 어찌나 옛날 노래를 구성지게 잘하던지요. 저와는 친하게 지내며 밤에는 가게에서 노래도 가르쳐 주었습니다. 제가 지금도 옛 노래를 조금 부를 줄 아는 것은 그 사람한테 배웠기 때문입니다.

밥이며 빨래며 살림은 주로 외할머니가 맡아 해주셨지요. 제 점심 도시락을 외할머니가 싸 주셨는데, 점심시간에 뚜껑을 열어 보면 하숙할 때와는 달리 부잣집 애들 것만은 못해도 가끔 계란프라이나 고기 장조림도 들어 있을 정도로 괜찮았지요. 저는 그게 부담스러웠어요. 형님 댁이 결코 넉넉지 않고 식구도 많은데 저에게만 외할머니가 특별히 몰래 반찬을 챙겨 주시는 것 같아 형수에게 들키면 어떡하나 겁이 나기도 했지요.

그뿐 아니에요. 하루는 학교에 가서 가방을 열어 보니 사과가 두 개나 들어 있는 거예요. 외할머니가 넣어 주신 것이지요. 저는 무심코 친구들과 그것을 맛있게 먹었습니다. 그런데 이튿날도 사과가 들어 있는 거예요. 마치 제가 도둑질한 것 같아 두려웠습니다. 그것을 다른 친구들이 달라고 할까 봐 꼭꼭 숨겨 두었다가 도로 가져왔습니다.

외할머니만 계실 때 그것을 꺼내 놓으면서 "할머니 이러지 마세요. 형수가 알면 어쩌려고 그러세요?" 했더니 "괜찮아. 이 집 새끼들은 줄창 처먹고 있어" 그러시더라고요. "그래도 저는 안 먹어요." 하고 가게 사과 무더기 속에 넣어 버렸습니다. 그때 외할머니는 무척 서운해하는 표정이어서 죄송한 마음도 들었습니다. 그러나 그렇게 하지 않으면 계속 가게 물건을 몰래 넣어 주실 것 같아 어쩔 수 없었습니다.

외할머니는 증손자들은 미워하시면서 왜 저는 그렇게 끼고 먹이려 하셨는지 모르겠습니다. 저에 대한 외할머니의 '특별 사랑'이 들켰는지 모르지만 형수님은 외할머니를 너무 미워하고 괄시했습니다.

제가 군대생활을 할 때, 손자며느리(외사촌 형수)의 계속된 냉대를 비관한 할머니는 어느 날 슬그머니 사라지셨다지요. 며칠 뒤 경찰에서 연락이 왔는데 한강에서 시신을 건져 올렸다지요. 달려간 어머니와 이모님이 그 앞에서 오열하셨다는 얘기를 제대하고 나서야 들었습니다.

왜 그때 당시에 알려 주지 않으셨어요? 외할아버지 돌아가셨을 때도 못 뵈었는데, 할머니 부음을 들었다면 한걸음에 달려가 어렸을 때 할머니의 사랑을 몰라서 죄송하다고 용서를 빌었을 텐데 … . 할머니가 '너 때문에 괄시받다 죽었는데 와 보지도 않는단 말이냐?' 하며 얼마나 원망하셨겠어요.

할머니 죄송합니다. 산소를 찾아뵙고 잔이라도 부어야 마땅하나 그 땅마저 팔아 없앴다니 가슴이 아픕니다. 용서해 주세요. 극락왕생하셨으리라 믿습니다.

뒤바뀐 2학년 전체 1등

2학년 마지막 종강 시간에 담임선생님(주혁순)이 일일이 이름을 부르며 성적표를 나눠주셨습니다. 그런데 저를 제일 먼저 부르면서 앞으로 나오라고 하더군요. 나갔더니 팔을 높이 치켜들라고 하시는 거예요. 영문도 모르고 번쩍 들어 올렸더니 성적표를 주면서 "이충남이 2학년 전체에서 1등이다. 박수!"라고 하셔서 얼떨결에 박수를 받았습니다.

4개 반, 240명 중 최고. 그저 열심히 하려고 노력했으나 1등에 대한 욕심도, 기대도 안 했는데 1등을 하니 기분이 무척 좋았습니다. 용산에서 외할머니의 특별한 사랑과 보살핌을 받은 덕분이라고 생각했습니다.

1등과 2등은 평균 점수뿐만 아니라 전 과목을 합한 총점도 똑같은데 저는 1학년 때 중상위권이었고 2등인 Y는 1학년 때도 1등이어서 그 애보다 저의 학업 성취도가 높기 때문에 저를 1등으로 했다는 것입니다. 사실 제가 초등학교 5학년부터 1등을 놓치지 않았지만, 촌놈이 서울의 일류 중학교에서, 그것도 반이 아니라 전 학년에서 차지한 1등은 차원이 다른 것이지요.

학년 말 약 1주일간의 봄방학을 마친 뒤 개학하여 교무실 청소를 하는데 담임선생님이 부르시더군요. "충남아, 미안하다. 성적표에 착오가 있었어. 네가 1등이 아니라 Y가 1등이고 너는 2등이더라" 하는 거예요. 다시 정밀하게 검토한 결과 그 친구의 체육점수를 잘못 계산하여 실수가 있었다는 것이지요. 그래서 총점에서 Y가 저보다 1점이 높더라는 것입니다.

선생님이 그렇다면 그런 거지요. 저는 실망하거나 서운한 생각이 전혀 없었습니다. 그래서 다음번에 만회하겠다는 욕심도 갖지 않았습니다. 그 친구는 입학 때도 1등으로 들어와 줄곧 반장을 했는데 조금도 뽐내거나 거만하지 않고 심성도 참으로 고운 친구여서 누구에게나 호감을 받았습니다. 저도 그 친구를 참 좋아했습니다. 지난번 선생님이 제가 1등 했다고 치켜세웠을 때 저는 오히려 그 친구에게 미안한 생각이 들기도 했으니까요.

어머니, 제가 시골서만 잘한 게 아니라 서울서도 이렇게 곧잘 했었답니다. 이제 와서 고백합니다. 봄방학 때 집에 가서 제가 1등 했다고 말씀드렸던 거 알고 계시죠? 그런데 나중에 그것이 잘못됐다는 것은 여태까지 밝혀 드리지 않아 죄송합니다. 그 뒤 저는 고등학교 마칠 때까지 반에서 1등은 몇 차례 했어도 전체 1등은 해보지 못했음을 솔직히 말씀드립니다.

그래도 서울 명문 중학교에서 1, 2등을 다툴 정도로 성적이 좋았던 것은 결코 제가 머리가 좋아서가 아닙니다. 초등학교 때 선생님들이 하는 말씀을 들은 적이 있습니다. "이충남은 머리가 좋기보다 노력을 많이 하는 것 같아."

그 말씀이 맞습니다. 서울에 올라와서는 하숙집에 오면 책상 앞에 앉아 공부밖에 한 것이 없으니까요. 그때 양쪽 발 복숭아뼈에 박인 굳은살이 아직까지 남아 있습니다. 꼬박 책상다리를 하고 앉아 공부만 했으니까요. 그때는 공부를 그렇게 잘했는데…. 왜 끝까지 계속 공부하지 않았을까요? 이제 와 후회하지만 모두 지나간 일이 돼 버렸네요. 죄송합니다.

시계 차고 안경 끼다

중학 3학년 올라갈 때 먼저 있었던 보문동 하숙집에서 연락이 왔어요. 하숙비를 안 받을 테니까 다시 와서 자기 아들을 가르쳐 달라고요. 그 집에는 자녀들이 많았어요. 6남매였을 거예요. 큰딸은 이미 고등학교를 마친 20대로 자기 어머니를 도와 살림을 맡았고, 그 밑으로 줄줄이 동생들이 있었는데, 3학년짜리 둘째아들이 공부를 아주 못해요. 그 애를 봐 달라는 것이지요.

저는 사실 용산 석용이 형님 댁에서 사는 것이 불편했어요. 거리가 멀어 차비도 들 뿐 아니라 외할머니가 저를 편애하시는 것도 부담되었죠. 그러던 차에 보문동에서 제의가 들어와 어른들께 말씀드리고 얼른 옮겼습니다.

그 애를 맡아 1년 동안 공부를 가르쳤는데 녀석은 지능이 좀 떨어지는지 성적이 통 오르지 않아요. 그저 꼴등이나 면할 정도였지요. 다행히 낙제를 면하고 4학년으로 올라갔을 뿐입니다. 그런데 틈틈이 들여다봐 준 5학년짜리 큰아들은 성적이 쑥쑥 올랐습니다. 그 부모가 좋아하면서 황금빛 손목시계를 사 주더군요. 제가 생전 처음 차 보는 시계였습니다.

제가 또 생전 처음 안경을 끼게 된 것도 이 무렵의 일이지요. 학기말 시험이 닥쳤을 때입니다. 3, 4일 동안 두세 과목씩 시험을 치르는데 이 기간이 지옥과도 같았지요. 두 친구가 저에게 요청했어요. 시험기간에 자기들 집에서 먹고 자며 함께 공부하자고요. 그러자고 했습니다. 아무래도 하숙집보다는 반찬이 좋고 또 함께 하면 공부도 잘될 것 같아서였지요.

첫날은 학교 근처에 사는 친구(박태원) 집에서 했어요. 아들 친구들이 있어서 그랬는지 모르지만 반찬이 참 많고 맛있었습니다. 생전 처음 먹어 보는 것들도 있었지요. 배불리 실컷 먹으니까 공부도 잘되는 것 같았습니다. 그런데 두 친구는 잠잘 생각을 안 하고 공부만 하는 거예요. 저는 아직 밤샘 공부는 해본 적이 없는데 말입니다. 할 수 없이 저도 밤을 새웠지요.

둘째와 셋째 날은 보문동 하숙집 근처에 있는 친구(이홍옥)의 고모댁으로 옮겼어요. 그 애 고모부는 경찰 간부여서 관용차로 출퇴근하는데 무척 잘사는 것 같았어요. 문간방에서 셋이 공부하는데 그 집에서 첫날 밤을 또 새우는 거예요. 그러니까 연 이틀을 안 잤던 거지요. 좀 힘들더군요.

마지막 시험을 준비하는 셋째 날. 그날도 친구들은 잠잘 생각은 전혀 안 하고 꼬박 책상에 앉아 공부만 하는 거예요. 저는 졸려서 밖에 나가 수돗물(그때 그 집엔 수도가 있었어요)에 눈을 씻고 들어와도 조금 있으면 또 눈이 감기는 겁니다. 그 애들은 언제 이틀 밤을 새웠느냐는 듯 꼼짝 않고 문제를 풀고 중얼중얼 외고 있어요.

저는 몇 차례 눈을 씻고 들어왔는데 어느 순간 눈앞이 캄캄해지고 글자가 보이지 않는 거예요. 그래서 친구들에게 얘기했어요. "야, 나 도저히 못 참겠다. 글씨가 안 보여. 자야겠어." 그리곤 누워서 자 버렸습니다. 그때가 새벽이니 두어 시간밖에 못 잤을 겁니다. 밥 먹으라고 깨워서 일어나 보니 두 친구는 밤을 꼬박 새웠답니다. 속으로 '참 대단한 애들이구나. 잘 먹어서 그런가?' 생각했습니다.

자고 나니 눈은 좀 나아진 것 같았어요. 그런데 시험을 볼 때 역시 글자 보기가 힘들었어요. 친구들에게 말했더니 안경을 맞춰 보라고 하더군요. 그래서 부모님께 말씀드리고 안경을 끼기 시작했던 겁니다. 여태까지 그토록 지독하게 공부했던 때는 없었습니다. 그 애들은 70이 넘어서까지도 안경을 끼지 않고 잘 지내고 있습니다.

가출소년 귀향 도움

중 3때의 일을 말씀드릴 게 한 가지 더 있습니다. 학교 수업이 끝나면 곧장 하숙집으로 돌아와 공부하고 그 집 아들들도 가르치곤 하는 중에도, 종종 학교도서관에서 공부했습니다. 주로 고 3이나 고 2 선배들이 이용하는데 그 틈에 끼어 늦도록 공부하는 게 참 좋았거든요. 그런 날은 미리 하숙집 누나(큰딸)에게 도시락을 두 개 싸 달라고 합니다. 하나는 저녁에 먹을 것이지요.

제가 중 3이니까 1959년 4월 18일입니다. 3·15 부정선거로 학생들 데모가 한창일 때였으니까요. 그날도 도서관에서 늦도록 공부하는데 왠지 배가 고프지 않아 저녁 도시락을 안 먹은 채로 귀가하는 중이었어요. 밤 9시경은 됐을 겁니다. 학교에서 나와 혜화동 로터리를 막 돌아서는데 한 아이가 뒤따라오며 "형, 껌 하나 팔아 줘요."라는 겁니다. 돌아보니 10살 안팎의 어린아이였어요.

"야, 이 밤에 무슨 껌을 파냐?" 핀잔을 주고 거들떠보지도 않고 앞만 보고 걷는데, 이 녀석이 제 옆에 붙어 계속 따라오는 거예요. 제 걸음이 꽤 빠른 편인데 저와 경주라도 하듯 뛰다시피 따라붙더군요. 혼자 걷는 것보다 심심치는 않아 말을 붙여 보았죠. "야, 어디까지 가냐?" 했더니 "돈암동 형들 있는 곳에 가는 거예요" 하더군요. "형들 있는데? 너희 집은 어디냐?"고 물었더니 "부산이에요. 럭키치약 공장 뒤요"라고 하데요.

직감적으로 이 녀석이 가출한 아이라는 걸 알아차렸습니다. "그럼 지금 가는 곳은 친형 집이냐?" 물었더니 "아뇨. 서울역에서 만난 형들인데 함께 살기로 했어요." 하더군요. 사연은 부산서 온 지 3일 됐는데 낮에는 서울역 근처에서 껌을 팔고 저녁엔 돈암동 형들 집에 간다는 것입니다

"저녁은 먹었냐?"고 했더니 "아직 안 먹었어요" 하더군요. "서울에 오니까 좋으냐?"고 물었더니 "아뇨. 집에 가고 싶어요" 하기에 한적한 곳으로 데려가 책가방에서 도시락을 꺼내 주었더니 허겁지겁 먹어 치우더군요. '어떡하나, 이 애를….' 공연히 말을 붙여 걱정거리를 떠안았다는 생각이 들었습니다. 저녁 한 끼 먹이고 나 몰라라 보내 버릴 수 없었습니다.

근처에 보이는 어느 집 앞에 가서 무턱대고 대문을 두드렸습니다. 한 부인이 나오더군요. "죄송하지만 이 아이가 부산에서 가출했는데 지금 나쁜 애들 있는 곳으로 가려는 것을 제가 데려왔습니다. 내일 부산으로 보낼 차비를 마련해 올 테니까 이 댁에서 하룻밤만 재워 주실 수 있을까요?" 사정했더니 그 부인은 저를 잠시 아래위로 훑어보더군요. 제가 입은 교복을 본 것이지요. 그런 뒤 그 녀석에게 몇 가지 물어보고는 선뜻 안으로 들였어요. 보성이 좋은 학교이고 학생들은 모두 모범생이라는 것을 그 부인이 알았던 것 같았어요.

그러나 저의 계획은 엉망이 되었습니다. 이튿날 친구들에게 전날의 사정을 말하고 차비를 모아 그 댁에 전하려 했는데. 학교는 아침부터 술렁였습니다. 고등학교 선배들은 데모하러 교문에 몰려 있고 선생님들이 막아서서 승강이하고 있었습니다. 그 바람에 중학생들은 교실과 운동장으로 우왕좌왕하면서 어수선한 통에 누구에게 부산 보낼 차비를 보태 달라고 할 수 있었겠습니까. 수업도 못 받은 채 학생들은 뿔뿔

이 흩어져 집으로 돌아갔습니다.

저는 어제 그 집으로 찾아가 대문을 두드렸지요. 그 부인이 나오더군요. 차비를 구하지 못했다고 사정을 말했더니 저를 안심시켰습니다. "학생, 염려 마. 우리 애 아빠가 오늘 아침 내려보냈어. 애 아빠가 통신사에 다니는데 아침에 자기 차에 태워 서울역에서 차표 끊어 내려보냈대. 학생 참 좋은 일 했어. 우리 아들도 보성을 시험 봤는데 떨어졌어. 내년에 고등학교는 꼭 보성을 보내려고 해."

'그래서 내가 입고 있는 보성 교복을 보고 나를 믿었던 것이구나' 하는 생각이 들었습니다. 부산으로 돌아간 그 아이가 지금 70대 중반은 됐을 텐데 어떻게 살면서 무슨 일을 하고 있는지 궁금하네요. 어렴풋이 기억하기론 '조규○'이라고 했던 것 같은데 ….

깨어진 경기고 꿈

제가 착실하게 열심히 공부하여 전체 1, 2등을 다툴 정도로 성적이 최상위급에 들자 속으로 결심했습니다. '중학은 경복 놓쳐 보성에 왔지만 고등학교는 경기를 가야지.'

그런데 학교에서 그 눈치를 챘는지 공부 잘하는 학생들이 다른 학교로 갈 수 없도록 중3 수업과정을 교묘하게 짠 거예요. 중학교에서 배우는 과목은 국어, 영어, 수학, 물상, 생물 등입니다. 고교 시험은 이 모든 과목을 다 치러야 합니다.

그런데 우리 보성은 중학 3학년 4개 반 중 2개 반은 생물을 없애고 대신 물상 수준을 고1 과정까지로 높여 가르치고, 다른 2개 반은 물상을 없애고 생물 수준을 높인 것입니다. 우리 반의 경우는 생물 과목이 없었습니다. 말하자면 중3 학생들을 반쪽으로 만드는 것이지요. 다른 학교 시험을 못 치르게.

수업과정을 그렇게 만든 이유를 간파한 저는 3학년 올라가자마자 중3 생물 책을 사서 공부하기 시작했습니다. 참고서도 없이 혼자 하는 공부라 교과서를 그저 읽는 것에 불과했지만 시험을 본다면 그다지 헤매지는 않을 실력을 쌓았습니다.

그러나 그 노력도 허사였습니다. 고등학교 입학시험은 전국에서 같은 날 일제히 치르는데 바로 그날 소집명령을 내렸습니다. 다른 고교 시험을 치를 수 없게 한 것입니다. 전 과목을 공부하지 않았으니 다른 학교 지원은 불가능했지요. 그러니 지원서를 써 달라는 학생도, 써 준 예도 없었습니다.

학교에서는 고등학교를 2개 반 늘리기로 하여 모교 4개 반 학생은 전원 시험 치르지 않고 진학시킨다고 했습니다. 대신 그날 선생님들이 체육대회를 하는데 구경도 하고 응원도 하라는 것이었지요. 전국의 중학생이 모두 고교 입시를 치르는 날, 저는 선생님들의 운동경기를 보며 '이겨라!' '잘한다!' 속절없는 구호만 외치고 있었습니다.

이리하여 경기고 진학 꿈은 일장춘몽이 되어 버리고 말았습니다. 하지만 딱 2명의 예외가 있습니다. 한 명은 경기고, 한 명은 서울고로 진학했는데, 이들은 특수한 사정이 있었던 것으로 압니다.

2 장

열혈 고교시절

"함께 공부하자"

중학교 때는 4개 반밖에 없었는데 고등학교는 2개 반이 늘어 6개 반이 됐습니다. 모두 360명 중 120명은 타교에서 온 학생들이죠.

저는 1학년 5반에 배정됐는데 담임선생님(이연식)이 저를 교무실로 부르더니 반장을 맡으라고 하더군요. 중학교 3학년 때까지 부반장은 했어도 반장은 해보지 못했고, 중 3 때 반장을 한 김○○이 있는데 그를 시키는 게 좋겠다고 사양했습니다. 그런데 선생님이 "사실은 네가 다른 반에 배정됐는데 내가 너를 달라고 한 거야. 반장 시키려고"라고 하는데 고집을 부릴 수 없었습니다. 이때 억지로 반장을 맡은 뒤로 고교 3년간 계속 반장을 했습니다.

고 1 때 저와 함께 공부하자는 우리 반 친구들이 셋이나 있었습니다. 그들을 A, B, S라고 하고 각각의 사연을 말씀드리겠습니다.

A는 우리 학교 독일어 선생님(유준수)의 친동생인데 타교에서 왔어요. 학교 근처에 빈집이 있는데 그것을 빌려 둘이 함께 공부하면 좋겠

다는 것이 선생님의 주문이었습니다. 식모를 두고 식사와 뒷바라지를 하도록 한 것입니다. 우선 하숙비가 안 들고 선생님 요구이니 거절할 수도 없어 저는 한동안 그 집에서 A와 함께 공부했습니다.

그런데 이 친구가 마음이 착하기는 한데 공부를 너무 못하는 거예요. 전혀 공부할 머리가 아닌 친구라 안타까웠지요. 제가 잘 가르치지 못해서 그랬는지, 그는 몇 개월 견디지 못하고 타교로 전학 가고 말았습니다. 그로부터 10여 년 뒤 우연히 만났더니 작은 사업을 하며 잘 지내고 있다고 하더군요.

하루는 담임선생님이 주소를 알려 주며 찾아가 보라고 했습니다. 며칠째 결석하고 있는 B의 집이었습니다. 방과 후 찾아갔습니다. 청와대 뒤 자하문 밖 언덕배기에 있는 커다란 기와집이었습니다. B가 집에 있더군요. 방이 엉망으로 어질러진 상태에서 뭔가 책을 보고 있었어요. 그는 세상을 바라보는 눈이 특별나 보통 애들과 달리 상당히 차원이 높아서 '개똥철학자'란 별명을 갖고 있었지요.

그가 저를 보더니 "들어와"라며 방으로 안내했습니다. 앉자마자 "내가 선생님한테 말했어. 너하고 집에서 공부하게 해달라고. 그렇지 않으면 학교 안 다니겠다고 했지"라고 말했습니다. 그래서 B와 함께 그 집에서 며칠 동안 공부하게 됐습니다. 그 애 부모는 광화문 근처에서 큰 음식점을 하는데 거기에 매달려 있느라 집에는 식모만 있었습니다.

저는 그곳에서도 오래 있을 수 없었습니다. B는 공부에는 전혀 관심이 없고 그림 그리기를 좋아했으며, 종교가 어떻고, 인류가 어떻고 하는 등 뜬구름 잡는 얘기만 하고 드러내 놓고 담배를 피웠습니다. 결국 선생님께 말씀드리고 거기서 나왔습니다. 그 친구는 머리는 좋아서 무사히 고등학교를 마치고 연세대에 들어갔습니다.

하루는 교실 청소를 마치고 창밖을 보니 한 친구가 서성이고 있었어요. S였습니다. 이 친구는 저와 한 번도 얘기를 나눠 본 적이 없었습니다. 그가 머뭇머뭇 다가오더니 "야, 너 하숙하고 있지? 나는 서울에서 집을 얻어 형과 함께 있는데, 너 우리 집에 와서 같이 공부하지 않을래?" 묻더군요.

S의 제안을 받고 저는 망설임 없이 거절했습니다. A와 B를 겪어 봤기에 마음이 내키지 않았고, 또 다른 선생님으로부터 새로운 제안을 받았기 때문입니다. 이번에는 입주가 아닌 시간제였습니다. 담임도 아닌 수학 선생님(최원섭)의 소개로 초등학교 5학년 여학생을 하숙비의 절반 정도 받고 1주일에 3번, 하루에 2시간씩 가르치는 자리였습니다. S에게 이와 같은 사유를 말하고 미안하다고 양해를 구하고 거절했습니다.

시간제 가정교사 노릇도 한 달여 만에 그만둘 수밖에 없었습니다. 입주 가정교사 자리가 났기 때문입니다.

커닝 혐의 소동

제가 이렇게 함께 공부하자는 친구들의 제안을 받거나 가정교사로 불려 다니는 데는 두어 가지 이유가 있습니다. 무엇보다 공부를 꽤 잘했고, 하숙을 했기 때문이겠죠. 그 외에 성실하고 진실하다는 평이 난 것도 한 요인이었을 겁니다.

저는 대학을 졸업할 때까지 시험 시간에 남의 것을 훔쳐보거나 쪽지를 마련하는 등 커닝이라곤 해본 적이 없음을 말씀드립니다.

고 1 때였어요. 지난주에 생물시험을 치렀는데 수업시간에 선생님(안치영)이 채점한 시험지를 돌려주셨어요. 받아보니 딱 한 문제가 틀렸는데 옆에 빨간 글씨로 '뒷사람 것 커닝?'이라고 써 있었습니다. 불쾌했습니다. '커닝이라니, 더구나 내 뒤 친구는 나보다 공부를 못하는데, 그 애 것을 봤단 말인가?' 뒷자리 친구 시험지를 보았습니다. 똑같은 문제에 '앞사람 것 커닝?'이라고 적혀 있었어요. 저와 그 애가 쓴 답이 틀렸는데 둘 다 똑같았습니다. '아하, 그래서 선생님이 커닝이라고 적었구나.'

그렇게 틀린 답을 똑같이 적은 이유가 있습니다. 시험 며칠 전 뒤의 친구가 제 노트를 빌려달라고 해서 빌려준 적이 있었어요. 그런데 제 노트에 잘못 적어 놓았던 것입니다. 확실치는 않지만 아마 "옥잠화의 떡잎이 몇 개인가?"라는 문제인데 제가 3개로 잘못 적은 것을 그 친구가 그대로 베꼈기 때문에 둘 다 답을 잘못 쓴 것이지요. 그런데 저는 답이 틀린 게 문제가 아니라 커닝했다고 선생님께 의심받은 게 기분 나빴습니다.

수업이 끝난 뒤 선생님을 따라 교무실로 갔습니다. 가서 답이 똑같이 틀리게 된 사연을 말씀드리고 빨간색으로 표시한 것을 지워 달라고 했습니다. 선생님은 "그랬냐"며 이해하면서도 "별것도 아닌 것을 가지고 뭘 그러느냐?"고 하셨습니다. 그래도 저는 여태 커닝을 해본 적이 없는데 의심을 받으니 자존심이 상한다고 우겨서 선생님이 지워 주신 일도 있습니다. 그렇게 고지식한 저의 행위가 선생님들과 학생들 사이에도 알려져 '믿을 만한 녀석'으로 통했던 것 같습니다.

저는 남의 것을 베끼기는커녕 오히려 친구 시험을 대신 치러 준 적은 더러 있습니다. 역시 고1 때였지요. 제 옆에 앉은 친구가 본래 한 학년 위인데 공부를 잘하지 못해 낙제했어요. 이번에 또 낙제하면 다른 학교로 가야 할 처지였지요. 그래서 시험을 치를 땐 일부러 제 답안지를 몰래 보여 주거나 감독선생님이 너그러울 땐 제 것을 다 쓴 뒤 아예 그 친구 것을 가져다 작성해 준 적도 있습니다. 그러나 그는 결국 다른 학교로 전학 가고 말았습니다. 그는 운동을 잘해 특기생으로 대학에 가고 국가대표선수까지 지냈습니다. 공부가 다는 아님을 깨닫게 해준 친구입니다.

고3 때는 상업 선생님(김동환)의 부교재를 제가 제작한 일이 있습니다. 학교 등사기를 사용했는데 이 과정에서 자그마한 사건이 터질 뻔했어요. 다름 아닌 부정시험의 '시험'에 들 뻔했던 일입니다. 등사 일을 돕느라 열댓 살 먹은 학교 급사하고 친한 사이가 됐는데, 하루는 방과 후 한 친구(박동진)와 함께 공부하고 있는 빈 교실로 찾아와 종이 한 장을 내미는 거예요. 뭐냐고 물었더니 다음 날 치를 물리 시험지를 미리 가져온 거랍니다. 자기가 방금 등사하고 한 장을 가져왔다면서 조심스럽게 주는 거예요.

"야, 그러면 안 돼." 저는 그 자리에서 면박을 주고 돌려보냈습니다. 물리는 제가 가장 잘하는 과목으로 거의 100점을 받으므로 시험지를 미리 볼 필요도 없었거니와 아직까지 커닝이라곤 한 적도, 꿈도 꾸어 보지 않았기 때문이지요. 그가 돌아간 뒤 이 사실을 담당 선생님(유수열)에게 알릴까 말까 망설였어요. '말하면 그 급사가 잘리거나 벌을 받을

것이고, 그냥 두자니 그런 짓을 계속할지도 모르는데 어떡하나?'

저는 결국 모른 체하고 시험을 보기로 했어요. 그 시험지는 들여다보지도 않았기 때문에 제 양심에 거리낄 건 없다는 생각이었지요. 그런데 다행히도 이튿날 선생님은 시험지를 나눠주며 "이것은 숙제이니 집에 가서 풀어 보라"고 하는 겁니다. 속으로 '참 잘됐다' 생각하면서도 아마 선생님이 그 사실을 아는 게 아닌가 의심됐어요. 알았다면? 급사가 고백했을 리는 없고, 혹시 같이 공부하던 친구가 고자질한 건 아닐까? 그 문제는 궁금한 채 그대로 묻혀 넘어갔습니다.

솔직히 말씀 드리건대, 저는 대학교 때도 마찬가지였지만, 일생 동안 한 번도 커닝이라는 것은 해본 적이 없습니다.

낭만과 연정의 입주 가정교사

저는 그렇게 실력과 성실을 인정받아 가정교사로 불려 다니게 됐는데 이번엔 교감선생님(조현옥)이 불렀습니다. 학교 재단이사장의 친척 아들이 보성중 1학년인데 거의 꼴등에서 헤매니 입주하여 가르쳐 달라는 것이었습니다. 저는 이렇게 선생님과 친구들의 신망을 받는 꽤 괜찮은 모범생이었답니다.

소개받고 찾아간 명륜동 성균관대 앞 그 집은 결코 넉넉한 살림은 아니었습니다. 옛날 기와집으로 행랑채는 두 가구 세를 놓았으나 평수는 30평 정도밖에 안 됐습니다. 그 집은 2남 2녀를 두었는데 장가간 큰아들 밑에 풍문여고 1년생 큰딸 H가 있고 제가 가르칠 둘째아들 J,

그 밑으로 막내딸이 초등학교 5학년이었어요.

주인아저씨는 특별한 직업은 없는 것 같았습니다. 생김새는 날카로우나 퍽 인자한 분으로 과거 토목업에 종사했다고 합니다. 그분은 1주일에 한 번씩은 삼각산 자락을 타고 넘어 경복궁 근처의 냉탕과 온탕이 갖추어진 고급 목욕탕에 저와 아들을 함께 데려가곤 했지요. 보문동에선 목욕을 한 달에 한 번씩 했는데 여기선 1주일에 한 번씩 하니 이제 완전한 서울 사람이 된 셈입니다.

주인아주머니는 참으로 정이 많은 분으로 저를 가정교사라기보다는 마치 큰아들처럼 대해 주었습니다. 이 댁은 평범한 가정이었으나 애들 고모 댁이 가까이 있는데 고모부가 당시 윤보선 대통령의 비서실장이었습니다. 하루는 그 댁에서 식사 초대를 했는데 저도 함께 가자고 해 퍽 망설여졌습니다. 왜냐하면 저는 그때까지 젓가락질을 못했거든요. 지체 높은 집에서 밥을 먹는데 젓가락질도 못하면 창피하기도 하고 아무리 학생이라도 가정교사로서 점수가 깎일까 봐 걱정도 됐습니다. 그래서 가기 전에 전력을 다해 연습했지요. 그 결과 다행히 실수 없이 난생처음 부잣집에서 고급스러운 식사를 경험했습니다.

저는 그 집에서 만 1년을 보냈는데 정말로 열심히 가르쳤습니다. 그 결과 꼴찌를 하던 녀석이 중간고사 때 중간, 기말고사에서 4등까지 오르는 기염을 토했습니다. 학생과 그 집 식구들이 얼마나 좋아했는지 모릅니다. 가정교사로서 저에 대한 평가도 하늘을 찔렀는데 식구 중 단 한 사람의 상대적 피해자가 있었습니다. 이 집 큰딸 H입니다.

"야, 이년아, 저 선생님은 저렇게 공부를 잘해 남도 가르치는데 너는 뭐냐?" 툭하면 딸을 애칭 삼아 '이년, 저년' 부르지만 상스럽지 않고, 딸을 친구처럼 대하는 주인어른의 꾸중입니다. H는 사실 말썽을 일으키는 것은 아닌데 덜렁덜렁하며 공부보다는 놀기를 좋아하는 학생 같았습니다. H는 학년은 저와 같아도 나이는 한 살 아래예요. 예쁘지는 않지만 매력이 없는 것도 아닌 개성 있는 용모였습니다.

그녀는 밤에는 부모, 여동생과 한방에서 자고 낮에는 저와 J가 쓰는 방에서 공부하기로 돼 있었습니다. 책상은 제 것과 나란히 놓여 있지만 좀처럼 공부하는 모습은 못 봤습니다. 그런데 가끔 일기를 쓰는 듯했어요. 저도 그때 일기를 쓰고 있었지요. 각자의 책상 서랍 중 자물쇠 달린 서랍에 일기를 넣고 꼭꼭 잠그고 있었지요. 그런데 왠지 그녀가 내 일기를 몰래 훔쳐본다는 느낌이 들었습니다.

그래서 하루는 일기에 아버지한테 쓰는 편지 형식으로 아래와 같은 내용을 적어 보았어요.

저는 이 집에서 대접받으며 잘 지냅니다. 가르치는 학생도 점점 성적이 올라 보람을 느낍니다. 그런데 이 집 큰딸이 이른바 5대 '후라빠'(말괄량이 왈가닥의 일본말) 중 하나인 학교를 다니는데 덜렁이예요. 오늘은 자전거를 타다 넘어져 바지가 찢어졌다고 다시 사 달라고 떼를 쓰데요. 그런데 밉지는 않더군요. 어딘가 귀여운 구석도 있어요. 그러나 걱정 마세요. 저는 절대로 그 애와는 결혼하지 않을 테니까요.

며칠 뒤 밤에 그녀의 잠긴 책상 서랍을 몰래 열어 봤습니다. 아니나 다를까. 그 날짜에 이렇게 적혀 있더군요.

누가 저한테 시집가겠다고 했나? 공부만 잘하지, 인물도 못생긴 주제에. 난 공부는 못해도 눈은 높으니 염려 말아. 너 때문에 내가 엄마, 아빠한테 점수는 잃었지만 동생을 잘 가르쳐 줘서 고맙긴 해.

일기를 훔쳐보며 그녀의 심정을 헤아릴 수 있었습니다. 그 뒤로부터 저의 일기는 늘 도둑맞는다는 점을 염두에 두고 조심조심 적어 나갔습니다. 가끔 그녀의 일기를 훔쳐보는 스릴과 재미도 쏠쏠했지요.

가을의 끝자락 어느 날 그녀가 저에게 조심스럽게 묻더군요.

"이번 토요일 시간 있어?"

"별일 없는데, 왜?"

"응, 그날 저녁 우리 학교에서 '문학의 밤'을 여는데 시간 있으면 구경 오라고."

그저 지나가는 듯 툭 던져 보는 말투였지만 저는 이미 그녀의 일기에서 그런 제의가 오리라고 예측하고 있었습니다. 며칠 전 그녀의 일기에서 "충남이보고 같이 가자고 할까? 싫다면 자존심 상해서 어떡하지?"라는 대목을 읽고 은근히 기다리던 참이었습니다. 그래서 슬쩍 "다른 약속이 있긴 하지만 가지 뭐" 했더니 그녀의 표정이 그렇게 밝아질 수 없었습니다.

한 상에 둘러앉아 이른 저녁을 먹고 둘은 집을 나섰습니다. 풍문여고는 명륜동에서 창경원(현 창경궁) 담을 끼고 30~40분쯤 걸어야 하는 거리에 있었습니다. 수백 년간 장중하게 버티고 있는 기나긴 돌담길, 가끔 어깨가 부딪칠 때마다 놀란 듯 피하며 둘은 바삭바삭 밟히는 낙엽 위를 나란히 걸었습니다. 함께 가는 동안 그녀가 뭐라고 쫑알거렸는지는 지금 생각나지 않습니다. 단지 이쪽으로 얼굴을 돌려 말할 때 석양 놀에 반짝였던 약간 빼드러진 그녀의 유난히 흰 이만이 눈에 선합니다.

학교 마당에 들어서니 운동장이 온통 황금빛이더군요. 노란 은행 낙엽이 하나 가득 깔려 있었습니다. 가로등 불빛에 오히려 그 빛이 더 선명해 금빛 카펫을 깔아 놓은 듯했습니다. 그녀는 엎드려 두 손 가득 낙엽을 집어 들더니 저에게 확 뿌리더군요. 마치 눈싸움이나 물싸움이라도 하듯, 친구들이 바라보고 있는 것도 아랑곳없이. 저는 좀 쑥스러웠지만 싫지는 않았습니다.

그날 연극이 있었는데 김두한의 딸 김을동이 방자 역을 맡은 〈춘향전〉을 재미있게 본 기억이 지금도 생생합니다. 돌아오는 길에 저는 그녀의 일기를 훔쳐봤다고 실토했습니다. "뭐야? 이 나쁜 놈" 하고 때릴 듯 달려들었어요. "저는 뭐 내 일기 안 봤나?" 했더니 "나만 본 줄 알았지" 하면서 깔깔 웃더군요.

그해 겨울 어느 날 아침. 세숫대야에 더운물을 받아 엎드려 머리를 감는 H의 모습을 옆에서 지켜보았습니다. 그다음엔 제가 세수를 해야 했으니까요. 헐렁한 잠옷 몸뻬를 입고 쭈그려 앉아 펑퍼짐한 엉덩이를 한껏 뒤로 쭉 뻗치고 단발머리를 풀어 세숫대야에 처박고 비누칠 범벅을 하며 감는데 그녀의 하얀 뒷목덜미가 눈에 들어왔습니다.

전날 소리 없이 내려 마당을 덮은 눈빛처럼 희디흰 그녀의 살결이 어찌 그리 곱던지요. 머리칼을 앞뒤, 좌우로 요란스레 흔들며 감는 그 모습이 우습기도 하고 예쁘기도 했습니다. 그 뒤부터 저는 H의 행동과 언사가 귀엽고 얼굴과 몸짓이 사랑스럽게 보였답니다. 그녀가 나중에 결혼하자고 덤벼들면 거절하지는 않겠다는 생각도 들었지요. 그날 이후 둘은 오누이같이 정답게 지냈답니다.

그 부모도 저를 친자식처럼 대했기에 훗날 성인이 돼서도 자주 연락하고 왕래했습니다. 자녀들 결혼식은 물론 부모 장례에도 참석했습니다. 어느 해 부친의 제사에 참석해 그녀의 남편과 인사를 나누었는데, 저를 '옛날 애인'이라고 소개해 '그래도 되나?' 가슴이 뜨끔했습니다.

한번은 그녀의 집에 전화했는데 남편이 받더군요. 간단히 인사하고 아내를 바꿔 달라고 했더니, 그 아들을 부르면서 "애야, 네 엄마에게 애인한테서 전화 왔다고 해라" 하더랍니다. 남편이 겉으론 태연한 체하지만 실제로는 의처증이 있어 함부로 나다니지도 못하고 전화도 조심스럽다고 털어놓더군요.

제가 가르친 학생 J는 저와 5살 차이인데 저보고 형님이라고 부르지요. 수년 전 만났는데 머리가 완전히 백발이고 건강도 좋지 않다 하여 마음이 아팠습니다.

제가 그 집에서 마냥 모범생으로만 행세한 것은 아니었습니다. 우리 학교는 중학교 1, 2년생은 여름에 반바지를 입게 했지만, 중고등학생 모두 머리를 길렀고 명찰을 달지 않았습니다. 그래서 고등학생 때 사복을 입고 나서면 얼핏 대학생으로 보기 일쑤였지요.

하루는 이발소에서 머리를 깎는데 면도를 하다가 잘못하여 얼굴을 베었지요. 피가 조금 나왔어요. 그랬더니 이발사가 미안하다면서 저에게 담배를 권하는 거예요. 당황하고 무안했습니다. 제 얼굴이 좀 울퉁불퉁하여 나이가 들어 보였음은 어머니가 더 잘 아시지요?

어른스레 보이는 탓에 밤늦도록 아이를 가르치고 슬그머니 나가 포장마치에서 한잔 걸치고 들어오는 때도 가끔 있었습니다. 제가 가르치는 녀석이 그럴 땐 "선생님, 술 마셨죠?" 하면 "그래, 네가 공부를 하도 못해 속상해서 한잔 했다"고 녀석에게 농담으로 답하곤 했지요. 어느 땐 아예 녀석을 데리고 나가 옆에 세워 놓고 한잔 걸치고 들어오기도 있습니다.

아무튼 그 댁에서 보낸 1년은 보람 있었고 훈장(訓長) 대접도 톡톡히 받고 낭만도 넘쳐났었습니다.

5·16 때 당한 삭발

새벽에 시내 쪽에서 총소리가 연달아 났습니다. 5·16이 일어난 것이지요. 문밖에 나가 보니 주민들이 근심 어린 표정으로 시내 쪽을 주시하고 있었습니다. 날이 밝자 라디오에서 비장한 혁명공약이 거듭하여 발표되더군요. '군사혁명.' 4·19 이후 각처에서 데모로 날이 새고 지던 혼란 사회가 갑자기 얼어붙고 각 분야에 개혁의 소용돌이가 몰아쳤습니다.

그중에서도 저로서는 참으로 싫은 조치가 내려졌습니다. 중학생 때부터 길러왔던 머리를 깎으라는 지시가 내려진 것입니다. 어머니도 아시다시피 제 머리 오른쪽 귀 위에는 동전보다 커다란 흉터가 있고 그 주위에 작은 것들도 많지요. 마마 뒤끝에 생긴 상처 자국인데 거기는 머리털이 나지 않아 무척 창피했지요. 그런데 중학교에 입학하니 머리를 기르게 하여 참 좋았는데 깎으라고 하니 난감하더군요. 머리

기르는 것도 제가 보성을 택한 이유 중 하나였는데 … .

할 수 없이 눈물을 머금고 깎았지요. 얼마나 허전하고 부끄러웠는지 모릅니다. 그래서 학교 갔다 와서는 꼭 모자를 쓰고 있었습니다. 평소 이 집에 가끔 들르는 대통령 비서실장(J의 고모부)의 대학생 딸이 있었습니다. 저와 대화를 나눈 적은 없지만 서로 눈인사는 나누는 사이이지요.

하루는 그 여대생이 왔습니다. 그때 하필 제가 모자를 벗고 있었어요. 그 여자가 저를 보더니 "어머!" 하고 놀라는 거예요. "왜 그러냐?" 고 J의 어머니가 물으니까 "외숙모, 저는 여태까지 저 선생이 대학생인 줄 알았어요. 그런데 … " 하더군요.

'그런데? 그래서 어쨌다는 거냐? 까까머리 고등학생이라 실망했다는 거냐?' 혼자 생각했지만 뒷맛은 씁쓸하더군요. 머리 깎은 모습을 거울로 보니 제 눈에도 참 못생겼더군요. 어머니 왜 저를 이렇게 낳으셨나요? 원망하고 비관한 적도 있었음을 고백합니다. 그 콤플렉스는 대학 때까지도 간헐적으로 지속됐답니다. '공부만 잘하면 뭘 하나, 얼굴이 못생겼는데. 게다가 주먹 딸기코. 얼굴을 갈아 볼까, 인생을 끝내버릴까.' 못난 생각을 한 적도 몇 번 있었음을 이제야 말씀 드립니다.

딸기코는 어머니가 만들어 주신 겁니다. 제가 방학 때 시골에 내려가 집안일을 도우면 가끔 어머니가 막걸리를 받아주셨지요. 중학 3학년 때부턴가 아예 커다란 청주병에 담근 인삼주를 먹은 뒤로부터 코가 빨개졌습니다. 색깔뿐 아닙니다. 거기에서 고름이 나오고 아팠습니다. 창피한 것은 뒷전, 아파서 괴로워하다 결국 고 3 때 병원에서 수술을 받고서야 통증이 가라앉고 색깔이 제대로 돌아왔습니다.

그래도 없어지지 않는 머리의 흉터는 머리털로 커버했는데, 박박 깎고 나니 벌거벗겨진 기분이라 고등학교 졸업 때까지 많이 괴로웠습니다.

사춘기로 휘청이는 마음

고등학교 1학년 때 가정교사의 결과는 대성공이었습니다. 꼴등을 면치 못하던 학생을 1년 만에 우등의 반열에까지 올려놓는 '쾌거'를 이룬 것입니다. '이젠 더 이상 이 집에 있어선 안 된다'고 생각했습니다. 왜? '이제부터 이 녀석이 잘해야 현상유지일 것이고 까딱하면 다시 나락으로 떨어질 확률이 많다. 떠나자.' 이렇게 결심하고 다시 보문동 하숙집으로 돌아갔습니다.

하숙집 아주머니는 대환영이었으나 기존에 둥지 틀고 있던 친구들과 사촌형은 시큰둥하더군요. '너 혼자 잘났다고 가정교사로 불려 다니다가 이제 갈 데 없으니 또 왔냐?' 하는 눈치 같았어요. 그렇게 분위기가 썰렁했습니다. 얼마 안 있어 하숙을 옮겼습니다.

이제 2학년이 됐으니 남을 가르치기보다는 내 공부에 치중하자는 마음으로 학교 가까운 곳을 택했지요. 아주 좋은 곳이었습니다. 보성학교 전형필 재단이사장님이 사시는 지금의 간송미술관 경내에 있는 집입니다. 옛날 프랑스 대사가 살던 곳인데 빨간 벽돌집의 2층 남향받이 방이었습니다. 햇빛이 곱게 스며드는 서구식 분위기와 자연의 정취가 흠뻑 밴 참 멋진 방이었습니다.

친구 박동진과 한방에서 공부했습니다. 아래층엔 대학생 둘이, 또 다른 방엔 우리 학교 같은 학년 친구가 하숙생으로 있었지요. 이 집에서 공부한 학생들은 대부분 서울대에 들어갔다는 풍문이 도는 집이었지요. 그 집은 야트막한 산자락에 자리 잡았는데 왕년에 왕가의 누군가가 터 잡아 살던 곳이랍니다. 이곳을 전형필 선생님이 구입했는데, 본채와 별채로 나뉘어 있고 경내에는 아름다운 정원에 정자와 커다란 우물 그리고 자그마한 연못도 갖춰진 멋진 곳입니다. 주택이라기보다는 별장이라고 할 수 있지요.

거기서 제가 병이 든 겁니다. 무슨 병인고 하니 '사춘기'라는 병입니다. 심산유곡의 절간같이 고즈넉한 주위환경과 머리를 빡빡 깎이고 난 뒤 창피한 몰골에서 온 자학(自虐)이라고나 할까. 그때 중공에서 핵실험을 하여 대기가 오염됐기 때문에 절대 빗물을 먹어서는 안 된다는 뉴스 탓이었던가. 어쨌든 저는 갑자기 헤어날 수 없는 인생의 회의감, 절망감에 빠져들었습니다.

자하문 밖 친구의 "인생은 무한한 우주공간에 떠 있는 한낱 티끌만도 못한 존재야. 무엇 때문에 아등바등 살아? 그저 물 흐르듯 바람 불듯 자연대로 살면 되는 거지"라던 개똥철학이 가슴에 와닿았습니다.

박동진과 나란히 앉아 1학기 중간고사 준비를 하다 말고 사복을 입고 슬그머니 마을로 내려갔습니다. 대폿집. 깍두기 안주 삼아 막걸리 잔술을 두 사발 들이켰습니다. 돌아오다 구멍가게에 들렀습니다. 진로소주 큰 병과 과자 한 봉지를 사들고 하숙방 앞 정자 한가운데 앉았습니다.

보름달에서 약간 찌그러진 달이 구름 속을 흐르고 있더군요. 소주

병을 땄죠. 한꺼번에 마시려고 했으나 숨이 차 두 번에 비웠습니다. 구름 속으로 비치는 달을 향해 욕설 섞어 큰 팔뚝을 날렸지요. 저를 비웃고 있는 것 같았습니다. 그리고 일어나 집 모퉁이 항아리에 받아 놓은, 핵실험으로 먹지 말라는 빗물을 일부러 벌컥벌컥 마셨어요. 그리곤 모릅니다. 내일이 시험인데.

이튿날 친구가 깨우더군요. “일어나. 학교 가야지.” 저는 정신이 없었습니다. “나 못 가.” 그리고 내리 3일을 누워 지냈습니다. 학교는 결석이지요. 아직 한 번도 결석은커녕 지각도 해본 적 없는 모범생이었는데 여기서 무너졌습니다. 결석이 문제가 아니라 시험도 포기한 것입니다. 학교도 때려치우려고 했지요.

동진이가 저의 마음을 달래 주려고 그랬는지 느닷없이 두 여학생을 데리고 왔습니다. 자기 고모의 딸과 그 애의 친구였습니다. 성신여고 2학년. 둘 다 예뻤어요. 함께 온 친구는 공부 잘하는 모범생으로 반장을 맡고 있다고 소개하더군요. 뚱딴지같은 짓을 한다고 생각하면서도 저를 염려해 주는 우정이 고마웠습니다.

그 여학생들은 과일과 음료수 그리고 꽃다발까지 사들고 왔습니다. ‘남 결석한 게 무슨 축하할 일이라고 꽃다발이람?’ 꽃 이름이 뭔지 알아맞혀 보라고 하더군요. ‘젠장, 꽃 이름이라곤 개나리, 진달래, 할미꽃 정도밖에 모르는데 … .’ 대나무 잎 모양의 파란 잎사귀를 뚫고 고고하게 위로 곧게 솟은 하얀색 꽃인데, 이름은커녕 보지도 못하던 꽃이었습니다. 제가 아무 소리도 않고 있으니까 동진이 사촌동생이 “이게 글라디올러스라고 하는 꽃인데 꽃말이 정열, 젊음, 밀회”라고 하더군요. “그러냐?”고 건성으로 대답하고 껄렁껄렁한 대화를 나누다 돌려

보냈습니다.

이튿날은 담임선생님(주혁순)이 찾아오셨습니다. "학교 그만두고 절에나 들어가겠다"는 저를 설득하지 못했습니다. 그다음 날 다른 선생님(유준수)과 함께 저를 앞세워 일동 집에 가서 부모님을 면담했습니다. 아버지는 속으로 크게 걱정하셨겠지만 저를 꾸짖지 않으셨습니다. "동생들도 많은데 네가 학교를 다니지 않겠다면 어떻게 하냐? 잘 생각해 봐"라고만 말씀하셨지요. 백 마디 꾸중보다 더한 아버지의 한 마디 말씀을 거스를 수 없었습니다. 선생님들께도 죄송하고요. 5일간의 갈등 끝에 백기 들고 학교로 돌아갔습니다.

교생선생님을 향한 동경

무단결석한 불량학생이었지만 저의 반장 직위는 그대로였지요. 친구들 앞에 쑥스럽긴 했지만 겉으로는 아무 일도 없었던 듯 공부에 집중하고 반장 임무에 충실했습니다. 마음잡고 잘 버텨내고 있는데 얼마 가지 못해 제 마음을 흩뜨려 놓은 얄궂은 사건이 생겼습니다.

어느 날 조회시간에 교장선생님이 여러 명의 젊은 선생들을 앞에 세워 놓고 소개했어요. 1주일 동안 고교 2년생들을 지도한다고 했어요. 이들은 교육실습생, 즉 '교생'이었지요. 교사가 되려고 실제로 일선 학교에서 짧은 기간이나마 실습하는 대학생들이었습니다.

남자 선생이 둘, 여자 선생이 넷이었어요. 그런데 그중에 한 여선생이 유난히 제 눈에 띄었어요. '꽃 들고 찾아온 여고생은 돌려보냈는데 가르치러 온 여대생이 내 마음을 끌다니 … .' 저도 어처구니없다고 생각하면서도 어떡하든지 그 선생과 접촉하고 싶었습니다.

머리를 썼습니다. 제가 단독으로 만날 구실은 만들 수 없으니 교생과 학생 간부들의 간담회를 갖도록 해달라고 교감선생님께 요청했습니다. 반장 6명과 교생 6명이 다과를 나누며 거창하게 교육실습 계획과 학생들의 요구사항 등을 주제로 대화를 나누었습니다. '염불보다 잿밥'이라고 저는 토론보다 그 여자 교생의 말과 태도에만 관심이 쏠렸습니다.

간담회를 마치고 사진 촬영까지 했습니다. 저의 엉큼한 계획이었지요. 그 선생의 사진이라도 갖고 싶었습니다. 교생실습을 마치고 나서도 또 송별회란 명목으로 다과회를 갖고 '감사의 선물'을 전달했습니다. 이런 그럴듯한 과정을 거쳐 저는 강점희란 교생과 자연스럽게 대화를 나눌 수 있는 관계로까지 발전했습니다. "누나라고 불러도 돼요?" "좋아. 나도 외동딸이라 오빠도 동생도 없는데." 그러곤 신설동 '누나'의 집까지 가서 식사대접을 받기도 했습니다.

그의 어머니는 무당이어서 딸의 이름에 '점' 자를 넣었다더군요. 무당의 딸. 그래도 저는 그 누나가 너무 좋았습니다. 진심 어린 농담으로 "누나, 내 애인 하자" 했더니 "얘 좀 봐, 안 돼. 난 결혼할 애인이 있어"라고 하더군요. 철퇴를 맞은 기분이었습니다. 실망과 절망의 빛을 감추지 못하는 나를 달래듯 강 선생님이 "충남아, 내가 다른 사람을 소개할게. 나하고 같이 교생실습 하던 예쁜 김명숙 선생 알지?" 하더군요. 아무 말도 못 했습니다.

며칠 뒤 방과 후 하숙집(그동안 다른 곳으로 옮김)에 와 보니 강 선생님이 낯익은 김 선생님과 함께 내 방에 와 있더군요. "충남아, 김 선생이 너를 돌봐 줄 테니까 공부 열심히 해."

강 선생의 배려로 저는 한동안 김 선생님의 보살핌을 받았습니다. 하숙집에는 친척누나라고 하고 가끔 제 방에 들러 양말이며 손수건 등을 집으로 가져가 빨아왔습니다. 때로는 주전부리를 사오거나, 동네에 내려가 맛있는 걸 사 주기도 했습니다. 그러나 저는 왠지 김 선생님에게는 큰 열정이 일지 않았습니다. 그러다 저의 미지근한 태도에 둘의 관계는 저절로 끊어지고 말았습니다.

저는 어려서부터 연상의 여인과 인연이 있었나 봐요. 제가 조숙했던 것 같습니다. 지금 생각하니 두 여자 교생들은 저를 이성으로 대한 것이 아니라 문제 학생을 돌봐야겠다는 스승의 마음으로 저를 보살펴 주었던 것이었겠지요.

부교재 제작 장학금

보성은 인문계 학교라 공업이나 상업 등 직업과 관련된 교과목은 책정돼 있지 않았습니다. 그러나 대학에 따라 그런 과목을 입학시험 때 선택과목으로 채택하는 곳도 있어서 학교에서는 상업과 공업 과목을 신설했습니다. 이런 과목을 선택하여 시험을 치르면 다른 과목보다 점수 따기가 좀 수월하다고 하여 신청자가 많았습니다.

상업 담당 김동환 선생님은 타교에서 전근해 오셨는데 잘 가르치기로 소문난 분이었으나 연세가 좀 많으셨지요. 상업 교과서가 있긴 했지만 선생님은 그것은 참고로 한 번 읽어 보라고만 하시고 수업은 당신이 작성한 노트를 칠판에 적어 설명하는 것으로 진행했습니다.

2개 반을 맡으셨는데 일일이 분필로 적는 것이 번거롭다며 당신의 노트를 줄 테니 학생들이 등사해서 공부하면 좋겠다고 하셨습니다. 반장들이 모여 의논했지요. 아무도 맡아 하겠다는 반장이 없었어요. 그런데 저는 퍼뜩 엉뚱한 생각이 떠올랐습니다.

저는 고2때부터 선배의 권유로 타교 학생들과 정기적으로 모이는 '청의회'라는 서클에 가입했어요. 남녀 각각 5대 사립학교 학생들이 토요일마다 모여 문학작품도 발표하고 토론도 하는 건전한 모임이었지요. 남자는 보성, 휘문, 양정, 배재, 중앙, 여자는 이화, 숙명, 진명, 배화, 동덕 등이었어요. 모임 장소는 서대문의 옛날 이기붕 씨 집, 학생혁명 이후 4·19 기념관이 된 곳이었습니다.

어느 날 모임이 끝나고 돌아가는데 진명여고 태예자라는 학생과 나란히 걷게 됐어요. 대화가 우연히 그날의 주제('남녀의 우월성'으로 기억)에 대한 토론이 미진했다는 데 공감하는 방향으로 흘러, 함께 걸으며 계속 얘기를 나눴습니다. 어찌나 화제에 집중했던지 서대문 로터리를 지나 신문로-광화문-종로-동대문을 거쳐 신당동 그녀의 집에 이르기까지 두어 시간 남짓 걸었는데 피곤한 줄도 몰랐습니다. 결국 그녀의 집 대문 앞에 이르러서야 헤어졌답니다. 그 애는 문예반으로 시를 주로 쓰는 문학소녀여서 그런지 말을 잘하고 진지했어요.

가로등 불빛을 받으며 먼 거리, 기나긴 시간을 함께 걸을 때 은은하게 풍겨오던 그녀의 머릿결 향기를 떠올리며 저는 매주 빠지지 않고 참석했습니다. 그런데 한 달이 넘도록 그 여학생 얼굴이 보이지 않았어요. '왜 안 나올까? 나를 만난 뒤 무슨 일이 있었던 것일까?' 궁금한 나머지 진명여고 3학년 선배에게 물었어요. "태예자가 요즘 안 나오는데 무슨 일이 있나요?" "휴학하게 됐다나 봐." "왜요, 어디 아픈가요?" "아냐. 수업료가 밀렸대." 그 말에 마음이 무거워졌습니다. 그 뒤로도 그녀는 영영 나타나지 않았어요.

선생님의 상업 노트를 등사하려면 재료비와 수고비가 드는데, 그것을 맡으면 어느 정도 돈이 생기리라는 생각이 들었습니다. 그래서 별 망설임 없이 제가 해보겠다고 말하고 그 자리에서 대충 예산을 세웠습니다. 100여 쪽 분량인데 상업 과목을 선택한 학생 수에 맞춰 150부 정도 만들어야 하니 종이 값, 등사하기, 원지 긁는 수고비 등을 넉넉히 계산하여 한 권에 500원씩 받으면 되겠다는 결정이 내려졌습니다. 이 소식을 듣고 과목 선택을 안 한 친구들의 신청도 쇄도해 250부를 만들기로 했습니다. 계산해 보니 12만 5천 원이라는 거금입니다.

토요일 '청의회'에 나가 진명 선배에게 태예자를 만나게 해달라고 부탁했습니다. 다음 주 토요일에 나왔더군요. 모임이 끝나고 따로 만나서 사정 얘기를 다 들었습니다. 아버지의 건축 사업이 실패하여 보성중 3학년인 동생도 수업료를 못 내 휴학한 상태랍니다. 저는 그 자리에서 교재 건을 말하고 가리방(등사판) 긁는 일을 하면 수고비를 주겠다고 했더니 두말없이 응하더군요. 저는 글씨가 엉망이라 엄두를 못 냈지요.

며칠 뒤 가리방과 철필, 미농지 등을 사서 선생님의 상업교재 노트와 함께 주며 "수업에 지장 없게 빨리 만들어야 한다"고 주의를 주었지요. 그 뒤 일은 착착 진행됐습니다. 신청 학생들에겐 미리 돈을 받아 재료를 샀습니다. 원지를 긁어오면 그때그때 등사했지요. 등사는 학교에서 방과 후 선생님들이 다 퇴근한 뒤나 일요일에 급사의 도움을 받아 제가 직접 밀었습니다.

그렇게 하여 책을 만들며 계산해 보니 종이 값이 엄청 남는 거예요. 16절지 크기 100쪽의 책이라 한 권에 8절지 50장 값을 책정했는데 실은 그 반밖에 안 드는 거예요. 앞뒤로 인쇄하니까요. 말하자면 100쪽을 100장으로 계산한 셈이지요. 게다가 슬금슬금 학교 종이를 썼거든요.

책값은 한꺼번에 들어오는 게 아니라 매일매일 조금씩 수금하는데 꽤 모였어요. 그래서 우선 그 여학생의 수업료를 내줄까 하다 "충남이가 여자 때문에 책 만든다"는 소문이 날 것 같아 그 애의 동생 것부터 해결하겠다고 생각하고 중학교 교무실로 찾아가 밀린 수업료 전액을 지불했습니다.

그러고도 돈이 또 모였지요. 이번엔 담임선생님께 사연을 말씀드렸더니 고 3 중에 수업료 밀린 학생이 3명이라고 하더군요. 돈을 드리며 내용은 알리지 말고 그저 학교에서 장학금으로 주는 것으로 해달라고 말씀드렸습니다. 그 뒤 책을 다 만들고 나서야 태예자의 밀린 수업료를 지불하여 무난히 졸업할 수 있었습니다.

이렇게 제가 쓸 것을 마음대로 다 쓰고도 돈이 좀 남았는지는 모르겠습니다. 원고로 사용한 노트를 돌려 드리기 위해 박동진과 함께 선생님을 찾아뵙기로 했습니다. 빈손으로 갈 수야 있나요? 사과 한 상자를 사서 메고 우이동 선생님 댁을 찾아갔습니다. 저녁때였지요.

선생님은 "수고들 했어"라며 반가이 맞아 주셨습니다. 댁에서 담근 과일주를 반주 삼아 저녁도 먹었습니다. 선생님의 귀한 교육 자료를 실컷 우려먹고 사례는커녕 대접을 받자니 송구했습니다. 등사로 책을 만든 비용과 남은 돈을 어떻게 사용했는지 그간의 경과를 대충 말씀드렸더니 "잘했다"고 칭찬하시더군요.

지금 생각해도 참으로 대단한 일을 했다고 자부합니다. 저는 그 돈으로 오징어 다리 하나, 빵 한 조각 사 먹지 않았음을 믿어 주시기 바랍니다.

그런데 이 과정에서 큰 문제가 발생했습니다. 동생과 함께 학업을 계속하게 된 그 여학생, 태예자가 문젯거리가 된 것입니다. 언젠가 둘이 만나 어느 집 축대에 기대어 대화를 나누는 중에 느닷없이 "나 충남 씨가 결혼하기 전엔 시집 안 갈 거야" 하는 게 아니겠어요. 그게 무슨 뜻인지 제가 왜 모르겠습니까. "그래, 네가 나보다 한 살 아래니까 내가 먼저 가겠지"라고 능청을 부렸더니 심드렁한 표정이더군요. 저는 그 애한테 이성으로서의 감정이 전혀 없었거든요.

그 뒤로도 예자는 오랫동안 저를 잊지 못해 애를 먹었습니다. 제가 대학 때 데모하다 잡혀 서대문형무소에 있을 때 모처럼 어머니가 면회 오셨다가 허탕을 친 일 있지요? 그날 먼저 면회한 사람이 있다는 이유로요. 먼저 면회 온 사람이 바로 그 애예요. 거의 매일 오다시피 했으니까요. 법정에서 아버지 · 어머니께 부채질해 준 여자, 석방된 뒤에는 제가 자취하는 집에까지 찾아온 여학생, 모두 태예자였습니다.

하루는 제가 없는 사이에 찾아와 그 집 딸과 대판 싸운 일도 있답니다. "누군데 왜 자꾸 찾아오느냐?"고 하자 "네가 뭔데 누구냐, 뭐냐 따지냐?"고 하여 동네가 시끄러웠다는 얘기를 듣고 바로 신당동의 그 애 집으로 달려갔지요. 문을 두드리니 그 애 아버지가 나오데요. 딸은 아직 돌아오지 않았다더군요. "따님에게 전해 주세요. 앞으론 절대로 저를 찾아오지 말라고요."

한마디 하고는 골목길을 나오는데 힘없이 걸어오는 그녀와 마주쳤어요. 따끔하고 냉정하게 "다시는 나를 괴롭히지 마!"라고 쏘아 주고 돌아섰습니다. 그쪽은 저를 은인이라고 생각하여 잊지 못하겠지만, 저는 도움을 주고 여자의 마음을 산다는 것이 싫었습니다.

예자는 그 애 말대로 저보다 훨씬 후에 결혼해 잘 산다는 소식을 들었습니다.

교장선생님 축출 작전

고등학교 올라오면서 무슨 이유에서인지 교장선생님이 두 번 바뀐 뒤 2학년 말경 또 한 분이 새로 부임했습니다. 그런데 조회시간에 소개를 받고 교단에 올라선 교장선생님을 보고 너무 놀랐습니다. 그분은 정확히 5년 전 경복중학교 교장이었어요. 오징어 다리가 몇 개인지 모른다고 저를 면접에서 떨어뜨린 교장. 아버지 이모부와 그 선생님이 같은 보성 출신이었던 것입니다. 어렴풋이 사라지려는 아픈 기억이 순간 생생히 되살아났습니다.

대대장이라 조회시간마다 전교생 앞에서 교장에게 '차렷, 경례'를 외쳐야 하는 저의 심정은 너무 착잡했습니다. 그런들 어쩌겠습니까. 제가 다른 학교로 전학가지 않는 한 꼬박꼬박 경례를 부치는 수밖에 없었습니다. 그런 속에 시간이 지나고 있는데 사건이 발생했습니다.

보성이 일류로 알려진 것은 일류대학 진학생들이 많았기 때문이지요. 그렇게 되기까지는 다수의 좋은 선생님들이 학생들의 학업 성취도를 높여 준 것이 절대적 역할을 했습니다. 그런데 제가 3학년에 올라가고 두어 달 만에 '보성의 보물'이라고 일컬어지는 유명한 선생님 네 분이 잘렸습니다. 국어 윤오영, 대수 서선, 기하 최광하, 음악 우윤식 선생이었습니다. 우리 고 3생들은 술렁거렸습니다. "왜 하필 우리가 3학년 때 최고의 선생님들을 자른단 말인가?"

제가 반장들을 모았습니다. "교장을 만나자. 선생님들을 다시 모셔오게 하자." 의견을 모아 교장 면담을 신청하여 교장실에서 만났습니다. "왜 그 선생님들을 그만두게 했습니까?" 물었더니 "문교부의 지시다. 그 선생들이 대학 졸업증명서가 없다는 이유다"라고 하더군요. 교장은 문교부의 지시이므로 자기에게 사정한다고 해결될 문제가 아니라고 잘라 말했습니다. 반장들은 허탈한 마음으로 돌아설 수밖에 없었습니다.

학교에서는 그 선생님들 대신 다른 학교 선생님들을 스카우트했습니다. 새로 온 분들도 상당히 유명한 선생님들이었으나 학생들 마음엔 아무래도 보성에서 오랫동안 명성을 날린 옛 선생님들에 대한 흠모의 정이 지워지지 않았습니다. 반장들 중엔 새 선생님들의 수업을 거부하자고 주장하는 학생도 있었죠. 저는 한마디로 반대했습니다. "새 선생님들이 무슨 죄냐. 수업을 거부하면 우리만 손해다." 겉으론 평온하게 수업을 받았지만 학생들의 마음은 편치 않았고 새로 온 선생님들도 살얼음판을 걷듯 조심했습니다.

저는 매주 토요일마다 모이는 '청의회'에 나가 다른 학교의 상황을 알아봤습니다. 그 학교들도 자격증(대학 졸업증명서) 이 없는 교사들은 정리했답니다. 그래서 속으로 '할 수 없구나' 하고 포기했는데, 이화여고 학생이 조용히 저에게 말했습니다. "사실 그 선생님들을 내보내긴 했는데 다시 수업을 해." "어떻게?" "그 선생님들을 교사가 아닌 강사로 채용하는 방식인데, 비공식적으로." 그 소리에 저는 큰 희망을 갖고 일을 추진하기로 작심했습니다.

'우선 다시 교장 면담을 하되 압박 수단을 쓰자' 해서 교장이 그동안 행한 일 중 못마땅한 점들을 모았습니다. 유능 교사들을 내보낸 것 외에 몇 가지가 더 있었습니다. 예를 들면 마이크를 대고 훈시하는 아침 조회시간에 혜화동 골짜기가 울리도록 보성 지원자들을 모아오라고 말하여 '학교 체면을 구겼다' 등 지적사항 내지는 요구사항 7, 8가지를 적되 타교의 강사 건은 빼놓았습니다. 히든카드로 최후에 제시할 속셈이었지요.

반장들을 또 모았습니다. 교장실에서 2차 면담을 했습니다. 제가 일어나 쪽지를 들고 하나씩 읽어 내려갔습니다. 세 번째인가 네 번째를 읽는 중에 뭔가 휙 하고 탁자 위로 날아왔습니다. 순간 반사적으로 몸을 피했습니다. 재떨이였습니다. 교장선생님이 저에게 날린 것입니다. "네가 학생이야? 나가!"

저는 그날 이후로 조회 때마다 전교생에게 "교장선생님에 대하여 경례!"라고 구령하고 저 자신은 경례를 안 하고 두어 발짝 옆으로 비켜섰다가 되돌아와 '바로!' 하고 교장의 훈시를 들었습니다. 끝날 때도 똑같이 했습니다.

저는 교장 축출 계획을 세워 놓고 우선 교감선생님을 통해 단독면담을 제안했습니다. 만나면 이화여고 건을 말하고 우리도 그렇게 해달라고 할 생각이었습니다. 그러나 교장은 절대로 저를 만나지 않겠다는 것입니다.

어느 일요일, 저는 학교에서 교장 댁에 직접 전화했습니다. 전화로라도 담판하려고 했던 것입니다. 딸이 받았습니다. 어린 목소리였습니다. "아빠 나가고 안 계신데요." 맥이 풀렸습니다. 그 교장 딸의 목소리를 듣고 마음의 동요가 일었습니다. '악마 같은 교장에게도 가정이 있고 자식이 있구나. 아빠가 쫓겨나면 얼마나 충격을 받을까' 하는 생각이 들었습니다.

하지만 그런 감상적인 생각은 잠시, 끝까지 저의 주장을 관철하겠다고 마음을 다졌습니다. '선생님들을 복직시킬 것인가?' '교장직을 내놓을 것인가?' 둘 중 하나를 선택토록 투쟁하겠다는 것입니다.

교장 내쫓는 방법 중에는 납치해서 사표를 쓰게 하는, 지금 생각해도 너무 아슬아슬하고 도가 넘치는 방법까지 검토했었습니다. 그러나 실제로 실행키로 한 것은 스트라이크, 즉 수업이나 등교를 거부하는 것이지요. 한편 저는 교장의 잘못과 우리의 요구사항 등을 적어 학교 교지(〈인경〉) 편집을 맡고 있는 박동진에게 주었습니다. 그 원고는 지도교사(김우종)의 지시로 실리지 못했습니다.

그러는 중에 그럭저럭 여름방학이 됐습니다. 저는 속으로 방학 동안에 교장 내쫓는 방법을 구체화하고 개학과 동시에 실행에 옮기기로 작정했습니다. 교감선생님은 수시로 저를 불러 타이르셨습니다. "공부해야지. 자꾸 학생 본분을 어겨 퇴학당하면 어떡하려고 그러냐?" 교감선생님도 보성 출신입니다. "퇴학당해 대학을 못 가도 좋습니다" 했더니 교감선생님은 "형무소를 갈지도 모른단 말이야" 하시는 것입니다.

수십 년이 흐른 뒤 안 사실이지만, 그때 실제로 저의 퇴학 문제가 논의되었답니다. 교장이 저를 퇴학시키라고 완강하게 지시했는데 훈육주임이며 담임인 노남석 선생님이 "이충남을 퇴학시켜서는 절대 안 됩니다. 제가 달래 보겠습니다"라고 말려서 극한상황으로까지 가지 않았다는 것입니다.

그런 사실을 몰랐던 저는 간부들을 또 모았습니다. 아니 알았더라도 간부회의는 열었을 것입니다. "고3만 따로 개학식을 열고 거기서 우리의 행동을 어떻게 할 것인가 결정하자"고 의견을 모았습니다. '네 선생님을 복직시켜라. 아니면 교장 물러가라. 이것이 관철되지 않으면 스트라이크 한다'는 내용이었지요. 그리고 결의문을 작성해 두었습니다.

이러는 중에 음악 선생님은 대학 졸업앨범이 발견돼 복직했습니다. 그러나 그 선생님도 얼마 못 가 학교에서 모습을 볼 수 없게 됐습니다. 그것으로 미루어 자격증 없다는 것은 핑계이고 교장이 억지로 선생님들을 내쫓았다는 것을 알 수 있었습니다.

개학식 날 교감선생님에게 고교생만 강당에서 따로 개학식을 갖게 해달라고 요청했습니다. 당시 개학식은 중고교가 함께 했거든요. 고교생 전원을 강당에 집합시켰습니다. 선생님들도 전원이 모인 속에 교장이 단 위에 올라 훈화하면서 겉으로 평온한 개학식이 진행됐습니다. 훈화를 마친 교장이 단에서 내려와 강당을 떠났습니다. 바로 뒤이어 제가 단 위로 올라갔습니다.

"여러분, 우리 학교에서 수십 년 동안 가르치시던 존경하는 선생님들이 뜻하지 않게 학교를 떠나셨습니다. 그 선생님들을 복직시켜 달라고 교장선생님께 간청했으나 받아들여지지 않았습니다. 그래서 우리는 오늘 여러분들의 의견을 들으려고 합니다. 그분들을 모셔오기 위해 우리가 어떻게 해야 할 것인가를 결정하려고 합니다. 우선 우리 고 3 임원들이 결의문을 작성했는데 그것을 낭독하겠습니다."

그러고 나서 결의문을 낭독하기로 한 친구(염갑형)를 불렀습니다. 그런데 이게 웬일입니까. 그 친구가 주머니를 뒤져 보더니 결의문이 없다는 것입니다. 깜박 집에 두고 온 모양이라고 합니다. 이럴 수가. 얼른 달려가서 가져오게 했습니다. 그 친구 집은 학교에서 불과 5, 6분 거리밖에 안 되는 가까운 곳이었습니다.

그가 결의문을 갖고 올 때까지 저는 시간을 때워야 했습니다. 정말로 진땀나는 긴장의 시간이었습니다. 학생들은 물론 선생님들도 일이 어떻게 진행될지 조마조마한 속에 자리를 뜨지 못하고 지켜보고 있었습니다. 저는 교장과 가진 면담 등 그간의 상황을 자세히 설명하고 "이 문제는 고 3을 가르칠 선생님들과 관련된 문제이니 1, 2학년은 교실로 돌아가는 게 어떻겠습니까?"라고 물었습니다. 그랬더니 자기들도 함께 참여하겠다며 모두 자리를 뜨지 않았습니다.

그사이 집에 갔다 헐레벌떡 달려온 친구가 결의문을 읽었습니다. 마치 혁명공약을 선포하듯 강당 안은 긴장감이 팽배했습니다. 내용은 그 선생님들이 돌아오지 않으면 우리는 등교를 거부하고 교장도 물러갈 것을 강력히 요구한다는 것이었습니다. 강당 안의 모든 학생이 큰 박수로 결의문에 찬성했습니다.

전 과정을 끝까지 지켜보던 교감선생님이 올라와 "여러분의 주장은 충분히 알았다. 교장선생님에게 전달하고 적극 검토하도록 하겠으니 끝내고 교실로 돌아가라"고 했습니다. 일부 학생들이 그 자리에서 농성하자고 했으나, 저는 "우리의 결의사항을 전하신다니 일단 결과를 지켜보자"며 해산시켰습니다.

이 일이 있기 전에 몇몇 선배 대학생들이 찾아와 이것저것 지시하려고 했습니다. 저는 "선배들은 이미 졸업했으니 우리 학교 학생이 아닙니다. 우리 문제는 우리가 알아서 할 테니까 선배들은 오지 마세요"라며 단호히 그들을 내쳤습니다. 그 뒤 선배들은 아무도 찾아오지 않았습니다. 이 일로 인해 졸업 후에 만나도 선배들이 저를 싸늘하게 대하더군요. 그래서 저는 친한 선배가 없습니다. 한마디로 끈이 없는 독불장군이 된 것이지요.

개학식 날 행사를 마치고 저는 그 이상 이 문제에 관여치 않고 손을 떼기로 했습니다. 대학시험이 얼마 남지 않았고 교감과 담임선생님의 계속된 설득에 더 이상 버티기도 어려웠기 때문입니다. 다른 간부들도 적극적인 학생이 아무도 없었기 때문에 저의 교장 축출 계획은 거기까지였습니다. '무시험 탈락'에 대한 분풀이, 나만이 안고 있는 그 오랜 앙심의 복수는 부러진 칼, 꺾어진 화살이 되고 말았습니다.

후문입니다만, 그 교장은 결국 제가 졸업한 뒤 바로 아래 학년이 고 3 때 물러났다는 소식을 들었습니다.

떠난 선생님과 한잔, 새 선생님과 오찬

어느 날 보성 교지 〈인경〉 지도교사인 김우종 선생님이 저를 불러서 갔더니 교장이 잘라낸 윤오영 국어 선생님을 만나 뵈라고 했습니다. 저녁때 주소를 갖고 돈암동 선생님 댁을 찾아갔습니다. 저녁상을 마주하고 앉았는데 "너도 수염이 났으니 이제 어른이 된 거야. 반주 한 잔 하지"라면서 소주를 한 잔 따라 주시더군요. 공손히 받아 놓고 선생님 잔을 채워 드렸습니다.

두어 잔 나눈 뒤 선생님은 일어나 문갑 서랍에서 뭔가 꺼내더니 저에게 주셨어요. 제가 쓴 원고였습니다. "내가 잘 읽어 봤어. 옳은 얘기이지만 문교부 지시이니 교장도 어쩔 수 없었을 거야. 새로 온 선생님들도 훌륭한 분들이니 마음잡고 공부나 열심히 해" 하셨습니다.

그 선생님뿐만 아닙니다. 며칠 뒤에는 정릉 입구에 사시는 최광하기하 선생님의 연락을 받고 찾아가 저녁식사를 했는데 비슷한 말씀을 들었습니다. 까까머리 고등학생 주제에 두 스승님들과 반주 곁들인 겸상을 했던 것이 지금도 잊히지 않습니다.

교장 축출 운동 중에 겪은 작은 일화가 있습니다. 교장을 어떻게 내쫓을 것인가를 구상하는 여름방학 중 저는 한편으로는 대학입시에 대비하여 도서관에서 공부도 열심히 했습니다.

공부뿐만 아니라 체력장 시험에 대비해 틈틈이 운동도 해야 했습니다. 어머니도 아시다시피 저는 운동은 잘 못하지 않습니까. 달리기를 하면 꼴등, 축구를 하면 헛발질, 씨름에 이겨 본 적은 한 번도 없을 정도여서 초등학교 때부터 운동회 날이 싫었습니다. 그런데 군사정권이

들어서면서 대학입시에도 100m달리기, 턱걸이, 윗몸일으키기, 멀리뛰기, 멀리던지기 등 5가지를 테스트했습니다. 저는 모든 종목에서 최하위 등급을 면치 못했죠. 특히 철봉에 매달려 몸을 끌어올리는 턱걸이는 하나도 못해서 도서관에서 공부하다 나와 가끔 철봉에 매달리곤 했지요.

그날도 어둑어둑한 시간에 혼자 철봉에 매달려 안간힘을 쓰고 있었습니다. 멀리 교무실에서 한 선생님이 퇴근하느라 교문 쪽으로 다가오고 있었습니다. 철봉은 교문 옆에 있었어요. 그 선생님은 열심히 연습하는 모습을 멀리서부터 보고 "누가 이렇게 열심히 하는 거야?" 하며 제가 있는 쪽으로 다가오더군요. "저예요, 선생님" 했더니 가까이 다가오다 말고 홱 돌아서서 가 버리더군요. 그 선생님은 교장이 새로 모셔온 분이었습니다. 저를 '위험한 놈'으로 여겨 기피하는 것이지요.

사실 새로 온 선생님들뿐 아니라 본래 있던 선생님들도 저를 가까이하려 하지 않았습니다. '독재자' 같다며 피하는 선생님들이 많았습니다. 제가 그렇게 독한 학생으로 비쳤던가 봅니다.

선생님들의 복귀를 요구하는 학생들의 행동은 여름방학이 끝난 개학식 날 단 한 차례 있은 뒤 학교는 평온했습니다. 제가 그날로 끝내기로 작정한 이상 아무도 교장을 압박하는 등 그 문제를 거론하지 않았기 때문이지요. 동맹휴학이나 새 선생님들에 대한 배척도 언제 그랬느냐는 듯이 사그라지고 수업이 정상화되었습니다. 사실 몇몇 학생은 대놓고 수업을 안 받겠다며 교실을 나가기도 해서 그 친구들을 설득해 데려온 적도 더러 있습니다.

학교 수업이 평온한 속에 정상적으로 이루어지고 몇 주가 지난 어느 일요일이었어요. 도서관에서 공부하는데 점심때 한 친구가 밖에 나갔다 들어오더니 누가 저를 찾아왔다는 거예요. 나가 보았더니 초등학교 5학년쯤 된 여학생이 "김계곤 선생님 딸인데요, 아빠가 집에 와서 점심 같이 먹자고 데려오래요" 하는 겁니다.

경상도에서 새로 오신 국어 선생님인데 학교 바로 앞에서 세를 살고 계셨나 봐요. 따라갔지요. 한여름 더운 날씨였어요. 가 보니 다른 선생님들도 와 계셨어요. '설악산인'으로 불리는 한문 담당 김종권 선생님과 또 한 분도 국어 선생님인데 성함이 생각나지 않네요. 선생님들은 저에게 "앞으로의 희망이 무엇이냐?", "대학은 어디를 갈 계획이냐?"는 등 평범한 말만 몇 마디 건네시곤 당신들끼리 이야기를 나누셨습니다.

이어 사모님이 내온 칼국수를 맛있게 먹었습니다. 아마 새로 오신 선생님들을 제가 배척하거나 수업을 거부하지 않은 데 대한 작은 감사의 표시를 하신 것 같습니다.

저 참 묘한 놈이지요? 떠난 선생님들에게 밥 얻어먹고, 새 선생님들에게도 식사대접을 받다니. 중학입시 때 교장에게서 받은 야속함을 분풀이하려다 억지로나마 참고 평정을 되찾은 결과이겠지요. 단지 '묵은 스승' 앞에서는 반주가 있었는데, '새 선생님들' 앞에는 그게 없어 섭섭했다고나 할까요.

고려대 정외과를 가게 된 사연

부교재를 만들고, 교장 축출 운동을 주도하는 등 공부와는 동떨어진 일에 시간과 정신을 뺏겼으니 성적이 점점 떨어지는 게 당연하지요. 정상급에서 내려와 상위급을 맴돌았습니다. 그 뒤 아무리 노력해도 성적이 잘 오르지 않아 내심 초조했습니다.

본래 계획은 서울대 의대나 기계과였는데 의대는 경제적 여건으로 포기하고 기계과를 목표로 공부했습니다. 여자 교생들도 서울대 의대생이나 공대생이 된다는 전제하에 만나고 뒷시중을 들었던 것 같습니다.

그런데 날이 갈수록 자신감이 떨어졌어요. 입시원서 접수 마감일은 점점 다가오는데 딱히 어디를 갈지 결정하지 못했습니다. 그래서 조금 낮추어 연세대나 고려대를 갈까, 아니면 그때 처음 생긴 인하공대나 서강대를 지원하여 톱을 차지해 볼까 하는 생각도 해보았습니다. 그래서 실제로 그 학교 원서를 사오기는 했지요.

이 문제로 너무 고민해서 그랬는지 밤에 꿈을 꾸었어요. 실은 잠들기 전에 '어느 대학을 가야 좋은지 가르쳐 주세요'라는 쪽지를 베개 밑에 깔아 놓았거든요. 다급하니까 그런 짓도 한 것이지요. 어머니가 무당집에 다니시는 게 이해가 되더라고요. 그날 밤 꿈이 지금도 생생한데 무슨 의미가 있는 것 같았습니다.

꿈 얘기를 하지요. 보문동에서 하숙할 때의 상황이었습니다. 평소 하숙에서 시내 쪽으로 나가려면 버스를 타야 하는데 신설동으로 돌아가고 버스비도 아깝기 때문에 보문사 뒷산을 넘어 창신동 쪽으로 나가면 버스보다 시간은 좀 걸리지만 질러가는 거리라 그다지 멀지는 않았습니다. 꿈에 그 길을 자전거를 끌고 올라가는데 앞에 마을 사람들이 몰려서 작업을 하는 거예요. 가 보니 지난밤 수해로 길이 망가져 복구 작업을 하고 있더군요. 그 길을 통과해야만 하기 때문에 거기서 잠시 기다리고 있었지요.

그런데 아무래도 금방 끝날 것 같지 않았어요. 저는 참을 수 없어서 방향을 돌려 평탄한 버스길로 달렸습니다. 그 길로 얼마쯤 가니 언덕길이어서 자전거에서 내려 끌고 갔어요. 언덕에 올라 내려다보니 포장이 잘된 평탄한 내리막길이라 자전거에 앉아만 있으면 저절로 내달릴 수 있었습니다. 그래서 안장에 올라탔는데 갑자기 바퀴가 푸석하고 물러앉는 겁니다. 갈 수가 없게 되었죠. 그 상태에서 꿈이 깨었습니다.

한밤중이었는데 꿈이 너무 생생해 지워지지 않았습니다. 퍼뜩 베개 밑에 넣어 둔 쪽지가 생각났습니다. '이 꿈과 나의 대학 선택은 무슨 관계가 있는 것일까? 분명히 나의 요청에 대한 해답 같은데 … .' 누운 채로 해몽(解夢) 해 보았습니다. 보문동-창신동 길은 산비탈이고 거기에는 판잣집이 다닥다닥 붙어 있어 좁고 꼬불꼬불하고 주위는 악취가 날 정도로 지저분하지요. 그 길을 빠져 등성이까지 올라가노라면 여름이 아니라도 등에 땀이 밸 정도입니다.

저는 꿈을 생각했습니다. '그 좁고 더럽고 힘든 길이 내가 앞으로 가야 할 길이다. 그런데 중간에 수해가 났다고 그 길을 피하여 평탄한 길을 택해 가다가 주저앉고 말았다. 그러고 보면 이것은 힘든 사회를 거들떠보지 않고 나 혼자 편한 세상을 살려고 한 데 대한 경고가 아닐까. 붕괴된 길을 만났을 때 주민들을 도와 함께 고치고 그 길로 갔어야 성공의 목표점에 도달할 수 있지 않았을까?'

생각이 여기에 미치자 정신이 번쩍 들었습니다. '이과를 포기하고 문과를 택하자'고 확실히 결심했습니다. 그 뒤 '어느 대학 무슨 과를 지원할 것인가?'를 고민했습니다.

저보다 2년 선배로 을성 형과도 친하고 보문동에 집이 있어 근처 교회에도 몇 번 함께 나가 본 서진영이라는 선배가 있었어요. 그 형은 공부를 아주 잘했는데 고려대 안암장학생으로 들어갔어요. 아버지 없이 어머니와 함께 사는데 집안 형편을 생각해서 서울대에 가지 않고 장학금 따라 고려대를 간 거지요. 안암장학생은 4년 동안 수업료가 전액 면제되는 아주 큰 혜택을 받습니다.

저도 고려대에 가기로 마음을 굳혔습니다. 장학생 선발은 이미 끝난 상태였지만 저는 그 선배 뒤를 밟아야겠다고 결정했습니다. '입시생 전체 톱을 하면 장학금을 주겠지.' 그래서 '고려대 정치외교학과로 가겠다'고 결심하고 입시원서를 사 담임선생님에게 내밀었습니다.

얼핏 본 선생님은 아무 말씀도 않고 엎어 놓는 거예요. 저도 예상은 했지요. 저는 그 옆에 그대로 꼿꼿이 서 있었습니다. 7, 8분쯤 시간이 흘렀을 겁니다. 다른 선생님들이 들락날락하면서 무슨 일인가 눈길을 흘깃흘깃 보내곤 했습니다. 그러던 중 물리 선생님(김한수)이 지나다가 "얘 왜 그래요?"라고 담임선생님에게 묻더군요. 담임선생님은 잠자코 제 원서를 뒤집어 보이셨습니다. 물리 선생님은 대뜸 "인마, 너 거기에 가려고 나한테 과외까지 받았어?"라고 핀잔을 주고 돌아서시더군요. 당시엔 방과 후에 한두 시간씩 선택과목 과외수업을 받았는데 저는 물리를 선택했던 것입니다.

물리 선생님이 가신 뒤 담임선생님이 "서울대 원서 사와" 하시더군요. 저는 "고려대 아니면 대학 안 가겠습니다" 하고 버텼어요. 선생님은 잠시 저를 쳐다보더니 포기한 듯 "맘대로 해" 하며 도장을 찍어 주었습니다.

한편, 고3 영어 수업의 부교재였던 영국 작가 조지 오웰의 소설 《동물농장》도 제가 고려대 정외과를 택하는 데 큰 영향을 주었습니다. 이 작품은 농장의 동물들이 주인을 내쫓고 자기들이 농장을 자치적으로 운영하면서 인간 못지않게 타락해가는 과정을 그렸습니다. 돼지들이 주권을 잡고 그 밑에 개들을 심복으로 삼아 순하고 약한 동물들을 착취하고 지배하며 온갖 부조리를 저지르는 내용이지요. 저는 그중에 권력을 잡은 돼지도, 충견 노릇을 하는 개도 되고 싶지 않았습니다.

저는 이 소설을 읽으면서 '복서와 같은 존재가 되자'고 생각했습니다. 소설 중에는 '복서'라는 이름의 힘세고 몸집이 큰 말이 나오는데, 그는 지배자 편에 서지 않고, 그렇다고 그들에게 대항하지도 않습니다. 다만 연약한 동물들 편에서 힘든 일을 스스로 도맡아 몸이 부서져라 감당해냅니다. 그 농장에서는 정말로 없어서는 안 될 중요한 존재라 돼지도 개들도 그를 함부로 대하지 않지요. 그러나 그도 결국 늙어 쓸모없게 되자 돼지들은 그를 아교 공장에 팔아 버리고 맙니다.

이 책은 제가 '세상의 약한 자들과 평범하게 살면서 큰일을 함께 이루어 나아가리라'고 결심하는 계기를 제공했습니다. 의대나 공대를 나와 좋은 직업을 갖고 상류사회에서 평탄한 삶을 살자는 생각은 그때 바뀌었습니다.

제가 고려대 정외과에 가기까지는 이와 같은 사고(思考)의 힘든 과정을 거쳤다는 것을 꼭 말씀드리고 싶습니다.

먼저 떠난 그리운 보성 친구들*

박월 형을 떠나보내며

월이 형, 무엇이 그리 급해서 이리도 빨리 떠난단 말이오? 형, 정녕 우리 곁을 떠나는 것이오? 그곳에 좋은 수석(壽石)이라도 있답디까? 아니면 바둑이라도 한판 벌이자고 기다리는 친구 있어 우릴 버리고 휑하니 가 버렸단 말이오? 보성고 53회 총무를 두 번이나 맡아 몸 사리지 않고 뒷바라지해 주던 맏형 같은 월이 형.

"워리", 우리가 형을 그렇게 부르면 "내가 워리면 너희들은 꿀꿀이야"라며 웃어 주던 모습이 선하오. 그 허여멀겋게 잘생긴 얼굴에 큰 입을 히죽이 벌리면서 말이오. 우리가 형을 힘들고 귀찮게 해도 짜증이나 화를 내기는커녕 너그럽게만 대해 준 것은 아마도 수십 년간 수석을 쓰다듬으면서 갈고닦은 형만의 넓고 큰 도량 때문이겠지요. 그 여유로움과 인내심이 생각납니다.

심장마비, 그 아픔이 얼마나 컸기에 곧 귀가할 아내를 못 기다리고 혼자 쓰러졌단 말이오? 얼마 전 경찰간부 아들이 진급했다고 좋아하며 우리에게 술 한 잔씩 따라 주더니, 그 술이 채 깨기도 전에 영정 앞에서 이 슬픈 잔을 마시며 눈물을 떨구게 한단 말이오?

그토록 자랑스러운 아들에게 이토록 큰 슬픔을 안겨 줄 수 있소? 보석보다 귀한 아들과 딸에게 짝도 맺어 주지 못하고…. 고달픈 삶을 도맡아 오면서도 평생 불평 한마디 할 줄 모른 사랑하는 아내의 가슴

---

* 이 절에서는 먼저 세상을 떠난 보성 동창들을 그리며 〈보성고 53회 소식〉에 실었던 애도사를 옮겨 썼다.

에 그렇게 큰 멍을 들이기오? 또 8순의 늙으신 어머니는 어쩌란 말이오. 욕심 버리고 천리에 순응하며 쉬엄쉬엄 살자더니 우리 가슴에 이토록 허무함만 안겨 주고 떠나는구려.

잘 가오, 약속한 친구여. 가서 잠시 기다리구려. 막걸리 정성껏 빚어 익거든 얼른 걸러 부리나케 달려가리다. 거기서 우리 편히 앉아 헛되고 헛된 세상사 모두 훌훌 털어내고 한번 실컷 취해나 봅시다. 다시 만날 그때까지 이승의 일일랑 걱정 말고 편히 쉬고 계시오, 워리 형.

〈보성고 53회 소식〉, 85호, 2007. 1. 1.

윤재천 인형(仁兄)을 전송하며

웬일입니까, 웬일입니까? 이 무슨 날벼락이란 말입니까? 억장이 무너지는 듯합니다. 얼마 전 골프 한번 치러 가자고 전화했더니 "나 요즘 그런 거 못해. 대신 소주나 한잔 하자"고 했지요? 형이 술, 담배 못하는 거 익히 알고 수술한 사실도 들었는데, 웬 술타령인가 했지요. 그건 사실 술 좋아하는 나를 위해 한 말이었지요.

그처럼 남을 배려할 줄 알고 넓은 마음을 가진 형이었는데, 어찌하여 이런 일이 일어났단 말입니까? 어린애같이 티 없이 맑고 고운 심성이 우리 마음까지 맑게 해주고, 학처럼 고고한 품성과 자상한 마음 씀씀이로 우리를 감동시키곤 해 늘 형처럼 생각해왔는데 … . 이제 그 모습 영영 못 보게 되다니 가슴이 미어집니다.

형의 친구 사랑, 모교 사랑은 누구보다 크고 뜨거웠지요. 친구들 일이라면 궂은일 마다하지 않고 스스로 도맡았던 형이 아니었습니까?

중학교 때 어느 날, 당시로서는 참으로 비싸고 귀한 기어 달린 새

자전거를 끌고 나와 아버지가 사 주셨다며 자랑했지요. 번쩍거리는 자전거, 만지기조차 조심스러웠는데 감히 누가 타 보자고 말할 수 있었겠습니까? 그런데 별거 아니라는 듯 친구들에게 한 번씩 타 보라면서 즐거워하던 형의 모습이 지금도 눈에 선합니다.

수년 전 보성고 53회 4대 회장을 맡게 되자 "학생 때 반장은 못했지만 그보다 더 높은 회장을 하니 기분이 좋다"며 친구들의 애경사를 극진히 챙겨 주던 형이 아니었습니까? 최근 모교 개교 100주년 기금 모금 땐 누구보다 앞장서서 가장 많은 금액을 쾌척, 2억 원 목표를 달성하는 데 주춧돌 역할을 했지요. 형, 그 큰마음, 따뜻한 정을 어찌 다 베풀지 않고 이리도 빨리 우리 곁을 떠날 수 있단 말이오?

있어도 티 안 내는 성품, 남에게는 그토록 아낌없이 주고 이웃을 살피면서도 자신은 늘 검소했지요. 언제였던가? 소매가 해진 양복을 입었기에 "야, 돈 두었다 뭐 해?" 했더니 "이 나이에 연애할 일 있냐? 옷에 투자하게?"라며 씩 웃었지요. 그런가 하면 혼자일 때는 늘 짜장면으로 점심을 때우면서도 친구들이 찾아가면 주머니 사정은 생각하지 않고 멋들어지게 한턱낼 줄 아는 친구가 또한 형이었습니다.

재천 형. 친구들은 그토록 극진하게 챙기면서도 당신의 몸은 왜 살피지 않았나요? 아무리 못마땅해도 얼굴 붉히거나 큰소리 한번 내지 않고 조용히 참으며 오히려 미소까지 짓던 큰마음의 소유자. 태도나 성품 어느 한 곳 나무랄 데 없는 귀공자이자 선비였는데…. 이제 우리는 누구를 사표 삼아 살란 말입니까?

연로하신 부모님과 사랑하는 아내를 남겨 두고, 또 보석보다 귀하고 아름다운 손녀의 재롱도 채 못다 보고 가다니, 이 참담하고 쓰라린 마음 어찌한단 말입니까? 일어나시오, 일어나. 두 눈 번쩍 뜨고 일어나서 어린애같이 티 없이 맑고 고운 웃음 다시 보여 주시구려.

참, 형이 회장일 때 박월이가 총무였지요? 그가 한 달여 전 저세상에 간 것 알고 있었나요? 아마 형에게 좋은 자리 마련해 주려고 먼저 떠난 모양입니다. 그 친구, 끝까지 총무 역할 충실히 한 것 같습니다. 두 분, 그곳에서도 정답게 지내시구려.

尹在天. 이름 그대로 이젠 하늘에 사는 천국 시민이 되셨구려. 잘 가시오. 편히 쉬시오. 그리고 기다리고 계시오. 머지않아 우리 모두 그곳에서 다시 만나게 될 테니까.

보성고 53회 회장 윤교중(대필) 〈보성고 53회 소식〉, 87호, 2007. 3. 1.

전충 학우가 편히 쉬길 바라며

전충 학우가 4월 30일 우리 곁을 떠났습니다. 사인은 심근경색. 유골은 부인이 잠든 정릉 여래사에 모셨습니다.

오후 5시면 나도 모르게 기다려지는 전화, "응 나야. 저녁 약속 없으면 왕십리로 와" 하던 목소리가 요즘도 가끔 들려오는 듯하오. 있어도 자랑하지 않고 슬퍼도 눈물 보이지 않던 친구. 고교 때 벌써 합기도 4단을 딴 건장하고 당당한 풍모의 자네가 얼마나 부럽고 자랑스러웠는지 모르오. 마음속으론 친구가 아닌 형처럼 생각해왔다오.

아내가 갑자기 쓰러져 3년 반 동안 식물인간으로 영동세브란스병원에 있을 때, 형은 그 바쁘고 복잡한 일상 중에도 거르지 않고 병상을 돌보았지요. 저녁을 병원 공사현장 식당에서 혼자 때우면서도 마음으론 늘 아내와 함께하는 식사로 여긴다며 그 백만 불짜리 미소를 짓곤

하던 친구.

1년 반 전 아내가 떠나자 함께 밥 먹을 식구가 그립다며 무학초등학교 때부터 죽마(竹馬) 타고 놀던 유한종 등 친구들을 부르곤 했지요. 청주에 있는 최희조(양수)도 보고 싶다면서. '동막골'의 코다리찜과 김치찌개에 밥 비며 안주 삼아 서울막걸리 통깨나 비웠는데 …. 우리와 함께한 식사자리도 형의 마음을 채워 주지는 못한 모양이구려. 그래서 아내와 함께 밥 먹으려고 그렇게 홀연히 떠난 것이오? 남아서 서운해할 우리 친구들에게 한마디 석별의 말도 없이.

바삐 떠난 친구여, 심심할 때면 아무 때나 만날 수 있을 줄 알았는데, 다시는 못 볼 사람이 된 것을 생각할 때마다 울컥 코끝이 찡해지오. 지난주 비가 오는 창가를 바라보며 문득 솟아오르는 그리움에 견딜 수 없어 전화를 했소. 유한종, 최용남, 최홍순, 이동식, 이충남이 득달같이 달려와 '전충 얘기'로 시간 가는 줄 모르고 통음을 했건만. 허전한 마음은 가시지 않더이다.

1968년 해군 소위로 임관한 형을 보고 이동식이 놀랐다지? 22살에 장가들어 그때 벌써 2살배기 아들을 두었다는 말을 듣고. 그 아들이 낳은 딸들이 벌써 13살, 11살. 눈에 넣어도 아프지 않을 그 예쁜 손녀들을 두고 어찌 눈을 감는단 말이오? 극진한 효심의 막내아들은 어머니를 간호하느라 아직 짝도 찾지 못했는데 …. 아내가 불렀소? 당신이 쫓아갔소?

"모든 상은 허망이요, 우리가 그 허망을 느꼈을 때 부처님을 보게 된다"(凡所有相 皆是虛妄 若見諸相 非相 卽見如來)고 골치 아픈 일로 괴로워할 땐 금강경의 사구게를 읽으라고 권하더니 부처님을 보았소?

잘 가시오. 그곳에서 아내와 따끈따끈한 밥상 가운데 놓고 이승에서 못 다한 정 한껏 나누시구려.

권형철 애곡(대필) 〈보성고 53회 소식〉, 102호, 2008. 6. 1.

"최선정, 하늘나라 아지트에서 만납시다"

가을걷이가 한창인 10월 18일, 당신은 훌쩍 우리 곁을 떠나고 맙디다. 67세의 아쉬운 나이. 산행할 땐 나보고 "뭐가 그리 바빠 빨리 가는가. 산천경개(山川景槪) 구경하며 천천히 가세!" 하더니, 당신은 뭐가 그리 바빠 하늘 길을 그리도 빨리 갔단 말이오?

이생엔 더 이상 구경할 게 없더란 말이오? 아니면 남들이 100세를 살아도 이루기 어려운 일을 갑절이나 해냈다고 그렇게 일찍 떠난 거요? 하나 하기도 힘든 장관을 두 개(노동부 · 보건복지부 장관)씩이나 역임했으니 그만하면 '인생걷이'를 할 때가 됐단 말이오?

하늘나라 당신의 동네, 광주시 오포면의 자그마한 공원묘지 꼭대기에 한 뼘 땅 파고 고이 누이고 흙 덮어 꼭꼭 밟아 주고 돌아서 내려오는 길에 발등으로 떨어지는 눈물 주체할 수 없어 쭈그리고 앉아 꺼이꺼이 울고 말았소. 집에 돌아와 자리에 누웠으나 새록새록 떠오르는 당신 모습에 잠 못 이룬 밤, 추억을 더듬어 봅니다.

강원도 동해시 옛 북평항과 두타산의 중간인 삼화리에서 최인기 씨의 2남 2녀 중 막내로 세상에 나와 4 · 19 학생의거가 나던 해 서울 보성고등학교로 유학. 그러나 공부보다는 문학에 취미가 있어 소설을 쓴답시고 학교 수업 빼먹기가 다반사였지요. 때로는 밤새워 책 읽고 이튿날 온종일 하숙방에서 잠만 자느라 결석, 담임선생님의 속깨나 썩였지요. 공부는 등한히 하면서도 많은 독서로 나름대로 폭넓은 지식을 쌓아 친구들 사이에서는 스승 노릇을 했지요.

그렇게 고교 3년을 마치고 대학에 진학한 뒤론 문학에의 꿈을 접고 학문에 정진, 행정고시를 목표로 정하고 책 싸들고 낙향해 집중적으로 파고든 지 1년여 만에 합격하는 저력과 천재성을 보였지요. 당시 100여 명 합격에 10등 이내의 성적을 거둬 자신도 놀랐다며 자랑했지요. 그 성적이면 희망대로 갈 수 있어 당시 최고 선호부서인 재무부로 갈 줄 알았는데, 전혀 인기 없는 보건사회부(현 보건복지부)를 지원, 당시 신현확 장관(후일 부총리, 총리)이 우수한 인재가 들어왔다고 자랑하며 높이 평가했다지요.

당신의 청렴한 성격과 탁월한 능력, 명석한 두뇌, 불편부당한 업무처리는 건국 이래 난제였던 의약분업을 타결해내는 커다란 업적을 쌓았지요. 인구가 많아 끼니를 잇기 어려웠던 1960년대에 "아들, 딸 구별 말고 둘만 낳아 잘 기르자"란 슬로건을 내걸어 국민을 등 따시고 배부르게 한 게 당신이라고 합디다. 요즘은 "아들이든 딸이든 둘은 낳아야 한다"고 주례사에서 신신당부하면서 저출산 고령화 사회 문제를 해결하고자 심혈을 기울였지요. 나라의 인구문제, 국민의 건강문제를 해결하려는 것이 당신의 철학이었음을 이제야 알겠구려.

당신은 청와대 사회복지 수석, 보건복지부 차관, 국민연금관리공단 이사장, 노동부 장관, 보건복지부 장관을 거쳐 인구보건복지협회 이사장 등 승승장구하며 공직생활에서 더할 수 없는 성과와 업적을 쌓았습니다. 이것은 당신만의 자랑이 아니라 우리 동창들의 커다란 자랑이기도 합니다.

몇 년 전 이충남의 아들 결혼식장에서 그가 자기 어머니에게 당신을 소개하면서 "장관을 두 번이나 지낸 친구!"라고 하자, 어머니가 "충남아! 너는 그동안 무얼 했냐?"고 묻는 바람에 둘러선 친구들은 한바탕 웃고, 이충남을 머쓱하게 하기도 했지요. 그렇게 당신은 우리들의 자랑이요, 선망의 대상이었답니다.

일화 한 토막. 천재는 건망증이 심하다고 하던가. 비가 오나 눈이 오나 매주 일요일마다 옛 동료 및 친구들과 함께 오르는 관악산 등반길. 친구들이 이른바 아지트라고 이름 붙인 8부 능선에서 점심 먹고 발목까지 덮는 늦가을의 낙엽을 밟으며 얼마쯤 내려왔지요. 그런데 갑자기 당신이 "어! 내 안경?" 하며 아지트에다 선글라스를 떨어뜨리고 왔다는 겁니다.

그래서 돌아서 얼굴을 쳐다보니 그대로 쓰고 있는 게 아니겠어요? 나는 웃음을 참으며 "그럼, 얼른 뛰어 올라가 봐. 누가 집어갔으면 어쩌지?"라고 시치미를 떼었더니 헐레벌떡 다시 산을 오르더군요. 한참 보다가 소리쳤지요. "네 눈에 뭐가 있는지 만져 봐" 했더니 손으로 얼굴의 선글라스를 만져보더니 "허허" 하고 웃습디다. 그때 모습이 어찌 그리 어린아이처럼 천진스럽고 마음씨 좋은 이웃집 아저씨처럼 친근하게 느껴지던지요.

善政 형. 그 이름만큼이나 선정을 베푼 당신을 우리 친구들뿐 아니라 국가도 잊지 못할 겁니다. 당신은 그처럼 크고 높은 사람이었답니다. 최선정, 아니 '최꼼부랄', 하늘나라에 먼저 갔으니 우리 만날 때까지 멋들어진 아지트 잡아 놓고 기다리시오. 이 몸도 곧 올라가리다.

초중고교 동창 김태국(대필) 〈보성고 53회 소식〉, 131호, 2010. 10. 1.

세상과 불화했던 이천민, 하늘과 화합하다

대학은 연세대 기계과를 나왔지만 그림이 좋아 죽기까지 붓을 놓지 않았고, 문인과 화백들이 좋아 인사동에 화랑을 차려 놓고 젊을 때의 개똥철학과 문학적 낭만 속에 살면서 나이 먹기를 거부하며 보통 사람들 눈엔 어딘가 어설프게 보이는 점이 많았던 기인(奇人) 이천민. 형이 기어이 우리 곁을 떠나고 말았구려.

초등학교 때 약자를 괴롭히는 덩치 크고 힘센 놈을 흠씬 두들겨 복수해 준 의협의 사나이, 이미 고등학교 때 인생과 우주를 논하던 선각(先覺)의 형을 철없는 우리는 '개똥철학자'라 불렀소. 대학 졸업 후 국내 굴지의 회사에 지원, 1차 시험에 합격하고 2차 사장 면접 때 "장래 희망이 무엇이냐?"는 물음에 한쪽 다리를 탈탈 흔들며 "요런 자그마한 회사나 하나 차릴까 한다"고 대답해 미역국을 먹었다며 씨익 웃던 형의 얼굴이 떠오르는군요.

논산훈련소에서는 추운 겨울날 불침번을 서다 악질 내무반장의 잠자는 얼굴에 뜨끈한 오줌을 시원스레 내갈긴 벌로 초주검이 되도록 얻어맞으면서도 끝내 "잘못했다"는 말 한마디 하지 않았다고 들었소.

오락기 제조업에 입문하여 기계부품으로 각종 특허를 내는 등 의욕적으로 사업을 전개해 성공을 앞둔 상황에서 방해세력의 폭력적 견제로 당한 사업실패가 지병의 원인이 되었던 것은 너무나 안타까운 일이었소.

10여 년 전 형만큼이나 이 세상과는 거리가 먼 친구 오동석을 화실에서 기거하게 하면서 송년회 때 이 친구를 돕자고 자선봉투를 돌리던 모습도 눈에 선하오. 자신의 앞가림도 제대로 못하면서 친구의 어려움을 외면하지 못하는 따뜻한 마음의 소유자, 형을 잊지 못할 것이오.

가족과 헤어진 상태에서 병고와 가난으로 힘들게 지내던 4년 전, '독거 L 노인 돕기' 모금 때 우리 동창들이 관심을 갖고 참여하여 2년간 지원금 약 400만 원을 보냈지요. 그 후 다행히 별거가족들(아내와 아들)로부터 생활비가 어느 정도 조달돼 가장 힘든 시기를 넘기는 데 큰 도움이 됐다고 고마워했는데 그것도 얼마 못 가 끊기고 말았지요.

하늘이 무너져도 솟아날 구멍이 있다고, 침침하고 눅눅한 불광동 산동네 지하방에서 햇볕 따뜻하고 공기 맑은 답십리 3층집으로 거처를 옮겼지요. 전기 · 수도 · 난방비는 물론이고 한방 · 양방 의료비 지원뿐만 아니라 종종 용돈도 찔러 주는 친구가 돌본 것을 압니다. 숨을 거두는 순간까지 보살펴 준 신촌택시 임태선 회장을 형은 저세상에서도 잊지 못하겠죠.

다행히 형의 죽음 앞에 불화하였던 부인과 아들이 마음의 응어리를 내려놓고 당신의 가는 길을 애도하며 장례를 성의껏 치르고 기독교 계통의 납골당에 잘 모셨지요. 지금은 24시간 찬송가 속에 잠들어 있으니 내세의 복을 받았다 하겠네요.

대학에 다니며 채플시간에도 믿음을 받아들이지 않았으나 2년 전 부활절 때 세례를 받아 병마와 가난의 음침한 골짜기를 지나 마음의 화평을 얻었으니, 당신의 하늘나라 소망이 이루어졌다 하겠소.

당신이 가는 길에 많은 학우들이 물심으로 조의를 표했는데, 유족이 감사의 뜻을 전하려 해도 면목이 없어 표현키 어렵다하여 내가 대신 감사의 말씀을 전했으니 염려 말고 편히 가시오.

넘치는 정열로 문학, 철학, 미술에 탐닉한 낙천적인 성격으로 부모님이 지어 주신 천민(川民)이라는 이름 그대로 바람처럼 물처럼 청장년기를 보낸 당신. 세상의 부조리에 타협치 않고 노년에 병마와 가난과 싸우며 그림붓에 의지하여 천민(賤民)으로 버티던 당신. 이제 하늘 문을 열고 들어가 비로소 당신이 소망하던 하나님의 백성, 천민(天民)이 되었구려. 잘 가시게, 의리의 친구여. 영원한 벗이여.

〈보성고 53회 소식〉, 144호, 2011. 12. 1.

이범호 부부의 마지막 노래

대구에서 외롭게 투병생활을 하는 이범호를 문병하고 돌아왔습니다. 정성영, 김일권, 박승관, 신한철, 최재흥, 이충남은 4월 18일 오전 8시 15분 KTX를 타고 동대구역에서 내려 지하철로 40분 만에 대곡역에 내리니 11시가 조금 넘었더군요. 이른 점심을 먹고 택시로 20여 분. 옥포면 교항동 10여 평의 조립식 건물인 그의 거처에 당도하니 부인이 기다리고 있었습니다.

부인의 안내로 방에 들어가니 침대에 누운 채 범호가 밝은 웃음으로 우리를 맞아 주었습니다. 7년 전 신장암 수술을 받은 뒤 다른 장기로 전이되지 않을까 조심했는데 엉뚱하게도 머리로 옮아 작년에 뇌수술을 받았는데 오른쪽에 마비가 와 걸을 수 없고 움직일 수 있는 건 오직 왼쪽 팔뿐. 누워만 지내기 때문에 대소변도 받아내야 한답니다. 음식도 삼키지 못해 부인이 떠먹여 주는 미음 정도만 겨우 넘긴다니 ….

그동안 천우회를 중심으로 모금한 금일봉을 전했더니 범호 왈 "지난번 몇 차례 보내준 위로금만으로도 더없이 감사한데 무얼 또 이렇게 갖고 왔느냐"며 친구들에게 고마움을 전해 달라고 거듭 당부하며 울먹이는 소리가 아직도 귓바퀴에 맴돌고 있습니다.

범호는 오랜만에 보는 친구들이 반갑다며 환자답지 않게 원기 왕성한 목소리로 과거를 회상하며 많은 말을 쏟아냈습니다. 말이 너무너무 고팠나 봅니다.

우리는 차를 마시기 위해 잠시 마루로 나왔습니다. 그랬더니 범호가 아내를 방으로 부르더군요. 잠시 후 아내의 부축을 받아 한 발을 끌면서 마루로 나오는 게 아니겠습니까. 기적이 일어난 것입니다. 그렇습니다. 그건 분명 기적이었습니다. 수개월 동안 줄곧 누워만 있던 사람이 친구와 얘기하려고 밖으로 나온 것입니다. 나와서도 소파에 꼿꼿이 앉아 우리와 1시간쯤 더 대화했습니다. 부인도 놀랐습니다.

우리는 그를 위해, 그가 완쾌해 건강한 육신으로 생활할 수 있게 도와달라고 기도했습니다. 수년 동안 아내의 희생과 보살핌을 받았는데, 이제는 훌훌 털고 일어나 지친 아내를 위로하고 무거운 짐 덜어 줄 수 있게 해달라고 기도했습니다. 그리고 6년 전 심장수술을 받은 최재홍의 투병담과 허리를 다쳐 19년 동안 거동을 못할 때 1km만이라도 쉬지 않고 걸을 수 있게 해달라고 기도했다는 박승관의 간증 등을 들려주며 좌절하거나 용기를 잃지 말라고 격려했습니다.

그런데 우리를 당황케 한 건 부인이 미리 준비했다 내놓는 3개의 봉투였습니다. 하나는 보성개교 100주년 기금이고, 또 하나는 그동안 우정을 베풀어 준 천우회에 내는 금일봉인데, 다음에 자신과 같은 친구가 있거든 도와주라는 뜻이랍니다. 나머지 하나는 성당에 헌금해 달라는 봉투였습니다.

두 차례에 걸친 대수술로 병원비며 약값을 대느라 아파트마저 팔고 변두리 무허가 오두막에 살면서 생활비도 어려울 텐데 그러한 성금을 내는 모습이 눈물겹도록 고마웠습니다. 성의만 받겠다며 봉투를 돌려 주려 했으나 부부의 뜻이 너무 완강해 어쩔 수 없이 그대로 갖고 왔습니다.

내일이라도 벌떡 일어나 "그동안 고팠던 소주 한잔 하자"고 너털웃음 흘리며 친구들을 불렀으면 좋으련만…. 귀경하여 범호의 쾌유를 비는 잔을 나눌 때 어느새 그가 옆자리에 와 앉아 "나도 한잔 달라"고 하는 것만 같아 돌아보곤 했습니다.

이날 여비와 비용을 부담한 윤교중 회장에게 감사드립니다.

〈보성고 53회 소식〉, 77호, 2006. 5. 1.

추 기

이범호가 7년여의 투병생활을 이겨내지 못하고 끝내 세상을 하직했습니다. 대구 가야기독병원에 입원한 지 7개월, 말을 하지도 듣지도 못한 지 3개월 만인 12월 21일 새벽 5시였습니다. 화장하여 유골은 성주의 남양공원에 모셨습니다.

남편 병 뒷바라지하는 틈틈이 노력하여 간병사와 노인복지사 자격증을 딴 아내 백임순 씨는 "병수발에 재산과 직장을 잃게 한 대신 남편은 나에게 먹고살 기술을 배우게 해주었다"며 위안을 삼았습니다. 친구들이 멀리서 직접 문상을 오고, 물심양면으로 보내 준 우정에 대해 모녀가 열심히 살아가는 것으로 보답하겠다며 거듭거듭 감사의 말씀 전해 달라고 당부했습니다.

〈보성고 53회 소식〉, 88호, 2007. 7. 1.

애가: 이범호 부부의 못다 부른 노래*

남편의 마지막 고백

하느님,
좀더 아름다운 영혼을
바치지 못해 부끄럽습니다.
한낱 피조물에 지나지 않는
제가 한때는 감히
우주와 하느님의 영역을
장악할 듯 착각하였나이다.
용서하소서.

겸손과 경외심으로
삶의 안내를 구함이
마땅하였사오나
길지 않은 삶, 욕심과 교만으로
얼룩지게 했음을 고백합니다.
하느님의 영광을 위해
온 생명 바치지 못했음을
용서하소서.

하느님을 기쁘시게 해드리지
못한 죄 사하여 주시고,
나 자신을 극복하지 못한
허물도 덮어 주시기 바랍니다.

영원히 거룩한 하느님,
가여운 제 아내와 딸을
보살펴 주옵소서.
이 부족한 사람을 만나
기쁨은 잠시,
짧지 않은 시간
가슴만 태우며 살게 했나이다.

세파에 시달린 육신과
삶에 지친 영혼을
주님의 따뜻한 손길로
어루만져 주옵소서. 아멘.

아내의 가슴속 이야기

잡으려 했는데, 붙잡으려 했는데,
놓치지 않으려고
그토록 애를 썼는데
여보,
결국 이렇게 가시고 마는군요.

당신이 자리에 누우신 지 7년.
그래도 우리는 행복했답니다.
저에게는 '여보'라 부를 수 있는
남편이 있고,
딸에게는 '아빠'라 부를 수 있는
당신이 있었기 때문이죠.

여보,
당신이 곁에 계시다는 것만으로도
저에게는 자랑이었고
우리에게는 더없는 행복이었어요.
그래서 희망을 갖고
늘 기도했는데,
일어설 수 있다고 믿었는데….

여보,
미안해요. 좀더 고통이 덜하게,
좀더 편안하게 해드리지 못하고
이렇게 당신을 놓치고 말았네요.
저의 기도가 부족했음을
고백합니다.

소희 아빠, 잘 가세요.
고통도 괴로움도 없는 하늘나라,
그곳에서 우리 다시 만나요.

그때까지 눈물 보이지 않고
열심히 살아가렵니다.
당신의 보배로운 외동딸과 함께.

* 이범호의 일기를 발췌하고, 그의 아내가 남편이 별세한 날 한 이야기를 정리했다.

3 장

맹호를 꿈꾸던 대학시절

고려대 정경대학 수석 입학

고 3 마지막 수업까지 이과 과목을 배우고 엉뚱하게 문과 계통인 고려대 정치외교학과를 택한 이유는 앞서 말씀드린 바와 같습니다. 저는 형제처럼 지내는 박동진, 최창만과 같은 학교를 지원하자고 했으나 그들은 연세대를 택했지요. 연세대는 합격자 발표가 고려대보다 하루 먼저였어요. 연세대 발표 날 저도 함께 갔었습니다. 둘 다 합격해 기분이 좋았습니다.

저는 그날 함께 일동에 놀러가자고 했습니다. 그래서 그 길로 일동에 내려가 이틀 저녁을 우리 집에서 묵으며 놀 때, 어머니가 친아들처럼 대해 주셔서 그 친구들도 얼마나 좋아했는지 모릅니다. 그때 뒷바라지하느라 고생 많이 하셨죠?

친구들과 고향에서 노느라 저는 합격자 발표를 확인하지 못했지요. 합격 혹은 불합격의 문제가 아니라, 수석이냐 아니냐가 궁금했습니다. 시험에서 실수한 것도 별로 없고 체력장 점수도 괜찮게 나왔기 때문이지요. 고려대 발표 이튿날 오후 서울로 와 학교에 가 보았습니다. 물론 합격자 명단에 이름이 올라 있었지요. 그런데 앞쪽으로 가 보니 전체 1등에 법학과 학생 이름이 적혀 있었습니다.

그때야 면접시험 때 교수님이 "자네는 왜 체육을 그렇게 못했나?"라고 물은 이유를 알았습니다. 체육은 5개 종목에서 각각 80%를 얻어 저로서는 최고 실력을 발휘했는데, 교수님의 그 물음은 체육점수만 좀 높았더라면 전체 수석을 차지했을 거란 아쉬움인 것 같았습니다.

합격자 발표를 보고 시무룩한 표정으로 나가는데 한 사람이 따라오며 학원 전단지를 건네주어 씁쓸했습니다. '재수해서 톱을 할까?'라는 쓸데없는 생각도 스쳤습니다.

입학식을 끝내고 오리엔테이션을 받는데 같은 과 선배라는 사람이 찾아왔어요. 정경대학에서 〈정경문화〉를 편집하는데, 고려대를 택하게 된 동기와 입학 소감을 써 달라는 겁니다. 그래서 왜 나에게 부탁하느냐고 물었더니 제가 정경대학 수석이라는 거예요. 정경대학은 정치외교학과, 경제학과, 통계학과가 속해 있는데, 각각 정원이 50명씩이었을 겁니다.

저는 그때 서울대는 온실, 연세대는 채마밭, 고려대는 들판에 비교해 온실에서 곱게 자라는 화초도 아니고, 인간의 손길에 의해 재배되는 채소도 싫고, 들판에서 아무런 도움도 제약도 없이 비바람, 눈보라에도 끄떡없이 뻗어나가는 잡초나 잔디로 자라고 싶은 마음에 고려대를 택했다는 내용의 원고를 써 주었습니다.

가정교사 하며 자유 만끽

대학에 입학하여 처음에는 을성 형이 방을 얻어 막내고모가 밥을 해주는 종암동 집에서 함께 지냈습니다. 형도 저보다 1년 먼저 고려대에 입학했습니다. 중고교 때 문학을 지망하던 형은 오히려 이과를 택해 물리학과에 들어갔습니다. 이과를 공부한 뒤 문과를 택한 저와는 반대였지요.

대학 초기까지 밥을 해주던 고모가 결혼하자 2학년 때부터 저는 친구와 함께 자취생활을 시작했습니다. 그때부터 저는 공부에 소홀하고 친구들과 어울려 노는 데에만 시간과 정신을 허비했음을 고백합니다. 형과 끝까지 함께 지냈으면 착실하게 공부하여 아버지 · 어머니께 자랑스러운 자식이 됐을지도 모른다는 생각도 듭니다.

자취하는 틈틈이 과외공부 의뢰가 들어오면 시간제로 가르쳤지만 고등학교 때만큼 성실하지도 않았고 또 열의도 없어 아이들의 성적이 오르지 않아 오래 지속하지 못하고 중단하곤 했습니다. 친구들과 어울려 노는 데에 정신이 팔렸거든요.

그러다 4학년 때 입주과외 제의가 들어왔습니다. 큰이모의 외손주(김순호)로 청운중학 3학년인데, 그 애 아버지가 용산고에 보내고 싶어했던 것이지요. 순호도 그의 이모(큰이모의 둘째딸 정희) 댁에 기숙하는데 저도 그 댁에서 숙식을 함께 하면서 가르치는 것입니다. 당시의 추세대로 숙식만 제공하고 보수는 없었습니다.

거기서는 정말 열심히 가르쳤습니다. 밤늦도록 어려운 문제를 이해할 때까지 끈질기게 지도했습니다. 가르치는 소리를 안방에서 듣고 있던 매형(재석 아버지 오수봉)이 "참 잘 가르치고 실력이 있다"고 칭찬하더라고 정희 누님이 말하더군요. 그 결과, 순호는 원하는 대로 용산고에 진학하는 성과를 거두었습니다. 이것이 가정교사로서 거둔 저의 또 하나의 성공 사례랍니다.

그 누님 댁에 있을 때 일화가 많은데 몇 가지 잊을 수 없는 것이 있습니다. 아침에 세수할 때 매형의 면도기를 사용하는 것을 당연하다고 받아들였고 매형의 옷까지 걸치고 다녔답니다. 그것은 잠옷도 되고 집안에서 입고 지내는 일종의 간편복이지요. 저는 마음대로 그 옷을 꺼내 입고 목욕탕에도 다녀오곤 했습니다. 지금 생각하면 눈치도 염치도 없는 철부지였습니다.

매형은 미군부대에 다녔는데 성품이 정희 누님 못지않게 좋았습니다. 순호 아버지, 재석 아버지, 큰이모의 둘째아들 태섭 형, 저 이렇게 넷이 어울려 술깨나 먹었지요. 술값은 으레 순호 아버지와 재석 아버지의 차지였습니다. 연탄구이 곱창을 실컷 먹고 들어와 양주병을 바닥내는 일이 비일비재했습니다. 하도 술을 많이 먹어 매형은 종종 하혈을 했지만 술을 멈추지 않았습니다. 그렇게 인심 좋고 호방한 매형은 77세에 폐암으로 세상을 떠나 허전하기 짝이 없습니다.

술집 여자에게 건넨 충고

대학에 입학하고 몇 달 안 됐을 때 아버지가 누구 결혼식으로 서울에 왔다 가는 길에 학교로 저를 찾아오셨지요. 특별히 하실 말씀이 있었던 것은 아니고 점심을 사 주겠다고 하셨지요. 아버지가 사 주시는 밥을 먹은 것은 그때가 생전 처음이자, 지금 생각하면 마지막이었던 것 같네요.

학교 앞 허름한 음식점에 들어갔지요. 식당 간판이 걸리긴 했는데 손님은 하나도 없고 주인도 안 보였어요. 들어가서 "여보세요"라고 몇 번 부르니 안쪽에서 20세쯤 된 처녀가 낮잠을 자다 일어났는지 눈을 비비며 나오더군요. 머리는 헝클어지고 화장기 없는 맨 얼굴이었지만 곱상하고 몸매도 호리호리했어요. 그 집 딸인가 생각했지요.

아버지가 "식사 되느냐?"고 물으시고, 큰맘 잡숫고 "돼지고기 시오야키 되느냐?"고 물으셨지요. 처녀가 "시오야키가 뭐예요?"라고 묻자 "돼지고기 소금구이 말이야" 하셨지요. 한 근을 시켜 연탄불에 구워 아버지는 몇 점 드시지 않고 저는 소주 한 병 곁들여 맛있게 다 먹었습니다. 시골 아버지가 서울 유학 온 아들에게 베푸는 사랑을 듬뿍 느끼며 푸짐하게 잘 먹은 기억이 생생합니다.

며칠 지난 뒤였습니다. 같은 과 학생 10여 명이 저녁에 술 한잔 하기로 하여 아버지가 밥 사 주신 집으로 안내했습니다. 술상에 둘러앉았는데 한복을 곱게 차려입은 아가씨 2명이 들어오는데 그 여자가 끼어 있는 거예요. 이 집 딸인 줄 알았는데 술시중 드는 아가씨였던 겁니다. 속으로 무척 실망했어요. 저렇게 고운 여자가 작부라니.

술이 몇 순배 돌아가니 자연스럽게 젓가락 장단에 맞추어 노랫가락을 부르게 됐지요. 그 아가씨도 한가락 뽑더군요. 저는 멍청히 쳐다보기만 했습니다. 아가씨가 얼굴만 고운 게 아니라 노래도 어찌 그리 간드러지게 잘하던지요. 노래의 제목은 모르겠는데 '둘이서 걸어가는 남

포동의 밤거리~' 하는 옛날 노래였어요.

그 후 저는 친구들과 술을 마실 기회가 있으면 가급적 그 집을 찾았습니다. 시간이 지나면서 만남이 잦으니 자연히 그 아가씨와 친해지게 됐지요. 하루는 아침에 등교하면서 그 집 앞을 지나는데 그 집 아가씨들이 문 앞에서 김칫거리를 다듬고 있었어요. 모른 체 지나쳤더니 누가 뒤에 따라오는 느낌에 돌아보니 그 아가씨였어요.

"왜 모르는 척 지나치는 거예요? 요즘 잘 오지도 않고, 내가 싫어졌어요?" 하더군요. 등굣길에 여자와 마주 서서 이러쿵저러쿵하는 것이 쑥스러워 대충 대하고 헤어졌습니다. 나중에 들려준 얘기는 그때 자기는 저를 못 보았는데 마담이 보고 따라가 보라고 했다는 것입니다.

그 여자는 강원도가 고향인데 남의 집 식모살이하다가 술집으로 온 지 얼마 안 됐다고 하더군요. 저를 복학생으로 알고 있는 그 여자 이름은 이명자, 나이는 스물이었어요. 아까운 처녀가 험한 곳에 굴러왔지만 몸은 찌들지 않고 심성도 고운 것 같았습니다.

저는 주제넘게 충고했답니다. 그녀가 낮에 한복을 찾으러 신설동에 함께 가자고 하여 따라나선 길에 나눈 대화입니다.

"이런 데서 언제까지 있을 거야? 밤에 술 팔고 낮엔 무얼 해?"

"낮잠을 자거나 함께 반찬거리 준비하지."

"학원에라도 다녀 봐. 양장이나 미용 기술을 배워 취직하면 이런 데서 벗어날 수 있잖아? 그리고 잘하면 결혼도 할 수 있지 않겠어?"

"알았어요. 당장 해볼게."

그렇게 해서 몇 달 미용학원에 다녔답니다. 얼마 후 그 집에 들렀더니 그 아가씨가 안 보였어요. 마담이 "명자는 미용실에 취직해서 그만

됬다"고 하더군요. 허전했지만 잘됐다고 생각했지요.

그리고 시간이 흘러 2학년 초에 오랜만에 그 집에 들렀어요. 아가씨들이 모두 바뀌었는데 마담만 그대로 있더군요. 그날 저녁, 저는 기쁜 소식과 함께 귀찮은 푸념을 들었답니다. 마담이 "명자는 며칠 전 중앙청에 다니는 모 과장과 결혼했어. 내가 다녀왔지" 하기에, 저는 "그거 잘됐네" 하고 마음속으로 축하해 주었습니다.

그런데 마담이 "명자만 여자고 나는 왜 여자가 아냐? 나한테도 학원 다니라고 했으면 팔자 고쳤을 거 아냐?"라면서 푸념하더군요. 말만 그런 게 아니라 술이 취했는지 울면서 매달려 혼이 났었습니다.

한일회담·월남파병 반대시위

대학 2학년이던 1964년은 사회적으로 큰 혼란기였습니다. 박정희 군사정부에서 추진하는 한일회담과 월남파병이 큰 이슈였지요. 이에 대해 야당은 물론 전국 대학가에서는 결사반대의 목소리가 높아, 크고 작은 데모가 끊이지 않았습니다. 고려대에도 반대투쟁위원회가 결성됐는데, 저는 조직국의 간사를 맡았습니다.

총학생회 유도부실에서 대책을 논의하면서 여러 가지 투쟁방법과 구호 등을 발표하는 과정에 저는 '미국 물러가라!'는 내용도 넣자고 주장했습니다. 월남파병도, 한일회담도 미국의 요구와 조종에 의한 것이라고 보았기 때문이죠. 잘 모르긴 해도 학생데모에서 '양키 고 홈'은 그때 처음 등장했을 것입니다. 저는 동지들과 함께 삼선교 친구 집에서 대형 태극기를 만들기도 했습니다.

흔히 그때의 대규모 시위를 '6·3 사태' 혹은 '6·3 데모' 라고 하는데, 계엄령이 6월 3일 내려졌기 때문이지요. 그러나 저는 '6·2세대' 입니다. 6월 2일에 잡혀가 성북경찰서 유치장에서 하룻밤을 지낸 이튿날 계엄령이 내려졌거든요.

그날 수백 명의 학생들이 우리가 만든 대형 태극기를 앞세우고 구호를 외치며 교문을 나서 시내 방향으로 행진했습니다. 안암동 로터리까지도 채 나가지 못해 경찰과 대치하게 됐지요. 최루탄이 터지고 돌멩이가 날아가고 행렬은 풍비박산, 경찰은 달아나는 학생들을 붙잡느라 이리 뛰고 저리 뛰고, 학생들은 골목을 내달리거나 남의 집 담을 넘는 등 도주와 추격전이 벌어졌지요.

저는 간신히 골목 샛길을 요리조리 빠져나가 신설동 로터리까지 이르렀습니다. 수십 명의 학생들이 띄엄띄엄 흩어져 나왔으나 차도에 나와 행렬을 짓지는 못했습니다. 누군가 외치더군요. "시청 앞으로 가서 뭉치자!" 부슬부슬 내리는 비를 무릅쓰고 경찰에 잡힐세라 주위를 살피며 시청 앞까지 진출했습니다. 50여 명이나 모였을까, 한 학생이 "나가자, 모이자!" 소리치며 차도로 내려섰습니다. 저와 주위 학생들도 주먹을 휘두르고 구호를 외치며 합류했습니다.

순간 앞에서는 트럭이 가로막았고 뒤에선 경찰이 들이닥치더니 하나씩 붙들어 차에 태웠습니다. 데모는 5분도 못 했죠. 실려간 곳은 성북경찰서였습니다. 10여 명이 대기실에 하루 종일 갇혀 있었습니다. 오후에 심문이 시작됐습니다. 저는 돌멩이를 들고 있는 사진이 찍혔더군요. 게다가 준비회의 때 '미군 철수'를 주장한 게 이미 조사돼 있었습니다. 경미한 학생들은 그 자리에서 풀려났는데, 저는 유치장으로 끌려갔습니다. 구금생활의 시작이었지요.

80일간의 감옥생활

오전에 붙들려 간 저는 밤에 유치장으로 옮겨졌습니다. 거기서 1주일쯤 있다가 생전 처음으로 수갑을 차고 서대문형무소에 들어가게 됐지요. 그때 받은 번호가 '4204호' 4자가 둘이나 들어가고 합이 '망통'이라 기분이 찜찜하더군요.

한밤중에 들어간 곳은 잡범들만 모아 놓았다는 6사(舍)였어요. 형무소에는 여러 채의 건물이 있는데, 일련번호를 붙여 1사, 2사, 3사 등으로 부릅니다. 간수(교도관)를 따라간 곳은 열댓 명이 누워 있는 작은 방이었어요. 고참인 듯한 자가 "○팔 ○○끼들, 가뜩이나 좁은데 또 집어넣으면 어떡해"라고 구시렁거리며 제 자리를 내주더군요. '뺑끼통'(변기통) 옆이었어요. 비록 가림막은 있지만 냄새나는 변기통을 끼고 잤지요.

변기통은 대소변을 보는 나무통인데 크기가 쌀가마니만 했어요. 위에 큰 나무뚜껑이 있고 그 가운데가 동그랗게 뚫렸는데 거기에 또 작은 뚜껑이 있었지요. 작은 뚜껑을 열고 일을 보는 것이죠. 긴장이 돼서 그런지 유치장을 떠나올 때부터 변이 나오지 않더니 형무소 수감 이튿날 다들 잠든 밤에 소식이 온 거예요.

조용히 일어나 조심조심 작은 뚜껑을 열고 통 위로 올라갔죠. 잘못

하여 균형을 잃어 통이 뒤뚱 쓰러지면 어떡하나 몹시 조심스러웠습니다. 내 몸 다치는 건 둘째고 바닥이 온통 오물 천지가 돼 사람들이 뒤집어쓸지도 모르기 때문에 얼마나 신경 쓰였는지 모릅니다.

그래서 정신 바짝 차리고 두 발로 올라가 균형을 잡고 쪼그려 앉았지만 그것으로 끝이 아닙니다. 변을 한가운데로 떨어뜨려야 하지 않겠어요? 속에선 빨리 내보내라고 야단이고, 항문에선 똑바로 떨어뜨려야 한다고 주의를 주고, 뱃속의 재촉대로 힘을 주면 '뿌지직 철퍽' 큰 소리가 나 사람들을 깨울까 봐 또 신경 쓰이고… .

진땀이 나더군요. 외줄 타기라도 하듯 온 신경을 집중해 조심조심 간신히 해결했습니다. 다시 조심하여 내려와 누우며 '이것이 바로 감옥살이구나' 하는 생각이 들었습니다.

이튿날 아침, 고참이 '큰일'을 보는 광경을 보았습니다. '아하, 저렇게 하는 거로구나.' 그는 작은 뚜껑을 열더니 그 위에 올라가는 것이 아니라 구멍에 엉덩이를 대고 걸터앉아 편안히 일을 보는 것이 아니겠습니까. 저는 그때까지 양변기를 구경도 경험도 못 해본 촌뜨기였기에 두 발로 올라앉는 웃지 못할 고초를 겪은 것입니다.

변기통 얘기가 나온 김에 그곳에서의 은어 몇 가지를 말씀드리지요. '4통 7체 5조지'라는 말이 있습니다. 4통은 뺑끼통, 시찰통, 식구통, 곤조통이지요. 뺑끼통은 변기통이고, 시찰통은 간수가 밖에서 감방을 감시하는, 출입문에 달린 창이지요. 그 아래에 또 작은 창이 있는데 이곳으로 식사를 받는다고 식구통이라고 합니다.

이 식구통으로는 역으로 방안에서 바깥 상황을 살피기도 합니다. 거울이나 유리 조각을 이 통으로 밀어내어 거기에 비치는 모습으로 간수의 움직임을 엿보지요. 간수는 시찰통으로, 죄수는 식구통으로 서로 감시하며 지낸답니다. 간수가 이쪽으로 오면 "마개비 떴다"고 합니다. '마개비'는 간수를 말하기도 하지요. 막사(감방)를 지키는 아비라는 뜻인가 봐요. 또 그들을 살펴보는 유리나 거울 자체를 마개비라고도 합니다. 곤조통은 형무소에서도 말썽을 피우고 행패를 부리는 골치 아픈 죄수를 말하지요.

7체는 죄수들은 하고도 안 한 체, 없어도 있는 체, 모르고도 아는 체, 먹고도 안 먹은 체 등 거짓말을 한다는 뜻이지요. 5조지는 간수는 앉혀 조지고, 검사는 불러 조지고, 판사는 미뤄 조지고, 죄수는 먹어 조지고, 아내는 울어 조지고…. 대충 이런 것 같습니다.

그때 제가 받은 죄명은 '국가전복 내란음모 및 소란죄'였던 것 같습니다. 이 죄는 최소 15년 이상 무기 또는 사형이라더군요. 심문을 받으러 재판정에 나갈 때는 수갑을 차고 데모를 이끈 주모자급 선배들과 한 줄에 묶여 호송차를 오르내렸지요. 이전에는 시위하다 붙들린 학생들은 단순히 '집회 및 시위에 관한 법률' 위반죄가 적용돼 며칠 만에 풀려나곤 했지만, 이번엔 내란죄가 적용돼 까딱하면 무기나 사형을 당할지도 모른다는 공포감에 휩싸여 있었습니다.

6사에서 이틀 밤을 잔 다음 날 방을 옮겨 주더군요. 8사하(舍下) 23방. 이곳은 6사와 비슷한 크기의 방에 7명이 수용돼 있었습니다. 저까지 8명이지요. 석방될 때까지 여기서 지냈습니다. '감방 동지'들은 사기꾼, 낮도둑, 밤도둑, 넝마주이, 폭력범 등 직업도 다양하더군요. 밤도둑은 낮도둑 보고 "벌건 대낮에 어떻게 남의 집에 들어가냐?"고 하고, 낮도둑은 밤도둑에게 "캄캄한 밤에 어떻게 훔치냐?"고 하여 각각 전공이 다른 것을 알고 속으로 웃었습니다. 사기꾼들은 머리가 좋다는 것도 거기서 알았지요.

잡범들 속에서 저는 데모 대학생이라고 그들로부터 특별 대접을 받았습니다. 낮잠을 잘 땐 부채질을 해주며 간수의 감시도 숨겨 주고, 먹을 것(사식)은 조금이라도 나눠주고 변기통 비우기 등 지저분한 일에서 제외시켜 주어 나름대로 호강을 했습니다. 한여름의 감옥살이지만 부채 하나만으로도 버틸 만했습니다. 책을 들여 한구석에 쌓아 놓긴 했어도 읽어 볼 마음의 여유는 없더군요.

수용돼 있는 처음 며칠 동안은 검사가 자주 불러냈어요. 그러던 어느 날 검사와 단 둘이 있을 때 담배를 권하더군요. 참으로 오랜만에 담배 맛을 봤습니다. 검사 심문을 끝내고 돌아갈 때 "담배 한 개비 줄 수 있습니까?"라고 물었더니 웃으면서 한 대 주더라고요. 그것을 신발 안쪽에 숨겨 갖고 들어왔지요. 감방 식구들에게 내놓았더니 이게 웬 떡이냐며 깜짝 놀라는 거예요. 형무소에서는 술과 담배, 성냥은 절대 금물인데 '강아지'를 한 마리 갖고 왔으니 놀랄 수밖에요. 그 안에서는 은어가 참 많아요. 담배를 강아지라고 한답니다.

불이 없는데 어떻게 담배를 피우느냐고요? 원시시대로 돌아가는 것이지요. 마찰열을 이용합니다. 방 쓰는 빗자루에서 짚고갱이를 두어 개 뽑아내 손으로 으깨 부드럽게 한 뒤 이불이나 옷에서 솜을 조금 꺼내 펴서 그 위에 놓습니다. 다음에는 플라스틱 빗을 유리조각으로 긁어 가루를 그 위에 뿌리고, 솜을 엄지손가락 정도 두께로 돌돌 말아 감쌉니다. 이것을 변기통 작은 뚜껑으로 벽에 대고 힘껏 눌러 빠른 속도로 문지릅니다. 한참 마찰을 가하면 열이 발생하여 안에 있는 짚고갱이가 빨갛게 불이 붙습니다.

그날 제가 낮잠을 잠깐 자는 사이 일행은 '거사'를 치렀습니다. 한 사람은 식구통으로 간수를 감시하고 다른 사람들은 마찰 소리가 밖으로 새 나가지 않게 모포를 뒤집어씌워 준 속에서 '전문가'가 능숙한 솜씨로 비벼 수십 초 만에 불을 붙여 담배를 돌려가며 한 모금씩 들이마신 것입니다. 담배는 주욱 빨아 후우 내뿜는 맛에 피우는데, 이곳에서는 연기를 입 밖으로 뿜어서는 절대 안 됩니다. 귀한 담배연기가 아깝기도 하지만 방 바깥으로 새어 나가거나 냄새가 나면 큰일 나기 때문이지요.

이렇게 은밀하게 작업했지만 들키고 만 모양입니다. 잠결에 들으니 또각또각 구두소리가 나는가 했더니 철커덕 문이 열리고 "다 나와!"라는 소리에 저도 벌떡 일어났지요. 복도에 모두 나가 일렬로 엎드려뻗쳐를 했습니다. 저는 맨 끝에 엎드렸는데 "나와, 어느 놈이 불 붙였어?" 하며 앞쪽부터 간수가 몽둥이찜질을 시작했습니다.

"어이쿠!" "아야!" "어억!" 맞는 족족 비명을 지르며 돌 맞은 개구리 모양 쭉쭉 뻗는 겁니다. 아무도 자수하지 않으니까 간수의 몽둥이는 가속도가 붙는 듯했습니다. 서너 명이 뻗었을 때 제가 일어났습니다. "담배는 제가 가져왔습니다" 했더니, "불은 누가 붙였어?" 묻는 것입니다. "저는 자고 있었기 때문에 모릅니다"라고 사실대로 말했지요.

간수는 저에게 "담배가 문제가 아니라 불이 문제야"라면서 "저리 가 있어!" 하고 멀찍이 세워 놓더니 나머지 녀석들에게도 골고루 몽둥이 세례를 퍼부었습니다. 아무리 그래도 '발화범'은 끝까지 나타나지 않았습니다. 간수는 방으로 들어가 샅샅이 뒤져 보더군요. 그러나 증거는 벌써 이미 바람과 함께 사라진 뒤였지요.

망을 보던 자가 "마개비 떴다" 소리와 함께 발화 도구와 담배꽁초는 마루 밑창으로 잠적해 버린 것입니다. 도둑과 사기꾼들이니 그 민첩하고 용의주도한 솜씨를 어찌 간수가 당해낼 수 있겠습니까. 발화범은 끝까지 나타나지 않았지요. 하고도 안 했다고 잡아떼는 게 죄수의 속성인데 어찌 밝혀낼 수 있겠습니까?

한 모금의 즐거움 때문에 당한 형벌의 흔적은 너무도 참혹했습니다. 갈라 터진 엉덩이로 앉기도, 피멍이 든 다리로 걷기도 고통이었지요. 혼자만 멀쩡한 제가 "미안해요. 나 때문에 …"라고 했더니 "괜찮아. 학생 덕분에 담배 맛을 잊지 않게 됐어"라며 웃더군요. 도둑과 사기꾼들이지만 고마웠습니다.

저는 그 뒤 출소할 때 환영하러 온 친구들에게 담배부터 한 대 얻어 피워 물었지요. 그 장면과 재판받을 때 방청하시는 아버지·어머니 사진이 월간 〈신동아〉(1964년 10월호)에 몇 장 크게 실렸습니다.

그곳에서 먹던 밥도 잊히지 않습니다. 형무소에 들어가는 것을 '콩밥 먹는다'고 하는데 실제로 콩밥을 주더군요. 쌀은 20~30%밖에 안 되고 나머지는 모두 보리로 된 밥인데, 언제나 콩이 들어 있습니다. 콩을 안 먹으면 영양실조로 쓰러진다는데 저는 그 현상을 목격했습니다.

맞은편 방에 장기간 수용된 죄수가 있었는데 하루는 식구통으로 건너다보니 간수가 불러내 밖에 나왔으나 걷지 못하고 문을 잡고 가만히 서 있는 거예요. "저 사람이 왜 저래요?"라고 물었더니 고참이 말하길 "그 사람은 장기수인데, 콩을 싫어해 식사 때마다 빼놓고 먹어서 그렇다"고 알려 주었습니다. 그래서 죄수들에게는 반드시 콩밥을 먹이는 거라고 하더군요.

경찰서 유치장에 있을 땐 콩은 없이 쌀은 눈을 씻고 봐야 할 정도이고 온통 보리나 밀밥이었어요. 그것을 찌그러진 양은 도시락에 골싹하게 담고 한 귀퉁이에 짠지나 멸치 혹은 고추장 한 숟갈 찍어 발라 주는 게 고작이었습니다. 그런데 형무소 밥은 조금 나았습니다. 비록 시래깃국, 뭇국 혹은 콩나물국이지만 반드시 국이 있고 반찬도 양과 질은 형편없지만 두어 가지는 됐습니다.

밥은 '가다(型, 일본어) 밥'이라고 하여 기계로 찍어낸, 컵라면 용기처럼 위는 약간 넓고 아래가 조금 좁은 모양입니다. 가다밥은 1등에서 5등까지 크기에 따라 등급이 있는데, 1~3등 밥은 기결수들의 작업 강도에 따라 제공되고, 미결수들에게는 4등 밥이 나오는데 컵라면 높이 절반 정도의 크기입니다. 5등은 그것보다 더 작은데 환자나 여자에게 제공된다고 합니다. 제가 여기서 가다밥을 얘기하는 것은 그 밥을 잘라 먹는 도둑행위가 이루어진다는 사실을 말하고 싶어서입니다.

가족이나 친지가 면회 오거나 검사나 변호사가 불러내는 일이 있습니다. 방 식구들은 불려 나간 사람의 식사를 받아서 보관했다가 주어야 합니다. 군대 훈련소라면 면회 나가면 식사를 푸짐하게 하고 오지만, 형무소에서는 면회나 조사받을 때 식사는커녕 음료수도 없습니다. 따라서 볼일을 보고 돌아와 배식된 밥을 먹어야 합니다.

하지만 돌아와 보면 4등 밥이 5등으로 작아진 것을 알게 됩니다. 밥덩어리가 줄어든 것이지요. 왜 그런지 아세요? 방 식구 누군가가 잘라먹은 것입니다. 밥 아랫부분을 실로 한 바퀴 돌려 양 끝을 잡아당기면 칼로 자른 듯 잘리지요. 그 잘린 아랫부분을 먹어 치우는 것입니다. 위에 새겨진 '4'(四) 자는 그대로지만, 실제로는 5등 가다가 되지요.

그것을 가지고 누가 그랬느냐고 따지지 않습니다. 자기 밥이 잘린 것을 알면서도 그냥 먹고 아무 말도 안 합니다. 왜 그런지 아세요? 다음엔 자기도 그 짓을 할 테니까요. 도둑과 사기꾼들만 모인 곳이니 무슨 일인들 없겠습니까. 저는 거의 매일 면회를 나갔다 왔지만 제 밥은 까딱없었습니다. 어린 대학생이라고 봐주는 것이지요. 도둑들에게도 도리와 인정은 있는 모양입니다.

형무소 생활에서 견딜 수 없는 고통은 무엇보다 자유가 없다는 것입니다. 낮에 담 밖에서 들리는 어린이들의 노랫소리나 밤에 멀리서 들리는 전차소리 등은 '나와 아무런 상관없는 먼 세상의 것'이라고 생각됐습니다. 새들은 높디높은 담장을 마음대로 넘나드는데, 저는 담장은커녕 방문도 마음대로 열지 못하고 그저 숨 쉬고 팔다리 움직이는 자유밖에 허용되지 않은 몸이었지요.

이렇게 자유는 없어서 불편한데 너무 많아서 고통인 것이 간수의 감시와 빈대의 습격이랍니다. 간수가 수시로 시찰통으로 들여다보기 때문에 눕거나 일어서거나 낮잠을 잘 수도 없습니다. 그래서 '간수는 앉혀 조진다'고 하는 것입니다. 이것보다 더 큰 고통은 빈대입니다. 이나 벼룩은 없었던 것 같은데, 빈대는 정말 사람을 못살게 굴었습니다.

1964년 6월 2일 붙들려 자유를 잃은 지 만 80일 만인 8월 22일 기소유예로 풀려 감옥 문을 나서니 많은 친구들과 선배들, 교수님들이 기다리고 있다가 마치 독립투사를 맞듯 반겨 주었습니다. 저와 똑같은 날 들어갔다 함께 나온 고교, 대학 같은 과 친구 정해남을 보니 혁명군이라도 된 듯 의기양양한 모습이었습니다.

그도 그럴 것이 그 안에 있는 동안 김대중, 김영삼 등 유명 정치인과 재야인사들이 특별 면회를 와 저희들의 사기를 북돋아 주곤 했으니까요.

민주화 보상신청을 하라니 …

형무소를 나온 지 50여 년이 흐른 어느 날 〈동아일보〉에서 함께 근무하다 퇴직한 친구가 "민주화운동 신청 안 할래?"라고 물어왔습니다. C라는 그 친구는 연세대를 나왔는데 그도 6·3 데모 때 며칠간 옥살이를 했답니다. 6·3 운동자도 민주화 보상을 받을 수 있다며 함께 신청하자는 거였습니다. 저는 그런 것이 있는 줄은 알지도 못했고 알았다 해도 신청할 생각이 없었습니다.

그래서 그 친구에게 대뜸 "안 할래" 했더니 "왜 안 해? 돈 준다는데" 그러더군요. 저는 "그때 우리가 무얼 가지고 데모했지?"라고 물었지요. 몰라서 물은 게 아니라 그 친구의 마음을 떠보기 위해서였습니다. "그야 뭐 한일회담하고 월남파병 반대였잖아?" 하더군요.

저는 이렇게 말했습니다. "그래서 나는 안 하겠다는 거야. 지금 생각해 봐. 한일회담이 잘못된 거야? 또 월남파병을 하지 말았어야 했던 거야? 나는 그때 그것에 반대하여 데모했던 게 오히려 부끄러우니까 신청 안 할래. 너나 해"라고 그 친구를 약간 비난하는 투로 강변했습니다.

결국 그 친구는 신청하여 혜택을 받았다더군요. 그런데 그 친구는 보상의 기쁨도 얼마 누리지 못했어요. 여러 가지 병이 겹쳐 세상을 떠나고 말았습니다.

친구 C에 대해 드릴 말씀이 하나 더 있습니다. 제가 정년퇴직을 몇 년 남겨 두고 있을 때였습니다. C는 이미 IMF 위기 때 구조조정을 당해 회사를 떠난 뒤입니다. 그 후 사기를 당해 집을 날리고 자녀들은 하나도 결혼시키지 못한 채 생활이 몹시 어려운 상황이었습니다. 가끔 만나 식사하거나 술 한잔씩 나누곤 하는데, 그 친구가 "생기는 건 없는데 애경사에 다니기가 벅차. 빈손으로 갈 수도 없고 …"라며 하소연하더군요.

며칠 뒤 나오라고 하여 술 한잔 나눈 뒤 "적지만 써라" 하고 봉투를 하나 건넸습니다. 그건 제가 2007년 7월 화의군파 종회 총무를 맡고 받은 첫 급료 전액이었습니다. 100만 원. 길흉사에 5만 원씩만 부조해도 한동안은 다닐 만한 액수였지요. 고맙다고 하더군요.

그 뒤 제가 동아꿈나무재단에 근무할 때도 가끔 불러내 점심을 대접하곤 했습니다. 이 친구는 사교성이 좋아 선후배와 친구들이 많기 때문에 몇 군데 일자리를 구했다가도 왜 그런지 오래가지 못하고 실업자가 되곤 했습니다. 하루는 "나 일자리 좀 하나 만들어 줘" 하더군요. 딱하긴 하지만 저는 발이 넓지 못해 소개할 만한 자리가 없었습니다.

가만히 생각하니 한 군데 있긴 했습니다. 〈동아일보〉 편집부의 후배 K가 IMF 위기 때 퇴직하고 광고회사를 차려 꽤 성공한 게 생각났습니다. K는 저와 아주 친밀한 사이인데 제가 정년퇴직하면 그 회사에 근무하기로 오래전부터 약속돼 있었습니다. 그런데 저는 정년을 마치고 1년 반을 연장한 외에 2년간 〈동아일보〉 사사편찬위원회에서 일하고도, 또 동아꿈나무재단에 근무하게 돼 당분간은 그 회사에 갈 필요가 없는 상황이었지요. 그래서 저 대신 C를 소개하려고 생각했던 것입니다.

며칠 후 C와 K를 불러 함께 점심을 하며 “나 대신 이 친구에게 자리 하나 마련해 줄 수 있겠냐?”고 C의 사정을 얘기하고 부탁하자 K는 자기 명함을 꺼내더니 그 자리에서 ‘전무’라는 자기 직함과 이름을 지우고 ‘사장 C○○’이라고 적으며 “내일부터 출근하시지요, 사장님” 하더라구요. 무슨 장난인 줄 알았어요. 그렇게 시원시원한 후배였습니다. 그래서 저는 농담 삼아 “이보시게, 그러면 내가 갈 자리는 무언가?” 했더니 “선배님은 회장님이시죠” 하여 한바탕 호쾌하게 웃었습니다.

실제로 C는 다음 날부터 그 회사에 출근, 떡하니 사장 자리에 앉았습니다. 한 2년 넘게 다녔지요. C로서는 장수한 직장이라고 하더군요. 그런데 아쉽게도 C의 실적이 저조하고 폼만 잡아 못마땅하다고 K가 하소연하더니 얼마 안 돼 갈라섰습니다.

친구 C를 반면교사로, 후배 K를 귀감으로 삼고 싶습니다.

고려대 총학생회장 선거

고려대 정외과에 입학하고 보니 50명 입학생 전원이 하나같이 다 중고교 때 한가락씩 하던 존재들이더군요. 그중에서도 좀더 두드러진 친구 12명이 결합하여 ‘정우회’라는 모임을 갖고 함께 어울려 한껏 ‘기개세’(氣蓋世)를 펼치며 지냈습니다. 거창하게 ‘한국을 일으켜 세우자, 세계를 거머쥐고 나아가자’라는 포부를 품고 기고만장하며 2, 3년을 보냈습니다. 그 야망 중에 ‘우선 가까운 고려대부터 장악하자’는 데 뜻이 모아졌습니다. 즉, 고려대 총학생회장을 우리 멤버가 차지하자는 것이었지요. 3학년 때의 일입니다.

고려대 학칙에 학생회장 자격은 전 과목이 B학점 이상이어야 한다는 규정이 있었습니다. 즉, 3학년 1학기 이수과목 중에 한 과목이라도 B학점 미만이면 자격이 없는 것입니다. 12명의 성적을 미리 알아보았더니 S라는 친구와 저 2명만 자격이 되었습니다. 공부보다는 낭만을 만끽하는 것이 대학생의 본분인 양 매일 어울려 놀기만 했으니 성적이 좋을 리가 없지요.

S는 총학생회장에는 별 관심이 없다고 했습니다. 저는 솔직히 욕심이 없는 것은 아니었습니다. 그러나 아무리 학생회장 선거라도 자금이 있어야 했습니다. 당시 듣기로는 200만 원은 있어야 한다는 것입니다. 그때 한 학기 수업료가 대충 5만, 6만 원으로 기억합니다. 매번 수업료 걱정을 해야 하는 저로서 그런 큰돈을 마련한다는 것은 꿈도 못 꿀 일이었지요. 저도 일찌감치 포기한다고 공표했습니다.

정우회로서는 첫 야망을 실현하기가 어려운 상황이 됐습니다. 며칠 뒤 S가 저를 보자고 했습니다. 그 친구는 같은 보성고 출신입니다. "충남아, 네가 총학생회장에 나가라"고 그러더군요. "나는 선거자금도 없고 총학생회장이 되고 싶은 마음도 없다"고 말했더니, 그 친구는 "내가 아버지에게 말해 자금을 대주도록 할게"라는 겁니다.

저는 그 친구의 진정성이 참 고마웠습니다. 그러나 그 제의를 받아들이기가 너무 부담스러워 거절했습니다. 금전적 문제도 그렇거니와 실은 그 친구가 고 1 때 함께 공부하자고 한 것을 제가 거절했던 S였거든요. 그때 제의를 거절해서 미안한데 이번에 신세까지 지면 너무 큰 부담이 된다는 생각이었습니다.

그래서 다른 멤버들에게 그러한 경위를 말하고 전 회원이 달려들어 S를 설득하기에 이르렀습니다. 그 뒤부터 우리는 전심을 다해 선거운동에 나섰습니다. 고려대 총학생회장 선거는 웬만한 국회의원 선거 못지않은 규모와 전략, 자금동원력이 있어야 한다고 당시 선배들이 들려주었습니다.

법대와 상대 학생도 출사표를 냈으므로 3명이 선거를 치렀으나 1차에서 과반 득표자가 없어 상위 두 후보가 결선 투표하여, 우리가 힘겹게 승리했습니다. 고려대 역사상 정외과 학생이 총학생회장을 역임한 적이 없었는데 우리가 해낸 것입니다.

선거 과정에서 수고한 친구들은 총무부장, 문화부장, 섭외부장, 체육부장 등 임원을 맡았는데 저는 사양했습니다. 고려대에서 발행하던 〈고대문화〉라는 교지를 제작하는 데 총무를 맡아 일을 진행하고 있었기 때문에 총학생회 임원을 맡을 여력이 없었습니다.

〈고대문화〉는 수년 전에 휴간됐는데, 선배들이 복간하자고 하여 편집장은 4학년 선배가 맡고 저는 총무로서 열심히 일했습니다. 그 결과 두툼한 책자를 만들어냈고 해마다 발행하게 되었습니다. 저도 그 교지에 글을 하나 썼습니다. 공부를 등한히 하기는 했지만 아주 건달로 놀지는 않았던 것입니다.

모의국회 대통령이 되다

'한일회담 중단, 월남파병 취소'란 커다란 제목 옆에 '고려대 모의국회 대통령 이충남'이란 부제로 신문에 떡하니 제 이름이 실린 것은 이미 아시죠? 제가 대학 4학년 때 고려대 대강당에서 제16회 '아남민국 모의국회'가 열렸던 것입니다. 고려대 모의국회는 1946년 12월 4일 제 1회가 열린 이래 2019년까지 51회에 걸쳐 개최된 전통의 학술대회입니다. 전국 대학생을 상대로 해마다 모의국회를 여는데, 제가 대통령 역을 맡은 것입니다.

당시 안건은 '문교정책 시정안', '국회의원 선거법 중 개정안', '삼성 밀수사건' 등이었지요. 안건에서 보듯이 그 당시의 현안을 다루기 때문에 언론은 물론 정치 · 사회적으로도 관심을 기울이는 행사였습니다. 위와 같은 안건을 가지고 여야 의원들이 공방을 벌이는 것입니다. 여당은 고려대 각 학과의 대표들이고, 야당은 전국에서 뽑힌 대표들입니다. 국회 본회의가 열리기 전에 대통령이 먼저 시정연설을 하도록 돼 있었지요.

저는 위와 같은 국회 토의안건과는 상관없이 당시 정치 · 사회적으로 커다란 이슈가 됐던 한일회담과 월남파병 문제를 다루었습니다. 본래 이 연설내용을 가지고 국회 토의안건을 삼고자 했으나 당시 계엄령이 내려진 상황이라, 문교부에서 통과시켜 주지 않아 국회에서는 좀더 부드러운 안건을 다루기로 했던 것입니다. 한일회담과 월남파병은 실제로 대통령과 여당의 중점정책으로 들끓는 반대여론에도 불구하고 이미 타결돼 실시되고 있었지만, 재야 및 학생들은 이를 취소,

무효화하자는 반대여론이 팽배하던 때였습니다.

비록 모의국회이지만 그런 첨예한 문제를 다루었기 때문에 대통령의 시정연설에 큰 관심이 집중되었습니다. 사회자의 "대통령 각하께서 시정연설을 하시겠습니다"라는 소개에 따라 저는 천천히 단상으로 올라갔습니다. "친애하는 국민 여러분, 그리고 아남민국 국회의원 여러분." 저는 박정희 대통령의 목소리를 흉내 냈습니다. 장내에 웃음과 박수가 터지더군요.

박수소리가 가라앉기를 기다려 대략 이런 내용의 연설을 했습니다. "여러분, 저 아남민국 대통령 이충남은 오늘부로 한일회담 취소 결의안을 국회에 제출하겠습니다"라고 했더니, 또 한 차례 우레와 같은 박수가 터져 나왔습니다. 이어서 "또한 지금 월남에 파병돼 피 흘리고 있는 우리 장병들을 당장 철수하고, 이 같은 사실을 미국에 통고하겠습니다"라고 비장한 목소리로 발표했습니다. 장내에서는 "만세! 대통령 만세"라는 소리가 들리는 속에 그야말로 환호의 도가니를 이루었습니다.

저의 연설내용과 뜨거운 분위기가 기자들의 펜 끝을 움직였던 모양입니다. 몇몇 신문에 크게 실렸지요. 그러나 처음 나온 신문에는 저의 연설내용이 실렸으나 그 이후에는 실제 발표내용은 한 줄도 없이 문교정책과 선거법 등에 대해서만 언급한 양 보도됐지요. 계엄령이 발효중이라 검열 때문에 과격한 내용은 삭제되던 시절이었으니까요.

어쨌든 그때부터 저는 경기도 북쪽 38선 아래 한 시골 마을, 일동의 '용'이 됐죠. 아버지는 거리에 나가면 '대통령의 아버지'라고 인사받기 바빴고, 어머니는 주위의 찬사에 기쁨에 겨워 이웃에 떡을 돌리셨지요.

어머니, 저는 장관이 아니라 일찌감치 장관보다 높은 대통령도 해 보았던 것입니다.

기라성 같은 대학 친구들

제 친구들을 소개합니다

어머니, 용석이 결혼식 때 저보고 "너는 뭘 했냐?"고 물으셨지요? 저는 그때 제 옆에 서 있는 기라성 같은 친구들을 소개하려고 했는데, 어머니의 그 한 말씀에 그만 머쓱해지고 말았습니다. 고등학교 친구들은 따로 말씀드리겠지만 대학 친구들만 해도 국회의원, 재벌기업 CEO, 언론사 간부, 대학교수 등을 지낸 인물들이 많습니다. 그중에 정해남, 김호일, 이원창 등 국회의원이 3명이나 됩니다. 김호일은 국회의원 3선을 거쳐 현재 전국적 조직인 대한노인회 회장을 맡아 현역으로 열심히 봉사하고 있습니다.

대학 시절 얘기를 하지요. 고려대 정치외교학과 1학년 50명 중 12명이 '정우회'라는 모임을 만들어 늘 함께 지내며 대학의 낭만과 기개를 키웠습니다. 솔직히 공부와는 '상당한 거리'를 두고 지냈습니다. 시험이 닥쳤을 때만, 교수님의 기침소리까지 적는다는 여학생(김춘희)의 노트를 허겁지겁 빌려 베끼는 것이 '공부의 전부'였다고 해도 과언이 아니었지요.

정우회 멤버 중 한 학기만 마치고 소식이 두절된 CJ라는 친구가 있었습니다. 그는 입학 초기부터 두각을 나타내 대의원(과 대표)을 지냈는데 갑자기 사라졌다가 2학기를 마치고 겨울방학 무렵 느닷없이 나타나 회원들에게 밥을 사면서 털어놓는 그의 말은 너무 충격이었습니다. 그의 부친은 6·25 때 납북됐는지 월북했는지 안 계시고 할아버지와 함께 살고 있다고 했습니다.

어느 날 모 기관에 불려갔더니 북한으로 넘어가 그쪽에서 살면서 정보를 보내라고 하더랍니다. 간첩 밀명을 받은 것이지요. 그로부터 5, 6개월 동안 갖가지 훈련을 받았답니다. 하루는 "오늘 북으로 간다"며 한밤중에 비행기를 태워 가더니 "여기가 북한 땅"이라며 낙하산으로 떨어뜨리더랍니다. 그곳에서 며칠간 숨죽여 살면서 적응해 가던 중 붙잡혀 모진 고문과 회유를 받았으나 끝까지 신분을 숨기고 버텼더니 '합격'이라고 하더랍니다. 그것이 최종 테스트였던 것이지요.

그때 만약 자수했거나 전향의사를 밝혔으면 불합격은 물론 한국에서도 살아가기 어려웠을 겁니다. 이제 마지막 '관문'을 통과해 곧 북으로 간다면서 그가 "나는 평생을 거기서 살게 됐으니 앞으로 통일이 돼야 너희를 만날 수 있을 것"이라고 비장하게 말했습니다.

CJ의 말을 들은 우리는 너무나 큰 충격을 받았고 호기심과 도전의식이 발동해 몇몇 친구들은 "나도 그 길(북파 간첩)을 갈 수 없겠느냐"고 비장한 결기를 보이기도 했습니다. 한편으론 그가 하도 엉뚱한 친구라 다른 일로 피신하면서 거짓말을 했을 것이라고 추측하는 친구도 있었습니다. 그가 어디서나 큰일을 해낼 인물이긴 하지만 그로부터 60년이 가까워오도록 소식이 감감합니다. 아마 죽었으리라고 추측할 뿐입니다.

고산 윤선도가 〈오우가〉(五友歌)를 지어 다섯 벗을 노래했듯이 저도 다섯 명의 가까운 친구가 있습니다. 제가 친형제처럼 지낸 고등학교 때의 '두 벗'(二友) 박동진과 최창만은 아버지·어머니도 아주 잘 아시지요? 그들 외에 세상을 풍미할 포부와 자질을 갖춘 대학 친구들이 많았습니다. 그런가 하면 아무런 관직이나 명예를 갖지 않은 '무관'(無冠) '무명'(無名)이면서도 훌륭한 친구들이 많은데, 그중에서 '세 벗'(三友: 義人·恩人·巨人)을 소개해 드릴게요. 저는 늘 이 친구들을 좋아하고 본받고 싶기 때문입니다.

어려운 친구들을 도운 의인

저뿐만 아니라 여러 친구들에게도 공경받는 H라는 인물이 있습니다. 그와 저는 대학 때 1년밖에 함께하지 못했습니다. 그가 1학년을 마치고 군대에 갔거든요. H의 학번은 63-001번이고 저는 63-014번이라 그는 항상 자기가 1등으로 들어왔다고 우겼지요. 사실은 제가 1등인데도 아니라고 억지를 부리며 웃고 지냅니다. 그는 참으로 진실하고 실력 있고 우정이 넘치는 1등 친구입니다.

정우회 12명의 회원 중 서울내기는 절반도 안 되고 7, 8명은 저와 같은 시골뜨기였습니다. 그중 한두 친구만 하숙을 했고 나머지는 자취나 입주 가정교사로 학업을 이어갔습니다.

모 은행의 중역을 거친 H의 아버지가 당시 모 고등학교 재단이사장이었습니다. 그의 집이 삼선교 부자동네에 있었는데 지붕이 파란색 기와라 우리는 '블루 하우스'(푸른 집, 청와대)라고 했지요. 정우회 멤버 중 하나인 L의 집은 블루 하우스에서 개울 건너 마주 보이는, 정원이 널찍한 하얀 벽의 저택이었지요. 거기를 저희는 '화이트 하우스'(하얀 집, 백악관)라고 했습니다. 우리는 양쪽 집을 오가며 어울려 데모 계획, 모의국회 준비 등으로 밤샘도 여러 번 했습니다.

L의 부모님은 아버지 어머니와 똑같은 연세인데 우리를 친자식처럼 대해 주셨습니다. 끼니때 밥은 물론 밤샘하며 놀 때는 어머니가 야식까지 챙겨 주시고, 아버님은 우리에게 좋은 말씀을 들려주시는 자상한 분이셨습니다. L은 3, 4학년 때 ROTC 대대장에 아남모의국회 국회의장을 맡는 등 고대의 거물(巨物)로 통한 임호상입니다. 이 친구는 여동생이 셋인데, 저는 한때 이 집의 사위가 됐으면 좋겠다는 욕심을 품기도 했었습니다.

모의국회 대통령 역을 맡은 저는 H의 집에서 시정연설을 연습했고, L의 집 지하실에서는 6·3 데모 때 대형 태극기를 만들기도 했습니다.

그즈음 H가 학교 근처에 전세방을 얻었습니다. 자기가 쓰기 위한 것이 아니라 시골뜨기 친구들을 위한 것이었지요. 고대 옆 개운사 울타리에 붙은 길가의 허름한 한옥인데 주인집과 부엌을 함께 쓰는, 한 평도 안 되는 작은 방이었습니다. 우리는 이 방을 '개운사'라고 했습니다. H는 이 방을 정우회 '촌놈'들에게 제공했습니다. 자취방을 얻지 못했거나 입주 가정교사 자리를 구하지 못한 친구들에게 기거할 장소를 마련해 준 것이지요. 저도 2학년 때 여기서 자취하다가 6·3 데모로 끌려갔습니다.

이 방에서 우리는 고대 총학생회장 선거 전략을 짜고 시험 땐 함께 모여 공부를 하는 등 나름대로 '아카데믹'하게 사용했습니다. 때로는 지성과 미모를 겸비한 두 여대생이 도시락을 싸갖고 와 함께 즐기는 등 로맨스도 엮어 갔지요. 이곳을 거쳐 간 친구들이 저 외에도 6, 7명은 될 겁니다. 개운사는 우리들의 아지트였습니다. 이곳에서 우리는 야망을 불태우며 낭만을 누리고 사랑에 눈을 떠가고 있었던 것이지요. 국회의원을 지낸 정해남과 김호일도 개운사 출신입니다.

큰돈 들여 이 '은혜의 방'을 얻은 H는 그 방을 누가 마지막에 사용했으며 전세 보증금은 어떻게 처리됐는지 전혀 모르고, 알려고도 하지 않았습니다. "그 방은 정우회를 위해 얻은 것이니 우리가 그만큼 누렸으면 됐다"는 것이지요. H는 그 정도로 도량이 넓은 '대인'(大人)이요, 어려운 친구들을 돕는 '의인'(義人)이었습니다.

H의 부친은 그 뒤 학교재단의 부채로 가산을 차압당하는 바람에 그 큰 집을 빼앗기고 하루아침에 거리에 나앉는 신세가 됐습니다. 우리가 대학을 졸업한 뒤의 일이었지요.

H는 한때 모 투자회사에 다녔으나 결혼한 뒤 직장을 그만두고 동대문 포목상가의 점원으로 일하면서 사업에 눈을 떠 원단(原緞) 사업에 전념했습니다. 국내에서뿐만 아니라 세계에서도 알아주는 양복감인 제일모직 원단을 계약 판매했습니다. 이 사업으로 자본을 모은 뒤 H는 커다란 스포츠용품점도 운영하면서 파산했던 재산을 회복하게 됐답니다. 수십 년간 시장바닥에서 모진 세파에 부대끼며 고생해온 결과이지요.

H는 이 정도에서 사업을 접고 노후에 부모님 모시고 텃밭이나 일구며 살겠다는 계획 아래, 당시로는 먼 시골구석인 성남에 야산을 낀 2만여 평의 토지를 매입했습니다. 7, 8km 거리에서 수도와 전기를 끌어오고 진입로를 닦고 조경을 하여 새 보금자리를 마련했습니다. 어느 해 봄 초청을 받아 갔을 때 그의 어머니가 가꾸셨다는, 정원을 뒤덮

어 흐드러지게 핀 빨간 영산홍이 그렇게 아름다울 수 없었습니다.

그때가 1980년대 초 주택난이 심각한 때였지요. 하루는 모처에서 그 땅을 팔지 않겠느냐고 전화가 왔답니다. 얼마 주겠느냐고 물었더니 수십억 원이라고 하여 입이 딱 벌어지고 귀가 막힌 듯했답니다. 당시 서울의 고급 아파트도 1억 원이 채 안 되던 시절인데 그 돈이면 아파트가 몇십 채입니까?

나중에 알아보니 전화를 건 곳은 청와대였더랍니다. 그 일대를 분당 신도시로 개발할 계획이라는 것이지요. H는 일부만 수용에 응하고 대부분의 토지를 그대로 가지고 버틴 결과, 지금은 그것의 수십 배 가치로 뛴 것입니다. 평생 먹고 입고 써도 마르지 않을 재산이지요. 이 정도가 됐으면 웬만한 사람들은 욕심을 내어 새 사업을 일구거나 권력과 명예를 탐하게 마련입니다. 이 친구에게도 그동안 선거철만 되면 이 당, 저 당에서 국회의원 배지 한번 달아 보라고 끊임없이 유혹했지만, 잠시도 한눈팔지 않고 오로지 가정과 재산을 지키는 데에만 진력했습니다.

살림이 넉넉한 만큼이나 H의 마음도 푸근합니다. 어쩌다 친구들이 모여 화투놀이를 하다 아무리 많은 돈을 따도 되돌려 주고 회식비는 으레 혼자 부담하기가 일쑤입니다. 그뿐 아니라 형편이 어려운 친구들에게는 남모르게 다달이 생활비를 보태준 의인이기도 합니다.

제가 두 개의 신문사를 거쳐 〈동아일보〉로 옮긴 지 얼마 안 돼 5, 6명의 대학 친구들이 인사동 꽤 괜찮은 음식점에서 밥을 먹은 적이 있습니다. H의 단골이었지요. 회식 중 그가 "충남아, 앞으로 네가 이 집에서 회식을 하면 내가 갚아 줄게"라는 것이었습니다. H의 친구가 〈동아일보〉 고위직에 있는데 그에게 식사대접을 하면서 '로비'를 하라는 것이지요. 즉, 말단 내근기자로만 있지 말고 윗사람에게 '사바사바'(떳떳하지 못한 뒷거래를 뜻하는 은어) 해서 좋은 부서로 가라는 뜻이었습니다.

옆에서 제 밥값을 대신 내주겠다는 소리를 들은 친구들이 "나는 안 되냐?"고 물어오자 그가 "좋다"고 대답하더군요. 그 뒤 저는 한 번도 그 집을 이용한 적이 없습니다. 그런 식으로 출세하기는 싫고 양심에도 허락되지 않았기 때문이었지요. 그런데 몇몇 친구들이 툭하면 그 집에서 흠뻑 먹고 H의 이름으로 식사비를 달아 놓아 여러 번 갚아 주었답니다. 하도 그런 일이 잦으니까 오히려 음식점 주인이 H에게 "이제는 그만하라"고 하여 중단했다고 합니다. '충남이 먹으라고 쑨 죽'을 엉뚱한 친구들이 먹어 치운 셈이지요.

제가 〈동아일보〉를 퇴직할 때 "서울 근교에 집을 지어 시골 부모님을 모시고 살았으면 좋겠다"고 했더니 장호원의 한 저수지 근처 자기 땅을 수십 년 전에 산 그 값에 주겠다고 했습니다. 한꺼번에 치르지 못하면 일부만 내고 나머지는 10년이고 20년이고 형편대로 갚으라고 했습니다. 말하자면 거저 주겠다는 뜻이지요. 그러나 제가 계속 서울에서 일하게 돼 그의 호의를 받아들이지 못했습니다.

H는 나중에 거기다 집을 지어 우리 친구들의 '놀이터'로 만들 테니 저에게 그 관리를 맡겠느냐고 물었습니다. 대학시절 그가 마련했던 '개운사 아지트'를 생각한 것이지요. 친구들의 즐거운 노후생활까지 챙기려는, 얼마나 멋진 구상입니까. H는 이렇게 친구들을 끔찍이도 생각하는 벗입니다. 그런데 제가 용단을 내지 못하고 주저주저하는 바람에 흐지부지되고 말았습니다. 아직도 그 계획을 갖고 있는지 모르겠습니다.

제가 결혼 50주년을 맞았을 때(2020년) 아내와 해외여행이라도 한 번 다녀올까 한다고 말했습니다. 그 친구가 "축하한다. 나는 작년에 금혼(金婚: 결혼 50주년)을 맞았는데 와이프가 몸이 안 좋아 여행은커녕 외식도 못 했다"며 "너라도 간다면 내가 여행비를 대주겠다"고 했습니다. 옆에서 듣고 있던 다른 친구가 "야, 나도 올해 50년인데 나는 안 되냐?"고 끼어들자 대뜸 "좋아. 너희들뿐 아니라 또 다른 친구가 있으면 내가 대줄 테니 나 대신 잘들 다녀오라"고 했습니다. 그의 재력(財力) 못지않게 푸근하고 따뜻한 마음 씀씀이가 한없이 고마웠습니다. 우리는 부푼 기대를 갖고 계획을 세우던 중 몹쓸 역병(코로나 19)이 돌아 뜻을 이루지 못했습니다.

다시 생각해 보면 그의 배려로 우리가 여행을 했더라도 마음은 편치 않았을 겁니다. 아내가 아파 금혼식을 못 한 H를 떼어 놓고 우리끼리 그가 부담하는 경비로 여행하며 아무리 좋은 곳을 구경한들 즐거울 리가 있겠습니까. 차라리 잘됐다는 생각입니다. 다음에 H의 아내가 회복되면 모두 함께 여행할 수 있기를 기도하는 마음입니다.

이토록 그는 저에게뿐만 아니라 주변의 어려운 친구들을 잘 살피고 돕는 마음이 따뜻한 친구입니다. 그는 저보다 모든 면에서 앞서고 훌륭합니다. 공부는 제가 조금 앞섰지만 머리는 그가 몇 배나 좋습니다. 제가 무언가 실수를 하면 곧바로 "네가 1등으로 들어온 거 맞아?"라고 핀잔을 주곤 하지요. H는 저보다 재산이 많을 뿐만 아니라 운동도 잘하고, 힘도 세고, 당구도 잘 치고, 도량도 큰 데다가 아내도 미인이고, 손자까지 있어 부럽기만 합니다.

그가 만약 정치를 했다면 우리나라가 이렇게 엉망이 되진 않았을 거라고 확신합니다. 저는 황치호라고 하는 이 친구를 본받고 싶은데 한마디로 족탈불급(足脫不及)입니다. 어머니, 저 이런 친구가 있어 장관이 부럽지 않습니다. 그와는 요즘도 일주일에 한 번씩 만나 손(당구)과 입(한잔)을 즐기며 지낸답니다.

힘든 일 해결해 준 은인

정우회 멤버에 J라는 친구가 있습니다. 그는 초창기 때는 우리와 어울려 낭만을 찾기보다는 법관이 되겠다는 웅지(雄志)를 품고 열심히 고시공부를 하고 있었습니다. 그러다 3학년 초 총학생회장 선거에 정우회 멤버들이 몰두하는데 혼자 공부만 할 수 없어 가끔 선거 전략과 대책을 논의하는 자리에 끼어들었다가 '수렁'에 빠지게 됐습니다. 그의 언변과 기획력 조직력 등이 탁월해 친구들이 놓아주지 않았기 때문이지요.

그는 선거대책을 총괄했을 뿐만 아니라 정치외교학과의 총무를 맡았고 아남모의국회의 모든 기획과 섭외, 진행, 일정 등을 도맡기도 했습니다. 저와는 당시 문교부에서 개최한 학술세미나에 공동으로 참여해 상을 타기도 했지요. 모든 일에 적극적이고 혼신을 다해 일을 해내는 그의 집념과 열성은 타의 추종을 불허할 정도입니다. 그 결과, 대기업의 전무까지 역임하는 저력을 보였습니다.

승환이(막냇동생)가 미국 유학 갈 때 얘기를 해드렸는지 기억이 안나네요. 지금은 어떤지 모르지만 당시 유학생에게는 보호자의 예금잔고 증명이 필요했습니다. 잔고가 일정액 이상이어야 됐습니다. 말하자면 학비를 대줄 능력이 있느냐 없느냐를 보는 것이지요. 제가 보증인으로 서류를 냈는데 저에게 그만한 예금잔고가 있을 턱이 있나요?

그래서 J에게 부탁했습니다. 그도 넉넉지 못하기는 저와 마찬가지여서 거절하면 그만인데도 이리저리 알아보더니 자기 처남에게 말해 제 통장으로 거금을 입금토록 하여 해결해 주었습니다. 승환이가 유학을 마치고 대학교수로 잠시 귀국했을 때 감사의 인사를 드리게 한 기억이 있습니다.

또, 좀 부끄러운 일인데, 은숙이(둘째 여동생)가 재수할 때 다니던 학원이 J의 직장 근처였습니다. 무슨 일로 그랬는지 제가 동생을 데리고 그의 사무실을 방문한 적이 있었던 모양입니다. 그 뒤로 가다오다 만나면 그가 동생에게 적지 않은 용돈을 주곤 했답니다. 고맙고 면목이 없다고 했더니 J는 마치 친동생에게 준 것인 양 대수롭지 않게 여겼습니다. 마음이 한없이 따뜻한 친구이지요.

그에게 신세 진 일은 그 밖에 또 있습니다. 관인의 둘째아들 덕환이 아시지요? 그 애가 대학을 졸업하고 마땅한 취직자리를 구하지 못하고 있기에 염치없이 J에게 부탁했습니다. 그 당시 이 친구는 모 대기업의 중역으로 있을 때입니다. "알았다"고 한마디 하더니 며칠 뒤 출근토록 해주어 덕환이는 지금도 그 회사에 근무하고 있습니다.

그뿐만이 아닙니다. 토목·건설사업이 한창이던 1980년대 시멘트 품귀 파동이 일어났을 때 건설업을 하는 승민이(맏아들) 초등학교 친구(이준석)의 아버지가 시멘트가 없어 큰 애로를 겪는다며 저에게 도움을 요청했습니다. 생각 끝에 염치불고하고 또 J에게 상의했습니다. "알았다"고 하더니 며칠 만에 충분한 양을 공급해 주어 공사를 무사히 마치게 한 일도 있습니다.

이 친구 이름이요? 개운사에서 도시락 마주 놓고 우리들 몰래 연정(戀情)을 싹 틔워 온 '영순 아씨'의 남편이 된 정무열입니다.

아쉬울 때마다 그에게서 큰 도움을 받았으나 저는 아무런 보답도, 인사도 못해 늘 '빚진 자'의 마음입니다. 이 친구도 정치와는 담을 쌓은 '정치학도'이지요. 만약 대학시절 우리와 어울리지 않고 공부만 했더라면 그는 지금쯤 대법원장이나 검찰총장을 지낸 '원로 법조인'으로 사회의 우러름과 대접을 받는 인물이 됐을 게 분명합니다.

저의 일이라면 발 벗고 나서 준 은인(恩人)이 아닐 수 없습니다. 이 친구도 앞의 의인 H와 마찬가지로 일주일에 한 번 함께 만나 손맛과 입맛을 즐깁니다.

무전여행 함께 한 거인

또 다른 정우회 친구 하나를 소개해 드릴 게요. 대학 1학년 겨울방학 때 함께 제주도 무전여행을 한 절친한 친구 S 얘기입니다. 그 친구도 지방(군산)에서 올라왔는데 잠시 변두리 홍릉 임업시험장 안에 있는 무허가 건물, 전깃불도 안 들어오는 허름한 집에서 저와 함께 하숙을 한 적이 있습니다. 저녁 하굣길에는 번갈아 양초를 사들고 오곤 했지요. 저는 게을러서 방을 통 치우지 않는데 그는 자고 일어나면 언제나 청소를 도맡아 하고 복장과 용모도 단정하고 깔끔하게 갖추는 멋쟁이 모범생이었지요.

성격이 쾌활하고 스케일(마음 씀씀이)도 커서 친구들이 모두 좋아하고 저도 그를 친구 이상으로 대해 왔습니다. 고려대의 상징이 호랑이인데 응원가 중에 "맹호는 굶주려도 풀을 먹지 않나니 …"라는 대목이 있습니다. 이 친구야말로 아무리 배가 고프거나 힘든 일이 있어도 의연한 자세를 잃지 않는 호랑이에 비견되는 인물입니다.

저보다 키도 훨씬 크고 인물도 사나이답고 우락부락하게 잘생겨 막걸리깨나 먹고 '한 주먹' 휘두를 듯하지만 술은 한 잔만 마셔도 얼굴이 빨개지는 숙맥입니다. 겉은 사납게 생겼어도 속은 부드럽고 순진해 '시골 호랑이'라고나 할까요? 저는 그 친구 옆에만 서면 한없이 왜소함을 느끼곤 합니다.

그런 S가 "충남아, 이번 방학에 우리 무전여행 한번 해볼까?"라고 물어왔습니다. 저는 감히 엄두도 못 내고 꿈도 꾸어 보지 않은 일이지요. 고난이 따르는 모험이 두려웠으나 S와 함께라면 해낼 수 있고 또 스릴도 있을 것 같아 망설이지 않고 "좋다. 한번 해보자"라고 따라나섰습니다.

목적지는 제주도. 우선 배편을 알아보았습니다. 목포에서 떠나는 가야호를 타기로 했습니다. 기차 타고 목포로 내려가 S의 친구 집에서 한낮을 보내고 그 친구의 주선으로 배를 공짜로 타게 됐습니다. 무전여행 첫 관문을 통과한 셈이지요. 저녁에 출발, 12시간 가까이 지난 새벽 제주항에 도착했습니다. 근처 관광을 대충 마치고 제주도를 남북으로 관통하는 5·16 도로를 버스 타고 달려 서귀포항에 도착했습니다. 저녁밥을 사 먹고 여관에 사정하여 반값에 하룻밤을 잤습니다.

이튿날 바다를 구경하기로 의논하고 우회도로를 운행하는 버스정류장을 향하는데, 대여섯 발 앞서 두 여자가 나란히 걷고 있는 모습이 보였습니다. 차림새로 보아 여행객이 분명했습니다. 자태가 멋있고 복장도 눈에 띄게 세련돼 보였습니다. 속으로 '연예인들인가' 생각하며 부지런히 걸어 앞지르면서 옆으로 힐끗 보니 얼굴도 그럴듯했습니다.

S와 저는 앞서서 걸으며 주변을 구경하면서도 신경은 뒤쪽의 여자들에게서 떠나지 않았습니다. 얼마쯤 가다 아쉽게도 그들과 코스가 갈렸습니다. 친구와 저는 버스를 타고 가다 중간중간에 내려 푸른 바다, 아름다운 마을 모습 등을 구경하며 저녁나절 제주항에 도착했습니다. 육지(부산)로 가는 배는 도라지호인데 이것도 저녁에 출발, 이튿날 새벽에 도착하는 것입니다. 우리는 이 배를 무임 승선할 작정이었습니다.

맹수가 먹잇감을 목표로 삼았을 때는 온 신경을 집중하여 상대의 움직임을 살피듯이 우리도 부둣가를 서성이며 선박 주위를 예의 주시하고 있었습니다. 커다란 크레인이 화물을 선적하고 갖가지 물건들을 싣느라 선원들이 분주하게 움직이고 있었습니다. 1시간가량 살피고 있노라니까 그중 책임자인 듯한 사람을 가려낼 수 있었습니다. 그가 잠시 담배를 피우며 쉬고 있는 틈에 다가갔습니다. "안녕하세요. 저희는 대학생인데 무전여행 중입니다. 이 배를 태워 줄 수 있겠습니까?"라고 사정했습니다. 그는 우리를 아래위로 훑어보더니 "이따가 내가 신호하면 오시오"라고 하더군요.

멀찍이서 잠시 기다렸더니 신호를 보내왔습니다. 선원들 틈에 끼어 배에 올랐습니다. 우리를 아래층 2등 객실로 안내하더군요. 여러 개의 방 중 한 곳의 문을 열어 주면서 "배가 떠나기 전까지는 절대로 밖에 나오지 말고 꼼짝 말고 있으시오"라고 했습니다. 3등칸만 해도 감지덕지인데 값비싼 2등실이라니, S와 저는 대만족에 두 팔 들어 만세를 불렀습니다. 가운데 통로를 사이에 두고 침대가 양쪽 벽에 층층이

3개씩 붙어 있는 6인실이었습니다.

무전여행의 하이라이트는 잠시 후에 이루어졌습니다. 실내에서 얼마 동안 있었더니 드디어 배가 움직이기 시작했습니다. 출항을 한 것이지요. 우리는 문을 열고 갑판 위로 올라갔습니다. 석양빛을 받아 반짝이며 넘실대는 바다와 멀어져가는 항구의 모습을 감상했습니다. 그날이 1963년 12월 31일이었지요. 한 해의 마지막을 바다에서 보낸다는 새로운 감상에 젖어 있는데 저쪽에 보이는 것은, 난간을 붙잡고 선 두 여인, 바로 서귀포에서 얼핏 지나쳤던 그들이었습니다.

자석에 딸려가듯 S가 그쪽으로 가기에 저도 따라갔습니다. "아까 아침에 서귀포에서 본 것 같네요." S가 건넨 한마디에 그쪽에서도 기다렸다는 듯이 반가운 표정으로 "우리도 그때 보았어요"라고 응대해 왔습니다. "어디서 왔습니까?" "서울서 왔어요." "우리도 서울서 왔는데…." 몇 마디 오간 뒤 제가 "몇 등 칸입니까?" 물었더니 "3등칸이에요" 하기에 "우리는 6인실 2등칸인데 이 친구와 둘밖에 없어요" 그랬더니 "어머, 그래요?"라며 부러운 표정이기에 "짐 가지고 우리 방으로 오시지요" 해서 2등실을 함께 이용하게 됐습니다.

우리는 대학생, 그쪽 하나는 차 씨, 하나는 민 씨인데 초등학교 선생이었습니다. 서로 인사하고 음식과 음료를 나누었습니다. S나 저나 말주변이 없어 대화보다는 주로 동요와 민요, 유행가를 부르며 즐기는데 "잠시 후에 새해가 시작됩니다"란 안내방송이 흘러나왔습니다. 우리 넷은 일제히 환호성을 지르며 새해 소망이 이루어지기를 빌었습니다. 바다 위 뱃속에서 아름다운 여인들과 무박(無泊)으로 맞는 새해의 감흥은 이루 말할 수 없었습니다.

새벽 부산항 도착. 이틀 후 낮 12시 광화문 금란다방에서 만날 것을 굳게 약속하고 헤어졌습니다. 서울에서 몇 차례 만나는 동안 차 선생은 S에게, 저는 민 선생에게 관심이 쏠렸습니다. 하지만 S는 차 선생을, 민 선생은 저를 별로 마음에 두지 않아 만남이 뜸해지며 관심이 시들해지다가 관계가 아예 끊어지고 말았습니다. 하지만 대학 초기에 두 여선생과 함께 즐긴 S와의 제주도 무전여행은 저의 영원한 추억으로 남아 있습니다.

대학시절 정우회 회원들이 여러 번 군산 S의 고향집을 찾았는데 아무리 우리 숫자가 많아도, 아무리 자주 들러도 부모님은 항상 자식같이 대해 주셨습니다. 그가 들려준 아버님에 대한 얘기는 귀감이 되어 지금도 기억에 또렷이 남아있습니다. 그분은 90세가 넘도록 장수하셨는데 치매를 앓기 전까지 평생 당신의 속옷을 손수 빨아 입으셨답니다. 부인에게도 결코 하대하지 않고 늘 공대하는 등 반듯한 예절과 도리를 지키셨다고 합니다. 그런 부모 밑에서 자란 자식답게 S도 행동거지가 반듯하고 매사를 큰 도량과 넓은 시야로 바라보며 너그러운 마음으로 상대방을 대하는 거인(巨人) 입니다.

S는 우연히 군생활을 제주에서 했는데 학창시절 무전여행의 추억이 있어서 그랬는지 비록 사병이었지만 일대를 주름잡았다고 하더군요. 그는 한때 국회의원 비서관을 지냈으나 정치에 대한 꿈과 유혹을 접고 일찌감치 고향에서 환경관련 사업을 이루어왔습니다. 지금 그가 거리를 지나다 열 사람을 만나면 대여섯 번은 '형님' '회장님'이란 인사 받기에 바쁜 몸이 됐습니다. 그만큼 배려하며 베풀고 덕을 쌓으면서 살아왔다는 증거이겠지요. '(소크라) 테스형'을 부른 나훈아처럼 사나이답

게 잘생긴 송재휘란 이 친구가 만약 가수가 됐더라면 '(아리스토) 텔레스 형'을 불렀을 것이고, 정치를 했더라면 아마 조병옥 못지않은 큰 인물이 됐을 게 틀림없습니다.

위의 친구들은 모두 제가 본받고 싶은 인물들입니다. 대학시절 맹호의 야망(野望)과 사자의 포효(咆哮)를 깊숙이 간직한 채 멀리 바라보고 열심히, 주위를 보살피며 진실하게 살아온 친구들입니다. 그 보답으로 노년에 각자의 위치에 우뚝 서서 상찬(賞讚)을 받고 있는 이 친구들이 한없이 자랑스럽습니다.

ROTC 정훈병과 양보

2학년 때 6·3 사태로 붙잡혔다가 만 80일 만에 학교에 복귀했으나 당국으로부터 곧바로 군복무를 할 것이냐, ROTC(학군사관)를 지원할 것이냐 하는 선택을 강요받았습니다. 요즘은 ROTC의 인기가 높아 선발시험을 거쳐야 할 정도라지만 그 당시는 군에 대한 인식이 좋지 않고 생소한 제도라 지원자가 적어 정원미달 상태였습니다.

6·3 사태 때 저와 함께 붙들려 똑같이 형무소 생활을 한 친구(정해남)는 어렸을 때 오른쪽 검지손가락이 잘려나가 자기는 군대에 갈 염려가 전혀 없다고 큰소리치곤 했습니다. 사실 손가락이 없으면 총을 쏠 수 없기 때문에 군면제 판정을 받는 것으로 알고 있습니다. 그런데도 이 친구는 형무소에서 나온 지 얼마 되지 않아서 군대 영장이 나왔습니다.

저는 두 가지 중 하나를 선택해야 하는 상황이었지요. 이 문제를 아버지께 여쭈었습니다. 저는 사병으로 지원해 3년 뒤 복학하려고 했으나 아버지의 생각은 달랐습니다. "지금 일동 버스정류장이 집 앞에 있어서 식당영업이 그런대로 유지되지만 정류장이 딴 곳으로 옮겨지면 어떻게 될지 모른다. 그럴 경우 대학 등록금 대주기가 어려울 것이다"라는 말씀이었지요.

저는 아버지의 의견에 따라 3학년부터 ROTC(5기) 훈련을 받기로 했습니다. 4학년까지 1주일에 일정한 시간 학교에서 훈련받고 3, 4학년 여름방학에는 한 달씩 군부대에 입영하여 집중훈련을 받는 과정을 무사히 마쳤습니다.

4학년 말에 전국적으로 종합시험을 보는데 이 시험성적으로 군번이 매겨지고 병과 분류에도 참고한다고 하여 나름대로 열심히 공부해 시험을 치렀습니다. 군번은 67-01515. 그해 총 3,300명이 임관했는데 꼭 중간성적이었습니다. 그래도 우리 정치외교학과 10명의 훈련생 중에서는 최고 성적이었답니다.

당시 우리 과에 배당되는 병과는 보병, 포병 외에 그해부터 ROTC에 처음 정훈병과 TO(정원)가 있었습니다. 선망의 병과였지요. 우리 과 정훈 TO가 3명이라 저는 당연히 해당될 것이라는 첩보를 들었습니다. 보병이나 포병 소위는 최전방 소대장밖에 못하지만, 정훈병과는 최말단 단위가 사단이라 누구나 이 병과를 배정받기 원했습니다.

그러나 저는 군사훈련을 받으면서 늘 말단 소대장으로서 적들과 대치한 긴장 속에서 근무할 생각을 갖고 있었습니다. 실제로 전쟁이 일어나면 전투를 해보고 싶은 마음도 있었습니다. 사병들을 지휘하고 또 그들과 함께 생활하면서 인생을 배우고 고난도 극복할 수 있는 인내력을 키우고 싶었습니다. 정훈병과를 받으면 그런 경험을 할 수 없고 그저 편안하게 군복무를 마칠 게 뻔했습니다.

또한 대학 선택을 앞두고 꾸었던 꿈도 생각이 났습니다. 즉, 수해가 나서 복구작업을 하는 사람들을 돕지 않고 나만 편한 길을 가려고 돌아가다가 자전거가 물러앉는 꿈이었지요. 평탄한 길을 선택하면 결과가 좋지 않으리라는 예감이 들었습니다.

생각이 여기에 미치자 저는 그 길로 부단장을 찾아갔습니다. 당시 학군단 단장은 현역 대령이고 그 밑에 소령이 부단장을 맡고 있는데, 모든 행정은 그가 결정했습니다. 제가 단도직입적으로 부단장에게 "제가 정훈병과를 받게 된다는데, 저 보병으로 가게 해 주십시오" 했더니 부단장은 짐짓 "병과는 아직 정해지지도 않았는데 누가 알려 줬냐?"며 놀라는 표정을 지었으나 딱 부러지게 안 된다는 눈치는 아니었습니다.

그는 "이유가 뭐야?"라고 물었습니다. "저는 장남이지만 동생들이 있고, 또 최전방 비무장지대에서 근무하고 싶습니다" 그랬더니 놀라는 표정으로 "단장과 논의해 보겠다"고 했습니다. 며칠 후 병과통지가 날아왔습니다. 저는 뜻한 대로 보병을 받았습니다. 저의 건의가 받아들여진 것이지요.

나중에 보니 정훈병과는 저와 아주 친한 친구가 차지해 참 잘됐다고 생각했습니다. 그는 학생 대대장을 맡아 많은 헌신과 봉사를 했고 더구나 3대 독자라 전방이면 군대를 가지 말라고 그의 아버지가 극구 강조했던 것입니다. 그는 군생활을 편히 잘했다고 하더군요.

1967년 3월 1일 저는 육군 소위로 임관하여 광주 보병학교에서 12주간의 고된 훈련을 마치고 강원도 인제군 서화면 천도리, 최전방 비무장지대에 본부를 둔 제12사단 52연대에서도 10km 가까이 더 전방으로 들어간 3대대 11중대 3소대장으로 현역 복무를 시작했습니다.

3 편

군대생활

1장

최전방 소대장이 되다

첫 관문, 지옥훈련

1967년 3월 1일 장충체육관에서 소위 계급장을 달고 임관하여 17일 전남 장성군에 있는 통칭 광주보병학교 초등군사반에 입교했습니다. 이곳에서 12주간 집중훈련을 받았습니다.

그중에 가장 힘든 게 2주간의 유격훈련이었습니다. 봉을 들고 구령에 맞추어 일사불란하게 동작해야 하는 PT 체조, 장애물 코스와 참호격투, 도피 및 탈출, 줄타기 도하, 외줄 수중낙하, 생환 등 최악의 조건에서 견뎌내는 지옥훈련입니다. 훈련기간 중 취침시간이 따로 없어 야간에 이동할 때 앞사람이 졸고 섰으면 뒤따르던 대원도 그대로 서서 조는 경우도 있습니다.

그렇게 고된 훈련을 무사히 마치고 나니 비로소 군인이 됐다는 자부심이 생기더군요. 아무리 어려운 환경에 처하더라도 살아날 방법을 찾을 수 있다는 자신감도 갖게 됐습니다. 12주간 훈련의 모든 과정을 마치고 비로소 부대배치를 받았습니다.

보병학교를 마치고 12사단에 배속돼 열차 타고 버스 타고 간 곳이 '인제 가면 언제 오나?, 원통해서 못 살겠네!' 하는 강원도 인제군 원통면이었습니다. 사단본부에서 1주일간 오리엔테이션을 받은 뒤 사단 예비부대인 52연대에 배속돼 트럭 타고 실려간 곳이 '천도리 만도리 돌아봐도 하늘 30평! 내 님은 어디 있나?' 하는 인제군 서화면 천도리였습니다. 저는 3대대 11중대 제3소대장이 되었습니다.

사단 3개 연대 중 2개 연대는 전방에 배치되고 1개 연대는 후방의 예비부대로서 전투력을 연마하는 게 주임무이지만, 실상은 전방 GP 근처에서 잠복근무를 하고 막사 보수작업과 사계청소 등 사역이 대부분입니다. 그곳에서 수행한 큰일은 사계청소, 잠복근무, 특수침투 및 방어훈련 등이었습니다. 그중에서도 잠복근무를 하면서 벌어졌던 일들이 새롭습니다.

사계청소와 더덕

8월 한더위 속에 250km 군사분계선 남쪽 200m 안에는 풀 한 포기 없게 하라는 벌목 및 제초작업 명령이 떨어졌습니다. 우선 빼곡히 들어선 수십 년, 수백 년 된 거목들을 제거하는 것이지요. 두 사람이 맞잡고 작업하는 대형 톱과 중형·소형의 톱들을 지급받고 소대원들을 데리고 생전 처음 나무 베는 작업에 나섰습니다. 나무를 베는 것도 중요하지만 안전이 더욱 신경 쓰이는 일이었죠. 커다란 나무를 베어 넘어뜨릴 때 전 대원이 주의하지 않으면 큰 부상을 당하거나 까딱하면 생명까지 잃을 수 있는 위험한 작업입니다.

이렇게 고된 작업을 하면서도 눈 밝고 재빠른 대원들은 도라지나 더덕을 발견, 톱을 내던지고 꼬챙이로 땅을 쑤셔 캐냅니다. 간혹 산토끼나 비둘기, 꿩을 만나면 사냥에 돌입하기도 합니다. 간혹 뱀을 잡으면 즉석에서 구워 먹기도 했습니다. 이럴 땐 군생활이 아니라 야영놀이를 하는 기분이었죠.

그때 더덕을 어찌나 많이 캤는지 더블백에 채워 소대원들의 부식으로 보충하기도 했습니다. 꿩이며 비둘기, 산토끼는 소대장 특식으로 제공되곤 했죠. 더덕 중 크고 잘생긴 것만 골라 10kg 남짓을 일동에 보내 드렸던 일은 기억하시지요?

몇 달 뒤 휴가 나와 집에 들렀더니 어머니가 그중 몇 뿌리는 앞마당 화단에 심어 덩굴이 무성하게 자랐고 대부분은 술을 담갔다며 보여 주셨지요. 그때 하신 말씀이 "이 술은 잘 보관해 두었다가 내가 죽거든 친구들과 함께 마셔라" 하셨던 거 생각나세요? 그 뒤 세월이 흘러 딸 셋을 모두 시집보내신 후 더덕 술병을 보는 사위들마다 침을 흘리며 "장모님, 한 모금만 … " 하고 사정했지만, 어머니의 대답은 늘 한결같았지요. "내가 죽거들랑 마시게."

그 엄명은 철저히 지켜졌습니다. 비무장지대 산골에서 캔 더덕을 술 담근 때가 1967년인데 어머니가 돌아가셔서 장례를 치른 2017년에 술항아리 뚜껑을 열었습니다. 만 50년 만이지요. 술 빛이 누렇다 못해 황금빛이었습니다. 더덕은 하얗고 술은 투명한데 더덕 품은 소주의 50년 사랑이 얼마나 진했기에 신비한 황금빛으로 변했을까?

코끝에 풍기는 향기마저 그윽하기 그지없었습니다. 맛이 달았습니다. 원래 술은 쓰고 더덕은 떫은데 달콤하고 향긋한 맛을 내다니 놀랍기만 했습니다. 어머니의 손맛과 젖맛이 이랬던가? 맵고 쓰린 일생의 삶을 인고와 희생으로 지혜롭게 헤쳐 나가셨던 어머니가 빚은 걸작품이 아닌가 생각했습니다.

어머니의 말씀대로 문상 왔던 친구들에게 답례로 한 잔씩 돌리며 다시 한 번 어머니를 회상했습니다. 술 따르고 남은 더덕을 차마 버리지 못하고 다시 소주를 부어 재탕, 밀봉하면서 어머니의 정과 사랑을 잊지 않으려 다짐했습니다.

꼴통 이화열 사건

전방 소대장으로 근무할 때는 잊지 못할 사건들이 참으로 많습니다. 사계청소 임무를 마치고 RG #4 담당 소대장을 겸하던 때입니다. 대대본부에서 3km 전방의 고갯길에 설치된 검문소는 전방 GP 쪽으로 출입하는 병력과 물자를 검문하는 것이 임무였습니다. 여기에 하사를 팀장으로 1개 분대를 파견하는데, 30m쯤 떨어진 능선에 지은 막사에서 근무자를 제외한 인원이 대기하며 휴식을 취합니다.

이곳 능선 꼭대기에 올라서면 전방 비무장지대 민간인들이 사는 대성마을(펀치볼)이 내려다보입니다. 막사 주위에는 노후하여 움직이지 못하는 '고정 탱크'가 한 대 있는데 포신은 멀쩡해 사격이 가능하고, 탱크 속에 든 고가의 부속을 민간 도굴자들이 훔쳐간다는 소문이 있어 밤에 보초를 서야 합니다. 초소에는 수냉식 기관총이 있는데 겨울에는 수십, 수백 발의 사격을 가해 냉각기의 뜨거워진 물로 머리를 감기도 하는 등 영하 25~30도의 추위와 싸워야 합니다.

이런 열악한 여건이지만 소대원들은 이곳에 파견되는 것을 특과로 여깁니다. 하루에 두어 차례 드나드는 차량이나 인원을 체크하는 검문소 근무가 한가하기 그지없고 엄격한 규율 없이 분대장 관장 아래 자유롭게 충분한 휴식을 취할 수 있기 때문입니다.

하루는 제가 주번 사관(한 달에 한 번 1주일씩 야간 중대장 역할)을 하고 있었습니다. 그날이 마침 추석명절이었어요. 군에서도 명절에는 훈련이나 작업 없이 병사들에게 휴식시간을 주어 쉬게 합니다. PX에서 막걸리도 자유롭게 사 먹을 수 있죠.

그즈음 우리 중대에 골치 아픈 병사가 배치되었습니다. 연대뿐 아니라 사단에서도 '꼴통'으로 이름난 장기복무 하사인데, 가는 곳마다 사고를 쳐 이 부대, 저 부대로 쫓겨 다니고 있었습니다. 평소엔 멀쩡하다가도 술만 먹으면 개귀신이 된다고 합니다. 특이한 것은 녀석이 그렇게 말썽을 부렸지만 한 번도 영창엔 가지 않았습니다. 아무리 사고를 쳐도 영창에 보낼 정도의 중대 범죄는 저지르지 않는, 지능적인 놈이라 부대 상관들의 약을 올린다는 소문이었습니다.

중대장이 걱정했습니다. "이 사고뭉치를 누구 소대에 보내야 하냐"며 소대장 4명을 둘러보더군요. 깊이 생각하지 않고 망설임 없이 "제 소대로 주십시오" 하고 덜컥 받기는 했으나 내심 켕기기도 했습니다. 녀석은 호리호리한 몸매에 저보다 조금 큰 키로 충청도 말씨를 썼습니다. "충성! 이화열 하사 착실히 근무 잘하겠습니다." 첫 신고는 반듯하고 씩씩해서 저도 "그래, 잘 지내도록 하자"고 환영했습니다.

소대에 온 지 1주일가량은 조용했습니다. 그러나 '제 버릇 개 못 준다'고 시간이 지남에 따라 대원들의 원성이 들려오기 시작했습니다. 졸병에게 발을 씻기게 한다, 아무 이유 없이 구타한다, 취사장에서 특식을 구해 오라고 한다, 군화를 닦고 작업복을 다리게 한다 등등.

주번 사관을 하는 추석날 오후. 녀석을 불러 중대장 책상 위에 신문지를 깔고 올라앉아 PX에서 막걸리를 받아다 함께 마셨습니다. 이런 저런 인간적인 대화를 나누며 녀석의 마음을 순화시키려 했지요. 홀어머니를 모시고 가난하게 살다 입대했는데 별생각 없이 장기복무를 신청해 5년째 군생활을 하고 있다고 했습니다. 마음에도 없는 군생활이 너무 지겹고 힘들어 불명예제대를 당하고 싶어 일부러 사고를 친다며 진실인지 속임수인지 속내를 털어놓았습니다.

그래도 참고 견뎌 명예롭게 제대(7년 근무)하라고 충고하며 몇 순배 친구 사이인 듯 가벼운 마음으로 잔을 나누었습니다. 그사이 시간이 꽤 흘러 취침시간을 훨씬 넘겼고 술도 떨어져 내무반으로 돌아가 자도록 했습니다. 절대로 사고치지 않겠다는 다짐과 함께.

저도 잠을 자려고 중대장실 야전침대에 몸을 뉘었는데 내무반에서 불침번을 서던 병사가 울면서 들어왔습니다. 이화열 하사한테 맞았다는 것입니다. 지금 소대원들을 때리고 있다고 했습니다. '옳다, 잘 걸렸다. 술 먹고 사고 친 놈 술 취했을 때 잡자.' 술 깬 다음에 나무라 봤자 취해서 그랬다며 용서를 빌면 그만이기 때문에 취했을 때 따끔한 맛을 보여 주어야 한다고 들었습니다.

막사로 달려갔습니다. 쥐 죽은 듯 고요했습니다. 보초가 저에게 신고하러 나온 사이 녀석이 소대원들에게 아무 일도 없었던 양 사건을 은폐토록 한 것입니다. "이화열, 일어나!" 머리까지 뒤집어쓴 소대원들의 모포가 아무 미동도 없었습니다. "이화열, 이 자식 어디 있어?" 고함을 질렀더니 저를 따라온 보초가 그의 위치를 손가락으로 가리켰습니다. 달려가 구둣발로 녀석의 머리를 걷어찼습니다. "따라와!" 소대원들은 자게 해야 하므로 중대장실로 따라오라고 한 것입니다.

들어가 잠시 있었더니 녀석이 문을 열고 비실비실 들어왔습니다. 다짜고짜 주먹으로 그의 배를 향해 한 방 날렸습니다. 녀석이 의자에 푹 쓰러지는가 싶었는데 짚고 있던 의자를 번쩍 들어 제 머리를 향해 내리치려는 찰나 제가 놈에게 바짝 달려들어 있는 힘껏 가슴을 내질렀습니다.

녀석도 저도 이제 상하관계가 아니라 1 대 1, 서로 원수로서 싸우는 것입니다. 분이 풀리지 않았습니다. 더 이상 폭력으로 제압하고 싶은 마음보다는 아예 끝장을 내야겠다는 생각뿐이었습니다.

보초에게 실탄과 함께 총을 갖고 오라고 했습니다. 두 자루의 카빈총과 실탄을 가져왔습니다. "너와 내가 오늘 결판을 내자." 그중 하나를 들어 탄창을 끼워 장전하고 방아쇠 잠금장치를 풀고 녀석에게 던져주었습니다. 잡자마자 저에게 갈길 수도 있는 상황이지만 겁은 나지 않았습니다. 나머지 하나를 제가 집어 들고 장전했으나 방아쇠는 풀지 않았습니다.

"가자. 취사장 뒤 계곡으로 가서 마주 서서 서로 쏘자." 서부영화를 연상하며 문을 열고 따라나서라고 소리쳤습니다. 순간 녀석이 총을 땅에 내려놓고 무릎을 꿇더군요. "잘못했습니다, 소대장님. 다시는 안 그러겠습니다." 진정으로 사과하는 태도였습니다. "들어가 자! 내일 보자!" 이것으로 사건은 종료되고 조용한 밤을 보냈습니다.

이튿날 출근한 중대장에게 보고했습니다. 큰 사고가 없었으니 그냥 넘어가자고 하더군요. 저는 "아닙니다. 그놈은 사고를 치고도 벌을 받지 않았기 때문에 계속 말썽을 부리는 것입니다. 영창에 보내야 합니다." 저의 고집에 소대장들을 소집하여 징계위원회를 열고 사단 영창에 보내기로 했음을 대대장에게 보고하고 헌병대에 넘겼습니다. 1주일 영창 구금형을 받았다는 소식을 들었습니다.

속이 후련했습니다. 단지 벌을 받게 됐다는 사실이 기쁜 게 아니라 다시는 녀석을 볼 일이 없어졌기 때문이었습니다. 형기를 마친 병사는 대부분 다른 부대로 배치하는 것이 관례였거든요. 그렇게 후련하고 편안한 마음으로 나날을 보내고 있을 때 청천벽력과도 같은 중대장의 명령을 들었습니다. "대대장이 불러서 갔더니 이화열이 영창에서 나오면서 우리 중대 이충남 소대로 보내 달라고 했다는 거야. 대대장 명령이니 이 소위가 다시 맡아야겠어."

긴장된 중대장의 안색도 안 좋고 옆에서 듣고 있던 동료 소대장들도 떫은 표정이었습니다. '녀석이 나에게 앙심을 품었구나. 영창에서 보복의 칼을 갈았구나. 나는 이제 죽었다.' 마음은 무섭고 떨렸으나 명령은 거역할 수 없는 것. 겉으론 태연한 체 "좋습니다. 보내 주십시오"라고 했습니다.

이튿날 중대장이 그를 데려왔습니다. "충성! 소대장님, 정신교육 잘 받고 왔습니다." 진정인지 위협인지 녀석이 저에게 깍듯이 신고했습니다. "수고했다. 몇 분대를 맡을래?" 물었더니 RG #4를 맡겠다고 했습니다. 저는 속으로 좀 안심이 됐습니다. 그곳은 제 지휘하의 초소이긴 하지만 소대 본부와는 거리가 떨어진 별동부대라 저와 직접 부딪칠 일이 별로 없습니다.

하지만 그쪽 분대원들이 걱정됐습니다. 외딴 곳에 떨어진 초소에서 그가 무소불위로 휘두를 폭행과 행패가 염려되어 불안한 나날을 보냈습니다. 그런데 가끔 보급품 수령차 내려오는 전령의 말은 예상을 뒤엎었습니다. 이 하사는 초소에 간 날부터 스스로 발을 씻고, 총기수입과 침구정돈도 직접 하고, 식사도 손수 급식을 타다 먹을 뿐 아니라 내무반 청소까지 도맡아 한다는 보고였습니다.

녀석이 나를 속여 방심케 한 뒤 일격을 가하려는 위계술(僞計術)이 아닌가 더욱 경계를 늦추지 않았습니다. 그런데 날이 가고 달이 가도 그의 행동은 변함없다는 대원들의 평가와 보고에 '정말 사람이 달라졌나' 하여 경계심을 늦추고 어느 정도 그에게 마음을 열어 두고 나날을 무사히 지냈습니다.

그로부터 5~6개월이 흘렀습니다. 제가 후방전출 명령을 받은 날 짐을 싸고 있는데 어떻게 소식을 들었는지 저를 찾아왔습니다. "소대장님, 그동안 감사했습니다. 성실하게 근무하고 명예롭게 제대하겠습니다. 사회에서 만나면 형님처럼 모시고 싶습니다."

그의 눈빛은 맑았고 목소리는 진지하고 활력이 넘쳤습니다. 다가가 맞잡은 그의 손은 따뜻하고 힘이 넘치는 듯했습니다. 그를 마주 바라보는 저의 가슴엔 알 수 없는 감사의 눈물이 흘렀습니다. "그래, 고맙다. 건강하게 근무 잘하기 바란다." "알았습니다. 안녕히 가십시오."

그의 작별인사 한마디가 오래도록 가슴에 남아 있습니다. 어딘가 살아있을 텐데 만나 보고 싶습니다.

전방 일대 잠복근무

7~8월 사계청소 벌목작업을 어느 정도 마무리했더니 9월께부터 소대원을 이끌고 북한 917GP 전방 일대 잠복근무 명령이 내려왔습니다.

우선 능선 뒤쪽에 대원들이 숙식할 막사를 마련해야 했습니다. 가슴 높이로 땅을 파고, 나뭇가지를 꺾어 지붕을 엮은 뒤, 맨바닥에 풀을 풍성하게 깔아 소대원들이 쓰게 하고, 소대장은 한 옆에 나무토막을 칡덩굴로 묶어 침상을 만든 뒤, 맞은편엔 난방을 위한 페치카를 만들고, 바깥에는 취사장을 지었습니다. 대원들은 이곳을 임시 본거지로 삼아 오전에 잠을 자고 오후에는 잠복장비를 갖춘 뒤 그날 연대에서 내린 작전지역 일대로 나아가 정찰하는 것입니다.

전방에서 도로가 아닌 지역을 이동할 때는 각별히 주의해야 합니다. 지뢰 때문이죠. 행군하다가 용변이 급해 잠시 길섶으로 들어섰다가 참변을 당하는 일이 비일비재했습니다. 정찰할 때도 마찬가지로 주의해야 합니다. 상부에서는 늘 지뢰를 조심하라고 하지만, 구체적으로 어떻게 하라고 가르쳐 준 것은 없었습니다.

야간잠복을 위한 정찰은 은밀히 하는 것이 아니라 적들이 간파할 수 있도록 일부러 큰 소리도 내고 참호도 파는 척하며 시간을 보냅니다. 그러다 날이 어두워지면 적들의 눈에 띄지 않는 능선 뒤로 돌아가 석식을 마치고 낮에 정찰하는 체하던 곳과는 전혀 다른 장소(연대에서 주어진 잠복작전 지점)로 은밀히 옮겨 쥐 죽은 듯 잠복에 들어가는 것입니다. 즉, 성동격서(聲東擊西)인 셈이지요.

인간의 냄새라곤 전혀 없는 최전방 산자락의 싸늘한 가을 밤. 초롱

초롱한 별빛 아래 애절한 노랫소리와 함께 심금을 흔드는 아름다운 여성의 목소리에 사연 담아 보내는 초저녁의 대북방송도 끝나는 한밤중. 2, 3명씩 조를 지어 3~4m 간격으로 배치한 참호 속엔 적막하기 이를 데 없는 시간이 흐릅니다.

때로는 으르릉으르릉 멀리서 들려오는 짝 부르는 구렁이 울음소리를 들으며 쏟아지는 잠을 쫓느라 서로 옆의 동료 몸을 흔들어 주곤 하지요. 숨소리마저 죽여야 합니다. 한밤중에 남하하거나 되돌아가는 간첩을 잡기 위해 통과예상 루트에서 촉각을 곤두세우고 기다리는 것입니다. 고요함 속에 낙엽 밟는 소리를 들으면 산짐승인지 인간의 발걸음 소리인지 순간에 포착하여 대응해야 했습니다.

탄피 회식의 결말

잠복근무 기간 중 낮에 정찰할 때는 뜻밖의 수확도 짭짤했습니다. 산정상이나 능선을 헤집고 다니노라면 옛날 6·25 때의 참호를 수없이 발견하게 됩니다. 그곳을 주의 깊게 살펴 야전삽으로 약간만 땅을 헤집으면 '노다지'를 만나는 경우가 많습니다. 즉, 총알을 찾을 수 있죠.

이것은 처절한 싸움에서 미처 쏘지 못하고 달아나거나 진지를 사수하다가 죽은 자들의 유품이지요. 사람의 생과 사를 가르는 흉탄이지만 15, 16년 만에 발견한 우리에겐 보화(寶貨)랍니다. 그래서 더욱 샅샅이 뒤져 캐내곤 했습니다.

참호 중에 인민군이 사용한 곳에서 나온 총탄은 아무 쓸모가 없습니다. 총알과 탄피가 철로 돼 있어 모두 썩어 버린 것입니다. 그러나 아군의 것은 신주(니켈동: 탄피 원료)로 돼 있어 말짱합니다. 어쩌다 기관총 호를 만나면 '화수분'입니다. 총에 장전됐던 실탄 띠나 탄통에서 무더기로 총알을 얻을 수 있지요.

우리는 그 총알들을 모아 소중히 간직합니다. 중대장이나 다른 소대에는 절대 비밀로 합니다. 그것들을 발견하면 상부에 보고하고 거두어 보내야 하기 때문이지요. 옛 격전지에서 캐내는 총알은 그 자체가 귀한 것이 아니라 탄피가 곧 돈이기 때문입니다. 꽤 괜찮은 값을 받을 수 있죠. 어떻게 보면 '정찰은 제사요, 탄피는 잿밥'이라고 할까요.

낮에 '수확'한 총알을 밤에 고참병들이 움막 막사 안에서 토닥토닥 두드려 분해한 뒤 화약과 총알은 버리고 껍데기만 모읍니다. 마대에 하나 가득 차면 선임하사인 김남일 중사가 어디론가 연락하고 부대 보급차가 올 때 실려 보내면 다음에 올 때 꼬박꼬박 현금으로 돌아옵니다.

그 은밀한 작전은 전적으로 김 중사가 주관했습니다. 연대에 반납할 탄피가 모자라 검열 때 걱정이라는 중대장의 말에 상당량을 보충해 주고도 그동안 탄피 '밀매' 자금이 제법 쌓였습니다.

두어 달 넘는 잠복작전을 마치고 대대본부에 돌아와 약 1주일간 장비점검을 하며 시간을 보낼 때 중대장에게 건의했습니다. "요즘 날씨가 따뜻하니 내일 하루 소대원들을 냇가에 데려가 세탁도 하고 휴식도 취하게 해주십시오." 흔쾌히 허락을 받고 선임하사를 불렀습니다. "내일 세탁작전을 나가는데 '그거' 얼마나 되는지 소대원들 회식 한 번 시켜 줍시다."

소대장 명령을 받은 김 중사는 용의주도하고 긴밀하게 준비하여 이튿날 소대원 전원을 이끌고 냇가로 나갔습니다. 10월의 날씨가 마치 봄날같이 따뜻하고 맑았습니다. 성질 급한 녀석들은 홀랑 벗고 냇물에 뛰어들어 묵은 때를 밀어내고 대부분의 대원들은 작업복이며 내복을 빨기에 바빴습니다.

그런 속에 모래밭 한쪽 옆에서는 어느새 돌로 화덕을 만들고 취사장에서 빌려온 커다란 솥에 불을 지폈습니다. 절에서도 젓국물을 얻어먹을 정도로 수완이 좋고 민첩한 김 중사가 준비한 것입니다. 솥에는 큼지막한 놈이 두 마리나 들어있었습니다. 보신탕이 끓여진 것입니다. 소대원 30여 명이 배를 두드리며 그야말로 포식했습니다. 제 옆에 앉은 김 중사는 수통에서 '맑은 물'(소주) 한잔을 따르는 치밀한 재주도 발휘했습니다. '아, 군대생활이 오늘만 같을지어다.'

그 행복감은 오래가지 못했습니다. 제 소대 관할인 RG #4 초소의 막사에 머물던 어느 날, 검문소 근무자로부터 연락이 왔습니다. "방첩대원이라며 소대장을 만나잡니다." 기분이 찜찜했습니다. 방첩대원은 범죄행위를 다루는 특수요원인데 왜 나를 보자는 것일까. 계급장도 없는 녀석이 찾아와 다짜고짜 물었습니다. "소대장님, 탄피 팔아먹었죠?"

'아차. 귀신도 모르게 벌인 은밀한 작전이었는데 어떻게 알아냈을까?' 전후 상황을 다 알고 왔는데 아니라고 잡아뗀들 무슨 소용이 있으며, 선임하사가 한 짓이라고 발뺌을 한들 무슨 수가 있겠습니까. 용빼는 재주가 없었습니다. "그렇다"고 솔직히 말했습니다. 그 돈으로 소대원들에게 보신탕을 먹였다고 실토했지요.

이러쿵저러쿵 말이 오가는 속에 보니 녀석은 저를 문초하러 온 것이 아니라 목적이 딴 데 있었습니다. "소대장님, 그건 문제 삼지 않을 테니 대신 인력을 좀 빌려주세요." "무슨 인력?" "실은 부사단장 요청인데 나무 한 차 실어낼 병력이 필요합니다."

내용인즉슨 여름에 사계청소를 하며 베어 넘어뜨린 아름드리나무들을 후방으로 실어내는데 병력이 필요하다는 것입니다. 말하자면 유물(탄피) 팔아먹은 죄를 군사작전 전리품(나무) 운반작업으로 상쇄시키자는 '협상'입니다. 거절할 수도, 이유도 없는 일이었지요. 그 자리에서 오케이 하고 작업에 들어갔습니다.

우선 소대원들에게 톱을 들려 거목에서 가지들을 잘라내고 적당한 크기로 토막 내 일정한 장소에 옮겨 놓게 했습니다. 며칠이 걸렸습니다. 방첩대원에게 연락했습니다. 트럭 하나 가득 옮겨 실어 호로를 덮어씌우더니 유유히 사라졌습니다. 그 뒤에 대고 김 중사가 큼지막한 '팔뚝 탄'을 날리며 한마디 내질렀습니다. "개새끼들. 저거 후방으로 빼돌리는 겁니다. 큰돈을 받을 거예요. 탄피 팔아 개 잡아먹은 우리가 바늘도둑이라면 저놈들은 소도둑이죠."

제가 웃으며 달랬습니다. "작은 도둑이 큰 도둑 욕하면 무엇 하나. 우리도 곧 소도둑이 될지 모르는데." 제가 만약 군생활을 오래했으면 정말 그렇게 됐을지도 모른다는 생각에 몸이 움찔해졌습니다.

인민군 수류탄과 매운탕

이화열 하사 사건이 평정되고 평화로운 분위기 속에 소대는 잠복근무와 일선 GP 지원업무를 수행했습니다. 그중 약 1주일 예정으로 전방

GP의 보조막사 보수작업을 할 때였습니다. 이 초소의 소대장은 저보다 1년 앞선 ROTC 4기로 이듬해에 제대(정식 용어는 소집해제)를 앞둔 선배였습니다. 그는 제 소대원들이 작업하는 동안 가끔 저를 불러 자기가 제대하면 대신 GP장을 맡게 될 테니까 미리 알아 두라며 자기 초소의 갖가지 현황을 알려 주곤 했습니다.

그러던 어느 날 이웃 GP가 놈들에게 당했다는 통고와 경계근무를 철저히 하라는 지시가 내려졌습니다. 적들이 야밤에 GP 철조망을 뚫고 침투하여 아군을 사살했는데 잡지 못했다는 것입니다. 선배 GP장은 대원들을 경비초소에 배치하고 지휘초소에서 비상상태로 대비하면서 저를 옆에 불러 함께 밤을 새웠습니다.

그러던 중 하루는 사단에서 명령이 떨어졌습니다. 보름달이 대낮같이 밝은 밤, 적 917GP에 사격을 가하라는 것입니다. 적들은 대개 그믐께 칠흑같이 어두운 야음을 틈타 간첩을 내려보내거나 초소를 공격하는 게 공식이었습니다. 또 우리가 공격을 받으면 반드시 보복한다는 것이 공공연한 작전 원칙입니다. 며칠 전 이웃 GP에서 당한 것을 보복하라는 명령이었던 것입니다.

선배는 저와 함께 작전에 나가자고 했습니다. 실제로 전투하는 것이라 흔쾌히 응했습니다. 작전에 끼워 주는 선배가 고마웠고 전투한다는 것에 스릴을 느꼈기 때문입니다. 저녁식사를 마친 뒤 1개 분대를 차출해 작전에 나섰습니다. 적 GP가 바라보이는 이쪽 후사면에 병력을 배치하고 U탄발사기(총에 장착하여 곡선으로 사격하는 수류탄)로 무차별 퍼부었습니다. '퓨웅' 하고 날아간 수류탄이 잠시 뒤 '퍼엉, 퍼벅퍼벅' 터졌습니다.

능선 꼭대기에서 탄착확인 임무를 맡은 병사는 그때마다 명중했다는 신호를 보냈습니다. 옆 부대에서는 엄호사격을 소나기처럼 쏟아냈습니다. 적진에서는 아무런 반응이 없었습니다. 얼마나 전과가 있었는지는 모르지만 수십 분간 퍼붓고 나니 속이 후련했습니다. 우리가 되로 당한 것을 말로 갚았다는 뿌듯함을 느꼈습니다.

그러나 승리감도 제대로 누릴 여유가 없었습니다. 며칠 뒤 선배와 함께 밤에 막사에서 한담하고 있는데 후문 쪽 좌우 초소에서 연달아 비상신호가 왔습니다. 신호음이 계속 울리는 속에 선배를 따라 저도 즉시 지휘초소로 올라갔습니다. GP를 빙 둘러 설치한 경계초소보다 약간 높은 곳에 기관총을 설치해 놓은 곳입니다. 후문 쪽을 향해 좌우로 돌리며 사격했습니다. 잠시 뒤 선배는 저에게 기관총을 맡겼습니다. 저는 신나게 갈겼습니다. 몇 놈 잡겠다는 생각에 경계병 머리 바로 위까지 낮게 겨냥해 당겼습니다.

선배는 그동안 대대에 연락하여 이웃 GP에서도 엄호사격을 해주었습니다. 1시간쯤 계속됐습니다. 집중사격을 멈추고 간헐적으로 위협사격만 이어졌습니다. 그동안 동이 트고 날이 밝았습니다. 요란하던 총성은 멎고 아침 햇살이 비쳤습니다. 선배의 요청에 따라 1개 분대를 인솔하여 후문 쪽을 통해 전과를 확인하기 위해 수색을 나갔습니다.

전방 GP 초소는 후방에서 들어가는 쪽에는 정문, 적 방향에는 후문이 설치돼 있습니다. 막사를 중심으로 20~30m 거리를 두고 빙 둘러 이중, 삼중의 가시철망으로 울타리가 쳐져 있습니다. 울타리와 막사 사이는 철조망을 낮게 깔아 적의 침투를 차단했습니다. 낮에는 정문과 후문에 이르는 통로의 철망을 걷어 올려 통행이 가능케 하고, 밤에는 다시 내려놓습니다.

철망을 걷고 후문 쪽으로 갔습니다. 밤새 퍼부은 총탄에 몇 놈은 죽어 있지 않을까 하는 기대와 함께. 나무 기둥을 세우고 거기에 철사로 엮어 연결한 문짝의 아랫부분이 A자 모양으로 벌어져 있었습니다. 놈들이 문짝 묶은 철사를 끊고 그 사이로 침투하려는 순간 초소병들한테 감지되었던 것입니다. 혹시나 하여 문밖으로 나가 살폈지만 시체도 유류품도 보이지 않았습니다. 단지 놈들이 움직인 흔적은 발견할 수 있었습니다.

밟힌 낙엽 발자국을 따라 능선으로 올라갔지요. 막사가 빤히 내려다보이는 40～50m 거리의 능선 움푹 파인 곳에 쌓인 낙엽더미가 눌려 있었습니다. 이놈들이 낮에 이곳에서 우리 GP의 상황을 살핀 뒤 밤에 한 방 먹이려고 내려왔던 것입니다. 이어진 발자취를 놓치지 않고 추적했습니다. 대원들은 양 가슴에 수류탄을 달고 장전한 소총 방아쇠에 손가락을 넣고 사주경계하면서 조심조심 저를 따라왔습니다.

낙엽 밟힌 자국을 따라가니 능선 아래 계곡까지 이르렀습니다. 물가에 닿으니 흔적이 있었습니다. 핏방울과 모자, 그리고 방망이 수류탄을 발견했습니다. 그 이상은 발자취를 찾을 수 없었습니다. 계곡물에서 멈춘 것이지요. 계곡을 따라 골짜기로 조금 더 올라가면 북한입니다. 그 자리에서 판단했습니다. 놈들은 적어도 한 명 이상이고 그중 한 놈이 부상하여 이곳에서 응급처치를 하고 탈출한 것이 분명했습니다.

방망이 수류탄 한 발, 모자 하나, 붕대 등 전리품 아닌 유류품을 거두어 선배에게 넘기며 수색작전 결과를 보고했습니다. 선배는 그 정도는 상부에 보고해 봤자 포상도 못 받고 조사받느라 귀찮기만 할 것 같으니 없던 일로 넘기겠다고 했습니다.

대신 그날 습득한 인민군 방망이 수류탄을 웅덩이 물에 던져 터뜨렸습니다. 소리가 요란하고 물이 한 길은 넘게 솟아오르더군요. 저것이 우리 초소에서 터졌으면 얼마나 많은 희생자가 생겼을까 생각하니 몸이 오싹해지더군요.

요란한 굉음과 함께 솟았던 물기둥이 가라앉자 웅덩이 위로 물고기들이 허옇게 떠올랐습니다. 그것을 건져 그날 매운탕으로 포식했답니다. 우리를 죽일 뻔했던 수류탄으로 물고기를 잡아 실컷 먹은 것입니다. 이것이 생과 사를 가름하는 전장에서 맛볼 수 있는 스릴과 낭만이 아닌가 생각했습니다.

1 · 21 사태와 특수훈련

비록 예비부대의 소대장이지만 이런저런 작전을 수행하면서 저는 동료나 대대에서 군인정신이 투철한 학군장교로 알려졌던 모양입니다. 이웃 전투대대 수색중대장(최태섭 대위)이 ROTC 4기가 제대하면 자기 휘하 GP에서 근무하자고 제의했습니다.

어차피 그때에는 전방 GP장을 맡는 게 정한 이치라 싫다고 하지 않았습니다. 단지 최 대위는 부하들을 엄하게 다스리고 기합이 심하기로 악명이 높은데, 그의 밑으로 간다는 것이 썩 마음 내키지는 않았으나 저를 특별히 군인다운 군인으로 지목한 데 대해 한편 고맙기도 했습니다.

하루는 그가 자기 지프를 보내 잠깐 보자고 했습니다. 우리 중대장에게 보고했더니 "최 대위가 이 소위를 잘 봤나 봐"라면서 흔쾌히 다녀오라고 허락했습니다. 사전에 우리 중대장에게 협조를 요청했던 모양입니다.

지프를 타고 그의 부대로 갔더니 반갑게 맞으며 앞으로 제가 맡을 전방 GP로 가 보자고 했습니다. 그는 운전석 옆 선임 탑승석에 앉고 저는 뒷좌석에 앉아 전방으로 향했습니다. 가는 도중 그는 드륵드륵 좌우로 카빈총을 갈기는가 하면 가끔 권총을 뽑아 타닥타닥 당기기도 했습니다. 적이 어딘가 숨었다가 저격해올지 모르기 때문에 사격으로 제압해야 한다며 저에게도 쏴 보라기에 덩달아 허공에 대고 방아쇠를 당기며 초소에 이르렀습니다.

ROTC 4기인 초소장도 저를 반갑게 맞아 주었습니다. 중대장과 저에게 GP 상황을 간단히 설명한 뒤 당번병이 식사를 내왔습니다. GP 요원들의 식량보급은 언제나 최고급인데 이날 식사는 보급품뿐만이 아니었습니다. 잡은 노루는 사단장에게 상납했지만, 멧돼지, 산토끼, 꿩 등 그야말로 진수성찬으로 푸짐했습니다. 단지 술 한잔이 없어 아쉽긴 했지만. 최 대위는 저를 붙잡기 위해, 제가 변심할까 봐 미리 대접을 하는 것 같았습니다.

하지만 어찌합니까. 그해 겨울이 지나 새해 1월 21일. 무장공비 청와대 침투사건으로 그와 저의 인연은 맺어질 수 없게 됐습니다. 1·21 사태가 터지자 전군이 비상상태였습니다. 며칠 뒤 중대장이 불렀습니다. "이 소위가 맡았던 3소대 병력은 그대로 두고 다른 병력을 줄 테니 그 부대를 맡으시오. 대대에서 특수소대를 편성해서 보낸답니다."

곧이어 전령을 빼고 소대원 풀 TO 40명을 받았습니다. 모두 낯선 얼굴, 굵직굵직한 몸매에 사나이다운 체격. 든든하나 왠지 불안했습니다. 정보에 의하면 놈들은 모두 말썽꾸러기들로서 소속 부대에서 버림받아 뽑혀온 '정예'들이기 때문이었습니다. 대개 찢어지게 가난한 집안 아니면 부모 형제가 없거나, 개중에는 사고를 친 전과자도 끼어 있었습니다. '이 사고뭉치들을 데리고 어떻게 하나?' 하는 걱정은 잠시이고 생사를 가름할 명령을 받았기에 최선, 최후의 각오를 해야 했습니다.

명령은 단 두 가지였습니다. 아군이 공격해 올라갈 땐 먼저 대원을 이끌고 적 917 GP로 쳐들어가 박살내서 공격 루트를 확보하는 것입니다. 아군이 후퇴할 땐 RG #4 좌우 능선을 방어, 적군의 침공을 억제하라는 것이었습니다. 아군이 모두 후퇴하면 뒤따라 철수하라는 조항만 포함돼 있어도 목숨 붙어 있을 확률이 어느 정도 있겠는데, 아군이 빠져 내려온 뒤 인민군의 진입마저 책임지라니 이것은 죽으라는 것과 마찬가지인 셈이지요. 글자 그대로 사수(死守) 하라는 명령이었습니다.

'대대의 하고 많은 소대장 중에 왜 하필 나인가?' 어이가 없고 눈앞이 캄캄했지만 마음을 돌렸습니다. 제가 그동안 그 지역에서 잠복과 몇 차례 실전을 치른 경험이 있기에 지목했을 것이라는 생각이 들었습니다. 제가 또 그만큼 군인답고 이 작전을 능히 수행할 능력이 있다고 판단했기 때문이었을 것입니다. 용맹과 신뢰를 인정받은 만큼 사명을 감당하리라 다짐했는데, 작전개시 명령이 떨어질 때까지 알아서 훈련하라는 것 외에 구체적 스케줄이 내려오지 않았습니다.

동료 소대장들은 이때부터 우스개로 저를 '이 중위'라고 했습니다.

상황이 벌어져 전공을 세우면 '특진'할 것이고 전사하면 '추서'될 것이라는 거죠. 저는 그 말이 듣기 싫지 않았습니다. 자랑스러웠습니다.

이튿날부터 훈련을 시작했습니다. 낮에는 방어, 밤에는 침투훈련으로 정했습니다. 실제 전투가 벌어졌을 때 실전을 치러야 하는 RG #4 좌우 능선에 적당한 간격으로 참호를 판 뒤 무기와 대원들을 배치하고 적을 향해 사격을 퍼붓다가 놈들이 가까이 다가오면 수류탄으로 저지하고, 그래도 뚫고 오는 놈은 총검으로 제압하는 훈련을 반복했습니다. 식사는 스페어깡(철제통)에 눈을 잔뜩 넣고 연기 안 나게 솔가지를 태워 녹인 물로 밥을 짓고 반합에 국을 끓여 먹었습니다. 밤에는 적 GP와 비슷한 지형을 정해 놓고 은밀히 기어들어가 모든 화력을 집중하여 초토화시키는 훈련을 거듭했습니다.

밤과 낮으로 이어지는 고된 훈련에 소대원들은 물론 저도 심신이 녹아 버릴 지경이었습니다. 일요일 본부 막사로 돌아와 휴식을 취할 때면 대원들이 마음껏 자유롭게 지내도록 했습니다. 훈련에 충실히 임하고 제 명령에 절대 복종하는 녀석들이 대견하고 고마웠습니다. 저들과 함께한다면 어떤 전투도 치를 수 있다는 자신감도 들었습니다.

훈련을 마친 뒤 본부 내무반에서 잠든 소대원들의 모습을 보면 든든하면서도 한편 측은한 생각이 들었습니다. 야생마와 같이 거친 녀석들, 그러나 순수한 놈들. 엄동설한 속 강훈련에도 군말 없이 복종하는 든든한 부하들. 죽을지도 모른다는 두려움을 애써 감추고 겉으로 용기백배 자신감과 전의(戰意)에 불타는 그들을 감싸 주고 싶었습니다.

선임하사에게 비밀 특명을 내렸습니다. 야음을 틈타 후방 민가로 침투, 밀주(密酒)를 받아오라고 했습니다. 아무리 민간인이 얼씬 못

하는 전방이지만 비밀 루트는 있었던 것입니다.

한참 만에 선임하사가 5갤런들이 스페어깡을 채워 왔습니다. 소대막사가 외따로 있긴 하지만 들키면 골치 아프게 됩니다. 보초를 단단히 세워 놓고 잠자리에 든 대원들을 조용히 깨워 한잔씩 돌렸습니다. 술은 몰래 먹는 게 더 맛이 있다나요? 꿀맛이었습니다. 이렇게 소대원들을 위로하고 사기를 높여 주니 그들의 훈련 성과는 나무랄 데가 없었습니다. 자그마한 사고도 없었습니다.

그동안 후방에 있던 포병부대가 모두 우리 보병부대보다 전방에 배치됐습니다. 공격명령이 언제 떨어질지 모르는 속에 제가 맡은 특수훈련은 약 한 달간 지속됐습니다. 그러나 작전개시 명령은 떨어지지 않은 채 초조한 나날이 계속됐습니다.

막걸리 덕에 후방 특명

'공격하라', '방어하라'는 공수(攻守) 명령이 내려오지 않는 속에 훈련만 계속하니 애꿎은 막걸리 공수(供需)만 잦아졌습니다. 제가 주번사관을 맡은 날 그날이 바로 정월 대보름날이었습니다. 그날은 제가 직접 '밀주 밀수작전'에 나섰습니다.

밤에 운전병을 깨워 대대장 차로 민가로 달렸습니다. 500m나 갔을까, 전방에서 헤드라이트 빛이 마주 비쳐왔습니다. '비무장지대에서, 특히 밤중에 운행하는 차는 군용밖에 없는데 누굴까?' 앞쪽의 차가 가까이 달려오면서 라이트를 깜빡 깜빡하며 신호를 보내왔습니다.

차를 세웠습니다. "화랑!" "담배!" 수하 뒤 "누구냐?" "3대대 주번 사관 이충남 소위입니다." "뭐 하러, 어딜 가나?" "민가에 순찰 나갑니다." "뭐야? 누가 밤에 민가 순찰을 하라고 했나?" 마주 세운 지프차에 탄 채 문답이 오간 끝에 상대방 차에서 장교가 내려와 우리 쪽으로 다가왔습니다. 연대 인사참모 윤 대위였습니다.

그는 제가 연대에 배속돼 오리엔테이션을 받을 때 교관을 하여 낯이 익었습니다. 6·25 때 인민군이었으나 포로로 잡혔다가 휴전 후 석방돼 전향한 뒤 국군으로 자원입대했다고 합니다. 그날 밤 연대 주번 사령이어서 예하부대를 순찰 나가던 중이라고 했습니다. 저는 그에게 이실직고했습니다. "사실 1·21 사태로 특수훈련을 맡았는데 소대원들의 사기를 높이려고 막걸리를 받으러 가는 중입니다"라고 말했습니다. "그곳이 어디요? 나도 가 봅시다"라고 하여 함께 민가 밀주 집으로 향했습니다.

닭 한 마리를 시켰더니 주모는 닭발을 잘게 다지고 모래주머니를 생으로 썰어 기름소금과 함께 내주면서 우선 이것으로 한잔하고 있으면 백숙이 나올 것이라고 했습니다. 운전병들이 주모를 도와 부엌에서 닭을 잡고 불을 때는 동안 윤 대위와 저는 방에서 막걸리잔을 기울이며 이런저런 대화를 나누고 있노라니 백숙이 들어왔습니다. 닭다리를 뜯으며 주거니 받거니 잔을 나누었습니다.

분위기가 좋은 틈을 타 저는 인사참모에게 후방으로 빠지고 싶다고 사정했습니다. 1·21 사태 이후 후방 방어의 중요성도 강조되어 며칠 전 연대에서 장교 한 명이 후방특명을 받았다는 정보를 알고 있던 터였습니다. 그는 "기회가 되면 알아보겠다"고 긍정적으로 대답했습니다. 주변 근무를 맡은 장교들끼리 한밤중에 민간지역으로 나와 술을 먹는 공범의 입장이니 거절하기가 어려웠을 것이고, 제가 특수임무로 고생하는 점도 고려했을 것입니다.

그날 밤의 '닭백숙 진상'이 주효했는지 불과 며칠 만에 중대장이 대대장에게 갔다 오더니 "이 소위, 후방 특명 났어. 백이 누구야?"라는 것입니다. '밑져야 본전'이라고 정월 대보름날 달 밝은 밤에 소원을 말했던 게 100% 효과를 본 셈입니다. 연대에 들어가 '안동 36사단 109연대 전투중대장' 특명을 받고 곧바로 짐을 챙겨 인제로 나와 서울행 버스에 올랐습니다.

그런데 이때 한 가지 고백할 사항이 있어 부끄럽습니다. 후방 특명을 받고 아침에 부대를 나서려는데 수중에 무일푼이었습니다. 월급은 타는 족족 막걸리 값으로 나갔기 때문이지요. 동료 소대장 2명에게 돈을 꾸었습니다. 후방에 가서 월급 타면 부쳐 주겠다는 약속과 함께. 지금 기억으로 1천 원씩 꾸었던 것 같은데 그 뒤 갚지 못했습니다.

사실 초기에 후방 근무가 어찌나 빡빡한지 한 달간 신발도 못 벗고 자는 형편이었습니다. 돈을 갚아야 한다는 생각은 있었으나 우체국에 갈 시간이 없어 차일피일 미루다 끝내 떼어먹은 결과가 되고 말았습니다.

그런가 하면 후방 후포항 지역에서 근무하다 제대를 앞두고 안동 사단으로 복귀할 때 한 군데 술집 외상값을 갚지 않고 떠난 것도 생각납니다. 7천 원쯤 됐을 겁니다. 일생에 남의 돈 떼어먹은 건 딱 두 번인데 늘 마음 한구석에 '빚진 자'의 멍에가 떠나지 않고 있습니다.

2 장

후방 전투중대장으로

부모님의 월남파병 걱정

후방전출 명령을 받고 1주일간 휴가를 얻어 집에 잠깐 들렀지만 부모님께는 어느 지방으로 가는지, 몇 사단인지 등 자세한 얘기는 말씀드리지 않은 채 그저 후방으로 간다고만 알리고 떠났던 것으로 기억합니다.

경상북도 울진군 후포면 후포항 일대에서 1년여 근무할 당시는 월남파병이 한창이던 때인데, 몇 달 동안 소식을 전해 드리지 못했지요. 아버지는 혹시 제가 월남으로 파병돼 가면서 부모가 걱정할까 봐 후방으로 간다고 거짓말한 게 아닌가 생각하셨다지요.

답답한 나머지, 어머니가 가평만신(무당) 집에 가 물으니 월남에 간 게 아니라 국내에 있는데 여자 치마폭에 묻혀 정신이 없다고 하여 일단은 안심하셨다지요. 그 뒤로도 몇 달째 소식이 없어서 국방부에 수소문하여 큰아버지가 면회 오셔서 만나 뵌 일도 있습니다.

그 뒤 사단본부가 있는 안동시내 107 연대로 옮겨 제대를 한 달여 앞두었을 때 부모님이 직접 오셨지요. 그때 결혼하기로 약속한 여자가 있어 선본다는 이유도 있었던 것은 잘 알고 계시지요?

후방 근무할 때의 몇 가지 사건들을 말씀드리겠습니다.

기름 회식 탄로

후방 근무는 마냥 편해서 책이나 보며 세월을 보내면 되는 줄 알았는데 전혀 그렇지 않더군요. 저에게 맡겨진 임무가 해안경비였습니다. 1·21 사태로 육지뿐 아니라 해상에도 언제 적이 침투해올지 모르니 전 해안을 철통같이 지켜야 한다는 것입니다.

부대원은 예비군을 1개월씩 소집하여 특별한 훈련도 없이 낮에는 초소를 짓고 밤에는 뜬눈으로 바다를 살피는 혹독한 근무를 했습니다. 낮에는 병사들의 작업을 지휘 감독하고, 밤에는 순찰을 도는 강행군의 연속이었습니다. 한 달 이상을 양말은커녕 신발도 못 벗고 지내는 속에 무좀이 생겨 어려움을 겪기도 했죠.

그런 연속된 작업과 야간순찰 업무 중에 연대에서 저에게 특명이 떨어졌습니다. 해안경비에 필요한 소형 배들을 포항에서 수령하여 후포항까지 끌고 오라는 것이었습니다. 명령에 따라 1개 분대병력을 데리고 포항에서 동력선 1척, 무동력 소형 배 4척을 수령해 오는 업무였습니다. 대원들은 뱃일 경험자들로 뽑아 주더군요. 동력선에 무동력선을 묶어 끌고 와야 하는 것입니다.

포항 부두에서 배를 인계했으나 풍랑이 심해 1주일간 머물게 됐습니다. 식사는 연대 부식차가 포항에서 수령하여 가는 중에 매일 들러 공급했고 잠은 배에서 모포를 덮고 자야 했습니다. 그러나 포항 모기는 어찌나 맹렬한지 군화도 뚫는다는 얘기가 돌 정도였습니다. 견디다 못해 저는 손목시계를 팔아 근처 여관에서 잠을 잤으나 사병들은 배에서 고생해야 했지요.

마음속으로 부하들의 고생을 안타깝게 여기고 있는데 인술 하사가 저에게 건의하더군요. 배와 함께 동력선을 움직일 기름을 4드럼이나 받았는데 그것의 절반만 가지고도 충분히 갈 수 있으니 나머지는 팔아서 대원들 회식이나 시켜 주었으면 좋겠다는 겁니다. 그래서 흔쾌히 허락했더니 쥐도 새도 모르게 팔아 두어 번 회식을 잘했습니다.

그 뒤 풍랑이 멎자 그 하사는 수완이 좋아 그쪽으로 올라가는 큰 고깃배를 교섭해 우리를 끌고 가게 했지요. 아마 기름이 충분하다고 말한 것은 미리 남의 배에 묶여 갈 작정으로 그랬다고 생각되기도 했습니다. 중간에 방향이 갈려 따로 가기는 했지만 어쨌든 한나절 만에 연대가 지정한 후포항에 무사히 배를 정박하여 본부에 인계했습니다.

그런 후 며칠 지나지 않았는데 대대장이 방첩대의 호출을 받고 다녀왔습니다. 이 소위가 기름을 팔아먹었으니 자체 조사하여 보고하라고 하더랍니다. 제가 자초지종을 얘기했습니다. 대대장이 그 내용을 방첩대에 보고했으나 징계하겠다고 하니 어떡했으면 좋을지 모르겠다고 하더군요.

기름 판 것을 어떻게 알았을까? 함께 데려간 사병 중 한 명이 방첩대에 고향 친구가 있는데 그와 만나서 포항에서 고생한 얘기를 하는 중에 기름 팔아먹은 것을 털어놓았던 것입니다.

대대장이 부연대장 및 참모들에게 사정하여 방첩대장을 무마하기로 했습니다. 대가는 쌀 두 가마. 그것으로 사건은 무마됐으나 저는 방첩대장을 '나쁜 놈'으로 여겼고, 그는 저를 '밥'으로 취급하는 관계가 됐답니다. 그로부터 머지않은 장래에 드디어 '복수의 칼'을 뽑을 기회가 왔습니다.

방첩대장과의 악연

어느 날 한밤중에 해안에 배치한 개인 초소로부터 '딸딸이'(유선통신 전화) 신호음이 울려왔습니다. 소대본부 초소에 앉아 있다가 받았더니 "해안에 접근한 수상한 자를 붙잡았다"는 보고였습니다. 야간에는 절대로 민간인이 해안가로 나오지 못하고 한밤에 바닷가로 나오면 무조건 붙잡게 돼 있었습니다. 그자를 잡아 심문하니 방첩대장이라고 하더랍니다. 그의 키와 얼굴 생김새, 말씨가 어떻더냐고 근무병에게 물어 보니 방첩대장이 맞다는 확신이 들었습니다.

얼마 전 야간순찰을 돌면서 초소를 살피니 근무자가 잠을 자고 있었습니다. 그를 깨웠습니다. "간첩이 침투하여 자는 너의 목을 땄을 것이니 너는 지금 죽은 것"이라고 호통치고, 바다를 향해 세웠습니다. 그리곤 그의 귀 바로 옆쪽에 총열이 오게 하고 바다를 향해 '타앙' 카빈총 한 방을 쏘았습니다. 그는 펄썩 주저앉으며 "소대장님, 잘못했습니다. 다시는 졸지 않겠습니다"라고 손이 발이 되도록 빈 적이 있습니다. 그날 방첩대장을 검거한 근무자가 바로 저에게 혼쭐난 병사였지요.

"내가 도착할 때까지 그놈을 무릎 꿇려 놓고 단단히 감시하라"고 지시했습니다. 그리고 일부러 30여 분간 시간을 끌고 있다가 느긋하게 현장으로 갔습니다. 근무병이 총을 들고 지키는 속에 녀석은 꼼짝 못하고 무릎 꿇은 채 처박혀 있더군요. 다가가 확인해 보니 방첩대장 박○○ 상사였습니다. 계급은 상사인데 민간복장으로 근무하는 그를 우리는 평소 '박 대장'이라 불렀지요.

"박 대장, 이게 웬일이오?"라고 물으니, 초소 바로 뒤 술집에서 한잔 걸치고 소변도 보고 바람도 쐴 겸 바닷가로 나왔다가 걸렸다는 것입니다. "밤에는 이 지역이 통제구역이라는 걸 잘 알고 있을 텐데 왜 그랬소? 앞으로 조심하시오." 엄히 꾸짖고 풀어 주었습니다. 그 후 그와 저의 보이지 않는 기 싸움에서 갑과 을의 위치가 바뀌었지요. 이 일이 있은 뒤부터 저는 후련하고 홀가분한 마음으로 근무하게 됐답니다.

방첩대장이 술 마시다 해변으로 나와 잡혔을 때 들렀던 바닷가 술집에 얽힌 얘기가 있습니다. 그 집은 간판도 없이 20대 후반의 여자가 혼자 장사하고 있었습니다. 그 사건 뒤에도 방첩대장은 또 그 술집을 찾아갔는데 방에 남자 손목시계가 있는 것을 보고 누구의 것이냐고 물었답니다. 술집 여주인이 고지식하게 "이충남 소위의 것"이라고 말해 그는 저를 더욱 주의 깊게 관찰하던 중이었습니다.

혼자 술집을 경영하는 그 여인은 인물이 곱상하고 서비스도 좋아 한번 들른 손님들은 누구나 어찌해 보고 싶어 안달했지요. 그중에는 방첩대장뿐만 아니라 부연대장 김 모 중령도 끼어 있음은 그 여인의 입을 통해 직접 얻은 정보입니다. 부연대장은 장교들 조인트 까는 것으로 악명이 높았는데, 하루는 느닷없이 우리 대대에 들이닥쳐 중대장 전원(계급은 소위들이었지만 후방 예비사단이라 편제상 중대장)을 집합시켰습니다. 4명 전원이 모였습니다.

김 중령이 일행 중에 저를 불러내더니 해안가 초소에 가서 작업상태를 확인하고 오라고 명령하더군요. "알겠습니다" 복명하고 그 자리를 떠났지요. 갔다가 한참 만에 돌아와 보니 부연대장은 떠나고 없는데 동료들이 모두 죽을상을 하고 있었습니다. 갖은 트집을 잡아 무조건 조인트 세례를 퍼부었다는 것입니다.

그러면서 "야, 이 소위는 부연대장과 '한 구멍 동서'란 소문이 있더니 그래서 미리 빼돌린 것 아니야?"라고 의심하는 것이에요. 그러나 저는 맹세코 말씀드리건대, 그 여인과 절대로 육체적 관계를 맺은 적이 없습니다. 단지 가끔 선임하사와 함께 들러 술을 먹곤 했을 뿐입니다.

그러다 어느 날 밤 순찰하다가 잠깐 들러 화장실에 갔다가 손을 씻느라 시계를 풀어놓았는데 깜박 잊고 그대로 나왔던 것입니다. 며칠 동안 그 여인 화장대 위에 놓인 남자 시계를 본 방첩대장이 부연대장과 한잔하면서 고자질한 것입니다. "이충남 소위가 여기서 자고 가면서 풀어놓은 것"이라고.

이 집에는 그들 둘이 함께 와 마시기도 하지만 대개 혼자 들르는 때가 많은데 김 중령이 주로 많이 온다고 했습니다. 방첩대장의 고자질에 부연대장은 저를 동서지간(?)이라고 생각했던 모양입니다. 어쨌든 그 덕분에 그 무서운 조인트를 면하는 '복'을 받은 것입니다.

술집 여주인은 "부연대장도, 방첩대장도 이 방에서 자고 간 적은 있지만 아무도 나를 정복하지는 못했지요"라고 묻지도 않은 얘기를 했습니다. 하지만 술 따르는 여자의 말을 어찌 믿을 수 있겠습니까.

호주가가 된 사연

제가 후방 근무를 하며 술을 즐겨 마시게 된 연유가 있습니다. 저는 본래 소주는 마실 줄 모르고 주로 막걸리를 즐겼습니다. 제가 중학생 때 어머니도 막걸리를 받아 주셨고 대학 때도 막걸리만 마셨지요. 전방 생활을 할 때까지도 소주는 마실 줄 몰랐습니다. 그런데 후방, 그것도 해안에서 근무하면서 소주를 배웠습니다. 바닷가에서는 안주가 주로 생선회인데, 이것과 막걸리는 어울리지 않는다며 소주를 권했기 때문입니다. 그 뒤로 저는 막걸리, 약주, 소주 등 주종을 불허하는 호주가(好酒家)가 된 것입니다.

후방에서는 소위도 중대장 직책을 줍니다. 그래서 직속상관은 대대장이지요. 어쩐 일인지 제가 후방에서 모신 직속상관은 모두 3명이었는데 하나같이 전역(제대)을 앞둔 고참 늙다리들이었고, 또 그들은 빼놓지 않고 술고래들이었습니다. 그러니 툭하면 한잔하자고 저를 불러내는 바람에 술은 늘고 지갑은 졸아드는 나날의 연속이었지요.

대대장 중에 주모 소령이 있었는데, 그분은 정도가 아주 심했습니다. 저녁에 부대원들을 배치하고 나면 그가 자기 지프를 보냅니다. 올라타면 운전병은 대대장이 먼저 가 자리 잡고 있는 술집으로 데려가지요. 그는 주로 약주를 좋아했는데 처음에는 작은 잔(소주잔의 2배 정도)으로 마시다가 어느 정도 취기가 오르면 맥주잔을 들여오지요. 그 컵에 가득 따라 단숨에 비웁니다. 저도 대대장을 따라 합니다.

이렇게 두어 순배 거친 뒤, 이번엔 제가 "한 주전자 더" 하지요. 그러면 새로운 주전자가 들어옵니다. 반 되들이(약 500cc) 주전자에 가득 담아 들여온 것을 저는 내려놓지 말라고 하곤 주전자를 손으로 받아 높이 들어 단숨에 입에 붓습니다. 그러면 둘러앉은 아가씨들이 놀라고 대대장도 두 손 들고 맙니다. 그런 뒤로 저는 어떻게 됐는지 모릅니다. 부대에 어떻게 왔는지, 대대장은 어디서 헤어졌는지 ….

1·21 사태 후 예비군이 창설되고 이어서 그중에 35세 이하로 동원예비군을 조직했습니다. 그때 대대장과 함께 경상북도 지역의 각 군을 순회하며 동원예비군을 조직해 준 일이 있습니다. 낮에 업무를 마치면 기관장과 마을 유지들이 저녁을 거하게 대접하곤 했지요. 약 한 달간 계속됐던 것 같습니다.

해안 경계근무의 에피소드

후포-영해 해안 경계근무를 할 때 설날 점심식사를 끝낸 뒤 소대원들을 외출 보냈습니다. 소대 작전 지역을 벗어나지 말고 놀다가 저녁식사 시간 이전에 귀대하도록 단단히 일렀습니다. 일정 지역에 주둔하고 있으니 비록 한 달간 복무하는 예비군들이지만 병사 중에는 주민들과 친밀하게 지내기도 하고 개중에는 동네 처녀들과 가까운 관계로 만나는 것도 눈치채고 있는 터였지요.

그런데 저의 그런 호의를 무시하고 약속시간을 넘겨 경계근무를 내보내야 할 시간이 되도록 몇몇 대원들이 돌아오지 않았습니다. 뜬눈으로 그들의 귀대를 기다렸으나 한밤중까지 무소식이었습니다.

함께 나갔던 소대원 말이 술을 파는 동네 예비군 소대장 집에서 술을 먹었다고 했습니다. 한밤중에 무장한 채 술집으로 들이닥쳤습니다. 잠자는 부부의 이불을 걷어차고 "소대원들 어디 숨겼냐?"고 고함을 쳤죠. "초저녁에 돌려보냈다"고 하더군요. 분한 마음을 누르고 씩씩거리며 초소로 돌아와 밤을 꼬박 새우며 녀석들이 오기만을 지켰습니다.

새벽에 녀석들이 이리저리 눈치를 살피며 어슬렁어슬렁 들어서는 순간 "꼼짝 말고 거기 서!"라고 고함을 지르고 녀석들을 초소 뒤쪽 살얼음이 언 도랑으로 몰아갔습니다. 제가 먼저 얼음 속으로 뛰어들어 꼿꼿이 선 채 "모두 뛰어들어!"라고 호통쳤지요. 우지직우지직 얼음 깨지는 소리와 함께 5명 모두 물속에 들어와 엉거주춤 섰습니다.

"엎드려! 낮은 포복!" 명령에 따라 엉금엉금 얼음물 속을 기는 녀석들의 머리통을 철모로 하나씩 내리쳤습니다. '아이쿠' '아얏' 비명과 함께 대원들은 도랑 바닥에 개구리처럼 널브러지더군요.

그중에 선임자 한 녀석이 "소대장님, 잘못했습니다"라고 용서를 빌기에 "너희들은 작전 중에 탈영했으니 총살감이다"라고 엄포를 놓았습니다. 선심을 베푼 저를 배신한 행위는 용서할 수 없었지만, 상부의 허락도 없이 외출을 내보낸 저의 행위도 켕기는 구석이 있어 그 정도에서 그치고 말았습니다.

어찌 보면 군인정인이 철저하다고 볼 수 있지만 한편으로는 저에게 '포악성'이 잠재되었다고 여겨지기도 합니다. 군홧발로 야밤에 민가에 침입하여 술집 주인을 걷어차고, 부하들의 맨머리를 철모로 두드려 패다니 ⋯. 만일 제가 군생활을 계속했다면 더 큰 사고를 저질렀을 겁니다. 그로 인해 일생 씻지 못할 오욕과 형벌을 면치 못했을지도 모른다고 생각하면 온몸이 오싹해집니다. 군복무를 연장하지 않고 제대하여 무관(無冠)의 신분으로나마 일생을 무난하게 살아온 게 천만다행이란 생각이 들곤 합니다.

후포-영해 해안 경계근무 때의 얘기는 또 있습니다. 우리 연대가 주둔한 울진 바로 위가 삼척인데, 여기에는 50사단이 우리와 똑같은 해안 경계근무를 하고 있었습니다. 그때가 1968년 10월 말인데 울진·삼척 무장공비 침투사건이 벌어졌지요. 그 지역으로 120명의 무장공비가 세 차례에 걸쳐 침입해 상륙했는데, 12월 말까지 두 달 동안 이들을 잡느라고 연일 비상 속에 군인, 경찰, 예비군이 총출동했습니다. 우리 연대에서는 밤에 수십 대의 군 트럭이 헤드라이트를 밝히고 남쪽에서 북쪽으로 올라갔다가 내려올 땐 불을 끄고 옵니다. 그랬다가 차를 돌려 다시 불 켜고 올라가기를 반복해 마치 병력이 끊이지 않고 투입되는 듯 위장작전을 폈습니다.

울진에 주둔한 우리 36사단 109연대는 삼척의 50사단과 경계를 접하여 배치되었습니다. 제가 속한 전투지원중대는 연대 경계지역의 가장 남쪽인 후포-영해의 4~5km 구역을 담당했습니다. 그런데 그때 저는 무엇을 하고 있었는지 아세요? 밤낮 없는 전투에 눈코 뜰 새 없었을 거라고요? 천만의 말씀입니다.

50년도 훨씬 지난 비밀을 이제야 털어놓습니다. 대대장(오 대위), 저 그리고 선임하사(김 중사) 셋이서 민가에 들어앉아 닭백숙을 시켜놓고 안동소주를 마시며 당시 유행하던 '나이롱 뽕' 화투를 하고 있었답니다. 만약 들켰다면 군사재판, 즉결처분감이었지요.

그런 여유와 배짱이 어디서 생겼는지 아세요? 배짱은 계급 정년으로 전역을 며칠 앞둔 오 대위에게서 나왔고, 여유는 제가 펼친 해안근무 경계요령에서 나온 것임을 자부합니다. 그 근무요령은 다음 대목에서 말씀 드리겠습니다.

잠복근무 대신 순찰경계

해안근무 초기에는 20~50m 간격으로 바닷가 모래밭에 경계초소를 지어 그 속에 2, 3명씩 조를 이뤄 밤새도록 바다를 살피는 게 상부의 작전지시였습니다. 이 지시대로 근무하면 병사들은 초소에서 꼬박꼬박 졸다가 급기야 곯아떨어지기 일쑤였습니다.

왜 안 그렇겠어요. 아무리 밤 근무를 위해 낮에 휴식을 취한다지만 개인화기 수입과 피복 세탁하랴, 초소 보수하랴, 보급품 수령하랴, 대민 지원사업 나가랴, 속된 말로 '오줌 누고 흔들 새도 없는' 시간을 보내고 밤에 잠복하라니 쏟아지는 잠을 피할 수 없는 건 당연합니다.

그래서 제가 새로운 경계근무 요령을 고안해 오 대위의 허락을 받았지요. 대원을 2개 조로 나누어 초저녁에 우리 담당구역의 양쪽 끝 초소에 배치하고 일정한 간격(10분 간격)을 두고 1명씩 내보내 반대쪽 초소로 걸어가게 했습니다. 가면서 바다를 살피는 것이죠. 가다 보면 반대편에서 오는 대원을 만나게 되고 그럴 경우 잠시 멈춰 대화하고 담배도 피우며 바다를 바라보는 것입니다. 그러면 대원들이 절대로 잘 수가 없고, 혹시 적이 침투하려 해도 수시로 움직이는 아군의 행동에 감히 접근할 엄두를 내지 못하겠지요. 초소에 잠복하는 것이 아니라 움직이며 순찰하는 것입니다.

그러다 바다에 이상기류가 포착되면 본부초소에 보고하고 가까운 잠복초소로 들어가 살피는 것입니다. 소대는 비상을 걸어 전 대원을 잠복초소로 투입합니다. 만약 은밀히 육지로 접근하는 적을 발견하면 미리 설치해 놓은 크레모어를 터뜨리고 일제히 사격을 가해 적을 제압하는 작전을 짜 놓았던 것입니다. 말하자면, 잠복근무가 침투하는 적을 사살이나 생포하는 데 역점을 두었다면, 이동순찰은 침투를 저지하는 데 중점을 둔 작전이라 하겠지요.

울진 · 삼척 침투 무장공비를 조사한 결과, 초소에서 잠든 경계병을 뚫고 지나갔다는데, 아마 그들이 우리 쪽으로 접근하려다 포기하고 그쪽을 택한 게 아닌가 하는 엉뚱한 자부심을 갖기도 했습니다.

그래서 든든한 해안경계를 믿고 화투놀이를 하는 여유와 '깡'을 부린 거죠. 그때 안동소주는 휴가병이 가져온 선물이고, 삶아먹은 닭 값은 나이롱 뽕에서 뜯어낸 '고리'여서 결코 민폐는 끼치지 않았습니다.

그러다 저의 그 해안 경계근무 요령이 수난을 당한 사건이 일어났습니다. 하루는 사단장이 일선부대 근무상태 검열을 나온다고 연락이 왔습니다. 북쪽 소대부터 시작하여 맨 아래 저의 남쪽 소대까지 내려오고 있다는 연락을 받고 마중을 나갔습니다. 그 전날 마침 비가 많이 내려 농로와 도랑을 건너 바닷가에 있는 초소까지 차가 접근할 수 있을지 염려되는 상태여서 미리 내려온 대대장과 걱정하며 서 있는데 사단장 차가 도착했습니다. 대대장과 저는 뒤에 타고 사단장이 운전병 옆 선임 탑승석에 올랐습니다.

대대장이 도랑물이 불어 차가 건널 수 있을지 걱정이라고 하자 사단장이 가는 데까지 가 보자고 하여 물가까지 도착했습니다. 일행은 차에 그대로 앉아 있고 운전병이 내려가 살피고 오더니 못 건넌다고 했습니다. 그랬더니 사단장이 차에 앉은 채 "이 소위, 해안 근무요령을 말해 봐" 하더군요. 그래서 제가 실행하고 있는 방식을 사실대로 설명했습니다. 그것은 사단에서 지시한 근무요령과 전혀 다른 방식이었죠. 즉, 사단 지시는 해안 초소 내 '잠복경계'이고, 제 방식은 '이동순찰'이었던 겁니다.

제 말이 채 끝나기도 전에 사단장이 뒤를 돌아보더니 제 머리를 향해 지휘봉을 힘껏 내리쳤고, 그 바람에 지휘봉은 '탁' 소리와 함께 두 동강이 나버렸습니다. 옆에 앉았던 대대장이 놀라고 사단장은 부러진 지휘봉을 아까운 듯 살폈습니다. 그러나 제 머리는 까딱없었지요. 왜 그런지 아세요? 총알도 빗겨가는 철모를 쓰고 있었거든요.

어쨌든 화가 잔뜩 난 사단장은 우리를 내려놓고 돌아갔습니다. 아마 제가 명령 불복종한 것보다 애지중지하는 지휘봉이 부러진 게 더 가슴 아팠을지 모릅니다. 며칠 뒤 사단 사령부 작전 참모실로 들어오라는 연락이 왔습니다. 찾아갔더니 작전참모가 저에게 현장에서 제가 실시하는 해안경계 근무방식을 설명하라고 하여 도표를 그려가며 자세히 보고했습니다.

그 뒤 어떤 일이 일어났는지 모르시지요? 야간 근무방식을 '이동순찰'로 변경하라는 지시가 내려온 것입니다. 저와 대대장은 회심의 미소를 짓고, 그날 밤 또 나이롱 뽕을 하며 백숙 안주에 안동소주 축배를 들었습니다.

수류탄 자살 소동

이렇게 아기자기하고, 아슬아슬하고, 재미있고, 낭만이 넘치는 해안 근무도 더 이상 할 수 없게 됐습니다. 전역을 4개월여 앞두고 사단본부가 있는 안동 본대로 들어가야 했기 때문이었습니다.

어차피 떠나야 하는 근무지이지만 1년 남짓 머물던 곳이라 서운하기도 했어요. 특별히 정을 둔 사람도, 가까이 지내던 친구도 없는 낯선 타향에 불과하지만 크고 작은 애환이 왜 없었겠어요? 하룻밤을 자도 만리장성을 쌓는다고. 제 젊은 시절 한때 패기와 열정과 사명감을 오롯이 쏟아부었던 곳인데. 막상 떠나려고 하니 아련한 추억들이 되짚어지네요.

허리 높이로 다 자란 보리가 패기 시작할 무렵의 어느 여름날. 마을 이장이 생일이라고 저녁이나 함께하자고 하여 나갔다가 막사로 들어서려는데 "중대장님, 중대장님!" 저쪽에서 내무반장 김 하사가 다급하게 달려오며 부르는 거예요. "뭐야?" 얼큰한 김에 느긋하게 물었죠. "최상호 병장이 수류탄을 가지고 저 보리밭으로 들어갔어요." "언제?" 다급하게 물었죠. "지금 방금요. 가까이 오면 터뜨려 함께 죽는대요. 그래서 접근을 못해요."

'젠장.' 이장 집에서 문어며 해삼, 멍게, 가자미회 안주로 걸친 저녁 반주가 확 깨 버리고 말더군요. "김 하사! 빨리 탄약고에서 수류탄 한 발 갖고 와!" "네? 알았습니다!" 수류탄을 받아들었어요. 사방에 어둠이 내려앉고 있었습니다. 최 병장이 들어갔다는 보리밭과 저의 거리는 50~60m.

손에 수류탄을 들고 소리쳤어요. "최 병장, 나 중대장이다. 나하고 얘기하자." 저쪽에서 소리가 들려왔습니다. "중대장님, 오지 마세요. 저 오늘 죽어요." "무슨 소리야? 죽어도 나하고 얘기나 하고 죽어." "아녜요. 이대론 살 수 없어요. 오지 마세요."

속으로 '이젠 됐다' 싶었습니다. 실제로 죽을 놈은 말없이 죽지 저렇게 지껄이는 것은 엄포라는 사실은 이미 전방근무 때 이화열 하사와의 사생결단 대결에서 터득한 바입니다. 제압할 수 있다는 자신감이 생겼습니다. "나 그쪽으로 간다." "안 돼요. 오지 마세요. 저 수류탄 안전핀 뽑았어요." "그래? 이 새끼야, 나도 수류탄 들었다. 네가 터뜨리면 나도 깐다. 네가 죽으면 나는 영창 간다. 차라리 너 죽고 나 죽자."

제가 평소에 그놈에게 심하게 대한 일도, 기합을 준 일도 없어 원한이 없는데 '같이 죽자'는 데 동의할 놈이 어디 있겠습니까? "안 돼요, 중대장님. 오지 마세요." 그러는 사이 저는 벌써 최 병장에게 가까이 다가갔습니다. 어렴풋이 주저앉아 있는 모습이 보였습니다. 약 2m 거리까지 다가가자 수류탄이 보였어요.

목소리를 가라앉히고 물었습니다. "상호야, 왜 그래? 죽더라도 나한테 이유나 말하고 죽어야 할 게 아냐?" 최 병장은 아무 대꾸 없이 울기 시작하더군요. 잠시 가만히 놔두었지요. 감정에 변화가 왔는데 건드리면 안 되죠. 잠시 흐느끼더니 수류탄을 옆으로 내려놓데요. 안전핀을 뽑았다고 해서 순간 오싹했죠. 거짓말이었어요. 터지지 않았습니다.

얼른 다가가 녀석을 덥석 껴안아 주었습니다. "그래. 잘 생각했다. 네 사정을 들어 보자." 그리고 막사 쪽을 향해 "김 하사!" 하고 불렀습니다. 조심조심 보릿대를 헤치고 그가 다가왔습니다. "내가 막사에 갖다 놓은 것 이리 가져와." 이장 댁에서 나올 때 그 댁 부인이 출출할 때 먹으라고 남은 안주에 소주 두 병을 싸 주기에 들고 왔던 것입니다.

잠시 뒤 김 하사가 쟁반에 받쳐 갖고 왔습니다. 희뿌연 별빛 아래 보리밭 한가운데에서 '주안상'을 마주 놓고 주거니 받거니 했습니다. 그의 사연을 들었습니다. 결혼해 두 아들을 두었는데 평소 아내가 동네 건달과 눈이 맞은 눈치였답니다. 자기가 예비군에 소집돼 집을 비운 사이 아예 보따리를 싸들고 고무신을 거꾸로 신었다는 소식을 들었다는 겁니다. 사정을 진지하게 들어주고 "소집해제일이 얼마 남지 않았으니 애들을 생각해서라도 참고 견뎌라" 했지요.

결국 그는 무사히 복무를 마치고 가정으로 돌아가는 날 "중대장님, 고맙습니다. 한번 찾아오시면 형님으로 대접하겠습니다"라고 인사하데요. 30살을 훨씬 넘긴 그가 25살인 저를 형님으로 모시겠다고 했으나 찾아가진 못했습니다.

남 좋은 일 시킨 전별 선물

제가 후포 해안근무를 마치고 안동사단으로 전출 갈 때 동네에 다 알려졌지요. 동네 유지들과 기관장들이 돌아가며 회식자리를 마련하고 전별의 선물을 모아 주었습니다. 사과상자 두 개는 족히 되는 분량이었습니다. 모두 말린 것인데 문어, 오징어, 꽁치(과메기), 도루묵, 가자미, 우럭 외에 이름도 모를 생선들이 그득했습니다.

상자에 담아 안동으로 가져와 하숙집에 주었더니 하숙집 아줌마 입이 함지박만 하게 벌어지데요. 처음 며칠 동안은 제 밥상이 빽적지근했으나 날이 갈수록 반찬이 미약해져가더니 나중엔 제가 가져온 마른 반찬은 보이지 않았어요.

어느 날 아침밥을 일찍 먹고 옆방에 있는 ROTC 6기 후배들에게 할 얘기가 있어 들어갔다가 그들의 밥상을 보았더니 제 것과는 사뭇 달랐어요. 한마디로 거했어요. 제가 후포에서 갖고 온 것들이 그들 밥상에는 여전히 올라 있는 게 아니겠어요? 제 밥상에서는 사라진 지 이미 오래인데. 그러고 보니 제 밥상은 항상 주인아줌마가 챙겨 주고 그쪽 애들 밥상은 그 집 딸이 들이고 내고 있었지요.

딸이 곱상하게 생겼지만 저는 이미 신경숙 선생이 있는 몸이라 관심도 안 가졌지요. '이런 제기랄.' 전방에서 근무할 때 더덕을 부쳤듯이 그것을 집으로 부쳤으면 식구들, 특히 생선류만 즐기는 어머니가 얼마나 좋아하셨을까. 그것을 내 밥상엔 대충하여 때우고, 엉뚱한 녀석들 입만 호강을 시킨단 말인가. 부아가 치밀었지요.

그날 당장 하숙을 나왔습니다. 안동역 앞 제일 큰 6층짜리 건물의 여관 꼭대기 층 방을 계약했습니다. 주말마다 찾아오는 신 선생과의 아름다운 만남을 위한 목적도 있었습니다.

연장근무 유혹 뿌리쳐

경북 울진군 후포항 일대에서 1년여간 해안근무를 하다가 사단본부가 있는 안동으로 옮겨 제대 준비를 했습니다. 다른 장교들은 주말과 휴가를 이용하거나 출장명령을 받는 등 갖은 수단을 다하여 뻔질나게 서울을 오르내렸습니다. 취직을 위해 시험을 보거나 정보를 얻기 위해서이지요.

그런데 웬일인지 몇몇 장교에게는 출장이나 휴가를 허락하지 않는 것입니다. 휴가는커녕 주말이면 자기 집으로 불러 식사하자고 했습니다. 이유가 있었습니다. 당시 초급장교 수급이 원활치 않아 지휘관들은 ROTC 장교의 장기복무나 연장근무를 권유하는 데 열심이었습니다. 듣기에는 연장시키면 일정한 점수를 주어 진급에 유리하다는 것입니다.

연대장이 몇 차례 저를 불러 권유했습니다. "장기복무를 안 하겠다면 1년만이라도 더하라. 그러면 사단 PX 장교로 발령 내도록 하겠다. 1년만 그 일을 하면 집 한 채는 넉넉히 마련할 수 있다." 사실 군생활을 오래도록 할 생각이 없던 것은 아니었습니다. 그러나 장기복무를 하려면 장래를 이끌어 줄 끈이 있어야 하는데, 저는 아무리 생각해도 연줄이 없다는 것을 깨달았습니다.

그래서 단호히 거절했더니 전역하기 1주일 전까지 동원훈련에 참가하도록 보복하더군요. 고스란히 감수하고 소위 24개월, 중위 계급장 3개월 달고 27개월간의 현역 복무를 무사히 마치고 1969년 6월 30일 전역, 7월 1일부터 민간인이 된 것입니다.

4편

기자생활

1장

〈신아일보〉 수습기자 시절

기자의 길에 들어서다

1969년 6월말 군에서 제대하고 7월부터 취직하기 위해 이곳저곳 시험을 보았으나 한 군데도 합격하지 못했습니다. 군생활 2년여 동안 책이라곤 한 권도 들여다보지 않은 상태에서 취직하려던 제가 염치가 없었지요. 용돈은 과외교사 아르바이트로 마련했으나 서울에 올라와 자취하는 여동생한테 얹혀사는 신세라 늘 마음이 편치 않았지요.

백수로 꽤 오랜 시간이 흘러 해가 바뀌면서 마음이 더욱 초조해질 즈음 동진이와 함께 창만이네 집에 놀러갔습니다. 창만이는 이미 한국전력에 취직됐으나 동진이와 저는 직장이 없었습니다. 창만이 아버지가 저에게 물으셨습니다. "너 신문사 다녀 보지 않을래?" 신문사는 고사하고 잡지사라도 부르면 얼른 뛰어갈 판이었던 저는 그 자리에서 "좋습니다"라고 대답했습니다.

며칠 후 소개장을 들고 찾아간 곳이 〈신아일보〉였습니다. 내근기자가 모자라 몇 명을 충원한다는 것입니다. 그 신문사가 지금은 없어진 지 오래됐지만, 창간했을 때는 상당히 높은 구독률로 주목을 받았습니다.

공개채용이 아닌데도 지원자가 20명쯤 돼 약식 시험을 치른다고 했습니다. 그중에는 경력자도 있었는데 저도 합격권에 들었습니다. 5명을 뽑았는데 모두 교열부에 배치했습니다. 이전에 있던 선배들이 편집부나 경제부, 사회부, 외신부 등으로 차출돼 간 자리였습니다.

1970년 3월 1일부터 수습기자로 출근하기 시작했습니다. 수습 6개월 동안 월급은 7천 원이었습니다. 군대에서 8천 원 조금 넘게 받았던 것에 비하면 너무 적은 금액이었지요. 다른 신문사와 비교하면 절반도 안 되는 급료였지만, 실력도 재주도 없으니 감사한 마음으로 6개월간 잘 버텨 수습을 마치니 1만 원을 주더군요. 당시 쌀 한 가마 값이었습니다. 비로소 동생에게 반찬값이라도 보태게 돼 체면이 좀 섰지요.

수습 딱지 떼고 '기자짓'

수습기간을 마친 날 부장님이 부르더니 우리에게 신분증을 나눠주었습니다. '신문기자증'이었지요. 부장님은 그 자리에서 "여러분, 이제 기자가 됐으니 적어도 파출소 하나쯤은 때려 부술 정도의 깡을 가지라!"고 농담 삼아 웃으면서 말했습니다.

그날 퇴근 후 5명의 올챙이 기자들은 대폿집에서 거나하게 한잔 걸치고 한껏 기세를 올렸습니다. 술판은 2차, 3차로 이어져 어느새 통행금지 시간이 다가왔습니다. 우리는 일부러 통금시간을 넘겨 길거리로 나왔습니다. 돈암동 옛날 전차 종점이었습니다. 개미 한 마리 없는 고요한 밤거리였습니다. 일부러 대로를 휘저으며 고성방가를 했습니다. 방범대원들이 호각을 불며 달려왔습니다. 기다렸던 바입니다.

일행 중 한 명이 방범대원 하나를 쥐어박아 길바닥에 쓰러뜨렸습니다. 경찰이 달려왔습니다. 멱살을 잡힌 쪽은 경찰이었습니다. 끌고 파출소로 들어갔습니다. "야, 우리가 잠잘 방이나 내놔." 하도 어처구니없고 당당하게 구니까, 파출소장이 "왜들 이러십니까? 어디 계신 분들입니까?"라고 물었습니다.

"야, 보면 몰라?" 하고 일행 중 한 명이 그날 받은 빳빳한 기자증을 꺼내 보였습니다. 그러자 "아, 진작 말씀하시지, 알았습니다" 하더니 근처 여관을 잡아 주더군요. 일행은 승전고(勝戰鼓)라도 울리듯 여관에서도 기고만장하여 웃고 떠들었습니다. 부장님이 농담으로 한 말을 곧이곧대로 실천한 셈이지요.

그 뒤로 객기(客氣)와 '기자짓'은 날이 갈수록 도가 높아졌습니다. 술 마시고 고성방가는 기본이고, 육교에 올라가 달리는 차에 오줌 싸기, 통행금지 이후 대로 활보하다 경찰 순찰차 타고 귀가하기 등 손꼽지 못할 정도였습니다. 그중에 좀 점잖은 행동도 있었는데 고궁이나 공원, 극장에 기자증을 내보이고 무료입장한 것입니다. 기자증만 내보이면 무사통과하던 시절이었습니다.

모두가 민폐이고 행패였지만 그렇게 하는 것이 기자의 당연한 권리인 줄 알았습니다. 하나같이 하류 기자들의 저급하고 부끄러운 짓거리였는데 말입니다. 하지만 저는 사리사욕을 채우기 위한 검은 수작이나 공갈은 치지 않았음을 밝힙니다.

전태일 분신 장면을 마주하다

수습기자를 마치고 서두른 결혼식을 앞둔 때 처가 쪽에서 연락이 왔습니다. 장모님은 1남 7녀의 장녀인데 약혼식에 오지 못한 이모들이 신랑감을 보고 싶다는 것이었습니다. 장모님이 첫 아기를 낳고 보니 딸인지라 장인어른은 당신도 7 공주쯤 둘지 모른다고 첫딸 이름을 갑순이라고 지었답니다. 계속 딸을 낳을 것이니 다음은 을순이, 병순이로 지을 작정이셨다는 거지요.

신붓감 박갑순은 두 여동생과 함께 신당동 셋방에서 자취하는데 그리로 오라는 것이었습니다. 그날이 결혼식 5일을 앞둔 11월 13일이었습니다. 부장님에게 사유를 말하고 일찍 퇴근하여 버스 타고 청계천을 지났습니다. 창밖을 보니 인도에 꽤 많은 사람들이 늘어서 있는데 모두 한쪽에만 시선을 보냈습니다. '뭔가 이상하다' 궁금증과 호기심도 일었지만, 기자 초년병의 직업의식이 발동해 다음 버스정류장에서 내려 그쪽으로 달려갔습니다.

청계고가도로 밑 공터에 사람들이 빙 둘러서서 뭔가 구경하는 것 같았습니다. 씨름이 벌어졌나 생각하고 가까이 다가가 보니 빙 둘러선 사람들이 주먹을 휘두르며 구호를 외치고 있었습니다. 그들 틈 사이로 들여다보았습니다. 순간 눈에 들어온 장면은 너무도 놀라웠습니다. 한 남자가 분신을 하고 있는 것이었습니다.

군화를 신고 검게 물들인 군 작업복을 입은 20여 세의 청년이었습니다. 어디서부터 불이 붙었는지 배꼽 근처에 붉고 푸릇푸릇한 불꽃이 번지고 있었습니다. 청년은 뜨거워서 그런지, 구호를 외치느라 그런지 두 팔을 하늘로 향하여 흔들며 무언가 소리치고 있었습니다.

순간 저는 겹겹이 둘러싼 사람들 사이를 비집고 들어가려 했습니다. 사람이 불에 타고 있으니 꺼야겠다는 반사적 행동이었지요. 그런데 사람들이 옆에서 저를 잡아당기며 막는 게 아니겠습니까. 돌아보니 험상궂게 생긴 청년들이 아무 말도 하지 않은 채 위협적인 표정으로 저를 쏘아보았습니다. 겁도 나고 더 이상 뚫고 들어갈 수도 없어 뒤로 빠져나왔습니다.

그러나 그대로 떠날 수는 없었습니다. 다급한 마음에 청계천에 즐비하게 늘어선 상점들 중에 카메라 가게로 달려갔습니다. "급히 사진을 찍을 일이 있는데 카메라 좀 빌릴 수 있을까요?" 신문기자라고 밝히고 사정했더니 "우리는 판매만 하지 빌려주지 않습니다. 그리고 여기는 필름도 없어요"라는 답이었습니다. 다른 가게로 달려가 물었으나 마찬가지 대답이었습니다. 하는 수 없이 전화나 한 통 하자고 요청하여 회사에 대충의 상황을 알려 주고 그 자리를 떠났습니다.

나중에 알고 보니 그 청년이 바로 후일 열사(烈士)로 불리게 된 전태일이었습니다. 그는 결국 병원으로 실려갔으나 몇 시간 못 버티고 숨을 거두고 말았습니다. 당시 전태일이 청계천 피복노조를 결성하기 위해 주장한 내용은 피복제조 근로자들의 숙소인 열악한 다락방을 철폐하고 정식 기숙사를 설치할 것, 노동조합 결성을 지원할 것, 위생환경을 개선할 것 등이었다고 합니다. 청계상가 위층에는 높이 1.5m 내외의 봉재공장이 다닥다닥 들어차 있는데 거기에서 10대, 20대 여공들이 밤을 새우다시피 일하는 중노동에 시달리며 노동을 착취당하고 있다는 호소였습니다.

전태일이 분신(焚身) 할 당시 주위의 분위기와 상황이 불가항력적이긴 했지만, '그때 만일 내가 불을 꺼 주었더라면 생명을 구했을 것인데' 하는 안타까운 마음은 지금도 지워지지 않습니다. 결국 그의 죽음은 1970년대 이후 노동운동에 불을 붙였고, 우리 사회의 근로자 처우 개선과 복지 향상뿐만 아니라 독재정부에 항거하는 민주화 투쟁의 기폭제가 되었습니다. 하지만 목적을 위해 수단과 방법을 가리지 않고 심지어 남의 생명까지도 이용하려는 것 같다는 생각도 스쳤습니다.

현장을 떠나 장모님이 기다리는 신당동에 도착하니 혼수 이불을 시치고 있었습니다. 저도 넉살 좋게 달려들어 함께 바느질을 도왔더니 처이모들이 장모님보고 "언니, 사위 잘 두었수"라며 저를 높이 평가했습니다. 점수를 따기 위한 저의 작전에 넘어간 것이지요.

결혼 5일 전, 우리나라 노동운동, 민주화운동에 커다란 획을 그은 역사적 순간, 대 특종감을 목격하고도 기사 한 줄 못 쓰고 제가 덮을 이불을 꿰맨 못난 사람. 그런 추억이 있기에 전태일의 분신 광경은 잊을 수가 없습니다.

서두른 결혼과 스카우트 소용돌이

쌀 한 가마 값 1만 원짜리 기자가 결혼할 때는 내심 월급쟁이 아내와 힘을 합치면 그런대로 살아갈 수 있겠다는 계산이 있었습니다. 그러나 그 꿈은 몇 달 가지 못했습니다. 장모님은 이듬해에 식을 올리자고 했으나 제가 빨리 치러달라고 재촉했더니 대신 약혼식만 그해에 치르자고 했습니다. 당시는 결혼 전에 양가 친척들의 상견례를 겸한 약혼식이 의례적인 절차였지요.

식을 치르고 며칠 뒤 큰댁 어른들께 인사드리기 위해 일동에 내려갔었는데, 그날 밤 어머니가 어떻게 하셨는지 아세요? 건넌방에 우리 잠자리를 봐 놓으셨지요. 한 이불에 베개 두 개를 나란히 놓아 주셨잖아요. 주저하는 저희에게 어머니는 "괜찮다. 약혼했으니 너희는 부부나 다름없는 거야" 하셨잖아요. 그날이 8월 15일이었습니다. 그때 해방된 듯 좋았습니다.

그 일이 있고 나서 석 달쯤 뒤 처가에서 연락이 왔습니다. "결혼을 서둘러야겠다"는 것입니다. 약혼녀 몸에 이상 신호가 왔다는 것이지요. 속으로는 '거 봐. 내가 빨리 치르자고 했잖아' 회심의 미소를 지었습니다. 결국 그해 11월 18일, 일동에서 버스 대절로 서울에 온 하객들을 모시고 경동시장 2층에서 '거창한' 식을 올린 것이 흑백사진으로 남아 있습니다. 아직 겉으로 표시는 나지 않아 드레스 입은 아내의 몸매가 날씬하고 예뻐 보입니다.

그러고 한두 달 뒤부터 아내의 몸이 부풀기 시작하면서 괴로워하더군요. 급기야 "나 회사 다니기 힘들어" 한마디에 맞벌이는 끝났습니다. 집에서 쉬니 몸은 편해도 수입이 줄어 살림이 어렵게 되자 마음으로 힘들어 하더군요.

겉으론 태연해도 속으로 전전긍긍하던 차에 옆의 동료가 "충남 씨, 〈한국일보〉에 가지 않을래?" 하더군요. 입사한 지 만 1년이 됐을 때입니다. 당장 옮기고 싶지만 '1, 2년 버티면 편집이나 사회부, 하다못해 지방부라도 갈지 모르는데 …' 하는 생각에 뜸을 들였더니 "월급이 3

만 원이래" 하는 겁니다. 수입이 무려 세 배나 뛰는데 망설일 수 없지요. '얼씨구 좋다' 달려갔습니다.

변명이 좀 길었지만 제가 내근기자로 굳어 버린 원인은 바로 어머니가 펴 주신 잠자리 때문이었습니다. 어머니가 그렇게 하지만 않았더라면 몇 년 뒤 어엿이 현장을 누비는 외근기자가 됐을지도 모르는데 ….
어쨌든 〈한국일보〉로 옮겨 교열부 말단 기자로 2년을 보냈습니다.

제가 떠난 뒤 함께 입사한 친구들은 편집기자나 외근기자로 옮겼습니다. 저에게 〈한국일보〉를 소개한 친구는 사회부로 갔더군요. 어찌 보면 경쟁자가 될지 모르는 저를 일찌감치 밀어낸 것이라는 생각이 듭니다. 그러나 어쩝니까? 제가 선택한 운명인 것을 ….

2 장

〈한국일보〉 초년기자 시절

석간 기자에서 조간 기자로

〈신아일보〉에서 만 1년 만에 한국일보로 옮겼는데 근무환경이 달랐습니다. 〈신아일보〉는 석간(夕刊)이라 오전 근무만 하면 오후엔 한가하여 '기자짓'을 하는 재미가 쏠쏠했습니다. 그러나 〈한국일보〉는 조간(朝刊)이라 오전에 출근하여 오후에 퇴근하는 조, 오후에 나와 밤늦게 들어가는 조, 오후 늦게 출근하여 밤샘하고 이튿날 쉬는 조 등 3교대로 나누어 근무했습니다.

야근할 때는 한밤중에 주전자에 라면 끓여 종이컵에 담아 클립으로 건져 먹곤 하는데, 그 맛이 참 기가 막혔습니다. 근무를 마치고 새벽에 퇴근할 땐 동료들과 청진동 해장국집에 들러 한잔 걸치고 헤어졌습니다. 석간인 〈신아일보〉에서는 퇴근 때 한잔 걸치는 '석양주'(夕陽酒)를 즐겼는데, 여기서는 새벽 퇴근길에 해장을 하는 '여명주'(黎明酒)에 길들여졌습니다.

하루는 아침 해장을 하고 바로 집에 갈까 하다가 '기자짓'이 생각나

선배에게 "영화 구경 할 수 있을까요?"라고 물었습니다. "누가 말려?" 하기에 "어떻게 가죠?" 했더니 "돈 내고 가는데 누가 뭐라고 해?" 그러더군요. 그래서 "그건 나도 알아요. 돈 내지 않고 보는 방법 말입니다" 라고 했더니 "문화부 기자에게 얘기하면 돼"라며 회사로 전화를 걸더니 "광화문 국제극장에 얘기해 놓았다니 가자"고 하여 댓 명이 공짜 영화 구경을 했습니다.

〈신아일보〉 때는 기자증만 보이면 무사통과였는데, 〈한국일보〉에서는 절차를 밟았던 것입니다. 이것을 저는 '기자질'이라고 부르고 싶습니다. 그 뒤 몇 차례 '기자질'을 했지만 번번이 문화부에 부탁하는 게 번거로워 그만두었습니다. 신문사에 따라 기자의 품위도 '기자짓'과 '기자질'이라고 할 만큼 차이가 있다고 느꼈습니다.

큰아들의 순진한 물음

〈한국일보〉로 옮긴 지 두 달 만에 아내가 첫애를 낳았습니다. 장모님이 산후조리를 도우셨지요. 아들이었습니다. 그러나 장모님은 한 이레 동안은 딸이라고 해야 아기가 무병하다고 하셨습니다. 그래서 이웃에 사시는 고모님께도 딸이라고 했더니 일동의 부모님께도 그렇게 연락이 됐지요. 그때까지도 우리 집엔 전화가 없어 웬만한 시골 소식은 전화가 있는 고모댁을 통해서 듣고 있었습니다. 저는 첫아들이 얼마나 기분 좋은지 참느라고 애를 먹었답니다.

1주일이 지나 일동에 갔지요. 아버지를 모시고 청계 골짜기에 친렵을 갔는데 거기서 아버지께 사실은 아들이라고 말씀 드렸더니 "그래?" 하시면서 어찌나 기뻐하시던지요. 아버지, 저, 큰아들(승민) 3대가 모두 음력 5월에 태어났는데 생일은 거꾸로 됐지요. 음력으로 승민이가 4일, 제가 11일, 아버지가 18일. 묘하게도 3대가 1주일 간격으로 생일을 치르는데 제일 윗분이 맨 나중에 생신을 잡숫게 돼 죄송했습니다. 〈한국일보〉로 오면서 월급도 세 배나 오르고 첫아들도 낳아 무척 흡족했습니다.

후일 승민이가 고등학교 때인가, "어? 이상하다" 그러더군요. 그래서 "뭐가?" 하고 물었지요. "엄마·아빠가 결혼한 건 1970년 11월인데 저는 1971년 5월에 태어났잖아요? 저는 칠삭둥이였나요?"라는 거예요. 아내가 얼른 대답하더군요. "엄마·아빠는 8월에 약혼식을 하고 네가 보고 싶어 서둘렀단다." 대답해 주었더니 녀석이 "아, 그랬구나"라면서 웃기에 우리 내외도 따라 웃었답니다.

아버지의 위궤양 수술

첫아들의 기쁨에 즐거운 나날을 보내는데 뜻밖에 큰 우환을 당했습니다. 아버지의 만성 위궤양이었지요. 수년 전부터 진지를 잡숫고 나면 꼭 속이 쓰리고 아프다며 소화제나 소다를 복용하시곤 했는데 효험이 없었습니다. 그 당시 어머니는 금촌에서 작은 식당을 얻어 밥장사를 하셨지요. 일동 집에는 아버지가 화성이, 성숙이를 데리고 지내셨습니다.

밤중에 화장실에서 피를 토하시는 아버지를 보고 화성이가 큰댁에 연락했답니다. 둘째 큰아버지가 그 길로 택시를 대절하여 서울 병원으로 모셔왔지요. 이보다 몇 년 전 둘째 큰아버지도 위궤양 수술을 받으셨는데 그 병원이었습니다. 연락을 받고 제가 병원에 도착하니 몇 가지 검사를 마친 의사가 자기 경험으로는 궤양이 확실하니 수술하자고 했습니다. 보호자로 제가 서명했지요. 만약 배를 열어 봐서 궤양이면 자기가 수술하고, 암이면 큰 병원으로 옮기겠다고 했습니다.

수술은 이튿날 밤에 하기로 했습니다. 당시 전기 사정이 좋지 않아 만일 낮에 하다가 정전이라도 되면 큰일이기 때문에 큰 수술은 대개 밤에 한다고 하더군요. 그날 밤 아버지는 수술복으로 갈아입고 침대에 누워 수술실로 실려 들어갔습니다.

저는 의사에게 부탁했습니다. "수술할 때 입회하게 해주세요." 의사가 왜 그러느냐고 묻더군요. "수술하면서 떨어뜨린 칼이나 가위를 그대로 둔 채 꿰매 사고가 났다는 기사를 본 적이 있어 그래요"라고 했더니 의사가 웃으면서 "좋아요. 내가 연락하면 들어오세요"라고 허락했습니다. 1시간쯤 지났을까, 수술실 문이 열리더니 들어오라고 하더군요.

긴장된 마음으로 들어갔습니다. 산소마스크를 쓴 채 '허억, 허억' 일정하게 깊은 숨을 쉬는 아버지의 배는 완전히 갈라져 양쪽으로 젖혀져 있더군요. 의사는 저를 가까이 오라고 하더니 위장을 가리키며 "이곳이 궤양인데 조금만 시간이 지체했더라면 뚫어져 복막염으로 번질 뻔했다"며 암이 아니라 다행이라고 했습니다.

잠시 후 위의 환부를 토시 자루같이 잘라내더니 바닥에 던지며 수술 끝난 뒤 보여 주겠다고 했습니다. 의사는 아버지의 장기 이곳저곳을 가리키며 "모두 좋은데 특히 간이 참 깨끗하고 튼튼해 앞으로 20년은 내가 보장하겠다"고 하더군요. 그때 아버지의 연세가 50세이니 70세까지 문제없다는 것입니다. 당시는 환갑이면 장수한다던 시절이었고, 특히 우리 집안에서 60을 넘긴 조상님이 한 분도 안 계셨는데 얼마나 반가운 말이던지요. 의사에게 감사하다고 했습니다.

의사는 조수와 함께 잘라낸 부분을 꼼꼼히 꿰매고 난 뒤 링거인지 맹물인지 두어 번 듬뿍 부어 장기를 흔들어 헹구며 뱃속에 고인 핏물을 뽑아냈습니다. 그러면서 조수와 간호원에게 "잘 봐. 가위나 칼 떨어뜨렸나. 아드님이 보고 계시잖아"라고 농담하더군요. 저도 옆에서 웃어 주었습니다.

갈랐던 부위를 봉합하는 모습을 보니 바느질하는 것과 똑같았습니다. 바늘에 실을 꿰어 촘촘히 매듭을 지어 묶는 작업을 오랫동안 하더군요. 제가 수술실로 들어간 지 4시간 넘게 걸렸습니다.

수술을 마친 의사가 바닥에 던진, 아버지 배에서 잘라낸 환부를 세로로 잘라 저에게 보이더군요. 안쪽이 벌겋게 헐어 구멍이 날 지경이었습니다. 의사는 "내가 군의관으로 있을 때 200여 명의 위 수술을 했는데 이 지경까지 된 환자는 처음 봤네요. 큰일 날 뻔했습니다. 왜 진작 병원에 모시고 오지 않으셨습니까"라며 핀잔을 주더군요.

당시는 의료보험이 없어 병원에 간다는 것은 큰 부담이었습니다. 웬만한 병은 참고 견디거나 좀 심하면 약을 지어 먹는 정도였죠. 쉽게 말해 사경을 헤맬 지경이 아니면 일반 서민은 병원 문턱을 넘기가 어려웠습니다. 만일 아버지가 그때 잘못되셨더라면 저는 평생 후회했을 것입니다. 아무튼 저는 그렇게 부모님께 등한하고 무심한 불효자였습니다.

수술은 잘되고 경과도 좋았습니다. 퇴원할 때 의사가 직원에게 입원비 10만 원에서 5천 원을 내주라고 하며 "이것 가지고 요양 잘하세요"라고 하더군요. 저는 얼굴이 화끈거렸으나 제가 아버지의 요양비를 보태 드리지 못하는 입장이라 잠자코 있었습니다.

아버지는 그 후 의사가 말한 20년이 아니라 40여 년을 더 건강하게 생존하시어 얼마나 감사한지 모릅니다. 저는 그 일 이후 친구들에게 "아버지 내장 본 사람 있으면 나와 봐"라고 자랑 아닌 자랑을 하곤 했습니다.

수장 위기 자초한 장인의 고집

생과 사의 갈림길에 섰던 것은 아버지뿐만이 아닙니다. 저의 장인어른도 한때(1972) 사선(死線)의 기로에 처하셨습니다. 여름에 며칠 동안 퍼부은 폭우로 말미암아 전국이 홍수로 난리였습니다. 수해당한 집들과 가축들이 한강에 둥둥 떠내려 오고 서울의 집들도 물에 잠기고 다리와 도로가 끊기는 등 그해의 홍수는 역사에 기록될 만큼 크나큰 피해를 안겨 주었습니다.

장모님은 서울에 홀로 떨어져 장사를 하고 장인어른은 큰아들과 함께 한강 상류 팔당 근처 미사리에서 양계장을 했습니다. 장인어른은 경찰관으로 정년을 마치고 노후에 시골에서 지내며 소일거리 삼아 닭을 키웠던 것입니다. 퇴직금으로 한강 옆 모래사장을 가로질러 펼쳐진 논밭 3천여 평을 사서 집을 짓고 양계장을 꾸린 것입니다. 아내는 그동안 달걀을 어찌나 많이 먹었는지 결혼 초기에는 닭똥 냄새가 난다고 계란찜도 먹지 않을 정도였습니다.

아무리 소일거리라곤 해도 수백 마리를 키우느라 힘에 부쳤지요. 큰아들이 돕고는 있지만 잠시도 자리를 뜰 수 없는 상황이었습니다. 병아리를 받아 키우고 닭 모이를 주고 배설물 치우는 외에 혹시 병든 놈이 없나 살피느라 닭을 껴안고 산다고 할 지경이었습니다. 그런데 홍수를 만났으니 어찌 합니까. 미사리에 이르는 도로가 끊겨 버스가 다니지 못했습니다.

이튿날 장모님과 함께 기차를 타고 팔당까지 가 철로에서 강 건너를 바라봤습니다. 온 동네가 물에 잠기고 어느 집은 처마 밑까지 물이 차올랐습니다. 장인 댁이 멀리 바라보였습니다. 인기척이 없었습니다. 간밤에 헬기로 건너왔다는 주민은 "그 집 부자분은 어찌나 고집이 센지 빨리 나가자고 소리쳐도 꿈쩍도 않고 닭만 주무르고 있었어요"라고 했습니다. "집이 휩쓸려 나가지 않은 것을 보니 아마 다락에 그대로 앉아 있을 거예요"라는 이웃의 말에 안심하고 돌아왔습니다.

나중에 장모님을 통해 당시 상황을 알 수 있었습니다. 온 동네에 물이 차 집이 잠기고 가축우리가 물에 쓸려 나가는 등 아수라장이 됐답니다. 드디어 방송을 통해 주민 모두 집 밖 언덕으로 나오라고 하고 헬기를 띄워 강 건너로 피란시켰답니다. 수송작업은 밤늦도록 계속돼 마을 사람 모두가 떠났답니다. 그런데 장인은 꼼짝 않고 아들과 함께 우선 닭들을 제일 높은 횃대로 옮기고 두 분이 벽장 다락에 올라가 안방 장롱 꼭대기까지 차오르는 황톳물을 내려다보면서 정종 병에 가득한 소주를 다 드셨답니다.

"내가 나가면 저 닭들은 다 죽는다. 닭들이 죽으면 내가 죽는 거나 마찬가지야. 그러니 버려 두고 갈 수가 없어."

"저도 마찬가지예요, 아버지."

두 분이 마주 앉아 술잔을 기울이면서 그 밤을 그렇게 지새웠답니다. 목숨을 건 '닭 구하기' 덕에 이웃 양계장 닭은 씨도 없이 떠내려갔으나 이 댁은 '구사일생' 거의 다 살아났답니다.

시시각각 다가오는 죽음도 두려워하지 않는, 그토록 굳은 심지와 완고한 피를 이어받았으니 아내 박갑순의 고집이 오죽하겠습니까? 이제껏 여간해서 꺾지 못하고 살아왔습니다.

임금투쟁 중 받은 스카우트 제의

그때 제가 받는 월급이 실은 〈한국일보〉 수습기자 봉급에 불과했습니다. 저는 이미 1년의 경력을 쌓았으니 제대로 된 대우를 못 받은 셈이었지요. 게다가 월급은 1년에 한 번씩 오르는 게 정상인데 3년째 동결됐다는 것입니다. 저로서는 2년째 월급이 그대로이니 생활에 '궁기'가 들고 입사 처음의 기대와 만족도 사라졌습니다. 다시 '기자짓'으로 전락하는 기분이었습니다.

그즈음 사원들 사이에서는 언론의 자유 쟁취와 임금인상 투쟁 목소리가 높았습니다. 얼마 안 돼 그 불만은 실제적인 저항으로 태동했습니다. 내근기자를 중심으로 몇몇이 모이기 시작했습니다. 그중에 저도 포함이 됐지요. 대부분 5, 6년차이고 10여 년차가 선두 역할을 했습니다. 밤이면 근무 중 틈틈이 구석에 모여 대책을 논의했고 휴일에는 선배들 집을 전전하며 구체적인 행동방식과 선언문, 구호 등을 결정했습니다.

저는 선배들을 따라다니기는 했으나 적극적으로 나서지는 않았습니다. 그러던 중 야근하다 잠깐 쉬는데, 차장님이 자기 옆으로 부르더군요. 다가갔더니 말 대신 메모지에 "〈동아일보〉 갈래?"라고 써 보이기에 거기에다 "네"라고 적었더니 얼른 찢어 버리더군요. 다음 날 차장님이 다시 부르더니 〈동아일보〉 교열부장을 만나 보라고 했습니다. 찾아갔더니 지원서를 작성하라고 하여 제출하고 돌아와 며칠을 기다린 끝에 연락이 왔습니다.

정해진 날 지정한 시간에 맞춰 갔습니다. 면접하는 줄 알았는데 작은 방에 혼자 앉히고 실무시험을 보는 겁니다. 자리가 하나 비었는데 지원자가 23명이나 몰려 할 수 없이 시험을 치르기로 했다는 것입니다. 재직하는 회사와 지원자들을 서로 눈치 못 채게 하여 철저히 비밀을 지켜주기 위해 각각 시간과 장소를 달리하여 시험을 치른다고 하더군요. 사설, 일반 기사, 소설 등 5, 6 장의 시험지를 주더군요. 아는 대로 실력껏 답안지를 작성했습니다. 결과는 추후 통보해 주겠다고 하더군요.

약 1주일 뒤 연락이 왔습니다. 인사부장과 교열부장 앞에서 면접을 보는데 〈한국일보〉에서 얼마를 받았느냐고 묻기에 곧이곧대로 3만 원에 수당 2천 원이었다고 대답했습니다. 그거면 괜찮겠느냐고 하더군요. 좋다고 했습니다. 〈동아일보〉는 〈한국일보〉에 없는 상여금이 지급되기 때문이었습니다.

저와 〈한국일보〉에서 똑같은 급료를 받던 친구도 합격했는데 이 친구는 오지 않겠다는 겁니다. 이유인즉, 그 액수는 〈동아일보〉의 기자 초봉인데 우리는 이미 3년의 경력이 있으니 거기에 걸맞은 대우를 해줘야 오겠다면서 버텼습니다. 결국 그 친구는 저보다 두 호봉 더 받고 옮겨왔고 저는 그대로 입사했습니다. 저는 '돈이 중요한 게 아니다. 기자라면 최고의 언론인 〈동아일보〉에 뼈를 묻어야 명예롭지 않겠는가' 하는 생각이었습니다. 그때 제가 더 요구했어도 되는데 세밀히 따져 보지 않은 게 뒤늦게 후회스럽기도 했습니다.

장기영 사장의 추억

〈한국일보〉 재직 만 2년 2개월. 그동안 감동받은 사장님의 인품과 일화가 있습니다. 사주이자 사장인 장기영이라는 분은 언론계뿐만 아니라 금융계, 정계에서도 알아주는 거목이었습니다. 30대에 한국은행 고위직을 역임하고 〈조선일보〉 사장을 거쳐 스스로 〈한국일보〉를 창간, 진두지휘한 분입니다. 〈한국일보〉뿐만 아니라 〈서울경제〉, 〈스포츠한국〉, 〈주간한국〉, 〈주간여성〉, 〈소년한국〉, 〈코리아타임스〉 등 여러 자매지를 발행하여 '신문왕국'을 건설한 인물로 나중에는 경제부총리까지 역임한 분입니다.

장기영 사장님은 매주 화요일 오전 8시 전 사원을 한자리에 모아 '화요회의'라는 명칭의 사원총회를 열어 본인의 회사경영 철학과 신문발행의 목표 등 거대한 주제로 담화하거나 사원들을 격려하고 때로는 질책하는 시간을 갖곤 했습니다. 화요회의 중 한번은 "여러분, 회사에 불만이 있으면 불은 지르지 말고 전화기 정도나 때려 부수며 화를 푸시오"라고 말해 웃음이 터진 적도 있습니다.

비록 낮은 급료로 임금인상 투쟁이 꿈틀대는 상황이었지만 그분은 사원들, 특히 기자들의 작은 공도 크게 격려하곤 했습니다. 1단짜리 기사라도 특종을 보도한 기자에게는 그 자리에서 지갑을 열어 잡히는 대로 듬뿍 주며 사기를 돋워 주었습니다. 그래서 임금투쟁을 하면서도 그분을 미워하지는 않았습니다.

신문에 대한 열정과 애착이 타의 추종을 불허할 정도였습니다. 사장실에 야전침대를 놓고 밤에 찍어내는 초판을 샅샅이 읽고 미약한 기사, 잘못된 글자 등을 새빨갛게 지적하여 고치도록 하고 발행시간을 지켰을 경우 야식비를 내려보내기도 했습니다.

처음 신문사를 차렸을 때 화재로 사옥이 전소된 사건이 있어 새로 지은 사옥에 누구보다 애착이 강했습니다. 특히 화재예방에 신경을 많이 썼습니다. 소년사원(사환)을 데리고 다니면서 사무실 바닥에 아무렇게나 던져 버린 담배꽁초를 주워 재떨이에 담게 하면서 "기자님들이 바빠서 버린 것이니 네가 주워라" 하면 기자들은 송구해서 어쩔 줄 몰라 했습니다.

또 연말에는 각 부서에 술과 간단한 안주를 내려보내 '냉주 파티'를 열어 주고 자신이 일일이 각 부서를 돌며 술을 따라 주는 등 사원들과 격의 없는 관계를 유지하려 노력한 분입니다.

〈한국일보〉를 떠나기 전 해 연말 예년과 다름없이 송년 냉주 파티가 열렸습니다. 편집국 전 부서마다 '하사주'(청주)를 한 병씩 받아 놓고 사장님이 올 차례를 기다리고 있었습니다. 그 시간, 우리 부에 한 외부인이 와 있었습니다. 단골로 다니는 근처 중국집의 여주인이었습니다. 인물이 좋고 한국말도 능숙한, 우리가 타이타이(太太: 마나님, 부인)라고 부르는 40대 여성이 연말이라고 술 한 병과 간단한 안주를 들고 왔던 것입니다.

우리 부원들은 점심은 주로 짜장면으로 때웠는데 그것도 외상으로 그어 놓고 먹는 형편이었습니다. 월급날은 주인이 장부를 가져와 외상값을 받아가곤 했지요. 개중에는 월말에도 완불하지 못해 일부만 갚고 다음 달로 넘기는 부원도 더러 있었습니다. 그런데 이날은 외상값을 받으러 온 게 아니라 연말 인사를 왔다가 사장님이 주재하는 송년회를 한다니 구경 삼아 앉아 있었던 것입니다.

여러 부서를 거쳐 드디어 사장님이 우리 쪽으로 건너왔습니다. 자리에 앉더니 남자 사이에 끼어 있는 홍일점, 훤한 인물에 체격도 듬직한 여인이 사장님 눈에 띄었습니다. "저 여자는 누구야?" 하고 물었습니다. 옆에 있던 부장님(김관영)이 즉흥적으로 답했습니다. "네, 근처 중국집 주인인데, 연말이라 우리 부원들의 외상값을 받으러 왔습니다." 그 부장님은 스케일이 크고 배포가 두둑한 분이었지요.

"외상값?" "네, 부원들이 점심으로 먹은 짜장면 값을 받으러 왔습니다." '후라이'(거짓말)를 친 것이지요. "얼만데?" 사장님이 물으니까 "아마 몇십만 원 될 겁니다"라고 무지무지 '뻥튀기'를 하더군요. 당시 우동 한 그릇이 10원 정도여서 사실은 두어 사람이 밀린 게 1, 2만 원도 안 됐을 겁니다. 사장님은 즉석에서 "그래? 내가 각 부서 다 돌 때까지 밀린 장부 가지고 저 여자와 사장실로 오시오"라고 말했습니다.

사장님의 한마디에 부장님도 놀라고 부원들도 떨었습니다. 거짓말도 유분수이지, 엄청난 뻥을 쳤으니 그 뒷감당을 어떻게 하려고 그랬을까요. 한국말을 잘하는 타이타이도 어안이 벙벙한 표정이었습니다. 사장님이 자리를 뜨자마자 부장님이 저와 한 친구(이욱용)에게 빨리 가서 계산서를 만들어 오라고 했습니다.

부리나케 달려가 가짜 외상장부를 꾸몄습니다. 부원들 각자의 짜장면 값만으론 액수를 채울 수 없어 두어 차례 회식한 것으로 청구서를 작성했습니다. 20만 원이 조금 넘는 액수였을 겁니다. 이를 받아든 부장님이 중국 여인과 함께 사장실로 들어갔습니다. 우리는 조마조마했습니다. 거짓 청구서가 뻔한데 부장이 혼찌검을 당하고 코가 빠져나올 것 같아 겁이 났습니다.

잠시 후 부장이 타이타이와 함께 만면에 웃음을 띠고 나오며 손가락으로 V자를 그려 보였습니다. 사장이 그 자리에서 비서에게 청구서 액수대로 지급하라고 해서 받아왔다는 것입니다. 우리는 졸이던 가슴을 쓸어내렸습니다.

그날 부원들은 그 중국집에서 부장님의 '무용담'에 박수를 치며 밤늦도록 실컷 퍼마셨습니다. 장기영 사장의 통 큰 인품을 간파한, 배포 큰 우리 부장님의 허풍에 부원들이 호사를 한 것이지요. 한편 사장님도 그게 거짓인 줄 뻔히 알면서도 춥고 배고픈 부서에 연말 선물을 한다는 마음으로 속아 주었을 지도 모릅니다.

〈동아일보〉로 옮기면서 이렇게 스케일 크고 인간미 풍기는 분들을 떠난다는 것이 아쉬웠습니다. 어찌 보면 김 부장님의 그날 장 사장님에 대한 거짓말도 '기자질'이라고 할 수 있을 것입니다. 한 편의 낭만으로 남아 있는 '기자질'이었습니다.

3 장

〈동아일보〉 내근기자 36년

돈보다 명예를 선택

그런 멋진 추억이 아직도 새록새록 한데, 이듬해 5월 18일 저는 드디어 기자들의 '이상향' 〈동아일보〉로 옮겼습니다. 〈한국일보〉에서 함께 간 친구가 저보다 윗자리에 앉았지만 불만은 없었습니다. 분위기도 좋았습니다.

그런데 임금투쟁이 주효했는지 이듬해 〈한국일보〉 월급이 대폭 올랐다는 소식을 들었습니다. 수년 동안 밀렸던 것을 한꺼번에 인상하여 거의 50%를 더 받게 됐다는 것입니다. 그 액수면 〈동아일보〉에서 받는 월급과 보너스를 합친 것과 별반 차이가 없었습니다. 〈한국일보〉의 김 부장님은 제가 〈동아일보〉로 온 뒤에도 가끔 술자리를 함께 했는데 "좀더 참을 걸 괜히 옮겼어요"라고 슬쩍 푸념했더니, "다시 올래?" 하더군요. 저는 "글쎄요" 하고 여운을 두었습니다.

며칠 뒤 사람을 보내왔습니다. 차장 바로 밑의 수석으로 대우할 테니 오라는 것입니다. 잠시 망설였습니다. 그러나 '돈보다 명예'라는 생각에 한마디로 거절했습니다. 그날 저녁 김 부장님이 직접 불렀습니다. 기다린다는 음식점으로 갔더니 차장님과 함께 앉았더군요. 술잔을 주고받으며 하는 말인즉, 차장님이 다른 곳으로 가게 돼 자리가 비는데 바로 차장으로 앉힐 수는 없고 수석으로 1년 정도 지내면 승진시켜 주겠다는 것입니다. 적잖이 끌리는 제안이지만 기자는 〈동아일보〉에서 끝내야지 돈과 자리만 좇아 이리저리 옮겨 다니는 것은 모양이 안 좋다 싶었습니다. '뱀의 머리보다는 용의 꼬리로 남아 있자'고 속으로 다짐하며 완곡하게 사양하고 말았습니다.

제가 〈한국일보〉로 돌아가는 대신 이듬해에는 오히려 그곳의 친구(이욱용)를 〈동아일보〉로 옮기도록 주선했습니다. 그 친구는 〈한국일보〉에서 저와 똑같은 월급을 받았으나 제가 나온 뒤 월급이 껑충 뛰어 옮길 때 그 월급에 맞춰오니 저보다 4단계나 높은 급수를 받았지요. 그 친구는 미안하다고 하더군요. "나한테 미안할 게 뭐야. 내 급수에 맞추면 너도 손해야. 대신 내가 너를 따라가도록 노력할게"라고 했는데, 말 그대로 이듬해 저는 특진하여 한 단계를 만회했습니다.

〈동아일보〉 36년을 돌아보며

제가 1973년 5월 18일 〈동아일보〉로 스카우트돼 2010년 2월 28일까지 총 36년 10개월, 중간에 휴식한 1년을 제하면 정확히 35년 10개월간 근무했습니다. 이 기간은 저의 청춘이요, 평생이었다고 할 수 있는데, 오로지 〈동아일보〉라는 한 회사에서 보낸 것이지요. 그 이전에 있던 신문사 경력 3년을 합하면 가히 40년 가까운 세월을 언론계에 종사한 셈입니다. 제가 〈동아일보〉에서 근무한 부서와 역할을 간단히 말씀드리겠습니다. 지난날 삶의 흔적과 일화들을 모아보니 한 편의 파노라마가 펼쳐지는 듯합니다.

편집국 교열부 (5년)

기자들이 작성한 기사, 논설위원들의 사설, 외부 필자들이 기고해온 글, 편집자가 붙인 제목 등 신문에 실리는 모든 글의 맞춤법 표기 및 오자, 탈자와 표현의 적절성 등을 확인하고 바로잡는 업무로 한결같은 5년이 흘렀습니다.

〈스포츠동아〉 (10년)

1978년 창간한 새로운 장르의 첫 주간지입니다. 스포츠와 연예 및 레저, 생활정보 등을 다루는 잡지인데, 저는 처음엔 교열책임자로 투입됐으나 나중에는 편집과 기획물 및 일본자료 번역 업무를 맡아 참으로 재미있고 활기찬 근무를 했습니다. 10년간 명성을 높였으나 1988년 서울올림픽이 열리던 해에 수입이 저조하고 본지 인력이 부족하다는 이유로 폐간돼 몹시 마음 아팠습니다.

〈스포츠동아〉에 있던 10년간은 제 나이 35~45세로 일생에서 가장 활력 넘치게 일하던 시절이었습니다. 말하자면 인생의 한가운데를 여기서 보낸 셈이지요. 그만큼 보람도, 배움도, 재미도, 고통도 많았던 시기입니다.

〈소년동아〉(4년)

〈소년동아〉(현 〈어린이동아〉) 에서는 초기에 편집만 하다가 후반에는 학습을 전담하여 나름대로 열심히 했습니다. 이때의 일화 한 토막을 말씀드리지요. 편집국장이 새로 부임했는데 어느 날 전화가 왔어요. "내가 편집국장으로 오면서 계획한 게 있어요. 생일을 맞은 기자와 점심을 함께하기로. 그런데 이충남 씨가 첫 손님이 됐네요." 저는 잠시, 국장님과 식사하면서 '부서를 옮겨 달라고 요구할까' 생각했지만, 곧 선약이 있어서 죄송하다고 거절했습니다.

부탁한다고 실행될 보장도 없고, 평소 그분에게 별로 호감을 갖고 있지 않았으며, 또 실제로 선약이 있었습니다. 약속된 사람은 부서에서 외톨이로 돌고 있는 나이 지긋한 화백이었습니다.

여론독자부 (1년)

평소 존경하던 김인태 선배가 새로운 부서(데이터뱅크국)의 창설 책임을 맡았는데, 〈소년동아〉에 있는 저보고 함께 일하자고 했습니다. 제가 감당하기에 벅찬 듯하여 사양했습니다. 그 뒤에도 두어 번 간곡하게 요구했지만 완곡하게 거절했습니다. 배신한 것 같아 죄송하지만 실은 다른 부서에서 제의가 와 윗선의 결재를 기다리던 중이었습니다. 제가 옮겨간 곳이 바로 여론독자부입니다.

여기서 맡은 일은 독자들의 제보와 의견, 편지 등을 모아 정리하고 지면을 꾸리는 것인데, 〈스포츠동아〉에 있을 때 못지않게 열심히 재미있게 근무했습니다. 짧은 기간이었으나 본지에 특종도 몇 차례 하여 보람을 느꼈고 실력도 인정받은 보람찬 기간이었습니다.

기획특집부 (4년)

여론독자부가 확대 개편된 부서입니다. 기존의 업무 외에 외부 필자의 기고문을 정리하고, 유명 인사들의 동정, 부음 등을 정리했습니다. 가끔 좋은 글을 보내 주는 인사가 있었습니다. 제가 손을 보아 몇 번 지면에 실었더니 고맙다고 인사했습니다. 한번은 그분의 글을 새로 부임한 부장님이 직접 손을 대 실었습니다. 전화가 왔습니다. "왜 남의 글을 그따위로 만들었느냐? 다시는 〈동아일보〉에 글을 쓰지 않겠다." 그 뒤 그분의 글은 경쟁지에 실리기 시작했습니다. 남의 글을 고친다는 게 쉽지 않은 일이지요.

이때 제 나이가 이미 정년이 8년 남은 만 50이 됐습니다. 편집국 부장급으로는 최고의 늙은이가 돼 있더군요. 회사에서는 퇴사하는 사원들에 대한 송별의식이 전혀 없었습니다. 모시던 선배들의 정년 송별식을 제가 주관하여 몇 차례 치러 드렸습니다. 호응이 좋았습니다. 그러나 그것이 윗사람의 눈 밖에 나 편집국을 떠나는 빌미가 됐습니다. 무척 서운했습니다.

심의실 (1년)

심의실로 발령 났습니다. 이제 신문제작에서 손을 떼고 '경로당'으로 가라는 것이지요. 거창하게 신문의 논조와 기사를 평가하고 지적하는 업무이지만, 사내에서 별 관심도 두지 않는 부서요, 업무이지요.

회사에 IMF 감원 칼바람이 불었습니다. 70명 가까운 '잉여 인원'이 잘려나갔습니다. 편집국 모든 부서에서는 제 또래뿐 아니라 후배들도 짐을 싸야 했습니다. 심의실에서는 위원 3명 중에서 2명이 잘리고 유일하게 저 혼자 남았습니다. 해직된 위원 중 한 명은 수습기자 출신이고, 다른 한 명은 다른 신문에서 스카우트돼 런던특파원까지 지낸 유능한 기자였는데, 그들은 나가고 아무런 연고나 실력도 없는 제가 살아남았다는 것이 미스터리가 아닐 수 없습니다.

곰곰 생각해 보니, 제가 만일 기획특집부에 그대로 있었으면 100% 잘렸을 것입니다. 옮긴 지 며칠 안 됐기 때문에 저를 그대로 두었다고 생각됩니다. 심의실로 밀려날 땐 야속했지만 살아남게 되었으니 전화위복(轉禍爲福)이란 바로 이런 것이 아닌가 하여 감사했습니다.

독자서비스센터(정년연장 1년 6개월 포함 5년)

회사에서는 인원을 줄이는 외에 기구도 개편했는데, 독자들의 주장과 신문에 대한 비평과 의견을 중시하고 이를 지면에 반영하기 위해 독자서비스센터를 신설했는데, 제가 기획위원 발령을 받았습니다.

저는 여기서 만 58세 정년을 맞아 2001년 7월 말 퇴직하게 되어 있었는데, 1년간 연장근무하라는 명을 받았습니다. 1년 뒤 이제는 짐을 싸야겠다고 생각하는데 또 6개월간 연장됐습니다. 꿈에도 생각지 못한 혜택이었습니다. 이처럼 연장근무 혜택을 받은 것은 〈동아일보〉 역사상 제가 두 번째였습니다. 잘난 사람보다 약간 무능한 사람이 회사를 오래 다닌다는 말이 있는데 제가 바로 이에 해당했나 봅니다.

정년을 마치고도 사사(社史) 편찬위원회 자문위원으로 2년 반, 동아꿈나무재단 사업국장으로 3년간 재직, 35년이 넘는 세월 동안 몸담았던 〈동아일보〉를 저는 잊을 수도, 사랑하지 않을 수도 없습니다. 〈동아일보〉에 근무할 때 있었던 저의 행적과 추억들을 더듬어 봅니다.

'기자짓', '기자질', '기자노릇'

〈동아일보〉는 석간이라 낮 근무만 하고 야근이 없어 좋았습니다. 주요 근무는 오전에 끝나고 오후엔 절반은 퇴근하고 절반만 남아 판갈이에 대비하여 남아 있습니다. 그래서 오전에 화장실 갈 시간도 아끼며 첫판(가판)을 제작하고, 점심식사 때는 한결 느긋해져 으레 반주를 곁들이는 것이 일상이다시피 됐습니다. 벌건 대낮에 거나하게 마시는 경우도 있지요.

입사한 지 몇 달 흐른 뒤 퇴근하며 낮술 한 순배 한 김에 L 선배에게 "영화 구경을 할 수 있을까요?"라고 물었습니다. 〈신아일보〉와 〈한국일보〉 때 공짜구경이 떠올라 물었던 것입니다. 선배는 제 말이 무슨 뜻인지 몰랐는지 "극장 가는 걸 뭘 묻느냐?"고 했습니다. "혹시 문화부에 부탁하면 그냥 볼 수 있지 않을까요?"라고 노골적으로 물었습니다. "구차하게 그런 걸 뭐 하러 부탁해. 그냥 돈 내고 가면 되지. 영화 보고 싶어?" "네." "그러면 갑시다" 하데요. 제가 머쓱해졌습니다.

그 길로 그 선배와 몇 명이 극장에 갔는데 입장료를 L 선배가 다 내는 게 아니겠습니까? 먼저 직장에서는 '기자짓'이나 '기자질'로 공짜로 봤는데, 〈동아일보〉는 그렇지 않았습니다. 속으로 '역시 동아 기자는 다르다'고 느꼈습니다. 월급도 적지 않은데 그까짓 관람료가 몇 푼이라고 민폐를 끼친단 말인가. 앞으로 체면 구길 일은 하지 말아야겠다고 생각했습니다.

한여름 어느 날, 오전 근무라 점심식사를 마친 팀원들이 평창동 근처 냇가로 세족(洗足)을 나갔습니다. 근처 구멍가게에서 소주를 마시며 보니 젊은 주인이 '출입 금지' 팻말이 붙어 있는 철조망 안 숲속을 들락거리는데 그 안에서는 희미하게 연기가 피어오르고 있었습니다. '저 안에서 무언가 진행되고 있다'는 느낌에 C 선배에게 "오늘이 무슨 날이냐"고 물었더니 "초복"(初伏)이라고 했습니다.

순간 저는 초복을 위한 특별 요리를 준비한다는 것을 직감하고 "선배님들, 술 천천히 먹읍시다. 조금 있다 멋진 안주가 나올 겁니다"라고 했죠. "구멍가게에 무슨 좋은 안주가 있겠어?"라는 핀잔에도 "잠자코 기다려 봅시다"라고 했습니다.

잠시 후 가게 주인을 따라 노타이 차림에 회색바지를 입은 한 남자가 그쪽으로 들어갔습니다. 조금 뒤 또 한 사람도 가는데 보니 바지 색이 똑같았습니다. 이어서 좀더 나이 든 사람이 어슬렁어슬렁 그쪽으로 가더군요. 바지 색이 역시 같은 회색이었습니다.

먹잇감을 공격하기 위해 기회를 노리는 표범처럼 그들의 움직임을 조용히 지켜보고 있었습니다. 가게 주인이 분주하게 드나들었습니다. 제가 "주인장, 저 안에 무슨 일이 있소?"라고 묻자 "아니, 아무것도 아닙니다"라고 발뺌해요. "그런데 왜 출입금지 구역에 사람들이 들락거리죠?"라고 재차 묻자 말을 못 하고 머뭇거리기에 "그 사람들에게 전하시오. '무얼 하는 것인지 우리가 묻더라'고"라며 강하게 말했죠.

잠시 후 가게 주인이 무언가 쟁반에 수북하게 담아 들고 다가오는데 그 뒤에 나이 든 사람이 따라와 "안녕하십니까. 어디서 오신 분들이신지요?"라고 물어요. "아, 우린 미아리시장 장사꾼들인데 복날이라 냇물에 발이나 씻으러 나왔습니다" 했더니 "아, 그러세요? 저는 이 아래 파출소장인데 오늘 대원들 회식이나 하려고 나온 겁니다. 별것 아니지만 안주하여 소주나 한잔하면서 놀다 가십시오"라고 정중히 권했습니다. 여름의 보양식, 갓 삶은 따끈따끈한 개고기였습니다.

파출소장이 우리가 결코 상인은 아니라고 확신하면서도 그냥 넘어가는 체한 것이지요. 자신들의 불법적 행위를 눈감아 주리라 믿었기 때문이었을 겁니다. 말하자면 '선수들'끼리 통한 이심전심(以心傳心)이었다고나 할까요?

그가 경찰이라고 신분을 밝혔지만 우리는 신분을 털어놓지 않았습니다. 하류 기자였다면 기자증을 보여 주며 위세깨나 떨었을 텐데 오히려 신분을 감춘 것에서 '기자의 품격'을 읽을 수 있었습니다. '기자짓'도, '기자질'도 떨쳐 버리고 일류 신문의 명예에 누가 되지 않는 '기자노릇'을 해야겠다는 마음에서 그랬던 것이지요.

한마디 덧붙이면 일행 중 C 선배는 이날 난생처음 황구 맛을 보았다고 합니다. C는 최상목 선배입니다. 그 이후 최 선배는 보신탕 애호가가 되었습니다.

광고사태 동아투위

제가 오기 전부터 〈동아일보〉에서는 이미 자유언론 운동이 태동하고 있었습니다. 입사 초년생인 저도 어쩔 수 없이 여기에 휩쓸려 잠시 고초를 겪었는데, 당시 '동아 사태'는 우리나라 언론사에 커다란 획을 긋는 사건이었습니다. 그 내용을 《동아자유언론 실천운동 백서》(동아일보 노동조합, 1989)를 참고하여 간략하게 정리해 보겠습니다.

1971. 4. 15 제 1차 '언론자유 수호선언' 채택. 수년래 강화된 온갖 형태의 박해로 언론은 자율의 의지를 빼앗긴 채 언론부재 언론불신의 막다른 골목까지 밀려나왔다. 꺼져가는 언론자유의 불씨를 살리기 위해 불퇴전의 자세로 일어설 것을 다짐한다. 첫째, 우리는 기자적 양심에 따라 진실을 진실대로 자유롭게 보도한다. 둘째, 우리는 외부로부터 가해지는 부당한 압력을 일치단결하여 배격한다. 셋째, 우리는 정보부 요원의 사내 상주 또는 출입을 거부한다.

1972. 10. 17 10월유신.

1973. 10. 2 서울대생들 10월유신 철폐운동 기사 삭제 지시를 받고, 그 자리에 다른 기사를 채우지 않고 백지상태로 발행.

1973. 10. 7 50여 명의 기자들 '보도 가치가 있는 기사를 지면에 다룰 것'을 내걸고 언론사상 첫 철야농성. 이후 17, 20일에도 철야농성. 18일 회사는 긴급 이사회를 열어 '기자들의 사내 철야농성 금지' 결정.

1973. 10. 20 제 2차 '언론자유 수호선언' 채택. 첫째, 정부는 언론에 부당한 간섭을 하지 말라. 둘째, 우리는 언론의 자유가 확보될 때까지 모든 힘을 바친다.

1973. 12. 3 제 3차 '언론자유 수호선언' 채택. 첫째, 당국의 발행인 서명공작('유신체제나 안보에 위해되는 기사는 싣지 않는다'는 데 대한 당국의 이른바 '자율지침') 철회하라. 둘째, 우리는 탄압에 맞서 언론 본연의 임무를 지키려는 양식 있는 언론인과 함께 투쟁한다. 셋째, 우리는 지금까지 당국의 서명 압력을 거부해온 본사 발행인이 강압에 못 이겨 끝내 서명하게 되는 불행한 사태가 올 경우 신문제작과 방송뉴스의 보도를 거부한다.

1974. 3. 7 노조 설립.

1974. 10. 23 기자 180여 명 '자유언론 실천선언' 채택('수호선언'에서 '실천선언'으로)

1974. 12. 16 ~ 1975. 7. 14 〈동아일보〉 광고탄압 백지광고.

1975. 1~3 격려광고 쇄도.

1975. 3. 12 150여 명 기자, 신문제작 거부 결의하고 철야농성 시작. 이때부터 타 회사에서 4면의 신문 발행.

1975. 3. 17 새벽 3시 15분에 회사가 동원한 200여 명, 산소용접기와 해머 등으로 단식농성 중이던 기자 23명을 끌어낸다. 4시 10분에 편집국 진입을 기도한다. 기자들 긴급총회 열어 '자유언론 만세' '민주회복 만세' '〈동아일보〉 만세' 제창 후 4시 45분에 편집국에서 철수. 6시 15분경 방송국 진입. 이에 따라 100여 명의 농성 기자들은 거리로 나와 애국가를 부르고 헤어진다.

1975. 3. 18 '동아자유언론수호 투쟁위원회' 결성.

이 격동의 소용돌이 속에 저도 포함되어 있었음은 물론입니다. 3월 18일부터는 회사를 떠나 '동아투위'의 일원으로서 연락처로 정한 회사 근처 여관방으로 출근하는 신세가 됐습니다.

회사 측 증언 거부

당시 회사 측에서는 신문제작 거부로 나간 동아투위 사원들에게 창간 기념일인 4월 1일까지 출근하면 무조건 받아들이겠다는 공고문을 내고 개인에게도 통보했습니다. 당장 다음 달부터 월급이 나오지 않을 것을 생각하면 회사방침에 응하고 싶었지만 함께 나간 선배 및 동료와 행동을 같이해야 하는 입장이라 출근할 생각이 없었습니다.

대신 다른 곳에 자리를 알아보고 있었습니다. 애초에 저는 '주의 주장'에 따라 행동한 것이 아니어서 당시 여당지인 〈서울신문〉에라도 자리가 있으면 갈 마음이었고, 신문사가 안 되면 약품 도매상을 하는 동생 경숙이 남편에게 약품배달원 자리라도 알아볼 생각이었습니다.

그 와중에 느닷없이 아버지가 회사에 찾아와 우리 부장님을 만나셨지요. "다시 회사에 다니게 해주십시오"라고 부탁하신 것입니다. 한편 저와 함께 나온 교열부 차장님 두 분이 당신들은 나중에 들어갈 테니 저에게 "먼저 들어가라"고 종용했습니다. 회사 측에서도 겉으로는 다 들어오라고 했지만 이 기회에 정리할 사람은 정리하겠다는 계획에 따라 내부적으로 거부하는 인물들이 있었습니다. 저와 함께 나간 4명 중 저만 허용하겠다는 방침이었던 것입니다.

아버지의 '호소', 회사 측의 '허용' 등으로 저는 마지못한 듯 출근하기 시작했습니다. 출근 첫날 부원들이 저를 환영하는 뜻에서 점심 회식을 했습니다. 그날 메뉴가 게탕이었습니다. 부장님이 오랜만에 출근하는 소감을 말하라더군요. 그 자리에서 저는 대뜸 반농담으로 "오늘 마침 게탕을 먹는데 저는 앞으로 게와 같이 행동할지도 모릅니다.

근무는 열심히 하겠지만 회사나 부장님이 업무 외에 다른 지시를 내릴 때는 옆길로 나가겠습니다"라고 해 분위기가 썰렁해졌습니다.

동아투위 기자들은 회사 출근시간 때마다 정문 양옆에 늘어서서 구호도 외치고 출근하는 동료들에게 "열심히 하시오"라는 비아냥 섞인 인사를 보내곤 하여 곤혹스러웠습니다.

그렇게 마음 무거운 상황 속에서 몇 개월이 지났을 때 부장님이 부르더군요. 점심이나 함께하자는 겁니다. 이 양반은 어찌나 굳은지 생전 부원들에게 술은커녕 쓴 커피 한잔 안 사는 것은 물론, 하루에 한두 시간씩 하는 야근도 자기 혼자 도맡아 하면서 개인 수당을 꼬박꼬박 챙기는 '구두쇠'였지요. 그런 사람이 밥을 산다니 웬일인가 하여 따라 나섰습니다. 부장님은 점심식사 때 본론을 이야기했습니다.

"회사와 동아투위가 소송 중인 거 알지요?"

"네."

"회사의 요구인데 이충남 씨가 증언을 좀 해달라는 거예요."

"무슨 증언인데요?"

"김병익 씨 있지요? 그 사람이 함께 농성했지요?"

"함께 농성한 게 아니라 농성 때 한쪽에서 바둑만 두다 갔습니다."

"그걸 증언하라는 거예요."

"저는 근무관련 지시 외에는 따르지 않겠습니다."

저는 한마디로 거절했습니다. 김병익 씨는 〈동아일보〉 기자로서 몇 달 전 기자협회 회장에 선출되자 회사에서 해임해 버렸습니다. 그러니 사원 아닌 외부 인사가 투쟁에 가담했다는 이유로 고소한 것이지요. 제가 부장님의 요구에 거절하니 그날은 그냥 지나갔습니다.

2, 3일 뒤 또 부장님이 점심을 사며 똑같은 요구를 해왔습니다. 제 대답은 마찬가지였습니다. "제가 처음 출근한 날 점심때 뭐라고 했습니까? 근무관련 지시 외에는 따르지 않겠다고 했잖습니까?" "법정에서 증인을 서기 곤란하면 서면으로라도 사실을 밝힐 수 없을까요?" "서면으로 할 것 같으면 법정에 서게요?"라면서 완강히 거절했습니다.

이튿날 또 점심을 하자고 했습니다. 이번엔 차장님까지 대동했습니다. "인생엔 세 번의 기회가 있다지요? 이것이 이충남 씨에게 큰 기회가 될지도 모릅니다. 이번에 증언하면 원하는 부서로 보내 준답니다. 기회를 잡으세요." "싫습니다. 저는 제 마음에도 없는 일은 하지 않겠습니다. 그리고 저는 죽을 때 제 아들에게 말할 작정입니다. 결코 부끄러운 짓은 하지 않았노라고." 강력하게 말하고 한마디 덧붙여 "회사에서 계속 요구하면 저는 정식으로 사표를 쓰고 나가겠습니다"라고 쐐기를 박았습니다.

그날 오후 부장님이 "이충남 씨, 편집국장님(최호)이 부른다"기에 국장실로 갔더니 부국장님(신용순)이 앉아 있었습니다. "충남 씨, 증언하면 곤란한 사람이 있나?" 물어요. 순간 저는 '아, 이 양반이 내가 빠져나갈 구실을 만들어 주려는구나' 하는 생각이 들어 "네, 있습니다" 했더니 "누군가?" 물어서 "같은 부에 있던 신○○입니다" 했더니 "그런가?" 하면서 나가 보라고 했습니다. 아마 그 말을 국장님에게 보고하고 국장은 회사 측에 전했던 모양입니다. 그 후 증언에 관한 요구는 전혀 없었습니다.

나중에 안 사실인데 당시 몇몇 사람은 증언을 섰습니다. 그들은 자기 부서에서 승진하거나 좀더 나은 부서로 옮겼더군요. 그래도 저는 그들이 부럽기는커녕 다시 쳐다보이는 거예요. 이때가 저로서는 〈동아일보〉, 아니 기자생활에서 가장 힘든 시기였습니다.

사이프러스냐 키프러스냐

저는 부장님에게 말한 대로 오로지 업무에만 열중하고 일체의 회사 내외를 막론하고 정치적 모임이나 행사 등에 참여하지 않았습니다. 그러던 중 자그마한 문제가 발생했습니다. 지중해 동부에 사이프러스라는 나라가 있습니다. 이 나라를 중심으로 벌어진 국제분쟁에 관한 기사가 실렸는데, 외신부는 '사이프러스'라고 표기하고 논설실의 칼럼에서는 '키프러스'라고 쓴 것입니다. 어느 것이 옳은 표기냐고 물었으나 아무도 답하지 못했습니다. 그 나라에 대한 기사는 날마다 쏟아지는 상황이라 큰 혼란이 일었습니다.

편집국장님이 명령했습니다. "교과서에는 어떻게 표기하나 알아보라. 또 앞으로 모든 외래어는 문교부 표기법에 따르라"는 것이었습니다. 저는 그날부터 교과서를 뒤지기 시작했습니다. 우선 동생들의 모든 교과서를 읽고 외래어는 전부 노트에 적었습니다. 친척집을 방문할 때도 학생이 있으면 책을 가져오라고 하여 조사했습니다. 또 헌책방에서 교과서를 구입하기도 했습니다. 이렇게 두어 달 하니까 자료가 꽤 많이 모아져 대학 노트로 3권이나 됐습니다.

그 뒤로는 외래어가 나오기만 하면 제가 옳은 표기법을 가려내곤 했습니다. 몇몇 선배들은 아예 제 노트를 베꼈으나 부장님은 자존심이 있는지 좀처럼 저에게 묻지 않았습니다. 그러나 오래 버티지 못하고 결국은 제 노트를 빌려달라고 하더군요. 저는 선뜻 내주며 부장님에게 "업무에만 충실하겠다"고 말한 것을 실천했다는 생각에 마음이 뿌듯했습니다.

내근기자의 '자존'을 지키다

신문기자는 크게 외근과 내근, 두 가지로 나뉩니다. 외근기자는 기사를 쓰고, 내근기자는 작성된 기사를 정리하는 업무를 하지요. 외근기자가 소속된 부서를 출고부서, 내근기자가 근무하는 부서를 정리부서라고도 합니다. 외근기자는 정부기관이나 기업체, 사회단체 등 출입처가 있으나, 내근기자는 시계추처럼 매일 왔다 갔다 하는 회사와 가정이 출입처이지요.

외근기자는 기사를 발굴해내야 하고 다른 신문사가 다룬 기사를 놓치지 않았는지, 오보하는 것은 아닌지 늘 신경을 곤두세워야 하지만, 내근기자는 남의 기사를 다듬는 역할을 하므로 그다지 스트레스는 받지 않습니다. 하지만 업무의 부담이 큰 만큼 외근부서의 영향력과 위상은 내근부서에 비교할 바가 아니지요.

설, 추석, 크리스마스, 연말 등 무슨 '때'만 되면 내근기자들은 풀이 죽고 위축이 됩니다. 외근부서에는 선물 보따리가 줄을 잇는데(1970~1980년대 상황) 내근부서에는 개미 한 마리 얼씬거리지도 않아 '그림의 떡'일 뿐입니다. 그래도 편집부는 좀 낫습니다. 그 부서는 정치, 경제, 사회, 체육 등 섹션 담당자가 따로 정해져 있어 해당 부서에서 때마다 담당기자를 챙겨 주거나 가끔 점심시간에도 데리고 나가고 아침 출근해서는 담당기자 서랍에 담배도 한두 갑 넣어 주는 눈치이지만, 교열부는 들여다보는 사람 하나 없어 문간방 '찬밥' 신세이지요. 몇 년 동안 근무하면서 이런 대목을 만날 때마다 왜소해지는 느낌에 서글픈 생각이 들었습니다.

명절에 선물 하나 들고 가지 못하는 초라한 '기자'(飢者) 가장, 누가 점심 한 끼 같이 먹자고 불러 주는 사람 없는 외로운 '기자'(棄者) 신세. '이 썰렁한 처지에서 벗어나야겠다. 자존(自存)하자'고 마음먹고 부회비(部會費)를 마련하는 것이 좋겠다고 생각했습니다.

몇몇 동료들과 의논해서 회비는 야근비를 모아 충당하기로 했습니다. 당시 1주일에 한두 번 2, 3명씩 돌아가며 시간외 근무를 했는데 그때마다 각자에게 수당을 주었습니다. 그것을 야근비라고 하는데 짜장면 값의 절반 정도는 됐을 겁니다. 그것을 모으자는 것이었지요.

그런데 문제는 부장님이었습니다. 그분은 매일 야근을 하며 꼬박꼬박 수당을 받았습니다. 그러면서도 부원들에게 밥은커녕 커피 한잔 안 사는 구두쇠였기에 모든 부원이 '밉상'으로 여겼습니다. 저에게는 이 기회에 부장님 수당을 '몰수'하자는 속셈도 있었습니다. 부회비도 모으고 부장님도 골탕 먹이자는 일거양득의 묘수였지요.

부원들이 전원 찬성하니 속으로야 괘씸했겠지만 부장님도 "좋다"고 해 실행하게 됐습니다. 여러 달 꼬박꼬박 모으니 잔고가 꽤 쌓여 가끔 부원들이 회식을 하고 명절 때는 과일상자라도 들고 가게 됐습니다. 말하자면 'Self Gift'(자가 선물) 일망정 아내와 자식들에게 체면을 세울 수 있었습니다.

수년 동안 그렇게 했더니 편집국 내에서 교열부가 제일 부자라는 소리를 듣게 돼 부원들의 어깨가 으쓱해지기도 했습니다. 속으로 '너희들 하나도 부럽지 않다'는 자존심도 솟았습니다. 나중엔 편집부 등 타 부서에서도 우리를 따라 부회비를 모아 운영하게 됐다고 하더군요.

제가 교열부를 떠나 〈스포츠동아〉, 〈소년동아〉에 근무할 때는 외근기자도 책상을 마주하고 함께 근무했습니다. 점심때가 되면 내근기자들은 '누가 점심 먹자고 하지 않나' 눈치를 보며 일부러 할 일이 많은 듯이 책상머리에서 뭉그적거리고 있었습니다. 그러다 선배나 외근기자가 "밥 먹으러 갑시다" 하면 마지못해 응하는 체하며 얼른 일어나 따라나서곤 하더군요. 물론 저도 그중의 하나였지요. 이런 상황이 하루 이틀도 아니고 때마다 반복돼 여간 거북하지 않았습니다.

그래서 제가 이번에도 '부회비'를 모으자고 제안했습니다. 여기서는 야근이 없으니 내근기자들끼리 월급에서 일정액을 모아 눈치 안 보고 점심을 해결하곤 했습니다. 때론 외근기자도 데리고 가 '대접'하는 여유를 보여 위신을 세우기도 했습니다.

저는 비록 내근으로만 기자생활을 했지만 나름대로 자립(自立)하고, 자강(自彊)하며, 자존(自尊)을 세우고, 체면(體面)과 체통(體統)을 지키며, 위신(威信)을 잃지 않고 살았다고 감히 자부(自負)합니다.

통일문제연구소 책자

부서의 막내 기자이지만 실력 있고 근무에 충실하다는 것이 알려졌는지 통일문제연구소(소장 송건호) 정형수 간사로부터 만나자는 연락이 왔습니다. 이 연구소는 당시 국내 언론사 중에는 유일하게 〈동아일보〉만이 설치한 부서인데, 주로 북한 문제를 다루었습니다.

〈동아일보〉 수습 2기로 사회부 차장을 거친 정 간사는 "연구소에서 사계의 저명 학자들에 의뢰하여 받은 논문들을 책으로 엮는 데 교열을 봐 달라"고 했습니다. 일면식도 없는 분의 부탁이라 "저를 어떻게 알고 부르셨습니까?" 물었더니 "몇몇 사람이 추천했다"며 이름은 말하지 않더군요. 저는 고마운 마음에 기꺼이 일을 맡았습니다.

근무시간 외에 집에 가져가 두 달 가까이 열심히 일했습니다. 그동안 저는 연구소에 수시로 드나들면서 북한의 〈로동신문〉 등을 읽을 수 있는 행운도 얻었습니다. 이 신문은 비밀취급인가를 받은 사람만 읽을 수 있는 자료였습니다. 책 《동서독과 남북한》이 나오자 적지 않은 수고비를 주더군요.

그 뒤로 이 연구소 간사가 세 번 바뀌며 책도 세 번 나왔는데, 그때마다 제가 교열을 맡아 돈도 두둑이 받으며 재미있게 일하고 또 선배들과도 교유하게 돼 좋았습니다. 또 이 일이 계기가 돼 선배들이 책을 낼 때는 저에게 교열을 맡겨 용돈깨나 벌었지요. 2대 정형수 간사는 그 후 도쿄특파원을 거쳐 정부로 옮겨 일본공사를 지냈는데, 제가 일본 출장을 갔을 때 밥을 사 주기도 했습니다. 그분과는 지금도 한 달에 한 번씩 만나 식사하며 인생도 배우고 당구도 함께 치며 지내고 있답니다.

휴지통 '방뇨 사화'

주간 〈스포츠동아〉에서 편집할 때 일입니다. 수요일부터 서서히 시작하여 다음 주 월요일 아침에 마무리한 뒤 인쇄소에 넘기면 밤새 인쇄와 제본을 거쳐 화요일 오전에 잡지가 나오죠. 그래서 월요일 오후부터 화요일까지는 해방된 기분이었습니다.

어느 해 가을의 화요일. 기사 제목이나 도표를 그리는 화백 K 선배가 함께 점심식사를 하자고 몇몇 부원들을 정릉의 어느 음식점으로 몰고 갔습니다. 고향 후배가 올라와 개업한 지 얼마 안 됐는데 가서 팔아 주어야겠다는 것입니다. 널널한 시간에 홀가분한 마음이라 혁대를 풀 정도로 홍건히 마시고 느지막하게 회사로 돌아왔습니다. 정치부장을 거쳐 부국장으로 승진하여 며칠 전 책임자로 부임한 H 선배가 혼자 자리에 앉아 있었습니다.

소변이 마려웠습니다. 사무실은 〈동아일보〉 옛 건물 6층에 있었는데 6층에는 여자 화장실밖에 없어 남자는 5층으로 내려가야 합니다. 그래서 남자들은 화장실 출입이 늘 불편했지요. 우리 방은 출입문 안쪽 가림막 옆에 커다란 휴지통이 놓여 있는데, 저는 그날 내려가기 번거로워 거기에 실례를 하고 있었습니다.

휴지통이 빤히 보이는 자리에 앉아 있던 K 선배가 "이충남 씨, 거기서 뭐하는 거요?"라고 소리쳤습니다. 거기까지는 괜찮았지요. 조금 있다가 또 "거기다 오줌을 싸면 어떡해?"라고 더 큰 소리를 내는 겁니다. 물론 악의는 없이 국장님 들으라고 일부러 고자질하는 체하는 것이었지요. 국장님이 그 소리를 들은 겁니다.

한창 '일'을 보고 있는데 H 국장이 다가오더니 "뭐 하는 짓이야? 이거원 질서가 없구먼." 엄하게 한마디 하고는 사무실을 나가 버렸습니다. 국장 본인을 빼놓고 자기들끼리만 먹고 들어온 것도 괘씸한데, 사무실에서 방뇨까지 하는 행태에 부아가 나고 한심하기 짝이 없었을 겁니다.

정신이 번쩍 들었습니다. 순간 무안한 것은 차치하고 객기를 부린 것에 대한 자괴감과 앞으로 떨어질 처벌에 대한 걱정에 견딜 수 없었습니다. K 선배는 고소하다는 듯 실실 웃고 있었습니다. 전임 '물통 형님' 김인태 부장님 시절엔 그분이 몸소 '모범'을 보여 우리들도 가끔 저지르며 눈감고 넘어갔던 행위였는데, 덜컥 새 국장님에게 지적을 받고 보니 난감하기 이를 데 없었습니다.

저는 그 길로 집으로 돌아왔습니다. 마침 김장하는 날이라 어머니가 올라와 돕고 계셨지요. 사정도 모르고 "일찍 왔네. 김장하러 왔냐?" 고 하시는 어머니 말씀은 들은 체도 않고 방으로 들어가 이불을 펴고 누워 버렸습니다.

'회사를 때려치울까' 고민하다 막 잠이 들었는데, 아내가 깨우더군요. 전화를 받았더니 K 선배였습니다. "미안해. 장난삼아 한 건데 국장님이 화를 내서." 잠자코 전화를 끊으려 했더니 "내가 대신 사과했어. 푹 쉬고 내일 나와" 하더군요. 병 주고 약 준다더니 꼭 그 꼴이었습니다. 이튿날 국장에게 "죄송합니다" 했더니 "알았어" 한마디뿐이었습니다.

일요일 K 선배의 권유로 H 국장님 댁을 찾아갔습니다. 반갑게 맞아 양주를 대접하면서도 방뇨 건에 대해서는 일언반구도 없었습니다. 저를 용서한 것이지요. 그러나 K를 향한 제 마음의 분은 풀리지 않은 채 어색한 나날을 보내는 속에 저는 '복수의 칼'을 갈았습니다. 물론 H 국장은 까맣게 몰랐지요.

편집자는 취재기자의 원고를 읽어 본 뒤 제목을 뽑고 사진과 기사를 지면에 배치합니다. 제목을 정할 때는 많은 궁리를 하게 됩니다. 대여섯 개의 제목을 가지고 고민하다 그중에 가장 괜찮은 것 하나를 골라 부장과 국장이 검토합니다. 확정된 제목을 손글씨로 처리할 경우 화백에게 넘깁니다. 가로로 할지 세로로 할지를 정하고 제목 크기를 정해 주면 비로소 화백이 작업합니다. 편집자가 제목이나 도표를 의뢰하지 않으면 화백은 할 일이 없는 것입니다.

저는 그로부터 약 2주간 단 한 건의 제목이나 도표도 K 화백에게 주지 않고 활자로만 제작했습니다. 무언의, 그러나 무서운 보복이었습니다. 그는 오전에 붓과 먹, 자와 칼 등 작업도구와 재료를 책상에 벌려 놓았다가 오후에 그대로 집어넣고 일어서는 나날이 계속됐습니다. 견딜 수 없었을 겁니다. 저는 속으로 '한번 톡톡히 당해 보라'는 심리로 계속 제목을 활자로만 제작했습니다.

드디어 그쪽에서 접근해 왔습니다. "이충남 씨, H 국장님 모시고 술이나 한잔 하지." 돈암동 한 카페에 셋이 자리를 잡았습니다. 언제 그런 일이 있었느냐는 듯 이번에도 방뇨 건은 한마디도 없이 웃으며 잔을 나누었지요. K는 원래 말을 잘하고 자기주장이 강한 성격이라 그날도 주로 그가 화제를 이끌어갔습니다. 서로 앙금을 푸는 자리라 그의 기분이 상기돼 있었지요.

잠시 제가 화장실에 갔다가 자리에 앉으려는데 느닷없이 이마에 '딱!' 충격이 가해졌습니다. 맥주병이었습니다. 제 머리도 병도 단단해 둘 다 깨지지는 않았습니다. 순간 이마에서 피가 약간 흘렀는데 아픈 줄은 몰랐습니다. H 국장님이 내 편을 드는 듯한 분위기라 K가 은연중에 시기심이 발동했던 모양입니다. "이게 무슨 짓이야?" H 국장님이 크게 꾸짖고 자리는 파장이 되고 말았습니다.

다음 날부터 K는 코가 빠진 채 '꿀 먹은 벙어리 신세'가 됐습니다. 저의 보복 작전이 100% 이상 성과를 거둔 셈이지요. 그러나 그의 풀 죽은 모습이 오래가지는 않았습니다. 제가 일감을 주기 시작했거든요. K는 다시 기가 살아 부원들의 분위기를 좌지우지하는 중심 역할을 해나갔습니다.

슬롯머신 중독 실화

H 국장님과 얽힌 일화는 '방뇨 사화'로 그치지 않았습니다. H 선배는 우리에게 '몹쓸 놀이'를 가르쳐 주었던 것입니다. 그날도 주간지가 발행된 화요일이었을 겁니다. 회사 근처 뉴국제호텔 2층 중식당에서 부원들과 회식하고 내려오던 중이었는데, H 국장님이 "이거나 한번 해볼까?" 하더니 지하로 내려가는 겁니다. 우리도 멋모르고 따라 내려갔지요.

'따르르 딸딸', '차르르 차르르' '삐리리 삐리리' … . 기계소리 요란한 속에 한쪽에서 "15번 석 잭팟!"이라는 고함소리가 들렸습니다. H 국장님을 따라 우리가 빨려 들어간 곳은 슬롯머신 도박장이었습니다. 우리는 '빠칭코'라 했지만, 일본의 그것과는 다른 것입니다. 쇠구슬 아닌 코인을 쓰거든요.

저는 생전 처음이었지요. 동전같이 생긴 코인을 사서 집어넣고 손잡이를 당기면 기계 속에 있는 혁대 굵기만 한 4개의 동그란 바퀴가 제멋대로 돕니다. 각각의 바퀴에는 별, 통 수박, 자른 수박, 살구, 체리, 사과 등 색색의 그림과 '7' 및 '☆' 'BAR'가 그려져 있습니다. 그것들이 한참 요란한 소리를 내며 돌다가 멈추는데, 이때 '7'이나 '☆' 혹은 'BAR'가 가운데 칸에 나란히 서면 바로 잭팟입니다. 대단한 상금이 나오지요. 로또 당첨 정도는 아니라도 여간해서 나오기 어려운데 가끔씩 터지면 종업원이 '잭팟!'이라고 크게 소리를 지릅니다. 손님들의 '투기심리'를 자극하는 작전이지요.

네 바퀴 중에 2개나 3개의 그림만 나란히 서도 몇 배의 배당금이 주어집니다. 화투나 마작같이 중독성이 강한 일종의 '노름'이지요. 그날 부원들 모두 몇천 원어치씩 코인을 사서 즐기며 게임을 배웠습니다. 중간에 따기도 하고 잃기도 하기를 반복하는 놀이가 퍽 재미있었습니다.

그런데 그 재미있는 놀이가 나중에는 헤어나지 못할 '독(毒) 사과'가 됐습니다. 부원 중 C는 패가망신까지는 아니어도 그 근처까지 갔고, M은 하도 손잡이를 당겨 오른팔을 못 쓰게 되자 왼팔로 당기면서도 출입을 멈추지 못했으며, 성질 거친 B 후배는 별 3개가 나란히 선 뒤 마지막 바퀴의 별이 그 옆에 멈출 듯하다 한 칸 아래로 툭 떨어지자 화가 머리끝까지 올랐지요. 순간 주먹으로 냅다 기계를 내질러 그림판의 투명 플라스틱을 박살내고 말았습니다. 기계가 묵사발이 돼 속은 시원했으나 오른손은 깁스를 해야 했죠. 그런가 하면 K 화백은 잭팟이 터지지 않는다고 고래고래 소리 지르고 조폭 못지않은 성질을 부려서 그런지 심심찮게 재미도 보곤 했지요. 하지만 그 역시 결과가 뻔해 늘 빈털터리를 면치 못하고 빚이 대추나무에 연 걸리듯 많았습니다.

아무튼 H 국장님은 '선의의 놀음'을 가르쳐 준 것인데, 어쩌다 전 부원들이 '반노름꾼'이 됐을까요.

저요? 저라고 그 대열에서 빠질 수 있었겠습니까? 솔직히 말씀드리지요. 결론부터 고백하면 1년 가까이 중독됐는데 그해 보너스는 고스란히 갖다 바쳤습니다. 〈동아일보〉 보너스가 대략 연봉의 60%는 됐는데 그것은 당시 국산 최고급 승용차인 스텔라 1대 값이었습니다. 하루도 거르지 않고 호텔을 전전하며 돌렸으나 집에 돌아올 때는 언제나 빈 지갑이었답니다. 초저녁에 주머니가 바닥나면 그대로 가지 못하고 회사 구내매점 아주머니에게 돈을 꾸어서까지 할 정도였죠.

하루는 K 선배와 나란히 앉아 했는데, 그쪽은 두 번씩이나 큰 것이 터지는데 저는 한 번도 안 나오고 '밑 빠진 독에 물 붓기'로 터지고 있는 겁니다. 잠시 화장실에 갔습니다. 그때 종업원이 슬그머니 따라오더니 "선생님은 이거 하지 마세요"라는 겁니다. 가끔 들르는 곳인데 제가 번번이 빈털터리가 되는 꼴을 보고 충고해 주는 것이지요. 그때 정신이 번쩍 들더군요. '맞아. 내가 언제까지 이 짓을 할 것인가.' 노름 기계를 조작한다는 말이 있는데, 그게 사실임을 그때 그 종업원이 암시해 준 것입니다. 그러나 '늦게 배운 도둑이 날 새는 줄 모른다'고 그 불타는 욕망을 쉽게 잠재울 수 없었습니다.

그해 가을 김장 보너스를 받았습니다. 이튿날은 시제라 그날 저녁 시골에 가야 했습니다. 그러나 저는 다음 날 아침 바로 산소로 가겠다고 핑계 대고 호텔로 갔습니다. 다 털렸습니다. 주머니엔 한 푼도 안 남았습니다. 이튿날 시골 내려갈 차비도 없었습니다. 구내매점 아주머니에게 또 손을 벌렸습니다.

다음 날 새벽 버스로 내려가 차마 조상님 산소 앞에는 가지 못하고 산자락 입구 풀밭에 앉아 혼자 탄식했습니다. '내가 이 꼴이 무어란 말인가?' 다행히 빚은 지지 않았지만 나의 종착지는 어디인가? 용서해 주세요.' 조상님께 빌었습니다. '다시는 안 하겠습니다.' 부모님께 약속했습니다. '여보 미안하오.' 아내에게도 사과했습니다. 마음속 깊이 ….

저, 아니 우리를 이 지경으로 만들어 놓고 H 국장님, 이분은 그때 이후 단 한 번도 이 기계에 손을 댄 적이 없습니다. 우리가 '멍 잡았다'는 말을 들을 때마다 H 국장님은 실실 웃으면서 "내가 '재미'로 해보라고 했지 누가 '전문'으로 하라고 했어?"라며 약을 올리곤 했는데, 사태의 심각성을 전혀 몰랐던 것 같습니다. 모두 우리가 스스로 저지른 업보이니 원망스러울 것도 없지요.

야구 MVP 오보 달랜 잭팟

참, 빠뜨릴 뻔한 얘기가 하나 있네요. 1970년대 말까지도 전국적 인기를 끌던 스포츠는 프로복싱, 레슬링, 고교야구 등이었는데, 1980년대 들어 프로야구가 생기면서 기존의 경기들을 제치고 독야청청 관중의 폭발적 인기를 끌었습니다. 그런 추세인지라 〈스포츠동아〉도 표지는 거의 야구선수 얼굴로 채웠고, 시즌 마지막엔 그해의 최고선수인 '올해의 MVP'에 신경을 곤두세웠습니다. 누가 MVP를 차지하느냐가 최대 관심사였죠. MVP는 체육기자들이 뽑는 최고의 영웅입니다.

그 주일에 발행하는 우리 잡지도 당연히 MVP를 표지로 올리게 돼 있었지요. 수상자를 뽑는 것은 화요일 오전인데, 잡지는 월요일 오전에 마감해야 합니다. 그래서 기사는 누가 MVP가 됐다고 과거형으로 쓰지 못하고 가능성 있는 선수에게 포커스를 맞추어 그들의 활약상을 부각하는 정도로 정리했습니다. 제목도 단정적으로 달기가 어려웠지요. 이러니 표지 인물 정하기도 애매한 상태입니다.

부장님과 야구담당 기자가 확률 높은 두 선수를 놓고 의견이 갈렸습니다. 기자는 해태타이거즈의 김성한이 가능성이 높다고 했으나, 부장님은 삼성의 장효조가 절대로 유리하다고 우겼습니다. 한참 실랑이 끝에 부장님의 강력한 주장에 따라 'MVP 장효조'로 결정, 그의 사진을 인쇄소로 넘겼습니다.

조마조마한 월요일 밤이 가고 열린 화요일 아침. 뉴스는 'MVP 김성한'을 도배하듯이 쏟아냈습니다. 저는 그날 아침 출근하자마자 슬그머니 사무실을 빠져나가 서린호텔 지하로 갔습니다. 이게 웬일입니까. 2시간 가까운 씨름 끝에 잭팟이 터졌습니다. 상금 20만 원. 뛸 듯이 기뻤습니다. 상금을 받아 지갑에 넣고 회사 근처 음식점에 들러 점심 예약을 하면서 후배에게 전화를 걸었습니다. "내가 오늘 부원들 점심을 낼 테니 약속들 하지 말라"고 했죠.

그런데 뜻밖에도 "이 선배, 큰일 났어요. 빨리 들어오세요" 하는 게 아닙니까. 부리나케 들어갔더니 마치 초상이 난 듯 사무실 분위기가 착 가라앉아 있었습니다. 이미 인쇄된 표지를 갈아야 할 것인가, 오보를 낸 그대로 밀고 나갈 것인가. 김성한 아닌 장효조가 MVP로 표지에 들어앉은 우리 주간지는 밤새 인쇄가 끝나 전국으로 배포되기 직전이었습니다.

결과적으로 이 사건은 의논 끝에 상부에 보고하고 인쇄를 다시 하기로 했습니다. 번개같이 표지를 바꿔 인쇄소로 넘기고도 한동안 침통한 기운이 가시지 않은 가운데 제가 큰소리를 쳤습니다. "자, 기분도 그렇고 하니 점심이나 먹으러 갑시다. 내가 한턱 쏘겠습니다" 하고는 일행을 몰고 나갔습니다. 잭팟 상금이 고스란히 지갑에 들어있으니 사고는 났더라도 배짱이 커진 것입니다. 10여 명의 부원들이 반주 곁들여 점심을 걸게 먹으며 기분을 풀었습니다. 모처럼 보람 있게 도박으로 딴 돈을 생색나게 쓴 것이죠. 상금의 절반쯤이 밥값으로 나갔습니다. 나머지는 오후에 또 그 기계에 먹히고 말았습니다.

"네가 왜 거기서 나와?"

'방뇨 상처'도 아물어가고 '슬롯머신 추억'도 가물가물해질 무렵의 세밑, 부원들이 단골술집 '하이마트'에서 송년회를 가졌습니다. 한 해의 일들을 돌이키며 즐겁게 술잔과 정을 나누는 자리였습니다.

저는 소주나 맥주는 곧잘 마셔도 양주는 약했습니다. 마실 처지가 아니고 기회도 없어서 그런지 양주에는 맥을 못 추었죠. 그런데 그때 유독 '폭탄주 돌리기'라는 새 주법이 술판을 주름잡던 시기였습니다. 처음에 일반인들에게는 좀 생소했지만, 양주와 맥주로 제조하는 별난 폭탄주는 묘한 호기심과 함께 대유행을 불러일으켰습니다. 맥주잔에 작은 양주잔을 투하하는 폭탄주는 이름 그대로 급격한 취기를 폭발시킵니다. 게다가 강제로 마시게 하는 돌림잔이어서 혼자 피할 수도 없습니다.

이날 송년회 시작은 좋았습니다. H 국장님이 초장부터 "폭탄주 몇 잔 돌리지"라며 제안 겸 명령을 내렸습니다. 사실 저는 그때까지 폭탄주는 마셔 본 적이 없었습니다. 큰 잔에 맥주를 85% 정도 따르고, 작은 유리잔에 양주를 가득 따라 잔째 컵에 집어넣으니 톡하고 떨어지는 소리도 경쾌하고 위로 솟아오르는 맥주 거품도 멋있어 보였습니다.

그것을 국장님이 먼저 단번에 '원샷' 하고 빈 잔을 머리 위로 흔드니 맥주잔 속의 유리컵 부딪치는 짤랑짤랑 소리가 듣기에도 좋았습니다. 그 소리를 들으며 일행은 박수로 화답했습니다. 마침내 그 폭탄이 저에게 돌아왔습니다. 생애 첫 경험이지만 이미 흥으로 간이 부어 두렵지 않았습니다. 눈 딱 감고 단번에 들이마셨습니다. 목구멍이 시원하고 뱃속이 짜르르하는 것이 묘한 기분이었습니다. 몇 순배나 돌았을까. 정신이 몽롱해지는 것까지는 느꼈는데 그 뒤는 모르겠습니다.

꿈에서 깨듯 정신이 들자 도란도란 남녀의 목소리가 들렸습니다. 눈을 떴습니다. 제가 침대에 누워 있고 주위를 둘러보니 침대가 몇 개 나란히 있는데 모두 머리까지 하얀 보자기를 뒤집어쓰고 있었습니다. "정신 깼어?" 돌아보니 동료 C였습니다. 젊은 남녀 병원 직원들이 다가오더니 "괜찮으세요?"라고 묻더군요. 서대문 적십자병원이었습니다.

C의 말로는 "여기가 시체실"이라는 것입니다. 술집에서 인사불성으로 쓰러져 119로 병원에 실려왔다는 것입니다. 일단 응급처치를 했으나 병실이 없어 시원한 시체실로 모셨다는 것인데, 세상에 이럴 수가 있습니까? 멀쩡히 산 사람을 시체실에 눕게 하다니 … . 빨리 깨어나라고 그랬던가? 그러면 나는 부활한 것인가?

어쨌든 말짱한 정신으로 시체실을 걸어 나왔습니다. 그때 만약 어머니가 저를 보셨다면 정말 기절초풍하셨겠지요. 지금 생각해도 어머니가 몰랐던 것이 정말 다행스럽습니다. 보셨더라면 아마 "네가 왜 거기서 나와 … " 그리고 졸도하셨을 겁니다. 제가 '코리안 좀비'의 험상궂은 모습으로 시체실에서 걸어 나오는 모습은 누가 봐도 놀랄 것이 당연합니다.

사무실에서 볼일을 봤다고 꾸짖고, 슬롯머신에 털리게 하고, 폭탄주로 시체실까지 보낸 H 국장, 홍인근 선배는 저를 '못된 길'로 유혹한 '사탄'인지, 아니면 생과 사, 세상사를 가르쳐 준 '스승'인지 애매합니다. 어쨌든 그분은 오늘날까지 한 달에 한 번씩 그때 그 시절의 멤버들과 함께 어울려 술잔을 부딪치며 지내고 있습니다. 이젠 저도 폭탄주 몇 잔은 마실 정도로 실력이 늘었습니다. 그러나 "네가 왜 거기서 나와?"란 소리를 들을 정도로는 마시지 않습니다. 다시는 그런 곳에 가고 싶지 않거든요.

전주집의 점괘

1992년 초가을 광화문 본사 부지에 새로이 사옥을 짓기 위해 〈동아일보〉가 충정로 사옥으로 옮겼습니다. 지금은 주위에 큰 빌딩들이 몇 채 들어섰지만 당시에는 17층 〈동아일보〉 사옥만이 덩그러니 솟아 있을 뿐이었습니다.

처음에 옮겨가서는 점심 먹을 적당한 식당이 없어 애를 먹었습니다. 있다는 것이 건물 바로 뒤 상호도 없는 밥집, 다리 건너 한식 전주집, 조금 더 내려가 국민은행 옆 감미옥 등이 고작이고, 고급식당에 가까운 곳은 길 건너 배나무골 오리집, 대각선상에 있는 종근당 지하 중국집 세양원 정도였습니다. 그래서 초창기에는 걷거나 지하철을 타고 광화문까지 나가 해결하기 일쑤였습니다. 그러다 시간도 많이 걸리고 오가기도 번거로워 가까운 데서 해결하는 데 익숙해졌습니다.

그중에서 가장 많이 이용한 곳이 허름한 한옥의 전주집이었습니다. 집에서 먹는 반찬과 비슷한 한식을 주로 하는데 7~8가지 찬에 된장국이나 미역국, 콩나물국이 날마다 달리 나오고 값도 싼 곳이라 뚜렷한 대책이 없을 땐 부담 없이 찾아가곤 했습니다. 주인은 30대 후반의 최씨 성을 가진 사람인데 부부가 시골 출신이라 그런지 후덕한 인상과 친절한 서비스로 마치 집에서 밥 먹는 기분을 들게 하는 아주 편한 집이었습니다.

제가 여론독자부 차장으로 있을 때 해마다 수습기자 10여 명을 뽑았는데, 이들을 4~5명씩 나누어 각 부서로 돌리며 업무도 파악하고 낯도 익히는 과정이 있었습니다. 우리 부서에는 1주일간 수습기자들을 맞아 함께 지냈는데, 저는 이들이 교육과정을 마치고 타 부서로 돌아갈 때마다 회식을 시켜 주었습니다. 개인 돈으로 한턱을 내려니 자연히 저렴한 식당을 찾을 수밖에 없지요. 그때마다 이용한 곳이 전주집이었습니다. 자연히 이 집의 단골손님이 된 것이지요. 저희 부서를 거쳐간 수습기자들은 밥 한 끼 나누었다고 저를 깍듯이 대하곤 하더군요.

어느 해인가 수습기자들과 작별회식을 하는 자리에서 대화를 나누던 중 백기완 선생님 얘기가 나왔습니다. 당시 그분은 젊은이들에게 우상과 같은 존재였습니다. 그래서 제가 "너희들, 백 선생님 한번 만나 보게 해줄까?" 했더니 모두 대찬성이었습니다. 저는 당시 그분과 대화뿐 아니라 식사도 몇 차례 하고 단 둘이 술잔도 기울이던 때였습니다.

저는 여론독자부에서 외부 필자들의 투고 원고를 골라 다듬고 유명인사들의 동정기사와 민원으로 들어오는 부고기사를 싣는 업무를 맡았습니다. 그중 동정기사 의뢰가 쏟아지는데 저는 백 선생님 동정은 가급적 빼지 않고 실어 드렸습니다. 그랬더니 한번은 이 일을 맡았다가 생활부로 옮겨간 후배가 저에게 다가와 "백기완 선생이 식사나 한번 하자는데 가실래요?"라고 물었습니다. 저는 그 유명한 분이 보자는데 마다할 이유가 없어 좋다고 응답했습니다. 그래서 셋이 만나 처음 밥을 먹은 곳도 전주집이었습니다.

그 뒤로 저와 백 선생은 가끔 이 집에서 만나 술잔을 기울였는데 주로 그분이 얘기하고 저는 듣는 편이었지요. 어느 날은 둘 다 주머니가 넉넉지 않은 터라 그 집에서 해장국 한 그릇을 시켜 놓고 밥 한 그릇 추가, 국물 추가하면서 소주 7~8병을 비운 적도 있습니다.

그런 얘기를 수습들에게 들려주었더니 꼭 만나게 해달라고 해서 그 자리에서 백 선생님에게 전화를 걸었습니다. "선생님, 〈동아일보〉 수습기자들이 선생님을 뵙고 싶다는데 어떻게 할까요?" 대답은 물으나 마나 대환영이었습니다. 바로 이튿날 퇴근 후 만나기로 하고 장소는 그쪽에서 옛 서울대 근처 일식집으로 정했습니다. 제가 일행을 데려가 소개했더니 백 선생님도 수습기자들도 어찌나 좋아하고 호쾌하게 마시는지 저도 기분이 좋았습니다. 백 선생님의 형편을 아는지라 저는 중간에 집안일을 핑계로 자리를 피했습니다.

다음 날 출근한 수습들은 모두 후줄근한 표정으로 맥이 없었습니다. 기분이 들떠 2차, 3차로 밤을 새우다시피 했다는 것입니다.

그 뒤 제가 정년이 연장돼 근무할 때 보너스가 나오면 그중 일부를 백 선생님 비서에게 보내 후원했습니다. 많지 않은 액수이지만 겨울에 따끈한 설렁탕이나, 여름에 시원한 냉면이라도 사 드리라는 뜻에서 보냈습니다.

전주집에 얽힌 사연을 적다 보니 한 가지 빼놓을 수 없는 일이 있네요. 그 집엔 커다랗게 '전주집'이라고 지붕 위로 간판을 세웠는데 대문 기둥에는 '운명감정원'이라는 글씨도 쓰여 있었습니다. 저는 그런 것을 통 안 보는데 하루는 두 선배를 모시고 저녁식사를 하는 자리에서 한 분이 "이 집 주인이 점도 잘 본다니 우리도 한번 볼까?" 하더군요. 주인을 불러 먼저 두 선배가 보았는데 과거 얘기가 얼추 맞다고 하더군요. 앞으로의 운세를 물으니 어두운 표정으로 직장을 옮길 운이라고 해서 어이가 없었습니다. 당연히 정년까지는 보장된 당당한 수습 출신의 쟁쟁한 간부들인데 중간에 그만둘 팔자라니 ….

끝으로 저의 생년월일을 댔습니다. 한참 책을 들여다보더니 "이 선생님은 직장에 장수할 운인데 뭔가 좀 맞지 않는 것 같다"면서 "예를 들어 차는 군용 지프처럼 튼튼하고 힘이 좋은데, 길은 자갈밭을 달리는 것과 같다"는 것입니다. 믿지는 않았지만 오래도록 근무할 팔자요, '자갈밭을 달리는 지프'라는 표현이 그럴듯해서 복채가 아깝지 않았습니다.

집주인 최 씨는 본래 삼촌에게서 《주역》(周易)을 배워 점집을 운영했는데, 어느 날 자기 운세를 보니 음식점을 하면 좋다는 점괘가 나와 식당을 차렸다고 합니다. 그리고 몇 달 안 돼 〈동아일보〉가 옮겨오면서 '대박'이 터졌다는 것입니다.

제가 실제로 정년을 채우고도 연장근무를 두 번이나 하고 또 퇴직 후에도 두 번이나 〈동아일보〉에서 근무한 것을 되돌아보면 그때의 점괘가 엉터리는 아니었다는 생각이 듭니다. 그때 점을 같이 본 두 선배는 '신통'하게도 정년을 못 마치고 회사를 떠났습니다.

고려대 정치외교학과를 지원할 때 베개 밑에 학교 선택을 묻는 쪽지를 넣고 꾸었던 꿈이 떠오릅니다. 수해가 난 흙탕길을 피해 자전거로 평탄한 내리막길을 달리려고 올라탔더니 자전거가 주저앉아 다시 흙탕길 쪽으로 돌아왔던 꿈이었지요. 만약 제가 당시 좋은 부서, 높은 직책을 맡았더라면 언제 잘렸을지 모릅니다.

제가 세상에 이름을 날리고 부를 누리는 삶을 살았다면 말년에 무슨 사달이 나서 망신을 당하고 인생을 망쳤을지도 모른다는 생각이 들곤 합니다. 지내놓고 보니 '자갈밭 흙탕길을 힘겹게 달리는 지프차', 이것이 저의 인생인 듯하여 전주집의 점괘가 새록새록합니다.

〈소년동아〉에서의 암중모색

저는 교열부에서 만 5년 근무하다가 1978년 가을 창간하는 주간 〈스포츠동아〉에 합류해 만 10년을 보냈습니다. 35~45세, 인생의 가장 활력이 넘치는 황금기를 그곳에서 근무했습니다. 교열업무를 내려놓고 편집을 배워 프로급 편집기자가 되고 틈틈이 일본기사 번역, 기획기사 등을 지면에 실으며 지냈습니다. 재미도 있고 의욕도 넘쳤던 생활이었는데 회사 사정상 잡지를 더 이상 발간하지 않게 됐습니다.

폐간을 앞두고 15~16명의 기자들은 마음이 뒤숭숭했습니다. 잡지가 없어진다고 사원들을 해고하는 것은 아니지만, 모두 다른 부서로 옮기는데 과연 어디로 발령 날지 몰라 전전긍긍하고 있었지요. 취재기자들은 본지 체육부나 생활부, 사진부 등 대개 자기가 맡았던 분야로 배치됐습니다. 내근기자들은 편집부나 교열부로 가야 하는데 자리가 넉넉지 않았습니다.

저에게는 교열부로 다시 가지 않겠느냐는 문의가 왔습니다. 저는 한마디로 "싫다"고 했습니다. 그곳에 가려면 차라리 다른 신문사로 가겠다고 완강히 버텼습니다. 저는 수년간 편집을 했으므로 편집부를 원했고, 그쪽에 인원이 부족하니 당연히 제가 그리로 갈 것이라고 생각했습니다.

그런데 결과는 〈소년동아〉였습니다. 저를 포함해 〈스포츠동아〉에서 편집하던 '못난이 3형제'(모두 이씨) 모두 〈소년동아〉로 발령이 났습니다. 제가 원하던 편집부 자리는 우리 부서에서 교열을 하던 말단 기자가 갔습니다. 속에서 부아가 치밀었습니다. '어찌 이럴 수가? 편집은 내가 베테랑이고 그는 백지인데 … .' 마치 전장에서 패잔병 취급을 받는 것 같아 도저히 참을 수 없어 상사를 찾아가 항의성 푸념을 했습니다. 그러나 이미 엎질러진 물. 회사에 대한 '배신감'마저 들었습니다.

그 무렵 J일보와 창간을 준비하고 있던 K일보에서 교섭이 왔습니다. "교열부 차장으로 오지 않겠느냐"는 것입니다. 차라리 〈동아일보〉를 떠나야겠다는 마음에서 양쪽과 급료를 조정하던 중이었습니다. 그런데 운명은 저를 그쪽으로 틀지 않았습니다. J일보에 있던 매제가 K일보로 가겠다고 해서 K일보로 가면 그와 같은 부서에 근무할 수밖에 없었습니다. J일보는 급료 문제로 포기했습니다.

그래서 눈물을 머금고 〈소년동아〉에 몸담게 됐던 것입니다. 거기서는 편집을 잠깐 하다 내려놓고 '학습'(초등학교 전 과목 학습지)을 담당하여 나름대로 보람 있게 일했습니다. 차장으로 승진도 했습니다.

한편으로 대학원에도 다녔습니다. 그러나 일구월심, 항상 촉각을 늦추지 않고 본지 어디에 '자리'가 나는지 호시탐탐 기회를 엿보고 있었습니다. 그러던 중 드디어 여론독자부에서 신호가 왔습니다. '야호, 편집부보다 훨씬 낫다.'

"차기 부장 1순위인데 왜 떠나려느냐?"며 놓아 주지 않는 〈소년동아〉 K 국장에게 통사정을 하여 뒤도 안 돌아보고 보따리를 쌌습니다. 〈소년동아〉 만 4년 만입니다. 그 기간에는 솔직히 놀고먹었습니다.

여론독자부 '신문쟁이' 시절

여론독자부 팀원은 부장 한 명, 차장 한 명, 단 둘이었습니다. 소년사원은 옆 부서와 공동으로 일을 시켰습니다. 한마디로 이 부서(후일 기획특집부로 확대개편)에서의 5년 가까운 기간이 저에게는 정말로 기자다운 '신문쟁이' 시절이었습니다.

맡은 일은 독자들의 의견, 제보(편지, 전화, 팩스, 방문), 사회 인사들의 동정, 부음 등을 정리하여 지면에 싣는 것입니다. 동정과 부음은 오전에 사회부에 넘기고, 오후에는 독자 의견과 제보를 선별 정리하여 편집부에 넘기면 다음 날의 지면을 만들게 됩니다.

동정과 부음도 오후에 기사가 추가되는 경우가 많습니다. 그럴 땐 편집자가 저에게 어떤 기사를 빼고 대신 넣을지 물어옵니다. 그럴 때 저는 원칙을 세웠습니다. "'죽은 자' 살리고, '산 자' 죽여라." 즉, 동정기사를 빼고 부음기사를 추가하라는 것이지요. 왜냐하면 살아 있는 사람의 동정은 차후에 또 실어 줄 수 있지만, 죽은 사람의 부음은 그날이 지나면 무용지물이기 때문이지요.

부음기사가 신문에 실리면 그 가정은 평생 독자가 되기 쉽지요. 제가 맡기 전에는 이름깨나 있는 명사들만 실어 주었으나 부음은 독자 확보의 '보증수표'라는 저의 주장에 따라 되도록 많이 싣기로 했습니다. 그 결과, 경쟁지도 따라와 나중에는 서로 많이 싣기를 다투기도 했지요.

저의 주된 업무는 다양한 독자들의 글을 받아 '열린신문 열린소리'라는 큰 표제 아래 '독자의 편지', '나의 의견', '독자 사진', '독자 만화', '독자 만평', '모니터 광장' 등의 이름으로 분류하여 매일 1개 면씩 제작하는 것입니다.

하루 100여 통이 넘는 편지들을 일일이 읽고 선별하여 문체와 형식을 신문 스타일에 맞게 다듬으려면 하루가 모자랄 지경이어서 집에 가져오기가 일쑤였습니다. 그래도 일이 재미있고 독자들의 호응과 반향이 커 힘든 줄 모르고 해냈습니다. 이 지면은 독자들이 보내온 편지만으로 제작되는 게 아닙니다. 전화 제보는 받아서 보충 취재를 하고 직접 방문한 독자는 대면하여 제보 내용을 정리합니다.

그러다 보니 미처 사실(팩트) 확인을 못 하고 싣는 경우도 있어 항의나 이의를 제기해 오기도 합니다. 그럴 땐 정정보도를 하거나 피해당사자의 해명 글을 실어 줍니다. 한번은 인천의 모 중학교 선생이 학생들을 인격적으로 모욕하고 가혹하게 다룬다는 학생의 편지가 왔습니다. 대충 정리하여 실었더니 학교 측에서 항의가 왔습니다. 전화로 상황을 듣고 직접 학교로 찾아가 사실 확인이 미약했음을 사과했습니다. 그럼에도 받아들여지지 않아 결국 언론중재위원회에 회부돼 정식으로 정정기사를 내주기도 했습니다. 이 과정에서 교사와 종교인에 대한 기사는 특히 조심해야 한다는 귀띔을 들었습니다. 그들은 대개 확신에 찬 인물들이어서 타협이나 양보가 없다는 것입니다.

그런가 하면 특종도 몇 건 냈습니다. 파월장병들의 고엽제 피해 문제를 처음 지면에 다루어 〈동아일보〉뿐 아니라 다른 신문에도 '고엽제'라는 용어가 등장하기 시작했습니다. 또한 일본 사회에 혐한(嫌韓) 분위기의 불씨가 된 《추한 한국인》이라는 책이 출간됐다는 기사도 이 지면에서 제가 제일 먼저 터뜨린 것입니다.

1990년대 초 의약분업 문제로 약사들이 파업한다고 들끓었으나 이를 제재할 법적 근거가 없어 정부가 곤욕을 치른다고 연일 언론에서 다룬 적이 있습니다. 편지를 읽고 있는데 팩스 들어오는 소리가 들렸습니다. 인천에 사는 독자인데 파업을 막을 법이 있다는 것입니다. 제가 다루기엔 벅찬 듯하여 데스크를 통해 사회부로 넘겼습니다. 결과는 이튿날 1면 톱, 〈동아일보〉 특종이었습니다. 그게 무슨 법이었는지는 기억나지 않지만 당시 그 기사가 나간 뒤 전 언론이 따라 보도했고, 약사들은 파업을 못한 것으로 알고 있습니다.

김구 암살범 안두희를 응징한다고 평생을 쫓다시피 한 권중희 씨와 나중에 독립기념관장을 지낸 K씨는 '나의 의견' 단골 필자로 사무실에도 종종 들렀습니다.

'독자 만평'도 독자들의 크나큰 인기를 끌었습니다. 전두환 전 대통령이 백담사에서 나온 뒤 절의 시종이 "저 방(전두환이 묵던 방)을 어떻게 할까요?" 묻자 주지스님이 "그냥 두거라. 다음 손님이 또 올 것이다"라는 내용의 촌철살인(寸鐵殺人)의 그림이 웃음을 짓게 했지요. 또

노태우 대통령 시절 한 노인이 복덕방에 들러 길을 물었더니 "요리 갔다, 조리 가고, 다시 이리 가고, 저리 가라"고 말해 어리둥절해하는 표정으로 대통령을 꼬집은 걸작도 있습니다. 이 두 작품의 작가들이 훗날 한 사람은 〈동아일보〉, 다른 이는 〈조선일보〉의 정식 화가로 발탁돼 크게 활약했습니다.

여론독자부가 나중에는 '기획특집부'로 명칭을 변경하고, 업무범위도 확장돼 인원이 7, 8명으로 늘었습니다. 여론조사, 외부 필자 원고 정리 외에 1주일에 한 번씩 〈동아일보〉 지면에 대한 독자들의 적나라한 비평을 과감하게 싣는 '독자 모니터' 페이지도 신설해 독자들의 호응을 얻었으나, 사내 기자들과 제작진 간부들 및 논설위원들로부터는 따가운 눈총을 받기도 했답니다.

지면 한 페이지에 칼럼, 사진, 만화, 미담, 고발, 제언 등 각종 기사를 실으니 한마디로 신문의 축소판이라고 해도 과언이 아니었습니다. 그에 따라 저는 '편집국장'이라도 된 기분이었고 자부심도 상당했습니다. 그만큼 열심히 또 즐겁게 보낸 시절로 신문기자 생활의 하이라이트라고도 할 수 있겠습니다.

칼침 맞은 여사원, 모금으로 살려

독자서비스센터 기획위원으로 있을 때입니다. 그 부서는 독자들의 신문에 대한 비평과 불만, 기사제보, 신문배달 누락 등 갖가지 민원을 들어 전달하고 해결하는 업무를 맡고 있었습니다. 독자들의 전화 중

많은 부분이 신문배달이 안 됐다는 것입니다.

조간신문이기 때문에 전화는 주로 새벽에 많이 걸려옵니다. 이 민원을 처리하기 위해 부서에서는 여자 아르바이트생 3명을 채용해 운영했습니다. 이들은 새벽 6시 출근하여 아침 10시까지 전화 업무를 처리합니다.

그중 한 명이 새벽 5시에 집을 나서 정류장에서 버스를 기다리는데 갑자기 뒤에서 괴한이 나타나 어깨에 멘 핸드백을 낚아채기에 꽉 잡고 소리쳤더니 무작정 칼로 찌르더라는 것입니다. 졸지에 당한 칼침에 쓰러져 피가 낭자하게 흘러 정신을 잃어가는 중에도 집에 전화, 동생이 달려와 119를 불러 이대 목동병원에 실려갔다는 것입니다.

진단 결과 생존확률이 30%도 안 되는 절망적인 상황이었습니다. 출입기자를 통해 병원장에게 모든 방법을 동원해 살려내 달라고 특별히 부탁했습니다. 목숨은 건졌지만 수술과 치료기간이 오래 걸려 병원비가 보통이 아니었습니다.

집안이 넉넉지 못해 아르바이트로 대학을 다니는 학생이었습니다. 당시 제가 그 업무의 책임자로서 금일봉을 내놓고 또 부서장(김종완)도 큰돈을 쾌척했습니다. 우리 부서가 앞장서 회사 차원의 모금운동을 벌인 결과, 2천만 원이 넘는 병원비를 치르고도 몇백만 원이 남아 요양비로 건네준 일이 있습니다.

이후 그는 치명적인 육체의 상처를 치료받고 마음의 안정도 되찾아 다시 근무하다가 결혼하였으니 참 다행스러운 일입니다.

인연으로 변한 악연

제가 모시던 J 선배가 있습니다. 그분은 수습기자 출신으로 시경 캡(경찰기자 총괄)을 거쳐 사회부장을 두 번씩이나 역임한 실력자로 차기 편집국장 영순위로 자타가 인정하는 실세였습니다. 그분은 다혈질에 목소리도 크고 타협을 모르는 엄격한 성격의 소유자라 편집국 내에서 '독일병정'이란 별명으로 불렸습니다. 후배들뿐 아니라 선배와 동료들도 가급적이면 맞서지 않고 슬금슬금 피하곤 합니다.

제가 여론독자부에 있을 때 편집국장님 H 선배가 가끔 우리 부원들과 식사를 했습니다. 어느 날 점심 연락이 왔습니다. 우리 쪽에선 부장님과 부장대우 그리고 차장인 저까지 3명이고, 국장단은 국장님, 부국장님 두 분, 그리고 사회부장인 J 선배가 자리를 함께했습니다. 양쪽으로 나뉘어 저쪽은 4명, 이쪽은 3명이 서열대로 앉고 보니 저는 부국장님과 마주 보고 사회부장 J 선배는 마주 보는 사람 없는 말석 차지가 됐지요.

한창 술잔을 차례로 나누다 보니 미처 사회부장님에게는 술잔이 돌아가지 못했습니다. 잠시 후 J 부장님이 제 옆으로 오더니 "이충남 씨, 나한테는 왜 술잔을 보내지 않는 거요?"라면서 술을 권하는 겁니다. 그래서 저는 "부장님은 그쪽에서 제일 졸병인데 순서가 있는 것 아닙니까? 어디 국장들이 우리를 대접하는데 말단 부장이 끼어듭니까?"라면서 농담으로 대꾸했지요.

그랬더니 "나는 부장이고 당신은 차장인데, 내가 먼저 술잔을 따르게 한단 말이오?"라고 반격하더군요. 그래서 저도 지지 않고 "저나 부장님이나 말단 주제에 뭘 따집니까?" 하곤 J 부장이 건넨 술잔을 비운 뒤 "자, 제 잔 받으시지요" 했더니 H 국장이 "충남 씨 말이 맞아. 천하의 J부장도 이 차장한테는 꼼짝 못 하는군" 하여 좌중에 한바탕 웃음이 흘렀습니다.

웃음이 사라지자 J 부장이 만회라도 하려는 듯 "평소에 이충남 씨 인상이 고약하다고 봤는데 성격도 역시 안 좋구먼" 하기에 저도 "부장님을 독일병정이라고 하는 이유를 이제야 알았습니다"라고 대꾸하여 또 한 번 웃음이 터졌습니다.

그런데 이게 웬일입니까. 며칠 뒤 인사발령이 났습니다. '부국장 겸 여론독자부장 JMK.' 기존의 우리 부서 부장님과 부장 대우는 자리를 옮기고 제 밑으로 평기자가 한 명 오고 제가 J 국장의 바로 아래가 됐습니다. 그날 J 선배가 자리를 옮겨 떡하니 우리 부서의 데스크석에 앉을 때 저는 '이크, 이제 나는 죽었구나!' 생각했습니다. 며칠 전 H 국장님의 점심 초대가 J 선배의 우리 부서 부임을 암시하는 모임이었는데, 아무것도 눈치채지 못하고 미련을 떨었으니 단단히 '찍혔다'고 생각했습니다. 저는 긴장의 나날을 보내게 되었지요.

J 국장님은 거세기 짝이 없는 시경 캡을 거쳐 서릿발 같은 사회부장을 역임한 역전의 노장답게 부서 장악력이 뛰어났고, 특히 하찮을 것 같은 독자의 제보나 의견을 들여다보는 시각이 탁월했습니다. 독자 편지를 제가 다듬어 올리면 "이것은 사회면 기삿거리"라면서 사회부로 보내 지면을 장식함은 물론, 때로는 특종으로 사회면, 어떤 때는 1면 톱으로 다룬 예도 많았습니다. 그렇게 기사의 가치를 판단하는 안목이 뛰어났던 것이지요.

그뿐 아니라 J 국장님이 온 뒤로 본지 지면에 대한 독자들의 평가를 1주일에 한 번씩 게재했는데 편집국은 물론 논설실에서도 예민한 반응을 보이고 우리 부서에 대해 항의도 쏟아졌지만 꿋꿋하게 원칙대로 버텨 나갔습니다. 업무량이 늘어나자 국장은 윗선에 건의하여 기자 1명과 보조사원 1명을 더 받아내는 '수완'도 발휘했지요. 부서마다 일손이 달린다고 아우성인 상태에서 인원을 늘린다는 것은 여간 어려운 일이 아니거든요.

그런데 보조사원으로 온 여사원이 문제였습니다. 본래 사장님은 판매국에 있는 KMK를 보내기로 했는데 발령받고 온 인물이 사장님이 말한 사원이 아니었습니다. 판매국에는 똑같은 이름의 KMK가 있는데 다른 사원이 온 것이지요. 그 둘 중에 우리 부서로 온 사원은 판매국 내에서도 말썽을 자주 일으켜 평이 안 좋게 난 인물이었습니다. 놀란 국장님이 사장님에게 말했으나 이미 발령이 난 상황이니 어쩔 수 없다고 하여 심기가 몹시 불편했습니다.

우리 부서에는 본래 A라는 여사원이 있었는데 새로 부임해 온 K가 입사 연도와 나이가 높은 반면 A는 나이는 어리나 부서에는 먼저 있었기 때문에 종종 토닥거렸습니다. 안 그래도 미운데 그런 모습을 보니 J 국장님은 속을 부글부글 끓였지요. 국장님은 화를 내며 저를 불러 "K를 혼 좀 내주라"고 했습니다.

저는 K와 A를 따로 불러 각자의 말을 듣고 나중에는 둘을 한꺼번에 불러 서로 사과하고 의좋게 지내도록 '교통정리'를 해주었습니다. 그 이후 둘이 친자매처럼 정답게 지내니까 부서 업무도 잘 이루어지고 J 국장님도 흡족해 했습니다. 만약 그때 제가 이 두 여사원의 관계를 제대로 정리하지 못했으면 저도 미움을 받아 아마 다른 곳으로 밀려났을지도 모릅니다. J 국장님의 저에 대한 인식도 차차 좋아지고 나중에는 '형님', '동생' 하는 사이로 발전했습니다. J 국장님은 저보다 꼭 한 살 위여서 자연스러웠습니다.

언젠가 연말에 J 국장님 댁을 방문했는데 놀랐습니다. 거실의 소파가 낡아서 속이 보였습니다. 일류 신문사 국장이 으리으리하게 살 줄 알았는데 그렇게 검소하게 살 수가 없었습니다. 그 뒤부터 저는 더욱 그분을 좋아하고 따르게 됐습니다.

J 국장님은 제가 정년을 마칠 때쯤 한 사회운동 단체에 자리를 마련해주려고까지 노력했습니다. 그분은 나중에 〈서울신문〉 사장으로 영전했는데 그때도 가끔 저를 불러 맛있는 점심을 사 주곤 했습니다. 사람이 겉모습이나 첫인상을 보고 평가할 일이 아니라는 것을 깨닫게 한 일화입니다. 그분과 저는 지금까지도 정기적 모임을 갖고 있습니다.

그분요? 전만길 선배입니다.

오너 인품 따라 기자 품격 달라

저는 1970년 3월 1일부터 2010년 2월 28일까지 중간에 약 1년간을 제외한 만 39년간 언론사 근무를 한 셈입니다. 그동안 3개의 언론사를 거쳤는데 한 가지 깨달은 것이 있습니다. 오너의 인품에 따라 기자들의 품격도 다르다는 사실입니다.

제가 '기자짓'을 했던 〈신아일보〉의 장기봉 사장님은 귀가 좀 어두웠습니다. 그래서 듣기 좋은 소리는 제때 알아듣지만 좀 거북하거나 싫은 소리, 예를 들어 기자들의 월급을 올려 달라는 건의 등에는 손바닥을 귀에 대고 자세히 들으려는 체하면서도 "뭐라고? 잘 안 들려"를 연발하여 포기하게 한다는 얘기를 들었습니다.

한편 제가 '기자질'을 했던 〈한국일보〉의 장기영 사장님은 작은 기사에도 칭찬을 아끼지 않고 보너스를 안기는 '거인'이요, 소년사원을 데리고 다니며 담배꽁초를 줍게 하여 기자들을 머쓱하게 하는 리더십의 도량이 큰 분이었습니다.

그런가 하면 제가 '기자노릇'을 한 〈동아일보〉의 일민 김상만 사장님은 자상하고 인자한 분입니다. 하루는 점심을 먹고 사무실에 앉아 있는데 사장님이 소리 없이 들어왔습니다. 그때 한 기자가 엎드려 자고 있었습니다. 옆에 있는 사람이 그를 깨우려 하자 사장님은 "그냥 둬. 쉬는데 왜 깨우는가" 하더니 조용히 사무실을 둘러보고 나갔습니다. 또한 〈스포츠동아〉 창간호가 폭발적인 판매부수를 올리자 거액의 금일봉을 보내 사기를 북돋아 주기도 했습니다.

일민의 선친 인촌 김성수 선생님은 사장 시절 윤전기를 새로 들여놓기 위해 공무국 책임자를 일본에 보낸 일이 있다고 합니다. 그러나 그가 주색에 빠져 자재 대금을 탕진하여 돌아오지 못한다는 얘기를 듣고 다시 자금을 보내 기계와 함께 데려오고 아무런 책임도 묻지 않았다고 합니다. 부전자전(父傳子傳)의 인품을 읽을 수 있는 일화입니다.

기자들의 아쉬운 소리에 귀 닫고 모른 체하는 '모르쇠' 사장 밑에 기자증 내밀고 공짜 구경하는 '기자짓', 작은 특종에도 보너스를 주고 배고픈 부서 외상값 갚아 주는 '거인' 사장 아래 절차를 거쳐 무료로 영화를 보는 '기자질', 자금 들어먹은 책임을 덮고 조는 기자 깨우지 않는 '관용과 자애'의 사장 휘하에서 돈 내고 극장 가는 '기자노릇.'

한마디로 오너의 인품에 따라 기자들의 품격도 다르다, 아니 달라진다고 느꼈습니다.

사사편찬위원회 자문위원

2년 만에 깨진 금주

〈동아일보〉 현역생활을 마치고 열심히 산에만 다녔습니다. 하산 길엔 빈손으로 오지 않고 도토리며, 밤, 은행 등을 주워오곤 했지요. 제가 주워온 도토리를 아버지는 말려서 껍질을 까고 어머니는 녹말을 내어 아내를 도와 묵을 쑤면서 세월을 보내던 어느 날 전화가 왔습니다. "선배님, 언제 식사나 한번 하시지요." 독자서비스센터에서 잠시 함께 근무하던 후배였습니다. 홍콩특파원도 하고 사장 비서실장도 역임한 이영근이라는 중후한 인격의 소유자입니다.

약속한 날 시내에서 만났습니다. "회사에서 사사(社史) 편찬위원회를 만들어 저에게 책임을 맡겼는데 함께 일하실 수 있겠습니까?"라며 "〈동아일보〉 창간호부터 해방 직전까지의 지면에서 인촌 김성수 선생님과 본사의 친일 여부를 가릴 자료를 조사하는 것"이라고 했습니다.

별로 어렵지도 않은 일인 듯한 데다 다시 〈동아일보〉에서 근무한다는 것이 얼마나 기쁜지 뛰고 날 것 같았습니다. 며칠 후부터 바로 출근했지요. 다시 양복 입고 넥타이 매고….

거기서 2년 반 동안 근무하게 되어 좋았는데 한 가지 버릇이 재발하고 말았습니다. 다름 아니라 정년을 앞두고 '백수로 살면서 집에 술병만 쌓는 모습은 보이지 않겠다'는 결심으로 2년 넘게 술을 끊었는데, 출근하는 날부터 술잔을 다시 들기 시작한 것입니다. 그것이 오늘까지 지속되어 정말 송구합니다.

인촌 50주기 추모집 아이디어

이 부서에 근무한 지 1년쯤 지났을 때의 일화가 하나 있습니다. 하루는 김병관 회장님이 우리 부원들과 점심식사를 하자고 연락이 왔습니다. 이영근 팀장은 그동안의 연구경과를 알아보려는 줄 알고 서둘러 보고서를 준비했습니다.

이날 식사자리에는 팀원 2명과 팀장뿐 아니라 우리 부서를 관장하는 이사도 참석했습니다. 모두 5명이 마주 앉아 포도주 곁들인 오찬을 했습니다. 식탁은 고요했고 포크 소리만 재그럭재그럭 들릴 뿐 긴장의 연속이었습니다. '도대체 저 양반이 무슨 말을 하려고 밥을 사는 것일까.'

식사가 거의 끝나고 포도주도 몇 순배 돌 즈음 드디어 회장님이 입을 열었습니다. "내년이 인촌 선생님 50주기인데, 무엇을 해드려야 할지 몰라 잠이 안 와" 하는 거였습니다.

'아하 그거였구나!' 좌중엔 적막만 흘렀습니다. 팀원도 이사도 내년이 인촌 50주기라는 것을 까맣게 모르고 있었던 것이지요. 그러나 회장님은 인촌의 장손자이니 어찌 걱정이 되지 않겠습니까. 당시 좌파 정부와 학자들은 일제강점기에 활약한 인사들에 대해 사소한 일도 들춰내 친일행위로 비틀어 《친일인명사전》을 만들고 있었는데, 인촌도 거기에 포함시켰던 것입니다. 제가 맡은 일도 이에 대한 반박 근거를 찾아내는 것이었습니다.

아무런 사전 귀띔도 없었던 회장님의 이 한마디에 좌중엔 무거운 침묵이 흘렀습니다. 아무도 입을 여는 사람이 없었습니다. 이젠 포크 소리도 들리지 않는 적막만이 흘렀습니다.

잠시 뒤 제가 입을 뗐습니다. "제 생각을 말씀드리겠습니다." 제 바로 옆에 앉은 회장님은 귀를 기울이고, 이사와 팀장, 팀원 모두 저에게 시선을 쏟더군요. "인촌 선생님이 돌아가신 지 50년이 되지만 현재 생존하신 분들 중에 평소 인촌과 교유하거나 가르침을 받은 분들이 꽤 있을 것입니다. 그분들에게 인촌에 대한 글을 써 달라고 부탁하여 책으로 엮는 건 어떨까 합니다. 가능하면 50명의 글을 모아 '50인이 말하는 인촌: 서거 50주기 추모문집'이란 제목을 붙이면 좋을 것 같습니다." 회장님이 말없이 제 포도주잔을 채워 주더군요.

그 뒤 결국 제 아이디어가 채택돼 간행위원회를 구성하고 전담기자를 임명하여 1년 만에 《인촌 김성수 서거 50주기 추모집: 인촌을 생각한다》라는 제목에 '잊을 수 없는 만남, 나와 인촌'이란 부제로 250여 쪽의 책이 발간되었습니다. 그러나 50명을 다 모으지 못했는지 각계 인사 33명의 글이 화보와 함께 실렸더군요.

그 책을 훑어보니 글을 받을 만하다고 염두에 두었던 분들이 빠져 아쉽긴 했습니다만, 나름대로 보람 있는 아이디어였고 부끄럽지 않은 추념물(追念物)이 되었다고 생각했습니다. 2005년 2월 경기도 남양주군 화도면의 인촌 묘소에서 치러진 50주기 행사를 하면서 그 책을 헌정하고 내빈들에게 나눠줄 때 남다른 감회가 있었습니다.

소인배보다 못한 전직 대통령들

그 자리의 특별한 장면 하나가 생생합니다. 초청 인사들이 많았는데, 그중에 김영삼과 전두환, 두 전직 대통령도 있었습니다. 생각 같아서는 당시 생존해 있던 모든 대통령, 즉 김대중, 노태우 전 대통령도 자리를 함께했으면 하는 아쉬움이 있었으나 나름대로 사정이 있었겠지요.

묘소 앞에 마련된 좌석은 중앙에 통로를 두고 좌우로 배치됐는데, 김영삼은 맨 앞줄 왼쪽에, 전두환은 맨 앞줄 오른쪽에 나란히 앉았습니다. 김영삼이 먼저 와 앉았고 전두환이 이어서 조금 뒤에 들어오는데 둘 다 눈길도, 인사도 건네지 않더군요.

비록 통로를 사이에 두고 떨어져 앉았지만 일반인들 같으면 서로 옆으로 돌아보며 악수하고 인사할 텐데 그들은 전혀 모르는 사람들 같았습니다. 아무리 정치적으로 빙탄불상용(氷炭不相容)의 사이라지만 일국의 대통령을 지낸 사람들의 도량이 저 정도밖에 되지 않는가 싶어 무척 실망했던 기억이 생생합니다.

동아꿈나무재단 사업국장

다시 〈동아일보〉에서 일하다

사사편찬위원으로 일한 2년 반 동안 조사 연구한 결과물을 제출하고 저는 다시 백수로 돌아왔죠. 또다시 새벽 등산으로 소일하며 세월을 낚기 한 달여. 〈동아일보〉 동년배 10여 명이 한 달에 한 번씩 만나는 모임이 있는데 그 멤버 중 한 명이 갑자기 세상을 떠났습니다. 총무국장으로 있다가 명예퇴직한 뒤 동아꿈나무재단 사업국장을 맡던 친구였습니다.

문상을 갔다 돌아오는 지하철. 함께 문상한 이 재단의 이사님이 "갑자기 돌아가서 누구에게 대신 맡길지 걱정이야" 하시는 겁니다. 저는 별생각 없이 "제가 가면 어떻겠습니까?" 제안했지요. "그래요? 논의해 보지요" 했는데, 이튿날 전화가 왔습니다. "내일 와서 김병건 이사를 만나라"는 겁니다. '야호.'

그리하여 '동아꿈나무재단의 사업국장'이란 명함을 갖고 만 3년 동안 근무했습니다. 저를 만나는 후배들마다 반기면서 "'꺼진 불도 다시 보자'는 말은 바로 이 선배를 두고 하는 말이네요"라고 농담하더군요.

기금 확충에 일조

사업국장이 하는 일은 각종 행사진행, 장학금 지원 및 확충 등입니다. 동아꿈나무재단의 기금은 〈동아일보〉 백지광고 사태 때 전국의 독자들이 보내온 성금과 본사의 기탁금을 바탕으로 독지가들이 보내오는 성금으로 운영되고 있습니다.

제가 재직하는 동안 기금을 크게 모으지는 못했으나 나름대로 '밥값'은 했다고 봅니다. 그 예가 경상북도 상주의 유지들이 모은 1억 원입니다. 그곳 인사들이 수년 동안 운영했으나 규모가 작고 '잡음'이 있어 기금을 기탁할 적당한 장학재단을 물색하는 과정에 저와 연결돼 직접 상주에 내려가서 상담하고 받아온 것입니다.

또 하나는 독립유공자의 후손이 장학금을 기탁하고 싶어 한다는 얘기를 김일수 선배를 통해 듣고 5천만 원을 받아 유공자의 자녀에게 장학금을 주도록 한 사례입니다.

하지만 크게 아쉬운 대목이 하나 있습니다. 서울에서 〈동아일보〉 배달, 비누장사 등으로 자수성가한 사람이 수년 전 자기 재산(서울 시내 요지의 상가건물 3채)을 사후에 꿈나무에 기증키로 한 유언을 공증까지 받아 놓은 것이 있습니다. 제가 입사하기 전에 이루어진 일입니다.

당시 80대 중반의 그분과 식사도 두어 번 했는데 인품이 훌륭했습니다. 자녀가 8남매인데 모두 의사와 교수로 키웠다고 합니다. 제가 식사 중 그분에게 물었습니다. "그렇게 힘들여 일구신 큰 재산을 자녀들에게 물려주지 않고 장학재단에 기부키로 하셨는데, 자녀들이 동의하던가요?"라고 물었더니 그분 말씀이 "(식탁 위의 음식들을 가리키며) 여기에 여러 개의 그릇들이 있는데 각각 다르지요? 이것은 김치, 이것은 요리, 그런가 하면 요것은 간장이 담겼지요. 각각 그 쓰임이 다르지 않아요?"라면서 "사람도 마찬가지예요. 크게 쓰일 사람, 작게 쓰일 사람, 재산을 유지할 사람, 학문할 사람이 다르지요"라고 하더군요.

무슨 말을 하려나 기다렸더니 "내 자식들은 먹을 만큼은 물려주어서 잘살고 있으니 그들에게 더 물려주지 않아도 되고, 또 그 애들은 내 재산을 값있게 운용할 그릇이 못 됩니다"라는 것이었습니다.

그분의 재산은 당시 우리 재단의 기금과 거의 맞먹는 규모였습니다. 그 재산이 재단에 흡수되면 두 배 이상의 자산으로 더욱 알찬 장학사업을 할 수 있지요. 저는 그 재산을 그분이 생존해 있을 때 기증받아 놓아야 안전하고 확실하다고 생각했습니다. 왜냐하면 유언에 따라 대학이나 사회단체에 재산을 기부했더라도 사후 유족들이 법적으로 이의를 제기하여 허사가 됐다는 기사를 종종 보았거든요.

그래서 혼자 생각해낸 것이 그의 전기(傳記)를 써서 헌정할 구상을 하고 필자까지 물색해 놓은 상태였습니다. 전기를 써서 출판기념회를 성대히 열어 주고 그 자리에서 재산을 기부받을 계획이었습니다. 사후가 아니라 생전에 기증을 받아 놓자는 심산이었습니다. 그러나 그 '원대한 꿈'을 실현하지 못하고 물러나게 돼 아쉬움이 큽니다.

제가 떠나면서 후임자(이원용)에게 그 같은 사실을 상세히 얘기했습니다. 그 후 몇 달 안 돼 그분이 돌아가셨습니다. 아니나 다를까. 그 자녀들이 이의를 제기하여 제일 작은 건물 한 채만 기증받았다는 소식을 들었습니다. 제가 좀더 적극적으로 일을 추진하지 못한 것이 아쉽습니다.

해외 연수, 독도 탐방

재단에서 행하는 큰 행사로 장애아들을 가르치는 특수학교 교사들의 해외연수가 있습니다. 전국에서 교사들 20여 명을 초청하여 외국의 특수교육 실태 및 후원사업 등을 시찰하고 현지 교사들과 토론도 하는 매우 가치 있고 중요한 행사입니다. 덕분에 재직 중에 중국과 일본을 여행하는 행운을 누리기도 했습니다.

저는 연수교사들과 함께 여행하면서 그들의 힘든 얘기를 많이 들었습니다. 선생님들은 장애자녀들의 부모보다 더 마음이 아프고 무겁다고 합니다. 부모는 한 자녀 때문에 힘들지만 선생님들은 여러 명의 제자를 품어 안고 지내려니 늘 가슴이 아프다는 겁니다. 제 둘째아들 승호가 1급 장애인이고 막내아들 용석이는 특수학교 선생인지라 해외연수 행사 때마다 더욱 숙연한 마음으로 행사를 진행했습니다.

또 독도수호 보조업무도 있었습니다. 해마다 국내 인사들을 초청하여 독도를 탐방하는 한 자연보호단체를 지원하는 사업입니다. 저는 우리나라 사람이 '독도는 우리 땅'을 백번 천번 외치는 것보다는 외국인이 인정해 주는 것이 더 효과적이라고 생각했습니다.

그래서 대상을 외국인 유학생들로 정하여 각 대학의 추천을 받은 우수 학생들을 인솔하여 독도를 방문했습니다. 비록 일기가 안 좋아 입도(入島)는 못 하고 배로 한 바퀴 도는 것으로 대신했지만 외국 학생들, 그중에는 최초로 일본 학생도 끼어 있어 큰 효과를 거두었다고 자부합니다.

이후 해마다 각국의 학생들이 독도를 방문하고 있습니다. 이들이 장차는 그 나라의 지도자들이 될 것이므로 '독도는 한국 땅'이란 사실은 그때에 인정받으리라는 기대를 가져 봅니다.

3개 업무 수행

재단에 근무하는 중에도 저는 보성고 53회 총무로 6년, 전주이씨 화의군파 종회 총무로 만 8년을 맡아, 남들은 하나도 갖기 어려운 일자리를 3개나 겹쳐 맡았답니다. 그래서 재단이사장과 동료의 눈총을 받았던 것도 사실입니다. 퇴직하게 된 이유 중의 하나이기도 할 것입니다. 생각해 보면 저는 재주는 별로 없지만 재수는 참 좋은 사람입니다. 이게 다 부모님의 음덕이요, 하나님의 은혜라고 생각합니다.

동아 가족의 마지막 길을 배웅하며*

마당발 서호 이준범 고우(故友), 잘 가시오

“이준범이 돌아갔대.”

“고려대 총장 하신 분?”

“아니, 동아꿈나무재단에 있던 이준범 말야.”

새벽의 부음은 그야말로 충격이었습니다. 이게 웬일이란 말인가, 이 무슨 날벼락이란 말입니까? 얼마 전 손녀가 집에 왔는데 뽀뽀해 줄 때 냄새나면 안 된다고 그 좋아하는 양주(양파 + 소주) 도 입에 안 대고 일어나 휑하니 가 버리듯 그렇게 떠나간 거요? 그토록 손녀 사랑이 애틋했는데 ….

친구들 일이라면 몸 사리지 않고 도맡아 해주어 ‘마당발’이라 불렸지요. 〈동아일보〉 또래 모임인 두월회 회장을 맡았고, 모교 환일고 13대 총동창회장을 역임하는가 하면 숱한 모임을 주선했지요. 그만큼 의리와 우정이 넘치는 만형 같은 분이었는데.

언젠가 택시를 함께 타고 간 적이 있었는데, 신호위반에 걸려 3만 원짜리 딱지를 떼였죠. 젊은 운전사가 허탈해 하자 내리면서 미터요금 외에 3만 원을 얹어 주며 “세상살이 고달프더라도 참고 사노라면 좋은 일 있을 것”이라고 격려해 주는 모습을 보았습니다. 그렇게 인정 많고 후덕한 인품의 소유자였는데 ….

〈동아일보〉 광고사태 땐 격려금을 기탁한 ‘1 육군중위’ 사건으로 수

---

* 이 절에서는 먼저 세상을 떠난 〈동아일보〉 동료들을 그리며 저자가 쓴 애도사를 모았다.

사기관에 끌려가 모진 고문을 받으면서도 끝끝내 실체를 밝히지 않았지요. 조선조 때 유일하게 3대에 걸쳐 대사헌(大司憲)을 지낸 문중의 후손다운 처신이었다고들 하더군요.

심혈을 기울여 익힌 한국화와 서예는 전문가의 경지에 이르러 한국 대표작가 50인 특별초대전, 원로 서예가·화가 초대전, 대한민국 미술공모전 초대전 등에 출품했을 뿐 아니라 대한민국 문인화공모전 등의 심사위원을 두루 맡기도 했지요.

형은 특히 변치 않는 충절의 상징인 소나무를 즐겨 그렸는데, 필력이 신선하여 보는 이의 마음까지도 맑게 해주었지요. 올해 그 작품으로 달력을 만들어 친지들에게 돌렸는데 그게 유작이 되고 말았구려.

무엇이 급해 그리도 빨리 떠난단 말이오? 정녕 우리 곁을 떠나는 거요? 거기에 우리보다 더 좋은 벗이 있답디까? 아니면 갑자기 천상의 그림이 그리고 싶어 서둘러 갔소?

1946년생으로 이제 환갑을 갓 넘겼는데 혹시 100살도 넘겼다고 착각한 거 아니요? 직장에서 8시간 근무한 뒤 '그림 벗'과 4시간, '글씨 벗'과 4시간. 그뿐 아니죠. 술벗과 만나고 학우들 모임에도 빠지지 않는 등 하루를 남들의 갑절로 살았지요. 그래서 61 × 2, 122살을 누렸다는 겁니까?

아무리 못마땅해도 얼굴 붉히거나 큰소리 한 번 내지 않고 호탕하게 웃어넘기던 준범 형, 그 큰마음, 따뜻한 정 어찌 다 베풀지 않고 이리도 빨리 우리 곁을 떠난단 말이오? 진주보다 더 귀한 손녀의 재롱도 미처 못다 보고, 고달픈 삶에도 불평 한마디 하지 않고 지내온 아내의 가슴에 그렇게 큰 멍을 맺혀 주고 간단 말이오?

형의 유품을 정리하다보니 백범선생의 시를 스크랩해 놓았더군요. 욕심 버리고 천리에 순응하며 올곧게 살아온 형의 좌우명인 듯합니다.

눈을 밟으며 들길을 갈 때 모름지기 허튼 걸음을 걷지 마라.
오늘 내가 남긴 발자취가 훗날 뒷사람의 길이 되리니.
(踏雪野中去 不須胡亂行 今日我行跡 遂作後人程)

서호(瑞瑚) 이준범(李俊凡) 형! 잘 가시오. 가서 잠시 기다리시구려. 머지않아 우리 모두 그곳에서 다시 만나게 될 테니까. 주안상 준비해 놓고 우리 맞을 채비 단단히 하시구려.

2007. 3. 동아꿈나무재단 사업국장 이충남

90대 선배에 축배, 40대 후배에 분향

2019년 10월 21일 월요일. 매달 셋째 월요일 낮 12시 반에 점심 먹고 당구 한 게임 치고 생맥주 한잔으로 입가심하며 한담을 나누는 〈동아일보〉 올드보이들이 만나는 날. 수십 년 전부터 12, 13명의 회원이 인사동 한식당에서 점심 반주에 불콰한 얼굴로 둘러앉아 화투 한판을 즐기던 모임이다. 이 자리의 룰은 특이하다. 이름하여 '통 땡 따라지.' 통상의 '섰다'와는 정반대로 망통이 최고이고 다음이 땡, 그 아래가 따라지이고 이어서 두 끗, 세 끗의 순서다. 요지경 같은 세상을 아예 거꾸로 보자는 생각에서 누군가 기발한 발상으로 법칙을 정한 듯하다. 아마도 멤버 중 원로 한 분의 고향이 이북으로 '38 따라지'인데 그 어른이 낸 아이디어가 아닌가 추측한다.

각설하고. 그 기라성 같은 멤버들도 세월 따라 한 분, 병마에 쫓겨 한 분씩 세상을 떠났다. 이제는 90대가 1명, 80대 2명, 70대 후반 2명, 총 5명의 단출한 멤버만 남았다. 이젠 감히 인사동 거리를 기웃거리지 못하고 종로 3가 국일관 뒷골목 밥집에서 만난다. 삼계탕집에서 반계탕도 못다 비우기가 일쑤다. 그렇게 육신과 주머니는 약해졌지만, 셋째 월요일 종로 3가에서 모인다 하여 "종삼에 삼월이 만나러 갑시다"는 농담으로 호기를 부리기도 한다.

올드, 올드, 투 올드보이(*old, old, too old boy*) 들이지만 청춘과 장년을 〈소년동아〉에서 보낸 몸들이기에 만나서 나누는 언행은 아직도 소년티를 못 벗어 천진하고, 어쩌다 허공에 맨주먹을 날리며 청년의 기개를 내뿜기도 한다. 한 모금 하고는 껄껄대고, 두 잔 걸치고는 세상을 향하여 일갈하는 재미에 그날이 기다려지는 모임이다. 머지않은 미래에 갈 길은 뻔하지만 과거만큼은 의기양양하고 야망에 부풀었던 삶이었기에 옛 추억들을 더듬노라면 석양의 헤어짐이 아쉽기만 하다.

회원 중 한 분인 90대 원로가 대전에서도 버스로 1시간 남짓 떨어진 벽촌에 둥지를 틀고 독서와 서예, 낚시와 산책 등 글자 그대로 안빈낙도(安貧樂道)를 누리며 지내신다. 모임이 있는 날은 KTX를 예약하여 왕복하는데 지난달에는 추석 연휴가 끼어 예약을 허탕, 불참하셨다. 허전함 속에 회동한 4명의 대원이 의견을 모았다. 다음 달(10월)에는 대전에서 만나자고.

그래서 11시 서울역발 12시 1분 대전역 도착 표를 예매한 그날. 열차에 올라 막 자리에 앉았을 때 핸드폰이 울렸다. 아직 현역에 있는 여자 후배였다. "부장님, 안녕하시죠? 안 좋은 소식을 전하게 돼 죄송해요"(그와 근무할 때 나의 직함은 부장대우).

"무슨 일인데?"

"은선 언니가 어제 하늘로 가서 내일 발인이래요. 뇌하수체 종양으로 몇 년 전 수술을 받았으나 재발이 돼 그만… ."

모처럼 회원들과 함께 지방 나들이에 올라 들떴던 마음이 순식간에 싸늘하게 식어 버렸다. 박은선. 순박하고, 곱고, 예의바른 기자보조 여사원. 1996년 20대에 입사하여 수년간 나의 일을 도와주던 착실한 후배. 내가 며느리 삼고 싶어 아내에게 얘기하고 동네 근처로 데려와 함께 식사까지 하며 선을 보였는데, 아들 녀석이 이미 사귀는 여자가 있다고 하여 놓쳐 버린 처녀. 어느 날 겨울, 지각을 했기에 물었더니 몸 약한 아버지를 도와 눈을 치우고 오느라고 늦었다는, 심청이만큼이나 효심도 지극한 딸. 무슨 일을 맡기든 말없이 척척 해내고 선후배 동료들과의 관계도 원만히 이루며 지내고 있는 기특한 사원.

빗발치는 독자들의 문의와 항의를 도맡아 처리하면서도 독자 편지와 부음을 취합 정리하고, 외부 필자들의 투고가 다른 신문에 실린 글을 중복해 보낸 것은 아닌지 걸러내는 등 오피니언면을 꾸미는 기술자이자 감시자였다. 수습이나 인턴기자들의 취재원 섭외 및 자료제공 등 조교 역할도 도맡았다. 그런가 하면 그의 아이디어로 '생활 팁'란을 신설, 생활 속의 상식을 연재하기도 했다.

이러한 고유 업무 외에 〈동아일보〉를 떠나려는 후배 인턴이나 수습기자들을 다독여 눌러 앉힌, 언니이자 누나의 역할을 톡톡히 한 예도 여러 건이라는 숨은 얘기도 들렸다.

그렇게 보배롭고 아름다운 처녀. 그러나 혼기가 꽉 찼는데도 퇴근 후 곧장 집으로만 향하는 외로운 여인. 하루는 조심스레 다가오더니 "부장님, 오늘 퇴근 후 시간 있으세요?" 한다. 속으로 '네가 요구하면 빚을 지더라도 시간을 내야지' 생각하며 무슨 일이냐고 물었다. "사실은 최근 남자를 소개받았는데 부장님이 한번 봐주셨으면 해서요."

흔쾌히 대답하고 명동의 한 음식점에서 면접을 봤다. 훤칠하게 잘생겼다. 아버지가 대전에서 큰 버스회사를 운영하는데 자기가 물려받을 것이란다. 그녀의 집은 넉넉지 못한데 부잣집으로 시집가면 행복하리라는 생각에 호감을 갖고 한두 잔 나누며 이 모양 저 구석 살펴보았다.

그런데 시간이 흐를수록, 취기가 오를수록 언사가 거칠고 매너도 어딘가 천박한 티가 있고 사람이 가벼워 보였다. 더구나 여자를 바라보는, 음욕(淫慾)에 가득 차 이글거리는 그의 눈빛을 보니 당장에라도 그녀를 호텔로 끌고 갈 것만 같았다. 결혼하면 바람깨나 피우고 아내를 헌신짝처럼 취급할 것 같다는 예감이 들었다. 하지만 그 자리에서는 두 사람의 관계가 아름답게 이루어지기를 바란다고 격려하고 헤어졌다.

이튿날 은선에게 대뜸 "그 사람하고 더 이상 만나지 말라"고 명령하다시피 말했다. 그녀도 "저도 별로 마음에 들지 않아요"라고 대답하니 내 마음도 놓였다. 그 뒤 그녀는 아무런 일도 없었던 듯 평상시와 다름없이 다소곳이 내 옆에 앉아 착실히 근무했다. 그러나 시간이 지날수록 나는 그에게 빚을 진 기분이었다. 공연히 내가 개입하여 혼기를 놓쳐 처녀귀신 만드는 것은 아닌가 하여 마음이 무거웠다.

그렇게 몇 달을 지낸 뒤 한 가지 생각이 떠올랐다. '중매를 하자.' 후배 중에 모 공기업 홍보팀에 근무하며 가끔 들르는 친구가 있었다. 하루는 그에게 “내가 우리 회사 최고의 신붓감을 소개할 테니 너희 회사에 괜찮은 청년이 있으면 소개하라”고 부탁했다. 그가 알아보겠다고 한 지 며칠 만에 연락이 와 세종문화회관 커피숍에 같이 나갔다.

장 아무개라는 청년은 첫눈에 듬직하고 진실해 보였다. 간단히 각자를 소개시킨 뒤 두 남녀만 남기고 빠져나왔다. 나는 그것만으로도 한 짐 덜어낸 듯했다. 그 뒤부터 둘의 관계를 모른 체하고 묻지도 않았다. 그녀도 두 사람의 관계에 대해선 일체 말이 없이 일상을 보냈다.

그러기를 2, 3년. 정년퇴직 후 산을 벗 삼아 소일하고 있을 때 청첩장이 날아들었다. ‘우리 결혼해요. 장 아무개와 박은선.’ 드디어 가슴 한구석에 남아 있던 무거운 짐을 벗어 홀가분한 기분에 마음껏 축하했는데 이게 웬 날벼락인가. 청첩장 받은 게 엊그제 같은데 부음을 접하다니 ….

낮에는 당구 1등을 한 91세 선배가 100세 장수비법을 모아 엮은 《건강상식 1: 지식 편》 책자를 받아들고 축하와 감사의 잔을 기울였는데, 밤에는 46세 후배 영정 앞에 분향, 슬픔의 잔을 기울이다니 …. 대전은 서울에서 KTX로 1시간. 90대 선배에게 올렸던 축하의 술잔을 1시간 뒤 40대 후배의 영정 앞에 따르며 인생 허무를 실감했다. 그녀의 상사인 권모 국장은 잔을 기울이며 흐느끼기까지 했다. 또 그녀의 격려와 보살핌으로 계속 동아맨으로 지낸 기자와 사원들이 달려와 엎드려 눈물 흘리는 모습에 인간 박은선의 아름다운 흔적을 보았다.

마지막 가는 날. 결혼 때 맞췄으나 아껴 두고 한 번도 입지 않았던 연보라색 정장 예복을 곱게 차려입고, 가슴에는 평소 즐겨 찾아 읽던 《구약성경》, 〈이사야〉, 43장 1~7절의 ‘구원의 약속’을 펼쳐 놓은 채, 생전의 그 예쁜 얼굴 평안한 모습으로 눈을 감았다지? 잘 가거라. 하늘의 복을 마음껏 누리거라.

인생 황혼, 망(望) 80 노구의 심야 귀갓길. 소슬한 가을바람에 옷깃 여미며 웅크려 보지만 썰렁한 가슴 채워지지 않고, 맥없이 휘청거리는 발걸음 가눌 수가 없구나. 아, 허무한 인생이요, 무상한 삶이여.

〈동우회보〉, 69호, 2019. 11. 26.

5편

막간생활

1 장

인생 제2막을 열며

공구상연합회 회지 창간

제가 했던 아르바이트는 책 교열뿐만이 아니었습니다. 하루는 〈한국일보〉에서 모시던 권오재 선배가 저를 찾아왔습니다. 청계천 공구상연합회라는 단체의 이사로 있는 사람이 친구인데 잡지를 만들어 달라는 요청을 받았다는 것입니다. 잡지는 월간지로 발행키로 하고 저에게 모든 것을 일임할 테니 가능한 빨리 팀을 짜 달라고 했습니다. 월급은 제가 그 당시 〈동아일보〉에서 받는 액수의 절반 정도였습니다. 조건은 좋은데 능력이 문제였습니다. 저는 한 번도 책을 만들어 본 경험이 없었거든요. 그래서 자신 없다고 사양했더니 모든 건 자기가 도와줄 테니 걱정 말고 맡으라며 간청하는 바람에 물리치지 못했습니다.

우선 팀을 짰습니다. 편집자 한 명, 교열담당자 한 명을 정하고 취재 및 진행은 제가 맡기로 하고, 연합회 회장 및 임원들과 회합을 가진 뒤 청계천 3가 상가건물 2층에 편집실을 차렸습니다. 기자들이 모두 현역이라 일과 후에만 일하기 때문에 사무실을 지키고 잡무를 처리할 상근 여직원도 하나 뽑았습니다.

창간호는 석 달 후에 발행할 계획을 세웠습니다. 경험도 전혀 없는 주제에 무에서 유를 창조하는 작업이라 여간 힘들지 않았습니다. 회사에서 퇴근하여 청계천 편집실로 직행하여 밤새워 일하고 이튿날 바로 출근하는 날도 비일비재했습니다. 휴일에는 청계천뿐만 아니라 인천, 수원 등 수도권에 있는 회원사들의 점포를 찾아다니며 기삿거리와 동정을 모으고 특별 인터뷰를 하여 정리하는 등 한시도 쉴 틈이 없었습니다. 그래도 즐거운 것은 상당한 보수 말고도 저 자신이 주관하여 무언가를 한다는 자부심을 갖게 된 것이었습니다.

드디어 3개월 만에 〈월간 공구상연합회 회지〉가 발간되었습니다. 마지막 3일 전부터 회사에 휴가를 내고 밤을 꼬박 새운 결과였습니다. 이 작업은 1년 가까이 했으나 협회의 제작·운영비 지원 부진과 사소한 필화사건으로 폐간되었습니다. 필화사건이란 신문지상에 실린 그 해의 국가예산 중 정부에 비판적인 부분을 실었는데 그것이 당국의 눈에 띄어 지적받았던 것입니다. 요긴하게 쓰던 부수입이 줄어 서운했으나 매월 책을 내야 한다는 압박감에서 해방되니 홀가분했습니다.

부업이 된 일본어 번역

〈동아일보〉에 근무하면서 부업은 통일문제연구소 발행 책자 교열, 공구상연합회 잡지 발행으로 끝나지 않았습니다. 일본어 번역으로 심심치 않게 용돈을 벌어 썼습니다.

회사에서는 1970년대 말부터 사원들에게 지원자에 한하여 타자 교육을 시켰습니다. 저는 업무와는 관계없는 것이었지만 무료라고 해서 지원해 약 3개월간 배웠습니다. 그 뒤 전 기자들이 컴퓨터 교육을 받을 때 미리 타자를 습득한 것이 큰 보탬이 됐습니다. 게다가 회사에서는 영어, 러시아어, 일본어 등 어학 교육도 실시했습니다. 저는 일본어를 택해 약 1년이 넘는 기간 동안 열심히 하고 회사 교육과정을 마친 뒤에는 개인적으로 학원에도 다녔습니다.

이렇게 컴퓨터와 일본어를 배운 것이 제가 직장을 마치고 고교 동창회 총무를 맡고 종친회 일을 하는 데 크나큰 도움이 됐습니다. 특히 일본어는 비록 회화는 못하고 눈으로 읽고 해석하는 정도의 실력밖에 안 되지만 짭짤한 재미를 보았습니다. 제가 일본어를 번역하게 된 동기는 이렇습니다. 앞에서 말씀드린 동아 사태로 회사를 떠난 김인한 차장님과 가깝게 지냈는데, 하루는 저녁이나 함께 먹자며 댁으로 불렀습니다. 식사 중에 하는 말이 "요즘 고민거리가 있다"는 거예요. 무슨 고민이냐고 물었더니 이런 얘기를 하더군요.

회사를 떠난 동아투위 기자들이 정기적 모임을 갖는데 서로 교제하며 정보도 나누고 적당한 일자리가 있으면 챙겨 준다고 합니다. 김 차장님 본인이야 생활에 쪼들리는 형편은 아니지만 용돈이나 만들어 쓰라며 일감을 맡기더랍니다. 그것은 '창비' 출판사에서 세계 각국의 전래동화를 전집으로 출간하는데, 일본 편 번역을 맡았답니다. 그런데 이분은 일본말은 잘하는데 글을 쓴다든가 본격적으로 번역해 본 적이 없어 뭉그적거리고 있다는 것입니다. 그 말의 뜻을 알아차렸죠.

저는 용기를 냈습니다. "제가 일본어를 조금 배웠는데 공부도 할 겸 좀 도와 드릴까요?" 했더니 "그렇게 해주면 정말 좋겠다"고 즉석에서 응낙하며 번역할 자료를 보여 주었습니다. 원고는 일본대사관에서 복사본을 구해온 것인데 분량이 꽤 됐습니다.

그날부터 저는 바로 번역에 매달렸습니다. 실력도 없는 주제에 생전 처음 해보는 일본어 번역이라 무척 힘들었습니다. 사전과의 씨름이었지요. 아주 어려운 문장이나 사전에 나오지 않는 용어는 일본어를 잘 아는 선배들에게 물어가며 그야말로 혼신을 다한, 땀 흘리는 작업이었습니다.

그때가 한여름이었습니다. 강북구 번동의 펌프 물을 먹을 때인데 일요일 마루에 밥상을 펴고 앉아 원고를 쓰고 있노라면 웃통을 벗었는데도 등에서 땀이 줄줄 흘렀습니다. 선풍기도 없이 부채를 부쳐가며 끙끙거리는 모습이 안쓰러웠는지 아내가 옆에서 부채질을 해주곤 했습니다. 때로는 대야에 물을 떠다 수건에 적셔서 등을 닦아 주면 시원하고 고마워 힘든 줄을 몰랐습니다. 그때는 에어컨은커녕 선풍기도 없이 살던 시절이었죠.

새벽 두세 시를 넘기는 날도 허다했습니다. 꼬박 두 달 걸려 200자 원고지 1,200여 장을 작성했습니다. 출판사에서는 양이 많다며 두 권에 나누어 발행했습니다. 처음 얘기할 때는 제가 번역하면 김 차장님이 검토 수정을 하기로 했으나 솔직히 그분은 한 자도 들여다보지 않고 순전히 저 혼자 해낸 것입니다. 번역 후기도 제가 썼습니다. 그러나 번역자 이름은 김인한으로 발행됐습니다. 조금 서운했지만 할 수 없는 일이었지요. 본래 그분에게 의뢰했던 것이고 저는 아무런 직함도 내세울 게 없는 처지라 불만은 없었습니다.

책이 나온 뒤 김 차장님이 "나는 아무것도 안 하고 이충남 씨 혼자 수고가 많았다"며 출판사에서 받은 번역료를 봉투째 주더군요. 제가 다 가지라는 거지요. 저는 그럴 수 없다고 하여 결국 둘이 똑같이 나누었는데 액수가 꽤 많았습니다. 저는 제 몫을 반으로 나누어 아내에게 "내가 일할 때 시원하게 해준 값"이라며 건넸습니다. 돈 봉투를 받아 든 아내가 즐거워하는 것 못잖게 저도 모처럼 남편 구실을 했다는 자부심에 흐뭇했습니다. 서점에서 전집으로 출간된 《세계전래동화 전집》 속에 '일본어 편' 2권이 진열된 것을 보며 가슴이 뿌듯했습니다.

이때의 일이 계기가 되어 일본어 번역작업은 심심치 않게 이어졌습니다. 〈스포츠동아〉에 10년간 근무했을 때 일입니다. 하루는 김광희 국장님이 《진진발명》(珍珍發明)이라는 자그마한 일본 책자를 이중흡 부장님에게 보이며 "일본에 다녀오면서 사 왔는데 내용이 재미있으니 번역해 실으면 좋겠다"고 했습니다. 김 국장님은 일본특파원을 거쳐 도쿄지국장을 역임하셨고 나중에 승민이 결혼식 주례를 맡은 분입니다.

부장님이 대뜸 저를 지목하여 다음 호부터 번역해 싣도록 했습니다. 내용은 일본 특허청에 출원했으나 채택되지 않은 것들 중 아이디어가 기발하고 재미있는 것들만 모은 것입니다. 원고지 3장 분량의 짧은 내용을 매주 한 건씩 번역하여 실었는데, 독자들의 반응이 아주 좋았습니다. 저는 월급 외에 번역료를 따로 받아 더욱 좋았습니다.

그 뒤엔 세계 프로복싱 경기와 챔피언들의 활약상을 번역한 《세계 프로복싱사》를 연재하여 톡톡한 부수입을 올렸으나 부원들에게 한턱을 내고 나면 모자랄 때도 많았습니다. 그래도 마음은 흡족했습니다.

이 외에도 더 자부심을 느끼는 것은 '건강한 삶'이라는 고정 기획물을 제가 작성했다는 사실입니다. 1주일에 20~30장 분량의 원고를 작성하고 편집도 제가 직접 했습니다. 자료는 국내 것보다 주로 일본 잡지나 건강상식 책을 구해 참고했기 때문에 자연히 일본어 번역을 많이 하게 됐습니다. 그것들을 별도로 모아두지 않아 후회되는데 대충 생각나는 것들을 보면 이렇습니다.

달걀의 효능

당시 계란 값이 폭락해 양계업자들의 손해가 많았던 상황에서 계란이 몸에 이로우니 많이 먹으라는 내용을 실었더니, 하루는 양계협회 임원들이 찾아와 고맙다고 사례하더군요. 은제 티스푼 세트였던 것 같습니다.

올바른 음주법

연말연시에 술을 많이 마시게 되는데 무리하지 않고 마시는 방법과 숙취 예방법 등을 소개했습니다.

금연법

1987년 신년호 특집으로 담배 끊는 법을 싣기로 했습니다. 저 자신도 당시 줄담배를 피우던 시절인데 금연 방법을 쓴다는 것이 얼마나 이율배반입니까? 사실 새벽 3시까지 그 원고를 작성하면서 두 갑은 피웠을 겁니다. 그 원고를 잡지에 싣는 조건으로 제가 담배를 끊은 사연은 앞에서 자세히 적어 놓았습니다.

혈액형별 성격

일본 잡지에 실린 것을 번역했는데 퍽 그럴듯하고 재미있었습니다. 혈액형별 개인의 성격뿐만 아니라 혈액형별 알맞은 결혼상대를 분석한 것에 독자들의 호응이 아주 높았습니다. 예컨대 O형 남성과 A형 여성의 결혼이 가장 이상적이라는데, 제가 바로 여기에 해당되니 기사를 쓸 때 더 재미가 있었답니다.

화장실은 종합병원

역시 일본 연구가가 발표한 내용인데 대변의 형태와 색깔로 그 사람의 건강상태를 체크하는 것입니다. 그럴듯한 내용인데 당시 부장에게는 호평을 받지 못했습니다. 잡지에 대변 사진을 싣는 것이 혐오감을 준다며 무척 꺼렸으나 제가 우겨서 결국 게재하고 말았답니다.

약 반년 가까이 연재했는데 모아 두지 못해 아쉽습니다만, 저의 연구가 아니라 주로 일본 책을 참고한 것이라 요즘 책으로 낸다거나 발표하면 저작권법에 걸리겠지요.

이렇게 꾸준히 번역해온 결과, 소문이 돌아 정식으로 일본어로 된 연구서를 번역해 달라는 요청을 받았습니다. 〈동아일보〉 정년을 마치고 연장에 연장을 거듭한 뒤 동아꿈나무재단 사업국장으로 있을 때입니다. 일본계 미국인 학자 야마구치 가즈오(山口一男)가 발표한 《일과 가정의 양립과 저출산》이란 제목의 연구서인데 380쪽에 달하는 두툼한 분량입니다. 이것을 두 달 안에 번역해 달라는 것입니다. 도저히 불가능하다고 거절했으나 막무가내였습니다. 의뢰한 사람은 〈스포츠동아〉 때 복싱담당 기자로 저에게 《세계 프로복싱사》 번역을 맡겼던 후배입니다.

내용을 보니 모두 6개 장으로 돼 있기에 몇 명이 나누어 하면 될 것도 같아 억지춘향으로 맡았습니다. 그때부터 마음이 바빴습니다. 우선 일본어를 하는 친구와 선배를 찾아 부탁했으나 하나같이 전문서적이라 손대기가 어렵다는 대답이었습니다. 일본 연수를 다녀온 후배를 붙들어 겨우 한 꼭지를 맡기고 나머지는 모두 제가 할 수밖에 없었습니다. 두 달 계획인데 번역자 섭외에 1주일을 보낸 뒤였습니다.

엎친 데 덮쳤다고, 회사에서는 갑자기 중국 출장을 다녀오라는 것이었습니다. 해마다 해오던 행사인데 동아꿈나무재단에서 장학금을 지원하는 특수학교 교사 20여 명에게 연수 겸 위로 여행을 시켜 주는 것입니다. 제가 퇴직하기로 돼 있어 제 후임자와 함께 가는 출장이었습니다. 커다란 숙제를 떠안아 1분 1초가 아까운데 3박 4일을 해외에 나가야 하니 마음이 급하고 무거워 정신이 없었습니다.

그러나 어쩝니까. 노트북과 일어사전과 원서를 챙겨들고 출장길에 나섰습니다. 호텔에서 밤늦도록 번역하고 낮에 일행이 관광길에 나설 때는 함께 나가긴 하되 후임자의 양해를 구하고 버스에 홀로 남아 노트북을 두드렸습니다. 이렇게 불철주야 노력한 끝에 제 날짜를 넘기지 않고 책이 출간됐습니다.

이번에는 번역자로 당당하게 제 이름을 올리고 사진과 약력은 물론 그동안 제가 번역한 책과 기사까지 실었습니다. 자랑으로 여깁니다. 이제 또다시 그런 일을 맡겨온다면 절대로 못할 것 같습니다. 오랫동안 일본글을 접하지 않아 많이 잊었고 눈도 침침한 데다 기력도 예전만 못하기 때문이지요.

현대자동차 대리점 이사

제가 〈동아일보〉 정년을 마치고 1년 반 연장근무를 한 뒤 사회에 나와 1년 남짓 강태공 낚시하듯 등산하면서 보낼 때였습니다. 그러나 그동안 완전한 백수는 아니었지요. 중고등학교 동창 중에 택시 운수사업으로 크게 성공한 L이라는 친구가 현대자동차 대리점도 운영했습니다. 2007년 퇴직 후 찾아가 일자리를 부탁했더니 그 자리에서 당장 대리점 이사로 채용하고 이튿날부터 출근하라며 담당자에게 자리를 마련하라고 했습니다.

저는 즉시 친지들에게 인사장을 돌려 한 달에 두세 대의 승용차를 판매하여 용돈을 벌어 썼지요. 그러니 실은 백수라고 할 수 없었습니다. 1년가량 지나니까 고객이 고갈돼 실적이 오르지 않았습니다. 그래서 동아꿈나무재단 사업국장을 맡고 종친회 총무와 보성고 53회 총무를 겸하며 스스로 대리점 일은 접었습니다.

2 장

보성고 53회 총무의 애환

왕총무 6년의 아름다운 추억들

"네가 총무를 맡아 줘야겠다."

"뭐? 안 돼!"

2006년 12월 1일 인터콘티넨탈 호텔에서 열린 보성고 53회 송년회. 새로 제 9대 회장으로 선임된 윤교중이 화장실에 가다가 나를 보고 던진 한마디에 놀란 나의 외마디 대답이었다.

그 후 약 한 달 보름간 "해라", "못 한다" 밀고 당기는 공방을 벌였지만 끈질긴 윤 회장의 권유와 회유에 끝내 배겨내지 못하고 맡은 '왕총무' 6년. 뒤돌아보면 아름다운 추억거리들이 수두룩하다. 그중에 몇 가지를 정리해 본다.

격려자들

총무를 맡은 지 두어 달 된 어느 날 전화가 왔다. 이정인이었다. "밥이나 한번 먹자"고 해서 소공동 롯데호텔 커피숍에 나갔다. "총무 하려면 힘들 거야"라며 봉투를 내민다. 300만 원. 53회 운영비 통장에 넣었다. 잔고 700만 4,198원. 전임자로부터 물려받은 127만 9,648원으로 한 달 남짓 운영한 결과 13만 5,637원으로 줄어 윤 회장에게 SOS를 쳤더니 두 번에 걸쳐 600만 원을 보충, 잔고가 400만 원이 넘어 한숨을 돌리고 있던 차에 또 '돈벼락'을 맞은 것이다.

힘이 솟았다. 이 정도면 총무 할 만하다. 이뿐만이 아니다. 이정인 얘기를 했더니 몇몇 친구들이 "어려울 땐 얘기해. 나도 도울게!" 한다. 야호! 이 친구들의 격려가 6년간 총무 임무를 수행하는 데 힘이요 밑거름이 됐음을 새삼 떠올린다. 나는 친구 복이 참 많은 사람이다.

소식지 제작

다달이 한 번씩 몸살을 앓아야 하는 과제가 있으니 마냥 '복 타령'만 하고 있을 수 없다. '소식지 제작.' 매월 1일자를 만들어 전달 말일에 전자우편으로 발송해야 한다. 그러려면 20일경부터 매달려야 한다. 무엇으로 지면을 채울까, 어떤 얘기를 담을까 걱정한다. 동창의 주례사를 받아오기도 하고, 소모임 자리에 끼어 앉아 귀동냥도 하고, 글 잘 쓰는 친구에게 통사정도 하고 …. 소식지가 나에게는 가장 큰 두통거리다. 협조를 구할라치면 "한 달 휴간하라", "사진으로 채워라", "계간으로 만들라" 하며 신경도 안 써 줄 땐 야속하기도 하다. "네가 총무를 하면 그러겠냐?" 쏘아 주고도 싶다.

제 6대 김동완 회장과 손희광 총무가 1999년 12월 창간하여 7대 신현택 회장, 8대 배동만 회장, 김홍수 총무로 이어지면서 2005년 12월까지 거르지 않고 73호까지 만들어온 소식지를 내가 중단할 수는 없다. 하늘은 스스로 돕는 자를 돕는다고 했던가. 끙끙거리고 있노라면 홈페이지나 카페에 내로라하는 53회 문필가들의 '이거다' 하는 글이 뜨곤 한다. 소모임 총무들의 월례회 보고도 큰 기삿거리다.

그렇게 고생하여 A4 용지에 11포인트 글자 빽빽한 6쪽짜리 소식지를 74호부터 145호까지 6년간 72권을 꼬박꼬박 제 날짜에 발행했다. 고교 동창회보를 12년간 한 번도 거르지 않고 다달이 발행한 예는 전국 어느 동창회에도 없을 것이다. 이 일에 일익을 담당했다는 사실에 자부심을 느낀다.

100주년 모금

'보성 100주년 기념관' 건립모금 할당액 2억 원. 그것이 윤교중 회장, 이충남 총무에게 주어진 최고 난관, 최대 과제였다. 전임 8대 배동만 회장, 김홍수 총무 때 교우회에 전달한 금액이 43명 1억 2,091만 2,000원이었다. 채워야 할 금액이 8천여 만 원. 교우회의 독촉이 쉴 새 없다. 기탁자 명단을 살펴보니 웬만한 친구들은 다 참여한 상황.

회장과 머리를 맞대고 생각해낸 것이 '인해전술'이다. 부자들의 큰 돈보다 가난한 자들의 한 푼을 독려했다. 결과는 대성공. 작전 개시 2개월 24일 만인 2006년 7월 24일 당시 이라크 장기호 대사가 잠시 귀국하여 전화했다. "150만 원 입금했다." 즉시 그 자리에서 교우회에 송금했다. 합계 2억 30만 7,476원. 2억 목표 달성. 7월 말까지 총 2억 930만 7,476원을 모금하고 접수창구를 닫았다. 동참자 173명. 기수별 최다 참여다. 해외에 거주하는 학우들도 적지 않았다.

1억 9천만 원쯤 모았을 때, 구제병 학우가 "목표 안 채워지면 얘기하라"고 하여 눈물겹도록 고마웠다. 그러나 그 힘 빌리지 않고 '개미 작전'으로 완성한 쾌거다. 동창들의 모교 사랑과 협동심에 놀랐고 감사할 뿐이다. 서보회, 교보회, 보금회, 삼목회가 기탁한 360만 원은 운영비에 보탰음을 밝힌다.

애경사 봉투 전달

총무 역할 중 빼놓을 수 없는 것이 애경사 챙기기다. 나 자신이 직접 참석하는 것은 물론이요, 친구들의 부조금 봉투 전달이 신경 쓰이는 중요한 임무다. 6년 동안 전달한 애경사 봉투가 138건에 1,247개이고, 금액은 8,211만 원에 달한다. 한 달 평균 2건 18개 봉투에 114만 원을 담아 전달한 셈이다. 자녀 결혼 93건에 봉투 912개, 금액 6,006만 원이고, 부의가 45건에 봉투 335개, 금액 2,205만 원이다.

이 중에는 우리보다 먼저 세상을 떠난 친구 14명의 이름도 있어 마음이 무겁다. 김지정·박월·이범호(2006), 윤재천·강구항·서의영(2007), 전충(2008), 최선정·박동림(2010), 신현택·김남초·유영섭·이천민·고두한(2011)의 명복을 빈다.

송년회 행사

103명, 92명, 84명, 83명, 80명, 77명 …. 2006년부터 2011년까지 정기총회 겸 송년회에 참석한 인원이다. 해마다 참석자 수가 줄어드는 추세여서 총무가 장기 집권하면서 매너리즘에 빠진 결과가 아닌가 하는 생각도 든다.

그래도 풍성하고 즐거운 시간을 가질 수 있도록 금품과 상품으로 협찬을 아끼지 않은 마음 넉넉한 많은 친구들과 MC로, 도우미로 수고해 준 친구들의 이름을 일일이 열거하지는 못해도 감사한 마음은 오래오래 간직하고 싶다. 김창석 부인의 비단 방석, 이정우 부인의 예쁜 앞치마, 배건 부인의 핸드폰 고리 매듭공예 등 내 마음을 감동시킨 내조도 잊을 수 없다.

재정위기 탈출

총무를 하면서 마음이 조마조마할 때가 있다. 운영비가 바닥을 보일 때다. 앞에서 말한 '어려울 때 말하라'는 고마운 친구들이 있기는 하지만, 그 후원자들은 큰일 때를 대비하여 아껴 두고 가능하면 '내가 벌어서 써야지' 하는 마음이었다. 2008년 2월 말 잔고 181만 7,404원. 한 달에 적어도 100만 원은 있어야 하는데 이것으론 두 달도 못 버틴다. 운영자금은 주로 자녀 결혼 답례금(격려금)으로 충당되는데, 내달엔 청첩장도 없다. 불안하다. 그러나 회장이나 후원자들에게 '구제금융'을 신청하기는 싫다. 무엇으로 채울까….

그거다. 당시 소식지가 98호 발행됐다. 100호 기념모금이다. 아쉬운 소리를 하자 신우회가 가장 먼저 호응, 540만 원이 모여 3, 4월 살림을 하고도 통장잔고가 400여만 원이나 됐다. 후유, 몇 달은 걱정 없이 견딜 수 있겠다. 후원해 준 신우회 회원들과 윤교중, 김종욱, 구제병, 홍평우, 김홍수, 김진환, 이한웅, 강학근 학우들에게 뒤늦게나마 고마움의 인사를 드린다.

보성고 53회 소식지 모음*

수첩 제작비 협찬

임기 말도 다가오는 2011년 8월. 수첩을 제작할 것이냐, 말 것이냐. 역대 회장들이 한 번씩 만들어왔는데 장기호 회장 때 포기할 수는 없다는 결론. 그런데 재정이 빈약하다. 적어도 300만 원 가까이 필요한데 통장엔 300여만 원밖에 없다. 이것은 앞으로 남은 4개월도 버티기 힘든 재정인데 수첩을 만들면 무엇으로 살림을 한단 말인가. 그리고 다음 총무에게 껍데기 통장, 아니 적자통장을 넘길 수 없지 않는가.

며칠 동안 머리를 굴렸다. 에라, 마지막으로 한 번 더 호소하자. '수첩 제작비 모금.' 1만~5만 원. 홈페이지와 소식지에 공표했더니 협력의 손길이 줄을 이었다. 개중에는 '룰'을 어기고 10만 원을 송금해온 친구도 있다. 해외의 반응도 컸다. 결과는 99명에 372만 5천 원. 제작비를 빼고도 100여만 원 흑자다. 잔액은 모두 운영비에 합산. 그 결과 차기 박동진 총무에게 고이 간직해온 기금 5천만 원 이외에 운영비 500여만 원이 든 통장을 넘겨주게 되어 홀가분하고 기쁘다. 이제 해방된 기분이다. 그동안 사랑하고 도와준 보성고 53회 모든 친구들에 거듭 감사의 마음을 엎드려 전한다. 〈보성고 53회 소식〉 145호, 2011. 12. 31.

---

* 보성고 53회 모임(홈페이지: http://bosung53.com, 카페: http://cafe.daum.net/ps53th)의 총무를 6년 맡으면서 매월 한 번씩 발행한 총 72호의 소식지 중에서 저자가 작성한 기사들을 추렸다.

봉투 소포에 신바람

〈동아일보〉에서 30여 년간 근무하여 정년을 채우고도 2년 가까이 연장근무를 하고, 그 뒤 두 번에 걸쳐 5년 동안 재고용(프로젝트 2건) 되는 영광을 누린 다음, 재택근무(보성고 53회 왕총무를 맡고 있는 이상 결코 백수가 아님)를 하던 어느 날. 아내가 나들이를 나가고 홀로 집을 지키고 있는데 초인종이 울렸다. 나가 보니 소포가 왔단다.

받아들고 들어와 발신인을 보니 동창 아무개. 부피는 중고교 시절 겨울철 난로에 올려놓았다가 진동하는 김치냄새를 견디지 못해 점심시간도 되기 전 쉬는 시간에 허겁지겁 퍼먹고 담임선생에게 혼찌검이 났던 알루미늄 도시락 크기. 무게도 그만했다. 뭘까? 포장을 뜯어보니 '축결혼'(祝結婚), '부의'(賻儀) 글자가 찍힌 봉투였다. 각각 20장씩 포장된 봉투가 5묶음씩이니 모두 200장. 게다가 검은색 사인펜 6자루 묶음도 꼼꼼하게 포장돼 있었다.

"아니, 웬걸 이런 걸 다 보내는가?" 소포를 보낸 친구에게 전화했다. "수년 동안 축의금, 부의금 심부름하느라 수고가 많지? 무엇으로 도와줄까 궁리 끝에 보낸 거야"라는 말에 "고맙다"고 대답은 짤막하게 했으나, 찡하게 울려온 가슴의 진동은 오래갔다. 친구의 따뜻하고 자상한 정이 내 가슴속에 그대로 스며드는 느낌이다. 그깟 경조사 '봉투 심부름'이 무엇이 그리 힘든 일이라고 이토록 세심하게 배려한단 말인가.

그는 국내 굴지 기업체의 CEO를 역임하고 은퇴한 뒤 눈에 띄지 않는 사회봉사를 하면서 늘 겸손한 자세를 잃지 않아 친구들 사이에서도 존경받는 인물이었다.

왕총무 만 5년 2개월 동안(2006. 1. 1 ~ 2011. 2. 28) 전달한 애경사

봉투를 헤아려 보니 총 1,200여 건으로 한 달 평균 20여 건인 셈. 그가 보낸 봉투 200개를 모두 사용하려면 10개월이 걸린다는 계산이다. 그런데 올해 말까지인 내 임기도 꼭 10개월(봉투 소포를 받은 때로부터) 남았다. 어떻게 이렇게 기가 막히게 맞추어 보낼 수가 있을까. 앞으로 더욱 정성껏 그리고 정확하게 잘 전달해야겠다. 곰곰 생각하니 이렇게 왕총무를 한다는 것이 신명날 수가 없다. 봉투 택배 주인공인 유태전에게 거듭 고마움을 표한다. 〈보성고 53회 소식〉, 138호, 2011. 6. 1.

애경사 봉투 홍수에 대처하는 방법

요즘 지방자치단체장들이 자기 집무실로 가져온 봉투를 돌려보냈다는 폭로를 앞다투어 쏟아내고 있다. 왕총무의 주요 업무 중 하나가 '봉투 배달'인지라 관심이 가는 이야기다. 공무원이나 정치인이 봉투를 받으면 끝장이다(물론 들통이 났을 경우이다). 그러나 이와 반대로 총무는 봉투를 거절하면 끝장이다(부득이한 경우는 어쩔 수 없다). 그래서 나는 절대로 봉투를 마다하지 않는다. 그런 '습성'으로 인해 총무를 끝낸 뒤엔 정치를 하거나 공무원이 되는 것은 꿈도 못 꾼다. 한편 왕총무 5년 반, 그동안 '봉투 배달사고'나 일으키지 않았을까 마음이 쓰인다.

결혼은 미리 청첩장을 돌리는 것이라 여유를 갖고 홈페이지 등에 올려 알리지만, 부음을 접하면 총무는 바빠진다. 외출 중인 만원 지하철 속에서 "아무개가 부친상을 당했다"는 연락을 받으면 곧바로 다음 정거장에 내린다. 상주에게 전화를 걸어 빈소 발인날짜 등을 확인하여 우선 각 모임 회장과 총무 등 50여 명에게 문자 메시지를 날린다. 그리고 꽃 배달을 책임진 친구에게 별도 연락한다. 집에 와서는 홈페이지에 올리고 카페에도 올려 달라고 부탁한다. 그리고 조화 값을 온라인으로 부친다. 1차 임무 완료.

우리나라 풍습은 3일장이 통례. 발인은 대개 새벽에 이루어지니 문상할 기회는 길어야 이틀이다. 그사이에 시간이 있는 친구들은 직접 조문하지만 짬을 내기 어려운 친구들은 총무에게 부탁한다. 이름과 액수를 적어 두었다가 마지막 날 저녁에 조문을 간다. 일찌감치 갔다 오면 뒤늦게 부탁하는 친구들의 심부름을 하는 절차가 복잡해지기 때문. 의뢰받은 봉투가 적게는 5~6개, 많을 땐 20개도 넘는다. 그것을 전하고 나도 그것으로 끝이 아니다.

애경사가 지난 뒤에야 소식을 접한 친구들 중에는 혼주나 상주에게 직접 축의나 조위의 뜻을 전하기도 하지만, 대개는 "어떻게 하면 좋냐?"고 총무에게 물어온다. 답은 "내 통장에 입금하면 전할게." 며칠 접수하면 두세 건 혹은 대여섯 건이 모인다. 접수된 사실을 전화로 알리고 온라인으로 입금해 준다. 그것을 출금해 봉투에 각각 넣어 직접 만나 전하기도 하지만, 그럴 경우 "식사라도 하자"는 등 혼주나 상주에게 부담을 안긴다. 이 과정까지 마치면 비로소 한 건의 애경사가 끝나는 것이다.

그런데 이런 일이 단발로 그치면 그나마 여유롭다. 화불단행(禍不單行)이라고 하던가. 결혼식이 같은 날 두세 건 겹쳐 신경을 곤두세워 준비하고 있는데, 느닷없는 부음이 날아들면 미칠 지경이다. 정신 바짝 차리지 않으면 축의금이나 부의금 봉투가 탈선(脫線)이나 오입(誤入)되는 대형사고를 일으키기 십상이다. 아직까지 혼사에 '부의' 봉투, 애사에 '축 결혼' 봉투가 전달되었다는 항의받은 일이 없어 안심되지만, 혹시 점잖은 보성인들이라 마음속으로만 삭이고 그대로 넘어가 주었는지도 모른다. 그렇다면 감사하고 용서를 빈다.

〈보성고 53회 소식〉, 139호, 2011. 7. 1.

실수 덮어 준 보성인들의 도량

사실 봉투 전달에 탈선(?)이 없지는 않았다. 지난 연말 연초 자녀 결혼 8건, 부모 상 4건 등 12건의 애경사가 겹치고 겹쳤다. 해외출장 등으로 여러 건을 놓친 친구 A가 전화했다. "어떻게 하면 좋으냐?"는 물음에 "나에게 입금해" 대답한 뒤 애경사를 당한 12명의 친구 명단을 불러 주었다. 그중에 더러는 이미 인사했고 몇몇은 챙기지 않아도 된다며 4명에게만 뒤늦게나마 예의를 표하겠다며 각 10만 원씩 40만 원을 입금해왔다. A가 부탁한 네 친구의 명단을 메모하고 그들에게 일일이 전화로 상황 설명을 하고 계좌번호를 받아 적고 각각에게 송금했다. 그리고 나서 혹시나 하여 송금한 내용을 확인해봤다.

그런데 A는 KH○에게 부조하라고 했는데, 돈은 KH×에게 보낸 게 아닌가. 친구 이름이 앞의 두 자가 같아서 착각한 것이다. 공교롭게도 두 친구 모두 비슷한 시기에 자녀 혼사를 치른 터다. 이를 어쩐다? A에게 이실직고하고 10만 원을 더 입금하라고 하면 간단하지만 마음에도 없는 부조를 하게 할 수는 없는 일. 그렇다고 KH×에게 사실을 얘기하고 잘못 전달 된 것이니 돈을 돌려달라고 할 수도 없는 일. 그러면 KH×의 A에 대한 섭섭한 마음이 평생 지워지지 않을 것 아닌가. 벙어리 냉가슴만 앓고 있었다.

이럴 땐 정말 죽을 맛이다. 그런데 이튿날 A한테서 전화가 왔다.

"내가 KH○에게 축의금을 보내라고 했는데 어제 KH×가 고맙다고 전화했더라." 그래서 사실을 직고했다. "미안해 KH○에게 하라고 한 것을 내가 KH×에게 잘못 보냈어."

다른 학교 출신이라면 이럴 경우 어떻게 나왔을까. "그건 총무, 자네가 잘못한 것이니 자네가 책임지게"라고 했을 것이다. 그러나 A는 "그러냐? 그러면 내가 10만 원을 더 보낼 테니까 KH○에게 보내라"고 하는 게 아닌가? 정말로 보성 출신다운 크고 넓은 도량이다.

그런가 하면 이런 경우도 있다. B가 축의금 대납을 부탁하면서 입금했는데 11만 원이었다. 전화를 했다. "무슨 부조금이 11만 원이냐?" "응, 너무 심부름을 많이 시켜서 교통비나 하라고 한 장 더 보낸 거야." "고맙다."

이런 친구들이 있으니 신바람 나게 보성고 53회 왕총무 업무를 수행하지 않을 수 있는가. 〈보성고 53회 소식〉, 140호, 2011. 8. 1.

현금인출 깜박한 사건

"아무개 봉투 네가 가져온 거냐?"

"맞아."

"그런데 빈 거더라"

"뭐야?"

딸을 시집보낸 친구의 전화였다. 깜짝 놀라 곰곰 생각해 보니 나의 실수였다. 그날 10여 명 친구들의 부탁을 받고 통장에 입금된 액수대로 봉투를 채웠는데 돈이 모자랐다. 가는 길에 은행에 들렀다. 도중에 또 부탁하는 친구가 있을 것에 대비해 돈을 넉넉히 인출해 지갑에 넣고 지하철을 탔다. 아니나 다를까. 벨이 울려 받으니 봉투 부탁이었다. "알았다" 대답하고 잠시 있으려니 또 전화가 왔다. 축의금 부탁이었다. 예식 시작 10여 분 전. 지하철에서 내려 뛰다시피 잰걸음으로 식장에 도착하니 아직 혼주가 입장하기 전이었다.

축하인사로 눈도장부터 찍고 접수대에서 빈 봉투 두 장을 얻어오는 도중에 부탁한 친구들의 이름을 쓰고 지갑에서 돈을 세어 넣었다. 그런 뒤 집에서 준비해온 10여 개의 봉투와 함께 왼손에 들고 방명록에 차례차례 이름을 적고 접수자에게 건넸다. 식장에 잠깐 들렀다가 식당으로 가서 느긋하게 밥을 먹고 친구들과 함께 당구도 두어 게임 치며 놀다 집으로 돌아왔다. 그때 걸려온 전화였다.

가만히 생각해 보니 지하철에서 부탁받은 두 친구의 것에만 신경을 써 돈을 채워 넣고 주머니에 있던 빈 봉투는 깜박했던 것이다. 사과하고 온라인으로 입금해 주었지만 부끄러운 실수였다. 이건 치매인가, 건망증인가? 이젠 총무도 그만해야 되겠다.

또 무더위가 하늘을 찌르는 한여름의 토요일 한낮에 이런 일도 있었다. 예식시간에 늦을세라 부지런히 지하철역으로 가는 도중에 두 친구가 봉투를 부탁했다. 염려 말라며 대답했지만 지갑에 돈이 부족했다. 역 근처에 하나은행이 보였다. 뛰어 들어갔다. 5만 원권이 나오는 기계 앞에 줄을 섰다. 한참을 기다려 카드를 넣었다. 순서대로 번호와 메시지를 눌러갔다. 5만 원권 2장. 마음은 급한데 그날따라 기계가 왜 그리도 늦게 작동하던지 ⋯. 카드와 명세표가 찔찔찔 소리를 내며 천천히 기어 나왔다. 얼른 빼어 주머니에 넣고 지하철역으로 향했다.

5분쯤 지났을까. '아차, 돈을 뺐던가?' 아닌 것 같다. 지갑을 열어 보았다. 없다. 카드와 명세서뿐이다. 되돌아 은행으로 뛰어갔다. 그 기계에는 이미 다른 사람이 붙어 있었다. "혹시 방금 전에 5만 원권 2장을 빼내지 않았는데 못 보셨습니까?" 그 사람은 무슨 소리냐는 표정이었다.

창구로 가서 여자 행원에게 말했더니 마감한 뒤 확인해 보고 착오가 있으면 연락하겠단다. 식장으로 발길을 돌려 다른 친구에게 10만 원을 꾸어 봉투를 접수했지만 낭패를 당한 기분이었다. 이튿날 은행에서 연락이 왔다. 집계해 보니 출금한 금액과 명세에 착오가 없단다. CCTV를 확인해 보니 바로 내 뒤에 있던 사람이 돈을 빼갔다는 것이다. 그걸 찾으려면 경찰에 신고해야 하는데 경찰에서 오라 가라 하면 귀찮을 뿐 범인을 붙잡기란 모래밭에서 바늘 찾기나 마찬가지란다. 포기할 수밖에.

미리 입금하지 않고 예식시간 한두 시간 전에 부탁한 친구들이 밉기도 하다. 지금도 그 생각을 하면 씁쓸하다. 이럴 땐 정말 힘들다. 당장 총무를 관두고도 싶다. 〈보성고 53회 소식〉, 141호, 2011. 8. 8.

총무 수당으로 아버지 용돈 드려

내가 담배를 끊은 것은 1986년 말이었다. 당시 〈스포츠동아〉에 있으면서 1주일에 한 번씩 건강 시리즈를 집필했다. 연말 송년호에 '절제 있게 술 마시는 법'을 실어 호응을 얻은 여세로 신년호에는 '금연 방법'을 기획했다. 밤새도록 원고지를 메우며 담배를 족히 한 갑 이상은 피웠다. 담배 피우며 '담배 끊는 법' 기사를 쓰는 모순을 범했다. 과연 내가 쓴 기사대로 실행하면 금연할 수 있을까 의심도 했다. 그러나 이 기사를 계기로 나는 '절대 금연자'가 됐다.

내가 이 글을 쓰는 것은 금연 얘기를 하려는 것이 아니다. 실은 금연으로 절약된 담뱃값에 대한 얘기를 하고자 함이다. 당시 최고로 비싼 담배가 500원짜리 '솔' 이었다. 나는 하루에 평균 두 갑은 피웠으니 한 달이면 3만 원이다. 나는 이 돈을 꼬박꼬박 포천 일동에 계신 아버지께 용돈으로 부쳐드리기 시작했다.

1987년 1월부터 한 달에 3만 원씩 보내드리다가 2, 3년 만에 한 번씩 인상한 것이 월급쟁이 생활을 마칠 때에는 이것의 16.666배가 되었다. 7, 8년 전 부모님을 서울에 모시고 난 뒤에도 드렸더니 "함께 사는데 용돈이 무슨 필요냐?"며 그만두라고 하셨지만, "그냥 받아 쓰세요" 했다. 그 용돈은 지금도 똑같은 액수로 계속되고 있다.

그러면 현재 백수인 나에게 적지 않은 아버지 용돈의 출처는 어디인가? 결론부터 말하면 전액 '보성고 53회 총무 수당'이다.

2005년 말 송년회 때 새로 선정된 윤교중 회장이 느닷없이 나를 부르더니 총무를 맡아 달라고 했다. 꿈에도 생각지 않던 일이다. 한마디로 거절했다. 능력도 능력이려니와 그 숱한 애경사를 어떻게 다 챙긴단 말인가. 완강히 거부했더니 그는 말없이 돌아섰다.

포기했나 했더니 며칠 뒤 전임 총무 김홍수를 특사로 보냈다. 맡아 달라는 것이다. 못 한다고 돌려보냈다. 1주일쯤 뒤 또 보냈다. "어쨌든 나는 안 한다"고 이번에도 단호하게 거절했다.

수일 후 친구 자녀 결혼식에서 윤 회장을 보았다. 나는 피했다. 그가 다가왔다. 얘기 좀 하자는 것이다. "맡아 다오", "못 한다", 몇 차례 줄다리기를 했다. 못 하는 이유를 말했다. 당시 총무 수당이 몇 푼 안 됐다. "그 정도 받으며 어떻게 애경사에 일일이 얼굴을 내밀 수 있겠는가? 내가 현역이면 모를까 완전 백수인데 부담돼 못 하겠다. 빈 봉투를 내밀 수는 없는 것 아닌가?"라고 했더니 부족한 부분은 보충해 주겠다고 했다.

이렇게까지 나오는데 차마 거절할 수 없었다. 울며 겨자 먹기로 총무직을 맡았다. 그의 임기동안 그 약속은 어김없이 지켜졌다. 다음 회장 때부터 그 수당은 53회 운영비에서 공식적으로 지급되고 있다.

그런데 감사한 것은 그 수당을 고스란히 아버지 용돈으로 드릴 수 있었다는 점이다. 왕총무 수당은 곧 아버지 용돈이 되었다. 아버지는 그것으로 가끔 며느리에게 생색도 내고, 증손녀에게 과자도 사 주고 세뱃돈도 주곤 하신다. 이 얼마나 감사한 일인가.

그래서 신바람 나게 총무 역할을 하면서 지내온 6년 가까운 세월이다. 이런 신나는 왕총무를 왜 안 하겠다고들 하는지 모르겠다. 맡아 달라고 부탁할 때 빼지 말고 수락해야 후회가 없을 것이다.

〈보성고 53회 소식〉, 142호, 2011. 8. 15.

송년회 이야기

송년회 아야야 노랫말

"아~ 세월은 잘 간다~ 아야야" 하는 노랫말이 있지요? 거기에 나오는 '아야야'가 단순한 추임새일 것인데, 요즘 나에게는 그 소리가 왜 그토록 심신의 고통에서 내뱉는 신음소리로 들리는지 모르겠네요.

벌써 11월 중순으로 치닫는구나. 12월 4일 송년회가 한 달도 안 남았구나. 올해는 무엇을 어떻게 해야 동창들이 많이 모이고 즐거운 시간을 가질 수 있을까. 아야야.

전임 김종욱 회장의 공로는 어떻게 표해야 할까. 아야야.

참석자들에게 달력 한 장이라도 들려보내야 할 텐데, 올해 불경기라 사업하는 친구들에게 부탁하기도 미안하고 … . 아야야.

교통 불편하다고 호텔에서 하자는 친구들도 많았는데, 그날 날씨가 괜찮아 많이 참석해야 할 텐데 … . 아야야.

상품과 경품을 마련하려면 적지 않은 군자금이 필요한데, 올해는 누구누구가 얼마나 협찬금을 보내올 것인가. 아야야.

어떤 프로그램으로 진행할 것인가. 진행이 매끄럽지 못해 실망은 시키지 말아야 할 텐데. 갈수록 시시하다고 비난이나 받지 않을까. 아야야.

송년회 때마다 명사회로 모임을 더욱 즐겁게 해주던 친구들이 올해는 모두 사정이 있어 마이크를 잡을 수 없단다. 아야야.

아야야, 차라리 연말이 없었으면 좋겠다. 아야야, 차라리 송년회를 없애 버렸으면 좋겠다. 그러나 도저히 그래서는 안 될 것이기에 눈만 뜨면 아야야, 아야야다.

송년회 사회 누가 보나

유세차(維歲次), 2010년 12월 4일. 보성 100주년기념관에서 송년회를 개최키로 결정하기도 서너 달 전에 명 MC 김동완에게 "올해는 꼭 사회를 맡아 달라" 부탁했더니 "이번에는 꼭 맡겠다" 약속해 안심했건만, 몇 주일 전 귓결에 들으니 "동완이가 어쩌면 올해도 사회를 못 볼 것 같다더라"는 얘기에 "무슨 소리냐? 나와 철석같이 약속했는데 …" 라고 며칠을 지내려니 마음이 영 찜찜하여 "올해는 틀림없는 거지?" 전화했더니 "너한테 미안해서 차마 말을 못 하고 그냥 떠나려 했는데…"라며, "본래는 11월 8일 떠나 29일 돌아올 예정이라 송년회 참석이 가능했는데 방송국 스케줄이 바뀌어 어쩔 수 없게 됐어. 이번에 못 가면 3년 뒤에나 가게 되니 어떡하니? 이수봉이 잘하니 그에게 부탁하라"고 사정하니 자끈동, 오호통재라!

허전한 마음 꾹꾹 누르며 한 이틀 지내다가 이수봉에게 전화를 걸어 "가운 선생, 잘 지내시오? 올해도 송년회 사회를 부탁하오" 점잖게 요청했던바, "나 요즘 그럴 상황이 아니야. 와이프가 큰 수술을 받아 빨래하고 밥 지어 먹으며 24시간 붙어서 간병해야 해. 사회는커녕 참석도 힘들 거야." 청천벽력 같은 소리를 들으니 자끈동, 오호통재라!

우리의 모임에 참석할 때마다 환한 웃음으로 농담하여 배꼽 잡게 하는 김종욱에게 사정했더니 "나 그날 친구들과 부부동반 여행을 떠나는데 어떡하지?"라는 대답. 자끈동, 오호통재라!

멍하니 천장을 바라보다가 신명이 나면 〈그리운 금강산〉, 〈백치 아다다〉 등 명곡을 부르며 회중을 휘어잡는 손희광 생각이 퍼뜩 떠올라 "청해 선생, 사정이 여차저차 하니 올해 송년 마이크를 부탁하오" 사정했던바, 대뜸 "야, 그러면 사진은 누가 찍냐? 안 그래도 올해는 앨범을 만들어 볼까 생각 중인데"라는 즉각적 반응이니 자끈동, 오호통재라!

날짜는 다가오는데 송년회 사회는 누가 맡나? 여흥 사회가 행사의 성패를 좌우하는데…. 선뜻 나서는 자 없으니 오호오호, 오호통재라!

혼자 끙끙대다 못해 장기호 회장에게 "김도 또 다른 김도 이도 손도 안 된다니 김이 샜소이다. 어찌하오리까?" SOS를 쳤더니 "안 그래도 오늘 김종욱과 만나기로 했는데 나와서 잠깐 보자" 하기에 단숨에 달려가 셋이 따끈한 녹차 한잔을 시켜 놓고 그것이 냉차가 될 때까지 머리를 쥐어뜯으며 생각해낸 것이 S 아무개. 그라면 충분히 마이크를 휘어잡고 회중을 제압하고도 남음이 있을 것이라는데 아무도 이의를 달지 못했다. 왜 진작 S를 생각하지 못했을까?

그 자리에서 전화했다. "야송 선생, 올 송년 사회를 엎드려 부탁하오이다" 했더니 그도 누가 보성인 아니랄까 봐 완곡하게 사양했지만 이제는 더 이상 미룰 수 없는 막다른 골목. 까딱하다 그가 거절의사를 굳힐까 봐 그 이후 일체 그와 연락을 않고 지내는 중이다. 핸드폰이 울리면 혹시 그의 전화가 아닌가 하여 덜컥덜컥 겁이 나는 게 요즘이다.

하나님 아버지, 바라옵고 원하오니 S님께서 그날 사회를 보겠다는 마음을 굳히게 해 주시옵소서. 그리하여 이제 더 이상 저의 입에서 '아야야'도 '오호통재' 소리도 나오지 않도록 해 주시옵소서. 아멘.

그 기도를 들어주셨는지 그때부터 S는 줄곧 송년회 사회를 격조 높고 멋들어지게 진행하고 있다. 그분은 바로 야송 송인성이외다.

〈보성고 53회 소식〉, 74호, 2006. 1. 31.

홈페이지 http://bosung53.com 카 페 http://cafe.daum.net/ps53th

보성 53회 喜 소식 100호

1999년 12월 창간 // **회장 : 김종욱** // 2008년 4월 1일 발행

♧ 100호 축하금 감사, 소중하게 쓰겠습니다 ♧

김 종 욱	1,000,000원	구 제 병	1,000,000원
홍 평 우	1,000,000원	김 진 환	300,000원
이 한 웅	300,000원	김 홍 수	300,000원
신 우 회	200,000원	강 학 근	100,000원

"그때가 엊그제 같은데 …" 소식지 100호의 감회

오늘, 1992년 12월 첫 호가 탄생한 지 어언 15년이 지나 소식지 100호가 나온다니 감회가 새롭다. 처음 소식지를 만들게 된 동기는 동창의 근황을 알려줄 방법이 없을까, 여러 가지 궁리 끝에 친구들의 소식을 적어서 보내주면 좋겠다는 생각에서 출발했다. 당시 전임 이기식, 신임 김동완 회장, 지금은 고인이 된 박 월 전임 총무에게 소식지 말을 꺼냈다. 모두 좋다고 했다. 어떻게 꾸밀까 의논한 끝에 전임 신임 두 회장의 인사말로 첫머리를 장식했다.

크리스마스가 다가오니 인사장을 넣고 동창을 위해 찬조금을 보내준 이정인 박영조 얘기도 쓰고 동창들 모임도 소개하고 웃음거리도 집어넣으니 그런대로 모양새가 갖추어졌다. 회사 여직원에게 타이핑하여 230부 복사를 부탁하고 나니 10년 묵은 체증이 내려가는 것 같았다.

신구 두 회장이 수고했다고 맛있는 저녁을 사주었다. 술이 한 순배 돌아가니 고 박월 총무가 "진작 만들었으면 내가 빛이 났을 텐데" 하여 한바탕 웃었다. 그런 속에도 다음 2호가 걱정됐다. 친구들이 욕이나 하지 않았으면 좋겠는데 왜 쓸 데 없이 돈을 낭비하느냐고 비난은 하지 않을까, 괜한 일을 한건 아닌지…. 그렇게 시작한 소식지인데 그 후 동창의 호응도 좋고 내용도 점점 알차게 꾸며져 이제 100호가 발행된다니 마음이 뿌듯하다. 그동안 바통을 받아 고생한 김홍수, 이충남 총무와 뒤에서 표 나지 않게 도와준 많은 친구에게 거듭 감사한 마음을 보낸다. 첫 호가 탄생된 1992년 12월 그때가 새롭다. **- 소식지 창간 산파역 손희광**

소식지 '지령100호' 발자취를 더듬어 보며

보성 53회 소식지의 지령이 벌써 100호가 되었다니 진심으로 축하하고 또한 나로서는 감개무량함을 금할 수 없다. 역사라는 것은 무릇 중요한 요소가 있어야 기억되는 것이리라. 요소의 중요도에 따라 판도가 달라진다는 뜻이다. 우리 보성 53회의 작은 조직의 역사도 마찬가지 아니겠는가? 우리의 소식지는 우리 동창회에서 아주 크고 중요한 부분이다. 아무리 좋은 학교, 훌륭한 선생님, 실력 있는 학생이라 해도 동창들이 인간적으로 연결이 안 되고 콩가루처럼 된다면? 만나지도 않고 웃지도 않는다면? … 하고 생각하면 영 살맛이 나지 않을 것이다. 이러한 것들을 해결

해 주는 것이 소식지의 발행과 전달이 아니겠는가?
이를 해결한 사람이 바로 손희광 전임 총무다. 그는 그러니까 해결사였다. 지금은 미국에 가 있는 신한철 학우가 회사를 경영할 때 그의 도움으로 통신 회선과 기술자(선배의 아들) 지원을 받아 씨앗을 배양해서 심고 싹을 틔우고 물을 주어 정성스럽게 키워냈으니 대단한 사건이 아니고 무엇이겠는가? (이를 과소평가 하는 인사, 그럼 그대가 직접 해 보슈). 소식지를 전하는데도 그야말로 엄청 정성을 쏟았다. 일일이 우편으로 보내고 인터넷으로 보는 방법을 교육(?) 시키고 하는 등 무진 애를 써서 옥동자를 키운 것이다.
다음 회차의 회장 총무가 바뀌어 우여곡절 끝에 본인이 인수받아 열심히 하려고 했으나 워낙 실력이 없는지라 고생만 했다고 생각한다. 아무리 마음을 다잡고 정성을 다해도 실력이 실력인지라 손 총무를 따라갈 수가 없었다. 아무리 헌신하는 마음을 가져도 취재하는 기술과 기사 내용을 맛깔스럽게 다듬는 기술이 부족하니 월말 마감해서 우편 발송하고 인터넷에 싣고 하는 일이 지난 얘기지만 정말 피를 말리는 기분이었다. 나는 운 좋게 배동만이라는 든든한 회장과 함께 한 덕분에 운영비 걱정을 하지 않은 것이 얼마나 다행인지 모른다. 나는 오로지 소식지 만들어 전하는데만 신경을 썼다고 해도 과언이 아닐 것이다.
이것이 벌써 100호라. 야! 대단하다. 셈하니 8년 4개월이다. 그리고 한 번도 거른 일이 없다. 이충남 총무의 신문사 경력은 알아줘야 되겠다. 그의 수고와 정성이 아니고서야 이렇게 내용이 훌륭하고 재미있게 될 리가 있겠는가? 매달 취재원 발굴에 온 신경을 쓰고 다니는 걸 보면 안쓰럽기까지 하다. 그래서 얘긴데 총무한테 많은 정보를 주어야 한다. 정보를 많이 줄수록 소식지가 더욱 알찰 것이기 때문이다.
그리고 한 가지 제안은 지금쯤은 시간도 있고 관심도 있는 인재를 발굴(?) 해서 회장 총무 재임과 함께할 편집위원을 약 3~5명 정도로 갖는 것이 어떨까? 또 한 가지는 본인뿐 아니라 가족(손자손녀까지)의 글을 올려 실력도 기르게 하고 우리 소식지가 앞으로 30년을 더해서 500호까지 발행이 되고 그래서 누구는 이것을 기회로 아름다운 작품집을 만들어낸다면 어떨까? 누가 알아! 그 손자 손녀가 할아버지 덕에 노벨상 탈지. 남의 글을 퍼 올리는 것도 중요하지만 자기(가족)의 창작을 올리는 즐거움과 아름다움이 있으면 총무의 일감도 훨씬 덜어주게 돼 그야말로 일거양득일 것이다. 약간의 장학금이나 학용품 선물이라도 곁들이면 더욱 아름다운 작품이 나오리라 생각한다. - 소식지 중흥의 주역 김홍수

김종욱 회장 송강회 순회 만찬 … 메시지 내용도 짭짤

발족한 이래 최대인 23명의 회원이 모인 25일 가마솥순두부집 송강회. 봄비가 오랑가랑 하는 속에 제시간에 늦을세라 하나 둘 모여들기 시작한 멤버들로 준비했던 상차림을 추가하지 않으면 안 되었지요. 그러고도 좀 늦게 온 친구는 상 모퉁이에 끼어 앉는 푸대접(?)을 받아야 했습니다. 그래도 즐거운 것은 메뉴가 좋아서도 아니고 특별히 기쁜 소식이 있어서도 아니지요. 그저 보고 싶어 모이고 만나면 헤어지기 싫기에 소모임마다 날이 갈수록 문전성시를 이루는 모양입니다.
이날 저녁 밥값은 소식지 지령 100호 발간을 축하하는 거금을 쾌척한 김종욱 회장이 또 카드를 긁었습니다. 모임마다 순회하며 밥값 내느라 거덜이 나면 1년도 못돼서 "회장 못해먹겠다"고 감투 벗어버릴까 겁이 납니다. 김 회장은 참석할 모임을 미리 정하고 소속 총무에게 될 수 있는 대로 많은 친구를 오게 하라고 분부(?)하는데 개중에 눈치 없는 총무가 순진하게도 회원들에게 일일이 전화를 걸어 식구를 불리는 건 아닌지 모르겠네요. 이날도 역시 김 회장은 소화제(?)를 선사했는데 이번엔 좀 색다른, 아주 유익한 내용이기에 이곳에 옮겨봅니다.

미국에서 몇 년 전 사람의 수명을 좌우하는 것이 무엇인가 조사를 했답니다. 7천3백 명을 대상으로 했는데 흔히 말하는 술 담배는 별 영향이 없고 생활 습관이나 재산의 많고 적음도 직접적인 관련이 없는데 한 가지 공통점은 장수하는 사람은 절친한 친구가 있고 단명한 사람은 주위에 친구가 하나도 없더라는 것입니다. 그러니 건강하게 오래 살려면 친구 찾아 이모임 저모임에 부지런히 참석해야 하겠지요.
또 김 회장은 친구에 대한 명쾌한 정의도 소개해 주었습니다. 즉 미국의 한 출판사에서 상금을 내걸고 '친구란 무엇인가' 에 대한 정의를 내리도록 공모했는데 ①기쁨은 배로 늘리고 슬픔은 반으로 줄이는 사이 ②두 사람 사이에 흐르는 침묵을 이해하는 관계 ③옷을 입고 있는 공감 덩어리 ④언제나 재깍재깍 소리 내면서 돌아가는, 결코 멈추지 않는 진실의 초침 등 다양한 풀이가 있었는데 그중에 가장 고개가 끄덕여지는 정의는 ⑤'세상의 모든 사람이 떠나갈 때 나에게로 다가오는 한 사람' 이라고 결론지었다는 군요. 과연 나에게 이런 친구가 있는가? 없다면 지금부터라도 만들어야 하지 않을까. 아니 내가 그런 존재가 되도록 노력을 해야 하겠지요.

"내게 부족함이 없으리로다…" 아주 특별한 결혼식 축가

아주 특별한 결혼식을 경험했습니다. 지난 3월 15일 GS타워웨딩홀. 흔히 결혼식장에서 신랑 아버지는 아무 역할도 하는 게 없다고 하지요. 왜냐? 신부 아버지는 딸을 데리고 입장하여 사위에게 넘겨주는 역할을 하고 양가 안사돈들은 예식 개시 촛불 켜는 임무를 당당하지만 신랑 아버지는 앞자리에 뻣뻣이 앉아 있다가 아들 내외의 인사에 답례나 하는 게 고작이니까요. 이날의 예식장 풍경도 그랬습니다. 게다가 기독교식이라 테이블에는 포도주나 맥주는 그림자도 안 비치고, 주례 목사님의 말씀은 왜 그리 느리고 재미가 없는지…. 식장을 메운 7백, 8백 명의 하객들이 지루하여 하품을 할 즈음 이어지는 순서는 축가. 약방의 감초격으로 빠지지 않는 순서이지만 결혼식 축가에 앙코르가 있거나 감동받았다는 사람은 아마 없을 겁니다.
♪ 여호와는 나의 목자시니 내게 부족함이 없으리로다 … 내가 여호와 전에 영원토록 거하리로다 ♪ (시편 23편 / 나운영 곡). 느린 듯 장중하고 결코 굵지 않은 섬세한 아름다움의 바리톤. 어딘가 목소리가 귀에 익은 듯하여 졸린 눈을 뜨고 화면을 보니(필자는 맨 뒤 테이블에 앉았기에 실물이 잘 안보였음) 얼굴도 낯이 익은 듯하여 옆자리의 친구에게 물었죠. "저거 혹시 송 장로 아냐?" "글쎄, 그런 것 같기도 하고…" 노래 끝. 박수 소리 투덕 투덕. 주인공은 노래를 끝내고도 들어가지 않고 서서 한다는 소기가 "박수도 적고 앙코르도 없네요. 하지만 새 며느리만큼은 마음속으로 앙코르를 했으리라 여기고 한 곡 더 부르겠습니다." 하객들이 웃으며 그제야 억지춘양 격으로 "앙코르"를 외쳐주었지요. 이어진 곡은 찬송가.
노래가 끝나자 주례가 가수를 소개하데요. "지금 축가를 부른 분은 신랑 아버지"라고. 그제서야 일제히 큰 박수. 이날은 바로 송인성의 큰아들 결혼식이었습니다. 주인공은 소개가 끝나도 마이크를 놓지 않고 하객들에게 감사의 인사를 짧게 하더니 "호섭아(아들), 윤희야(며느리), 사랑한다!!"고 하더니 양팔을 천천히 머리 위로 들어올려 하트를 그려보였습니다. 큰 박수가 터졌습니다. 웃음소리도 터졌습니다. 환호와 박수가 한참동안 이어졌습니다. 이날 예식의 하이라이트였지요. 게다가 식사가 시작되니 테이블마다 포도주까지 서빙되는 게 아니겠습니까? 초장에 실망했던 '술 없는 잔치'는 기우였습니다. 테이블마다 시아버지의 축가가 화제였지요.
이날 하객들의 총체적 반응은 '충격' 그 자체였습니다. 교인들은 전도에 일조했다고 좋아하고 안상욱 목사는 자기 딸 결혼식 때 축가를 부탁했다죠? 이수봉은 제 밥줄 끊어지겠다고 엄살을 피웠는가 하면 대학 친구 하나는 자기 18번을 뺏겼다고 질투 섞인 푸념을 했고 친척들은 난생처음 감동적인 결혼식을 보았다며 흐뭇해했답니다.

송 장로는 스스로도 평소 실력보다 배 이상 잘 부른 것 같은데 모든 게 하객들의 수준 높은 매너와 화기애애한 분위기 덕이었다고 겸손해했습니다.
송인성의 말년은 걱정 할 필요가 없을 것입니다. 하객들로부터 진심어린 축하를 받았고 아들 내외에게 그렇게 독특한 사랑의 표현을 했으니 그들이 평생 그 감동의 순간을 어찌 잊겠습니까? 보답은 효도 그것 뿐이겠지요. 자 -, 아직 장가가지 않은 아들을 둔 아버지들이여, 이제부터라도 노래를 배워 축가를 준비해 둡시다. 타고난 음치라면 축시라도 한편 준비했다가 결혼식장에서 멋들어지게 한 수 읊으면 그것이 수억원의 비자금보다 훨씬 더 확실한 노후대책이 되지 않을까요?

보성53회 운영비	오 용 순	300,000원
	김 양 래	300,000원
모교 100주년 모금	김 양 래	100,000원

김창석이 갖고 날아온 미국 서량의 희미한 소식

깜깜소식이던 친구의 아주 반가운 얘기를 갖고 온 의리의 사나이가 있습니다. 미국에 건너간 뒤 딱 한 번 한국에 왔었다는 얘기만 들었을 뿐 졸업한 뒤 누구도 만나본 적이 없다는 서량의 소식입니다. 약 한 달간 미국 LA 아들네 집에 머물던 김창석 학우(011-259-7032)가 3월 20일 아침 귀국하려고 짐을 챙겨놓고 잠깐 시간이 있기에 신문(미주 중앙일보)을 펼쳐보니 자그마한 박스 기사가 눈에 띄더랍니다.
'의사 출신 시인의 만남 - 22일 마종기 · 서량 시 낭송회'. 내용은 아동문학가 마해송 씨의 아들로 보성 출신 의사인 마종기 씨와 최근에 '푸른 절벽'이라는 시집을 출간한 의사 겸 시인 서량이 공동으로 낭송회를 열고 독자 사인회도 갖는다는 것. '이 뉴스를 미리 알았더라면 며칠 더 머물다 만나보는 건데-' 아쉬운 마음으로 자세히 읽어보니 "서울에서 태어난 서량씨는 서울대 의대를 졸업한 뒤 코넬의대 정신과 전문의를 수료하고 이 대학 교수로 재직하며 웨스트체스터 정신건강센터 원장으로 활동하고 있다"고 소개돼 있기에 그 신문을 가지고 귀국한 즉시 총무에게 팩스로 보내왔습니다. 서량의 여동생이 이름깨나 있는 작곡가인데 동생이 지은 곡의 노랫말 대부분을 서량이 써주었다는 얘기도 있습니다.
기사는 미주 중앙일보 박숙희 기자가 썼고 말미에 '문의 : (718) 661-1200'으로 돼 있으니 자세한 소식을 알고 싶은 친구는 연락해보면 되겠지요. 한편 김창석의 분석에 의하면 우리 친구들 중 서울대 의대를 나온 동창이 서량 외에 김창남 한오수가 있는데 이들 셋이 모두 정신과를 전공한 이유가 아리송하다네요.

이계준이 애송하는 봄의 시 〈春日卽事 - 봄의 흥이 일어〉

雨晴春色日新佳　비 개인 뒤 봄빛은 나날이 새롭고 아름다운데
雲鳥登天靄岸睐　새 모양 구름은 하늘에 높이 오르고 아지랑이 언덕은 아득하기만!
惠風吹柳香侵客　화창한 봄바람 버들에 부니 봄 향기 나그네에게 스미고
和氣穿林薰滿家　온화한 기운 숲을 꿰어 집집마다 훈향(薰香) 가득하여라

雖居此世貧賤巷　비록 이 세상 빈천한 모습으로 살고 있다 해도
猶有萬種富貴花　오히려 온갖 부귀의 꽃 심을 수 있음에
每年如是好時節　해마다 이처럼 호시절을 맞아
携酒相逢興又加　술통 들고 서로 만나면 흥 더욱 높아지리

〈庚子(1960년) 新春 景信 吟　丁丑(1997) 婁聲尉 謹譯〉

전재완 학우 갑우문화사 고문 취임

LG Phillips LCD를 끝으로 직장생활을 접고 친구들과의 교유로 나날을 즐기던 전재완 학우(019-339-6000)가 최근 갑우문화사 신승지류유통(주)의 고문에 취임하여 다시 바쁜 나날을 보내게 되었습니다. 갑우문화사는 출판 및 디자인 전문 업체로 기업홍보물, 전문도서, 단행본, 아동도서 출판 외에 사보 광고물 월간지 대학교재 등을 인쇄하는 국내 굴지의 출판사. 한편 용지 유통업계에서도 1위의 자리를 지키고 있습니다. 사무실은 서울 중구 오장동 신승빌딩 4층. 02-2275-7111. 많은 친구의 격려 있기 바랍니다.

이동식 사범 동창들에 무료 '회춘 도법' 특강 추진

이동식 학우(011-740-3979)가 매주 수요일 오전 양재 교육문화센터에서 검도 수련의 장을 마련, 특별 지도를 펼치고 있음이 뒤늦게 밝혀졌습니다. 약 한 달 전부터 근처 직장인들의 끈질긴 요구에 강습을 시작했는데 현재 10여명의 회원이 열심히 배우고 있어 이 사범도 왕년의 솜씨를 되살려 땀 흘리며 목검을 휘두르고 있답니다. 이왕 시작한 김에 우리 동창들을 위해 특별 프로그램을 마련, 열과 성을 다해 지도하겠답니다. 날짜와 시간을 별도로 정할 수도 있다고 하니 봄은 왔으나 체력이 달려 고민인 친구들은 회춘의 칼을 휘두르시기 바랍니다. 무료로 지도하겠답니다. 늙은이라고 무시하는 젊은 녀석들을 단칼에 제압할 수 있는 체력과 자신감을 키우도록 합시다.

한국도법연맹 보성53회 수련회 / 서초동 풀르트하우스 스튜디오 / 매주 수요일 오전 9시 ~ 11시 / 수강료 : 무료(목검, 도복구입비 약 5만원) / 연락처 : 이 동식

수첩고치세요	이 름	주소 / Mobile / 직장 · 집 · 손 전화 / E-mail
	채 병 기	서울 동작구 사당3동 1134 대아 아파트 101동 307호 / 016-743-8135 / 02-595-8135
	김 일 용	010-8712-1762
	최 홍 순	010-5411-1976
	노 승 문	미국명: MARK S. ROH / 회사 ; Research Horticulturist Floral & Nursery Plants research Unit 전화번호: 301-504-5659 Email: Mark.Roh@ars.usda.gov / 집 : 5100 Caverly Place Beltsville, md 20705 U.S.A 전화번호 : 301-937-1527

□□ 이현수의 영어 제대로 하기 □□

(2008년 3월 5일 캐나다 중앙일보에 게재 - 발췌)

한국의 새 정부가 발표한 영어 공교육 강화 방침에 대한 반론이 만만치 않다. 그 중의 하나가 학생들이 영어 학습에 너무 몰입하면 다른 과목들을 소홀히 한다는 것이다. 영어 하나만 잘 하면 무슨 소용이 있느냐는 것이다. <중략>

영어를 배우는 이유는 영어가 국제사회에서 중요한 의사소통의 도구이기 때문이다. 영어를 잘해도 전문적 지식이 없으면 크게 성공할 수 없다. 그러나 아무리 탁월한 아이디어를 갖고 있다 해도 그것을 남에게 전달할 능력이 없으면 그 아이디어는 빛을 못 본다. 자기 분야에서 두각을 나타내고 있는 한국인들이 국제회의에 참석해서는 꿀 먹은 벙어리로 앉아만 있는 것은 얼마나 안타까운 일인가? <중략>

중고등학교에서 6년 그리고 대학에서도 배우고도 영어로 말 한 마디 못 한다면 보통 문제가 아니다. 이것을 고쳐보자고 하니까 "영어로 말하기"라는 저급 영어를 가

르치려 한다고 공격하기도 한다. 말하기가 저급 영어라는 주장을 들으니 어느 친구가 하던 궤변이 연상된다. 그는 영문과를 나왔으면서도 영어 한 마디 못 한다. 그러면서 하는 말이 자기는 영문학을 공부했지 영어 말하기를 공부하지 않았다고 했다. 어떤 언어나 마찬가지지만 영어도 듣기, 말하기, 읽기, 쓰기를 골고루 잘해야 한다. 그래야 산 영어다. 듣기와 말하기를 강화한다고 해서 영어 교육의 질이 떨어 질 것이라고 우려하는 것은 쓸데없는 걱정이다. <중략>

영어 못해도 국내에서 사는 데는 아무 문제가 없다. 그러나 그런 사람은 한국 밖으로 한 발짝만 나가면 벙어리가 되고 만다. 잘못된 영어 교육 제도의 피해자인 기성세대는 그렇다 해도 다음 세대만이라도 영어를 제대로 구사할 수 있도록 교육 환경을 만들어 주자는 것이 새 정부의 영어 교육 강화 방침인데 반대만 할 것인가?

"영어가 이 정도는 돼야지"

얼마 전 이웃 집 일곱 살 꼬마 아이를 그 아빠와 함께 우연히 엘리베이터에서 만났다. 그 아이가 아주 똑똑한데다 원어민 선생이 가르치는 학원에 다닌 지 채 1년이 안 된다고 듣던 터라 그 실력이 얼마나 되는지 궁금했다. 그날 날씨가 꾸무럭거리는 게 곧 비가 오거나 눈이 내릴 지경이었던 터.

그 아이가 함께 있던 아빠에게 물었다. "아빠, '비가 올 것 같아'를 영어로는 어떻게 하지?" 아빠 왈, "It seems to rain이라고 하면 되지." 그 꼬마 받아서 왈, "아빠, 아니야. It's gonna rain 이야."

참 일찍 제대로 배우는 게 얼마나 큰 지 새삼 깨달았더라. 그 아이만은 못하지만 그래도 우리 보성 학우들은 무턱 선생님이 계셔서 행복하다는 생각이다. - **염갑형**

※ 기쁜 일 · 슬픈 소식 ※

♡ **김양래 학우**(011-9735-2029)가 2남 1녀의 외동딸을 시집보냅니다. 개혼. 4월 6일(일) 오후 1시 한솔웨딩21 뷔페 7층. 신부 지은 양은 성공회대 심방과를 나와 다음커뮤니케이션스에 근무하며 신랑 종철 군은 건국대 출신으로 조계사에서 대한불교협의회 업무를 담당하고 있답니다.

♡ **송인성 학우**(011-9049-3202) 아들 결혼 : 3월 15일 GS아트센터

■ **김재청 학우**(011-847-2390) 장인상 : 3월 8일 삼성의료원

보성 53회 동아리 4월 모임

모 임(회장)	언 제		어 디 에 서	문 의(총무)
골프회(정해남)	1水	2일 낮 12:50	양지 남서코스	신충식
일목회(전 충)	1木	3일 저녁 6:30	전풍호텔(왕십리역 1번)	권형철
서보회(이승홍)	2火	8일 저녁 6:30	대양정(홍대역 5번 324-9779)	김성수
보금회(배동만)	2金	11일 낮 12:00	부림(무교동 농협 뒤 732-1112)	박동진
천우회(정성영)	2土	12일 저녁 7:00	소가조아(압구정 4번 541-5454)	염갑형
월백회(김일웅)	2月	14일 오전 8:30	분당 하나로마트(오리역 4번)	김일권
교보회(윤교중)	3火	15일 낮 12:00	두레토속(교대역 1번 586-6560)	이송하
삼목회(이순재)	3木	17일 저녁 6:30	만천성(삼성역 6번 6002-0888)	최홍순
산우회(최홍순)	4日	20일 오전 8:30	청계산(양재역 5번)	유한종
송강회(이순표)	4火	이번 달(짝수 달)에는 쉽니다.		안재홍
기우회(유형덕)	4木	24일 저녁 6:00	방림기원(내방역 3번 583-6475)	유재석
보분당(이홍옥)	4土	26일 저녁 5:00	남도미락(오리 3번 031-715-2708)	이진종
신우회(홍정수)	4水	23일 낮 12:30	누가치과(551-0028) / 만천성	오정일

* 이상 〈보성고 53회〉 소식 100호 내용 전재.

2006년 보성 교우회 신년 교례회

2006년 1월 15일 보성 개교 100주년 기념 신년 교례회에 우리 53회는 38명의 친구들이 참석하여 위력을 유감없이 발휘했습니다. 사회자가 '최다 참가상'을 발표한다고 할 때 혹시나 기대했는데 역시나 '53회'라고 하여 가슴이 후련했습니다. 사회자 왈 "한 회에서 38명 참석은 올해뿐 아니라 역대 교우회 사상 최다"라고 하여 뿌듯하면서도 너무했나, 겁이 나기도 했죠.

아무튼 우리가 신기록을 세웠으니 이 기록을 오래 간직하고, 수틀리면 우리 기록을 우리가 깨는 기록도 한번 세워 보죠. 그리고 최웅의 100주년 기금기탁에 대한, 자신의 몫뿐 아니라 선친과 먼저 간 동생의 이름으로도 기탁했다는 사연을 소개할 땐 마음이 숙연해지더군요. 돌아간 가족의 몫도 챙기는 갸륵한 마음, 그게 53회 정신 아닌가요? 아무튼 바쁜 일손 멈추고 참석해 준 친구들에게 감사합니다.

그날 우리 윤교중 회장이 신경 많이 썼습니다. 참가비(1인당 3만 원) 전액을 부담함은 물론, 김종욱 우리금융그룹 부회장의 책도 50권이나 미리 구입, 저자 서명을 받도록 해 참석자들에게 일일이 나눠주고. 그뿐인 줄 아십니까, 친구들 분위기가 민숭민숭할까 봐 독한 음료(J&B)도 3병이나 준비토록 했답니다. 결국 참석자 수가 예상 외로 많아 아주 취하지는 않았지만 말이죠. 아무튼 우리들은 흡족했으나 윤 회장 이번 달은 무엇으로 살림할지 걱정되네요.

그날, 촌놈이 바다 건너온 음료를 어디서 사는지 몰라 헤매다 급박한 시간에 김진환·이승홍 사단에 SOS를 쳤지요. 그랬더니 금방

J&B를 들고 오더군요. 이럴 때를 구세주 만났다고 하나요? 그리고 총무보다도 먼저 와 보조를 자처한 친구들도 있었지요. 고마워요. 박, 김, 윤, 손, 최, 이, 유 아무개 ….

그러나 이 친구들 아무래도 내심 차기 총무를 노리는 모양인데 어림없소이다. 하다못해 논두렁 정기라도 타고나야 하는 거래요. 누가? 우리 엄마가. 총무를 맡게 됐다고 말씀드렸더니 나 가졌을 때 태몽이 좋았대요. 그러니 틀림없는 말이죠.

여러 친구들, 어쨌든 참 고맙고 우리의 끈끈한 정 오래오래 간직하고 살아갑시다.

〈보성고 53회 소식〉, 75호, 2006. 2. 28.

친구는 오래될수록 깊은 맛

착한 친구가 있었다. 10년 백수에도 마음은 늘 해맑은 어린애처럼 순박했다. 아무리 심한 농을 해도 특유의 풍란(風蘭) 같은 웃음을 입가에 흘리기만 했다. 그는 누가 뭐래도 생활도인이다. 학 같은 사나이 유성봉이다.

“여기 중국이야!” 한동안 발걸음을 접고 있던 그에게서 연락이 왔다. “선전(深圳).” 무슨 귀신 씻나락 까먹는 소리인가? 그가 선전에 있는 CNB라는 회사의 회장으로 취임했다는 사실을 나중에야 알았다. 그는 오랫동안 준비하면서도 주위 사람들에게 한마디 귀띔도 하지 않았는데 그건 별 대수로운 일이 아니기 때문이었단다.

축하하고 또 축하할 일 아닌가? 적당한 시기에 놀러오라는 립서비스, 우리들은 그걸 진심으로 믿었다. 가야지. 암 가야 하고말고. 떡 본 김에 제사 지내라고 했던가? 김진환, 김재청, 이홍옥, 이승홍이 서둘렀다. 을지로 2가 유림상사 2층의 훌라 패거리다. 다른 친구들 끼면 그만큼 파이가 줄어든다고 서둘렀다나?

3월 7일. 선전 공항. 그가 반갑게 맞는다. 직원들을 거느리고 밴 앞에 서 있는 모습이 어찌나 의젓하고 멋스러워 보이던지 … . 회사로 가서 브리핑을 받았다. 생각보다 규모며 매출이 엄청나다.

그날 만찬장. 아뿔싸. 그동안 갈고닦은 중국어 실력 맘껏 뽐내고 싶었던 유성봉의 마각은 곧 드러나고 말았다. 하지만 말이 서툴다는 핑계로 술이며 먹을거리는 최고급으로만 시켰다. 유 회장의 쓰린 속이야 알게 뭐람. 맛이나 값은 따질 게 없다. 난생처음 최고의 음식을 먹었으면 그만이지.

이튿날. 중국 최대의 180홀 미션 컨트리 골프장 잔디를 밟았다. 하지만 우리를 들뜨게 한 건 골프가 아니라 늘씬한 미녀들이다. 어찌나 가슴 설레던지 … . 우리에게 그런 엄청난 미인을 특별 배당한 것은 유 회장에게 멤버십을 팔기 위한 상술 때문이었다. 우리 돈으로 7천만 원이란다.

다음 날. 홍콩에서 홍정수와 합류했다. 7인의 라운딩을 시작으로 주지육림을 실천하는 왕의 여자들을 섭렵했다. 아방궁이며 진시황인들 이만했을까? 정수 역시 물건이었다. 그날 저녁 그는 어부인을 대동하고 홍콩 최고급 음식점으로 우리를 안내했다. 금준미주에 옥반가효라더니 광동요리가 이처럼 종류가 많고 맛있을 줄이야. 거기에 또한 최고급 마오타이라니 … .

홍콩 구석구석을 구경했다. 정수의 해박한 지식을 바탕으로 한 관광안내는 그야말로 최고급. 특히 홍콩 야경에 취해 마오타이 위스키를 물처럼 홀짝홀짝 마셔댄 김 아무개는 아마 지금도 속에서 뿜는 그 불꽃이 사그라지지 않았을 게 분명하다. 하지만 지금도 눈에 선한 것은 마지막 밤에 먹은 이생에 최후의 만찬이 될 제비집 요리다. 말로만 듣던 특별 요리. 거기에 천 위안짜리 오량액특급(五糧液特級) 술까지 곁들였으니 … .

아아, 세상은 정말 살 만한 가치가 있는 것인가? 이처럼 넓은 세상을 보여 주고 느끼게 해준 건 뭐니 뭐니 해도 우정이었다. 그것도 오래된 신발처럼 편안한 고등학교 친구들 … . 그들이 아니었다면 뉘라서 이처럼 정성으로 따듯하게 환대해줬을 것인가? 끈끈하고 포근한 마음이 없었다면 우린 느끼지도 보지도 못했을 거다.

앞만 보고 걸어온 지난날의 우리 삶이 부끄럽다. 좀더 겸손하게 좀더 주위를 살피며 사는 것이 참 삶이란 것을 일깨워 준 친구들아, 정말 고맙다. 선전과 홍콩을 다녀온 친구를 대신하여.

〈보성고 53회 소식〉, 76호, 2006. 3. 31.

송원목장 야유회 풍경

송원목장 풍경 1

일찌감치 도착한 친구들이 식기 닦고 과일 씻고 한편에선 평상 쓸며 준비하는 동안, 호스트 홍의표는 어느새 개와 염소를 말끔히 손질하여 두 개의 가마솥에 안쳤고, 이제 아궁이에 불을 지펴 가마솥 달구는 일은 박오상의 몫. 한 손에 솥뚜껑 붙잡고, 또 한 손엔 부지깽이 들고 아무도 근처에 얼씬거리지 못하게 하면서 뚜껑 사이로 뿜어 나오는 김의 세기를 예의 주시하며 아궁이의 화력을 조종하는 솜씨가 예사롭지 않다.

하기야, 그가 왕년에 팬텀기를 조종한 빨간 마후라의 사나이였다는 사실을 아는 친구는 몇이나 될까. 그 능숙한 솜씨로 솥뚜껑과 장작불 조종하며 3시간 가까이 삶아낸 고기이니 맛을 물어 무엇 하랴. 호물호물, 졸깃졸깃, 담백하면서도 구수한 그 맛이란 ….

송원목장의 왕탕, 염탕이 유명한 것은 주인 영감의 재료 선별력이 뛰어남은 물론이려니와 이와 같이 하늘을 제압하던 빨간 마후라 박오상이 절묘한 솜씨로 아궁이를 조종하며 적절한 화력을 가마솥에 퍼부어 견공과 염공을 제압한 덕분. 대한민국 왕년의 '탑건'이 땀 흘리며 삶아낸 세상에 둘도 없는 왕탕 맛을 보려면 내년 송원목장 파티를 놓치지 마시라.

송원목장 풍경 2

동양화 패거리들이 바닥에 쪼그리고 앉아 고도리, 홍단에 열을 올리는데, 그 옆에 한발 물러앉아 불쾌한 얼굴로 구시렁대는 한 친구 A가 있었다. 보아하니, 몇 번 손맛을 보다가 주머니밑천이 짧아 일찌감치 털린 모양이다. 그래도 그 자리 떠나지 않고 뒷전에 앉아 코치했다. 핀잔을 맞아가며 ….

한편 저쪽 정자에는 교자상 받쳐 놓고 점잖게 둘러앉아 마작을 하는 패거리가 있었다. 그중에 담배를 꼬나문 백발의 한 친구가 유독 근엄

한 자세로 패를 보며 상대방들을 압도하는 분위기였다. 고스톱에서 손 털려 뒤틀린 심사인 A에게 그 광경이 비쳤다.

A 왈, "저 담배 꼬나물고 앉아 있는 녀석, 마작하는 폼이 아주 근사하지? 한데 실은 저 녀석이 내 제자라구. 나한테 마작을 배웠지. 그런데 지난 스승의 날 말이야 쓴 소주 한잔 없더라구, 나 원. 저렇게 의젓하게 패 잡고 있는 모습을 보니 서운하기도 하지만 한편 대견하기도 하네그려."

스스로 A의 제자임을 알고 있는 자, 하루빨리 날 잡아 스승 찾아뵙고 노여움 풀어 드리시구려. A는 유형덕이오.

송원목장 풍경 3

이날 행사에 참석한 친구들에게 빈손 들고 가게 하지 않고 또 빈손 들고 오지 않은 친구들이 있었으니. 우선 윤교중은 모든 친구들이 건강하게 오래오래 살며 즐거운 모습으로 만나길 바라는 마음에서 만보기를 한 개씩 돌린 외에, 홍의표 어부인에게는 내년에도 초청해 달라는 선물을 잊지 않았죠.

유한종은 예년과 마찬가지로 병막걸리 캔막걸리 두 박스를 들고와 여러 친구들의 컬컬한 목을 축이게 했습니다. 전재완은 양주와 복분자 술을 들고 와 주인 영감 홍의표에게 전하며 깍듯한 예의를 갖춰 그의 깔끔한 매너를 엿보게 했죠.

유성열은 제주도에서 일이 많아 올라올 수 없다며 대신 친구들 마시고 즐기라며 전라도 영광의 그 유명한 법성포 소주를 한 말이나 보내왔는데, 짓궂은 주인영감이 술은 한 방울도 못하는 아무개에게 그걸 한 잔 따라 주며 고로쇠물이라고 시치미를 뗐다. 그걸 받아 한숨에 벌컥벌컥 마신 이 친구 혼쭐이 난건 불문가지. 옆에서는 덕택에 배꼽을 잡지 않을 수 없었죠.

명완진은 30여 년 전 미국에 건너가 터 잡고 사는데 일시 귀국했다가 송원목장 파티 소식을 들었으나 그날 마침 돌아가는 날이라 참석 못함을 아쉬워하면서 인편에 1천 달러(95만 원)를 보내왔어요, 글쎄. 보성고 53회 운영 경비로 쓰라고. 동창들을 위해 마음 기울여 준 여러 친구들의 아름다운 배려에 감사, 또 감사합니다.

송원목장 풍경 4

자동차에 항상 낚시도구를 챙기고 다니다 물만 보면 던져야 직성이 풀리는 낚시광이 있었으니 이름하여 이승홍. 송원목장에 들어서자마자 연못이 눈에 들어왔다. 수련 자태 아름다운 속에 한가롭게 유영하는 형형색색의 금붕어, 비단잉어들을 보는 순간 손이 근질근질하여 참을 수 없었다. 목장주 의표에게 사정하니 미늘 없는 낚시(강태공의 곧은 낚시)를 주었다. 그것을 둘러메고 가 연못에 던졌다.

평소 주인이 연못에 손을 넣어 부르면 멀찌감치 노닐다가도 쏜살같이 달려와 재롱을 부리는 녀석들이니 이 낚시꾼의 소원을 못 들어줄 리 없으렷다. 한동안 손맛을 즐겨 흐뭇하긴 해도 이 친구 어딘가 허전한 듯한 모습. 십중팔구 '고놈들을 미늘낚시로 잡아 올려 매운탕이나 …' 하는 생각이 굴뚝같기 때문이렷다.

이승홍과 쌍벽이라고 하면 화를 낼 또 하나의 낚시광이 있으니 그 이름도 고매한 고영석. 며칠 전 남양낚시터에서 밤샘 씨름 끝에 토종

붕어를 올렸다. 그것도 월척이었다(약 40cm). 요새 떡붕어다, 참붕어다, 심지어 수입 월남붕어 등의 등쌀에 멸종위기에까지 몰려 1년에 한 번 낚을까 말까 한 것이 토종붕어다.

그것을 낚아 올리는 순간 수원의 의표네 송원목장 연못이 생각났다. 그전에 가끔 씨알 굵은 떡붕어를 잡으면 갖다 넣곤 했더니 주인이 별로 달가워하지 않는 눈치였다. 고급 관상용 어종만 수백 마리 살고 있는, 예컨대 로열 폰드에 저급 어류를 넣다니 … .

그래서 이번에 만회하는 뜻에서 정성껏 살려 두었다가 큰맘 먹고 갖다 넣었다. 이것을 본 몇몇 친구들이 연못을 사랑하는 그 마음씨에 감탄, 홍의표에게 알려 주었다. 그러나 이번도 또 핀잔이다. "야, 그러면 넣기 전에 나한테 먼저 보여 주어야지. 어떻게 생긴 녀석인지 낯을 익히고 사진이라도 한 장 찍어 두게."

참으로 자연과 더불어 살아갈 자격이 있는 친구들의 아름다운 모습이었다. 누구나 자연을 즐길 줄은 알아도 가꾸며 사랑하는 법은 모르기 십상인데 … .

송원목장 풍경 5

보양탕 안주에 이슬도 처음처럼도 바닥을 내다시피 하고 후박나무 그늘에 둘러앉아 참외, 수박, 오이 등 싱싱한 과일로 입가심하며 10여 명이 한담하는 자리. 입심이 좋아 평소 좌중을 리드하는 L이 요즘 미모의 여성과 격조 높은 미팅을 즐기는 중이라는데 … .

노익장을 과시하는 그의 체력관리 비결은 자전거 타기. 본래 골프를 즐겼으나 매일 칠 수는 없어 자전거로 주종을 바꾼 지 2, 3년. 일과 중에도 가끔 몰고 나가 강변이나 도심의 공원 속을 두어 시간씩 달리면 운동이 됨은 물론 피곤도 풀리고 기분이 여간 상쾌한 것이 아니란다.

한데 이런 즐거움에 더해 말할 수 없이 큰 보너스가 주어졌으니 … . 혼자 생각하면서도 싱글벙글하는 그가 자전거 탈 때는 물통, 구급약, 간식은 물론 특히 바람 넣는 펌프를 잊지 말라며 들려주는 사연인즉슨 이렇다.

지난해 봄 4월 어느 화창한 날. 사무실에서 창밖을 내다보다 날씨가 하도 맑고 깨끗하여 자전거를 몰고 나갔다. 여의도 윤중제, 만개한 벚꽃 숲을 누비며 둔치 길을 달리고 있었다. 그런데 저만치 앞서 달리는 여인의 모습이 꽤나 아름다워 눈길을 끌었다. 속력을 내어 가까이 뒤따랐다. 타이트한 스포츠웨어를 통해 그녀의 탄력 있는 육체미가 그대로 배어 나왔다. 그녀는 천천히 달리는데도 좀 힘들어하는 듯했다. 가만히 보니 뒷바퀴 타이어가 많이 찌그러져 있었다. 바람이 빠진 모양이다.

그녀 옆으로 바짝 다가가 말을 걸려고 했더니 그쪽에서 먼저 "저, 바람 좀 넣어 주실래요?"라고 한다. 안 그래도 도와주려고 했는데 … . 자전거에서 내려 바라본 그녀의 용모는 과연 몸매만큼이나 섹시한, 어딘가 서구적 분위기마저 감도는 매혹적인 모습이었다. 늘 갖고 다니던 펌프를 꺼냈다. 구부리고 바람을 넣는 동안 그녀가 옆에서 허리 굽혀 내려다보았다. 미풍에 흩날리는 꽃잎 따라 그녀의 긴 머리카락이 얼굴을 간지럽혔다.

순간 늙은 가슴이 뛰었다. 작업을 다 끝내고 무릎을 폈다. "힘드셨죠? 감사해요." 둘은 자연스레 나란히 달리며 대화를 나누었다. 이후론 벚꽃도 눈에 들어오지 않았다.

파리에서 오래 살다가 돌아온 30대 후반의 모 대학 불문과 교수. 친구 없는 외로움에 자전거를 시작한 뒤부터 틈만 나면 즐긴다고. 그 뒤 1주일에 한두 번씩 함께 탄다나. 가다가 힘들면 숲에 앉아 쉬면서 땀 닦아가며 음료수도 마시고 시간이 나면 함께 영화도 보고 가끔은 분위기 있는 식당에서 포도주 곁들인 식사도 하는 사이가 됐단다. 연락은 강의시간에 학생들에게 방해가 될까 봐 휴대폰 문자메시지로만 한다나. 처음에는 이쪽에서 메시지를 날렸는데 요즘은 주로 그쪽에서 "오늘 자전거 안 타실래요?" 한단다.

이 얘기를 들은 친구들, "내일부터는 나도 자전거다!" 하지만 하루 종일 쏘다닌다고 '바람 빠진' 여자가 그리 쉽게 눈에 띄겠는가. 설사 눈에 띈다 한들 바람 넣어 달라고 할 여인이 있을까. 펌프 들고 달려가기 전에 자신을 돌아보시라. 주름진 얼굴에 성성한 백발…. 적어도 L과 같은 풍모와 인품에, 해박한 지식을 바탕으로 상대방을 사로잡는 화술과 실력이 두루 갖추어졌는지부터 점검해 볼지어다. 펌프는 내려놓고 자전거나 열심히들 타시게나. L은 이송화렷다.

송원목장 풍경 6

이날 송원목장 파티 참석자들 중 볼일 있는 친구들은 하나둘 중간에 슬며시 빠져나가고 버스 부대는 5시에 떠나고, 나머지 최종 부대 7명이 철수한 것은 저녁 7시경. 기력을 뽐내던 한낮의 태양이 목장의 서쪽 떡갈나무 언덕에 걸터앉아 잠시 쉬며 땀을 식히고 있을 무렵이었다. 이렇게 늦어진 데는 이유가 따로 있었는데….

일행이 오이 찍어 이슬 마시며 정담을 나누고 있는 사이 수돗가에서 마지막 설거지를 하고 난 C가 가마솥 쪽으로 가더니 법성포 소주 비워낸 통에 왕탕 국물을 국자로 떠 넣고 있었다. 하지만 통의 아가리가 좁아 잘 들어가지 않았다. 이를 본 목장주가 다가와 무얼 하는 거냐고 물었다.

C 왈, "늙은 아버지가 개장국을 좋아하셔서 … ." 목장주 왈, "잠깐 기다려봐" 하고는 휑하니 차를 몰고 슈퍼로 달려가더니 큼지막한 냉장고용 김치통을 6개나 사왔다. 그가 손수 국물뿐 아니라 건더기까지 퍼 담으며 C에게 왈 "내가 이러는 건 네 입장이 곤란치 않게 해주기 위해서야. 너만 퍼 담아 가면 다른 친구들이 어떻게 생각하겠니?"

그릇마다 퍼 담았으나 한 사람 몫이 모자랐다. 그중에 마침 두 친구는 같은 곳에서 근무하는 사이라 사무실에서 함께 먹겠다고 한다. 그랬더니 주인장은 그중에 한 통을 들고 부리나케 아궁이 쪽으로 가더니 솥을 바닥내다시피 듬뿍 듬뿍 퍼담아 통을 가득 채웠다. 목부(牧夫)들의 몫도 남기지 않고. 친구들 앞앞이 통을 들려주자 모두 사양치 않고 좋아했다.

그 광경을 지켜보는 C, 자기 아버지만 생각한 속 좁았던 행위가 부끄러웠다. 술통 주둥이만큼이나 좁은 C의 마음, 김치통만큼이나 넓고 큰 주인의 마음. 대인(大人) 앞에 선 소인(小人)은 선생님 앞 학생과 같은 마음이었다. 환갑을 넘겼어도 나잇값도 못한 주제가 주체스러웠다.

아들딸들이 코흘리개 적부터 시작하여 그 자녀들이 결혼하여 나은 손자 · 손녀들이 그때의 아비 · 어미 나이만큼 된 지금까지도 매년 6월 첫 토요일 변함없이 진행되는 보성고 53회 초청 송원목장의 봄 야유회. 그것은 목장주 홍의표 부부의 친구들을 사랑하는 속 깊고 통 큰 마음이 아니면 불가능한 일. 맏형과 같은 이들 부부의 넉넉한 베풂과 푸근한 마음이 있기에 친구들은 행복하다.

자연의 생명체들이 함께 어우러져 아름다운 광경을 연출해내고 있는 송원목장. 이곳의 동식물들을 가리지 않고 자식만큼이나 사랑하며 소중하게 가꾸어가는 목장주 내외의 땀과 정성이 없으면 어찌 가능할까. 1년에 한 번씩이나마 겸손하고도 금도(襟度) 있는 그의 삶을 바라보며 우리의 좌표를 점검해 본답니다. 고맙습니다. 언제나 그 모습 그대로 굵고 따뜻한 빛 비쳐 주소서. C가 누구냐고? 이충남이다.

월백회란 어떤 모임인가?

월백회의 숨은 뜻 1

보성고 53회 열린 모임에 새 가족이 탄생했습니다. 지난 2월부터 시험적으로 가동한 이 모임은 그동안 가칭 '보성 53 여행회'라고 하여 한 달에 한 번씩 1박 2일간 국내 명승지 구석구석을 살피며 심신의 피로를 풀고 또 소식이 뜸한 지방의 친구들을 만나 회포를 풀며 새로운 우정을 나누는 모임입니다. 시험적으로 몇 달 운영해 본 결과 호응도가 점점 높아지고 의미 깊고 재미있는 행사로 자리 잡고 있습니다.

이 모임은 어디까지나 친구들에게 100% 열려 있고 또한 강제적 하향식이 아닌 자발적 상향식이라 '아랫것들'의 의사도 100% 반영되고 있습니다. 흔히 모임이라 하면 명칭 정하고 회장, 총무 뽑고 시작하는

데 이 모임은 이름도, 회장도 없이 '아랫것들'만 모여 시작했습니다. 그동안 다섯 차례 여행을 했는데 이제 겨우 공개토론을 거쳐 명칭을 정하고 비록 비공개였지만 엄격한 경선을 거쳐 총무도 뽑았습니다.

명칭은 월백회, 총무는 김일권. 회장은 아직 없습니다. 월백회를 이끌 CEO는 공개모집을 통하여 선정할 예정입니다. 착실하고 헌신적인 성품의 김일권이 총무에 선임된 것에는 모두 고개를 끄덕이겠지만, 월백회란 명칭에 대해서는 무슨 뜻인지 모두 고개를 갸우뚱하리라 생각합니다. 이 이름은 우리 보성고 53회의 '1등 머리' 박일두(朴一頭)가 낸 아이디어를 회원들이 만장일치로 채택한 것입니다.

뜻이 무어냐구요? 6월 13일, 부산 해운대 해수욕장 하늬바람 살랑이는 해변의 모래밭. 밤새 외로움에 뒤척이며 잠 못 이루던 쪽빛바다 물결이 이른 새벽 저 멀리 길게 누워 손짓하는 백사장의 고운 자태에 이끌려 하얀 포말을 일구며 달려와 살포시 안기며 즐거워하는 그 잔잔한 파도소리를 들으며 지은 이름이랍니다.

생뚱맞게 봄의 서정을 노래한 이조년의 "이화에 월백하고 은한이 삼경인 제"의 월백인가? 일두가 머리는 좋아도 시조를 읊조릴 문학도는 아니고, 회원들의 면면을 보더라도 그런 고상하고 격조 높은 품격의 소유자들은 결코 아닌데 … . 마누라나 자식들에게 매월 용돈 얻어 쓰는 백수여서 月白이냐? 아니면 매월 한차례 월요일에 떠나는 백수들의 모임이라 月白인가? 천만에. 비록 젊음에 밀려 일손 빼앗겼으니 白手요, 가는 세월 잡지 못하고 오는 백발 막지 못해 白鬚가 됐을망정 우리는 그런 白首들의 모임이 아니랍니다. 웬만한 젊은이들이 까불면 아직 한판 붙어 볼 자신 있으니 百獸의 왕이요, 왕년의 솜씨 녹슬지 않아 무엇이든 맡겨만 주면 해낼 수 있으니 百手 아닙니까.

그래서 월백의 백은 白이 아닌 百이죠. 그러면 월은 무엇이냐? 월은 越이랍니다. 越百, 100을 넘긴다. 한마디로 100살 넘게 살자는 거지요. 우리가 비록 白手라도 친구들과 어울려 산천경개 구경하며 즐겁고 건강하게 百壽는 하자는 뜻이지요. 하지만 白手로 百壽한들 무슨 소용 있겠습니까? 그러니 越百會는 과분하고 그렇다고 月白會도 싫으니 그저 월백회라 부르기로 했습니다.

자, 이 월백회 멤버가 되실 분, 또 월백회를 잘 이끌 회장 희망자, 누구나 환영합니다. 뜻과 행동 함께할 분들 지체 말고 총무 김일권에게 연락 주시길.

〈보성고 53회 소식〉, 79호, 2006. 6. 30.

월백회의 숨은 뜻 2

월백회의 또 다른 숨은 뜻은 月百回?

지난번 소식지 101호에 신우회 등산안내를 하면서 월백회를 '놀고먹는 모임'이라고 표현한 것에 대해 회원들이 '불끈'하였다는 소문이 들려오데요. 우리 나이에 놀고먹는 팔자가 얼마나 복되고 남의 부러움을 사는 것인데 그 소리에 서운합니까. 어쨌든 귀에 거슬렸다면 흘려버리기 바랍니다.

지난해 5월 김창석 아들 결혼식 뒤 2차 자리에서 만난 월백회 김일웅 회장이 월백회에 대한 새로운 해석을 내려 좌중이 한바탕 웃음바다가 됐기에 뒤늦게나마 함께 그 의미를 새겨 봅니다. 월백회가 생겨날 때부터 그 명칭에 대한 해석이 구구했죠. 매월 용돈 얻어 쓰는 백수여서 月白이냐? 아니면 매월 한 차례 월요일에 떠나는 백수들의 모임이라 月白인가? 천만에. 越百, 100을 넘긴다. 한마디로 100살 넘도록 살자는 거라고 했지요.

한데 이날 김 회장은 월백회를 月百回로 풀이하더군요. 한 달에 100번씩은 '하자'는 뜻이라나요. 뭐를 할까요? 평소 농담도 잘하지 않고 되도록 말을 아끼는 그의 입에서 나온 말이라 듣는 친구들 중 대개는 귀를 의심하고 눈이 휘둥그레졌지요. 아니 변강쇠도 아니고 마누라가 어우동도 아닐진대 年 百回도 아닌 月 百回를 어떻게 하느냐고요.

생맥주 한잔 들이켜고 풀어놓는 그의 설명인즉 한 달에 적어도 100번은 '식사하자'는 얘기라나. 모두들 싱겁다며 시큰둥해하는데 한 친구가 "하루에 세끼씩 먹어도 90번밖에 안 되는데 어떻게 100번을 채우느냐?"고 하자 김 회장 왈 "아, 이 친구야, 밥만 먹고 살 수 있나? 친구와 어울려 회식도 하고, 마누라와 야식도 하고, 간간이 마누라 몰래 간식도 하다 보면 10번은 거뜬히 채워지지 않겠나?" 합디다. 해석하면 하루에 세끼 꼬박꼬박 챙겨먹고 회식・간식・야식도 가리지 않고 열심히 하자는 뜻이라는군요. 하긴 '먹성이 좋아야 무병장수한다'는 말도 있지요.

모두들 그럴듯하다고 고개를 주억거립디다. 그런 심오한 뜻을 지닌 월백회요, 이를 실행코자 하는 회원들이 있고, 그 회원들의 뒷바라지를 알뜰살뜰 챙기는 김일권 총무가 있으며, 구석구석을 씽씽 달리며 볼만한 곳 맛난 곳을 골고루 안내하고 찰칵찰칵 사진도 찍어 주는 손희광 가이드가 있을 뿐 아니라, 말없이 모임을 격려하고 이끄는 김 회장이 있는 한 월백회는 만년 청춘으로 살 것이라고 하니 너도 나도 월백회 따라 산천경개 구경하며 건강하게 삽시다.

〈보성고 53회 소식〉, 111호, 2009. 3. 1.

보성고 100주년 2억 고지 점령기

보성 설립 100주년 기금 2억 돌파. 참여자 수, 참여율도 모두 최고 기록. 7월 24일 현재 156명이 참여, 53회 졸업생 총 361명 중 연락 가능자 246명의 63%. 숫자로 최다, 비율로도 최고라고 합니다. 개인별 모금 2억 24만 8, 350원. 소모임 모금도 360만 원이나 되지만 이것은 교우회에 접수하지 않고 보관하고 있습니다. 이 돈은 수첩제작, 송년회 등 53회 운영비에 보태도록 하자는 의견이 있었기 때문입니다.

다른 회에서는 한두 사람이 1억 원, 혹은 5천만, 6천만 원을 내 목표액을 채웠으나 우리는 윤재천의 2, 200만 원을 최고로 홍평우의 2천만 원에 이어 1천만 원대가 8명에 불과합니다. 100만~500만 원대가 27명이고 그 외에는 모두 10만 원대입니다. 특히 '소액다수 참여운동' 결과 이미 큰돈을 낸 친구들도 다시 10만 원, 20만 원씩 추가로 내는 등 모두 66명이 거듭 동참, 그야말로 개미군단의 위력을 발휘했습니다.

참여자 중 특이한 사례를 보면, 말기 암 투병중인 이범호, 달동네 개척교회 안상욱 목사가 각각 20만 원, 30만 원을 보내와 감동을 주었고, 최웅은 고인이 된 부친(25회)과 동생(59회)의 이름도 함께 기념관에 새기고 싶어 1, 100만 원을 기탁했습니다. 그런가하면 이름과 얼굴을 까맣게 잊고 있던 해외 친구들도 여럿 참여했는데 이는 홍의순이 태평양을 넘나들며 친구들을 독려한 결과였습니다. 한편 100주년 모금에는 명단을 넣지 말라며 53회 기금에만 거액을 낸 친구도 있습니다(참여자 명단 생략).

모금행사는 계속됩니다. 미처 참여하지 못한 분, 기금을 냈는데 답레품인 포도주를 배달받지 못했거나, 혹시 명단에 빠진 친구들은 주저 마시고 총무에게 연락 주시기 바랍니다.

〈보성고 53회 소식〉, 80호, 2006. 8. 1.

술도가 어르신의 가르침

백수들의 점심모임이 끝난 뒤 오랜만에 당구를 몇 게임 치고 나니 어둑어둑해졌다. 내친김에 저녁이나 먹자고 한 것이 술자리까지 이어졌다. 몇 순배 돌리며 이런저런 대화를 나누던 중 이한웅이 들려준 얘기가 오래도록 마음에 남아 다음과 같이 정리해 본다.

학창시절 우리 집은 읍내에서 술도가(양조장)를 하고 있었어. 방학 때면 고향에 내려가 일손을 돕곤 했지. 고등학교 3학년 때였던가? 아버지가 뭔가 골똘히 생각하시더니 "너는 재물과 사람 중 어느 것이 더 소중하냐?"고 물으시는 거야. 내가 대답을 못 하고 머뭇거리자 봉투 하나를 내미셨어. 꺼내 보니 땅문서야. 빚 대신 받은 건데 공교롭게도 그게 나와 초등학교 같은 반 친구네 거였어.

아버지가 말씀하셨어. "재물은 물거품이고, 사람은 보물이란다. 사람 사는 데는 도리란 것이 있다. 빚 때문에 땅문서를 내놓은 사람은 얼마나 가슴이 아프겠냐? 이 일로 그 집안이 망하면 그 자손들까지도 고통받지 않겠니? 사람 가슴 아프게 해서 번 돈은 나를 향한 비수가 되고, 올바르지 않게 번 돈은 장물이란다." 그러니 해 저물기 전에 얼른 갖다 주고 오라고 하시는 거야. 그래서 그 길로 친구 집에 찾아가 그의 부친에게 전하고 왔지.

그 후 수십 년이 흘러 환갑, 진갑을 넘겼는데 지난해 우리 아버지 제사 때 바로 그 친구가 어떻게 알고 찾아왔더라구. 제주(祭酒)를 한 병 사들고. 그가 잔을 올리고 제상 앞에 엎드려 눈물을 흘리며 아뢰는 거야. "제 선친은 무슨 일이 있어도 꼭 어르신의 은혜에 보답해야 한다고 말씀하셨습니다. 어르신의 크고 넓으신 헤아림 덕분에 저희가 이제 남부럽지 않게 살게 됐습니다. 그때 문서를 돌려주지 않으셨으면 우리 식구는 뿔뿔이 흩어져 어떻게 됐을지 모릅니다. 아버님, 감사합니다. 잔 받으십시오."

그때 돌려준 문서의 땅이 지금 평택 미군기지 예정지가 되는 바람에 후한 보상을 받고 그곳을 떠나 다른 곳에 살게 됐는데, 아버님 기일이라는 얘기를 귓결에 듣고 물어물어 찾아왔다는 거야. 그런데 그 뒤 내가 어려워 할 때마다 그 친구가 도와주곤 하여 큰 힘이 되곤 해.

기억나는 일이 또 하나 있어. 내가 대학생이었을 때지. 아버지가 외출하시며 당부하셨어. "윗동네에 초상이 났는데 그 집에서 술 받으러 오거든 절대 10말 이상은 주지 말거라." 아버지 말씀대로 잠시 후 상주가 왔어. 술 30말을 달라는 거야. 상을 치른 뒤 갚겠다며. 나는 그가 달라는 대로 30말을 퍼주었지.

돌아오신 아버지가 물으시는 거야. 상갓집에서 왔었더냐고. 그래서 그가 달라는 대로 주었다고 말씀드렸더니 크게 꾸짖으시는 거야. "상주야 문상객들에게 흡족하게 대접하고 싶겠지만 그게 다 돈이고 빚이 아니냐. 그 집 살림이 넉넉지 않아 10말만 주라고 했는데, 너는 어찌 남의 사정은 아랑곳하지 않고 내 욕심만 채우려 하느냐?"고 나무라시는 거야.

아버지는 이렇게 남을 배려할 줄 아는 분이셨는데 나는 백분의 일, 천분의 일도 못 따라가는 것 같아.

숙연하여 듣고 있는데 한 친구가 "야, 아버님 가르침을 따르려면 오늘 밥값 계산은 네가 해"라고 하여 그날 술값은 꼼짝없이 왕년의 술도가 집 아들 이한응이 흔쾌하게 지불했다.

〈보성고 53회 소식〉, 81호, 2006. 8. 31.

배건 삼부자

건배. 건, 배 … 배, 건. 배건!

울산에서 배건과 건배하던 날 월백회 멤버들은 즐거움을 넘어 감동에 젖었다. 지난 9월 11일 비 오는 가을 밤. 불문곡직 들이닥친 일행에게 향긋하고 시원한 석류차를 내오고 한 가닥, 한 가닥 부인 이희영 여사의 솜씨와 정성이 밴 아름다운 전통매듭을 선물 받아서가 아니다. 늦은 밤 수십 리 떨어진 숙소까지 손수 운전하며 친절하게 안내해 준 부인의 노고와 따뜻한 배려 때문만도 아니다. 그렇다고 일행 13명이 아무리 먹어도 바닥나지 않는 푸짐하고 싱싱한 회에, 시원(소주 이름)을 들이켜며 울화 치미는 세태를 속 시원하게 성토할 수 있었던 때문도 아니다.

또 이튿날 김일웅, 김상규가 몸담았던 삼양사(라면회사가 아님)와 삼양제넥스를 방문, 수준급 미녀들의 시중을 받으며 오찬을 즐긴 터에 귀갓길에 사탕보다 더 달콤한 선물을 푸짐하게 받은 때문만도 결코 아니다.

그날 우리를 감동시킨 것은 다름 아닌 배건(裵建)의 이름에 담긴 깊은 뜻과 그 부친의 숭고한 정신이었다. 건(建)의 동생 이름은 통(統)이고, 건(建)의 아들 이름은 헌(憲)이란다. 흔치 않은 이름이요, 범상치 않은 뉘앙스를 풍기지 않는가. 이름에 담긴 깊은 의미를 설명하려면 우선 건의 부친 배(裵)자 기(基)자 철(澈)자 님 얘기를 먼저 해야 한다.

그분은 1948년 건국 초기 이승만 정권 때 초대 농림부 장관인 조봉암 밑에서 농지국장을 지내셨다. 옛날부터 울산에서 배부잣집 땅을 밟지 않고는 10리도 갈 수 없다고 할 정도로 건이네는 조상 대대로 물려받은 토지가 많았다. 부친께서는 당시 농지개혁법을 직접 입안하신 당사자로서 자신의 토지 대부분을 스스로 소작인들에게 넘겨주면서 이 정책이 성공적으로 실행되도록 노력하셨다.

그 결과 6·25 전쟁이 일어났을 때 남한에서는 이미 많은 소작인이 자신의 땅을 소유하고 있었다. 이들은 자기 땅을 빼앗기지 않으려고 공산당에 호응하지 않았다. 남한이, 특히 울산지역이 공산화되지 않은 것은 이 때문이라는 분석이 지배적이다. 이런 면에 비추어 볼 때 배건 부친의 공로는 누구와도 비교할 수 없겠다. 그러나 부친께서 납북돼 소식을 알 수 없으니 그 애석함을 무엇에 비하리요.

지금도 잊혔던 땅이 가끔 불거져 나와 점유자들이 찾아와 사정하는 일이 있는데 부전자전(父傳子傳)이라고, 건이는 그때마다 후덕하게 정리해 주곤 한다는 부인의 설명이다.

건이는 해방 전해인 1944년생이다. 부친께서는 아들을 낳으면 첫째는 건(建), 둘째 국(國), 셋째 통(統), 넷째 일(一)이라 짓기로 하셨단다. 한데 건이를 낳고 둘째가 아들이 아닌 딸이고 그다음이 아들이라 국을 건너뛰어 통으로 지으셨다. 두 아들의 이름이 건과 통이니 '건통' 즉 '건국통일'의 줄임말이다. 건이를 얻은 이후 해방이 되어 건국은 됐으나 통일의 염원은 아직도 이루어지지 못했으니 부친 뜻대로 네 아들을 낳으셨다면 분명 통일이 되지 않았을까 하는 부질없는 생각도 해본다.

건이는 결혼하여 1남 2녀를 두었는데 아들 이름을 헌(憲)이라고 지었다. 그를 낳은 해가 1978년. 당시는 박정희 정권시절로 유신헌법 철폐운동이 최고조에 달한 때였다. 건이도 선친의 정신을 이어받아 아들의 이름을 조국의 염원이 담긴 글자로 지으려고 깊이 생각한 끝에 '유신헌법이 철폐되고 명실상부한 자유민주주의 헌법이 성립돼야 나라가 제대로 되겠다'는 일념에서 헌으로 지었다는 것이다. 둘째아들은 민주주의의 민(民)으로 지으려 했는데 낳지 못했다.

그뿐인가. 부친은 보성 24회고, 건이는 알다시피 53회요, 동생 또한 보성 58회란다. 이렇게 삼부자가 보성 출신이니 그 가문에 조국과 민족을 아끼고 사랑하는 정신이 배어 있음은 불문가지. 배건의 품격과 태도가 남다름은 이런 가풍의 결과가 아닐까. 그는 시력이 지극히 안 좋은 상태인데도 모교 행사와 친구들 길흉사에 빠지지 않고 참석하는 열의를 갖고 있다. 울산서 비행기로…. 월백회 여행을 통해 이런 친구를 만나고 나라 사랑 정신을 배웠으니 이 어찌 감동이 아닐쏜가. 배건의 쾌유와 건승을 빈다. 〈보성고 53회 소식〉, 82호, 2006. 8. 31.

독거노인 돕기

북한산 달동네 L을 찾아가다

마을버스에서 내려서도 등에 땀이 밸 정도로 걸어 올라간 북한산 기슭 달동네. 그늘진 언덕배기 붉은 벽돌집 반지하 단칸방. 어두컴컴한 계단을 7, 8개 내려가 방문을 열고 들어섰건만 냉기가 돌기는 영하의 바깥이나 마찬가지였다. 두툼한 솜이불 속에서 일어나 맞이하는 L의 얼굴은 생각했던 것보다는 생기가 있었다.

워낙 낙천적인 성격의 소유자라 빈곤과 병마 속에서도 기 꺾이지 않고 버텨온 탓이리라. 한구석에 뻗치고 서 있는 이젤, 방바닥에 널브러져 있는 그림조각이며 아무렇게나 내팽개쳐진 붓 나부랭이들이 그의 근황을 설명해 주었다. 그가 그림을 전공하지는 않았지만 타고난 솜씨가 있어 산비탈에 버티고 서서 풍경을 담고 있노라면 등산객들이 발길을 멈추고 들여다보다가 간혹 완성된 그림 한두 개 집어가며 푼돈을 건네곤 한단다. 이것이 그의 봄, 여름, 가을을 연명할 수 있는 유일한 벌이였다. 하지만 겨울이면 병든 몸이라 밖에 나갈 수가 없어 이렇게 곰처럼 이불 속에서 겨울잠을 잔다며 너털웃음을 짓는다.

지난번 송년잔치를 마치고 대여섯 명이 호텔 아래층 커피숍에 마주 앉았다. “연말행사는 그런대로 풍성하게 치러 흐뭇한데 이해가 가기 전에 불우한 친구들이 없나 한번 둘러봤으면 좋겠어.” 윤교중 회장의 심려 깊은 한마디였다. 동창회장으로서의 어른스럽고 자상한 마음의 우러남이다.

그 후 한 달여, 박월이 갑자기 세상을 떠났다. 그의 영정 앞에 앉은 친구들이 소주 한잔으로 허탈과 슬픔을 달래던 중 돌보는 사람 없이 혼자 힘들게 살아가고 있는 L에 관한 얘기가 나왔다. 얼굴 없는 한 친구가 이따금 들이미는 라면이나 봉지쌀에 의지해 살아간다고 했다. 당장 가 보자고 해 이튿날 아침나절 그의 집을 아는 친구를 길라잡이로 앞세워 찾아간 것이다.

"뭐하러들 왔어, 연말에 바쁠 텐데"라는 L에게 "보고 싶기도 하고 수첩에 넣을 사진도 얻을 겸 새해 달력 하나 챙겨왔지" 했더니 "고맙구먼, 그렇지 않아도 달력을 어디서 구하나 걱정했는데 …"라며 반겼다.

그도 한때는 누구보다 건강하고 형편도 웬만하여 한 어려운 동창을 위해 모금도 하고 자기 집에서 1년 이상 머물게 하는 등 극진하게 챙겨준 일도 있다. 그만큼 정 많고 마음 뜨거운 사나이였다. 하지만 사업에 실패하면서 가족관계(아내와 아들)도 편치 않게 돼 수년간 홀로 외롭게 지내고 있다. 뜻하지 않게 독거생활을 하게 된 L 노인.

그가 이렇게 되리라고 어느 누가 예측했으리요. 게다가 심장병, 고혈압, 당뇨 등 다섯 가지 병이 겹쳤단다. 커피를 타 주겠다고 일어서는 걸음걸이마저 불편해 보였다. "내 육신은 종합병원이야." 씨익 웃는 그의 모습엔 오히려 여유로움이 배어 있었다.

동창들의 뜻이라며 봉투를 건네자 놀랐는지 한동안 말이 없었다. "안 그래도 한약을, 그것도 15만 원 내라는 것을 10만 원으로 깎아 주문해 놓은 지 한 달이 지났는데 이제야 찾아 먹게 됐다"며 잠시 후 밝은 표정을 지었다. "친구들에게 정말 고맙다고 전해 줘." 그의 안경 속 커다란 눈동자가 촉촉이 젖어있었다.

친구여, 용기 잃지 말게. 아직 시간이 많지 않은가? 하루빨리 건강

되찾고 형편 회복돼 새해의 밝은 태양 맞으며 '어두웠던 옛이야기' 함께 나누세. 힘내게 친구여. 〈보성고 53회 소식〉, 86호, 2007. 2. 1.

독거노인 L은 아마추어 화가 이천민

어려운 가운데서도 따뜻한 격려를 보내는 학우들이 있었습니다. 또한 L을 돕기 위한 성금을 논의하는 마당에, L 노인이란 익명에 대하여 적절하지 않다고 지적하는 학우들이 적지 않았습니다. "전에 어려움에 처한 동창을 도운 적이 있었고, 작지만 자기 사업을 하다가 실패하고, 병고에 시달리는 아마추어 화가 L 노인"이라고 하면 대충 짐작이 가리라 생각하고 그의 프라이버시도 고려하여 익명으로 했죠. 하지만 얼른 떠오르지 않는다는 친구들이 많아 그의 이름을 밝혀 드립니다. L 노인은 이천민입니다.

임태선 신촌택시 사장과 천우회 염갑형 총무와 함께 지난 2월 24일 북한산 기슭 달동네 반지하 그의 방을 찾아갔습니다. 임 사장은 그와 교동초등학교 동창인데 아주 각별한 사이였답니다. 5학년 때 아무런 이유도 없이 태선이를 못살게 괴롭히는 한 나쁜 녀석이 있었답니다. 어려서부터도 의협심이 강한 천민이가 방과 후 그 녀석을 불러내 결투를 벌였답니다. 1시간여가 지나도 결판이 나지 않자 교실에서 그 상황을 지켜보던 선생님이 내려와 뜯어말렸답니다. 어쨌든 천민은 태선이의 원수를 갚아준 셈입니다. 그 뒤로 둘은 늘 붙어 다니는 단짝이 되었고 똑같이 보성중에 진학해 그 관계가 지속됐음은 물론입니다.

50여 년이 흐른 지금, 처지가 바뀌어 천민의 사정이 어렵게 됐다는 사실을 알고 이번엔 태선이가 그 은혜를 갚으러 간 것이라고나 할까요?

그동안의 회포도 풀고 금일봉을 건네며 위로와 격려의 말을 해주고 돌아왔습니다. 질병과 가난은 나라에서도 구하지 못한다는데 어찌 한두 명의 친구가 해결할 수 있겠습니까. 다소 형편이 되는 학우들께서는 경조사 수준에서 동참해 주시면 그 친구가 어려움을 넘기는 데 도움이 되리라 생각하며, 송금해 주시면 그 정성 모아 전달하겠습니다.

〈보성고 53회 소식〉, 87호, 2007. 3. 1.

대구서 전해온 L씨 돕기 성금

드르르, 드르르…. 책상 위 핸드폰이 진동했습니다.

"여보세요? 여기 대구 이범호 씨 아내인데요…."

"네, 안녕하셨어요?"

"오늘 소식지 보고 독거노인 L씨에게 적은 액수나마 보내고 싶은데 어떡하면 되나요?"

"안 보내셔도 됩니다. 우리 친구들끼리 도왔으면 하는 뜻에서 올린 글이니 부인께서는 신경 쓰지 않으셔도 됩니다."

"우리보다 더 힘든 분이 계신데 그냥 있을 수가 있나요? 저는 요즘 24시간 맞교대로 병원의 간병인으로 근무하고, 딸도 다시 백화점에 다니고 있습니다. 게다가 범호 씨가 없으니 이젠 병원비도 들어가지 않아 생활하는 데 아무 어려움이 없어요. 그래서 많은 돈은 아니지만 꼭 그분에게 격려금을 보내고 싶어요."

"지난번에 모교개교 100주년 기금도 내고 성당에도 헌금하고 천우회에도 격려금을 주셨잖아요? 그것만으로도 충분합니다."

"그렇지만 보성고 친구분들이 너무 많은 도움을 주셨는데, 그냥 있을 수가 없어서 그러니 꼭 받아서 전해 주셨으면 좋겠습니다."

부인의 간곡한 마음을 더 이상 거절할 수가 없어 그 액수에 0이 하나 더 붙은 값어치로 생각하며 귀하게 받아 천우회 총무 염갑형에게 보냈습니다. 〈보성고 53회 소식〉, 88호, 2007. 4. 1.

아름다운 보성인들

33년 전 주례 약속

6월 23일 오후 1시, 종암동 고려대 동문회관 예식홀 최규석의 장남 결혼식장. 주례는 정해남. "결혼식 날짜가 정해지지도 않았는데 주례를 맡아 달라고 1년 전부터 예약했기 때문에 이 자리에 섰다"는 주례의 첫 마디에 귀 기울이지 않을 수 없었다. 두 사람 사이에 도대체 무슨 사연이 있었을까. "인연을 소중하게 생각하라. 역경과 고난에도 진실하게 살면 해결된다." 그날 새 출발하는 신랑·신부에게 당부한 주례 말씀의 배경을 취재해 보았다.

6·25의 상흔이 채 가시지 않은 1957년. 혜화동 보성중학 신입생 240명 중에는 서울의 명문 초등학교 출신 학생들이 득실득실했다. 그러나 그 속에는 얼굴이 가무잡잡하고 생김새도 초라한 시골뜨기들도 드문드문 섞여 있었다. 서울출신들이 신학기부터 출신교별로 무리지어 세를 과시하며 기선을 제압하고 있을 때 촌뜨기들은 숨도 크게 못 쉬며 구석에서 그들의 활달하게 노는 모습을 지켜보아야만 했다. '강화도령' 정해남은 6학년 때 남산초등학교로 전학 와 짧게나마 서울 물

맛을 본 셈이다. 게다가 전체 2등으로 합격하여 2반 반장을 맡아 나름대로 어깨를 편 채 지냈다. 하지만 몸에 밴 촌티가 완전히 사라질 순 없는 일.

한편 1반에 배치된 가평 출신 최규석은 100% 시골뜨기에 체구도 왜소하여 감히 무리에 휩싸이지 못했다. 한데 이 둘은 용두동 한동네에서 하숙하는 처지라 함께 버스를 타고 등하교하는 날이 잦아 자연히 가까워졌다. '촌놈'끼리 마음이 통했으리라. 비록 반은 다르지만 반장과 함께 다니는 게 규석에겐 큰 힘이 됐을 것이다.

그 후 중 2 때 같은 반이 돼 둘 사이는 더욱 친해졌다. 중 3 때도 같은 반이 됐다. 그뿐 아니라 보성고 3년 동안도 내리 같은 반이 돼 자신들도 놀랐다. 1963년 봄, 대학 합격자 명단을 보니 둘의 이름이 나란히 적혀 있는 게 아닌가? 둘이 의논한 것도 아닌데 같은 대학 같은 과(고려대 정치외교학과)에 진학한 것이다. 놀라운 우연이었다. 이 같은 반 연 6년의 우연으로 떼려야 뗄 수 없는 인연이 되었다.

그런 진하고 끈질긴 인연이니 1974년 최규석이 장가갈 때 정해남이 사회를 맡은 건 당연한 일. 그 뒤 33년의 세월이 흘러 규석이가 아들을 장가보내면서 부탁하는 주례를 어찌 마다할쏜가. 어찌 보면 해남이의 주례는 이미 그때부터 예약된 것이 아니었을까?

한편 정해남으로서는 중학교 때부터 가끔 집에까지 찾아오는 등 진지한 대화를 나누어온 규석의 진정한 우정을 잊을 수 없었을 것이다. 그 가운데는 세상에 드러내 놓고 말할 수 없는, 두 사람만이 가슴에 묻어 둔 채 지내온 비밀스러운 진실도 있지 않을까.

그런 사연이 있으니 주례사의 주제가 '인연'과 '진실'이었던가 보다.

아무튼 기네스북에라도 오를 만한 인연을 간직한 두 친구가 여생도 변함없이 진실한 우정 나누며 살아갈 것을 믿어 의심치 않는다.

〈보성고 53회 소식〉, 91호, 2007. 7. 1.

최창만 백두산 등정

"여보, 저 맑고 깨끗한 호수를 보니 마치 당신의 마음을 보는 것 같구려."

"저 높고 웅장한 봉우리는 당신을 닮은 것 같네요."

민족의 영산 백두산, 그 산자락에 둘러싸인 겨레의 젖줄 천지(天池). 백두산 천지는 요즘 아무나 갈 수 있는 곳이 됐지만 그렇다고 어느 때나, 누구나 볼 수 있는 곳은 아니다. 천변만화하는 날씨 탓에 함부로 오르기도 어렵거니와 천신만고 끝에 산을 오른다고 해도 전체 모습을 한눈에 볼 수 있는 날은 1년에 며칠밖에 안 된다고 한다. 그래서 어렵사리 시간을 내어 찾아갔다가도 허탕 치기 일쑤인 것이 백두산 관광이라고 한다. 하늘이 내려 준 사람만이 전경을 바라보는 특혜를 누린다고 한다.

부인의 회갑을 기념하여 그 백두산 천지를 한눈에 바라보고 또 그것을 배경으로 두 손 맞잡고 기념촬영을 하고 온 행운의 주인공이 있으니 최창만·심경옥 부부. 백년가약 맺을 때 내가 함을 져 준 쌍이다. 지난 21~24일 백두산 관광길에 오른 부부는 천재일우(千載一遇)의 청명한 날을 맞아 첫날은 남쪽, 이튿날은 서쪽으로 올라 백두산과 천지를 한 팔에 껴안듯이 바라보았다니 회갑 기념으로 최고의 선물이 아닐까?

젊은 시절 지방근무, 전근이 잦은 맞벌이를 하느라 눈물겨운 별거 생활을 하면서도 항상 오누이 같은 정을 나누며 도탑게 살아온 부부다. 큰소리 한 번 내지 않고 서로를 감싸고 어루만지며 맑고 곧게 살아온 삶의 보답인 양 손자도 쌍둥이를 보아 친구들의 부러움을 한몸에 안고 있는 건 당연한 일. 이제 일손 놓고 여유로운 나날들. 늘그막에 부부가 한방에 살면서 젊어서 빼앗긴 별리(別離)의 시간을 만회하려는 듯 오롯이 두 사람만의 시간을 만끽하고 있는 중이다.

이번 여행이 이들에겐 제 2의 신혼여행이라고나 할까. 여생을 부디 건강하게 해로하여 100세에는 부디 에베레스트를 정복하기 바라오.

〈보성고 53회 소식〉, 92호, 2007. 8. 1.

권형철의 노래연습

심형래의 〈디 워〉를 보셨는가? 그 음악, 아니 드럼소리를 들으셨는가? 그 영화의 음악을 홍익대 '사일런트 아이' 악단이 맡았는데 그 멤버의 드러머가 권세호다. 그가 누군가? 인하대 공대 신소재학과 4년생인데 그의 드럼 실력은 홍대 악동(樂童: 음악 동아리)들은 누구나 알아준다. 그가 우리 친구 권형철의 아들이다. 매미도 울다 지친 늦여름 금요일 오후. 살이 통통 오른 전어회 무침을 가운데 놓고 막걸리잔을 기울이며 노래에 얽힌 그의 감칠맛 나는 사연을 들었다.

중학교 1학년 때 "앞으로 갓, 뒤로 돌아 갓" 제식훈련을 받던 중 어디선가 아름다운 〈봄처녀〉 노랫소리가 들려와 자신도 모르게 멈추어 섰다. 순간 뺨에서 불이 번쩍. "뭐하는 거야, 인마!" 태호남 체육 선생님이 호랑이상을 하며 귀싸대기를 올려붙인 것. 얼른 대오에 끼어들어 훈련을 받으면서도 "새 풀 옷을 입으셨네~" 그 애잔한 여인의 노랫소리는 귓전을 울릴 뿐 아니라 가슴마저 뛰게 했다.

중 2 때 '칠리' 박일환 음악 선생님이 성악을 하라고 권유, 다른 선생님의 수업시간에도 틈틈이 불러내 음악실에서 특별지도를 해주시곤 했다. 고 2 때다. 어느 신문사에서 주최한 고교생 시낭송 대회에 노래 특별초청을 받았다. 오페라를 하고 싶다고 했더니 박 선생님은 "학교에서 배운 것만 하라"며 말리셨다. 하지만 그 충고를 무시하고 고집을 부려 무대에 올라 〈라보엠〉 중 〈그대의 찬 손〉을 불렀다. 하지만 중간 고음부분에서 그만 파(실수)를 내고 말았다. 그때의 창피함이란 …. 그 후로는 대중 앞에서 노래하기가 겁났고 칠리 선생님만 보면 고개를 들 수 없었다.

그가 연말 송년회 때마다 한 곡씩 들려주는 맑고 깨끗한 목소리가 실은 타고난 실력이 아니라 피나는 노력 끝에 빚어내는 예술이라는 것을 아는 친구가 몇이나 될까. 술, 담배를 사랑하는 그인지라 50대에 접어들면서부터 목소리가 탁해지고 고음이 제대로 나지 않았다. 이래선 안 되겠다 싶어 정릉 골짜기를 찾았다. 주말이면 퇴근하자마자 악보를 움켜쥐고 숲속으로 들어간 것. 목소리를 다듬기 시작했다.

그렇게 토요일마다 산속에서 연습하기 올해로 15, 16년째. "켈 라 미 크레 다 리베로 에 론타 노"(그녀가 의심하지 않도록). 천상의 소리인 듯한 아름다운 노랫소리에 새들도 입 다물고 나무들도 지긋이 눈감고 귀 기울이던 10여 년 전 어느 초가을.

푸치니의 〈네순도르마〉(공주는 잠 못 이루고)를 연습하는데, 멀찍이 서서 조용히 듣던 중년의 사나이가 다가와 〈그대의 찬 손〉을 들려줄 수 있겠느냐고 청했다. 하필이면 왜 그 노랜가. 고등학교 때의 아픈 기억이 떠올라 망설였지만 그 남자의 창백한 안색이 안쓰러워 목청껏 불러주었다. 비록 단 한 사람의 청중 앞이지만 40여 년 전 실수를 만회하겠다는 각오로 온 정성과 실력을 다해 불렀다. 짝, 짝, 짝. 그가 박수를 치며 감사하다고 했다. 그는 자기 차로 집에까지 데려다 주었다.

나중에 알았지만 그는 국내 굴지의 기업인 S사의 박 모 사장인데 폐기종을 앓고 있다고 했다. 하루는 그가 회사 사원들과 함께 정릉으로 야유회를 왔는데 한 곡 불러 달라고 요청했다. 〈토스카〉 1막의 〈오묘한 조화〉를 들려주고 뜨거운 박수를 받기도 했다. 그 후로 4, 5년 동안 박 사장은 열렬한 팬이 됐다. 처음에는 산 입구까지밖에 못 오르던 그가 나중에는 일선사까지 함께 오를 정도로 건강해졌으나 재작년부터 모습을 보이지 않아 몹시 궁금하단다.

가끔 젊고 아리따운 여성이 "저 … 혹시 음대 교수님이신가요? 레슨을 받을 수 있을까요"라고 다가오는 경우도 있다. 그럴 때는 시치미 뚝 떼고 "Yes, of course"라고 말하고 싶은 욕망이 솟구치곤 한다. '대학교수가 별건가.'

여자의 육감은 신(神)이 내린 것이라 했던가? 그런 눈치를 챘는지 요즘은 어부인이 꼬박꼬박 따라나서는 바람에 엉뚱한 욕심은 꿈도 꾸지 못한단다. 하지만 진정으로 자신을 사랑하고 자기의 노래를 열렬히 응원하는 진정한 팬이 있음에 잡념이 없어 노래는 더 잘 나온단다. 올 연말 송년회 때를 또다시 기대해 본다. 〈보성고 53회 소식〉, 93호, 2007. 9. 1.

최선정의 출산드라

일제의 수탈에 허덕이던 우리나라가 외세의 힘으로 8·15 해방을 맞았으나 먹고사는 것이 어렵기는 마찬가지. 게다가 6·25 전쟁으로 말미암아 백성의 굶주림은 극에 달했다. 그래서 자유당은 "못 살겠다. 갈아 보자!" 4·19 혁명에 손을 들고 이어 5·16 군사정변으로 이어진 1960년대. 이 나라 최대의 과제는 '잘살아 보세!'였다. 잘살려면 벌어야 한다. 한데 벌이도 없을뿐더러 아무리 벌어도 먹을 입이 많으니 감당해낼 수가 없었다.

그래서 '열 식구 버는 것보다 한 입 더는 게 낫다'는 정책을 펴야 했다. 최상책은 외지에 나가 먹으면서 버는 것. 그래서 광부와 간호사는 서독으로, 건설 일꾼은 중동으로 보내지 않았던가. 그들이 피땀으로 벌어 보내는 돈을 어찌 앉아서 먹기만 할 것인가. '한 입이라도 덜자.' 여기서 나온 역사적 캐치프레이즈가 '아들, 딸 구별 말고 둘만 낳아 잘 기르자!'였다. 이 불후의 명언을 생각해낸 주인공이 누구인지 아는가? 그가 바로 당시 보건사회부의 최선정이 아니던가.

이 과업을 실천하느라 정관수술이 동원됐다. 특히 예비군 훈련장에서는 즉석에서 묶어 주고 훈련을 면제해 주는 바람에 역전의 용사들이 바지 내리고 줄을 서서 기다렸다. 그래도 단칸방의 식구는 좀처럼 줄어들지 않았다. 모두 기찻길 옆에서 살았기 때문인가?

급기야는 '한 집 건너 하나만 낳자!'는 유행어까지 등장했다. 그토록 어렵게 수십 년이 흐르는 동안 이 사업은 어느 정도 성과가 나타나기 시작했다. 그 중심에서 주도적 역할을 한 최선정이 드디어 청와대 사회수석으로 자리를 옮겨 그 목표를 달성했다. 대성공이었다. 세계가 깜짝 놀랐다. 인구문제로 골머리 앓던 나라들이 우리나라를 주목했다. 그 사업을 벤치마킹하겠다며 해외의 전문가들이 줄을 이었다.

'한 입 더는 사업'을 완성했으니 이제부터는 버는 사업에 박차를 가

하라고 그는 노동부 장관에 발탁됐다. 그때부터는 팔 걷어붙이고 '열 식구 버는 사업'을 펼쳤다. 이것 역시 성공이었다. 보건복지부에서 한 입 덜게 하고, 노동부에서 열 식구 벌게 한 그의 공으로 말미암아 국민 생활은 더없이 윤택해졌다. 자신의 이름 그대로 '최고의 선정'(崔善政)을 펼친 결과다.

한데 곳간이 그득해지니 철없는 분들이 '북한 퍼주기' 망령을 부리게 됐다. 그뿐인가. 등 따시고 배불러 무병하니 장수하는 노령인구가 폭발했다. 왕년에 벌던 식구가 먹기만 하는 입으로 변해간다. 곳간이 다시 허룩해지고 있다. '잘살아 보세!'는 남가일몽(南柯一夢)인가? 묶인 정관에서 후예가 나올 리 만무하고 요즘 젊은 남녀들은 거리나 전철 아랑곳없이 서로 껴안고 비비기만 할 뿐 낳지는 않으려 하니, 이제는 '한 식구 벌어 열 입 먹여야 할' 위기가 닥쳐오고 있다.

우리나라 인구증가율이 현재 세계 105위라 하지 않던가. '이래서는 안 되겠다. 이젠 식구를 늘려야 하겠다!' 그는 다시 보건복지부로 옮겼다. 물론 장관으로. '결자해지'(結者解之)라 했던가. 하지만 실무자 시절 아기를 덜 낳게 하려고 '둘만 낳자'고 했는데, 이제 와서 많이 낳자고 하면 병 주고 약 주냐고 세상 사람들이 비웃을 것이고, 청문회 국회의원들은 좋은 먹잇감이라며 물어뜯기 십상일터다.

그래서 내놓은 슬로건이 '둘은 낳자!'이다. 먼저 것은 '더는 말고 둘만 낳자'였고, 나중 것은 '덜도 말고 둘은 낳자'이니 양쪽 다 '둘 낳기' 아닌가. 그는 벌써부터 오늘을 예견한 탁월한 안목의 인구 전문가임이 분명하다. 남들은 하나 하기도 어려운 장관을 두 개씩이나 역임하며 수미상응(首尾相應), 일관된 정책을 성공적으로 펼치고 물러난 셈이다. 현재 인구보건복지협회장을 맡고 있는 그의 인구 및 출산 철학 역시 초지일관 '둘 낳아 잘 기르자!'이다.

지난 10월 20일 신라호텔에서 치러진 이순재 아들의 결혼식장. 만장한 하객들의 폭소와 박수를 받은 그의 주례사 핵심도 '서로 존중하며 아기를 둘 낳으라'는 것이었다. 두 사람이 결혼했으니 기본이 둘이 아니냐면서. 최 장관도 슬하에 1남 1녀를 두었다. 그 자신 '둘 낳기'를 솔선하여 훌륭하게 키워냈으니 매사에 언행이 일치하는 보성인이 아닐 수 없다.

〈보성고 53회 소식〉, 95호, 2007. 11. 1.

새로운 회장을 맞으며

"모임에 힘쓰고, 교제에 열 내겠습니다!"

7일 낮, 전임 회장단을 초청한 시내 한 음식점 오찬 자리에서 피력한 김종욱 제10대 회장의 첫마디였습니다. 작년 송년회 때 전임회장이 회사 사정으로 참석하지 못한 상태에서 선출된 터라 한편으론 서운한 마음이었을 법도 한데, 무자년(戊子年) 벽두 신고식 겸 시무식 자리를 마련한 김 회장의 다짐에 역대 회장들은 모두 흐뭇해했습니다.

이날 점심에는 3대 회장 홍평우, 5대 이기식, 6대 김동완, 7대 신현택, 9대 윤교중과 총무 이충남이 참석했고, 2대 정해남과 8대 배동만은 부득이한 사정으로 함께하지 못했습니다.

우리 보성고 53회 모임이 어느 동기들보다 두드러진 것은 한두 사람의 역량이 아니라 12개에 이르는 열린 소모임과 개방되지 않은 크고 작은 동기들 모임이 저변을 받쳐 주기 때문일 것입니다. 그래서 김 회장도 취임사에서 밝혔듯이 이날 선임 회장들 앞에서 소모임 활성화와 애경사 챙기기에 역점을 두겠다고 다짐한 것이겠지요.

가능한 한 틈내어 모임마다 참석하여 잔 나누고 '소화제'(유머)를 공급할 계획이며, 특히 경사(慶事)는 물론 애사(哀事)에는 원근불구, 친소불문 찾아가겠다고 했습니다. 그동안 예식장이나 빈소에 보성고 53회 회장의 화환 옆에 개인 김종욱의 화환이 나란히 진열돼 있는 것을 본 친구가 많을 것입니다. 평회원일 때에도 그토록 열심히 동기들을 챙겼는데 이제 회장의 중임을 맡았으니 그 열성과 정성이 어련하겠습니까.

현재 칸리조트 경영고문을 맡아 현역 때보다도 일이 많아 눈코 뜰 새 없이 바쁘지만, 김 회장이 "역량의 폭은 아무래도 예전과 같지 못해 동창들 뒷바라지에 소홀할지 모르겠다"고 엄살 부리자, 좌중은 일제히 "염려 마라, 우리가 있잖아"라고 격려했습니다. 전임 회장단이 뒤에서 든든히 받쳐 주고 기라성 같은 250여 동창들이 있는데, 무언들 못하겠느냐는 격려에 김 회장은 한층 힘을 얻는 듯했습니다.

이 자리에서는 또 신구 회장 인계인수 절차가 있었습니다. 전임 윤교중 회장이 재임 중 살림내역인 CD(김동완 회장 때 조성한 5천만 원 + 이자 498만 285원)와 운영비 잔금(401만 4,812원) 외에 묵은 총무 이충남도 넘겨주었습니다.

신임 김 회장의 심중 헤아릴 수 없으나 모든 것을 웃음으로 받아들였습니다. 들으라고 하는 소리인지는 모르나 전임 윤 회장과 이 총무의 '윤-이' 체제가 그래도 '윤이 나게' 잘했다는 평을 들었는데, 새로운 김 회장과 이 총무의 '김-이' 팀이 '김이 새지 않게', 아니 '김이 무럭무럭 나도록' 열심히 잘하겠다고 다짐해 봅니다.

〈보성고 53회 소식〉, 98호, 2008. 2. 1.

유태전 이야기

매주 수요일엔 하루 종일 통화가 안 되는 친구가 있지요. 유태전. 왜 그럴까요? 아주 급한 용무라면 용인에 있는 샘물호스피스병원으로 연락하면 됩니다. 5년 전부터 연말이면 부부가 새빨간 코트의 구세군 복장으로 종을 치며 자선냄비 모금을 하는 봉사자로 우리에게 익히 알려진 그가 이 병원에서 봉사한 지는 올해로 만 3년. 그동안 한 번도 거르지 않았을 뿐만 아니라 환자들을 친혈육같이 따뜻한 마음으로 보살펴 주기에 호스피스 선교회에 등록된 1만 3천여 명의 봉사자 중 지난해 크리스마스 때 감사장을 받은 10여 명에 끼었습니다.

호스피스란 말기 환자들의 마지막 길을 보살펴 주는 도우미랍니다. 환자가 천국에 대한 믿음과 소망을 갖고 두려움 없이 평안한 마음으로 죽음을 맞이할 수 있도록 돌보아 주는 역할이지요. 뿐만 아니라 형편에 따라 검소한 장례가 치러지도록 돕기도 하고, 유족들이 슬픔을 극복하고 속히 정상적인 생활을 할 수 있도록 위로하고 격려하는 카운슬러 역도 맡고 있답니다. 환자들에게 밥을 먹여 주고 대소변을 받아내는가 하면 욕창이 생기지 않도록 몸을 뒤척여 주고 휠체어를 끌어 주다가도 환자가 숨을 거두면 그 시신을 수습하는 임무까지 감당해내고 있다니 가히 천사급 봉사자라고 해야 할 것입니다.

그는 왜 이런 고되고 힘든 일을 자원하고 나섰을까. 대장암 환자인 부인 박인숙 여사의 병세가 악화, 간으로까지 전이돼 두 번째 수술을 받은 건 1999년 12월 31일. 남들은 연말 분위기에 들뜨고 새 밀레니엄의 기대에 부풀어 있던 그날 6시간의 수술 끝에 아내에게 내려진 판정은 몇 개월을 넘기기 어려운 말기 암이라는 것.

'어찌하여 우리에게 이런 끔찍한 일이 닥친단 말인가?' 눈앞이 캄캄하여 절망의 늪에 빠져 있을 때 의식을 회복한 부인이 "여보, 슬퍼하지 말아요. 원망하지도 마세요. 나에게 생명을 주신 그분이 그 생명 거두어 가시려는데 뭐가 억울해요?"라면서 위로하더랍니다. 그 후 두 내외는 하루하루 담담히 최후를 대비하면서도 기도생활만큼은 그치지 않았답니다.

그런 상태로 5년 여. 2004년부터 몸이 기적같이 회복돼 일상생활에 별 지장을 느끼지 않게 되자 생명을 다시 주신 그분에 대한 감사한 마음을 주체하지 못하겠더랍니다. 그래서 '덤으로 주신 이 생명 다할 때까지 연약한 자들을 위해 바치자'고 부부가 손잡고 결심한 뒤 함께 호스피스 교육을 받고 실천하는 사랑, 본격적 봉사의 길에 나섰답니다.

증상은 잦아들었지만 평생 섭생을 조심하고 육체적 무리를 삼가야 하는 부인 박 여사는 자신의 경험을 토대로 동네 교회와 이웃의 암환자들을 찾아 소망을 불어넣어 주며 투병을 돕고, 남편은 병원에서 생의 끝자락에 선 사람들의 최후를 지켜 주고 있습니다.

"봉사는 은혜에 대한 보답"이라며 값진 삶을 보여 주는 거룩한 부인과 "육신적으로는 환자를 돕지만 정신적으로는 오히려 내가 도움을 받는 기분"이라는 진실한 친구 유태전이 있어 우리는 더욱 자랑스럽고 행복하다는 생각입니다. 〈보성고 53회 소식〉, 98호, 2008. 2. 1.

소식지 기다리는 배건

음력 섣달 그믐날 오후. 막 외출하려는데 핸드폰이 울렸다. 받아보니 배건이었다. 시력이 떨어져 오래전부터 고생하는데 무슨 일인가 걱정이 앞섰다. 통화해 보니 지난 1월과 이번 2월에 〈보성고 53회 소식〉을 받아 보지 못했다고 한다. 울산 사나이가 된 지 수십 년, 이사도 가지 않고 사는 붙박이인데 배달사고가 난 모양이다. 그까짓 거 배달이 안 됐으면 안 된 대로 지내면 될 것을, 굳이 전화까지 할 게 뭐람.

하지만 그는 컴맹에다 글을 읽을 수조차 없을 정도의 약시여서 누가 신문이나 편지를 읽어 주어야 한다. 그런 처지를 생각하니 마음이 찡했다. 오죽 친구 소식이 답답했으면 기다리다 못해 전화했을까.

속달우편으로 붙인다 해도 설 연휴라 1주일 후에도 받아 볼 수 없는 상황이다. "딸이 집에 있냐? 이메일로 보내 줄게." "딸은 따로 나가 살고 있어." "와이프가 인터넷을 할 줄 아냐?" "아니." '자, 어떡한다?' 퍼뜩 팩스 생각이 났다. "집에 팩스 있냐?" "응, 있어." 나서던 발길을 되돌려 집으로 들어와 팩스를 보냈다. 한참 만에 다시 울린 핸드폰. "마누라가 읽어 주어서 잘 보았어. 고마워."

사실 그동안 "홈페이지와 카페가 있는데, 소식지를 무엇 하러 만드느냐? 또 만들어도 인터넷에 올리면 그만이지 굳이 우송비까지 들여가며 우편물로 부치느냐"고 볼멘소리를 하는 친구들도 없지 않았다. 그럴 때마다 의욕이 떨어지고, 사실 비용절감 차원에서도 귀가 솔깃하곤 했으나 그날 '이 사건'을 접하고는 새로운 의욕이 생겼다.

소식지는 앞으로 2회만 더 발행하면 100살의 연륜을 쌓는다. 역산하면 지금으로부터 만 8년 3개월 전인 1999년 12월, 당시 김동완 회장과 손희광 총무가 〈보성고 53회 소식〉 첫 호를 냈다. 당시에는 컴퓨터를 할 줄 하는 사람이 별로 없었고 더구나 인터넷이네 홈페이지네 하는 것은 그야말로 머나먼 꿈나라 얘기였다.

그때 소식지를 제작하는 손 총무의 모습을 잠깐 볼 기회가 있었다. 자그만 사무실(대한한의약협회)에서 눈치 보아가며 여직원에게 컴퓨터를 치고 출력해 달라고 하여 그것을 들고 우체국에 가서 일일이 손으로 부치던 호랑이 담배 먹던 시절이었다.

그렇게 힘들여 한 번도 거르지 않고 다달이 한 번씩 발행하여 연면히 이어져 이제 98호를 냈다. 100호 고지가 바로 코앞인데 여기서 멈출 수는 없다. 더구나 배건 같은 열성 독자가 있고 병석에서나마 달마다 소식지를 기다리던 친구 이범호가 저세상으로 간 뒤 그 유족이 즐겨 보는 이 소식지를 이런저런 핑계로 휴간이나 폐간할 수 없다.

〈보성고 53회 소식〉, 99호, 2008. 3. 1.

안창조의 별장 파티

두 달에 한 번씩 순두부찌개에 삼겹살 구워 먹는 송강회가 5월(27일)에는 일약 한우등심 파티로 격상하여 회원들을 더없이 흔쾌하게 했습니다. 원님 덕에 나팔이요, 남의 등에 게 잡는다는 속담이 있듯이 앞선 모임 신우회 소식을 귀동냥한 김상규가 지난달 신우회 때 "송강회도 거기서 하면 안 되냐?"고 안창조의 옆구리를 찔러 그의 별장 하남공원에 초대를 받은 것.

옛날 군사정부 시절 고위급들이 먹고 마시며 밀담을 나누었다는 오진암이나 대원각의 고기맛이 이랬으며, 허리띠 풀고 놀았다는 고향산천과 삼청각의 경치가 이만했을까. 무려 350트럭이나 실어 날랐다는 자연석으로 조성한 크고 작은 연못에서는 해 떨어져 어둠이 깔리자 한나절 지저귀던 새들과 교대하여 개구리와 두꺼비가 앞다투어 목청을 돋우었지요. 정자에 둘러앉아 그 소리를 들으며 권하거니 자시거니 마시는 한잔의 술맛이란.

행여 모기에 뜯길세라 새 안주인의 세심한 배려로 피워 놓은 모기향 냄새는 싱그러운 나무냄새와 아카시아 향기에 묻히고 탁탁탁 전열등에 부딪쳐 타 죽는 모기소리는 연못에서 솟구치는 분수의 세찬 물줄기 소리에 묻혔어라. 몇몇 동지들은 절로 흥에 겨워 한가락 뽑아 보려 했지만 장승처럼 둘러서 있는 상수리나무, 떡갈나무에 주눅 들어 목소리가 잦아들고 말더이다.

공원주인 안창조 동지가 "벗과 어울려 여생을 즐기려 공들인 땅이니 앞으로 송강회는 이곳에서 모였으면 좋겠다"고 하자 모두 박수를 쳤지요. 내친김에 한 친구가 아예 그를 회장으로 추대하자고 오버하자 본인도 손사래 치고 현 회장 이순표의 안색도 썩 밝지는 않은 듯하여 그 문제는 다음으로 미루었지요. 밤이 이슥하도록 일어설 줄 모르는 친구들, 개구리들도 목이 쇠어 잠이 들 즈음에야 비척이며 엉덩이를 들자 황공하게도 어부인과 왕년의 총무 김홍수가 지하철역까지 일행을 실어 날랐답니다.

힘들이지 않고 얻은 막내아들(중 2 · 16세 · 186cm · 70kg)을 보성중학 유도부에 밀어 넣고 한 · 중 · 일 · 영, 4개 국어를 스스로 지도하며 자신이 못다 이룬 문무겸전의 꿈을 실현시킬 분신으로 키우겠다며 제2의 인생을 시작한 안창조 내외의 행복한 노년을 기원합니다.

〈보성고 53회 소식〉, 102호, 2008. 6. 1.

러브체인의 주인은?

"따시! 딸레!"(당신에게 행운을…․)

김종욱 회장의 건배로 시작된 기우회(棋友會)의 6월 모임. 낮부터 작심하고 방림기원에 나와 기력을 겨루던 10여 명의 기사들이, 27일 오후 6시가 조금 넘어서 김 회장이 예의 그 환하고 밝은 웃음을 만면에 띠고 기원 문을 열고 들어서자, 군대시절 내무반에 사단장이 나타난 듯 모두들 일어서 깍듯이 반긴다. 이후로는 대마가 죽느냐 사느냐 하는 반상의 위기는 아랑곳없이 대충 마무리하고 일어서 찾아간 '와와족발'집.

고창식, 김명율, 김종욱, 김창석, 박승관, 서상욱, 유재석, 유형덕, 윤익순, 이윤국, 이창호, 이충남, 이한응, 최재희(이 명단에 없는 친구들은 그날 어디서 엉뚱한 짓 하고 기우회에 갔었다고 핑계대지 마시라)가 흐물흐물, 졸깃졸깃하고 향기 좋은 족발과 그 무침, 옆 사람 죽어도 모를 메밀파전 안주 삼아 연신 잔 돌리기 바빴다.

거나해지자 유머와 재담이 만발한 건 물론, 급기야 음악(결코 노래가 아님) 좋아하는 김종욱, 유형덕, 이창호, 박승관이 "두둥실, 두리둥실" "봄처녀 제 오시네 …" 가곡과 클래식 명곡 퍼레이드를 펼쳤다. 프로급 성악가 최재희는 끝자리에 앉아 빙그레 듣고만 있었다.

이런저런 얘기 끝에 우리 모임에 당구회가 없어 아쉬운데 하나 만들자는 의견이 많았다. 즉석에서 이한응을 가칭 '홍백회' 준비위원장으로 추대했더니 기다린 듯 "내가 13년간(방림기원 나이) 흑백을 가려냈으니 이제는 홍백을 가리겠다"고 했다. 기원 근처에 저렴하고 깨끗한 당구장(구슬박스)이 있는데 한 달에 한 번씩 그곳에서 모이도록 하겠다고 포부를 밝히고 조만간 공고하리라고 했다.

당구회가 태동하면 곧이어 합창단도 생겨날 것이라고들 했다. 누군가 총대를 메기만 하면 구름같이 몰려들 텐데…. 드러난 가수 외에 숨은 성악가들도 꽤 된다니 지켜볼 일이다.

술잔이 어지러이 돈 끝에 마무리 식사는 잔치국수와 묵사발과 묵밥. 이날 저녁 값은 물으나마나 김 회장이 부담했는데, 발동이 걸린 기우회 유형덕 회장이 김 회장의 순방 답례로 생맥주 2차를 제의하자 기다렸다는 듯이 모두 몰려갔는데, 이유인즉슨 그 집 주모가 반반한 용모에 가녀린 듯 풍만한 몸매를 지닌 40대 초반의, 한 번쯤 눈길 주고 말 걸어 차라도 한잔 나누고픈 여인. 러브체인의 주모(酒母)였다.

탁자와 의자를 길거리에 내어놓고 10여 명이 둘러앉자마자 화제는 단연 누가 그 여인의 실세냐는 것. 기원 원장 이한응은 '원 서방'이요, 기원 본부장격인 유형덕은 '본서방'인가 하면, 기원에 상근하며 기둥 역할을 하는 A는 '기둥서방'으로 이미 교통정리가 되어 있으니 아무도 범접할 꿈은 꾸지도 못하게 사전 경고를 했다.

그래서 모두들 '샛서방' 노릇이나 할까 호시탐탐 기회를 엿보며 신경을 곤두세우고 있는데, 한 옆에 시무룩하게 앉아 조끼만 들이켜던 B가 "나는 '헌 서방'일세"라고 고백했다. 그런가 하면 며칠 전의 일로 이미 C는 '한 서방'이 됐다며 느긋한 표정. 그런데 갑자기 D가 "나는 오늘 '새 서방'이 되련다"라며 여인을 따라 홀 안으로 들어갔다(실은 화장실을 찾아 들어간 것임). 한참 뒤 나와 한다는 그의 말이 "내 코는 낙점인데 거시기는 낙방"이었다고 익살을 부려 모두들 실컷 웃었다.

그렇게 웃고 떠드는 속에 어느덧 시간이 흘러 행인의 발걸음이 뜸해지자 한 친구가 "허, 시간이 벌써 이렇게 됐나"라며 자리를 떴다. 그제야 정신이 든 친구들, 하나둘 일어서더니 걸음을 재촉했다. 샛서방도 헌서방도 모두 조강지처가 기다리는 집으로 들어가는 수밖에 없었다.

〈보성고 53회 소식〉, 103호, 2008. 7. 1.

전충의 99제 일목회

8월의 첫째 목요일 7일, 일목회 모임 날. 지하철 2, 5호선 왕십리역 2번 출구에서 1분 거리 영우식당. 총무 이동식이 본래 자주 모이던 동막골로 정하려 했으나 이날 하필 휴업 중이라 그 이전에 모이던 곳으로 장소를 옮겼다. 오후 6시 반에 모이라고 했으나 제시간에 온 것은 이동식과 이충남, 이기식, 김일용, 최홍순, 이수봉.

이날은 말복을 하루 앞둔 입추(立秋). 이글거리는 태양이 막바지 더위를 쏟아내는 바람에 두어 걸음만 걸어도 땀이 쏟아지는 날씨였다. 그 찜통 속을 뚫고 김홍수, 이송하, 장기호, 정경섭이 헉헉거리며 도착했다.

일목회는 보성고 53회 여느 모임보다 가장 앞선 모임이라는 자부심을 갖고 있다. 누구는 삼목회가 원조라고 하지만, 실은 일목회가 원조라고 한다. 이날 모임의 또 다른 의미는 태동단계부터 주전 역할을 하며 생을 다할 때까지 친구들을 위해 헌신한 전충을 애도하는 날이기도 했다. 그가 세상을 떠난 게 4월 30일, 따져 보니 99일째 되는 날이었다.

7시경 일동은 막걸리잔을 들어 올리며 다시 한 번 고인의 명복을 빌었다. 유한종 회장은 이날이 마침 부인 생신이라 가족들이 모두 함께 외식하기로 약속이 돼 있던 터라 '친구를 따르자니 아내가 울고, 아내를 따르자니 친구들이 …' 하는 갈림길에서 눈 딱 감고 아내 축하 쪽에 몸을 맡기고도 총무 핸드폰에 "가능한 대로 빨리 끝낼 게 2차를 가면 알려 달라"는 메시지를 날려왔다. 하지만 끝내 아내를 뿌리치지 못한 심정은 오죽했으랴. 전임 총무 권형철은 휴가 중이라 불참.

전충이 왜 갑자기 세상을 떠났을까. 수년 전부터 부동산 문제로 골치를 썩였단다. 시내 한복판의 호텔을 가진, 준 재벌소리도 들을 만했건만 분양 사기꾼들의 마수에 걸려들어 헤어나려 발버둥치는 나날 속 엎친 데 덮친 격으로 살점을 도려내는 듯한 아픔의 통풍(痛風)으로 말할 수 없는 고초를 홀로 겪었다. 그러던 중 친구가 소개한 약을 먹으면서부터는 어느 정도 통증을 달랠 수 있었다.

날이 갈수록 복용량이 늘어갔다. 그 약은 일본을 비롯한 외국에서는 '돌연사를 유발할 위험성' 때문에 금지된 약으로 알려진 것. 하지만 우리나라에서는 아직 제재가 없어 암암리에 널리 애용되었다고 한다. 이 약의 또 하나 특징은 약을 먹고 술을 마시면 술이 덜 취한다는 것. 그래서 그가 폭음하면서도 꿋꿋하여 친구들은 그를 대주가(大酒家)로 여겼다. 사인의 정확한 근거가 딱히 그 약 때문이라고 얘기할 수 없지만, 통풍을 앓고 있는 친구들은 조심해야 하지 않을까 하는 생각이다.

1차를 끝내고 2차 입가심을 하러 가는 중에 전충의 전풍호텔 앞을 지나게 됐다. 시간은 저녁 9시경. 환하게 불이 밝혀져 있어야 할 무궁화 4개짜리 관광호텔이 흉가처럼 불이 꺼진 채 컴컴한 모습으로 서 있었다. 전충의 혼이 깃든 저 건물도 이제 그 주인의 죽음과 함께 앙상한 몰골로 최후를 맞는구나! 전에는 2차 생맥주를 앞에 놓고는 꼭 노래를 불렀다. 하지만 이날은 전충을 생각하는 마음에서 노래를 삼가고 동창회를 위한 이런저런 대화만을 나누다 헤어졌다.

밥값 전쟁은 일목회에서도 벌어졌다. '오일 전쟁'의 주인공 장기호 대사가 이날 밥값을 내겠다고 선언했다. 이유는 이라크대사 발령을 받고 부임하기 전날 전충이 자기 호텔에서 환송연을 베풀어 새벽 3시까지 국가 걱정을 하며 통음했는데, 지난 4월 그의 부음을 접하고도 해외출장 중이라 조의를 표할 수 없었기 때문에 이날 밥값으로 대신하겠다는 것이다. 한데 이기식 원장이 "무슨 소리냐. 오늘은 내가 스폰서 하려고 왔는데"라면서 지갑을 열었다. 이럴 때 즐거운 건 총무. 입이 벌어진 이동식 총무 왈, "고인을 애도하는 마음을 꺾을 수는 없잖아"라며 장 대사가 내민 수표를 받아 밥값을 지불했다. 아름다운지고.

〈보성고 53회 소식〉, 105호, 2008. 9. 1.

지리산 종주기

난생처음 지리산 종주(縱走) 산행을 위해 설레는 마음으로 6월 16일 밤 10시 50분 용산발 여수행 무궁화호 열차에 몸을 실었다. 대원은 장기호(등반회장, 전 캐나다·이라크대사, 신대원 지망생), 박일두(등반대장, 불교신자), 유성봉(무신론자), 최창만(무신론자), 오정일(장로), 이충남(집사). 드디어 1무(열차) 2박(대피소) 3일간의 지리산 종주산행 여정이 시작됐다.

첫째 날 (17일, 목요일, 맑음)

야간열차 속 비몽사몽의 4시간 40분 만인 새벽 3시 30분 목적지 구례역 도착. 시외버스터미널로 이동하여 해장국 한 그릇 먹고 그 식당에 누워 잠시 눈을 붙였다. 6시에 일어나 버스 편으로 30분가량 화엄사 계곡을 따라 굽이굽이 돌아올라 첫 출발지인 해발 1,000m의 성삼재 주차장에 당도했다. 기념촬영을 하고 6시 40분 산행 시작. 몸을 풀면서 서서히 올라 해발 1,507m 노고단 대피소에 이르렀다.

이때 첫 번째 문제가 발생했다. 최창만 대원이 도저히 산행을 할 수 없다는 것. 참으로 난감했다. 웬만하면 올라가자고 해도 막무가내다. 외손녀를 돌보느라 이틀간 잠을 제대로 못 자고 전날도 기차에서 한숨도 못 잔 탓에 어지럽고 심장이 뛰어서 자신이 없단다. 얼굴을 보니 해쓱했다. 배낭에서 알약을 하나 꺼내 먹으라고 했다. 서울아산병원 한오수 박사가 히말라야 등 고산등반 때 복용한다는 말을 듣고 혹시나 하여 준비해온 비아그라다. 심혈관을 확장하여 숨을 덜 차게 한다는 것. "가운데 다리 힘으로라도 올라가자는 거냐"는 농담 속에 반쪽을 먹었다.

임걸령까지 약 5km, 5시간 산행 끝에 머물러 앉아 김밥으로 점심. 그때까지 최 대원이 잘 따라왔다. 컨디션을 물으니 괜찮다고 한다. 밤이나 낮이나 등산에는 역시 비아그라가 큰 위력을 발휘하는 모양이라며 한바탕 웃었다.

이어서 2km쯤 가니 삼도봉(경남, 전북, 전남의 접합지점). 기념촬영을 하고 토끼봉을 지나 4.3km 길 연하천 대피소에 이르렀다. 앞으로 1.5km, 1시간 반만 가면 첫 숙박지인 벽소령 대피소다. 시간은 6시경. 산속이라 벌써 어둑어둑해지고 있었다. 대피소에는 6시까지 입소해야 하므로 미리 늦는다고 양해를 구했다.

식사준비를 위해 선두가 먼저 가기로 해 대피소에 도착하니 어두워진 저녁 7시. 100m쯤 떨어진 곳에서 물을 받아다 버너 켜고 물 끓여 식사준비를 마치고 뒤처진 2명의 대원을 기다렸다. 전화를 걸어도 불통지역. 30분이 돼도 나타나질 않는다. 40분쯤 지나서야 이미 어두워진 산길을 내려오는 두 대원의 모습이 보였다. 우리를 보자마자 배낭을 내팽개치다시피 하더니 "다시는 등산 못 하겠다"며 주저앉는다.

사연을 들어 보니 마지막 700m를 남겨 놓고 두 번째 문제가 발생했다는 것. 맨 뒤쪽에 처져 오던 오정일 장로가 지루하게 계속되는 날카로운 돌길에 기진맥진하여 쓰러질 것 같아 더 이상 발걸음을 뗄 수 없었다는 것. 장기호 대사의 격려와 독촉도 아랑곳 않고 주저앉아 쉬면서 안정을 취했단다.

20여 분 쉰 뒤 겨우 일어나 둘이 엉금엉금 기다시피 왔다고 한다. 비록 2명이 탈진하다시피 했지만 6명 전원이 장장 16.8km, 12시간의 첫날 등정을 마치고 꿀맛 같은 라면누룽지탕 저녁을 먹었다. 밤 9시. 그 시간에 치러지는 월드컵 경기(한국 · 아르헨티나 전) 중계방송을 듣는다는 것은 사치, 잠자리에 눕자마자 대원들은 힘차게, 열심히 코골이 경주를 했다.

둘째 날(18일, 금요일, 흐리고 비)

새벽 5시 20분 기상, 아침식사는 역시 라면누룽지탕. 8시 출발에 앞서 전 대원들의 무사하고 상쾌한 산행을 위해 간절한 기도(오 장로)를 했다. 6명의 대원 중 크리스천은 3명뿐인데 믿지 않는 친구들도 함께 머리 숙여 눈을 감았고 기도가 끝나자 "아멘" 했다. 전날 고생을 한 만큼 각오가 비장했다. 산행 전 최창만에게는 반쪽 남은 비아그라를, 다른 대원들에게는 비아그라 못지않은 시알리스라며 한 알씩 먹게 했다.

하루 종일 보슬비가 내리는 가운데 4.2km 능선을 따라 수없이 오르내리던 중 앞선 박일두 대장이 보이지 않았다. 조금 전 혼자 가는 아리따운 30대 여인과 인사하고 몇 마디 나누더니 뒤도 돌아보지 않고 둘이 쏜살같이 내달려간 것이다. 한참을 가도 두 사람은 그림자도 안 보였다. 대원들의 비난이 쏟아졌다. "여자 앞에서는 우정도, 의리도, 헌신짝처럼 버리다니…." "시알리스를 먹였더니 참지 못하고 숲속으로 데려간 모양이야." "앞으로 지종회(지리산 종주회)에서 제외시켜 버리자."

얼마쯤 가니 선비샘이 나왔다. 거기에 박 대장이 회심의 미소인 듯 빙그레 웃으며 서 있었다. "여자는?" "응, 먼저 갔어." "채였냐? 아니면 부끄러워서 먼저 간 모양이지?" "무슨 소리야?" "왜, 끝까지 함께 가지 그랬어?" 그제야 농담의 뜻을 알아챈 박 대장은 그저 웃기만 한다. 나중 얘기지만 결국 하산지점인 중산리에서 그 여인을 다시 만나(그 여인이 기다리고 있었다) 서울까지 같은 버스로 올라왔다. 브라보콘을 나눠 먹으면서….

12시 세석천 대피소에서 점심을 먹고 9.8km 약 8시간 만에 마지막 숙박지 장터목 대피소에 도착하니 3시 30분. 첫날에 비해 훨씬 수월했다. 전날 오버 페이스로 고생한 것을 거울삼아 2명씩 짝지어 천천히 진행한 데다 아마 시알리스의 효험도 있었던 모양이라고들 했다. 여장을 풀고 비에 젖은 옷들을 널어놓고 둘러앉아 휴식을 취할 때 한마디 했다. "아침에 먹은 게 사실은 시알리스가 아니라 소화제였다"고. 따라서 오늘 산행은 약의 힘이 아니라 각자의 저력이었으니 나머지 산행은 자신감을 갖고 하자고 했다. 그러자 모두 "박 대장한테 속고 너한테 사기당했지만 그 덕에 힘든 줄 모르고 즐거운 산행을 할 수 있었다"며 웃었다.

푸짐한 반찬으로 햇반 저녁식사를 하고 일찍 자리에 누웠다. 코골이 경쟁은 전날만 못했다. 그런데도 아래층의 젊은 등산인들이 잠자리를 뒤척이며 "에잇" 하는 소리가 들렸다. 이번 100여 명의 등산객들 중 우리가 가장 연장자들(60대 후반)인데도 젊은이들과 보조를 같이 하거나 앞서기도 하여 낮에 "대단하십니다"란 찬사를 보낸 터라 감히 드러내 놓고 불평하지 못하는 그들에게 미안했다.

그러나 어쩌랴. 웬만큼 떠들어도, 실수해도, 밤새도록 코를 골아도 용서가 되는 것이 늙은이들의 특권인 것을…. 젊은이들이여, 조금 참게나. 자네들도 우리처럼 되는 것은 잠깐이니까 말일세.

셋째 날(19일, 토요일, 흐린 뒤 맑음)

아침 6시. 등반에 앞서 또다시 무사히, 안전하고 뜻깊은 산행을 위해 간절히 기도(장기호 회장) 한 후, 1.7km 거리 천왕봉 등정을 시작했다. 그런데 얼마 가지 않아 유성봉 대원이 절룩거린다. 발목을 삐끗한 것. 그는 마주치는 등산객들에게 인사를 잘했다. 특히 여성들에게는 빼놓지 않고 "안녕하세요?"를 연발하며 용모와 자태를 감상하곤 했다. 그러다가 기어이 벌을 받아 발을 헛디뎠나. 장 회장이 파스를 붙여 주고 최창만 대원이 압박붕대로 감는 등 응급처치를 했다. 이후로 그는 남자들뿐 아니라 간혹 여자들이 인사해도 귀머거리인 듯 눈길조차 한 번 주지 않은 채 입을 꾹 다물고 앞만 보고 걸었다.

1시간 20분 만에 해발 1,915m 정상에 오르니 정말로 감개무량했다. 지금까지 28.5km 등반의 고됨이 한순간에 사라지는 듯했다. 기념촬영을 하고 3시간 만에 하산길 3.6km를 주파하니 로터리 대피소. 산에서의 마지막 점심 라면누룽지탕을 포식하고 하산, 중산리 관리사무소에 도착했다. 총 35.5km의 종주를 마치니 오후 2시. 산행을 무사히 마침에 대한 감사의 기도(이충남 집사)를 드리고, 쇠고기국밥 돼지국밥 점심을 들었다. 모처럼 만에 '민간 음식'을 맛보니 이제야 살았다는 실감이 들었다.

3시 20분발 고속버스로 서울 남부터미널에 도착하니 저녁 7시. 힘든 산행이었지만 박 대장, 유 대원의 노련한 리드와 첫째도 안전, 둘째도 안전을 강조하며 대원들을 챙겨 준 장 회장 덕에 안전하고 유익하고 즐겁고 유쾌한 산행이 되었다. 특히 믿지 않는 친구들도 함께 기도하게 해주신 하나님께 감사한 마음이다.

〈보성고 53회 소식〉, 127호, 2010. 7. 1.

일목회 이야기

서진 춘투

'서진(西進) 작전' 대성공. 4월 2일 첫 목요일 6시경. 을지면옥 2층. 동쪽 변방에 웅크리고 있던 '왕십리 파리'들이 하나둘 모이기 시작하더니 정해진 6시 30분이 되자 예약석 만원. 지각한 친구는 구석자리에 간신히 끼어 앉아야만 했다. 일목회. 모임이 창설된 이래 이날 최다 17명의 대기록을 세운 원인은 무엇일까.

변두리에서 성안으로 장소를 옮긴 덕일까. 30년 전통의 음식점 명성 때문일까. 두 달에 한 번 만나는 그리움 때문인가. 유한종 회장의 막걸리(월매) 공급(空給) 정보가 샜기 때문일까. 이동식 총무의 진군(進軍) 독전에 고무돼서일까. 바로 옆에 본부를 둔 김진환 부대의 원군(援軍) 덕일까. 누군가 "장소를 바꾸니까 마누라 바뀐 만큼 좋은 모양"이라고 하자, "그건 마누라 입장에서도 마찬가지 아니겠느냐"는 즉각 응수에 웃음이 터졌다. 어쨌든 저녁 만남의 이만한 숫자는 근래 어떤 모임에서도 보기 드문 기록이다.

삼겹살 수육에 소주, 맥주, 막걸리 주종을 안 가리고 잔을 부딪친 뒤 냉면을 먹는 모습은 마치 고지를 점령한 병사들이 전리품을 즐기는 것과도 같다고나 할까? 그중에도 장기호와 강용구는 추가 사리마저 게 눈 감추듯 먹는 위대(胃大)한 식욕을 보이더라. 둘 다 오랜 해외생활 끝에 맛보는 별식이라 볼이 미어지게 면발을 빨아들이며 "너희들이 냉면 맛을 아느뇨?"란 표정이었다.

이날의 대성공을 귀감 삼아 앞으로는 일정한 장소를 정하지 않고 접근하기 쉽고 값싸고 맛좋은 음식점을 골라 모이기로 하겠다고 했더니, 일목회를 '일먹회'라고 하자고 하여 한바탕 웃었다. 짝수 달의 첫째 목요일로 날짜만 정하고 모임 장소는 이곳저곳 시식해 보고 회장의 재가를 얻어 알리기로 했다. 그래도 고향을 등 질 수는 없으니 주로 동부지역을 탐색하여 '게릴라 전법'을 펼칠 작정이다. 낙오병이 돼 쫄쫄 굶지 않으려면 눈 크게 떠 홈페이지 살피고 귀 쫑긋 세워 입소문에 귀 기울일지어다.

〈보성고 53회 소식〉, 113호, 2006. 5. 1.

명동 하투

“누가 우리를 ‘왕십리 ○파리’라고 했는가?”

“차라리 ‘명동의 무법자들’이라 불러다오.”

지난 4월 춘투(春鬪) 때 ‘서진(西進) 게릴라 작전’으로 을지면옥을 점령, 쾌승을 거둔 일목회가 6월 하투(夏鬪) 목표를 명동의 모 중국집으로 정하고 공략을 폈다. D-데이인 4일 석양 무렵, 하나둘 대원들이 신세계백화점 맞은편 정태풍(鼎泰豊) 앞에 소리 없이 접근했다.

이 집은 정통 중국음식점이면서도 식사메뉴에 짜장면이 없고 양파와 춘장을 달라고 해도 “춘장이 뭐냐”고 묻는 ‘수상한’ 중국집이라고 하여 이날 공격을 감행키로 한 것. H-아워인 18시 30분, 11명의 대원이 집결하자 일제히 2층 VIP룸으로 돌격했다. 그곳은 손희광의 선친(손정두)께서 1970~1980년대 수협 감사 재직 시의 집무실이요, 정윤양이 ‘남파’(남하)돼 ‘은신’하던 비트에서 불과 수 미터밖에 안 떨어진 곳. 기세등등하게 대원들이 들이닥치니 텅 빈 공간에 상차림까지 마련돼 있었다. 무혈점령. 승리감에 도취한 대원들은 50도의 초강력 ‘수류탄’인 ‘이과두’주를 겁도 없이 까 제끼며 만두면 만두, 면이면 면, 요리란 요리는 다 맛보았다.

이날 생일을 맞아 ‘지공선사’ 대열 합류 신고식을 하겠다는 서울탁주 사장 유한종의 카드를 백으로 믿고. 번갯불에 콩 구워 먹듯 청요리를 해치운 대원들은 어슬렁어슬렁 명동 골목을 누비다 ‘아사히 비루’를 내붙인 ‘가쓰라’가 눈에 띄었다. 장기호 대사의 진두지휘하에 그곳도 점령하고 말았다. 11명의 대원들은 호기방장하여 젊은 향기가 코를 찌르는 명동의 밤거리를 맘껏 휘저었다.

이틀 뒤 홍의표네 목장 모임을 잊지 말자는 뜻에서 '송원목장 가요'를 흥얼거리며. 그러나 아무리 곁눈질해 보아도 '맨발의 청춘' 아닌 '백발의 노병들'을 향해 추파를 던지는 여인네는 하나도 눈에 띄지 않았다. 하지만 대원들 마음은 한결같이 뿌듯하고 희망에 가득 찼다. 왜냐? 다음 모임(8월 6일)엔 그 유명한 중부시장의 '멍집'을 공격하기로 비밀작전을 짜 놓았기 때문이다. 〈보성고 53회 소식〉, 115호, 2006. 7. 1.

해장국 파티

50년 전통의 해장국집. 아직도 서울에 이런 집이 있을까 의심할 정도의 낡은 시멘트 블록 집. 우거지와 선지가 설설 끓는 두 개의 한 섬들이 무쇠 솥은 특별 주문해서 쓰는데 1년 365일 하루도 꺼질 줄 모르는 불에 견디지 못해 20년마다 새로 제작해야 한단다. 구수한 머릿고기, 푸짐한 갈비찜, 무한 리필되는 담백한 해장국 맛에 미처 막걸리를 공급하지 못할 정도였다.

이날 모인 회원은 2년여 전 아들 사는 미국으로 건너간 서호석, LA와 서울을 들락거리며 '한국 예찬'을 부르짖는 홍의순, 천안에 둥지 틀고 꿈쩍 않던 이준용, 내일 수술환자 있다며 술은 입에도 안 댄 이기식, 최근 고법에서 이겨 명예를 회복한 이승홍, "건강은 내가 지키는 거"라며 승용차 두고 지하철만 애용하는 박태원, 새로운 일자리에 새 힘 솟는 이동식, 송년회 준비로 마음 무거운 이충남 왕총무, 막걸리 대박에 신명난 유한종, 아들 장가들이고 마음 가벼워 목소리 더 맑아진 권형철 등 모두 10명.

이날 밥값이 만만찮아도 총무 이동식은 걱정이 없다. 왜냐? 아무리 계산이 많이 나와도 회비 1만 원씩 걷고 모자라는 부분은 늘 유한종 회장이 부담했기 때문. 그런데 이날은 회장이 밥값을 다 지불해 회비는 총무가 '비자금'으로 보관키로 했다. 〈보성고 53회 소식〉, 132호, 2010. 12. 1.

보문동 전주식 백반

값싸고 맛좋은 집만을 골라 두 달에 한 번씩 만나는 모임이라 회원들이 목을 빼고 기다리게 하고, 또 어디서 모이는지 모르고 있다가 2, 3일 전에야 공지하기 때문에 '게릴라 모임'이란 별칭이 붙어 스릴도 느끼게 한다. 왕십리 ○파리 시절부터 시작했으니 동창 모임 중 큰형님뻘이라는 자부심 갖는 일목회가 대한(大寒)이 소한(小寒) 집에 놀러왔다 울고 갔다는 속설을 증명하듯 올겨울 들어 가장 춥다는 그 소한 날 1월 6일 저녁 6시에 보문동 전주식 백반 막걸리 전문집 탁상머리에서 모였다.

영하 11도, 바람이 불어 체감온도 영하 17도라는 캄캄한 밤. 교통도 낯설고 장소도 생소한 지하철 6호선 보문역 3번 출구. 100m쯤 떨어진 컴컴한 골목길 안에 들어앉은 보통의 밥집을 어찌 쉽게 찾을 수 있으랴. 명색이 명문고 출신들이라 몇 번 두리번거리지 않고 잘들 찾아왔다.

정통 중국음식으로 강남을 매료시킨 김일용 사장이 정통 전라도식 음식을 음미하기 위해, 어느 모임이나 8시경이면 일어나 귀가하는 모범생 이기식 원장이 일찌감치 와 자리를 차지했고, 이름 탓에 노래를 부르면 꼭 한두 곡은 더 부르곤 하는데 요즘은 침술에 심취해 짬이 없는 재청(在淸 → 再請·再聽 → 앙코르), 나날이 건강이 회복돼 일목회에는 빠지지 않고 참석하는 정경섭 교수, 국내에 머물 때는 어느 모임에나 빠지지 않는 바람에 막걸리 한 잔, 소주 한 잔까지는 거뜬할 정도로 주량이 늘어난 홍의순, 우리나라 막걸리가 결코 유럽의 포도주에 뒤지지 않는다는 이정우, 이에 못지않은 포도주 전문가 김성준, 보분당(普盆党: 분당에서 모이는 보성고 53회)과 청록회 총무를 역임하며 역량을 쌓아 다시 동생들 사업체 회장직을 맡아 중국을 내 집처럼 드나드는 유성봉, 사정 있어 참석 못 하는 일목회 총무 이동식을 대신한 이충남, 서울 서부를 평정한 뒤 동부지역까지 세를 확장할 틈새를 노리는 서보회·이승홍 회장 등.

이런 좋은 동창, 묵은 친구들이 모이는데 일목회 유한종 회장이 어찌 빈손으로 올쏜가. 갓 거른 싱싱한 막걸리를 새 병에 담아 그 강추위를 무릅쓰고 손수 들고 왔을 뿐 아니라 밥값도 전액 부담했다. 분위기 무르익을 즈음 머리엔 서리 허옇게 내리고 손발이 새빨갛게 언 키가 구척 같은 '동장군'이 성큼 들어섰다. 이창호. 30여 분을 헤맸단다. 왕년에 한때 이 일대에서 놀았는데 종잡을 수가 없어 전화를 걸었으나 잘못된 것이라고 해 홈페이지에 잘못 올린 왕총무에게 화가 머리끝까지 났으나 오기가 발동, 이왕 나선 것, 친구들 얼굴이라도 보고 가야겠다는 마음에 골목을 뒤져 찾아왔단다. 그 화풀이인지 막걸리 한 잔을 들이켜고 홍의순을 보더니 50년 전 첫사랑의 애인(배화여고)을 찾아내라고 생트집이었다.

그보다 더 늦게 온 건 이곳 터줏대감 권형철. 근무를 마치고 오느라 늦었다며 헤벌쭉 웃으니 누가 그 늦음을 탓하랴. 오히려 아직도 현역, 지각 은퇴의 그 연부역강(年富力强)에 박수를 보낼 뿐이었다.

〈보성고 53회 소식〉, 134호, 2011. 2. 1.

김진환 스토리

아리따운 비서도, 봉황 날개 그린 명패도, 권위 풍기는 회전의자도, 그럴싸한 응접세트도 없다. 을지로 3가 이름도 없는 허름한 4층 빌딩 삐걱거리는 계단의 2층 구석진 어둠침침한 5평 남짓 방. 그것이 '유일상사' 사장실이다. 1975년 10월부터 오늘까지 그 모습 그대로 지켜온 집무실. 비록 비좁고 초라한 사무실일망정 주인 운산(雲山) 김진환은 하루가 멀다 하고 찾아오는 친구들에게 싫은 내색은커녕 헤어졌던 혈육이라도 만난 듯 반갑게 맞아 담소하고 바둑 두고 포커 하면서 까치다방 커피는 기본이요, 점심도 꼬박꼬박 챙겨 먹이는 넓디넓고 깊디깊은 마음을 지닌 후덕한 친구다.

그런데, 오호통재라! 그 사무실을 10월 31일 이후로는 영원히 찾을 수 없게 된 것이다. 만 35년간 그의 체취와 담배냄새가 흠뻑 밴 방, 친구들의 우정이 흘러넘친 공간이 일대의 재개발로 헐리게 됐기 때문이다. "그까짓 초라한 사무실 없어지는 게 무에 그리 아쉽냐, 다른 데 얻든지, 재개발되면 새 사무실이 될 텐데 … " 할지 모르지만, 문제는 그가 완전히 사업에서 손을 떼고 자유의 몸이 된다는 데 있다. 청천벽력이 아닐 수 없다. 앞으로 심심하면 어디 가서 시간을 보낼 것이며, 출출하면 누굴 찾아가나, 울적할 땐 어디 가서 한잔하며 마음을 달랠 것인가.

"아들이 없으니까 … ." 그가 평생 심혈을 기울여 이룩한 사업을 수십 년간 고락을 함께한 부하직원들에게 고스란히 물려주고 떠나는 이유다. "외동딸인 데다가 사돈댁도 먹고살 만하고 나도 굶지 않을 만큼 벌어 놨으니 욕심이 없어." 직원들이 "회장님으로 모시겠다"고 해도

"싫다", "아니면 고문님으로 …"라고 해도 "아니다. 너희들끼리 잘하면 된다"고 뿌리쳤단다. 하지만 사업을 접는 그의 마음에 어찌 한 가닥 아쉬움과 추억이 없으리요.

그가 대학 1년을 마치고 입대하여, 제대 1년여를 앞두고 일반하사로 내무반장으로 복무하던 시절. 중앙고 출신으로 연세대 3학년을 마치고 입대한 같은 63학번의 신병이 들어왔다. 그는 보성고 53회의 누구누구가 친구라는 것을 내세워 "내무반장", "김 하사"라며 '님'자를 빼고 은근슬쩍 맞먹으려는 것이었다. 아무리 한 살 위요 180cm, 80kg에 육박하는 거구지만 졸병은 졸병. 김진환 하사가 누군가? 군기 잡기로 사단에서도 악명 높은 '호랑이 김 하사님'인데 감히 새까만 졸병이 … .

벼르고 별러 날을 잡아 불러냈다. "뭐, 김 하사? 다시 한 번 불러봐. 이 새끼야!" 훅과 어퍼컷, 조인트, 빳다 가리지 않고 반병신이 되기 직전까지 흠씬 두들겨 팼다. "아이쿠, 아야. 잘못했습니다. 김 하사님!" 그 후론 다른 병사들도 모두 김 하사만 보면 몸이 미라처럼 얼어붙고 눈빛만 마주쳐도 목청껏 "충성! 김 하사님!"이다.

흐뭇한 김 하사는 뒷짐을 진 채 배를 있는 대로 내밀고 위엄을 부리며 "음, 쉬어"다. 그때 나온 배가 아직도 안 들어가 고민이라는 게 요즘의 농담. 그런 맛에 군대생활을 하는 건데 야속하게도 시간이 흐르니 제대를 아니 할 수 없었다. 그 뒤 귓결에 들으니 그 졸병도 제대하여 "죽이겠다"며 백방으로 '김 하사, 그 새끼'를 찾고 있다는 소문에 은근히 켕겼으나 다행히 조우하는 불상사는 없었다.

복학하고 졸업한 뒤 사회에 나와 그렁저렁 수년을 보낸 뒤 을지로에서 인쇄사업을 시작할 즈음 신문광고가 눈에 띄었다. 스포츠용품 및 각종 제품에 붙일 라벨과 꼬리표 인쇄물 등을 납품할 업자를 구한다는 코오롱그룹의 공고였다. 한걸음에 달려가 차례를 기다렸다가 담당 과장실로 들어갔다. 그런데 아뿔싸! 군에서 치도곤으로 기합을 준 떡대 같은 그 졸병이 떠억 버티고 있는 게 아닌가. 원수는 외나무다리에서 만난다던가. 차라리 꿈이었으면…. 왕년의 김 하사님 '이젠 죽었구나' 눈을 꽉 감고 얼어붙은 듯이 서 있었다.

그런데 갑자기 "충성, 김 하사님!" 하는 우렁찬 소리가 들렸다. 눈을 떠 보니 그 졸병, 아니 김○○ 과장님이 자리에서 벌떡 일어나 경례를 붙이는 게 아닌가. 고양이 앞에 쥐 모양으로 꼼짝 못 하고 서 있는데 그가 직원들에게 "이분은 내가 모시던 존경하는 내무반장님이시다. 다른 업자 더 이상 면담할 것 없다. 앞으로 코오롱의 모든 라벨은 유일상사에 맡기라"는 게 아닌가. 이게 꿈인가 생시인가!

그러한 인연으로 사업을 시작한 것이다. 그 과장은 전무까지 올랐다가 회사를 떠날 때까지 김 하사님을 군대시절 못지않게 깍듯이 대했다고 한다. 그 큰 배려 잊지 않고 또 그 졸병, 아니 은인에게 누가 되지 않겠다는 자세로 양심과 정의와 신의를 지키며 혼신의 힘을 기울인 결과 오늘의 사업체로 키우게 됐단다. 그것을 고스란히 후배 직원들에게 넘겨주며 백수 졸병으로 물러앉기로 자청한 그는 "내가 은혜를 받았으니 나도 베풀고 떠나는 게 당연한 것 아니냐"며 허허 웃는다.

을지로 3가에서 보낸 운산(雲山)의 숱한 추억거리는 3재(三災), 3기(三技), 3복(三福)으로 요약할 수 있단다.

우선 3재를 연대별로 보면 1980년대 초의 여재(女災)다. 거래처 사람들뿐 아니라 거의 매일 친구들이 찾아오는데, 당시만 해도 사무실에 커피세트가 없어 늘 아래층 '까치다방'에서 배달시켜 먹었다. 하루에도 몇 차례 수십 잔씩 팔아 주니 큰 고객이 아닐 수 없다. 하루는 퇴근 무렵 다방에서 전화가 왔다. "사무실에 손님이 계시냐?"고. 없다고 했더니 차 한잔 가져가도 되겠느냐고 한다. 오라고 했더니 잠시 후 단골 레지가 올라왔다. 긴 얘기는 할 수 없고 그것이 1재, 여재였다.

1980년대 중반에는 공장이 물에 잠기는 2재, 수재(水災)를 당했으며 2002년에는 세 번째 재앙 화재(火災)를 당해 3재를 겪었다.

그런가 하면 그 자리에서 3기(三技)를 익혔으니 1970년대에 나이롱뽕을 익힌 것이 한 기술이요, 1980~1990년대에 섰다와 고스톱을 연마한 것이 둘째 기술이라면, 2000년대에 훌라를 마스터한 것을 셋째 기술이라 할 것이다.

게다가 유일상사에서는 3복(三福)을 받았는데, 좋은 친구 많이 사귀고 유능한 직원들과 든든한 거래처를 얻은 인복(人福)이 첫째요, 먹고살 만큼 돈을 번 재복(財福)은 둘째요, 70 넘게 사는 수복(壽福)까지 3복을 누렸으니 여한이 없단다.

훌훌 자유의 몸이 된 운산, 이왕 짐 벗었으니 이제부터는 그동안 못다한 마나님과의 애틋하고 달콤한 시간을 한껏 누리시오. 이제는 흰 와이셔츠에 넥타이 반듯하게 받쳐 매고 유리알같이 구두 닦아 신을 필요도 없지 않소? 편한 몸, 홀가분한 마음으로 가족과 함께 사랑과 자유를 만끽하시오.

그러다 혹시 심심하고 허전하고 궁진하거든 전화하시오. 이남장 설렁탕이나 하동관 곰탕 한 그릇 대접하고 당구 한 수 배우리다. 그리고 요행히 지갑 헐렁하지 않으면 꼼장어 안주 삼아 석양주도 한잔 대접하리다. 어쩌다 발동이 걸리면 자리 옮겨 생생한 아가씨 옆에 앉혀 놓고 분내 맡아가며 밤늦도록 옛 노래 불러 보는 것도 노년의 낭만이 아니겠소? 우리의 영원한 친구 운산에게 건강과 장수와 행운이 늘 함께하길 비는 바이오.

〈보성고 53회 소식〉, 131호, 2010. 11. 1.

3장

봉사하며 사는 삶

조상의 얼을 찾는 화의군파 종회 봉사

회의록, 종회규약 만들기

제가 전주이씨 화의군파 종회에 첫발을 들인 것은 1997년부터입니다. 화의군은 세종대왕의 왕자 8대군, 10군 중 제 1군으로서 진주 강씨 소생이시지요. 사촌 을성 형이 화의군의 증손 태산군의 제사를 모시면서 종친회의 이사를 맡았는데, 회사 일로 바쁘다며 저에게 인계한 것입니다. 저는 고등학교 때부터 큰아버지를 따라 가끔 종친회의 파시조이신 화의군 할아버지 제사에 참여하곤 했는데 이번에는 임원으로 참여한 것이지요. 이듬해에는 감사를 맡기도 했습니다.

참석하면서 보니 1년에 서너 차례 이사회와 대의원총회가 열리는데 종회가 아직 규모가 갖추어지지 않아 부족한 점이 많았습니다. 그중에 회의를 열고도 그 내용을 기록하는 회의록이 없는 겁니다. 당시 총무가 종친회의 제반 경비는 자세히 꼼꼼하게 잘 기재해 두는데 회의록을 작성해 두지 않았습니다.

연로하신 총무(호태, 당시 60대 후반)가 종회원들로부터 회의록이 없다고 지적받는 것을 보고 저는 마음속으로 도와드리기로 했습니다. 1999년 3월 7일 대의원총회 회의 때부터 녹음하여 회의록을 작성하기 시작했습니다. 이것이 제가 종회에서 시작한 첫 봉사라고 할 수 있습니다. 회의록은 나중에 종회에 분란이 일고 혼란스러울 때 재판정에 증거로 채택돼 큰 역할을 했습니다.

또 한 번은 세종대왕을 모시는 후손들의 모임인 영릉봉향회에 화의군 종회에서 1억 원을 기탁키로 했다는 문제로 논란이 있을 때에도 회의록이 결정적 역할을 했던 적이 있습니다. 이렇게 어느 모임이나 공식적 회의는 반드시 기록해 두는 것이 상식이고 원칙인데, 우리 종회는 그때까지 회의록도 없이 운영했던 것입니다.

그러니 툭하면 다툼이 벌어지고 원칙도 없고 몇몇 개인들이 목소리를 높여 종회가 흔들리는 혼란기도 겪었다고 큰아버지께서 말씀하셨습니다. 회의나 제사에 참석하면 조상님 얘기나 친목을 다지는 얘기는 않고 모두 자기 자랑을 늘어놓거나 제물(祭物) 진열을 놓고 고성이 오가기가 일쑤여서 참석하기가 싫다고까지 말씀하셨습니다.

그 후 수차례에 걸쳐 종회규약도 개정했는데 사실 그때마다 제가 많이 관여하여 비로소 틀을 갖춘 규약을 갖게 됐습니다. 현재까지 20여 년간 종친회 일에 참여하면서 우리 종회가 궤도에 오르고, 자금도 어느 정도 확보하고 화목을 이루는 데 대해 감사한 마음입니다.

재판에 관여

우리 종회 제7대 회장으로 이성모(억근)라는 분이 계셨습니다. 이분은 병환으로 업무수행이 어려운 전임 재규 회장의 뒤를 이어 1992부터 2007년 말까지 15년 동안 열과 성을 다하여 종사를 이끌었습니다. 그 동안 이분에 반대하는 A라는 종회원 한 사람이 갖가지 이유를 들어 여러 종회원들에게 내용증명을 보내고 회의 때마다 시비를 거는 등 힘들게 했습니다. 종회에서는 징계위원회를 열어 그분의 부회장 및 대의원 자격을 박탈하는 조치를 취했습니다. 그러자 성모 회장 및 몇몇 종회원들을 걸어 무려 30여 건의 소송을 벌였습니다. 저도 2004년 말 그의 고발로 벌금 30만 원을 물었습니다.

이유는 이렇습니다. 서울 종로구의 모 음식점에서 이사회가 열렸습니다. 당시 같은 이사였던 A가 안건마다 이의를 달고 얼토당토않은 주장으로 반대했습니다. 그는 이전에도 누차 그런 행태를 보였습니다. 회의는 진행이 안 되고 옥신각신 언쟁만 벌어졌습니다. 하도 답답해서 제가 "저런 사람이 화의군 자손이 맞느냐"고 한마디 했습니다.

A는 "그것은 나의 어머니를 모욕하는 말"이라는 이유로 검찰에 모욕죄로 고발했습니다. 경찰에 불려가 대질조서까지 받았으나 1차 무혐의로 처리됐습니다. 그러나 A는 다시 고발했습니다. 검찰이 불러서 갔더니 "시빗거리도 안 되겠지만 상대가 계속 제소해 오니 최소한의 처벌만으로 끝내자"고 하여 벌금을 냈던 것입니다.

다른 사람의 경우도 저와 비슷한 것들이었습니다. 아주 사소한 문제나 언사를 가지고 언쟁을 벌이고 시비를 걸어 툭하면 고소·고발을 남발하는 바람에 종회가 어수선하기 짝이 없게 됐습니다. 종회가 양

분될 상황까지도 갔었습니다.

갖가지 소송을 제기하는 A는 법률적 지식이 많은지 판검사들도 혀를 내두를 정도인데, 이에 대처하는 회장과 총무는 경험도 없고 또 연세가 높고 변호사 선정에도 미숙해 패소가 거듭됐습니다. 가장 중요한 소송이 A가 제소한 '이성모의 종회장 자격상실 확인'이었습니다. 1심서 '원고(A) 패(각하)', 2심서 '원고 일부 승' 판결을 받아 종회 측이 상고했으나 대법원에서 '상고 기각'을 당해 패소했습니다.

이 판결에 따르면 성모는 종회장 자격이 상실됐으므로 종회에는 회장이 없는 것이지요. 이에 따라 종회는 마비되고 까딱하면 해체될 위기에 처했습니다. 이 틈을 타서 징계로 부회장 직분을 박탈당했음에도 A는 스스로 종회장 직무대행이라고 공공연히 종회원들에게 말할 뿐만 아니라 '종회의 종회장 직무대행자 확인의 소'를 냈습니다. 즉, 자기가 종회장임을 판결해 달라는 소송이었습니다. 그러나 다수의 대의원들은 A를 결코 종회장으로 인정할 수 없고 성모 씨가 명실상부한 종회장이라고 주장했습니다. A가 종회장 확인소송을 냈으니 까딱하면 그가 종회장이 되어 종회는 다툼이 그치지 않는 난장판이 될 것이 뻔했습니다.

이 상황에서 제가 재판에 관여하기 시작했습니다. 그때까지 우리가 선임한 변호사는 유능하지도 않고 성의도 없어 1심에서 승소한 것이 2심에서 뒤집히고 결국 대법원에서 패하고 말았습니다. 저는 우선 변호사를 바꿨습니다. 부장판사 출신의 변호사를 새로 선임하여 재심을 청구했으나 받아들여지지 않았습니다. 이제 종회는 와해될 위기에 처했습니다. 새로이 종회를 구성하지 않으면 안 되겠다는 생각이 들었습니다. 시간이 촉박했습니다.

좀더 유능한 변호사를 소개받아 그에게 여러 가지 시나리오를 제시하고 어느 방법이 좋은지 대책을 논의했습니다. 그 변호사는 저와 같은 연배의 고검장 출신으로 이름 있는 인물인데 우리 사건을 맡은 뒤 나중에 국회의원을 지냈습니다. 저는 제가 생각했던 5개 안을 모두 가지고 변호사와 상담했습니다. 그 계획안을 비롯한 재판 관련 주요 문서와 제가 작성한 답변서들은 지금도 제 컴퓨터에 저장돼 있습니다. 그것만 가지고도 책 한 권은 충분한 분량입니다. 후일 누가 이 자료를 바탕으로 종회 역사를 정리하는 데 도움이 되었으면 하는 바람에서 보관하고 있습니다.

제가 제시한 대안 중에 채택된 것이 종친회 원로들이 회의를 열어 대의원을 새로 선임, 종친회를 다시 구성할 수 있게 해달라는 안이었습니다. 재판부에는 새 대의원총회가 결성되기 이전까지 A씨가 제소한 '종회장 직무대행 확인소송' 건은 심리하지 말아 달라는 소송을 별도로 냈습니다. 우리의 요구를 심리하는 중에 A의 요구가 받아들여지면 버스 떠난 뒤 손 흔드는 격이 되기 때문이지요. 소송을 내고 판결을 기다리는 동안은 하루하루가 초조한 나날이었습니다.

2007년 5월, 드디어 판결이 나왔습니다. 결국 우리가 요구한 대로 A씨는 훨씬 이전에 소송을 냈지만 종회 측 것을 먼저 심리한 결과 우리가 제시한 절차대로 대의원을 구성하고 총회를 열어 회장을 선출하도록 판결이 난 것입니다.

이에 따라 종회는 즉각 원로회를 열어 대의원을 새로 정하고 2007년 5월 31일 대의원총회를 열어 거기서 성모 씨를 다시 회장으로 선출했습니다. 일련의 절차는 그야말로 전광석화(電光石火)로 이루어졌습니다. 종회는 법의 결정과 절차에 따라, 즉 합법적인 종회가 새로 구성된 상황이니 A씨의 회장 직무대행 확인소송은 이유 없다고 기각되고 말았습니다. 그 뒤로 A는 끈질기게 새 종회 구성도 무효라는 소송을 냈으나 허사가 되고 말았지요. 결과는 성모 씨의 명예가 회복되고 종회는 비로소 다시 정상궤도를 걷게 됐습니다.

이 여러 차례 재판과정에서 A씨가 고소 고발장에 표현한 말이 잊히지 않습니다. "순천자(順天者)는 흥하고 역천자(逆天者)는 망한다"는 것입니다. 성모 씨에게 보낸 문서에서 표현한 문구인데 누구를 순천자요, 누구를 역천자라고 하는지 쓴웃음이 났습니다. 그는 불치의 병으로 몇 년 못 살았고, 성모 씨는 오복을 누리며 90을 훨씬 넘겨 고종명(考終命) 했습니다. 인간사를 법으로만 해결하려 하고 남을 괴롭히면 결국 자신에게 좋은 결과가 돌아오지 않는다는 교훈을 얻었습니다. 종회가 우여곡절을 겪는 과정에 제가 그 중심에서 부족하나마 열심히 노력하고 봉사함으로써 우리 종회에 어느 정도 기여한 것 같아 마음 편합니다.

과납 양도세 환급

종회 소유 부동산 중 서울 신림동 토지 일부가 수용돼 보상금을 받은 일이 있습니다. 명의가 화의군 6세손 대표 23인의 공동으로 돼 있어 22명의 동의를 받았습니다. 그러나 작고한 한 사람의 동의를 받지 못해 그 몫은 공탁이 된 상태였습니다. 그 사람의 상속자는 모두 14명인데 일부는 미국에 사는 등 뿔뿔이 흩어져 이들에게 일일이 종중 소유임을 인정하는 확인을 받기도 어려울 뿐 아니라 자식들 중엔 공탁금은 자기들 몫이라고 주장하여 수년째 방치돼 있었습니다. 제가 총무를 맡은 뒤 이것도 재판을 통하여 받아냈습니다. 총 8, 567만 6, 756원이고 변호사 비용은 300만 원 들었습니다.

또 양도세 과납금을 돌려받은 것도 있습니다. 진관 토지의 상당 부분이 수용돼 보상금을 받았는데 양도세로 5억 2, 283만 5, 240원을 납부했습니다. 물론 전담 세무사가 계산한 액수였지요. 그런데 이 양도세를 너무 많이 냈으니 환수해야 한다는 제보가 있었습니다. 그 사람이 A씨였습니다. 당시 집행부는 종회에 분란을 일으키는 인물의 제보라고 무시해 버렸습니다. 그러나 A씨는 재차 서신을 보내 세금을 잘못 냈다는 것입니다. 저에게 함께 찾아내자는 제안도 했습니다. 그 사람과 함께 일한다는 것이 용납되지 않고 또 성공하면 상당한 수고비를 요구해 올 것이 뻔하기에 묵살하고 독자적으로 진행코자 했습니다.

우선 이사회를 열었습니다. 이 방면에 경험이 있는 종회 원로가 과납된 세금을 환수하려면 유능한 변호사를 써야 하는데, 자기의 경우 환수액의 30%를 지불했다고 합니다. 종회는 그렇게 해서라도 일을 진행하기로 결의했습니다. 저는 너무 많은 비용이 든다는 생각에 한 세무사에 문의했더니 10%를 요구했습니다. 세무사의 실수로 빚어진 것인데 우리가 비용을 물면 손해 아닙니까. 그래서 세금을 잘못 산출한 세무사를 만나 얘기했더니 알아보겠다고 하더군요. 며칠 후 답이 왔기에 전임 회장과 총무 및 신임 회장이 만나 의논했습니다. 저는 일부러 참석치 않았습니다. 그 자리에서 환수할 경우 2천만 원의 보수를 지불하기로 약속했답니다.

한 달쯤 뒤 세무사가 찾아왔습니다. 대법원에 환급신청을 했는데 부결됐다는 것입니다. 포기할 수는 없었습니다. 성공확률은 희미하나마 국세심판소에 신청하기로 했습니다. 세무사도 애가 탔습니다. 과오납의 책임은 세무사 본인에게 있다고 제가 압박하고 있었거든요.

약 2주일 후 그가 또 찾아왔습니다. 밝은 얼굴이었습니다. 환급판결을 받았답니다. 액수가 대충 3억 원이 넘는데 사례비로 5천만 원을 주면 저에게 10%를 주겠다는 겁니다. 저는 한마디로 "제가 〈동아일보〉 기자인 걸 알고 계시지요?" 했더니 "네. 알고말고요" 하기에 "그런데도 그런 말을 한단 말입니까. 듣지 않은 것으로 할 테니 다시는 그런 말 하지 말고 일이나 마무리하세요"라고 잘라 버렸습니다.

며칠 뒤 환급받을 액수를 가지고 또 찾아왔습니다. 이번엔 따로 나오는 주민세를 자기에게 달라는 것입니다. 종회에는 양도세 환급 명목만 제출하면 된다는 것입니다. "나를 어떻게 보고 또 그 따위 소릴 하는 거요?" 따끔하게 쏘아붙였더니 머쓱하여 돌아갔습니다. 엄연한 〈동아일보〉 기자를 '기자짓', '기자질'이나 하는 너절한 놈으로 여긴 것이 얼마나 불쾌한지 몰랐습니다.

드디어 국세청으로부터 환급금이 통장으로 입금됐습니다. 명세서는 없이 금액만 들어왔기에 국세청 담당자에게 전화했습니다. 환급액에 대한 근거가 뭐냐고 물었더니 납부한 양도세 가지고 계산한 것이라고 했습니다. 어쨌든 명세서를 보내 달라고 했더니 팩스로 보내왔습니다. 따져보니 종회가 납부한 실제 액수보다 적은 금액이 납부된 것으로 돼 있었습니다.

"왜 이렇게 차이가 나느냐?" 또 이유를 따졌지요. 세무사가 제출한 액수라고 하더군요. 그래서 큰 소리로 야단쳤습니다. "만약 세무사가 실제보다 많은 액수를 신고했으면 환급금도 많지 않았겠느냐. 세무 공무원은 엘리트인 줄 아는데 그따위로 행정을 하느냐?"라면서 직접 찾아가겠다고 고함쳤더니 다시 알아보겠다고 사정하더군요. 나중에 정정하여 1천여만 원이 더 들어와 모두 3억 6,844만 8,880원을 환수한 것이 통장 기록에 남아 있습니다.

세무사가 이제는 2천만 원 사례비를 달라고 요구했습니다. 저는 "한 푼도 줄 수 없다"고 잘라버렸습니다. "회장들이 약속한 액수다." "나는 그 자리에 없었다." "그래도 종회의 회장들과 총무가 약속했다." "그러면 그분들한테 받아라. 종회로서는 비용이 발생한 부분은 전임자들에게 받아내라는 분위기다. 한 푼도 주어서는 안 된다고 결의했다." 옥신각신 신경전을 벌였습니다.

며칠 뒤 회장의 허락을 받고 다른 명목으로 약간의 사례금을 주긴 했습니다. 그 세무사는 계약을 해지해 버렸습니다.

목돈 고율로 예치

2007년 6월 총무를 맡고 통장을 보니 5억 원이 넘는 자금이 들어 있었습니다. 이자가 거의 없는 보통예금 통장이어서 깜짝 놀랐습니다. 은행 담당직원에게 "이게 당신 돈이라면 이렇게 두었을 거요?" 한마디 질책했습니다. "보증금을 언제 뽑아 주어야 할지 모른다면서 종회 측에서 요구한 겁니다." 직원의 대답에 할 말이 없더군요. 그 자리에서 정기예금으로 예치했습니다. 이자가 연 6%에 가까울 때였습니다.

그 뒤로 공탁돼 있던 진관 토지 보상금과 신림동 토지 보상금 등 큰 액수가 들어와 종회 살림이 갑자기 커졌습니다. 종회는 이 자금을 어떻게 운영할 것인가가 큰 걱정이었습니다. 토지에 투자할 것인가, 임대사업을 늘릴 것인가, 은행에 맡길 것인가 논의가 많았습니다. 앞의 두 가지 사업에 뚜렷한 계획이나 전망이 있기 전에는 은행에 예치해 두는 수밖에 없었습니다. 당시 금리가 꽤 높은 상황이라 결코 손해는 나지 않는다는 판단이 섰던 것입니다.

대의원총회의 결의를 거쳐 시중은행에 정기예금하기로 했습니다. 이 과정에서 놀라운 것은 역시 '돈이 있어야 힘이 있다'는 사실입니다. 50억 원에 가까운 돈을 한 곳에 맡기지 않고 5개 시중은행에 나누어 넣기로 했습니다. 은행마다 약간의 금리 차이가 있는데 저는 사전에 단 0.1%라도 더 받기 위해 협상했습니다. 단위가 크니까 가능하더군요. 당시 억대 이상은 연 5.5%가 대세인데 저는 5.7%까지 끌어올렸습니다. 개중에는 특별한 상품이 있어 연 15%의 고금리로 10억 원을 5년 장기, 5억 원을 3년 장기로 묶어 놓기도 했습니다.

그것도 각 은행을 찾아다니는 것이 아니라 회사 근처 국민은행의 지점장실로 각 은행의 지점장과 담당자를 부른 것입니다. 한꺼번에 부르지 않고 사전에 예치할 액수와 금리를 전화로 협상한 상황이라 서류 작성만 하면 됐기 때문에 30분마다 오도록 했던 것입니다. 남의 지점장실에서 타 은행의 지점장들을 순차적으로 불러 일을 처리했더니 회장도 기분이 썩 좋은 눈치였습니다. 그러니 대기업의 오너들은 얼마나 어깨에 힘을 주겠는가 하는 생각도 들었습니다.

그날 기적과도 같은 일이 일어났습니다. 계약을 다 마치고 회사 일도 끝내고 귀가하는 버스 안에서 뉴스가 흘러나왔습니다. '한국은행이

기준금리를 내렸다'는 보도였습니다. 하루만 늦었어도 그런 고금리로 돈을 맡길 수 없었다는 생각에 얼마나 기분이 좋았는지 모릅니다. 그 이후 해마다 금리가 인하됐지만 장기 고정금리로 묶어놓은 것이 있어 종회 살림에 큰 보탬이 됐답니다.

금리가 계속 떨어져 결국 평택에 건물(충경빌딩)을 구입하여, 현재는 기존의 수원 충경회관과 함께 임대업으로 전환하여 종회를 운영하고 있습니다.

종회기금 분배 거절

2014년 4월 8일 여주에서 영릉 제향(세종대왕 제사)을 모시고 난 뒤 승용차로 돌아오던 길이었습니다. 석실지파 재덕이 모는 차 조수석에는 재길 회장이 앉고 저는 뒷좌석에 재근(석실지파)과 함께 타고 내려오던 길이었습니다. 핸드폰이 울렸습니다. 바로 직전 7대 회장을 맡아 15년간 종회에 커다란 공을 세운 성모 고문이었습니다. 90세가 넘은 연세에 부인과 장남을 먼저 떠나보내고 홀로된 큰며느리의 봉양을 받으며 지내는데 기력이 없어 바깥출입은 못해도 정신만은 총총한 분입니다. 긴히 할 얘기가 있으니 집에 들러 달라는 내용이었습니다.

서울로 돌아와 구리에서 헤어져 그 길로 지하철을 타고 수원으로 내려갔습니다. 그분 댁은 수원역에서 20여 리 떨어진 화성시 봉담리란 곳입니다. 며느리가 내온 과일과 차를 마시며 서로 안부인사를 나누고 잠시 뜸을 들인 뒤 입을 뗀 성모 고문의 말씀은 너무나 뜻밖이었습니다. 고문님은 저보다 20년이나 연세가 높지만 항렬자가 4대나 아래이기 때문에 저를 항상 '대부님'이라고 부릅니다. 우리 집에도 두어 번 들러 아버지와 종친회 일을 논의한 적도 있습니다.

그분의 말씀입니다. "내가 이제 수명이 거의 다 돼 오늘 내일 하고 있는데 대부님도 100년, 200년 살 건 아니시죠?" 느닷없는 한마디에 저는 긴장했습니다. "갑자기 무슨 말씀이신지요?" 어르신 말씀이 "우리 종회가 그동안 1전 한 푼 없이 수백 년 지내오다가 신림동 땅이 수용돼 그 보상비로 이것저것 살림을 꾸려오지 않았어요?"

"그랬습지요. 그리고 진관 토지도 은평뉴타운으로 일부가 수용돼 그 보상비로 이제는 종회가 그런대로 모양을 갖추어가고 있지요. 그동안 고문님의 노고가 많으셨습니다."

"그런데 요즘은 남은 종전(宗錢)이 꽤 되지요?"

"예. 좀 있습니다."

"우리 종회가 23개 지파로 이루어졌지요. 대종회는 그 아래 지파가 잘 이루어져야 종회도 튼튼하게 유지되지 않을까 생각되네요."

"그렇습지요."

"그래서 제가 드리고 싶은 말씀은, 그 종전에서 각 지파에 1억 원씩만 지원했으면 하는 생각입니다. 그래도 종회는 48억 원이란 돈이 남으니 그것만 가지고도 종회를 충분히 이끌어나갈 수 있다고 생각되네요. 그러니 23개 각파에 1억 원씩만 지원했으면 좋겠네요."

순간 멍한 기분이었습니다. 전혀 생각지도 못한 제안에 한동안 어안이 벙벙했습니다. 그래서 대답하기를 "그렇게 커다란 문제를 어찌 저에게 말씀하시는지요?"라고 반문하고, "고문님의 말씀을 회장과 임원들에게 전하고 의논토록 하겠습니다"라고 얼버무리고 서울로 돌아왔습니다.

며칠간 아무리 생각해도 너무 갑작스럽고 엉뚱한 제안이라 어찌할까 대안이 떠오르지 않았습니다. 아버지가 생존해 계셨으면 의논해 보았을 텐데…. 우선 재길 회장에게 전화로 대충 보고했더니 "그분 노망 드셨나?"라면서 심각하게 받아들이지 않았습니다. 그러나 저는 연로한 분이 일부러 저를 불러 '마지막 부탁'이라며 한 말씀을 무시할 수 없어 며칠 마음의 짐을 안고 지냈습니다. 그분의 제안에 무언가 답을 드리지 않고 넘길 수가 없었습니다.

1주일 뒤 찾아갔습니다. 누워 계신 안방으로 들어가 인사만 드리고 물러나와 주방으로 들어가 며느리에게 물었습니다. "혹시 요 근래에 종친회에서 누군가 다녀가지 않았나요?" "네, 너덧 분이 다녀가셨어요." "어떤 분들이었던가요? 혹시 얼굴을 아는 분들이던가요?" "아는 분도 있고 모르는 분도 있었어요." "누구예요, 아는 분은?" 하고 물었더니 며느리는 얼굴에 빙긋이 미소를 띠면서도 누구라고는 말하지 않더군요. 저도 꼭 그분들이 누구인지 알려고 한 것은 아니었습니다. 단지 종친회 몇몇 분들이 문안차 들렀다가 각 지파에 지원토록 건의했음을 확인했던 것입니다.

안방으로 들어가 고문님 앞에 앉았습니다. "고문님, 일전에 저 보고 100년, 200년 살 건 아니라고 말씀 하셨지요?" "그랬지요." "그런데 저는 천년, 만년 살 겁니다." "…" "고문님, 다른 파 종회는 기금이 수백억, 수천억 원씩 됩니다. 그런데 우린 이제 고작 수십억 원밖에 안 되는데 그것을 지파에 나눠주자고 말씀하시니 답답합니다." "…"

"우리 종회가 앞으로 할 일이 많습니다. 조상님을 모시는 위선(爲先: 조상을 위함) 사업은 어느 정도 궤도에 올렸으나 우선 장학사업을 해야 합니다. 나아가 출산격려 사업도 펼쳤으면 합니다. 그런데 요즘 금리가 점점 내려가 재정이 여유롭지 못합니다. 어떻게든 기금을 더욱 늘려서 후대에 물려주어야 할 것 아닙니까. 그러니 지파지원 제안은 거두어 주시기 바랍니다."

이렇게 말씀 드렸더니 고문님은 서운한 표정을 지으면서도 수긍하는 듯 잠자코 고개만 끄덕였습니다. 그 뒤로 서둘러 평택 건물을 매입하여 임대 수입을 올리고 있습니다. 종회는 한 푼이라도 더 모아 알찬 사업을 이루어 후손에게 물려주기 위해 노력하고 있습니다.

연구보고서 세미나 개최

화의군 족보가 2007년 9월 〈화의군 파세보〉란 표제로 발간됐는데, 수 명의 편찬위원들 속에 저도 포함돼 일을 도왔습니다. 저는 주로 900여 쪽에 이르는 '수권'의 자료정리 및 교열을 맡았습니다. 기존의 족보 중 분명하지 않은 부분과 잘못된 번역 등을 전문가들에게 의뢰하여 수정하는 작업이었습니다.

귀중한 자료를 발굴해 싣고, 편집이 잘못된 곳을 고치면서 꽤 많은 공부를 했습니다. 밤을 새우다시피 집중할 때는 아버지가 옆에서 거들어 주시기도 했습니다. 이때에 익힌 화의군 할아버님과 조상님들에 대한 지식을 바탕으로 저는 과연 화의군은 어떤 분이고 무슨 일을 하셨는지 연구해야겠다고 생각했습니다.

그 뒤로 역사학자들에게 의뢰하여 〈화의군 이영 연구보고서〉를 작성하고, 굴지의 역사학회(백산학회) 주최로 '화의군 학술세미나'를 개최했으며, 마침내 그동안의 자료와 논문을 집대성한 《화의군 충경공》이란 책자를 발간하기에 이르렀습니다. 저로서는 실로 20년 가까운 기간 동안 집념을 갖고 추진한 사업이었던 것이지요.

그러나 결과물에 대한 만족감이나 자부심보다는 부족한 점, 잘못된 부분들은 없었는가 하는 조심스러운 마음뿐입니다. 후손과 학자들이 더 많이 더 깊이 연구하여 화의군 할아버지의 훌륭하심을 밝혀 나아갔으면 하는 바람입니다.

화의군 찾아 20년

정년을 앞두고 좀 한가한 부서에서 근무하던 2001년 어느 날, 신문에서 《조선왕조실록》이 번역돼 CD로 나왔다는 기사를 보았습니다. 즉시 조사부에 들러 《조선왕조실록》 CD를 보고 싶다고 했더니 담당 직원이 대출장부에 서명하라며 비싼 값에 구입했으니 훼손되지 않게 주의하고 특히 CD를 복사하면 안 된다고 당부했습니다. 당시 그토록 귀중한 자료였습니다.

컴퓨터에 올려놓고 우선 '화의군'부터 찾았습니다. 단종 편에 섰다가 30대에 사약을 받고 돌아가신 분이라고 어려서부터 어른들에게 귀가 닳도록 들어온 터였습니다.

그런데 이게 웬일입니까? 사약을 받았다는 기록은 전혀 없고 기생과 놀아나고 밤에 몰래 여염집 여인들을 궁궐로 들여오다가 벌을 받았는가 하면 귀양 가서도 세조의 특혜를 받은 외에, 더욱 놀라운 것은 60세가 넘도록 생존하여 성종에게 구명 탄원서까지 냈다고 기록돼 있는 게 아닙니까? 아무리 뒤져도 사약을 받았다는 기록은 찾을 수 없었습니다. 그때부터 저는 요즘 말로 '멘붕'에 빠졌다고 해도 과언이 아니었습니다.

다운로드 받으면 안 된다고 했지만 틈틈이 화의군 관련 기록은 모두 컴퓨터에 복사해 두고 들여다보기 시작했습니다. 과연 어느 것이 진실인가? 사약을 받아 돌아가셨는가? 비록 죄인의 신분이지만 천수를 누리셨는가? 또 화의군의 세 아드님은 모두 서자였단 말인가? 그때부터 벙어리 냉가슴 앓듯 저의 속앓이는 시작됐습니다.

그 뒤 몇 년 지나지 않아 실록의 번역이 인터넷에 올라 누구나 볼 수 있게 되었습니다. 당시 종회 총무를 맡고 있었는데 종회원들뿐만 아니라 인터넷을 본 사람들로부터 문의 전화를 여러 차례 받았습니다. "실록을 보니 부끄럽네요. 어느 것이 맞나요?" 저도 몰라 답답한데 어떻게 대답할 수 있겠습니까. "종회에서도 실록의 기록을 보니 혼란스럽습니다. 앞으로 그 부분을 연구해 볼 계획"이라고 임기응변으로 대답하는 수밖에 없었습니다.

그로부터 실지로 이 문제를 진지하게 생각하기 시작했습니다. 당시 신림동 땅 보상비가 꽤 있어 비용이 좀 들더라도 화의군 할아버지에 대한 연구를 하자고 건의했습니다. 대의원 총회에서 화의군을 연구하자고 결의했습니다.

어떻게 할 것인가? 첫째, 대학의 역사학과에 연구비를 주어 '화의군 석·박사학위' 과정을 개설하는 방법은 없을까? 둘째, 권위 있는 역사학회에 '화의군의 행적'을 연구해 달라고 의뢰할 것인가?

전자의 경우는 실제로 학교 당국자를 접촉해 본 결과 실행하기가 수월치 않았습니다. 후자의 방법을 택하려 했더니 당시 한창 '사육신'이냐 '사칠신'이냐 하는 논란이 일던 시기라 역사학회에서는 "개인 문중에 대한 연구는 하지 않기로 결의했다"는 대답이었습니다. 벽에 부닥친 느낌이었습니다. 그러나 포기할 수는 없었습니다. 궁리 끝에 이 문제는 역사학자 개인에게 의뢰하는 수밖에 없다는 결론에 도달했습니다.

고교 동창 회식 자리에 나갔는데 마침 김재건 상명대 부총장이 옆에 앉아 있었습니다. 그에게 간단히 얘기하고 식사 뒤 따로 자리를 옮겨 차를 나누며 대략적 계획을 설명한 후 이 연구를 맡을 적당한 역사학자 소개를 부탁했습니다. 그랬더니 즉석에서 적어 주는 게 최규성 교수(당시 상명대 박물관장)의 전화번호였습니다.

며칠 후 학교로 찾아가 화의군 얘기를 꺼냈더니 이게 웬일입니까? 그는 2005년 화의군 묘역이 서울특별시 기념물 제24호로 지정될 때 문화재청 문화재위원으로 있으면서 건의서를 직접 작성하여 제출한 주인공이었습니다. 그런 사실 알고 찾아온 것이 아니냐고 묻는 겁니다. 전혀 그 사실은 모르고 김재건 부총장의 소개로 왔다고 했더니 "내가 전생에 화의군과 특별한 인연이 있었던 모양"이라며 흔쾌히 연구해 보겠다고 응낙했습니다. 순간 그동안의 두통과 속앓이가 한풀 가라앉는 느낌이었습니다.

그로부터 학자들이 자료를 모아 비교 분석하여 〈화의군 연구보고서〉를 내고 유명 역사학회를 섭외하여 '화의군 학술세미나'를 개최하는 등 숱한 과정을 거쳐 《화의군 충경공》이란 책이 나왔습니다. 그 과정이 결코 순탄했던 것은 아닙니다.

공연한 일을 벌여 왜 조상의 부끄러운 과거를 세상에 알리려 하느냐, 쓸데없는 데 돈 쓰지 말고 각 지파에 제사비나 보태라, 한문투성이 고리타분한 옛 역사자료를 요즘 누가 읽느냐, 차라리 만화책으로 엮으면 좋을 것이라는 등의 비난 섞인 목소리도 적지 않았습니다.

또 자료를 모으기 위해 여러 가지로 노력했으나 별 성과를 거두지 못해 아쉽고 서운한 점도 많았습니다. 진관 사당에 대대로 보관된 서류 궤짝을 최 교수에게 부탁해 살펴보았으나 참고할 만한 문서는 거의 없고 개인적 서신들이 태반이라는 사실에 허탈했습니다. 들리는 바로는 귀중한 자료들은 몇 단계를 거치는 동안 이미 빼돌려졌다는 얘기에 허망했습니다.

또 종회 몇몇 원로들 중에는 자료들이 있다며 그중에 몇 가지를 복사해 주셨던 분들이 생각나 연락했더니 한마디로 "아무것도 없다"는 유족들의 쌀쌀한 대답을 듣고는 서운했습니다. 그분들이 생존해 계실 때 미리 확보해 두지 못한 것을 후회하기도 했습니다.

게다가 책을 발행하기 위한 편집위원회를 조직하여 몇 차례 회합을 가졌지만 건설적이고 긍정적인 의견보다는 때로는 배타적이고 부정적인 의견이 튀어나와 충돌하는 등 별 성과 없이 끝나곤 하여 그때마다 두통과 속앓이가 도지곤 했습니다.

하지만 "책이 언제 나옵니까?" "우리 애들이 화의군 할아버지가 어떤 분이냐고 묻는데 어떻게 대답해야 합니까?"라고 물어오는 종회원들도 꽤 많았습니다. 그래서 단단히 생각했습니다. 서부 개척시대 혹은 우리나라 개화기 때 철도건설을 방해하고 달리는 열차에 아이들이 돌을 던져도 기차는 의연히 달렸던 것처럼 '화의군 책' 만드는 일을 멈출 수 없다는 생각이었습니다. 서두르지는 않았지만, 한 걸음 한 걸음 쉬지 않고 계속했습니다. '돌팔매는 맞아도 열차는 달려야한다'는 각오로.

화의군에 대한 여러 가지 자료와 문헌들은 학자들이 발굴하고 연구한 결과물들이지만 화의군 할아버지와 영빈 할머니의 영정은 저의 제안에 따른 화가의 창작물임에 자부심을 느낍니다. 두 분의 영정을 그리기 위해 고교 동창 화가에게 문의했으나 사례비가 만만치 않았습니다. 〈동아일보〉에 시사만화를 연재하는 직장동료에게 알아봐 달라고 부탁했더니 모 신문사에 화백으로 근무하며 수백 명의 인물만 그린 초상화 전문 화백을 소개받았습니다.

화가에게 대의원들 얼굴이 실린 수첩을 건네고 화의군과 영빈의 내력 및 전해 들은 성품 등을 설명해 주었습니다. 또 박물관을 들르고 종약원을 통해 고전 복식전문 교수의 조언을 듣는 등 많은 노력을 기울였습니다. 그 결과, 아주 마음에 드는 인물이 완성됐습니다. 책을 제작할 때 세종대왕 어진은 왼쪽에, 영빈 할머니는 오른쪽에 나란히 모셔 편집했습니다. 영정만이라도 두 분이 함께 하시기를 바라는 마음이었습니다. 무심코 보면 별것 아닌 것 같아도 저로서는 한 페이지 한 페이지가 깊은 의미를 지닌 내용들이어서 소중하게만 느껴집니다.

막바지에 화산지파 정욱 회장, 대흥지파 재환 부회장, 충주지파 재유 지파장께서 '화의군 가승'을 보내 주어 이 책의 백미를 장식했다고도 할 성과를 거두어 감사한 마음입니다. 이러한 구절양장(九折羊腸)과도 같이 힘든 과정을 거쳐 드디어 '화의군 충경공'이라는 이름의 열차는 종착역에 도착했습니다. 그 모습을 보니 그야말로 감개가 무량합니다.

하지만 막상 책을 대하고 보니 양말 위로 가려운 발등을 긁은 것과도 같이 개운치 않은 마음입니다. 잘못된 부분, 미진한 대목, 부족한 곳이 없지 않음을 고백합니다. 이런 부분들은 앞으로 후배들이 보완해 나아갈 것이라고 믿습니다. 이 책을 바탕으로 하여 더 많은 자료를 모으고 연구함으로써 '화의군학 석사·박사'들이 나올 것을 기대합니다. 그리고 몇 년 후가 될지 모르지만 장학사업을 하게 되면 그들을 교육하고 선발하는데 이 책이 유용하게 활용되고 아울러 화의군 자손들의 필독서가 되기를 희망합니다.

이제 20년 가까운 속앓이와 머릿속에 얽히고설켰던 생각들을 털어버리게 돼 마음이 홀가분합니다.

익산 사당, 진관재실 건축

언제부터인지는 몰라도 진관 화의군 할아버지 사당에는 화의군을 낳으신 어머니 영빈 진주 강씨 할머니도 함께 신위를 모시고 같은 날 사당에서 제사를 모셔왔습니다. 장남 여흥군은 익산에 계시고 진관 선영 안에는 차남 여성군과 삼남 금란수 그리고 증손 태산군 산소도 있는데, 이분들의 시제는 각각 날짜를 따로 정해 산소에서 모셔왔습니다. 이 할아버지들 시제 날에는 화의군 할아버님께 먼저 잔을 올리고 난 다음에 제사를 올렸습니다.

그러니 화의군은 여러 번 제사를 잡숫게 되고 제수 차리는 데도 번거롭고 시간도 많이 걸리는 등 불편했습니다. 게다가 눈이나 비가 오는 등 날씨가 나쁘면 제사드리기가 여간 힘들지 않았습니다.

아버지와 의논했습니다. 어떻게 하면 불편을 덜고 정리된 제사를 드릴 수 있을까 여쭈었지요. 그 결과 영빈 할머니는 산소가 익산에 있으니 그곳에 모신 장손 여흥군과 함께 제사드리고, 여성군과 금란수 태산군은 진관 화의군 사당에서 한날에 함께 제사드리는 게 좋겠다고 말씀하시어 종회 의결을 거쳐 그대로 시행키로 했습니다. 아버지의 고견이 받아들여진 것이지요. 그러나 그것은 익산에 할머니 사당을 지은 후에 실행하기로 결의됐습니다.

2008년 익산에 영빈 사당과 재실(齋室)을 지을 때 제가 사실상 실무 책임을 맡다시피 했는데, 종회원들의 정성과 협력이 모아지기보다는 사소한 일들로 의견충돌과 반목이 없지 않았던 점은 몹시 안타깝습니다. 이어서 진관에도 재실을 새로 지어야 하는데 익산 사당 건축 때와 같은 의견 충돌은 일어나지 않게 해야겠다는 데에 생각이 미쳤습니다. 그래서 영빈 사당 건축 때 강하게 이의를 제기한 분에게 맡기기로 의결하여 진행했으나 별로 탐탁지 못한 부분이 있어 아쉽습니다. 종회원들이 서로 허물을 덮고 합심 전력하여 일을 추진해야 조상님들도 좋아하실 텐데 그렇지 못해 죄송한 마음입니다.

종손 정리

잘 알고 계시겠지만 화의군은 세종대왕과 영빈 강씨 사이의 외아들로 태어나셔서 2세 여흥군(驪興君), 3세 재양군(載陽君), 4세 복주군(福州君)까지는 적장자(嫡長子)로 이어져 내려왔습니다. 그러나 5세에 손이 끊겨 양자(養子 成志)를 들였고, 10세에도 손이 이어지지 못해 계자(繼子 持敬)를 들였습니다. 13세 때도 마찬가지로 계자(商俊)로 손을 이었고, 14세 때도 아드님이 없어 양자(宗承)로 대를 잇는 수밖에 없었습니다.

이렇게 종가가 손이 귀해 양자로 이어져왔듯이, 화의군 6세 한규 할아버지 후손인 우리 집안도 마찬가지로 이상하게 거의 3대마다 손이 끊겨 양자로 이어져 왔지요. 그런데 저희 대에 이르러 또 손이 끊기고 말

상황이라 답답하고 조상님께 죄송하기 짝이 없습니다. 저는 손자가 없고 부모님께 증손자를 안겨드리지 못해 늘 마음이 송구할 뿐입니다.

종회에도 현재 종손이 없습니다. 그 연유는 이렇습니다. 종가의 17세까지는 잘 이어져 왔습니다. 종손(在徽)은 슬하에 2남 1녀를 두었는데 가족이 모두 미국에 건너간 지가 수십 년 째입니다. 종손은 1년에 한 번씩 들어와 화의군 제사만 치른 뒤 떠나곤 했습니다. 그러던 중 2008년 화의군 대제 때 왔던 종손이 갑자기 세상을 떠나 난감하게 됐습니다. 장례를 치르고 종부(宗婦)만 계속 머물고 있었습니다.

그 당시 진관 재실 재건축 논의가 한창일 때였습니다. 저는 재실을 크게 짓거나 별도의 건물을 하나 더 지어 그곳에서 종부가 전통 찻집이라도 운영하며 생활토록 할 요량으로 설계도까지 작성했습니다. 그러나 종손의 아들이 들어와 조상님 받드는 역할을 한다면 모르나 종부만 선산을 지키게 한다는 것은 합당치 않는다는 여론이 많았습니다.

아버지께서는 과거 14세로 들어온 양자가 재산을 축낸 일로 우리 증조할아버지(商說)께서 파양을 시키려 했는데 이 기회에 종손을 정리하는 게 어떻겠느냐고 말씀하셨지요. 또 종부 측에서도 종가를 잇기보다는 포기할 테니 생활할 자금이나 지원해 주길 원했습니다. 이에 따라 종회에서는 종부의 의견을 받아들이기로 의결하고 지원금을 지불하고 종손으로서의 권리와 의무를 내려놓겠다는 서약을 받아 공증까지 했습니다. 아울러 재실에서 생활하던 종손의 삼촌댁에도 일정금액을 주고 이주토록 했습니다. 이렇게 글로는 간단히 정리합니다만 이 과정에 회장과 저는 말 못할 심적 고초를 여러 번 겪었음을 덧붙입니다.

숙원사업

이상이 제가 종사에 참여하면서 실행한 주요 역할들입니다. 저는 그동안 종회에서 여러 가지 일을 수행하면서 저 자신의 사업을 경영한다는 마음과 각오로 전심전력으로 복무했음을 말씀드립니다. 이제 제가 한 발 물러서 있지만 앞으로 우리 종회에서 반드시 수행할 일이 있다고 생각합니다. 다름이 아니라 우선 종손을 다시 세우는 일입니다. 후손 중에서 적당한 인물을 골라 양자를 들이는 문제를 심각하게 논의해야 하리라고 봅니다. 이 일은 다음번 수보(修譜) 사업을 할 때까지 결정할 문제라고 생각합니다. 다음으로는 장학사업과 출산격려사업입니다. 이상의 사업들을 이루면서 여유가 있다면 경로사업에도 신경을 쓰면 좋겠고 앞으로 10년 안팎에는 족보 수보 작업도 이루어져야 할 것입니다. 이상의 사업들이 저의 생전에 이루어지기를 바라는 마음 간절합니다.

제가 8년 8개월 동안 종친회 총무이사로 재임한 데 대한 공로패를 받았기에 적어 둡니다.

제2016-3호

공로패

전주이씨 화의군파 종회
총무이사 李忠男

귀 宗賢께서는 2007년 7월부터 2016년 2월까지 8년 8개월간 제7대 聖模, 제8대 在吉 회장의 명을 받아 宗事를 운영하며 30여 건에 이르는 訴訟사건에 잘 대처하고 前任期에 과오납한 양도세와 공탁금 4억 6천여만 원을 비용 한 푼 들이지 않고 환수하는 등 資產 운용을 비롯한 宗會의 제반 업무를 성실히 수행하여 왔기에 그 功을 기려 이 牌에 담아 드립니다.

2016년 3월 29일

전주이씨 화의군파 종회 회장 李正煜

예수님의 마음을 배우는 교회 봉사

가족 권유로 시작한 신앙생활

제가 교회에 다니기 시작한 것은 장남 승민이가 5학년 때이니까 아마 1982년경일 겁니다. 어미와 애들은 그 이전부터 교회에 다니면서 저에게도 함께 다니자고 권유했지요. 저는 끈질긴 요구에도 꿋꿋하게 버티다가 승민이가 전국 어린이 성경대회에서 1등을 했다며 그 시상식에 참석하자고 조르는 바람에 따라갔다가 붙잡히고 말았답니다.

그로부터 현재까지 꾸준하게 다니고 있으니 40년이 가까워 오네요. 대한예수교 장로회 평강교회, 한 교회만 다니고 있습니다. 그러나 햇수만 오래됐지 믿음은 연약하기 그지없습니다. 한때는 성경공부가 재미있어 신학대학원에 다닐 생각도 했으나 세상 유혹을 뿌리치지 못하고 그 속에 묻혀 살고 있습니다. 그래서 감히 '믿음 생활 38년'이라 하지 못하고 '교회 출입 38년'이라고 할 수밖에 없네요.

《벧엘 성경》 공부에 큰 재미

교회를 다닌 지 5, 6년이 되지만 머리에도 마음에도 더구나 눈에는 예수가 보이지 않았습니다. 술과 담배도 여전했지요. 성경을 보면 5분도 안 돼 잠이 오고 찬송은 부르는 게 쑥스럽고 어색해 예배 때는 입만 벙긋거리거나 아예 꾹 다물고, 귀로는 설교 말씀을 들으면서 머릿속에는 온갖 세상일만 떠오르곤 했습니다. 그래도 서리집사 안수를 받았지요.

마음이 늘 무거웠습니다. '성경을 알아야겠나.' '성경공부를 해야겠다.' 생각하면서도 어디서 어떻게 해야 할지 몰랐습니다. 담임 목사님이 가르치는 교리신학을 들었는데 당장은 이해됐지만 돌아서면 그만이었습니다. 그러던 차 연초에 교회에서 몇 가지 성경 교육과정이 발표됐습니다. 저는 그중에 2년짜리 《벧엘 성경》 공부 과정을 택했습니다. 가톨릭 교단에서도 똑같이 공부하는 교육프로그램인데 무척 힘들고 엄격한 과정이라고 했습니다.

매주 이틀간 두 시간씩 2년 동안 공부하는데 교육기간 중에 두 번 이상 결석하면 안 되고 심지어 교육을 마치기 전에는 미혼자들이 결혼해서는 안 된다고까지 했습니다. 성경 구절과 각 과정을 요약한 카드를 외어야 하고, 또 지난 시간에 배운 것을 앞에 나와 발표해야 하며 한 달에 한 번씩 시험을 보는 엄격한 과정이었습니다. 저는 여기에 도전해 보기로 했습니다. 학창시절 공부하던 심정과 각오로.

오전반과 저녁반 각각 약 50명씩의 남녀 교인들이 수업을 받았습니다. 저는 성경구절 카드와 교육내용 요약 카드를 모두 코팅했습니다. 그때 저는 새벽등산을 마치고 출근하곤 했는데 산에 갈 때도 갖고 가며 외었습니다. 또 목욕탕에 갈 때도 갖고 갔습니다. 그때마다 땀이나 물에 젖지 않도록 코팅한 것이지요. 잠자리에 들어서도 성경구절과 요약을 처음부터 죽 외다가 잠들곤 하는 게 습관이 됐습니다.

아주 재미있었습니다. 성경의 뜻이, 예수의 가르침이 무엇인지 어렴풋이 이해가 되는 듯했습니다. 2년 과정을 마쳤을 때 저는 전 교육생 중에 1등을 차지해 큰 상과 교인들의 부러움과 칭찬을 한 몸에 받았습니다.

"내친김에 신학을 공부할까?", "직장생활을 마치면 목사가 될까?"

칭찬과 호응을 받을 줄 알고 아내에게 물었으나 "그건 뭐 하러 해요? 기존의 교회와 교리는 다 썩었는데"라는 싸늘한 한마디에 의욕이 꺾임은 물론이요, 그 일로 인해 아내와의 애정도 산산조각이 나고 말았답니다. 이제 와서 생각하니 그때 꿋꿋이 버티고 나가지 못한 게 후회도 됩니다. 아내 때문이라는 것은 이제 와서 핑계였음을 고백합니다.

주일학교 교사

직장생활을 마친 2004년과 2005년 2년 동안 주일학교 교사 경험도 쌓았습니다. 고등부 부감 겸 교사로서 첫해는 고등학교 1학년, 다음해에는 3학년을 맡아 여름방학 때 수련회에도 참여했습니다. 3박 4일 동안의 짧은 기간이지만 갖가지 과정과 행사를 치르면서 학생들을 지도한다기보다 오히려 제가 배우는 게 많았다고 생각합니다. 특히 제자들의 발을 씻겨 줄 때는 학생들과 함께 눈물의 감흥도 맛보았습니다.

특히 고 3을 맡았을 때에는 거의 매일 새벽기도를 마치고 그 길로 등산을 했는데 서울에서 제일 높은 백운대를 1년에 100번 오르겠다는 계획을 세웠습니다. 백운대를 오르지 못할 때는 대동문까지는 갔으니까 새벽 등산은 매일 했던 것입니다. 결과는 백운대만 113회. 눈이 오나 비가 오나 평균 3일에 한 번씩 오른 셈이지요. 등산했다는 결과뿐 아니라 그 꼭대기에서 부르짖은 기도가 응답을 받았다는 사실이 놀랍고 감사했습니다. 제가 맡은 고 3생 10여 명의 대학 입학을 위해 기도했는데 단 2명을 제외하곤 모두 진학했다는 소식을 들었을 때 얼마나 기뻤는지 모릅니다.

외국인전도부

다른 곳에서 대충 말씀 드렸습니다만, 아내는 1986년경부터 이미 다른 교회에 다니며 저를 그쪽으로 유혹했지만 저는 요지부동 움직이지 않았습니다. 그렇다고 신앙심이 남다른 것은 아닌데 아무래도 아내가 다니는 데가 사이비인 것 같아 싸움을 많이 했습니다. 그 후 저는 마지못해 주일에만 나가 심드렁하게 앉아 있다가 돌아오는 세월을 보냈습니다.

그러던 중 남선교회 회식을 마친 토요일 오후 교회 한 선배가 별일 없으면 함께 시간을 보내자고 하여 따라나섰습니다. 그분의 승용차로 찾아간 곳은 포천 송우리 외국인근로자가 묵고 있는 빈집들이었습니다. 주인이 도시로 떠나며 버려 둔 농촌의 폐허를 외국인근로자들이 차지한 것이지요. 뜻있는 교인들이 외국인 근로자들을 전도하기 위해 '외국인전도부'를 갓 구성했는데, 선배는 그 부서의 팀원으로서 외국인들을 만나러 가는 것입니다.

토요일마다 그분을 따라나선 지 20년이 흘렀습니다. 당시 약 10여 개 나라 외국인들이 교회에 왔으나 태국 같은 나라는 독립해 나갔고 다른 여러 나라 친구들은 숫자가 적어 서서히 없어져 10여 년 전까지는 인도, 필리핀, 중국, 3개국이었습니다. 나중엔 그중 인도 팀이 해체되고 베트남 팀이 새로 생겨 주일마다 30~40명이 예배를 드립니다.

저는 인도 팀을 맡아 주말 심방 및 수송업무를 10여 년간 하다가 그 팀이 없어진 뒤로는 남은 두 팀의 마중과 배웅 수송을 맡았습니다. 토요일 밤 심방하고 주일 새벽 찾아가 교회로 데려오고 오후에는 그들을 다시 귀가시키기를 약 10년간 했습니다.

인도 팀에서 봉사할 때 세 차례 단기선교 여행을 했으나 한 번은 일행은 먼저 출발하고 저는 회사 일이 있어 혼자 뒤에 떠났다가 여권 분실로 다시 돌아왔습니다. 그래서 저는 인도 선교여행을 2.5회 했다고 실토하고 있습니다.

최경일 수술 보고서

중국 국적의 한국교포 최경일·안분옥 부부가 2000년 중국 연변에서 한국으로 와 경기도 동두천 지역에서 살았습니다. 그러다 2004년 4월 하순 최경일 씨가 일과를 마친 뒤 회사차량을 몰고 가던 중 운전 미숙으로 가로수를 들이받고 왼쪽 무릎 아랫뼈가 완전히 함몰되는 사고를 당했습니다. 즉시 인근 양주 시내에 있는 병원에 입원, 수술을 받았으나 오랫동안 낫지 않고 염증이 심했습니다. 서울 안암동에 있는 성북중앙병원으로 이송하여 진단한 결과 당뇨가 심해 수술을 못 하고 우선 식이요법으로 염증을 치료했습니다.

그 뒤 사고 난 지 4개월여 만인 2004년 8월 10일 동대문 이대부속병원에서 골절부분을 절단하여 접합하는 수술을 받게 되었습니다. 수술은 성공적으로 끝났습니다. 다음은 절단돼 짧아진 다리를 늘리는 시술을 수개월 동안 받았습니다. 절단 부위 상하에 보철물을 삽입하고 그것을 조정함으로써 뼈가 완전히 자라고 굳어 보철물을 제거하고 방광뼈 일부를 떼어 2005년 초 보식수술까지 받았습니다. 환자는 그 뒤 다시 안암동 병원으로 옮겨 수개월의 치료와 회복기를 거쳐 드디어 11월 28일 비록 목발을 짚었으나 평강교회 대예배에 참석했습니다.

제가 이렇게 최경일 형제의 사고, 수술, 회복과정을 회고하는 것은 그동안 환자 수송(동두천-서울)을 도맡다시피 하면서 이들 부부와 정이 들었고, 특히 안분옥 집사의 고운 심성과 착실한 생활 태도를 잊지 못하기 때문입니다.

하루는 동대문 이대부속병원에 환자를 내려주고 주차장에 차를 대다가 남의 차(여기저기 흠집투성이)를 긁은 일도 있습니다. 연락했더니 차주가 나와 보고는 덤터기를 씌워 꼼짝없이 교회에서 물게 한 기억도 생생합니다. 그리고 총 1,700여만 원의 수술과 치료비를 외국인전도부와 친구들의 모금으로 115만 9천 원을 보탰고 마지막 안암동 병원에서 퇴원할 때 모자라는 금액(약 200여만 원)을 제가 감당할 수 있게 해 주심에 감사합니다. 당시에는 제 친구들이 모아 준 돈이라고 했는데 몇 년 뒤 안분옥 집사가 느닷없이 "그때 그 퇴원비 집사님 돈이죠?"라고 묻기에 아니라고 못 하고 웃어 주고 말았습니다.

그날 예배에 참석한 최경일 형제를 보고 드디어 예수님이 하나의 생명을 구원하셨다고 생각했습니다. 이 친구는 아내가 그렇게 교회에 다니자고 했으나 귓등으로도 듣지 않던 무신자였거든요. 고난을 통해 은혜 주시는 하나님이라는 생각이 들었답니다.

이 과정에서 제가 알게 된 또 하나 놀라운 사실은 다리뼈를 늘린다는 것입니다. 키 작은 사람들 특히 키 때문에 콤플렉스가 있는 여성의 경우 다리뼈를 잘라 붙이고 상하로 끼운 보철물의 레버를 조금씩 죄었다, 풀었다를 반복하면 3개월 정도에 5~6cm가 늘어난다니 놀라웠습니다. 저도 키가 작아 한때 고민한 적이 있었는데 ….

최경일 형제는 현재 조금도 절룩거리지 않고 평상의 다리 길이로 씩씩하게 걷고 있답니다. 이 일을 회상하면서 교회 봉사, 특히 외국인전도부에서 20여 년 사역에 작은 보람과 큰 은혜를 실감합니다.

인도 단기선교 보고서

믿음생활 30여 년, 환갑, 진갑 다 넘긴 나이에 단기선교여행에 따라나선다는 게 멋쩍기도 했습니다. 하지만 어차피 교회 외국인전도부에서 인도 팀을 섬기고 있는 몸이라 한 번쯤은 다녀와야 한다는 사명감에 일단 가겠다고 선언했습니다. 그때부터 재정이나 건강 가정 문제 등 모든 조건이 충족되고 또 대원들에게 힘은 못 돼도 짐은 되지 않게 해 달라고 기도했습니다.

지원 마감 2주 전, 간신히 개인 참가비 100여만 원을 마련해 놓았으나 친구의 뜻하지 않은 SOS에 털어 주고 말았습니다. '친구의 절박한 형편을 외면하면서 무슨 해외선교냐!'는 음성이 들리는 듯해서였습니다. 하지만 하나님이 누구이십니까? 저의 가슴 따뜻한 고교 친구들을 통해 1주일도 안 돼 몇 배로 갚아 주신 하나님께 감사하며 기쁘고 가벼운 마음으로 선교여행에 동참했습니다. 그러나 제 마음과 달리 팀 전체의 분위기는 무거웠습니다. 교회 차원의 지원과 이해가 전혀 없었기 때문이었을 겁니다.

우리 교회 외국인전도부의 단기선교는 엄밀히 말해 '해외심방'이라고도 할 수 있습니다. 한국에 와서 평강교회를 통해 복음의 씨앗을 간직하고 돌아간 외국인근로자들을 방문하는 것입니다. 말하자면 뿌린 씨앗이 어떻게 자랐는지 확인하는, 즉 타깃이 있는 선교여행입니다. 이 점을 간과하고 놀러가는 여행쯤으로 취급하는 윗분들이 심드렁하게 여기고 "교회 차원의 해외선교 여행은 금하되 개인들이 돈 모아 가는 것은 허용한다"고 결정했습니다. 선교여행 중의 사고나 불상사는 책임지지 않겠다는 것입니다.

한마디로 교회에서 달가워하지 않는 길을 나서는 처지라 대원들의 발걸음은 무거웠고 반대로 선물짐 보따리와 지갑은 가벼웠습니다. 그나마 몇몇 성도들의 기도와 각 선교회 및 뜻있는 분들이 쥐어 주신 후원금과 선물에 힘을 얻어 '보내는 자들'의 기도 없이, '떠나는 자들'만의 기도를 마치고 첫새벽 어둠을 뚫고 공항으로 향했습니다.

그렇게 떠난 12박 13일의 선교여행, 아니 해외심방이었습니다. 2박은 왕복 비행기 안에서, 5박은 기차에서, 1박은 현지인의 가정에서 먹고 자며 줄인 경비로 그나마 10여 가정과 10여 명의 선교사들, 그리고 수백 명의 어린이들에게 선물과 선교후원금, 과자, 사탕 등을 과히 부끄럽지 않게 전할 수 있었습니다.

"정말 놀랐어요. 이곳까지 심방을 오시다니 … ." 캘커타의 모 선교사 부인이 우리를 맞으며 한 첫마디 인사였습니다. 그렇습니다. 우리가 이번에 인도를 방문한 것은 단순한 해외 선교여행이 아니라 우리 평강교회의 인도인 성도들을 찾아간 심방이었습니다.

여러 교회에서 선교에 역점을 두고 물심양면으로 지원을 아끼지 않고 해외 선교팀을 보내고 있습니다. 이에 따라 많은 청년들이 젊어서부터 복음전파의 사명을 익히고 실천하면서 신앙을 키워가고 있습니다. 실제로 이번 여행 중 비행기 안에서 몇몇 다른 교회 선교팀을 만났는데 대부분이 고교생이나 대학생들이었고, 장년이나 저 같은 늙은이는 볼 수가 없었습니다.

옆에 앉은 청년에게 물어보았습니다. "어디로 가는 거요?" "인도요." "기간은?" "10박 11일요." "비용은?" "120만 원요." 우리와 비슷했죠. "청년이 무슨 돈으로?" "절반은 교회에서 대주고 나머지만 각자 냈어요."

그런가 하면 교세를 자랑하기 위해 무차별적으로 대규모의 선교여행을 보내는 교회들도 많다고 합니다. 이것은 어쩌면 길가와 돌밭 혹은 가시 떨기나 좋은 땅을 가리지 않고 씨를 뿌리는 것과도 같다고 할 것입니다. 해외선교를 많이 했다는 기록을 남기고 교계에 이름을 드러내기 위함이겠지요. 마치 열매 맺는 과실나무를 심는 것이 아니라 아름답게 보이는 꽃바구니를 선물하는 것과 같다 할 것입니다. 바구니의 꽃이 며칠이나 가겠습니까.

장님 코끼리 만지기보다도 못한 짧은 정탐(偵探)으로 어찌 인도를 말할 수 있겠습니까만, 인도는 한마디로 긴 잠에서 깨어나 꿈틀거리고 있는 공룡이라고 표현하고 싶습니다.

길거리나 기차역 구내, 시장 바닥, 동네 나무 그늘 가릴 것 없이 죽은 듯이 누워 있는 사람들이 발길에 차일 정도로 많았습니다. 그런가 하면 중심가 시장통, 갠지스 강가에 이르는 골목 등에서는 바쁘게 움직이는 사람들에 치여 발길을 옮기기 어려울 정도입니다.

또한 사이클릭샤, 오토릭샤, 자동차 가릴 것 없이 그들은 운전대만 잡았다 하면 최고속력을 내고 자기 앞에 가는 차는 추월해야만 직성이 풀리는 급한 성격의 소유자들입니다. 오늘의 우리나라를 이만큼이라도 이끌어 올린 '빨리빨리' 정신이 무색할 정도였습니다.

우리 일행이 한강 너비보다 훨씬 넓은 갠지스강을 노 젓는 배로 건너는데 옆에서 흰 이를 드러내어 웃는 얼굴로 뜻 모를 신호를 보내오는 소년이 있었습니다. 무심히 지나쳤는데 강 건너 도착해 얼마 안 있으니 한 소년이 숨을 몰아쉬면서 웃는 얼굴로 손을 내밀었습니다. 헤엄쳐 건너온 그 소년이었습니다. 한 푼을 얻기 위해 그 어린것이 목숨을 내걸다시피 그 위험한 물살을 헤쳐오다니 …. 콧날이 시큰했습니다. 있는 돈 다 꺼내 주고 싶었습니다.

하지만 가이드가 주지 말라고 했습니다. 버릇이 돼 계속 그런 위험한 짓을 한다는 것입니다. 우리는 아무도 그에게 돈을 주지 않았습니다. 그에게 몇 푼 건네는 것이 그의 죽음을 재촉하는 행위라고 생각했기 때문입니다. '그 넓은 강을 헤엄쳐 건널 노력이라면 다른 일을 찾는 것이 너를 살리는 길'이라고 마음속으로 기도했습니다.

길거리에 누워 있는 그들을 보고 누가 인도인들을 게으르다고 할 수 있겠습니까. 그들은 살길을 찾아 쾌속으로 질주하며 한 푼을 얻기 위해 급류를 헤치는 등 몸부림치고 있습니다. 그 기회를 만나지 못한 사람들이 지금 누워 쉬다가 때가 오기만 하면 털고 일어나 물불 안 가리고 달려가기 위해 힘을 아끼며 기다리는 중입니다.

인도인들이 믿는 신은 3억 3천만이라고 합니다. 그러나 그 어느 신도 그들에게 평안과 구원을 주는 신은 없음을 자신들도 고백한다고 합니다. 아무리 많은 신을 믿은들 무슨 소용이 있겠습니까. 그들에게 구원과 평안을 주는 단 한 분의 복음이 들어가기만 하면 그들은 그 숱한 악령에서 벗어나 영생의 기쁨을 누리게 될 것입니다.

잡신에 중독된 성인들보다는 아직 영혼이 병들지 않은 어린이들에게 복음의 씨앗을 뿌리는 것이 가장 효과적인 선교라 생각합니다. 한 선교사가 개척한 캘커타의 작은 시골 학교를 방문했습니다. "할렐루야", "아멘, 아멘"을 외치는 수백 명 어린이들의 맑고 큰 목소리와 초롱초롱 빛나는 눈망울에서 인도의 미래, 복음의 발아(發芽)를 확인할 수 있었습니다.

주님께서는 오랫동안 참고 바라보시던 끝에 이제 팔 내밀어 그들을 일으켜 세우고 계시다고 믿습니다. 어린 생명, 병든 육신, 잠자는 영혼을 모두 흔들어 깨워 치료하고 계십니다. 한국을 비롯한 세계 곳곳으로 젊은이들을 불러내어 육신의 배를 채워 주시는 외에 영혼의 양식도 먹여 주고 계십니다.

인도는 이제 열 사람의 의인(義人)이 없어 멸망한 소돔과 고모라가 아닙니다. 인도는 고난의 백성을 구해내시기 위해 평강교회 12명(현지 합류 2명)의 제자들을 보내 정탐케 하신, 젖과 꿀이 흐르는 땅, 곧 가나안인 것입니다. 중간중간에 신체적 고통을 극복해가면서도 모든 대원들이 꿋꿋하게 사명을 마치고 돌아올 수 있게 보살펴 주신 주님께 감사하며 앞으로 똑같은 사명 주실 때 선뜻 나설 수 있는 여건과 믿음을 주시길 기도합니다.

'배탈' '차탈'

2010년 7월 31일 토요일 밤, 저는 크나큰 고통을 겪었습니다. '배탈'이었습니다. 그칠 줄 모르는 설사와 쥐어뜯는 배앓이. 심야에 갑작스럽게 발작해 계속되는 복통. 그것은 정말 죽을 것만 같은 아픔이었습니다. 119를 부를까 생각했으나 늙으신 부모님 놀라실까 봐 밤새도록 혼자 끙끙거리며 버텼습니다. 옆에 잠든 아내가 깨어 일어날까 봐 거실에 누웠다가 화장실을 몇 번 들락거렸습니다. 새벽에 아내의 응급처치로 복통은 어느 정도 가라앉았으나 화장실은 1시간이 멀다 하고 들락거려야 했습니다. 배탈은 만 이틀 동안 계속됐습니다.

월요일 아침 흰죽을 먹고 간신히 몸을 추슬렀습니다. 낮에는 취소

하기 어려운 점심약속이 있었습니다. 설사와 통증이 어느 정도 가라앉은 듯하여 병원에 가 보라는 아내의 말을 귓등으로 흘리고 점심약속을 지키러 나갔습니다. 자전거로 나가 지하철로 갈아타고 시내에서 식사하고 돌아오는 길이었습니다. 이번에는 '차탈'을 당했습니다.

지하철 수유역에서 내려 자전거를 타고 집으로 향했습니다. 집까지는 자전거로 약 10분 거리. 신호등이 있는 횡단보도 3번, 신호등 없는 이면도로 횡단로 4번을 건너야 합니다. 신호등 횡단로 2개, 이면 횡단로 2개를 건너 막 세 번째 이면 횡단로를 건널 때였습니다. 왼쪽 차도를 보니 마을버스가 서 있었습니다. 이쪽으로 꺾어 들어오는 차가 없었습니다.

천천히 페달을 밟아 건너려는 순간. 시커먼 차체가 눈앞에 확 들어왔습니다. 브레이크를 잡았습니다. 그러나 자전거는 이미 '퍽' 하면서 옆으로 튕겨 나갔습니다. 순간 제 몸이 자전거와 분리돼 차와 부딪쳤습니다. '아, 이렇게 해서 죽는 거구나!' 몸뚱이가 땅에 떨어졌습니다. 그런데 아픈 곳은 없었습니다. '살았나?'

2, 3m 앞에 멈춘 2톤 트럭 운전자가 뛰어오며 "괜찮으세요?"고 물었습니다. 30대 초반의 젊은이였습니다. 놀란 표정에 겁먹은 목소리였습니다. 서 있는 마을버스에 가려 저를 보지 못했답니다. 일어나 앉았습니다. 왼쪽 팔뚝에 상처가 났고 어깨가 뻐근하고 왼쪽 뺨이 얼얼했습니다. 만져 보니 피는 나지 않았습니다. 일어서서 트럭 사이드미러로 얼굴을 보려고 했더니 접혀 있었습니다. 제 머리와 부딪치는 충격에 꺾인 것이었습니다.

젖히려니 잘 안 됐습니다. '이렇게 빽빽한 게 내 헤딩에 접히다니…'

그러나 그 덕에 제가 덜 다쳤다는 생각이 들었습니다. 만약 그게 헐거웠으면 제 머리는 뒤쪽 단단한 화물칸에 부딪쳤을 게 뻔합니다. 그랬다면 제 얼굴은 묵사발이 됐을 것입니다. 또 만약 그것이 접히지 않고 고정된 것이었다면 저는 그 충격에 앞으로 더 멀리 튕겨 나갔을 것입니다. 그러면 얼굴뿐만 아니라 몸도 만신창이가 됐을 게 뻔합니다.

아니, 제가 0.01초라도 빨랐거나 차가 0.01초 늦었다면 저는 차와 정면으로 부딪쳤을 것입니다. 그랬다면…. 이런 경우를 천만다행이라고 하나? 하나님의 도우심이라고 하나?

거울을 젖혀 얼굴을 보니 뿌옇게 잘 안 보였습니다. '어?' 얼굴에 안경이 없습니다. 찾아보니 저만큼 떨어져 자전거와 함께 아스팔트 위에 나뒹굴고 있었습니다. 주워 들고 살펴보니 말짱했습니다. 자전거도 일으켜 세워 보니 멀쩡했습니다. '너희들이 말짱하니 나도 쌩쌩하겠구나!'

선한 인상의 운전자는 어쩔 줄 몰라 하며 보험으로 처리할 테니 병원으로 가자고 했습니다. 명함이나 주고 그냥 가라고 했습니다. 타이어 할인매장의 배달사원이라고 합니다. 심한 상태가 아니니 나 혼자 병원에 가겠다고 하고 운전자를 돌려보냈습니다.

가까운 병원에 자전거를 타고 가 검사를 받았습니다. '밤에 배가 아파도 119를 안 불렀는데, 결국 병원 신세를 지는구나.' 어떡하다가 이렇게 됐느냐고 묻습디다. 교통사고라면 봉 잡았다고 과잉진료를 할 것 같아 자전거를 타다가 넘어졌다고 했습니다. 큰 이상은 없으니 약 먹고 며칠 물리치료를 받으라고 했습니다.

그사이 운전자가 "어떠십니까?"라며 전화했습니다. 간호사가 들을

까 봐 복도로 나와 낮은 목소리로 받았습니다. "내 보험으로 할 테니 나중에 치료비나 정산하시오"라고 했습니다. 고맙다고 하더군요.

아무튼 가벼운 타박상과 찰과상으로 얼굴과 팔에 반창고를 붙이고 토요일까지 6일간 물리치료를 받으러 다녔습니다.

'배탈'과 '차탈', 두 사건을 통해 저는 특별한 깨우침을 얻었습니다. 하나님은 나를 병으로도 죽일 수 있고, 사고로 죽일 수도 있다는 것을. 그뿐 아니라 그분은 스스로 목숨을 끊게도 하실 수 있다는 것은 이미 오래전에 깨달은 바 있습니다.

저는 세살 때 천연두로 죽기 직전까지 갔었다고 어머니가 말씀해 주셨지요. 위기 때마다 어머니는 당신의 목숨과 바꾸더라도 "충남이만은 살려 달라"고 빌었다고 하셨지요. 그 정성으로 살려낸 아들이기에 제 얼굴의 흉터를 볼 때마다 어머니는 당신의 치성이 부족하여 생긴 흔적이라며 마음 아파 하시면서도 저에게는 목숨과 바꾼 표적이라고 위로해 주곤 하셨습니다.

하지만 저는 그 마맛자국이 많이 부끄러웠습니다. 어렸을 때 애들이 놀리면 맞서 싸울 용기가 없어 집에 돌아와 혼자 울적하게 지내곤 했습니다. 동무들과 놀아도 늘 소극적이고 못생겼다고 애들이 끼워 주지 않으면 어떡하나 조심스러웠습니다. 나를 친구로 대해 주면 그렇게 고마울 수가 없어 무엇이든지 아까운 줄 모르고 갖다 주곤 했습니다. 제 마음속에 내재돼 있는 콤플렉스는 오랫동안 떠나지 않았습니다. 대학 시절 마음에 두고 사귀던 여자에게 고백한 저의 진심이 거절당했을 때 '세상 떠나는 길'을 택하려고 모질게 마음먹은 적도 있었습니다.

저는 이제 죽음에 이를 수 있는 3가지 방법을 모두 체험한 셈입니다. 즉 '죽음 실습'을 모두 한 것입니다. 그러나 이것은 곧 삶의 '훈련'이요, '교훈'임을 하나님은 저에게 가르쳐 주셨습니다. '충남이를 죽일 것인가, 살릴 것인가?' '너 죽을래, 살래?' 죽음 체험을 통해 저를 살려주신 것입니다. 생명의 소중함을 깨우쳐 주신 것이지요.

'부모보다 먼저 죽으면 안 된다.' '빚쟁이로 가선 안 된다.' '더 이상 그늘에 살지 말고 태양 아래 살아라.' '몸을 위해 음식 조심하고, 영혼을 위해 악령을 조심하라.'

일련의 체험을 통해 삶의 가치와 목적을 어디에 두어야 할 것인지를 깨닫게 해주신 것입니다.

인생에는 절대 불변의 3가지 진리가 있다고 합니다. 첫째, 인간은 누구나 다 죽는다. 둘째, 인간은 빈손으로 간다. 셋째, 인간은 언제 죽을지 아무도 모른다는 것입니다. 그런데 저는 여기에 한 가지를 덧붙이고 싶습니다. 누구나 '흔적'을 남기고 죽는다는 사실입니다. 즉, 죽은 뒤에는 반드시 흔적이 남는다는 것입니다. 어떤 흔적을 남기고 죽느냐에 따라 그 사람의 평가가 달라지게 마련이지요.

저는 '빛'을 남기지는 못해도 '빚'은 남기지 말아야겠다는 일념으로 살지만 과연 아무런 빚도 없을까? 뒤돌아볼 때 부끄러운 마음뿐입니다. 부모에 효도 못한 빚, 나 자신과 가정에 충실치 못한 빚, 사회에 공은커녕 누만 끼친 빚 …. 결국 빈손으로 왔다가 빈손으로 가는 것이 아니라 빚만 잔뜩 짊어진, 죄인으로 왔다가 죄인으로 간다는 생각을 지울 수 없어 용서를 비는 마음입니다.

그렇습니다. 저는 자다가 한밤중에도, 벌건 대낮에 길을 가다가도 죽을 수 있습니다. 그러니까 순간순간을 최후라고 생각하며 살아가야 합니다. 그 삶을 어떻게 살 것인가? 매일매일 목적 없이 세상에 휩쓸려 살 것인가? 부끄러운 삶이 들킬까 봐 어두운 곳을 맴돌며 살 것인가?

아닙니다. 당장 부르시더라도 뒷걸음질 치지 않을 만큼 진실하고 성실하고 신실하게 살아야 하겠습니다. 부와 명예와 육신적 쾌락을 좇기보다는 제 안에 있는 욕망의 찌꺼기들을 털어내고 홀가분한 삶을 살아야 하겠습니다. 재산과 식구는 놓고 가지만 물질적인 것이건 마음의 것이건 빚을 두고 갈 수는 없습니다. 저의 남은 생애는 보화를 쌓아가는 삶이 아니라 받은 은혜에 보답하고 짊어진 빚을 갚아 나아가는 삶이 되어야 하겠습니다.

'배탈'과 '차탈'을 통해 삶의 목표를 다시 깨닫게 해주신 하나님께 감사하는 마음입니다.

아론선교회 기도

2018년 6월 첫째 주일을 맞아, 우리 아론선교회가 한자리에 모여, 하나님께 예배드리고 교제하도록 불러 모아 주셔서 감사합니다.

성경 말씀에 "우리의 연수가 70이요 강건하면 80이라도, 그 연수의 자랑은 수고와 슬픔뿐이요 신속히 가나니, 우리가 날아가나이다"라고 하셨는데, 저희들은 이미 70, 80을 넘은 몸들입니다. 저희들이 100세를 바라보며 살아도 건강 지켜 주심에 감사합니다.

그동안 우리가 살아온 길을 뒤돌아봅니다. 내가 가진 것에 감사할 줄 모르고 남이 가진 것을 부러워했으며, 이웃에게 베풀기보다는 내가 대접받기를 좋아했고, 형제 눈의 티만 보고 내 눈 속의 들보는 깨닫지 못한 나머지, 상대방을 이해하고 덮어 주기는커녕 허물을 들추어 비판하기를 즐겼으며, 친구를 칭찬할 줄은 모른 채 내 자랑 늘어놓기에 바빴고, 내 욕심 채우기에만 급급해 "이웃을 사랑하라"는 주님의 가르침은 외면하고 제멋대로 살아왔음을 고백합니다.

이제 주님 나라에 들어갈 날이 얼마 남지 않았음을 깨닫습니다. 인생의 석양을 바라보면서 뒤늦게나마 주님과 동행하며 하나님의 영광을 드러내는 삶을 살고자 마음먹지만 이미 쇠약해진 육신에 빈주먹이라 뜻대로 하지 못함을 용서해 주시옵소서.

하나님 아버지! 바라고 원하옵기는 얼마 남지 않은 우리 여생을 끝까지 보살피시어, 우리가 자식과 가정, 교회와 이웃에게 힘이 되지는 못할지언정 결코 짐은 되지 않게 도와주시옵소서. 주님이 부르시는 그날에도 병상이 아닌 잠자리에서 자는 듯 고요히 떠날 수 있게 복에 복을 더하여 주시기 바랍니다.

우리 아론선교회를 이끄는 회장님과 임직원들에게 충만한 성령 내려 주시고 지혜와 능력을 덧입히시어 피곤치 않고 즐거운 마음으로 봉사할 수 있도록 은혜 내려 주시옵소서.

점점 더워지는 날씨에 우리 회원들 건강 잃지 않고 지내다가 다음 달에는 더 많이 모여 예배하게 이끌어 주시기 바라며, 이 모든 말씀 우리 주 예수님 이름 받들어 감사하며 기도 올리옵나이다. 아멘.

6편

아파트 경비생활

1 장

연대장급 아파트 경비원

아파트 경비원의 행복론

어머니, 제 고등학교 친구가 장관을 두 번 하는 동안 "너는 뭘 했냐?"고 물으셨지요? 아니, 꾸짖으셨지요? 지금까지 앞에서 말씀드린 대로 저의 과거는 대충 아셨을 겁니다.

"과거는 그런데, 지금은 무얼 하고 있느냐"고요? 그러면 제가 현재 하고 있는 일을 말씀드리도록 하지요. 어머니는 평소 "죽은 정승보다 산 머슴이 낫다"고 하셨지요? 저는 지금 그 말씀을 실천하고 있습니다. 즉, 그 친구는 이미 10여 년 전에 세상을 떠났고, 저는 아직도 튼튼하게 잘 지내고 있습니다. 그러니 정승보다 훨씬 낫지요?

어머니는 또 "개같이 벌어 정승같이 살라"고 일러 주셨지요? 저 지금 그렇게 살고 있어요. 아니, '정승같이 벌어 임금같이' 살고 있습니다. 그게 뭐냐고요? 한마디로 말해 경비랍니다.

경비가 뭐냐고요? 어머니는 평생 아파트에 살아 보지 않으셔서 모르실 테죠. 경비는 아파트나 큰 건물의 안전과 환경을 돌보는 사람입니다. 저는 당당한 아파트 경비원으로 일하고 있습니다. 제 나이 올해 78, 내일 모레면 80인데 아직도 쌩쌩하게 근무하며 매월 꼬박꼬박 통장에 월급이 들어오고 있습니다. 백수가 아닌 현역이란 말씀입니다. 그러니 죽은 정승보다 천배 만배 낫지 않아요?

비록 마당 쓸고 잡일을 하고도 야간순찰을 도는 등 힘들게 버는 돈이지만 꼬박꼬박 저축하여 어미에게도 주고 손녀들에게도 쩨쩨하지 않게 용돈을 쥐어 주고 친구들에게 한두 잔 술을 사는 등 '정승같이' 쓰며 '왕같이' 살고 있습니다. 이 책을 만드는 데 적지 않은 비용이 들었지만, 모두 제 몸으로 땀 흘려 번 돈이랍니다.

저 비록 아무도 우러러보지 않는 아파트 경비원이지만 이것도 못해서 앙앙불락하는 사람들이 많습니다. 건강이 뒤따르지 못해, 빈자리가 없어서, 아직도 자존심의 찌꺼기가 남아 있어 집에서 빈둥거리기에 지쳐 저를 부러워하는 친구들이 수두룩합니다.

제가 근무하는 곳은 8개 동에 모두 900가구가 살고 있으니 주민들이 2천 명이 넘을 겁니다. 그 많은 사람들을 화재와 도둑으로부터 안전하게 돌보고 주변의 환경을 깨끗하고 아름답게 유지하는 것이 저의 역할입니다. 즉 '안전과 환경지킴이'지요, 2천 명이면 연대병력입니다. 그래서 제 어깨의 계급장은 비록 무궁화잎 2개에 불과한 졸병이지만, 제 마음속 계급은 '말똥'(국화꽃) 3개짜리 '연대장'이랍니다. 초중고교 대대장이었을 땐 1천 명 안팎을 호령했고, 군대시절엔 최전방을 지키며 고작 40명밖에 지휘하지 못한 소대장에 불과했지만, 지금은 900세대 2천 명을 거느리며 주야로 안전과 환경을 지키고 있으니 당당한 연대장이지요.

16명의 대원(동료)들이 저를 '꼰대'라고 부르는데 그것은 '영감'이란 뜻이지요. 군수 영감, 검사 영감 하듯이 저를 그렇게 대합니다. 경비 경력 9년차에 접어드니 당연한 '대우'라고 생각합니다. 초년병 땐 제가 먼저 주민들에게 꼬박꼬박 "안녕하세요?" 인사했지만, 요즘은 애들도 어른들도 먼저 "안녕하세요? 수고하십니다" 인사하는 상황으로 바뀌었습니다.

제가 거쳐온 중고교(보성), 대학(고려대), 직장(〈동아일보〉)의 이름에 먹칠하는 짓은 결코 하지 않으려 노력했고, 앞으로도 계속 그 자세를 유지하려 합니다. 그 결과 "역시 배운 사람이 다르다", "기자노릇한 사람 같지 않다"는 소리를 자주 듣습니다. 그래서 더욱더 언행을 조심합니다. 성실하면서도 품위 있게 행동하고 있습니다.

예를 하나 들어 볼까요? 빗자루로 낙엽을 쓸 때 다른 대원들은 허리를 구부리고 빨리빨리 쓸려고 하지요. 그러나 저는 허리를 꼿꼿이 편 자세로 점잖게 천천히 쓸어갑니다. 마치 양반이 지팡이 들고 이웃마을 나들이 길에 나선 것처럼 말입니다. 한번 상상해 보세요. 어느 쪽이 머슴 같고 어느 쪽이 정승 같은가?

사실은 몇 년 전 비질할 때 연로한 주민이 지나다가 가르쳐 준 요령입니다. "오랫동안 허리를 구부려 비질을 하면 나중에 허리가 아프고 굽습니다"라면서, "한두 해 하고 그만둘 거라면 몰라도 오랫동안 이 생활을 하려면 몸조심하면서 천천히 하십시오"라고 일러주더군요.

또 생각해 보세요. 어디 가서 2천여 명의 사람들과 인사 나누며 지낼 수 있을까요? 아마 선거를 앞둔 정치꾼들이나 할 수 있겠지요.

학교 선생님들은 요즘 아마 '죽을 맛'일 겁니다. 전 세계를 휩쓸고 있는 전염병(코로나 19)으로 학생들이 학교에서 수업받는 게 아니라 컴퓨터를 통해 공부하니, 어떻게 보면 골치 아픈 녀석들을 직접 대하지 않으니 '살맛' 난다고 생각할지 모르지요. 하지만 선생님들은 제자들을 직접 어루만지고 때로는 꾸짖으면서 가르쳐 그들이 성장하는 모습을 보는 게 보람이요 '제맛'인데, 그런 맛을 못 보니 '죽을 맛'이겠지요.

한데 저는 젖먹이부터 초등학교, 중고등학생, 대학생까지 갖가지 어린 학생들과 이틀에 한 번씩 만나 인사를 나누며 지내니 이런 복이 어디 있겠습니까. 저는 정말 행복합니다.

제가 어렸을 때 어머니가 "얼굴은 메주덩이처럼 생겼어도 건강하고 착하게만 살라"고 그러셨지요. 저 지금 그렇게 살고 있어요. 자, 그러면 저의 아기자기한 (물론 씁쓸하기도 한) 아파트 경비원의 생활 이야기를 들려 드리겠습니다.

인생 제 3기, 경비원 생활 출발

저의 아파트 경비생활에 대한 고백입니다. '경비원'이라고 하면 여러 직종 중에서도 저 아래쪽 하급으로 취급되게 마련입니다. 종착점으로 인식되는 자리입니다. 그럼에도 저는 당당합니다. 상당 기간의 경비원 생활을 통해 이골이 났을 뿐 아니라 이를 통해 터득한 저의 생활철학도 내공으로 쌓여간다는 자부심이 생겼기 때문입니다.

어찌 보면 이 희로애락이 공존하는 경비원 생활이 내 영혼의 지킴이가 되어 저를 새롭게 해주고 있습니다. 그리하여 80을 바라보는 나이에 늙어가는 것이 아니라 익어가는 경지를 깨닫고 있다고 할까요.

세상에는 악인이 많습니다. 악인은 악하기에 더 두드러져 보입니다. 그 악인들 때문에 세상이 혼돈에 빠지기도 하지만 그 악인만큼 선인도 많아 선악의 균형을 유지하고 있습니다. 명과 암의 대비 또는 대결. 악은 무엇이고 선은 무엇인가. 그 치열한 승부의 승자는 누구인가. 저는 저 나름대로의 '슬기로운 경비원 생활'을 통해 그 해답을 찾아내고 있습니다. 이웃을 아끼는 보람이 내 영혼의 지킴이가 될 줄은 미처 몰랐습니다. 그 선과 악에 대한 저의 고해(告解) 같은 경과보고입니다.

저는 자신의 의지가 아닌 피동적인 생활을 하던 학창시절과 군대생활까지를 제 1기, 성년이 돼 직장생활까지를 제 2기, 그 이후의 생활을 제 3기라고 생각합니다. 제가 이제 제 3기의 끝자락 생활을 하고 있습니다. 2012년 8월 22일. 제 인생 제 3기 첫 출근날입니다. 이날은 공교롭게도 1964년 제가 대학생 때 6·3 사태로 구속돼 80일 만에 서울 서대문구 현저동 101번지 서대문형무소에서 풀려나 자유의 몸이 된 날입니다.

동아꿈나무재단 사업국장, 화의군 종회 총무, 보성고 53회 총무 등 세 가지 직책을 갖고 바쁜 나날을 보내다가 모두 내려놓고 종회 총무 한 가지 역할만 하다 보니 너무 한가하고 친구들과 어울려 노는 시간만 늘었습니다. 함께 어울리는 고교 친구들 중에 2명이 우리 동네 근처 아파트에 경비원으로 근무하고 있었습니다. 그들도 모두 대학을 나와 한 친구는 대기업 임원을 역임했고, 다른 친구는 해군장교 출신으로 커다란 상선의 선장을 지냈습니다.

하루는 당구를 치다가 그 친구들에게 지나가는 말로 "야, 그 아파트에 경비자리 나면 나 좀 소개해 주라"고 했습니다. 그들이 "정말 네가 그 일을 할래?" 하기에, 실은 당시 동생의 사업보증으로 노후재산을 날리고도 빚에 짓눌려 한 푼이 아쉬운 상태였지만, 겉으론 "너희도 하는데 내가 못할 게 뭐냐? 하는 일이 없으니 심심해 못 견디겠다"고 했지요.

그러나 속으로는 '내가 정말 그걸 할 수 있을까?' 스스로 반문했습니다. 그 일, 즉 '아파트 경비원' 업무 자체가 힘든 것이 아니라 부끄러운 신분이었기 때문이지요. 직업 중 막노동 못잖은 천한 신분이라 스스로도 노숙자 전 단계라고 여기고 있는데, 과연 그 사회로 들어갈 '용기'가 있을까도 생각했습니다.

어느 날 친구가 전화했습니다. "자리가 하나 났는데 너 정말 할래?" 잠시 망설였습니다. 지나가는 말로 던져 본 것인데 막상 닥치고 보니 선뜻 대답이 나오지 않았습니다. 그러나 곧 "그래"라고 말해 버렸습니다. 자기가 근무하는 곳으로 오라기에 '과연 내가 선택한 길이 잘한 것인가, 꼭 그 길을 가야만 하는가?' 무거운 마음을 안고 찾아갔습니다.

1평도 안 되는 초소에 책상 하나, 의자 하나 놓고 앉아 출입하는 주민들을 바라보던 그 친구가 다시 한 번 묻더군요. "네가 정말 이런 생활을 할 수 있겠어? 네가 먹고사는 데 쪼들리지는 않잖아?" "한번 해보지 뭐" 대답했더니 이력서를 써오되 고교 졸업까지만 적고 나머지는 출판사 근무한 것으로 하라고 일러 주더군요.

이튿날 이력서를 갖고 팀장과 소장을 면접한 뒤 첫 출근한 때가 이날이었습니다. 48년 전 21살 대학생 때 80일 만에 자유를 찾은 날, 나이 70에 새 직장을 얻은 날이 우연히 겹쳐 새로운 감회에 젖기도 했습니다.

그 뒤 가족들에게는 밝혔으나 친구들에게는 결코 들켜서는 안 될 비밀이나 속임일 수밖에 없는 생활이 시작됐습니다. 저에게 이날은 '자유'의 기념일이요, '속박'의 시작인 셈이지요. 앞으로 얼마 동안 이 생활을 할지 알 수 없었지만, 가는 데까지 가 보자는 마음이었습니다.

쉼 없는 노역: 근무날 일기

○○사 경비원. 이것이 저의 '직함'입니다. 이 아파트 단지의 경비원은 모두 16명인데, A조와 B조 각각 8명으로 나뉘어 근무합니다. 초소는 1평이 채 될까 말까 한 공간에 책상 하나, 의자 하나, 구내 인터폰 한 대, CC-TV 모니터, 화재경보 수신기, 선풍기 한 대, 화장실. 좁은 공간에 갖출 건 다 갖추었습니다. 전면과 좌우는 유리로 돼 있어 마치 비행기 조종석이나 백화점 쇼윈도에 앉아 있는 착각도 듭니다. 하지만 전용 화장실이 달려 있어 비록 여비서는 없지만 억지로 회장이라도 된 기분을 갖기도 합니다.

하는 일이 다양하기는 하지만 육체적으로 힘들지는 않습니다. 세끼 도시락을 챙겨 새벽 4시에 집을 나서 5시에 초소 도착, 건물 안팎 전등 및 가로등을 끄고 관리실에 모여 조회한 뒤 각자의 초소로 돌아가 본격적인 업무를 합니다.

단지에는 모두 8개 동에 900가구가 사는데, 제가 맡은 동은 15층에 90가구가 삽니다. 일과는 아파트 건물 외부와 주차장, 차도 및 인도, 어린이 놀이터 등을 쓰레받기와 빗자루 들고 샅샅이 한 바퀴 돌며 줍고 쓰노라면 2시간가량 걸리죠. 그러는 중 주차장 중앙에 세워 둔 차를 밀어 달라는 주민을 돕기도 합니다. 간혹 사이드를 채워 놓은 차가 있어 출근하려던 사람이 짜증을 내면 인터폰이나 전화, 때로는 뛰어 올라가 연락하여 처리하기도 합니다.

아침 청소를 끝내고 난 뒤엔 초소 책상에 신문지 펴고 아침밥을 먹고 나서 택배 받아 놓고, 가끔 놀이터 풀 뽑기, 배수구 청소, 고사목 제거, 화단 꽃 심기 등 공동작업에 동원되는 날도 있습니다. 그런 중간에 관리실에서 인쇄한 공고문이나 안내문, 관리비 내역서 등을 받아다 게시판에 붙입니다. 또 기한이 다된 게시물을 떼어내는 일도 경비원의 업무입니다.

오후에는 옥상과 각 층을 순찰하며 오물을 줍거나 불법 전단지를 거두어 버립니다. 단지 내에 주차된 외부차량에 '불법주차' 스티커를 붙이기도 합니다. 오전과 똑같이 또 한 번 동 주변과 주차장, 놀이터 등을 한 바퀴 청소하고 나서 저녁을 먹고 시간 맞추어 아침에 껐던 전등을 모두 켭니다. 작업 중간중간에 택배를 받거나 내주고 일지에 기재합니다. 취침은 12시인데 그 이전에 받아 놓은 택배를 주인에게 인터폰으로 연락하고 주차장에 세워 둔 모든 차들의 번호를 기록해 둡니다.

일과를 다 끝낸 다음엔 경비일지를 기록합니다. 거기에는 지시사항, 실시사항, 비품용품 점검, 순찰시간, 방문객 및 방문차량 현황 등 외에 특기사항이 있으면 별도 기재합니다. 12시가 돼 잠자리에 들지만 내처 자지도 못합니다. 중간에 1시간가량 순찰을 돌아야 하거든요. 제일 귀찮은 것이 야간순찰이랍니다.

계절적으로 봄과 여름은 한가하고 편하지만, 봄에는 쉴 새 없이 날리는 꽃가루를 하루에도 서너 차례 쓸어내야 합니다. 여름에 '비 오는 날은 공치는 날'이라지만, 배수구 상태를 살펴야 하고 태풍이 불면 나무가 쓰러지거나 묵은 가지들이 떨어져 사람이 다치거나 차량이 파손되지 않는지 수시로 살펴야 합니다.

가장 힘든 계절이 가을과 겨울입니다. 가을에는 두어 달 남짓 낙엽과의 전쟁입니다. 하루 종일 빗자루를 들고 쓸어 담아 하치장으로 실어내야 합니다. 어느 해 가을, 너무 힘이 들어 그랬는지 대상포진으로 한동안 고생한 일도 있습니다. 한해 가을 쓸어 담아낸 낙엽 마대가 60~70개는 됩니다. 마대는 가마니 3개 정도의 크기입니다.

겨울에는 물론 눈과의 씨름이지요. 총 연장 400~500m 길이의 도로와 웬만한 학교 운동장 넓이만 한 주차장과 놀이터의 눈을 치우려면 하루가 모자랄 때도 있습니다. 가을과 겨울엔 속옷을 서너 번 갈아입어야 할 만큼 땀 흘리는 작업을 해야 합니다. 눈이 한꺼번에 내리고 그치면 그나마 다행인데, 하루 종일 내리는 눈은 쓸고 쓸어도 표가 안 나니 그야말로 '웬수'입니다.

경비원의 주 임무는 화재예방 및 비상대처, 도난방지 등인데 이 일보다는 잡다한 일이 주를 이룹니다. 그래서 솔직히 잡일을 하는 막노동꾼과 다름없는 셈이지요. 옛날의 머슴이나 마당쇠라고 할까요. 하지만 이 모든 일을 '노동'이 아니라 '운동'이라고 생각하니, 짜증나거나 힘든 줄 모르고 즐겁게 하루하루 지내게 되었습니다. 또 내 자식이 이 아파트에 사는데, 바빠서 청소나 궂은일을 못 하니 내가 대신 해준다고 생각하면 힘든 줄 모르고 견딜 수 있었습니다.

절제의 교훈: 쉬는 날 일기

2019년 5월 9일 쉬는 날 하루 일과를 시간대별로 표시해 봅니다.

퇴근(5시) → 귀가 · 취침(5시 40분) → 기상(9시) · 샤워(9시 30분) → 아침식사(10시) → 신문 · 이메일(11시) → 지하철 · 카톡 · 유튜브(11시 55분) → 광화문 두목회(초월회 전신) 점심(13시) → 2차 생맥주(14시) → 지하철 · 유튜브(14시 30분) → 홍대앞 당구(18시) → 회식(20시 10분) → 2차 거절하고 귀가(22시) → 샤워 · 가정예배 후 취침(23시 30분) → 이튿날 기상(3시 30분) → 출근(4시 50분).

24시간 교대로 전날 근무를 마치고 쉬는 날의 일과는 거의 매일 이상과 같습니다. 다만 점심식사와 저녁 만남의 대상만 다를 뿐입니다. 그도 그럴 것이 고교, 대학, 직장, 교회 친구들과 종친회 등의 정기모임만도 한 달에 모두 15개는 되는데, 이것을 일 없는 날에 다 소화하려니 솔직히 쉬는 날도 집에 붙어 있을 시간이 별로 없습니다. 그래서 카톡이나 유튜브는 주로 모임을 위해 지하철을 타고 가면서 보는데, 그것도 처음 몇 분 보다가 깜빡 잠이 들어 때로는 목적지를 지나치기 일쑤입니다. 모임시간에 늦는 일이 잦아 친구들의 핀잔을 듣곤 합니다.

이날은 좀 색다른 스토리가 있어 정리해 봅니다. 우선 점심 모임 '두목회.' 멤버가 70~80대이고 그중 90대도 있지만 아직도 반주로 소주 각 한 병은 거뜬히 비울 정도로 정정함을 뽐내고 있습니다. 나중엔 이 모임도 매월 첫째 월요일에 모이기로 변경하여 명칭이 초월회(初月會)로 바뀌었습니다.

이날 모임은 제가 유사(스폰서)로서 특별히 양주(발렌타인 17년) 한 병을 갖고 나갔더니 대호평이었습니다. 이 집의 참치는 점심때 1인당 2만 3천 원씩 받았는데, 며칠 전부터 고급품으로 질을 높여 5천 원을 올려 받는다기에 짐짓 "○ 밟은 기분이네"라고 농했지만 마음은 즐거웠습니다. 한 사람이 참석하지 않아 모두 6명이 싱싱한 참치회를 안주로 양주를 다 비우고도 모자라 소주 두 병을 추가했습니다.

점심식사를 끝내고도 그대로 헤어지기가 아쉬워 근처 카페에서 생맥주를 마셨습니다. 저는 2시 반에 홍대앞 당구장에 약속이 있어 한잔만 급히 마신 뒤 먼저 자리를 떴습니다.

당구장에 도착하니 친구 L이 먼저 와 있었습니다. 그는 300을 치고 저는 200을 치는데 10번이면 8, 9번은 제가 지는 상황이라 저를 '기쁨조'라고 놀리며 제가 쉬는 날이면 거의 매번 불러냅니다. 저녁값은 그가 지불하는 것이 불문율이 되다시피 했습니다.

둘이 먼저 한 판을 치는 중에 150 실력의 Y가 왔습니다. 그가 지켜보는 중에 제가 L에게 대승을 거뒀습니다. 정말로 오랜만에 맛보는 쾌승이었습니다. L이 약이 오른다며 씩씩거렸습니다. 이어서 셋이 새로 한 판을 시작했습니다. 정신을 집중하여 게임을 치른 결과 이번에도 극적으로 승리를 거두었습니다. 정말로 기분이 좋았습니다. "닐리리야, 닐리리~" 당구장이 떠나갈 정도로 목청껏 노래 한 소절을 뽑았습니다. 이것이 당구를 이겼을 때 하는 제 고유의 퍼포먼스입니다.

당구가 끝난 뒤 음식점으로 옮겨 삼겹살을 구워 폭탄주 한잔씩 한 뒤 맥주컵에 빨간 소주(20도)를 부어 마시면서 오늘 당구게임의 '투쟁사'와 고교생활의 추억담 등을 나누며 맘껏 즐겼습니다. 술값은 군말 없이, L이 지불하고 오랜만의 완승에 기분이 고조된 저도 종업원에게 팁을 찔러 주었습니다. 술잔이 비어갈 즈음 L이 "2차 가서 양주나 한잔 더 하면 어떻겠냐?"고 물었습니다. Y가 "오케이" 했습니다. 저도 "좋다"고 했습니다. 제가 반대하면 모처럼 기분을 내려던 그들에게 찬물을 끼얹을 것 같아서였습니다. 그러나 마음속으로는 절대로 "노"였습니다.

따라가면 술값, 봉사료 등 비용은 물론 L이 다 감당하겠지만, 오히려 그것이 저에게는 마음의 부담이 됩니다. 도우미 팁(3만~5만 원)을 L이 지불할 때 미안하고 저의 처지가 왜소하게 느껴지곤 했습니다. 게다가 걸음걸이가 조금 불편한 L이 만취하여 귀갓길에 사고라도 나면 그런 낭패가 어디 있겠습니까.

L과 Y가 먼저 나간 뒤 화장실에 들러 조금 늦게 나갔더니 그사이에 벌써 카페 여주인이 우리를 모셔 가려고 와 있었습니다. 저는 그들을 향해 "오늘은 그냥 가겠다"고 한마디 던지곤 뒤도 돌아보지 않고 지하철로 향했습니다. 도중에 Y가 두어 번 전화했습니다. "모처럼 L이 기분을 내겠다는데 그냥 가면 어떡하냐? 돌아오라"고 했습니다. 저는 완강히 거부하고 곧장 집으로 향했습니다.

지하철로 오면서 아내가 잠들지 않았으면 좋겠다고 생각했습니다. 가정예배를 드리고 싶었기 때문입니다. 아내에게 전화했습니다. "나 오늘 자랑할 것 하나하고 칭찬 받을 것 한 가지가 있으니 자지 말고 기다려 줘." 피자 한 판 사들고 집에 도착했더니 아내가 반기며 잠든 아들을 깨워 세 식구가 예배를 드렸습니다. 아내는 밀린 임대료를 받을 수 있게 해주심에 감사하고, 저는 당구를 완승하고 2차를 가지 않고 곧장 집으로 돌아올 수 있게 인도해 주심에 감사했습니다. 감사하고 기분 좋은 하루였습니다.

추기

다음 날 오후 근무 중에 L이 전화했습니다. "어제 고마웠어." "뭐가? 내가 오히려 미안한데." "아니야. 네가 없어서 2차를 안 갔어. 덕분에 한 50만 원은 굳었어." "그래? 그거 참 잘됐군. 예전에도 얘기했지만 앞으로 2차는 절대 가지 말자." "알았어. 땡큐." 순간의 절제가 얼마나 귀한가를 일깨워준 하루였습니다.

경비원에게도 인격은 있다

새로 일을 시작한 지 며칠 되지 않았을 때의 일입니다. 밤 11시가 넘어 주차장에 세워 둔 차량의 번호를 적고 초소에 들어오니 12시가 됐습니다. 취침하려고 자리를 펴는데 웬 사람이 노크해 문을 열었더니 건장하게 생긴 중년 남자가 들어서면서 "저 ○○사의 이 과장입니다"라고 하더니 "초소를 비웠기에 밖에 나가지 않았나 지켜보았더니 차량 번호를 적는 것은 확인했는데, 왜 벌써 자리를 펍니까?"라고 대뜸 나무라는 투로 말하는 겁니다.

그래서 제가 벽시계를 가리키면서 "지금 12시가 아니오?"라고 했더니 그는 "시계를 빠르게 돌려놓은 거 아니에요?"라고 반문하더군요. 저는 대뜸 반격했습니다. "시계에 손을 댄 적이 없소. 5분 정도 빠른 건 지금 알았소. 그리고 지금 자리를 폈다고 내가 누워서 잤소?" 그의 말과 태도에 화가 나 참을 수 없었습니다.

○○사는 이 아파트가 계약한 용역회사인데, 이 과장이 이 지역 담

당자라는 것은 팀장의 얘기를 들어 알고 있었습니다. 용역회사에서는 경비원들의 사소한 실수나 규칙 위반에도 시말서를 쓰게 하고 그것을 빌미로 툭하면 해고시킨다는 얘기도 들었습니다. 이유는 경비원이 1년 이상 근무하면 퇴직금을 지불해야 하는데 그 비용을 아끼려고 1년이 되기 전에 트집을 잡아 자른다는 것도 저는 알고 있었습니다.

꼬투리를 잡으려는 그의 언행이 괘씸하고 기분이 상해 이어서 큰 소리로 따졌습니다. "내가 새로 들어왔다는 것은 알고 왔소?"라고 물었더니 알고 왔다고 하더군요. "그러면 인사를 해야 할 것이 아니오?"라고 되물었습니다. 그랬더니 "그래서 ○○사 이 과장이라고 소개하지 않았습니까?"라고 대들더군요. "그게 무슨 인사요? 신입사원에게는 적어도 '수고한다. 애로사항은 없느냐?' 정도는 해야 인사가 아니오?"라고 쏘아 주었습니다.

이어서 "아무리 노숙자의 전 단계에 불과한 경비원이라도 인격은 있는 것이오. 숨어서 암행감시를 하다니 내가 범죄자요? 모욕감을 느끼오. 그따위로 하면 당장 때려치우겠소. 경비원에게도 인격이 있다는 것을 잘 알아 두시오." 저의 강력한 항의에 그는 아무 소리도 못 하고 물러갔습니다.

화를 누르고 막 잠자리에 들려는데 인터폰이 울렸습니다. 팀장이었습니다. "이 과장이 들렀다가 갔는데 혼났다고 하더군요. 사과한다고 합디다. 참고 일하세요." "네, 알았습니다." 그 뒤 이 과장이 가끔 아파트에 들르는 모양인데 저한테는 한 번도 얼씬하지 않았습니다. 다른 경비원들에 대한 태도도 상당히 부드러워졌다고 하더군요.

노동자의 손

아버지, "아파트 경비를 하지 않을 수 없느냐?"고 저에게 말씀하셨지요? 드러내 놓고 자랑할 만한 직업이 아닌, 쉽게 말해 좀 창피한 일자리라는 것을 저도 압니다. 하지만 저는 힘든 것 외에 대여섯 가지 좋은 점들이 있어 이 일을 계속했습니다. 저의 경비원 생활이 아버지에게 암이 되어 저세상으로 가신 게 아닌가, 이 밤 뉘우치는 마음도 듭니다.

아버지, 지금 추석 전날 밤 12시 5분, 잠을 자려고 초소에서 이부자리를 폅니다. 의자 두 개를 마주 보게 사이를 띄워 놓고 그 가운데 작은 보조의자를 징검다리처럼 나란히 늘어놓은 뒤 그 위에 널빤지를 얹고 담요를 좁게 접어 요로 만들어 깔고, 닭털 침낭 속에 들어가 잡니다. 자리를 깔면서 문득 이것이 내가 죽은 뒤 누울 칠성판 같다는 생각이 들기도 합니다.

제가 초등학교 3학년 땐가, 피란 가서 우리가 수원에 살 때 아버지는 진외가댁(아버지의 외삼촌댁) 주선으로 인천 어느 건설현장의 경비원으로 근무하시고, 그 공사가 끝난 뒤엔 인천항 부둣가 물류창고의 경비원으로 근무하시며 어려운 살림을 도우신 적이 있지요. 그 무렵 어느 날 어머니 심부름으로 아버지가 근무하시는 인천부두에 간 적이 있었습니다. 그때 아버지는 겉보리와 벼를 돌절구에 빻아 저녁밥을 지어 주셨어요. 그 곡식은 인부들이 하역하는 도중에 흘린 낟알들이라고 하셨죠. 비록 반찬은 김치에 고추장뿐이었지만 배불리 맛있게 먹었습니다.

그날 밤 거기서 아버지와 함께 잔 기억도 납니다. 전기도 없는 창고

한 귀퉁이에 나무토막을 얼기설기 쌓고 그 위에 종이상자(보로박스)를 펴서 깔고 덮개도 없이 새우잠을 잔 것으로 기억합니다. 그때의 추억을 생각하면 지금 제가 근무하는 장소는 호텔급이라고 말할 수 있습니다. 조금도 불편하지 않습니다.

아버지께서 암 판정을 받고 집에 누워 계시던 어느 날 새벽, 아버지 방에 가 출근한다고 말씀드렸더니 제 손을 만지며 "노동자 손이 되었구나"라며 안타까운 표정을 지으셨지요. 저는 그 순간 아버지에게 너무나 죄송했습니다. 부모님이 온갖 어려움을 무릅쓰고 공부시키셨는데 출세는커녕 말년에 아파트 경비원을 하고 있으니 죄송한 마음 한량없습니다. 성공하여 자랑스러운 모습 보여드리지 못한 죄인의 마음 지울 수 없습니다.

아버지께서는 안쓰러운 마음에 저에게 몇 번이나 "그 일을 그만둘 수 없겠느냐?"고 말씀하셨죠. 그러나 저는 할 일 없이 놀면 친구들과 어울려 술만 마실 것이고, 많지는 않으나 월급을 받으니 용돈이 넉넉해지고, 일하며 움직이니 운동이 될 뿐 아니라, 격일로 근무하니 종회나 집안일에 별 지장이 안 되며, 스스로 겸손해질 수 있고, 교회와 가까워 주일 예배도 거르지 않고, 더욱 중요한 것은 건강보험료가, 놀고 있으면 지역의보로 편입돼 월 30만 원 가까이 나오는데, 비록 경비원이라도 직장의보에 소속돼 몇만 원만 물면 된다는 사실입니다. 이런 장점만을 강조했더니 "네가 그렇게 그 힘든 일을 긍정적으로 생각하니 할 수 없구나"라면서 저를 애처롭게 바라보시더군요.

아버지 말씀이 맞습니다. 제 손은 노동자 손이 되었습니다. 지난해 가을 오른손이 마비돼 한동안 물리치료도 받았습니다. 빗자루질을 너무 오래 해서 생긴 병입니다. 아버지, 이 손이 부모님의 기대만큼 국가나 세상을 주무르는 큰손이 되지 못하고, 말년에 빗자루를 잡는 손으로 전락했습니다.

그러나 저는 조금도 부끄럽지 않습니다. 6·25 때 깡통 들고 빌어먹던 손이었는데, 부모님 보살핌으로 펜을 잡고 공부하는 손으로 변했지요. 그 과정에서 손으로 누구 한 번 때린 적 없고 욕심을 내 부정한 것을 움켜쥔 검은손도 결코 아니었습니다. 나름대로 깨끗하고 소중하게 유지해온 손입니다.

학창시절엔 정치가의 꿈을 품고 국민들의 한 표를 부탁하는 손이 되고도 싶었습니다. 그러나 후회는 없습니다. 그것이 자칫 후일 국민을 속이고 나라를 어지럽히는 더러운 손이 되지는 않았을까 하는 생각도 들기 때문입니다.

지금, 아버지가 측은하게 여기시는 아파트 경비원으로서 목장갑을 끼고 집게와 쓰레받기를 들고 담배꽁초를 줍고 빗자루 들고 낙엽을 쓸어 담는 투박한 노동자의 손이 되었지만, 남에게 손 벌리지 않고 치사한 곳에 손대지 않고 사는, 자랑스럽지는 못하지만 건강하고 깨끗하고 또한 튼튼한 손입니다. 아버지, 염려 마세요. 이 손으로 제 근력이 닿는 데까지 노력하며 비록 남부럽지 않은 생활은 아니지만 결코 남에게 아쉬운 소리는 하지 않고 살아가렵니다.

어머니는 이제 사람을 잘 몰라보시며 기력이 점점 사위어가고 있지만 막내딸 성숙이 내외가 정성을 다해 평안히 모시고 있고 저희 내외도 가끔 들러 문안드리고 있습니다.

내일이 추석입니다. 아버지가 사랑하시던 자손들이 집에 모이기로 했습니다. 그 자리에서 아버지를 추모하는 예배를 드리며 당신의 올바르고 숭고하셨던 삶을 추억하고 본받고자 합니다. 이 밤 평안히 보내시고 내일 뵙기 바랍니다.

2013. 9. 18. 추석 전날 밤

2 장

일하며, 생각하며

주민 갑질의 등급

아파트에는 동마다 '갑돌이'와 '갑순이'가 몇 명씩은 있습니다. 옛날 시골 동네의 갑돌이와 갑순이는 서로 좋아해도 사랑한단 말을 하지 못하는 숙맥이요 새침데기였으나, 요즘 아파트의 갑돌이와 갑순이는 그와는 정반대랍니다.

아파트의 갑돌이는 갑질하는 남자, 갑순이는 갑질하는 여자를 일컫는, 우리 경비원들이 붙인 이름입니다. 거기에다 급수를 매겨 성까지 부여했습니다. 모처럼 갑질하다가 경비원의 항의에 찍소리 못 하고 꼬리 내리는 사람은 '어갑돌', '어갑순'이라고 합니다. 어쩌다 갑질을 했다는 뜻이지요. 한편 갑질하지 않고는 못 배기는, 특히 새로 온 경비원에게는 어떻게든 트집을 잡고 위세를 떨려는 주민은 '고갑돌', '고갑순'이라고 부릅니다. 갑질이 고질병이 됐다는 의미이지요.

또한 툭하면 관리소장을 찾아가거나 용역회사에 전화를 걸어 경비원을 갈아치우라고 하는 인간은 '진갑돌', '진갑순'이라고 부릅니다.

진짜 못 말리는, 징글징글한 '진상'이라는 뜻이지요. 이들은 자기 동에서만 갑질하는 것이 아니라 온 단지의 갖가지 문제와 경비원, 미화원 아줌마들을 한 손에 넣고 주무르려는 골치 아픈 존재들입니다.

이 갑돌이와 갑순이의 등쌀에 견디다 못해 맞서 다투기라도 하면 그날로 보따리를 싸야 하는 것이 경비원의 신세입니다.

제가 근무하는 앞동에 있는 초소에 저보다 2살 위인 K라는 경비원이 새로 왔습니다. 키가 크고 의협심이 강하며 힘깨나 쓰는 친구인데 중학교를 졸업한 뒤 여러 직업을 전전하다 아파트뿐만 아니라 빌딩, 항만의 부두 경비원까지 23년의 경력을 살아왔다고 합니다. 고향이 저와 같은 강원도 철원이라 호형호제하며 가깝게 지냈지요. K는 저를 '이 형'이라고도 하지만 '이 선생'이라고 부를 때가 많습니다. 제가 대학을 나온 '먹물'인 데다 언론사에 있었다는 것을 알았던 모양입니다.

어느 날 자기 초소에서 저녁을 함께하자고 하여 갔더니 술을 한잔하면서 "이 선생, 기대가 많소" 하기에 "무슨 기댑니까?" 물었더니 "내 이 생활 23년째인데 별의별 일을 다 당해 봤소. 수십 명을 거느린 반장노릇도 해봤는데, 대우는커녕 인간 대접도 못 받는 게 참 마음이 아픕디다. 이 선생이 이 생활에 몸을 담갔으니 그런 점을 어떻게든 개선하는 데 힘이 되길 바라요" 하는 것입니다.

저는 일언지하에 거절했지요. "K형, 오해 마세요. 나, 이 생활 그런 목적으로 하는 것 아니에요. 내가 아쉬워서 하는 겁니다. 그리고 학창시절이나 직장생활 할 때 '개혁'의 대열에 끼어들기도 했지만, 그건 다 과거의 일이고 이제는 생활을 위해 일할 뿐입니다. 굵고 짧게 사는 것보다 가늘고 길게 살아가려는 게 내 생활철학입니다. 아예 나에게 엉뚱한 기대는 하지 말길 바랍니다."

K는 매우 실망하는 표정이었지만 "알겠다"고 하더군요. 그런데도 '이 선생'이란 호칭은 버리지 않더군요. 제가 자기보다 많이 배웠다고 대우하는 것이겠지만 그럴 때마다 민망했습니다. 저는 비싼 돈 들여 편하게 '먹물'을 먹었지만, 그는 맨몸으로 험한 세파 속에서 '쓴물' 마시며 인생을 배웠으니 오히려 그가 선생이 아닐까 하는 생각이 들었습니다.

그가 근무하는 동의 주민 중에 한 부인이 집중적으로 갑질을 하여 우리가 고갑순이라고 이름 붙였는데, K는 그 여인 때문에 몹시 괴로워했습니다. "10층 우리 집 현관문이 열려 개가 집을 나갔는데 뭘 하고 있었나요?", "내가 여자인데 왜 보호해 주지 않나요?" 등 얼토당토않은 일을 트집 잡곤 했습니다.

저의 뒷동에 근무하는 사람이 갑자기 '목'이 달아났습니다. 배가 아파 약을 먹고 잠시 책상에 엎드려 있었는데 갑순이가 지나가다 보고 관리소장에게 "근무자가 잠을 자고 있다"고 신고하여 시말서를 썼더니 제꺽 잘려 버린 것입니다. 자리가 빈 후 제가 팀장에게 건의하여 K가 그 동으로 옮겼습니다. 말하자면 갑순이 덕분에 자리를 옮겨 마음 편히 근무 잘하고 있었습니다.

그는 꽃을 좋아해 비록 지하실 컴컴한 속이지만 밥을 먹는 식탁 위에 항상 들꽃 화분 한두 개를 놓아두곤 했습니다. K는 또 동물도 좋아해 단지를 돌아다니는 길고양이가 낳은 새끼를 데려다 잘 먹이고 잠도 함께 자며 마치 친자식같이 돌보았습니다.

한번은 화단에 흰 토끼 한 마리가 돌아다니는 것을 보고 붙잡아 혹시 주민이 기르다 놓친 애완용인지도 모른다며 우리를 만들어 주고 초소 앞에 놓아두었습니다. 한 주가 지나도록 주인이 나타나지 않자 버린 것으로 알고 새로 토끼장을 지어 주고 풀과 채소 등을 정성껏 먹여가며 길렀습니다. 삭막한 아파트에 예쁜 토끼가 있으니 지나다니는 아이들뿐 아니라 어른들도 들여다보며 즐기곤 했습니다. 하지만 그 토끼는 얼마 가지 못했습니다. 한 주민, 바로 진갑돌 씨가 "냄새나고 파리, 모기가 꼬일 텐데 아파트에서 왜 토끼를 기르는 거요?"라며 갑질하는 바람에 자기 집으로 가져다 한 마리를 더 구해 짝을 맞추어 키우고 있답니다.

이 친구는 또 그 뒤 초소 옆 화단에 작은 웅덩이를 파 연못을 만들어 붕어, 피라미, 미꾸라지 등 물고기를 키우기도 했습니다. 아무리 경비 일을 하지만 동식물을 사랑하고 자연을 즐기는 그의 마음씨와 정서가 아름다워 보였습니다. 그러나 그것도 오래가지 못했습니다. 물고기들이 먹이가 돼 쥐나 고양이가 들끓게 된다는 이유로 예의 그 진갑돌과 몇몇 주민의 지적에 없애 버리고 말았습니다. 그는 "사람들의 정서가 왜 이렇게 메말랐는지 모르겠다"고 안타까워하면서 당장 흙을 퍼다 연못을 메워 버리고 말았습니다.

얼마 뒤 사건이 또 하나 터졌습니다. 비바람이 몹시 부는 날, 동 주변을 한 바퀴 돌고 막 초소에 앉아 잠깐 쉬고 있는데, 진갑돌 씨가 문을 열고 들어서며 "초소에 앉아만 있으면 어떡합니까?"라며 핸드폰 사진을 내보이더라는 겁니다. 들여다보니 태풍에 떨어진 굵직한 나뭇가지였답니다. "알았다"고 대답하고 비바람을 맞으며 나가 주워 치우면서 속에서 불이 일더랍니다. 토끼도 물고기도 못 기르게 하고 떨어진 나뭇가지 등을 치우라고 지적하는 것은 좋은데, 그때마다 자기를 깔

보고 마치 죄인이나 하인 다루듯 고압적 태도로 대하는 것이 불쾌하기 짝이 없었다는 것입니다.

K는 진 씨가 평소에 인사해도 잘 받지 않고 자기에게 너무 심하게 갑질하는 것을 도저히 참을 수 없다고 하소연했습니다. "이 선생, 그 놈을 한방에 때려눕히고 내 경비 인생을 끝내겠소." 그의 말은 단호했고 불같은 성격에 까딱하면 정말 일을 저지르고 말 것 같았습니다. 분풀이하면 속은 시원하겠지만 그 결과는 경비를 끝내는 것으로 끝나지 않고 인생도 종을 칠 게 뻔했습니다. 제가 제안했습니다.

"K 형, 참고 삽시다. 정 못 견디겠으면 팀장에게 얘기해서 나하고 초소를 바꿔 달라고 합시다."

"이 선생, 그렇게까지 생각해 주니 고맙소. 그러나 그 녀석을 그냥 두고는 참을 수 없소."

"K형 나이가 이제 몇이오? 여태까지 고생하며 살아온 인생이 아깝지 않소? 그깟 녀석 하나 처치하는 것으로 인생을 망친단 말이오? 가족 생각은 안 해요?"

"이 선생, 그렇게 말해 주니 고맙소. 초소를 바꾸면 이 선생은 괜찮겠소?"

"그 녀석이 나한테도 갑질하면 그땐 내가 그만두겠소. 나는 그만두어도 밥은 굶지 않아요."

그래서 팀장과 소장의 허락을 받아 초소를 바꾸게 됐습니다. K는 그쪽으로 옮긴 뒤 열심히 일했습니다. 주민들의 평판도 좋았습니다. 저도 한시름 놓았습니다.

초소를 옮긴 뒤 한동안 그 진 씨와 저는 별 탈 없이 지냈습니다. 오히려 그가 저에게 두어 번 막걸리를 사주기도 했습니다. 한 달이나 지났을까, 진 씨가 이사한다는 것입니다. 저는 속으로 '잘됐다' 생각했습니다. 그래서 "어디로 가십니까?" 물었더니 "멀리 가지 않아요. 요 앞동으로 가요"라는 바람에 저는 '멘붕'이 됐습니다. 앞동은 바로 제가 근무하던 곳이지요. 진 씨의 갑질을 피해 K에게 초소를 바꿔 줬는데 바로 그 동으로 이사 간다니 … .

K에게 그런 상황을 말하고 "초소를 다시 바꿔 달라고 말해 봅시다"라고 했더니 그는 한숨을 쉬면서 "이 선생, 고맙소. 그러나 이게 내 운명인가 보오. 그가 이사 오기 전에 나는 그만두겠소" 그러더니 바로 짐을 싸서 훌쩍 떠나고 말았습니다. 오토바이에 짐을 싣고 멀리 사라지는 그의 뒷모습을 보면서 '내가 공연히 오지랖 넓게 초소를 바꿔 준 게 죄'라는 생각이 들었습니다.

한 친구는 나뭇가지를 잘랐다가 자기 목이 잘렸습니다. 재활용 수거 때 집게차가 작업하는데 가로수 가지가 거치적거려 애를 먹곤 했습니다. 이 친구가 그 가지 몇 개를 잘라냈습니다. 드디어 한 갑돌이가 소장에게 달려가 "조경을 망쳤으니 당장 그를 내보내라"고 항의하여 쫓겨나고 말았습니다. 이렇게 경비원들은 갑돌이들 앞에 추풍낙엽이랍니다.

경비 을질의 천태만상

아파트 경비원에 관한 뉴스나 생활 수기, 소설 등을 보면 대개가 갑질하는 주민에 대한 비판과 원성으로 가득 차 있습니다. 그러나 제가 경험한 바로는 그런 주민은 극소수이고 대부분의 주민들은 선량하고 따뜻한 마음으로 경비원들을 대합니다.

장을 보아 들어가다 초소에 들러 빵 한 조각, 음료수 한두 병을 들이밀기 일쑤이고, 일요일이나 공휴일엔 부침개를 부치거나 고구마, 감자, 옥수수 등을 쪄다 주는가 하면, 가족과 함께 집에서 별식을 차리면 한 접시 정성스레 갖다 주는 주부들도 많습니다. 한 부인은 금요일 재활용 분리수거 날에는 빼놓지 않고 간식을 챙겨 주어 고맙기 그지없습니다.

그런 주민들 속에 어쩌다 한두 사람이 목에 힘을 주고 안하무인으로 대하는데, 그런 부류가 주류인 양 매스컴에 오르내리는 게 오히려 양자 간의 갈등을 부추기고 경비원의 처지를 더욱 비참하게 만들지 않나 생각합니다.

갑질하는 주민이 있다면 경비원들 중에는 왜 못된 짓을 하는 사람이 없겠습니까. 경비원이라고 다 선량한 약자라 보호받아야 할 존재는 아닌 것 같습니다. 도둑질하는 자, 속이는 자, 모함하는 자, 언행이 거친 자 등 천태만상입니다. 저는 이런 경비원들의 그릇된 행위나 못된 짓을 '을짓' 혹은 '을질'이라 하고 그런 부류의 경비원들을 '을돌이'라 하고 싶습니다.

제가 처음 출근했을 때 주민 때문에 괴로운 게 아니라 동료 경비원들 때문에 고통스러웠습니다. K와 J라는 두 사람은 경비로 얼마나 굴러먹었는지 나이는 저보다 두어 살 아래인데 저를 마치 훈련소 신병 다루듯 고참 행세를 톡톡히 했습니다.

금요일에는 이들과 함께 재활용 분리수거를 하는데, 오후 3시에 채비하자고 하더군요. 그래서 3시 정각에 갔더니 이미 다 펼쳐 놓고 있는 겁니다. J가 "좀 일찍 와야지 왜 이제 오냐"고 한마디 하더군요. 제가 "3시에 만나자고 하지 않았냐"고 했더니 "그래도 다음부터는 일찍 오라"고 하기에 "알았다"고 대답하고 그날은 순순히 지나갔습니다.

몇 주 동안 재활용품을 분리하는데 가만히 보니 쇠붙이나 전기제품 등 쓸 만한 물건이 나오면 두 녀석이 잽싸게 한쪽으로 치워 놓습니다. "그건 왜 따로 놓느냐?"고 물었더니 "경비가 무슨 돈으로 술 사 먹고 담배 피울 수 있겠냐?"고 하더군요. 그것을 빼돌려 용돈을 쓴다는 얘기입니다. 말하자면 도둑질인데 그것을 아무런 부끄럼 없이 태연하게 자행하는 겁니다. 재활용 물품은 수거업체가 일정한 금액을 지불하고 아파트와 계약을 맺고 가져가는 것이므로, 일단 주민 손에서 나오면 그건 수거업체 물건이지요. 그것을 가로채는 짓을 하는 겁니다.

제가 교회를 다닌다고 했더니 한 녀석이 〈창세기〉 1장 1절을 외워 보라고 시건방을 떨더군요. 아무 소리 않고 웃어 준 일도 있습니다. 언젠가는 공동작업을 하는데 2시 30분에 모이라고 했습니다. 지난번 일도 있고 해서 정확히 5분 전에 도착했습니다. 가 보니 벌써 일을 끝마친 상태였습니다. 이번에도 그 친구가 한마디 하더군요. "당신은 공동체에서 그렇게 하면 되냐?"라기에 "내가 뭘 잘못했냐? 30분에 나오라고 해서 25분에 왔는데 당신들이 미리 와서 일을 끝낸 것 아니냐? 나를 골탕 먹이려고 일부러 그러는 것 아니냐?"고 대들었더니, 아무 소리 못 하고 씩씩거리더군요. 일련의 사소한 충돌로 그들과 저는 싸늘한 관계가 지속됐습니다.

갑질은 주민만 하는 것이 아닙니다. 같은 경비원끼리 주민 빽치는 갑질을 하고 속이는 사람들도 많습니다. 그것을 '을질'이라고 해도 좋겠지요.

저와 대립각을 이루던 두 녀석들은 빼돌린 재활용품을 모아 놓았다가 고물상을 불러 몰래 차로 실어내는 장면이 목격돼 해고되고 말았습니다. 수거업체에 알려지면 배상을 크게 물어야 하는데 해고하는 선으로 마무리한 것이지요.

경비원이라는 을의 입장에서 '병'에 해당한다고 할 약자에게 갑질을 하는 예도 종종 봅니다. 신문이나 우유배달을 하는 사람들이 경비원을 어렵게 대하더군요. 알고 봤더니 경비원 중에 어떤 자들이 그들에게 갑질을 하는 겁니다. "엘리베이터를 한 번 타고 올라갔다가 계단으로 내려오면서 배달하라", "오토바이를 거치적거리지 않게 한쪽으로만 세워라." 옳은 말이지만 위압적으로 말하니 받아들이는 입장에서는 "예, 예" 굽실거리지요.

어떤 친구는 배달하러 올라간 틈새를 이용해 신문을 몇 장 슬쩍하더군요. 그래서 "그러면 되느냐? 차라리 달라고 하라"고 했더니 "저놈들 엘리베이터 못 타게 하면 꼼짝 못 한다"고 하면서 태연히, 또 당연한 듯 늘 그 짓을 했습니다. 그래서 저는 아예 배달원에게 매월 1만 원을 줄 테니 신문 두 가지를 넣어 달라고 했더니 좋다고 하더군요. 배달원은 확장하라고 여유로 받은 신문을 돈을 받고 주니 좋고, 저는 한 부에 월 1만 5천 원짜리를 단돈 1만 원에 2부씩 받아보니 좋고, 이래서 갑이 갑질을 해도 을은 을끼리 돕고 살아가는 것이 아닌가 생각합니다.

제가 3, 4년차 되면서 팀원들의 공금을 관리했습니다. 공동작업을 한 대가로 주는 간식비와 새로 입사하는 경비원의 입회비 등을 모아서 1년에 봄, 가을 야유회 경비로 사용합니다. 한 사람이 새로 들어와 회비 8만 원을 달라고 했더니 이튿날 새벽 조회시간에 지갑에서 꺼내 어물어물 세더니 건네주더군요. 붉은색 한 장과 푸른색 석 장이기에 그대로 받았습니다. 본래 지갑에 있던 제 돈은 앞칸에, 그가 준 것은 뒤칸에 넣었습니다. 앞칸에는 만 원짜리와 천 원짜리 몇 장만 있을 뿐 5만 원짜리는 한 장도 없었습니다. 다음 날 퇴근해 집에서 지갑을 열어 뒤칸을 보니 5천 원짜리 한 장과 만 원짜리 석 장이었습니다.

출근한 날 아침에 그에게 사실을 말했더니 펄쩍 뛰더군요. 분명히 자기가 정확히 세어서 주었는데 무슨 소리냐는 겁니다. 돈을 줄 때 세어보지 않고 왜 이제 와서 따지냐며 큰소리를 쳐 어처구니가 없었습니다. 딱 잡아떼니 어떡합니까. 속으로 '저 녀석은 결코 상대할 놈이 못 된다' 생각하고 말았습니다. 눈뜨고 4만 5천 원을 사기당한 것이지요.

그놈은 주민들 비위를 건드려 몇 번 티격태격하더니 결국 며칠 만에 보따리를 쌌습니다. 그 녀석은 환영 회식도 못 하고 쫓겨났으니 결국은 그 녀석도 3만 5천 원을 손해 본 셈이지요. 나중에 들리는 얘기로 녀석은 여기저기 안 다녀 본 아파트가 없을 정도로 가는 곳마다 좋지 않은 짓을 저질러 '날라리'라고 소문이 났다고 합니다. 그런 을돌이들 속에 제가 살고 있습니다.

저질 꼴통 경비원도 있습니다. 제 옆동에 근무하는 자는 쉬는 날 밤에 술을 잔뜩 먹고 이튿날 만취한 상태로 출근해 하루 종일 지하실에서 일어나지 못해 제가 대신 근무한 일도 있습니다. 이뿐 아니라 근무하는 날 밤에 지하실에 여자를 불러다 술을 먹고 함께 자기도 한, 간이 부어도 한참 부은 을돌이입니다. 사람이 성격은 좋고 일을 꾀부리지 않고 열심히 해 팀장이 붙들고는 있으나 언제 사건을 일으킬지 늘 아슬아슬했습니다. 결국은 이 친구도 주민의 계속된 민원으로 잘렸습니다. 잘려도 벌써 여러 번 잘렸어야 할 건데, 동료들이 덮어 주어 그나마 버틸 수 있었던 것이지요.

한 녀석은 제가 초소를 옮겼을 때 교대근무하게 된 파트너인데, 자기가 초소에 먼저 왔다고 텃세를 부리더군요. 가뜩이나 좁은 초소 공간에 온갖 개인용품을 채워 놓고 제가 사용할 공간은 거의 없다시피 해 놓은 것입니다. "이건 이렇게 해라, 저건 저렇게 해라" 잔소리도 많았습니다. 엄연히 마누라가 있는데도 혼자 산다고 하여 주민들의 동정심으로 반찬깨나 얻어먹고 있다고 다른 동료가 귀띔하기도 했습니다.

이 친구는 손버릇도 나빴습니다. 화단에 심어 놓은 남의 고추를 슬쩍슬쩍 따 먹고 노인정에서 심어놓은 상추를 몰래 뜯어다 먹는 모습이 수차례 주민들 눈에 띄었으나 눈감아 주곤 했습니다. 그래서 간이 커졌는지 큰일을 저지르고 말았습니다. 초소 앞에 감나무가 하나 있는데 한 주민이 자기가 심었다며 아침저녁 개수를 세다시피 살핍니다. 빨갛게 익은 감이 30여 개 달렸습니다. 그런데 어느 날 아침 출근해 보니 감이 하나도 없었습니다. 주인이 다 따갔나 보다 생각하고 화장실에 가 보니 선반에 감이 가득했습니다. 직감적으로 '아, 이 녀석이 서리했구나' 생각했지요.

아니나 다를까. 이튿날 감나무 주인에게 발각돼 그 앞에서 무릎을 꿇고 빌더라고 미화원 아줌마가 일러 주더군요. 그 사건으로 소장이 시말서를 쓰라고 했으나 안면 있는 주민들에게 매달려 구명을 호소하는 바람에 당장 잘리지는 않았습니다. "나가라" "못 나간다" 한 달여 밀고 당기던 끝에 이 친구 결국 노동청에 호소, 해고수당을 톡톡히 받아내고야 보따리를 쌌습니다. 그 뒤 곧바로 다른 아파트에 들어갔는데 이곳보다 월급도 훨씬 많고 근무조건도 좋다고 하더군요. 이 녀석처럼 '똑똑한' 을돌이는 잘리면서도 수당 받고 좋은 곳으로 옮겨가니 '대담한' 을질을 하는 모양입니다.

저 자신도 결코 규칙대로 근무하거나 업무를 성실히 했다고는 할 수 없음을 잘 압니다. 고백하자면, 철저하게 금기시하는 근무 중 음주를 틈틈이 서슴없이 자행했거든요. 그런가 하면 재활용품 중 주전자, 선풍기, 라디오, 커피포트 등 초소나 집에서 쓸 만한 것들을 가져온 것도 사실입니다.

제가 겪은 바로도 이런 경비원들이 득실득실한데, 툭하면 '주민 갑질'만 부각시키고 '경비원 을질'은 거론조차 되지 않고 있는 게 현실입니다. 갑질 주민은 걸핏하면 경비원 자르고, 을질 경비는 툭하면 잘려도 쉽게 취업이 되니 갑돌이의 갑질과 을돌이의 을질이 선순환(?) 되고 있다고나 할까요?

A급 경비, C급 경비

아파트 옥상은 화재 시 피난을 위해 법적으로 개방해 놓도록 돼 있으나 불량배들이 올라가 음주를 하거나 가끔 투신하는 일이 있어 평소에 잠가 놓습니다. 하지만 주민 중에는 비밀번호를 어떻게 알았는지 몰래 이용하는 예가 더러 있습니다.

제 앞동 경비원 A가 옥상 순찰을 하는데 누가 말리려고 늘어놓은 도토리를 보았답니다. 주인을 찾아내기 위해 CC-TV 모니터를 수시로 살피다 해 질 녘에 한 주민이 올라가기에 뒤미처 따라가 맞닥뜨렸더니 당황해 어쩔 줄 몰라 하더랍니다. 그 주민은 한때 갑질로 경비원을 내쫓아낸 경력이 있는 '갑돌이'였습니다.

A는 대수롭지 않은 체하고 "도토리를 참 많이 주우셨네요" 했더니 "미안해요. 말릴 데가 마땅치 않아서 그만 … " 하면서 허둥지둥 거두기에 "다음부턴 주민 눈에 안 띄게 조심하세요" 하고 거들어 주었답니다. 그 뒤 그는 A만 보면 따뜻하게 인사하고 때로는 막걸리도 받아 주고 겨울엔 눈도 함께 쓸어 주는 순한 '양돌이'로 변했더랍니다.

그런가 하면 옆동 경비원 C는 옥상 순찰을 하다 고추 널어놓은 것을 발견하곤 몽땅 거둬갖고 내려와 경비실 안에 감춰 두었답니다. 말하자면 CC-TV 지켜보는 수고를 하지 않고 '범인'을 잡으려고 머리를 쓴 것이지요. 저녁때 고추 주인이 옥상에 갔다가 허탕 치고 놀라서 경비실에 와서 물어보더랍니다. 평소 인사도 잘 나누고 가끔 음료수도 주곤 하던 부인이었답니다. C는 안면몰수하고 "어떻게 자물쇠 번호를 알았느냐, 모든 사람이 옥상을 그렇게 이용하면 되겠느냐?" 따끔하게 훈계한 뒤 내주었다고 하더군요. 그 부인은 그 뒤부터는 C의 근무상태를 틈틈이 살피고 툭하면 갑질을 하여 괴롭다고 하소연하더군요.

엄밀히 말하면 C가 모범적으로 철저하게 자기 임무에 충실한 것이고 A는 주민과 묵시적 타협을 한 것이지요. 하지만 결과적으로 A는 '갑돌이'를 '양돌이'로 만든 A급 경비원이요, C는 '양순이'를 '갑순이'로 변하게 한 C급 경비원이라고 할까요? 경비원도 이렇게 급수가 있습니다.

갑질에 한숨, 칭찬에 우쭐

앞동에서 뒷동으로 초소를 옮겨 온 지 며칠 되지 않아서였습니다. 점심을 먹고 잠시 초소에 누워 잠이 들었습니다. 초소에서는 본래 의자에 앉아 근무하게 돼 있습니다. 그래서 밤에 잘 때는 의자를 하나 더 마주 놓고 그 위에 판때기를 얹어 놓거나 의자를 들어 밖에 내다놓고 야전침대를 들여놓고 자곤 했습니다. 그러다가 그 과정이 번거롭고 귀찮아 저의 교대자가 아예 의자를 없애고 평상을 만들어 놓았습니다. 근무 때는 일어나 앉고 밤에는 누워 자니 편했습니다. 사실 편하다 보니 낮에도 누워 자는 배짱이 생겼습니다.

그날이었습니다. 누가 문을 노크하기에 벌떡 일어났습니다. 다짜고짜 "경비가 주민을 위해서 하는 일 없이 잠만 자는 거요?"라고 쏘아붙이고 돌아서는 것이었습니다. 저는 반사적으로 문을 박차고 맨발로 뛰쳐나가 따라가며 "지금 휴식시간이라 잤는데, 내가 주민을 위해서 하지 않은 일이 무엇입니까?"라고 소리쳤습니다. 그 주민은 아무 소리 안 하고 제 집으로 들어갔습니다. 12시부터 1시 30분까지는 점심시간이라 자리를 비우고 휴식도 취할 수 있거든요.

나중에 들으니 그도 경비원으로서 어느 빌딩에 다닌다고 했습니다. 같은 경비 주제에 '갑질'을 한 것입니다. 제가 대든 뒤 그는 저만 보면 아주 '깍듯이' 인사합니다. 만만한 놈이 아니라고 여긴 모양이지요. 아파트 주민 중에는 이렇게 '꼴값'을 떠는 아니꼬운 인물이 더러 있습니다. 강북의 30년 넘은 서민 아파트에 살면서도 경비원에게 상전 대우를 받고 싶은 모양입니다. 아파트 경비원을 '머슴'으로 취급하는 것이지요.

그러나 대부분의 주민들은 너그럽고 친절합니다. 겨울에 제설작업을 도와주고 가을 낙엽과의 전쟁 때 빗자루를 함께 들어 주는 고마운 주민들도 많습니다. 가끔 맨발로 단지 안을 돌며 운동하는 부인이 있습니다. 농담 삼아 "신발을 잃어버리셨나요?"라고 물었더니 "아저씨가 청소를 하도 깨끗하게 해서 신발 신고 다니기가 미안해서요"라고 대꾸하여 기분이 썩 좋았답니다.

가로 세로 50m 정도 넓이의 우레탄 매트를 깐 어린이 놀이터도 저의 담당입니다. 어느 날 솔잎 하나 없이 낙엽을 말끔하게 쓸었더니 정자에 앉아 있던 부인들이 "인절미를 굴려도 콩고물 하나 묻지 않겠네요"라고 하여 칭찬받은 머슴처럼 씩 웃어 주었습니다.

제가 보병병과로 군대생활을 했는데 그때 지시사항이 '보병은 3보 이상 구보'였습니다. 세 걸음 이상 갈 때는 뛰라는 것이지요. 저는 이것을 경비생활에 적용하여 '3보 이상 쓰레받기와 집게'로 했습니다. 즉, 볼일로 걸어갈 땐 언제나 쓰레받기와 빗자루 혹은 집게를 들고 나가는 것입니다. 다른 동에 볼일이 있거나 아침 조회를 갈 때, 각 출입구에 불을 켜거나 끄러 갈 때, 심지어 공동작업을 위해 모일 때도 쓰레받기와 집게를 들고 갑니다. 가다가 오물이 있으면 주워 담으니까 제 담당구역은 항상 깨끗할 수밖에 없지요. 그런 모습을 보는 주민들은 "좀 쉬라"고 합니다. 그럴 땐 기분이 참 좋습니다.

어느 바람 부는 날. 이런 날은 청소해야 소용이 없습니다. 낙엽을 쓸어 모으면 이리저리 날리고 간신히 쓸어내도 어디선지 다시 날아오곤 하지요. 그래도 마냥 내버려 둘 수 없어 비를 들고 나섭니다. 바람 불 땐 요령이 있습니다. 바람이 불어가는 쪽으로 속도에 맞춰 조금씩 모아 담아가면 어떤 땐 바람이 없는 날보다 수월합니다. 바람이 비질을 도와주는 것이지요.

그날도 비를 들고 바람을 타고 낙엽을 쓸고 있는데 한 주민이 지켜보더니 "바람 부는데 쓸면 뭐해요. 쉬세요"라기에 "이렇게 바람이 도와주고 있잖아요" 했더니 "참, 그렇기도 하네요"라면서 "아저씨는 A급 경비원이네요" 해서 마치 선생님의 칭찬을 받은 초등학생처럼 기분이 좋았습니다.

가을에 낙엽을 하트 모양으로 쓸어 모아 주민의 하트 인사를 받고, 겨울에 눈사람을 만들어 어린이들을 즐겁게 해준 것 등을 생각하면 제가 진짜 'A급 경비'라는 자부심도 있습니다. 가끔 갑돌이나 갑순이 때문에 자존심 상할 때도 있지만, 주민들의 칭찬을 받고 으쓱한 기분에 '경비질'도 할 만하다고 생각합니다. 팀장도 잘 만나고 동료 복도 있어 8년 넘는 세월이 언제 지나갔는지 모르겠습니다.

건강이 허락하는 한 이 일을 계속할 생각입니다. 갑질에 마음 상해도 칭찬 한마디에 우쭐한 기분을 유지하면서 가는 데까지 가 보겠습니다.

양질의 사람들

주민 중엔 갑돌이가 있고 경비원 중엔 을돌이가 있어 갈등과 충돌 끝에 때로는 목숨까지 잃어 사회적으로 문제가 되는 게 현실입니다. 하지만 아파트에는 갑돌이와 을돌이만 있는 게 아닙니다. 오히려 그들은 극소수에 불과하고 절대 다수는 보통 사람들로서 양심과 도덕, 법과 정의의 테두리 속에서 인정을 베풀며 아름다운 관계를 이루어가고 있습니다. 저는 이들을 갑돌이, 을돌이에 견주어 '양돌이', '양순이'라고 부르고 싶습니다.

늦가을 나뭇가지에 과일이 주렁주렁 달렸습니다. 이것을 따먹을 권리는 갑에게 있고, 병들고 벌레 먹어 떨어진 과일을 치우는 것은 을의 의무이지요. 과일을 먹고 단풍을 감상할 권리는 갑에게 있고, 낙과와 낙엽을 처리할 의무만 을에게 있는 것입니다.

그런데 가지에 달린 과실을 탐내 몰래 따먹으면 '을질'이요, 그것을 발견한 주민이 호되게 꾸짖고 나가라 말라 하면 '갑질'이지요. 옛날 머슴의 웬만한 실수나 잘못은 모르는 체하고 넘어가는 것이 양반의 체통이듯이, 주민들도 경비원들의 사소한 잘못은 덮어 주는 아량이 있어야 한다고 봅니다.

어느 해 여름, 잘 여문 자두가 주렁주렁 달려 있었습니다. 올려다만 봐도 군침이 돌 정도였지만 경비원들에겐 '그림의 떡'이지요. 그 자두나무는 한 주민이 아무도 손대지 못하도록 경비원에게 특별 부탁을 해 놓은 상태였습니다.

하루는 팀장이 대원들을 불렀습니다. "자두를 따 달라는데 어떻게 할까?" 이구동성으로 "못 한다고 합시다"라고 했지만, 팀장은 "일부러 부탁하는 것이니 좀 도와줍시다. 대신 내가 자두를 얻어 주리다" 했습니다. 마지못해 사다리를 타고 올라가 힘겹게 따 주었습니다. 두어 버킷은 됐을 겁니다. 팀장은 그 집에까지 운반해 주고 자두를 얻어왔습니다. 그릇을 보니 성한 건 두어 개밖에 안 되고 터진 것, 벌레 먹은 것들뿐이었습니다. 그 자리에서 쏟아 땅에 묻고 말았습니다. "자기 집 머슴에게도 이렇게는 안 할 것"이라고 대원들이 툴툴거렸지만 팀장은 공분을 느끼면서도 "내가 다시는 이따위 일을 안 시킬 테니 참아라" 했습니다. 말하자면 갑과 을의 중간에서 완충작용을 한 것이지요.

최근 동료 Y가 우이천변을 산책하다가 큰일을 해냈습니다. 최상류까지 갔다 돌아오는데 "가만히 있어요. 뛰어내리지 말아요"라는 소리에 다리 위를 쳐다보니 한 여인의 모습이 보인 순간 이미 떨어지고 있더랍니다. 전날 비가 내려 개천물이 불어나 허리까지 찰 정도였지요. 반사적으로 달려가 보니 여인은 물에 잠긴 채 의식을 잃었답니다.

일단 건져내려고 끌어 보았지만 꼼짝도 안 해 "누가 내려와 도와주세요" 소리쳤더니 한 청년이 뛰어들어 함께 간신히 옆의 갈대숲으로 건져 올렸답니다. 여인은 물을 먹었는지 숨을 쉬지 않더랍니다. 달려들어 심폐소생술을 몇 분간 했더니 '푸우' 하고 숨을 내쉬더랍니다. Y는 그 과정에서 용의주도하게 112에 신고하여 경찰이 출동하고 119가 뒤미처 달려와 여인을 병원에 옮겨 목숨을 건지게 했다고 합니다. 타고난 의협심과 몸에 밴 경비원 생활의 공공의식이 발동한 미담입니다.

Y가 근무하는 10여 년 동안 아파트에서 자살과 실족사가 9건이나 있었는데, 그때마다 시신 확인, 뒤처리 등 궂은일을 도맡다시피 했답니다. 한번은 주민의 신고로 달려가 보니 90대 노파가 10층 베란다에서 떨어졌는데 이미 목숨을 잃었고 얼굴에는 개미, 파리들이 새까맣게 달라붙어 있더랍니다. 그가 입과 콧속의 개미들을 맨손으로 파내고 있었더니 출동한 경찰관이 "친어머니입니까?"라고 묻더랍니다. 그는 그렇게 인정이 많은 사람입니다.

저는 이런 일을 감당하는 것을 '양질'이라고 하고, 그런 사람을 '양돌이'라고 이름 붙이고 싶습니다. Y는 경비팀장입니다. 제가 보기에 Y는 확실한 양돌이입니다. 그의 성도 양씨이거든요. 양재환.

아파트단지 회장에게 감사패

아파트 경비원들이 주민들로부터 홀대와 경멸을 당해 이에 맞서 다투거나 상대하기 힘들면 자진하여 그만두든가 심지어 자살까지 하는 사태로 번집니다. 그런데 제가 근무하는 곳에서는 최근 경비원들이 아파트단지 회장에게 감사패를 증정하고 식사를 대접하여 감동을 주었습니다.

> 감사패
>
> 서울 강북구 ○○아파트 ○단지
> 회장 이상덕
>
> 회장님께서는 단지 회장을 맡으시어 만 4년 동안 저희 경비원들의 고충을 세밀하게 보살펴 주셨습니다. 초소에 방충망 문을 달아 모기를 막아 주고 재래식 화장실을 좌변기로 바꾸는가 하면 재활용 분리수거 때 사용하라고 천막을 마련해 저희의 어려움도 크게 덜어 주셨습니다. 그뿐만 아니라 힘든 일을 할 때면 수시로 음료수를 권하며 수고 많다고 위로하고 격려해 주셨습니다.
>
> 임기를 마칠 땐 저희 초소를 일일이 찾아와 "그동안 수고 많이 하셨습니다. 에어컨을 달아 드리지 못해 미안합니다"라고 이임 인사까지 하셨습니다. 우리를 인격적으로 대해주신 회장님이 계셨기에 힘든 줄 모르고 열심히 근무할 수 있었습니다. 사랑합니다. 고맙습니다.
>
> 2020년 5월 20일
> 서울 강북구 ○○아파트 ○단지 경비원 일동

이 아파트에서도 불미스럽고 눈살 찌푸려지는 일이 없지는 않습니다. 나이 많은 경비원을 하대하기는 예사이고, 경비원을 손가락으로 부르는 사람도 있습니다. 재활용품을 갖고 나와 홱 던지며 분리해 버리라거나, 초소에 앉아 졸기만 해도 질책을 하는 등 부아가 치미는 일도 많습니다. 어느 주민은 자기에게 '아주머니'라고 불렀다고 관리소장을 찾아가 "경비원들 교육 잘 시키세요"라고 항의하기에 "그러면 무어라고 불러야 합니까?"라고 물었더니 "여자 미화원도 '아주머니'라고 하면서 어떻게 주민을 그렇게 부를 수 있어요? '사모님'이라고 해야 할 것 아니에요!"라고 호통을 쳐 실소를 자아내게 한 사례도 있습니다.

그 외에도 갑질하는 주민의 예를 앞에서도 말씀드렸지만, 자기가 심은 화초에 물을 안 주어 시들게 했다, 나뭇가지를 함부로 잘랐다, 화단의 잡초를 뽑지 않는다, 회양목 전지를 제때 하지 않는다, 근무자가 초소를 자주 비운다는 등 사소한 갑질의 예는 얼마든지 있습니다.

대개 자기 동의 대표만 돼도 목에 힘을 주고 경비원들을 자기 집 머슴이나 마당쇠 정도로 취급하기 일쑤입니다. 어떤 대표들은 자기에게 인사하지 않는다고 트집을 잡아 관리소장을 찾아가 그를 내보내라고 하는 등 이른바 '갑의 갑질'을 하기도 합니다.

그런데 이 단지의 이상덕 회장은 교육공무원 출신으로서 경비원들이 낙엽을 치우거나 재활용 분리수거 등 힘든 일을 할 때면 종종 음료수를 들고 와 권하며 "수고하십니다"라는 따뜻한 말을 건네는 등 격려와 배려를 잊지 않았습니다. 그리고 경비원들에게 절대로 하대하지 않고 '형님' 혹은 '아우님' 하며 공대하여 우리 스스로 고개가 숙여지게 하는 따뜻한 인품의 소유자였습니다.

이에 그가 회장직을 마치자 경비원들이 그를 회상하며 얘기를 나누던 중 무언가 감사의 표시를 하자는 데 뜻을 모아 조촐한 회식의 자리를 마련하여 감사패를 전하게 됐습니다. 이 자리에는 전임 회장으로서 이 단지의 명실상부한 좌장인 분도 참석하여 격려해 주었습니다. 이 일을 추진하는데 제가 중심이 됐는데 모두 즐거워하고 뜻있는 행사였다고 말해 기분이 좋았습니다.

낙엽 하트의 기쁨

경비근무를 시작하여 서너 달쯤 됐을 때입니다. 호시절 봄, 여름은 가고 은행잎과 단풍이 노랗고 빨갛게 아름다운 모습으로 물들어가는 가을도 어느덧 막바지에 들어서면서 잎사귀들도 더 이상 못 버티고 우수수 떨어지기 시작했습니다. 훤하게 날이 밝으면서부터 붙잡아 쓸기 시작한 빗자루를 점심 먹을 때 잠깐 손에서 놓았다가 다시 들고 저녁놀이 질 때까지 쓸고, 갈퀴로 그러담는 작업의 연속으로 일과를 보내고 있습니다.

주민들의 얼굴도 미처 익히지 못한 경비 초년생의 작업능력과 솜씨는 서투르고 어색할 수밖에 없었지요. 빗자루질도 갈퀴질도 난생처음이라 힘들었지만 천천히 그러나 성실하게 일할 뿐입니다.

한참 낙엽을 쓸고 있는데, 한 60대 후반의 자그마한 체구에 곱상하게 생긴 부인이 지나다가 발걸음을 멈추고 "수고하시네요." 인사하기에 저도 "안녕하세요." 답례했습니다. 그 여인은 이어서 "함자가 어떻게 되세요?" 하고 물었습니다. 비질이나 하는 경비에게 '함자'라는 존칭어를 쓰는 데 적이 놀라 "함자라니요? 이충남이라고 합니다"라며 가슴에 단 명찰을 내보였습니다.

"선생님은 이 일이 처음이시죠?"라고 또 물었습니다. '아니, 선생님이라니?' "네. 처음입니다. 왜 일이 서툴러 보이십니까?"라고 물었더니 "아뇨. 그냥 그렇게 보여요" 하더니 지나갔습니다. 상당히 교양 있는 말씨에 기품이 넘치는 자태였습니다.

며칠 뒤 잡초를 베어내는데, 또 그 여인이 지나가다 멈춰 서더군요. 마침 소담스럽게 맺혀 있는 까마중을 베어내던 참이었습니다. "보기 좋은데 왜 베세요?" 하고 묻기에 "그러게 말입니다. 잘라 버리라는 주민의 민원이니 어쩔 수 없죠"라고 대답했더니, 그중에 보기 좋고 탐스러운 것을 뽑아 달라고 하더군요. 집에서 키우겠다기에 조심스럽게 캐 주었습니다.

그런지 며칠 뒤 낙엽을 쓰는데, 역시 그 여인이 지나가다 "이 선생님, 빵 좋아하시나요?"라며 다가왔습니다. "좋아하지요." 대답했더니 "갓 구운 걸 사 왔는데 출출할 때 드세요"라면서 봉지째 건네주었습니다. 따뜻한 식빵이었습니다. 고마웠습니다. 매번 그 장소에서 작업할 때마다 만나곤 했습니다. 그 여인이 지나다니는 길목인 모양입니다.

하루는 그 자리에 은행잎이 많이 떨어져 있었습니다. 매일 낙엽과의 전쟁이기 때문에 낙엽이라면 진저리가 났지만 그날따라 듬뿍 내려앉은 모습이 아름다워 보였습니다. 무자비하게 쓸어버리기가 아까웠습니다. 그곳은 그대로 놓아두고 우선 다른 곳들의 낙엽만 모아서 치웠습니다. 청소가 대충 마무리된 뒤 은행잎 있는 곳으로 가 가운데 쪽으로 쓸어 모아 나갔습니다.

먼저 가로, 세로 크기가 비슷하게 정사각형 모양으로 모았습니다. 다음엔 윗부분의 왼쪽과 오른쪽 양 모서리를 오므려 둥그렇게 했습니다. 이어서 아래쪽 두 귀퉁이는 가운데로 모아 끝을 뾰족하게 했습니다. 좌우가 대칭이 되도록 이쪽저쪽 그러모아 균형을 맞추고 두께도 평평하게 다듬었습니다. 그런 뒤 윗부분 한가운데를 V자 모양으로 긁어냈습니다. 드디어 완성됐습니다. 무슨 모양인지 아세요? 하트(♡)였습니다. 위쪽이 그 여인이 사는 곳을 향하게 만든 것이지요. 상당히 크게 만들었어요. 폭과 길이가 2m씩은 됐을 것입니다.

다 만들어 놓고 멀찍이서 틈틈이 그쪽을 바라보며 주민들의 반응을 살폈지요. 서운하게도 지나는 사람들이 거들떠보지도 않더군요. 맥이 빠지고 괜한 짓을 했다는 생각에 씁쓸했습니다. 이튿날 새벽 퇴근하면서 교대자에게 낙엽 하트를 쓸어내지 말라고 일렀습니다. 날씨가 고른 덕에 다음 날 제가 근무할 때도 그 자리에 그대로 보존되었습니다. 낙엽 '작품'은 흩어진 곳을 다듬어 주며 1주일쯤 '보호'했습니다.

그러던 어느 날 그곳을 바라보니 그 여인이 지나치다가 되돌아서 발걸음을 멈추고 잠시 서 있었습니다. 저의 작품, 그 여인을 향한 낙엽 하트를 들여다보는 게 분명했습니다. '야호.' 드디어 저의 마음이 그 여인에게 전달된 듯한 망상에 기분이 하늘을 찌를 듯했습니다. 낙엽과의 전쟁에서 압승을 거두었다는 생각도 들어 심신의 피로가 한순간에 날아가 버렸습니다.

낙엽 하트에 관한 스토리는 몇 년 후에도 이어졌습니다. 저는 처음부터 근무하던 동에서 3년 뒤 옆동으로 옮겼습니다. 바로 그 여인이

사는 동이지요. 그쪽으로 간 첫해 가을. 역시 낙엽과 씨름하는 계절이었지요. 초가을부터 물들기 시작한 은행잎은 중반부터 두고두고 떨어집니다. 그러나 단풍잎은 가지에 달려 오래도록 노랗고 빨간 정열의 자태를 뽐내다가 다른 낙엽이 거의 다 떨어질 즈음 느지막하게 서서히 땅에 내려앉습니다. 바람이 부는 날은 볼품도 없는 낙엽이 이리저리 흩어져 비를 든 늙은 경비원을 애먹이지만, 바람 한 점 없이 고요한 날 소복이 내려앉은 모습은 가지에 달려 있을 때 못지않게 아름다워 쓸어버리기는커녕 밟기에도 아까울 정도이지요. 어느 날 바로 그런 모습을 보았습니다.

겨우내 메마른 가지 속에 숨어 있다가 봄꽃 내음에 이끌려 파릇파릇 돋아나 여름과 가을 내내 하늘거리는 단풍을 사람들은 즐기지요. 온몸이 노랗고 빨개지도록 매달리다 지쳐 늦가을 실바람에도 견디지 못하고 화르르 내려앉은 낙엽도 아름답기 그지없습니다. 그것은 생을 다하고 떨어진 것이 아니라 오히려 비바람과 혹서(酷暑)의 시련을 극복하고 부활한 몸인 듯 환하게 웃는 것 같습니다. 떨어진 단풍, 그것이 가지에 달렸을 땐 잎이었지만, 떨어진 뒤에는 낙엽이 아니라 꽃이었습니다. 그래서 밟기도 미안하고 빗자루로 쓸어버리기엔 더욱 안쓰러웠습니다. 마침 그 자리가 바로 203호 그 부인이 드나드는 출입구 앞마당이었습니다.

'아직 주민들이 깨어나기 전 아무도 밟기 전에 작업을 하자.' 다른 곳은 제쳐두고 거기부터 손을 댔습니다. 몇 년 전 은행잎 때보다 더 정성을 기울였습니다. 사람들 눈에 잘 띄도록 이번엔 크기를 적당하게 했습니다. 이리 모으고 저리 다듬고, 워낙에 없는 그림 솜씨지만 지난

번 익힌 실력을 최대한 발휘해 꼼꼼하게 만들었습니다. 제가 보아도 썩 잘 그려진 것 같았습니다. 예쁘게 보였습니다. 구부렸던 허리를 펴고 멀찍이 떨어져 흘깃흘깃 그쪽을 바라보곤 했습니다.

"여보, 뭐해? 빨리 와." 큰 소리가 나는 주차장 쪽을 보니 한 남자가 시동을 걸어 놓고 아내를 재촉하고 있었습니다. 단풍낙엽 하트 쪽이었습니다. 젊은 여자가 핸드폰으로 그것을 찍고 있었습니다. 1004호에 사는 천사와 같은 모습의 여인이었습니다. 남편이 부르는 소리에도 아랑곳하지 않고 몇 장을 더 찍더니 저를 향해 양손을 머리 위로 올려 하트를 그려 보였습니다. 순간 어찌나 기분이 좋던지요.

그 뒤로도 몇몇 주민들이 지나치다 멈춰 들여다보며 엷은 미소를 짓는 모습이 멀리서도 보였습니다. 더러는 제 앞을 지나며 "고마워요, 아저씨"라고 인사도 했습니다. 한참 뒤에는 저에게 이름을 물어본 그 부인이 나오더니 한참 머물러 사진을 찍더군요. 그때의 기분은 마치 밤새 '마지막 잎새'를 그린 무명의 늙은 화가인 양 뿌듯했습니다.

오후에 귀가하던 '천사 여인'이 저를 보더니 "아저씨, 그 사진 SNS에 올렸더니 친구들이 모두 퍼 날랐대요" 하더군요. 참으로 기분 좋은 하루였습니다. 이만하면 아파트 경비도 할 만하다는 생각이 들었습니다. 저보다 앞서 이곳에서 근무하던 고교 동창에게 이 얘기를 했더니 "야, 나는 꽃나무 전지 잘못했다고 잘렸는데, 너는 하트를 그려 감동을 주었으니 마르고 닳도록 하겠구나"라면서 웃더군요. 저는 건강과 여건이 허락하는 한 이 일을 계속하고 싶습니다. 제 마음속에도 하트를 그리며 즐거운 기분으로….

추기 1

그 뒤 몇 년이 흘러도 일기가 고르지 않아 하트를 만들지 못해 서운했습니다. 그보다 더한 것은 예의 그 여인들이 멀어진 것입니다. 1004호는 바로 그해에 동생에게 집을 물려주고 이사 갔고, 203호 부인은 뇌경색으로 기억력을 잃어 입원했다는 슬픈 소식이었습니다.

그래서 올가을엔 과거보다 더욱 정성들여 하트를 그려 보고 싶습니다. 기도하는 마음으로. 누가 압니까? 그것을 보고 203호 부인의 기억력이 되살아날는지. 또 동생 집에 들른 1004호 여인의 눈에도 띄어 또다시 양팔 하트를 보여 줄지. 올해 부디 단풍이 곱게 물들고 소담스럽게 내려앉길 소망합니다. 낙엽 떨어지는 늦가을이 기다려집니다. 낙엽 하트의 아름다운 얘기가 계속될 수 있도록⋯.

추기 2

2020년 11월 말, 올해는 여름장마가 길어서 그런지 낙엽 색깔도 곱지 못하고 또 일찍 떨어졌습니다. 대개 10월 중순부터 떨어지기 시작하여 12월 초나 중순까지 떨어지던 낙엽이 올해는 벌써 마무리가 됐습니다. 낙엽과의 전쟁을 빨리 끝내 후련하기는 한데 아쉬운 것은 낙엽 하트를 그릴 기회가 없었다는 점입니다. 일기도 고르지 않고 어쩌다 고운 색깔의 단풍도 다른 낙엽들과 섞여 뒹굴어 '작업'할 유혹을 느끼지 못했습니다.

마지막 낙엽 설거지를 하면서 퍽 아쉬웠습니다. 허전한 마음으로 주위를 돌아보니 한 군데가 눈에 띄었습니다. 등잔 밑이 어둡다고, 바로 초소 앞 화단에 낙엽이 수북이 쌓여 있었습니다. 비록 여러 가지 잎이 섞여 때깔은 곱지 않으나 바람을 타지 않아 작업을 해도 며칠 갈 것 같았습니다. 갈퀴와 빗자루를 들고 달려들었습니다. 작업을 하고 거의 마무리가 됐는데 한 부인이 지나다가 다가와 "어렸을 때 갈퀴로 가랑잎 모으던 생각이 나네요" 하기에 "네?" 했더니 "아저씨는 어려서 땔나무 해보지 않았어요?" 해서 피식 웃어 주었습니다.

두 개를 만들었습니다. 작업을 마치고 조금 떨어진 곳에서 낙엽을 쓸고 있는데 다른 부인이 지나다가 "아저씨, 멋있네요" 하기에 "뭐가요?" 했더니 하트 쪽을 가리키며 "힘든 일을 하면서 어떻게 그런 생각을 다 하셨어요?" 그 한마디에 굽었던 허리가 쫙 펴지는 느낌이었습니다.

어떤 사람 눈에는 '땔감'으로 보이고, 어떤 사람 눈에는 '작품'으로 보이는 게 세상 이치인가 봅니다. 어쨌거나 작품이 흩어지기 전에 203호 부인이 퇴원하고, 1004호 여인이 나타났으면 좋으련만….

눈과의 전쟁

안동역도 아닌데, 새벽 5시부터 웬 눈이
이리도 펑펑 쏟아진단 말인가.
낙엽과의 전쟁을 치르고 한숨 돌린 게 엊그제인데
야속하게 쏟아지는 눈이 그칠 줄을 모르는구나.
혹시 멈추지는 않을까, 녹아 주지는 않을까,
그러나 야속하게도 오는 족족 시루에 백설기 안치듯
온 땅에 켜켜이 쌓여만 가는구나.

창밖으로 폭설을 바라보는 늙은 경비의 마음만 녹고 녹는다.
저 엄청나게 쏟아지는 눈을 어떻게 다 치운단 말인가.
이제나 그칠까, 저제나 그칠까.
에라, 모르겠다. 내리는 눈발 속으로 빗자루 들고 나섰다.
옷은 눈 뒤집어쓰고 몸은 땀에 절고
시린 손발 무릅쓴 채 이 악물고 쓸고 또 쓸어 본다.
한 바퀴 쓸고, 두 바퀴 돌며 쓸고 밀어내 보지만
하염없이 내려 쌓이는 눈, 눈, 눈… .
가을엔 떨어지는 낙엽, 겨울엔 쏟아지는 눈.
그것들과 싸워야 하는 경비원 신세.
새벽잠 깨어 내다보던 주민들이 장갑 끼고 귀마개 하고
예서 제서 나오고 있다.
"같이 합시다." 고마운 지고, 감사한 지고.
그러나 장비라곤 몽당비 몇 자루, 이 빠진 눈삽 1개, 밀대 1개.
발 벗고 나선 주민들의 따뜻한 마음에 감동,
이웃 동으로 달려가 쉬고 있는 도구 빌려다
함께 밀고 퍼 나르기 수 시간.
하늘도 감복했는지, 지쳤는지, 아니면 밥 먹으러 갔을까?
점심때가 되니 맥없이 그치더이다.
오후에도 몇몇 주민의 도움으로 쌓인 눈을 대충 치우고 나니
옷은 내복까지 땀에 젖고. 몸이 천근만근이라도
마음만은 개운하고 주민들의 도움에 감사, 또 감사.
이런 맛에 힘든 줄 모르고 경비도 꽤 할 만하더이다.

화단의 취침 손님

2019년 5월 18일 토요일 오후 4시경, 동료 J와 L이 인터폰으로 목이 마르다고 호소했습니다. 우리끼리 목이 마르다는 것은 한잔 생각이 난다는 은어입니다. 제가 근무하는 동 지하로 오라고 한 뒤 슈퍼에서 '샘물' 한 통과 '우유' 두 통을 받아왔습니다. 샘물은 소주요, 우유는 막걸리를 말합니다. L은 샘물만 먹고, 저와 J는 그때그때 입맛에 따라 샘물도 우유도 마십니다.

30여 분쯤 노닥거리며 목을 축이고 난 뒤 둘은 나가고 저는 지하에 남아 설거지를 하는데 핸드폰이 울렸습니다. 받아보니 L이었습니다. "형님, 5~6라인 화단에 웬 녀석이 드러누워 자는데, 빨리 올라와 보세요" 하는 겁니다. 젖은 손을 대충 씻고 올라와 보니 덩치가 커다란 50~60대 사내가 화단에 큰 대자로 누워 있더군요. 아파트 주민 두어 사람이 가던 길을 멈추고 지켜보았습니다.

이곳 아파트는 가끔 위에서 떨어져 자살해 죽는 사고가 빚어지곤 합니다. 두어 달 전에도 바로 이웃 동에서 한 사나이가 떨어져 죽은 사건이 있었기에 혹시나 하여 다가가 상태를 살폈습니다. 벌렁 누운 녀석의 배를 보니 아래위로 출렁거렸습니다.

'죽은 놈은 아니구나' 안심하며 "이보시오" 하고 깨우니 "죄송해요. 조금만 쉬다가 갈게요" 하더군요. 술이 취했거나 피곤에 지친 모양입니다. 옷차림이 추레한 데다 신었던 슬리퍼는 벗겨져 저만치 나뒹굴어 있었습니다. 언제 씻었는지 발이 시커맸습니다. 얼마나 지치고 피곤했으면 저 지경일까.

그대로 두면 오가는 주민들의 눈에 띄어 민원이 빗발칠 것이 분명했습니다. 그렇다고 쫓아 버리자니 가여운 마음이 들더군요. 어떻게 할까 잠시 망설였습니다. 지켜보던 주민들은 그대로 서 있었습니다. 드러난 배 위와 발가락 사이로 개미들이 기어 다녔어요. 측은한 생각에 얼른 초소에서 모기약을 갖고 와 녀석의 주위에 뿌렸습니다. 혹시 개미 퇴치에도 효험이 있을지 모른다는 생각이었지요. 뒤이어 어떻게 하면 주민들 눈에 띄지 않게 할까 망설였습니다. 제 담요를 갖다 덮어줄까 했지만 차마 그렇게 하기는 어려웠습니다. 그렇다고 그냥 두자니 주민들의 민원도 문제이지만 '잠시 쉬게 해달라'는 사람을 뙤약볕 풀밭, 개미떼에 방치하는 것도 인정이 아닌 것 같았습니다.

정신지체 1급인 둘째아들 생각이 났습니다. 7, 8세부터 왜 그런지 집을 나가면 돌아오지 않고 길거리를 헤매는 버릇이 있습니다. 1년에도 수차례 집을 나가 며칠씩 행방을 몰라 애간장을 태우곤 해온 게 50이 다 돼가는 현재까지도 계속되고 있습니다.

화단에 누운 사람을 지켜보며 아들 생각이 났습니다. 아들도 무한정 돌아다니다가 지치면 저렇게 아무데나 누워 잠들 텐데 …. '잠시 쉬게 해주자. 편안히 ….' 주위를 둘러보니 마침 야쿠르트 아줌마가 사용하는 큼지막한 파라솔이 있었습니다. 오늘은 토요일이라 일찍 들어가면서 접어 두었겠지요. 그것을 펼쳐 덮으니 훌륭했습니다. 전신이 거의 다 가려 지나다니는 주민들 눈에 띄지 않을 것 같았습니다.

그러나 머리 쪽만 가리고 발치 쪽은 그대로 노출됐기에 낙엽마대를 갖다 놓고 나머지 빈 곳엔 제 자전거를 세워 놓으니 완전히 은폐됐습니다. 주위에 다시 모기약을 넉넉히 뿌려 주고 그날의 나머지 작업을 마친 뒤 지하실에서 저녁을 먹었습니다.

저녁 8시경 올라와 파라솔 속을 들여다보니 텅 비었습니다. 단지 그가 누웠던 자리의 맥문동만 눌린 채로 있을 뿐이었습니다. 사나이가 서너 시간 푸근히 쉬고 갔다는 표시였지요. 잘 갔겠지. 하지만 허기졌을 배는 어디서 채웠으려나……. 제 마음 한구석이 묵직했습니다.

야관문과 땀띠

야관문(夜關門). 야는 밤. 관문은 국경이나 요새의 성문(城門). 그러니 이름하여 '밤의 성문'인가요?

오랫동안 기다렸습니다. 더 이상 참을 수 없었습니다. 이제는 깊숙한 곳에 은밀히 숨겨 놓았던 그 성문을 열어야겠습니다. 조심조심 품에 안고 나왔습니다. 겹겹이 감싼 몸을 한 겹 두 겹 벗겨냈습니다. 매끄러운 곡선과 차가운 듯하면서도 부드러운 촉감이 좋습니다. 연한 갈색의 자태가 저를 유혹하는 듯했습니다.

살살 돌려 보았습니다. 잘 안 됩니다. 단단히 잠겼습니다. 오랫동안 성 안 비밀 동굴과 같은 캄캄한 지하실 구석에 갇혀 있던 몸이라 굳었나 봅니다. 어쨌든 열고 봐야만 합니다. 꾹 눌러 힘껏 돌려보았습니다. 말을 안 듣습니다. 반응이 없습니다. 꼼짝하지 않습니다. 있는 힘껏 더욱 세게 눌러 돌렸습니다. 미세한 움직임이 감지됩니다. 더욱 힘을 가했습니다. 돌기 시작합니다. 완강하게 버티던 저항이 사라졌습니다. 이젠 됐습니다. 잘 돌아갑니다. 드디어 열렸습니다. 오랫동안 부풀어 오른 탓에 속이 꽉 차 빽빽합니다. 그 속에서 싱그럽고 그윽한 향기가 풍겨 나옵니다. 꼴깍 침이 넘어갑니다. 과연 맛은 어떨까?

2019년 7월 24일 휴일, 25일 휴무, 26일 휴일. 연 사흘을 쉬었습니다. 휴일은 근무한 이튿날 노는 날이고, 휴무는 근무하는 날인데도 쉬는 날입니다. 이는 주민 부담과 근무자의 임금을 상쇄하기 위해 올해부터 새로 도입한 제도입니다. 즉, 최저임금제 실시로 시간당 임금을 정부 정책대로 시행하면 근무자는 월급이 올라 좋겠으나 주민들은 부담이 가중되므로 이해가 충돌하는 상황이지요.

그래서 임금을 올리지 않는 대신 근무시간을 줄이는, 즉 휴식시간을 늘리는 방법으로 한 달에 하루씩 놀게 한 것입니다. 최저임금 실시 첫해와 둘째 해에는 취침시간을 한 시간씩 당겨 밤 12시에서 11시, 10시로 조정하더니 올해부터는 아예 한 달에 하루를 온전히 쉬게 하는 방법을 택한 것이지요. 그것을 휴무라고 일컫습니다. 월급은 제자리걸음이지만 휴식시간이 늘어 근무자들도 환영하는 입장입니다.

만 3일을 쉰 27일, 평소보다 조금 일찍 집에서 출발했습니다. 잠은 새벽 2시 30분에 깼는데 잠시 누운 채로 성경책을 읽고 3시 10분경 샤워하고 3시 40분에 출발했습니다. 평소에는 새벽 4시에 집을 나서지만 오늘은 좀 일찍 떠났습니다. 근무지까지는 걸어서 약 40분. 출발하고 5분이나 지났을까. 안개비가 내리기 시작했습니다. 오늘 따라 모자를 안 쓰고 나왔습니다. 걷다 보니 덥고 땀이 나기 시작하는데 머리와 뺨에 닿는 촉감이 시원해 오히려 좋았습니다. 계속 걷자니 비의 세기가 점점 강해져 이슬비로 변했습니다. 앞이 뿌옇습니다. 안경을 벗어 주머니에 넣었습니다.

'집으로 되돌아가 우산을 갖고 올까? 싫다.' 과거에 산행할 때 아무리 악천후를 만나도 절대로 물러서지 않았습니다. 걷던 속도를 그대로 유지했습니다. 더 심해지면 택시를 잡으리라. 꿋꿋하게 평상 속도를 고수했습니다. 그동안 빗줄기는 더 강해져 부슬비로 변하고 중간중간에 바람도 불어 저를 시험하는 것 같았습니다. 어쨌든 40분 걸려 근무지에 도착했습니다. 윗도리가 척척할 정도로 젖었지만 땀의 열기와 빗물의 서늘함이 상쇄돼 기분이 상쾌했습니다.

일과는 늘 마찬가지. 이날이 토요일. 오전 8시경 비는 멈추고 쾌청했습니다. 분리수거한 재활용을 실어 보내고 1시간 30여분에 걸쳐 동주변 청소를 마쳤습니다. 비와 땀에 젖은 옷은 마를 시간이 없었습니다. 장마철이라 습도가 높아 땀을 엄청 흘려 윗도리는 짜서 입을 정도이고 팬티도 축축합니다. 하지만 그대로 지하실로 내려가 아침밥을 지어 먹었습니다. 젖은 옷은 입은 채 몸으로 말렸습니다. 어차피 오늘 하루 서너 차례 땀을 쏟아야 할 테니까요.

오후 4시. 한더위가 가실 즈음 이웃 동에 지원을 나갔습니다. 이곳 근무자는 팀장인데 6월말 위암수술을 받아 서너 달 쉬며 요양해야 하는 몸이지만, 오랫동안 자리를 비울 땐 대체근무자를 세워야 합니다. 그럴 경우 급료는 대리자 몫이 됩니다. 다른 호구지책(糊口之策)이 없는지라 그는 퇴원한 지 1주일 만에 복대로 배를 죄어 감고 죽을 싸 갖고 출근하는 상황입니다. 힘든 일을 할 수 없어 팀원들이 돌아가며 그의 몫을 대신하고 있습니다.

빗자루를 들고 1시간가량 돌다 보니 땀이 비 오듯 나고 점심 먹을 동안 꾸득꾸득 말라가던 옷은 다시 땀에 젖어 끈적끈적 달라붙습니다.

내 구역으로 돌아와 또 1시간 남짓 돌고 나니 수영장에 들어갔다 나온 것 같이 옷이 흠뻑 젖었습니다. 중간에 두어 번 샤워하고 마른 옷으로 갈아입어야 했지만, 워낙 씻기를 게을리하는 성미인 데다 시간적 여유도 없어 그대로 버텼습니다. 솔직히 손 하나 까딱하기 힘들 정도로 피곤하여 씻기보다는 잠깐 누워 휴식을 취하는 시간이 필요했습니다.

그럭저럭 하루 낮 동안의 일과를 마치고 저녁 6시 50분경 아파트 3개 출입구의 속불(건물 내부의 전등)을 켜고 비로소 초소 화장실에서 샤워했습니다. 세상에 이렇게 개운할 수가. 옷을 갈아입고 슈퍼에서 시원한 막걸리 한 병 사다가 반주 삼아 저녁을 먹었습니다. 천국이 따로 없다는 기분이었습니다.

초소에 올라와 소설책을 읽고 있는데 누가 노크를 합니다. 301호 남자였습니다. 잠깐 나와 보랍니다. "혹시 야관문을 아세요?"라고 물었습니다. "친구들을 통해 얘기는 들었다"고 했더니 "술 담갔다가 저녁에 한잔씩 마시면 남자들에게 아주 좋다"며 따라오랍니다. 자기 차 트렁크에서 1m 남짓 길이의 쑥대같이 생긴 풀 한 아름을 꺼내서 통째로 주며 "씻어서 말렸다가 잘게 잘라서 술에 담그세요"라고 일러 주었습니다.

60대 중반의 그들 내외는 평소 저에게 이것저것 챙겨 주며 인격적으로 대하는, 참 친절한 분들입니다. 언젠가는 바다에서 잡았다며 갈치를 몇 마리 주어 잘 먹었고, 부인이 종종 간식을 챙겨 주기도 하고 청정지역으로 잘 알려진 양평농장에서 무농약으로 재배한 것이라며, 상치며 쑥갓, 풋고추 등을 듬뿍 주어 며칠 동안 잘 먹곤 했습니다.

서너 달 전에는 한밤중에 주차장이 어수선하여 나가 보았더니 외부인이 주차하다 이 댁의 외제 SUV(폭스바겐)를 들이받아 심하게 찌그러뜨렸습니다. 인터폰으로 연락했더니 이들 부부가 내려왔습니다. 이럴 경우 차주는 '옳다, 잘됐다. 이참에 새 차를 만들어 보자'는 심리에서 우선 큰 소리로 가해자를 윽박질러 제압하기가 십상이지요. 그런데 이분들은 차를 대충 살피더니 "어쩌다 그랬냐?"며 한마디 하고는 상대방에게 어떻게 처리할 것이냐고 묻는 게 고작이었습니다.

30~40분에 걸친 수습과정에서 이들 부부는 가해자에게 언성 한번 높이지 않고 논리적으로 조용히 응대하는 것을 보고 참 점잖고 교양 있는 분들이라고 생각했습니다. 종종 러시안블루라는 이름깨나 있는 고고한 자태의 큼지막한 흑갈색 고양이를 마치 손주 돌보듯 품에 안고 산책하는, 인정도 많고 문화인의 품격과 소양이 넘치는 분들입니다. 한마디로 '양돌이' 주민이지요.

받아든 야관문을 안고 지하로 내려가 깨끗이 씻어 물기 빠지라고 펼쳐 놓으며 미처 하지 못한 말이 떠올랐습니다. "나는 실은 6, 7년 전부터 거시기가 시원찮아 ○○그라를 먹어도 작동하지 않는 폐품으로 아내와 각방을 쓴 지 오래됐다"고 실토할걸.

인터넷에서 찾아보니 야관문은 남자의 정력을 돋우고 자신감을 안겨 준다고 돼 있더군요. 이 때문에 아무리 요조숙녀라도 밤에 빗장을 열게 한다는 뜻에서 그랬는지 야관문은 만병통치 약초라고 돼 있었습니다. 고교 동창 친구의 말로는 술 담근 지 100일 뒤에 먹어 보니 효과가 확실하다고 하더군요.

만 이틀 동안 옥상에서 정성 들여 말렸습니다. 잘게 썰어 술을 부었습니다. 독한 술에 담가야 한다는 말에 30도짜리 3.6리터 들이 3병에 야관문을 3등분해 넣었습니다. 술병 주둥이에 비닐을 덮은 뒤 힘껏 뚜껑을 돌려 닫았습니다. 그런 뒤 부딪치면 깨질까 봐 부드러운 비닐 보자기를 겹겹이 둘둘 말아 지하실 구석 깊숙이 모셔 두었습니다. '19. 08. 01. ~ 11. 11.' 날짜를 적어. '실춘'(失春)으로 폐품이 되다시피 한 이 몸이 머지않아 '회춘'(回春)하여 재활용이 되리란 부푼 희망을 함께 담아.

11월 11일. 드디어 그날이 왔습니다. 만 100일 만에 밀봉한 술병 뚜껑을 개봉하는 날이었습니다. 설레는 마음으로 보자기를 한 꺼풀 한 꺼풀 벗겨내고 뚜껑을 힘들여 열고 덧씌운 비닐을 젖혔습니다. 은은하게 풍겨오는 싱그러운 약초향의 유혹.

생전 처음 대하는 야관문주. 설레는 마음으로 한 잔 따라 맛을 음미했습니다. 짜릿하고 쌉쌀합니다. 독했습니다. 그러나 목구멍 깊숙이 남아있는 달짝지근한 뒷맛의 유혹을 뿌리치지 못해 또 한잔 했습니다. 피잉 취기가 오릅니다. 이제 땀띠도 견뎌내고 오랫동안 잃었던 봄도 찾아오려나? 모를 일입니다.

추기 1

이 글을 출력하여 2살 아래인 아내에게 보여 주었더니 읽어 보곤 생글생글 웃는 얼굴로 다가와 눈을 반짝이면서 물었습니다.

"그런데 신호가 있어?"

"잘 모르겠어. 아직 기별이 없네."

"그럼 언제부터 효과가 나타난대?"

"글쎄, 아마 그 술을 다 먹어야 할까 봐" 했더니, "피…" 하고 휑 돌아서 나가 버리더군요. 괜히 읽게 했나 봅니다.

추기 2

2020년 2월 23일 위 글의 본문을 출력하여 야관문을 준 301호 부부에게 주었습니다. 혹시 이 내용을 책으로 냈을 때 모욕이나 명예훼손 문제가 발생하지 않을까 하는 생각에 미리 읽어 보게 한 것이지요.

그리고 며칠 뒤 마주쳤는데 평소와 다름없이 그저 "안녕하세요"라는 무미건조한 인사만 하고 지나쳤습니다. 아무런 피드백이 없었습니다. 그런 뒤로 몇 달이 지나도 예전과 같이 생선이나 야채 등 아무런 '후원'이 없습니다. 그렇다고 그 글이 어떻더냐고 물어볼 수도 없었습니다. 기분이 나빴나? 경비원 주제에 주는 거나 받아먹지 글을 써서 건방지다고 느꼈나? 글을 쓰는 놈이니 조심해야겠다는 것인가? 역시 이번에도 괜히 읽게 했나 봅니다.

성폭행 당한 처녀

어느 해 초가을 아침. 새벽부터 빗자루로 한 바퀴 돌며 쓸고 있자니 어느새 동이 트고 햇살이 밝아왔습니다. 마무리하고 아침을 먹으려고 작업도구를 챙겨들고 돌아서려는데, 저쪽에서 한 처녀가 뛰어오며 다급한 목소리로 "아저씨, 조금 전에 이쪽으로 어떤 놈이 도망가는 거 못 보셨어요?"라고 묻는 겁니다.

"못 봤는데. 왜 그래요?" 했더니 "그놈이 저를 … " 하면서 우는 거예요. 떠듬떠듬 울면서 털어놓는 얘기를 들어 보니 기가 막혔습니다. 야간근무를 하고 퇴근길에 마을버스를 내려 걷고 있는데 갑자기 뒤에서 달려들어 바로 앞동의 잔디밭으로 끌고 가 몹쓸 짓을 저질렀다는 것입니다. 항거하며 소리쳤지만 주위에 아무도 없어 당하고 말았답니다. 그때가 아침 7시 조금 넘은 시각이었습니다.

얘기를 들으니 참으로 딱했습니다. 제가 그놈을 보지도 못했고 또 보았다 해도 뒤늦게 달려간들 붙잡을 수도 없는 상황이었습니다. 경찰에 신고할까 생각했지만 자칫 부모에게 알려질지도 몰라 망설여졌습니다. 처녀의 이름을 물으니 임 아무개라고 했습니다. 이제 20살을 갓 넘었을 것 같았습니다. 중간 키에 보통 몸매로 인물은 그저 수수했습니다. 뒤를 보니 치마와 등 쪽에 낙엽부스러기와 검불이 아직 붙어 있었습니다. 손으로 떼어내 주었습니다.

옆에서 울고 서 있는 처녀를 보니 참 안쓰러웠습니다. 새벽에 졸지에 괴한에게 당한 마음을 어떻게 위로해야 할지 난감했습니다. 초소로 데리고 가 진정시킬까도 생각했지만 주민들 눈에 띄면 오해를 살 것 같아 주차장 마당에 둘이 마주 보며 서 있었습니다. 처녀는 제 품에 달려들어 엉엉 울 것만 같았습니다.

제가 신문사 현역 때 새벽에 칼침 맞은 아르바이트 여사원을 도와준 일이 있습니다. 그때는 육체적 상처라 의술과 돈으로 해결할 수 있었지만, 제 앞에 서서 흐느끼고 있는 이 처녀의 마음의 상처를 무슨 수로 치유해 줄 수 있겠습니까. 별 볼일 없는 늙은 경비원에게 구원의 손길이라도 바라는 듯 울고 있는 가엾은 젊은이를 그저 우두커니 바라만 볼 뿐이었습니다. 마음이 무거웠습니다. 다행히 제가 딸이 없어 그런 험한 일을 당할 염려는 없었지만, 두 손녀딸을 생각하면 남의 일 같지가 않았습니다. 지푸라기라도 잡으려는 저 마음을 어떤 말로라도 위로해 주지 않으면 안 되겠다는 생각이 들었습니다.

"임 양, 집은 어디야?" "요 앞 ○단지예요. 흑흑." "부모님은 계신가?" "네. 흑흑." "동생들도 있고?" "언니만 있고 동생은 없어요." "내일도 출근해야 되겠네?" "네."

어느새 흐느낌이 멈추었습니다. 형사가 취조하는 게 아닌 이상 우선 상대의 마음을 '사건'에서 멀어지게 해야 한다는 속셈에서 얘기를 시켰던 것이지요. "임 양, 내가 어렸을 때 읽은 소설책의 한 대목이 있는데 들려줄까?" 물었더니 고개를 끄덕이더군요.

"셰익스피어의 〈햄릿〉에 나오는 대사인데 '아름다운 여자여, 그대의 미모가 그대의 정조를 유혹하니 조심하라'는 내용이야"라고 얘기했더니 무슨 뜻인지 모르고 빤히 쳐다보더군요. 그래서 덧붙였지요. 그녀는 하얀 원피스를 입었는데 치마 길이가 무릎 위 한 뼘이나 올라갈 정도로 짧았고 새벽 퇴근길 화장치곤 조금 진한 듯해 보였습니다.

"임 양, 얼굴이 반듯한 데다가 지금 복장을 보니까 남자들의 눈길을 끌게 생겼어. 앞으로 수수하게 차려입는 게 좋겠어"라고 말했더니 수긍하는 태도였습니다. 그래서 내친김에 꼰대답게 한마디 덧붙여 주었습니다. "지금 임 양이 당한 상처는 영원히 지워지지 않을 거야. 장차 남편에게도, 자식들에게도 말하지 못하겠지. 평생을 안고 살아야 할 마음의 고통이야. 그러나 그 때문에 평생 우울하게 지내서는 안 돼. 그러면 바보요, 낙오자가 되는 거지. 그것은 임 양이 잘못한 것이 아니라 말하자면 일종의 사고였다고 말이야." 상대가 가만히 듣고만 있더군요.

그래서 한마디 더 해주었습니다. "이 일은 임 양만 알고 있어야 해. 특히 부모님이 아시면 그 상처가 얼마나 크겠어. 그러니 이 길로 목욕탕에 가서 몸과 마음을 깨끗이 씻고 집에 가서는 평소와 같이 아무 일도 없었던 것처럼 행동해야 해, 알았지?" "네. 고마워요 아저씨." "목욕비 있어? 없으면 내가 줄까?" "아녜요, 있어요. 아저씨, 고마워요. 안녕히 계세요."

인사하고 돌아서는 처녀의 뒷모습을 한동안 바라보았습니다. 그 처녀가 제발 밝고 명랑하게 구김살 없이 살아가야 할 텐데….

핸드폰의 수난

오늘 핸드폰을 잃어버렸습니다. 허전하고 황당했습니다. 2년 전 생일 때 막내아들이 사준 것이 최근에 말을 잘 안 듣기에 아내와 짜고 미국 큰아들에게 아쉬운 소리를 했습니다. 큰아들이 부쳐온 돈으로 막내가 컴퓨터와 함께 새로 산 것인데 오늘 일요일 없어졌습니다. 예배를 위해 진동으로 해 놓았습니다. 예배 뒤 식당에서 점심을 먹는데 진동이 울렸습니다. 외종사촌 동생의 남편이 죽었다는 아내의 전화였습니다. 전화를 끊고 남은 밥을 마저 먹었습니다.

아파트로 돌아와 주머니를 만져 보니 비었습니다. 몇 년 전엔 핸드폰을 점퍼 주머니에 넣었다가 꺼내지 않고 세탁기에 넣는 바람에 완전히 먹통이 돼 낭패당한 적도 있었습니다. 바지와 점퍼 주머니를 아무리 뒤져도 없습니다. 혹시나 하여 동료에게 인터폰으로 자초지종을 말하고 내 번호로 전화를 걸어 달라고 했습니다. 신경을 곤두세우고 귀를 기울였으나 아무런 진동음도 없었습니다.

얼른 자전거를 타고 교회로 달렸습니다. 10여 분 전에 밥 먹던 자리를 살펴보았습니다. 식탁 위, 땅바닥에도 없습니다. 교회 사무실로 가 분실신고를 했습니다. 핸드폰이 아니라 그 안에 끼워 넣고 사용하던 신용카드를 신고한 것입니다. 그래도 먼저 쓰던 전화기를 없애지 않아 연락처나 자료는 다시 찾을 수 있다고 생각하니 안도감이 들었습니다.

핸드폰을 잃었던 날. 누가 초소 문을 노크했습니다. 몇 호인지는 모르나 교양이 있어 보이는 40대 부인이었습니다. 두 손으로 웬 그릇을 들고 있었습니다. "혹시 팥죽을 좋아하시는지 모르겠네요. 오늘이 동지라서 좀 쑤어 왔어요." 얼른 감사하다 인사하고 받아 놓았습니다. 마누라도 못 챙겨 준 동지 팥죽. 그날 핸드폰을 잃어 찜찜했던 마음이 잠시 풀렸습니다.

그런데 내 마음을 달래 준 것은 그것뿐이 아니었습니다. 늘 가깝게 지내는 동료들이 "형님, 허전한 마음 뭘로 채울 거요?" 하면서 생수(소주)를 두 병 들고 찾아왔습니다. 지하실에서 계란프라이 부치고 마누라가 싸 준 닭고기살 볶음을 데우는 한편 꼬막과 생무, 미역무침 등 푸짐한 안주를 곁들여 마시며 웃고 떠드는 속에 핸드폰 생각은 멀리 달아났습니다.

여기에서 그친 것이 아닙니다. 이웃 동에 사는 부인이 매생이국을 한 사발 갖다 주었습니다. '핸드폰 잃으니 대신 먹을 것이 밀려드는구나.' 아무튼 찜찜하고 마음이 허전하긴 했지만, 이웃의 정을 듬뿍 받은, 마음 뿌듯한 동짓날이었음에 감사하며 잠이 들었습니다.

이튿날 새벽 어디선가 귀에 익은 알람 소리가 들려왔습니다. 새벽 4시. 제가 설정해 놓은 기상 시간이지요. 초소 안 여기저기 귀를 기울여 살폈습니다. 화장실 쪽이었습니다. 문을 열고 들어가 보니 타일 바닥에 떨어져 있었습니다. 얼른 집어 들었습니다. 잃었던 내 스마트폰. 집 나갔던 아들 녀석을 찾은 것만큼이나 반가웠습니다.

생각해 보니 교회에서 돌아와 화장실에서 '큰일'을 보느라 바지를 내릴 때 떨어졌던 것입니다. 진동으로 해놓았지만 알람은 소리 내어 울렸기에 얼마나 다행인지 모르겠습니다. 액땜한다는 팥죽뿐 아니라 매생이국에 생수까지 마셨으니 진짜 액땜을 잘한 셈입니다.

최근에 또 한 번 곤욕을 치렀습니다. 이번에도 역시 저의 실수로 빚어진 일입니다. 며칠 전 초소에서 휴대폰을 가지고 카톡과 유튜브를 보며 무료함을 달래려는데 사진이나 동영상이 이상하게 열리지 않았어요. 그래서 담겨 있는 자료들이 많아서 그런가 하는 생각에 통화기록을 지우려다가 잘못해서 연락처 전화번호를 몽땅 지워 버리고 만 것입니다. '아차' 하고 되살려 보려고 무진 애를 썼지만 안 되더군요. 막내아들 용석이에게 SOS를 치고 114에 구조를 요청했지만 불가능하다는 답이었습니다.

그러니 어떡합니까. 고등학교 동창 수첩, 〈동아일보〉 퇴직자 수첩, 종친회 수첩, 교회 수첩, 몇몇 모임의 수첩 등 평소에는 등한시한 것들을 뒤져 일일이 번호를 입력하느라 힘들었습니다. 그런데 혼자 은밀히 연락하던 '추억의 여자'들 번호는 알 길이 없어 답답합니다. 그쪽에서 연락이 오기 전까지는 '잊힌 여자'로 지내는 수밖에 …. 앞으로 제 휴대폰이 또 어떤 수난을 당하게 될지 모릅니다. 기억력과 주의력이 떨어져 휴대폰에 의지하는 일이 점점 많아지는데 이제 아예 통째로 잃을까 걱정입니다.

크리스마스이브의 일과

2019년 12월 24일 근무날. 요즘은 낙엽도 다 떨어져 솔잎 하나 땅바닥에 내려앉은 것 없이 말끔합니다. 날이 밝으면 아파트 라인마다 소등하고 난 뒤, 동 주변을 돌며 담배꽁초와 음료수 병 등 약 30분쯤 오물을 줍습니다. 그러고 나면 하루 종일 초소에서 신문이나 책을 읽고 지내면 되는 아주 편한 나날입니다.

하지만 오늘은 무척 바빴습니다. 물론 사적인 일 때문이지요. 점심식사 모임과 언론인 송년회, 고교 동창 저녁 회식 등 모든 행사에 다 참석하기로 작정했습니다. 팀장에게는 먼 지방에 피치 못할 결혼식이 있다고 속여 허락을 받고 동료의 도움을 얻었습니다.

우선 12시에 무교동의 점심모임 동체회(東體會) 입니다. 〈동아일보〉 체육부장급 경력자 10여 명이 15~16년 전부터 매월 넷째 화요일에 만나는 모임입니다. 11시경 근무지를 떠나 그곳에서 점심을 먹고 나니 1시가 조금 넘어 커피숍에서 시간을 보내다 오후 2시에 대한언론인회 송년모임에 참석했습니다. 왕년에 지면과 화면을 빛내던 200여 명의 원로 '먹물'(신문기자)과 '마이크'(방송기자)들이 모인 속에 잠시 자리를 차지하고 앉았다가 3시경 일어섰습니다.

3시 30분 홍대입구 당구장에서 한 게임이 약속돼 있었기 때문이지요. 3명이 모였습니다. 요 근래 내리 세 번이나 꼴찌를 한 터라 내심 오늘은 기필코 설욕의 각오로 큐를 잡았습니다. 300과 150짜리 사이에 끼어 한판을 겨루었습니다. 150은 스리쿠션, 300은 2개, 저는 8개나 남았습니다. 150이 500도 쳐내기 어려운 상황에서 기적을 이루었습니다.

그가 회심의 미소를 지으며 큐를 놓자 300이 저에게 물었습니다. "기권하지 않을래?" "내 사전에 기권이란 없다." 이를 악물고 승부에 매달렸습니다. 도저히 쳐내기 어려운 위치에 공이 놓였습니다. '바킹(벌칙)이나 면하고 상대가 치지 못할 자리에 공을 보내 놓을까', '죽기 아니면 까무러치기라고 위험을 무릅쓰고 쳐볼까?' 한참 동안 고심했습니다.

건곤일척(乾坤一擲). 사력과 지력과 용력을 다해 큐를 날렸습니다. 공은 3쿠션, 4쿠션을 거쳐 서서히 둘째 번 빨간 공 쪽으로 빨려 들어가듯 다가갔습니다. 순간, 셋의 숨소리가 멈췄습니다. 저는 쾌재의 환호를 준비하고 있었습니다. 그런데, 그런데. 환호는 저쪽에서 터졌습니다. 공은 바로 1mm 앞에서 멎었습니다.

"야, 이번에 그게 맞았으면 나는 자살하려고 했다." 잔뜩 약이 올라 있는데 300짜리가 불을 질러 속이 부글부글 끓었습니다. 그러나 이에 흔들릴 제가 아니지요. "그럼 나는 3만 원 벌었네" 했더니 1등을 해 큐를 놓고 있던 150이 "그게 무슨 소리냐?"고 물었습니다.

"저놈이 죽었으면 부의금을 내야 하잖아? 저놈한텐 5만 원도 아까워 3만 원밖에 안 하려 했는데, 자살을 안 하게 됐으니 3만 원 굳었잖아" 했더니 150은 "맞아, 맞고 말고" 하며 웃었습니다. 순간 300은 저에게 단박 "18놈" 하고 육두문자를 던지며 씩씩거렸습니다.

공은 빗나갔어도 제 한마디가 녀석의 가슴을 찌른 셈입니다. 결과는 그는 몇 번 만에 거뜬히 스리쿠션을 쳐 회심의 미소를 짓고 저는 8개를 그대로 남기는 치욕의 3위, 꼴등을 면치 못했습니다. ○ 밝은 마음으로 6시 망원동 고등학교 동창 모임인 서보회로 향했습니다.

크리스마스이브. 누군가 "야, 오늘은 '통행금지'가 없으니 실컷 마시자"는 농담에 모두 껄껄 웃으며 잔을 높이 들었습니다. 오랜만에 듣는 통행금지. 밤 12시부터 새벽 4시까지는 개미새끼 하나 꼼짝할 수 없었던 시절, 그것이 크리스마스와 연말연시 단 두 번 해제돼 남녀노소가 '자유'를 누렸다는 것을 떠올리니 새삼스러웠습니다.

한 친구가 들고 온 잣술과 또 다른 친구가 가져온 '짐빔 블랙'을 먹고 마시며 2019년 송년회 겸 크리스마스이브를 즐기고 돌아오는 길. 저는 친구가 '자살하지 않아 굳은' 3만 원으로 '생수' 2병, '우유' 1병, 통닭 한 마리, 빵과 과일을 사 갖고 와 오늘 저의 '빵빵이'를 커버해 준 동료들을 불러 거룩한 밤, 고요한 밤, 크리스마스이브를 왁자지껄 떠들며 흔쾌하게 보냈습니다.

오늘 하루 정신없이 보내는 속에서도 즐거움과 우정을 풍족하게 느낄 수 있게 해주신 하나님 감사합니다.

명절 선물, 그보다 더 큰 선물

저는 기자생활을 하면서나, 종친회 일을 보면서도 누려 보지 못한 호사를 요즘 만끽한답니다. 다름 아닌 선물입니다. 설과 추석 밑에는 엄청난 선물 세례를 받고 있습니다. 예전에 어머니께서 "네 외할아버지께서 부잣집 집사로 계실 땐 명절선물이 바리바리 들어왔단다"고 하셨지요. 아마 저도 그 정도는 될 겁니다. 더러는 봉투를 건네는 주민도 있습니다.

과일상자, 곶감 바구니, 참치세트, 김 박스, 비누·샴푸세트, 한과상자, 음료수, 포도주 등 90가구가 사는 동에서 20가구 가까운 주민들이 선물보따리를 들고 찾아올 때는 몸 둘 바를 모를 지경입니다. 그 많은 선물을 저 혼자 차지하기 미안해 더러는 미화원 아줌마에게도 주고 혹은 관리실 사무직원에게 나눠주어도 넉넉해 집에 가져가 친척들에게도 돌리곤 합니다. 그 선물 덕에 우리는 치약, 칫솔, 비누는 1년 내내 한 번도 사지 않고 지내는 줄 압니다.

하찮은 경비원에게 부모에게나 드릴 귀한 선물을 하다니 … . 감사할 뿐입니다. 그중에 특히 낙엽 하트를 통해 알게 된 부인들은 저의 교대근무자와는 구별되게 따로 주고 있어 황송할 지경입니다.

그런가 하면 이사 가는 주민 중에 초소로 찾아와 그동안 수고했다며 봉투를 내미는 경우도 있습니다. 이사하는 데 하나도 도와준 것도, 평소에 특별한 도움을 준 일도 없고, 심지어 우리 동 주민인가 할 정도로 낯선 주민도 있어 당황스럽기도 합니다. 이사 오면서 주는 봉투는 '뇌물'이라 하겠지만 가면서 주는 봉투는 '선물'이기에 기꺼이 받으면서 "이사 가서 부자 되시라"는 덕담을 건네곤 합니다.

아무튼 아파트 주민들은 인정머리 없고 정서도 없고 갑질만 한다는 사회 통념과 달리, 저는 이런 훈훈한 인간미 넘치는 주민들 속에 살고 있어 행복합니다. 그런데 이런 물질적 선물보다 저에게는 말할 수 없이 더 귀한 선물이 풍족하게 있습니다. 다름 아니라 어린이들입니다. 등에 업힌 아기나 유모차에 타고 어린이집으로 가는 어린이, 세발자전거를 타는 꼬마들, 책가방을 대신 멘 할머니 손을 잡고 가는 유치원생이나 가방을 자기 등에 멘 초등학교 학생들 … . 그 아이들을 보면 그렇게 귀엽고 사랑스러울 수 없습니다.

왜 그런지 아세요? 저는 손녀딸이 둘 있는데 큰아들의 딸인 큰손녀는 미국에 사는 데다가 벌써 대학생이 됐고, 막내아들의 딸도 이미 중학생이 됐으니 제 앞에 재롱을 떠는 애들이 없습니다. 게다가 손자가 없으니 늘 허전한 마음인데 남의 집 자식이지만 사내애들을 보면 그렇게 귀엽고 부러울 수가 없지요. 마치 친손자라도 되는 듯이.

그래서 가능하면 아이들 이름을 물어 외어 두었다가 마주칠 때마다 이름을 불러 주면 아이들도 좋아하고 저도 기분이 좋고 그 부모들도 저를 따뜻한 눈길로 대하더군요.

제가 처음 경비로 일할 때 우리 동에 초등학교 2학년 여자애가 있었습니다. 그 애는 왜 그런지 제 또래들과는 어울리지 않고 혼자 놀기를 좋아하는데 제가 일할 때면 졸졸 따라다니면서 재잘대곤 했습니다. 며칠 지내며 그 애가 들려준 얘기로는 엄마와는 헤어져 아버지와 함께 고모 집에서 할머니와 살고 있다고 합니다.

측은한 생각에 관심을 갖고 따뜻하게 대해 주었습니다. 그랬더니 제 딴에는 저를 돕는다고 빗자루를 달라고 하여 자기가 쓸겠다고 하고 휴지나 꽁초를 맨손으로 집으려고 하여 말리곤 했지요. 이름이 이혜진인데, 엄마 없이 살아도 성격이 차분하고 정서도 안정적이었으나, 친구들과 잘 어울리지 못하는 것으로 보아 사회성은 약한 듯했습니다.

그러던 어느 날, 그 집 앞에 사다리차가 와 이삿짐을 내리고 있었습니다. 그 아이가 이사트럭 옆에 서 있더군요. "혜진아, 이사 가니?" 물었더니 "네. 아버지하고 강원도로 이사 가요" 하기에 마음이 퍽 허전했습니다. 손녀와 헤어지는 것 같았고 무언가 선물이라도 주고 싶었습니다. 그날따라 아이가 더욱 처량해 보였습니다.

그때가 한여름이었지요. 슈퍼에 가서 시원한 음료수 두 개를 사다 주며 하나는 아버지 주라고 했더니 "고마워요, 아저씨" 하고 돌아서 가데요. 저만치 트럭에 앉은 그 애 아버지가 멀리서 머리 숙여 인사하고는 딸과 함께 떠나고 말았습니다.

몇 년 뒤 그 애 할머니를 만났을 때 "혜진이 가끔 만나시나요?" 물었더니 "걔가 벌써 고등학교 1학년이에요. 가끔 아저씨 여태 있느냐고 물어요" 하더군요. 혜진이가 얼마나 컸는지 보고 싶네요.

그 애가 떠난 뒤 허전한 마음으로 화단 청소를 하는데 대여섯 살짜리 애들이 소꿉장난을 하고 있었어요. 뙤약볕 아래서 흙과 사금파리를 가지고 밥상차림 놀이를 하더군요. 옆에서 지켜보다가 "애들아 덥지 않냐? 아이스크림 사줄까?" 했더니 놀이하던 소꿉살림을 내팽개치고 모두 "네" 하고 일어서더군요. 슈퍼로 데려가 골라 먹게 했더니 그렇게 좋아할 수 없었습니다. 저도 친손녀에게 사 준 것만큼이나 마음이 흡족했습니다. 그 애들 중에 하윤이, 아현이라는 자매가 있었는데 부모를 따라 중국으로 떠난다고 해서 또 마음이 허전했습니다.

한번은 도로를 쓰는데 키가 훌쩍한 청년이 저만치 자전거를 타고 지나다가 '아저씨' 하고 저에게 다가오더군요. 전혀 낯선 얼굴이었습니다. '누구냐?'고 물었더니 "저 박시현이에요" 하는 겁니다. 그제서야 생각이 나 "네가 박시현이냐" 하고 악수했습니다. 무척 반가웠습니다. "지금 대학생이냐?" 물었더니 "중 3이에요" 하더군요. 실은 그가 청년이 아니라 중학생에 불과했습니다.

우리 동에 과외선생이 있어 초등학교 4학년 때 매일 공부하러 오가던 중에 제가 이름을 알고 자주 불러 주고 가끔은 군것질과 장난감도 주면서 가깝게 대해 주곤 했지요. 그 녀석이 중학에 다니면서부터 과외를 마치곤 얼굴을 볼 수 없었는데, 5년 만에 만나니 키도 크고 얼굴에 여드름도 생겨 알아보지 못했는데, 그가 저를 멀리서 보고 찾아와 인사를 하니 여간 반갑지가 않았습니다.

처음 이 일을 시작하면서 임지훈이라는 4살배기 아기를 귀여워했는데 그 애도 벌써 초등학교 2학년이 됐답니다. 그 애의 친구로 동갑인 홍지후라는 애도 있는데, 이 두 녀석이 저를 볼 때마다 인사하면 그렇게 대견할 수가 없습니다. 제가 현재의 동으로 옮겨와서 얼마 되지 않아 권지혁이라는 어린이의 첫돌 떡을 얻어먹었는데, 최근 그 동생 지성이의 돌떡도 받아먹었습니다. 그런가 하면 김준형과 아윤 남매도 예쁘고 귀엽습니다. 날마다 하루가 다르게 자라는 그 애들 모습을 볼 때마다 뿌듯하고 든든합니다.

저는 이렇게 어른들도 그렇지만 특히 어린아이들이 좋고 그 애들이 커가는 모습에 힘든 줄을 모르고 지낸답니다. 경비원 생활이 아니면 제가 어디서 이런 보석 같은 어린이들을 가까이 할 수 있겠습니까. 또 아무리 나이를 먹었어도 아이들이 '아저씨'라고 불러 주니 늙는 줄을 몰라 더욱 좋습니다. 그런데 아쉬운 것은 이 천진하고 사랑스러운 아이들에게 맛있는 것도 사 주고 장난감도 사 주고 싶지만 어른들이 오해할까 봐 함부로 그럴 수 없다는 점입니다. 게다가 요즘은 코로나19로 아이들과 가까이 할 수 없어 안타깝습니다.

제가 이 일을 언제까지 할지는 알지 못합니다. 무언가 주민에게 찍혀 하루아침에 잘릴 수도 있고, 몸이 따르지 않아 스스로 그만둘지도 모릅니다. 그러나 마치는 그 순간까지 주민이 베푸는 마음과 물질적인 선물에 더하여 어린이들을 가까이 대할 수 있는 데 대한 감사한 마음과 긍정적인 생각으로 인생을 배우며 재미있게 근무할 작정입니다.

자사고 재단이사장 제의

2017년 봄, 어머니가 돌아가시고 얼마 지나지 않았을 때입니다. P라는 친구가 밥이나 한번 먹자고 연락했습니다. 이 친구는 제가 후방에서 근무할 때 대학은 다르지만 같은 ROTC 동기생으로 가깝게 지내던 사이였습니다. 제대 후 사회에 나와서도 가끔 만나 교유하며 친하게 지내고 있던 처지라 어머니 장례 때 연락했던 것입니다. 조문을 했기에 감사의 인사장을 보냈더니 그 편지를 보고 만나자고 한 것입니다. P는 개인사업을 하며 착실하게 운영해 꽤 튼튼한 중견기업체로 키워냈습니다. 그의 부친은 교육자 출신으로 사립학교재단을 운영했는데 그는 그 학교재단의 이사직도 맡고 있었습니다.

약속된 날 강남에 있는 그의 회사 사무실로 찾아갔습니다. 그는 앉자마자 요즘 뭐하고 지내냐고 묻기에 동아일보꿈나무재단 일은 끝내고 종친회 총무 일만 본다고 했지요. 그는 제가 장학재단의 실무를 담당하면서도 수백억 원대의 종회 재산을 운용하는 것을 잘 알고 있었습니다. 자기가 운영하는 금융회사에 자금을 맡기라고 몇 차례 권유했으나 종회 기금은 제1금융권에만 예치하도록 제가 원칙을 정해 놓았다며 거절한 바가 있습니다. 저는 또 그 일로 만나자고 하는 게 아닐까 염려하고 있었습니다. 그런데 그가 꺼낸 한마디는 충격이었습니다.

"야, 너 학교 재단이사장 좀 맡아 다오."

"뭐? 이사장?"

"응, 내가 말이야 모 재벌에서 운영하는 자사고(자립형사립고)를 인수하기로 했는데 네가 좀 맡아 줬으면 좋겠어."

"야, 말도 안 되는 소리 하지도 마. 선생도 못해 본 내가 무슨 학교 이사장이냐?"

"신문기자 하던 사람은 뭐든지 할 수 있어. 장학재단 일도 했고 종친회 큰살림을 맡아 잘하고 있잖아."

"그래도 안 돼. 다른 사람 알아봐."

"아무튼 잘 생각해 봐. 나가 밥이나 먹자."

그가 일어서기에 따라나섰습니다. 먼저 와서 대화하던 거래처 손님과 함께 나가 식사를 끝낸 뒤 "내가 또 연락할게. 가 봐" 하더군요.

P는 성격이 활달하고 무슨 일이든지 결단성 있고 과감하게 처리해 나가고 군더더기 말을 않고 직설적으로 말하는 성격이지요. 그의 말에 따르면 우리 나이가 이제 80에 가까운데 재산을 가져갈 수도 없고 사회에 남기고 가려는데 마침 학교재단을 맡아 보라고 소개하는 사람이 있었답니다. 인수 자금이 수천억 원에 이르는데 현재 가격을 조정 중이라고 합니다.

돌아오며 생각해도 너무나 엄청난 제의라 믿어지지 않았고 또 제가 그 일을 감당해 나간다는 것은 꿈도 못 꿀 일이었습니다. 신앙적으로 거룩하지도 못하고, 인격적으로 고매하지도 않고, 학문적으로 탁월하지도 못한 저에게는 당치도 않은 자리입니다. 동아꿈나무에서는 이사도 아닌 국장이며 종친회와 동창회에서도 회장은커녕 부회장도 아닌 총무에 불과한 것이 제 이력의 전부인데 말입니다. 그리고 P는 모르고 있지만 현재 아파트 경비원을 하고 있는 주제에 너무 분에 넘치는 제의였지요. 며칠 동안 아무에게 아무 소리도 못 하고 속으로만 별의별 생각을 다하며 지냈습니다.

며칠 후 또 "밥 한번 먹자"고 전화가 와서 찾아갔더니 다시 재단이사장 이야기를 꺼냈습니다.

"생각해 봤어?"

"아니. 생각은 뭘 해. 내가 감당하지 못할 일인데 … ."

"괜찮아. 내가 뒤에서 다 봐줄게. 운전사 달린 차에, 비서 있는 사무실 주고, 월급 준다는데 왜 못 한다고 그래?"

그러면서 인수 금액은 조정이 됐는데 중개료를 의논하는 중이니 곧 결정이 날 것이라고 했습니다. 늘 그 친구가 밥값을 내곤 했는데 그날은 제가 내고 돌아왔습니다. P는 황소고집이라 한번 결정하면 꺾을 수가 없습니다.

'뒤를 봐주겠다'는 데 마음이 약간 흔들렸습니다. '바지 이사장?' '핫바지' 역할인들 감지덕지라는 생각도 들었습니다. 직설적 성격의 P가 만약 "내일부터 나와" 하면 꼼짝없을 것이기에 그 학교에 대한 내력과 현재의 운영상태 등을 대충 알아보았습니다.

그런데 아직까지 연락이 없습니다. 왜 그런지 아세요? 그 대화가 오가고 며칠 뒤 정부와 교육계에서 '자사고 폐지' 정책을 발표했기 때문입니다. 전국의 자사고뿐만 아니라 특목고, 외국어고까지 모두 일반고등학교로 전환토록 하는 정책이지요. 일반고로 전환될 텐데 누가 재산을 들이붓는답니까.

제가 만약 그 자리를 맡는다면 단 하루라도 아내에게 그 모습을 보여 주고 싶었던 게 솔직한 심정이었습니다. 운전사가 집 앞에 차를 대고 제가 그 뒷좌석에 떡하니 올라타면 아내가 "여보, 안녕히 다녀오세요" 인사하는 장면을 상상해 보았습니다. 결혼 50년 동안 호강 한번 못 하고 고생만 한 아내가 하루아침에 경비복 벗고 양복으로 차려입은 제 모습을 보고 환하게 웃음 지을 수 있었을 텐데…. 아니, 그보다 더, "너는 뭘 했냐?"는 어머니 물음에 "저 학교 재단이사장 됐어요"라고 크게 고할 수 있었으련만….

날이 가고, 달이 가고, 해가 바뀌어도 P에게서는 아무런 연락이 없습니다. 한때나마 동화 속 '거지 왕자'를 상상하며 설렜던 마음은 한 조각 뜬구름이 되어 흩어지고 말았습니다. '남가일몽'(南柯一夢), 이럴 때 꼭 들어맞는 말인 것 같습니다.

경비생활 마감, 가정에 충실하기로

아버지·어머니, 드디어 제가 해고통고를 받았습니다. 2020년 12월 16일 수요일, 올해 들어 가장 추운 영하 11도, 바람도 매서운 오후 3시경, 재활용 분리수거 작업을 하는데 팀장이 다가오더니 "용역회사 본부장이 왔는데 보자고 한다"고 하더군요. 찾아갔더니 "계약이 12월 말까지로 됐는데 더 이상 연장하기가 어렵다"는 것입니다. 이유는 새로 구성된 동대표회의에서 "75세 이상 된 경비원들은 '정리해 달라'는 요청이 있었다"는 것입니다.

며칠 전 팀장이 귀띔해 주어 마음의 준비는 하고 있었지만 막상 당하고 보니 몹시 허전하더군요. 전체 경비원 16명 중에 5명이 해당됐습니다. 그런 후 며칠 뒤 팀장이 "동대표회의에서 내년(2021년) 1월말까지 연장했다"고 알려 주었습니다. 보너스를 받은 기분이었습니다.

돌이켜 보면 만 8년 6개월 만에 빗자루와 집게를 내려놓게 되는 것입니다. 아버지가 말씀하신 '노동자 손'을 면하게 됐습니다. 오래 버틴 셈이지요. 제가 그동안 지내온 길을 보면 초등학교 5년, 중학 3년, 고교 3년, 대학 4년, 군생활 2년, 직장생활 40년이지만 한 부서에 근무한 〈스포츠동아〉 10년에 이어 두 번째 '장기근속'입니다. 언제 그렇게 세월이 흘렀는지 모르겠습니다. 70에 시작해 79세에 마감하니 감회가 새롭습니다.

팀장과 본부장이 "기회가 되면 다시 부르겠다"고 하기에 "고맙다"고는 했으나, 실제로 제의가 오면 용기가 나지 않을 것 같습니다. 이제 홀가분한 마음으로 책을 읽고, 친구들을 만나고, 아내와 대화도 많이 나누며 가정에 충실하고 여유로운 시간을 보내려고 합니다.

남들은 제 나이에 이미 북망산에 올라가 있거나 요양원 아니면 집에 자리보전하고 누워 있기가 십상인데 저는 아직까지도 활발히 활동했으니 복도 많았지요.

406동 주민님께*

안녕하십니까.

이달 말 정들었던 번동주공아파트 406동을 떠나는 A조 경비원 이충남입니다. 돌이켜 보니 2012년 8월 시작한 지 8년 반(407동 근무 3년 포함)이란 세월이 어느새 그렇게 빨리 지나갔는지 모르겠습니다.

일을 시작하고 얼마 안 돼 새벽에 출근하면서 "다녀오겠습니다" 인사드렸더니 90세도 넘겨 누워 계신 아버지가 제 손을 잡으시며 "고단하지 않냐? 노동자 손이 됐구나"라며 애처로워하셨습니다. 저는 "괜찮아요. 노동이 아니라 운동으로 생각하니 몸도 건강하고 손도 이렇게 튼튼해졌어요"라고 했습니다. 그것은 사실입니다. 아버지께서 "네가 그렇게 긍정적으로 생각하니 할 수 없구나" 하셔서 오늘까지 잘 근무해왔습니다.

가을엔 낙엽, 겨울엔 눈과의 씨름이 힘들기는 했지만 '내 아들이 사는 집, 내 부모가 계신 곳'이라고 생각하며 일했습니다. 또 힘겨워할 땐 주민들이 직접 도와주거나 "수고하십니다"라는 격려 말 한마디에 힘이 솟곤 했습니다.

저의 게으른 근무, 부족한 작업 성과에도 불구하고 명절엔 적지 않은 선물 꾸러미와 설날엔 떡국, 동지엔 팥죽, 아기 돌 땐 돌떡 외에 때때로 간식에 음료수 등 분에 넘치는 대접을 받아 참 행복했습니다. 그 답례로 저는 고작 낙엽 하트로 감사의 표시를 했을 뿐입니다.

---

* 이 책을 인쇄하기 직전에 경비생활을 중단하게 돼 글을 일일이 수정하기 어려워 현재도 근무하는 것으로 제작됐다. 현직을 떠나며 주민들에게 보낸 인사장을 첨부한다.

이제 주민들과 헤어지게 되니 서운한 마음 가누기 어렵습니다. 무엇보다 친손주들 같은 어린이들을 더 이상 만날 수 없게 돼 허전하기 짝이 없습니다. 이혜진, 하윤·아현 자매, 임지훈, 홍지후, 김준형·아윤 남매, 권지혁·지성 형제, 지수민·수아 자매. 그 밖에 이름 모르는 귀여운 아이들과 104호 어린이집의 병아리 같은 꼬마들 모습이 아른아른 눈에 밟힙니다. 아무쪼록 이 어린 새싹들이 무럭무럭 자라나 이 나라의 큰 기둥이 되기를 비는 마음입니다.

주민들께서도 건강하고 행복한 나날 보내시기 바랍니다. 특히 몸이 불편하거나 투병 중인 분들은 하루빨리 회복돼 평강의 나날 누리시기를 기도합니다.

제가 그동안 주제넘게 써서 엮은 부모님과 아내, 그리고 저자 자신에 대한 자전적 에세이 《너는 뭘 했냐》가 곧 발간될 예정입니다. 혹시 필요한 분은 연락 주시면 보내드리겠습니다.

그동안 감사했습니다. 안녕히 계십시오.

2021. 1. 27. 이충남

감사 인사 말씀

저의 졸저(拙著) 《너는 뭘 했냐》의 독자분들께 먼저 감사의 인사를 드립니다. 분량이 만만치 않은 글을 보느라 공연히 시간만 허비했다는 비난을 받지 않을까 조심스럽습니다. 부디 시간과 비용을 들인 만큼 유익을 안겨드렸으면 하는 바람입니다.

2012년 늦여름, 아버지가 담도암 판정을 받았습니다. 짧게는 3개월, 길어야 6개월이란 '선고'에 먹먹한 마음 달랠 길 없었습니다. 아파트 경비실에서 밤새 잠 못 이루고 뒤척이던 어느 날 새벽, 매미소리에 일어나 '아버지의 먼 여행길을 어떻게 준비해 드리나?' 무디어진 '노동자 손'으로 컴퓨터 자판을 두드리기 시작했습니다.

아버지 생전의 말씀과 글을 다듬고, 생활고를 헤쳐오신 어머니의 '생계투쟁'을 회상하고, 아내와 얽힌 사연 및 자식들 얘기에 덧붙여 저 자신의 과거를 돌아보면서 생각날 때마다 틈틈이 적어왔습니다. 손가락이 마비돼 물리치료를 받아가면서 글을 쓴 지 8년. 조각 글들을 다듬고 꿰어 2020년 말경 이 책의 원고를 완성했습니다.

산모 뱃속의 태아를 세상으로 인도해 고고(呱呱)의 울음을 터트리게 하는 조산사(助産師)와 같이 전심전력을 다한 나남의 조상호 회장님과 아기를 예쁘게 단장한 두 조력자들, 편집부 신윤섭 이사님과 이자영 과장님께 감사의 인사를 드립니다. 병상에서 투병중임에도 전화로 격려의 말씀을 들려주신 이상백 전 건국대 부총장님께도 감사하며 쾌유를 빕니다.

바쁘신데도 저의 글을 다 읽고 과분한 추천사와 격려의 글을 써 주신 김광희 전 동아일보 이사님, 정형수 전 동아일보 기획위원님, 전만길 전 서울신문 사장님, 김기경 전 동아일보 편집위원님, 윤교중 전 하나금융공익재단 이사장님, 이선성 전주이씨 화의군파 종회장님, 최명우 전 동아일보 편집위원님, 최영록 칼럼니스트께 엎드려 감사드립니다.

서툴고 투박한 문장을 가다듬고 오자와 잘못된 부분을 바로잡아 글에 생기를 불어넣어 준 최명우, 최영록, 양영채 동지의 노고도 잊을 수 없습니다.

이틀에 한 번씩 경비근무 나가고, 쉬는 날엔 늘어지게 자고, 한나절 컴퓨터 두드리다가도 전화만 오면 바람같이 나갔다 밤늦게 돌아오느라 집안일에는 손끝 하나 놀리지 않는 남편을 지극정성으로 뒷바라지해 주고, 자신의 부끄러웠던 얘기도 너그럽게 '통과'시켜 준 아내 박갑순을 사랑하고, 장남 승민과 막내 용석 그리고 사촌 을성 형님의 뒷받침도 고맙게 여깁니다.

아버지 · 어머니! 이 책은 두 분의 숭고한 정신과 올곧은 생애가 빚어낸 '옥동자'입니다. 당신들의 얼이 담긴 생명, '영혼(靈魂)의 부활'입니다. 세상에 갓 태어난 영적(靈的) 새 생명인 《너는 뭘 했냐》를 흔쾌히 받아 주세요.

아버지 · 어머니, 이뿐만 아닙니다. 기뻐하십시오. 이제 곧 두 분의 '육신(肉身)의 부활'도 이루어집니다. 겉으로 내색은 하지 않으셨지만 속으론 애타게 바라셨던 '증손자'를 보시게 된 것입니다. 당신의 둘째 아들(화성)의 외아들(재준)의 아내인 손자며느리(소민 모 최은영)가 둘째를 임신했습니다. '아들'이랍니다. 고난을 통해 복을 주시는 하나님께서 사업 실패로 절망의 늪에 빠진 화성이의 피를 통해 대를 잇게 하신 것입니다. 생존해 계실 때 두 증손녀만 품어 보시고 손자는 안겨드리지 못해 늘 죄송한 마음이었는데, 드디어 우리 가정의 대가 끊어지지 않게 됐습니다. 기뻐하세요. 또 하나 태어날 새 생명을 축복해 주십시오.

두렵고 떨리는 마음으로 난생처음 잉태한 생명인 《너는 뭘 했냐》의 탄생을 위해 심혈을 기울인 나남의 조 회장님과 편집 · 제작진께 거듭 감사의 말씀을 드립니다. 아울러 세세무궁토록 우리 가문을 이어갈 귀하고 보배로운 생명의 씨앗을 뿌려 주신 하나님 은혜에 엎드려 감사, 감사의 기도를 올립니다.

이런 자서전은 내 평생에 처음

정형수 (전 주일공사 · 전 동아일보 기획위원)

2020년 12월 중순 어느 날, 이충남 군이 두툼한 원고뭉치를 들고 나타나 불쑥 내밀며 읽어 보아 달라고 했다. 쑥스럽다면서도 자기의 자서전이라고 했다. "너는 뭘 했냐"라는 제목에 200자 원고지로 3,600여 장, 얼핏 보기에도 천 페이지가 넘는 책이 될 것 같은 분량이다. 크게 말하자면 이 원고는 이 군의 일대기(一代記), 회고록인 것이다. 솔직히 말해서 내가 아는 이 군은 평범한 기자였고 평범한 인생을 살고 있는데 그가 자신이 살아온 날들을 이렇게 튼튼이 기록했다는 것에 놀랐다.

이 군은 1943년생으로 대한민국의 건국, 6 · 25 전쟁 등 우리나라의 현대사를 몸소 체험한 세대 중 한 사람이다. 그런데 사람들은 나이를 먹으면 왜 자기가 살아온 지난날들을 뒤돌아보게 되는 것일까. 사람들은 왜 가끔씩 거울 속에서 자신의 얼굴을 바라보는가. 그것은 흘러간 세월과 함께 그 속에 자기사(自己史)가 있기 때문이다. 그러나 보통은 자기의 역사를 자기가 기록하기는 어렵다. 우선, 자신이 살아온 날을 정리해야 하고 그다음은 그것을 글로 옮겨 놓아야 하기 때문이다. 그런데 이 군이 그 일을 해냈다.

솔직히 "너는 뭘 했냐"라는 글 뭉치의 제목부터 흥미를 끌었다. 며칠 밤을 새우다시피 하면서 읽었다. 한마디로 재미있었다. 그리고 감동했다. 평생을 글과 관련된 일을 하고 살았지만, 이런 진솔한 자서전은 내 평생 처음이었기 때문이다.

자서전이라고 하면 대통령, 유명 정치인들, 아니면 기업체 회장들의 일대기를 문필가들이 대필하여 펴내는 게 보통이 아니었던가. 이 글은 그런 자서전들과 종류가 다르다. 아버지의 일대기를 시작으로 "어머니, 저 이렇게 살았어요"라며 어린애가 되어 바로 옆에서 도란도란 어머니에게 들려주는 형식의 이런 글은 여태껏 본 적이 없다.

글의 처음은 1950년 6·25 전쟁 때로 거슬러 올라간다. 피란길에 오른 8살의 나이, 한 달 남짓 사이에 실제 목격하며 겪은 할머니와 세 남동생의 죽음은 그의 평생에 트라우마로 작용했을 것이다. 죽음과 생존은 늘 그에게서 떨어지지 않는 수레의 두 바퀴나 마찬가지였을 터. 나 역시 중학 3학년 때 전쟁이 났기 때문에 어제 일처럼 기억하고 있다. 전쟁은 정말 겪어 보지 않고는 어느 누구도 그 비극과 아픔을 알 수 없는 일이다. 전쟁을 모르는 세대가 전쟁세대에게 '보수 꼴통'이라거나 비수를 들이대는 듯한 언행을 하면 결코 안 된다. 그때를 생각하면 지금도 온몸에 전율(戰慄)이 일곤 한다.

피란을 하면서 휴전이 되고 객지에서 살아남기 위하여 그의 부모가 벌인 생존을 위한 몸부림은 또 다른 이름의 '전쟁'이었다. 그 가운데서도 저자는 '옳으면 옳고 그르면 그른 것'이라는 심지(心地) 아래 서울로 진학하여 어렵게 공부하며 중고교와 대학을 졸업하고 육군 장교가 된다. 그 후 파사현정(破邪顯正)을 꿈꾸며 언론인이 되어 40년 가까이 봉직한다. 결혼하고 세 아들을 낳아 기르고 가르쳤다.

그는 그 누구보다 솔직하고 담백하게 79년 세월의 삶을 글로써 펼치고 있다. 교열·편집·정리부서의 내근기자였던 그의 글재주에도 새삼 놀랐다. 글을 보면 사람 됨됨이를 알 수 있다. 이 군의 글은 그의 성품처럼 위선도 과장도 없이 담백하고 진솔하다.

그리고 그의 지극한 효심(孝心)에 감동했다. 자당 별세 후 75세 고애자(孤哀子)가 되어 문상객들에게 보낸 인사장은 가슴에 와닿는 울림이 크다. 국가에 충성(忠誠)했고, 직장에서 충직(忠直)하게 일했으며, 가정과 신앙에도 충실(充實)하고, 무엇보다 마음이 충만(充滿)한 남자, 그러니까 충효(忠孝)의 주인이다. 내가 '충남(忠男)이'를 아끼고 좋아하는 까닭이다.

이제 그와의 인연에 대해 말하자. 그러니까 1973년이었을 것이다. 〈동아일보〉의 통일문제연구소 간사로 일하던 때, 해마다 펴내는 〈통일백서〉 중 《동서독과 남북한》의 교열과 윤문을 회사 신입기자인 그가 도맡아 해주면서 시작된 교류가 물경 반세기에 이르고 있다. 지금도 우리는 매달 한 번씩, 때로는 수차례 만나 당구게임도 하면서 회포를 풀고 있다. 선후배 관계가 아니라 막역한 친구로 같이 늙어가고 있으니, 이 아니 좋은 일이 아닌가. 새해부터 당구장 문이 빨리 열렸으면 하는 마음은 저자도 마찬가지일 것이다. 이 군과 나는 150점, 실력이 난형난제다. 그래서 우리들의 당구는 더욱 재미가 있다.

그의 글 뭉치에 푹 빠져 지낸 며칠이 마치 꿈만 같다. 이 군의 자서전 출간을 축하하며 건필과 건강을 기원한다.

격려의 글

"나는 뭘 했는가?" 되돌아보게 한 감동의 글

전만길 (전 서울신문 사장)

2020년 마지막 달 어느 날, 이충남으로부터 전화 한 통이 걸려왔다. 1년에 4번 분기별로 만나는 친목모임을 코로나 19로 취소한다는 연락 겸 안부전화려니 생각하고 받았다. 그는 크고 작은 각종 모임을 주선하는 '전문 총무'로 헌신해오고 있기 때문이다. 그러나 수화기를 통해 들려온 말은 뜻밖에도 "책을 한 권 내게 됐는데 격려의 글을 부탁한다"는 것이었다. 일부를 출력해 보낼 테니 일독해 보란다.

순간 당황했고 그런 글을 쓰기에는 부족함이 많아 사양했으나 강권하는 바람에 응하지 않을 수 없었다. 며칠 후 묵직하고 방대한 양의 원고를 받았다. '보통 사람' 이충남이 자기 삶을 되돌아보며 남기고 싶은 이야기이겠거니 짐작하고, 가벼운 마음으로 읽기 시작했다. 왜냐하면 내가 겪어 본 그는 전혀 특출한 구석이 없고 그렇다고 모자라지도 않은 그저 평범한 필부(匹夫)에 불과한 인물이었기 때문이다. 그런 마음으로 자리에 누워 느긋하게 훑어보다가 '어! 그게 아니네' 하며 벌떡 일어나 책상에 올려놓고 읽기 시작했다. 차츰 글 속으로 빠져들어 밤을 새우다시피 읽었다. 그만큼 재미있고 울림이 컸다.

한 사람 한 사람의 삶은 대하소설이라는 말도 있지만 글을 통해 쏟아 놓은 이충남의 파란만장한 삶은 그 자체가 한 편의 드라마란 표현이 어울릴 듯하다. 항상 웃는 얼굴로 남을 배려하며 낮은 자세로 살아온 '빨간 코주부 아저씨'에게 이런 인생역정이 있었다니 놀라움과 함께 애잔함이 가슴속을 파고들었다. 이 책은 이충남 자신의 삶을 기록한 개인사(個人史)이자 가족들의 애환을 담은 가족사(家族史), 더 나아가 험난하고 고통스러운 굴곡진 삶을 살아온 서민들의 현대사(現代史)라는 생각을 지울 수 없었다.

1943년생인 그가 태어난 철원은 당시 38선 이북으로 북한에 속해 있었다. 지정학적으로 남북이 교차하는 지역으로 해방공간에서 주민들이 좌우 양쪽으로부터 시달림을 받은 대표적인 지역이었다. 이런 관계로 가족이 흩어져 피란길에 나서야 했고 그 와중에 굶주림과 질병으로 어린 동생 셋을 잃었다. 문전걸식, 동냥질로 끼니를 잇고, 허기진 배를 채우기 위해 참외껍질을 주워 먹고, 시궁창의 술지게미를 퍼 먹었다는, 쉽지 않은 고백을 담담하게 적은 대목에서는 눈시울이 뜨거워졌다.

무엇보다 놀라운 것은 이런 사실을 알려 주는 기록, 물품, 유물 등을 보존하고 발굴하여 정리, 해석했다는 점이다. 잦은 이사와 무관심으로 버리거나 손실되기 십상인 기록과 물품들이 보존되어 있었다니 정말 놀랍다. 작가는 선친의 유품을 정리하다가 오래된 상자에서 낡은 달력의 뒷장, 광고지 등에 써 놓은 기록과 자신의 일생을 정리해 이 책에 담았다. 그는 어찌 보면 흩어져 있던 하찮은 듯한 쪼가리 기록들에 생명을 불어넣어 개인사와 가족사를 기록함으로써 현대사의 한 단면으로 복원시킨 것이다.

시골에서 홀로 상경, 명문 보성중고와 고려대를 나온 그는 인생의 황금기에 40년 가까이 신문기자로 살았다. 밖에 나가 취재해 기사를 쓰는, 이름을 내는 외근기자가 아닌, 안에서 차분하게 기사를 다듬는 이름 없는 내근기자였다. 또 외부 필자와 독자들이 보낸 원고를 정리하고 다듬으면서 보이지 않는 곳에서 생색냄이 없이 안정감 있는 자세로 일했다. 그런 경력과 숨겨졌던 재능으로 선보인 몇 편의 글을 통해 그의 글솜씨는 이미 정평이 나 있었다. 그는 이 책 하나만으로도 누구나 인정할 수밖에 없는 문장가(文章家)가 됐다고 본다. 글이 평이하면서도 맛깔스럽고 깊은 맛이 있다. 가끔 눈물과 미소도 짓게 하고 감탄을 자아내게도 한다.

사람이 워낙 좋아서인지 많은 어려움을 겪고 있는 것이 분명한데도 그는 웬만해서는 내색을 하지 않는다. 어느 누구를 탓하는 것도 보지 못했다. 사람이 한결같다. 그래서 나는 후배인 그를 '형'이라고 부르고 싶다. '충남이 형'이 좋다. 형은 '작은 거인'이다. 나는 이 책이 많이 읽혔으면 한다. 왜냐하면 읽는 사람에게 많은 감동과 울림을 줄 것이 확실하기 때문이다.

《너는 뭘 했냐》를 읽고 뒤늦게 "나는 뭘 했는가?" 뒤돌아보지 않을 수 없다. 내근기자 출신으로 70에 시작해 10년 가까운 세월, 그것도 하루걸러 24시간 아파트 경비근무를 하면서도 80을 코앞에 둔 나이에 충남이 형은 이런 '대작'(大作)을 이룩해냈다. 뒤늦게나마 '나는 무얼 했나' 자문해 보며 이제부터라도 나의 삶을 정리해 보고 싶은 충동이 일어난다. 아마 이런 생각은 나만의 느낌은 아닐 것 같다.

'연분홍빛' 감성을 지닌 '철인'의 삶

김기경 (전 동아일보 편집위원)

무슨 일일까? 퇴직 후에도 한 달에 한 번씩 열리는 모임을 통해 4반세기 동안 꾸준히 만나 온 이충남 씨가 새삼스럽게 전화를 했다. 코로나 19로 섣달 모임은 건너뛰기로 한 지난해 연말이었다. "한 해가 지나가는데 그냥 보낼 수야 없지 않느냐?"는 것이다. 나는 그 말이 고마워서 칼바람을 무릅쓰고 버스와 지하철을 몇 번씩 갈아타고 서둘러 광화문통으로 달려갔다.

함께 자리한 또 한 사람의 멤버도 어리둥절한 표정이었다. 충남 씨가 가방 속에서 포도주 병을 꺼내더니 잔을 권했다. "제가 아파트 경비원 생활을 하고 있습니다. 그동안 말씀드리지 않고 속여서 죄송합니다." 갑작스러운 말에 멍한 상태로 술을 받았다. "제가 그동안 겪었던 일과 부모님 추억 등을 모아 책으로 낼 준비를 하고 있는데 도움말을 주셨으면 해서 모셨습니다."

아니 이럴 수가? 그는 퇴사 후에도 〈동아일보〉 사사(社史) 편찬위원, 동아꿈나무재단 사업국장, 전주이씨종친회 총무이사 등 몇 개의 일자리를 가졌고, 고교 동창회, 삼월회, 동알회 등 여러 모임의 간사를 맡아 어떤 때는 하루에 2, 3건의 자리를 주선하고 참여했다. 그 와중에 아파트 경비원 노릇까지 했다는 사실, 게다가 어느 틈에 글을 써서 책까지 발간한다는 것은 놀라움 그 자체였다.

아파트 입주민들의 갑질에 인권을 유린당하고 심지어 최근엔 목숨까지 잃는 일이 벌어져 국민의 분노를 자아내는 등 사회적 문제로 떠오른 게 아파트 경비원들의 현실이 아닌가? 그렇게 고되고 감당하기 힘든 일을 하고 있었다니 … . 지인들의 애경사에 가면 언제나 만날 수 있는 게 그의 얼굴이다. 그는 주변 사람들의 어려운 문제들을 해결하는 '민원창구'요, 선후배나 친구들을 연결해 주는 '마당발'이다. 그렇게 바쁘게 돌아치는 그가 10년 가까이 감쪽같이 주위 사람 모르게 아파트 경비원 생활을 했다니 도저히 믿을 수 없는 일이다.

충남 씨의 글을 접하면서 고된 업무와 스트레스에 시달리는 고충이 상당부분을 차지할 것이라고 생각했다. 그러나 그 '기대'는 완전히 빗나갔다. 펜대 잡던 '선비의 손'이 '노동자의 손'으로 '전락'했지만, 조금도 위축되지 않고 당당하게 또 자랑스럽게 대처해 나가는 자세에 마음이 숙연해졌다. 늦가을 한없이 떨어지는 낙엽과의 전쟁에 땀 흘리면서도 주민들을 향한 마음을 은행이나 단풍잎 낙엽 하트로 표현해낸 그의 뚱딴지같으면서도 따뜻한 정서에 인간애를 느꼈다. 그렇게 무뚝뚝하게 생긴 사람의 가슴에 어떻게 그런 '연분홍빛' 감성이 담겨 있었을까? 그가 이처럼 매사를 긍정적으로 생각하고 아름다운 마음을 지니고 있는 줄은 미처 몰랐다.

아파트 경비근무를 마치고 새벽에 교대하면 집에 가서 옷 갈아입고 수백 리 떨어진 종친회 건물에 가서 일 보고, 오후에는 각종 모임과 회식에 빠짐없이 참석하고, 밤늦게 귀가해 잠깐 눈 붙이고 이튿날 새벽에 다시 아파트로 달려가는 '철인'(鐵人)의 생활을 계속하면서도 주변에 감쪽같이 속였음은 '창피해서'가 아니라 '미안하고 쑥스러워서' 그랬단다.

끔찍한 6·25 전쟁을 남보다 더 혹독하게 겪으면서 성장하는 과정도 감동적이었다. 절망 속에서 삶의 희망을 찾는 과정이 그린 듯이 기록되어 있다. 동냥밥으로 연명하고 참외껍질과 술지게미로 식구들 끼니를 때우면서도 담배꽁초를 주워 친척 할머니와 아버지를 봉양하는 어린 충남이의 효성을 읽을 수 있었다.

자식의 학비와 생활고를 해결하기 위해 부친께서 아이스케이크 통을 자전거에 싣고 달리며 생전 처음 "아이스 께~끼~"를 외치고 연습했다는 대목에서는 가슴이 메고 눈물이 왈칵 솟았다. 닭을 사서 밤에 산길을 오르다 넘어져 흩어진 닭들을 주워 담는 장면에서는 숨이 턱 막히는 듯했다. 한겨울에 숯 포대를 싣고 일동-서울 비포장 길을 왕래한 부친의 생존투혼(生存鬪魂)엔 경의를 표하지 않을 수 없었다. 우리 부모들은 자식들을 그렇게 키웠다.

비바람과 구름이 지나가면 태양이 떠오르는 이치를 충남 씨의 글에서 터득하게 되었다. 개가 아프면 부둥켜안고 병원으로 달려가고, 부모가 병들면 요양원으로 실려 보내고 마는 요즘 젊은이들에게도 이 책을 꼭 읽어 보도록 권하고 싶다. 우선 내 자식들에게 먼저 읽어 보도록 해야겠다. 글을 통해 그가 효자이고 다정한 남편이면서 자상한 아버지임을 알게 돼 놀랐다. 그런 충남 씨가 내 가까이 있는 것이 기쁘고 고맙다.

장면마다 한 편의 영화, 보석을 꿴 듯한 글

이선성 (전주이씨 화의군파 종회장)

우리 파시조(派始祖)인 세종대왕 제9왕자 화의군(和義君)의 16세손으로 나와 같은 항렬(行列) 아우인 이충남(李忠男) 님이 책을 출간한다며 나에게 격려의 글을 부탁했다. 여러 가지로 식견이 부족하기에 무슨 말을 해야 할까 조심스러운 마음이다. 우선 책 출간을 축하하고 감사하다는 말씀을 먼저 드린다.

호랑이는 죽어서 가죽을 남기고 사람은 죽어서 이름을 남긴다는 옛말이 있듯이 충남 님은 근 80 평생을 살아오면서 겪은 숱한 이야기들을 세세하고 진솔하게 엮어냈다. 6·25 전쟁으로 형언할 수 없이 어려웠던 유년기의 피란 시절 이야기엔 눈물이 흘렀다. 학창시절의 정의에 불탔던 마음, 군복무 시절 초급장교로서 전후방을 오가며 겪었던 이야기를 읽으면서는 나의 가슴도 뛰었다.

결혼 후 신혼생활 때 부인 때문에 당한 너무나 황당했던 사연엔 웃음이 터져 나왔다. 기자생활을 하면서 세상을 바라보던 시선과 에피소드는 재미있고 많은 교훈을 얻었다. 부모님에 대한 애틋한 효성과 머릿속에 남은 아련한 그리움, 형제간의 이야기에는 마음이 훈훈하고 때론 울컥한 장면도 있었다. 언론사 퇴직 후 아파트 경비원 생활을 하면서 겪은 쓰고 단 이야기 등을 있는 그대로 가식 없이 그려낸 대목에서는 많은 부분 공감했다. 말년에 '낮은 자리', '험한 길'을 자초하고 나선 그 용기가 가상하고 부럽기조차 했다.

글 한 편 한 편을 읽는 것은 마치 대하 다큐멘터리를 보는 듯했다. 장면 장면마다 진솔하고 잔잔하게 표현돼 있어 마치 보석 하나 하나를 꿰어 엮은 듯 아름답고도 울림이 묵직한 글이었다. 9순(九旬)이 다 된 아버지가 주민센터에 가서 65세 아들의 경로카드를 타다 주고, 술 한 방울 못하는 부친께서 아들 저녁상에 반주하라며 막걸리 한 통 사오는 등 자식에 대한 아버지의 애틋한 사랑을 접하고는 나도 내 자식에게 그렇게 해주고 싶다는 생각이 들었다.

6·25 전란으로 인한 피란 시절에 먹을 것이 없어 깡통을 들고 걸식했던 이야기, 한 입 던다고 어머니가 여동생 하나를 이웃집 아주머니에게 주었던 이야기 등은 눈물이 흘러 계속 읽을 수가 없었다. 저자의 선친 이정욱 님께서 틈틈이 쓰신 쪽지 글을 통해서 기록해 놓은 일제치하와 해방 전후 그리고 6·25 전쟁 때 남과 북의 공수전(攻守戰) 틈바구니에서 생명 보존을 위해 몸부림친 장면을 읽을 때는 온몸에 소름이 돋았다. 당시의 참상은 지금 풍요롭게 살고 있는 젊은 세대들이 꼭 읽어야 할 대목이라고 생각한다.

군대시절 사귄 여선생과의 아기자기하고도 슬픈 사연을 읽으면서는 한 편의 연애소설이란 착각도 들었다. 반지 빼고 이별을 선언하는 대목, 22년 만의 극적 재회, 여인의 암 부위를 위로해 주는 장면, 사후의 꿈속 전송 등은 드라마보다 더 큰 감동을 주었다. 그 여선생과의 사연을 읽어가면서 한편으로 염려가 됐다. "이것이 책으로 나와 부인이 읽으면 이 가정은 어떻게 될까?" 하는 걱정이었다. 그러나 다 얘기하고 용서받았다는 끝부분에 이르러서는 무거웠던 마음이 한꺼번에 풀렸다. 그동안의 사연을 어머니와 아내에게 넉살 좋게 다 털어놓은 저자의 솔직함과 용기도 놀랍거니와 눈물 흘려 남편을 용서한 부인의 한없이 넓은 도량과 포용심에 나의 걱정은 기우였던 것이다.

저자는 오랫동안 종회 총무이사직을 수행하면서 종회의 모 인사가 종회를 상대로 벌인 쟁송사건에 지혜롭게 대처하였으며, 종회 규약을 정리하는 등 종회운영 전반에 걸쳐 체제를 갖추는 데 기여한 바가 지대하다. 또한 회계장부를 투명하고 빈틈없이 정리하고 모든 자료를 체계 있게 보존하는 등 종회를 정상궤도에 올려놓은 공도 크다. 그동안 수행하고 겪은 종사 업무와 앞으로 행할 숙원사업도 이 책에 정리해 놓아 많은 참고가 될 것이다.

최고 학부를 나와 언론사 생활을 한 저자는 얼핏 부유한 삶을 살았을 것 같으나 험난한 생애를 거쳤으며, 외견상 평범한 인물로 보이나 비범한 내면을 간직한, 견실한 인물임을 이번 작품을 통해 알 수 있었다. 이충남 님의 글을 통해 인생을 어떻게 살아야 하고, 가정의 화목을 위해서는 무엇을 해야 하며, 부모에 대한 효도와 자식 사랑은 어떤 것인가를 일깨우는 사회가 됐으면 좋겠다. 아무쪼록 이 책이 베스트셀러가 돼 80을 바라보는 노구(老軀)에 집게 들고 허리 굽혀 오물을 줍는 생활에서 하루빨리 벗어났으면 하는 바람이다. 저자의 건강과 행복이 함께하는 생활이 이어지기를 기원한다.

눈물과 감동으로 얼룩진 '가족사'

윤교중 (전 하나금융공익재단 이사장)

나는 그와 보성고등학교를 같이 다녔다. 망팔(望八), 8순을 바라보는 지금까지도 교유하고 있다. 그러구러 60여 년의 세월이다. 대학에 진학하면서 우리들 삶의 궤적은 달라지게 됐다. 그는 언론인으로, 나는 은행원으로 평생을 살아오면서 우리는 한 번도 얼굴 붉히거나 언성 높인 기억이 없다. 이제야 밝히는 일이지만 내가 고등학교 동기회 회장을 맡아 별 탈 없이 마칠 수 있었던 것도 오로지 총무로서의 탁월한 그의 역량이 뒷받침된 덕택이었다.

볼 것 많고, 들을 것 많고, 읽을 것 많은 요즘에 친구의 문집을 읽는다는 건 특별한 일이다. 더구나 눈 침침하고 기력 달려 가급적 짧은 글을 선호하는 나이인지라 은근히 겁이 나기도 했다. '끝까지 제대로 읽을 수 있을까?' 하는 불안감과 함께 한편으론 살짝 호기심이 일기도 했다. 친구의 글솜씨야 익히 알고 있지만 혹여 그의 내밀한 속내를 훔쳐볼 수 있지 않을까 하는 또 다른 기대감도 가졌다.

대학 때 일이 문득 떠올랐다. 르네상스의 빗장을 여는 데 큰 역할을 했다는 세계의 명작, 단테의 〈신곡〉(神曲). 나는 문학서적과 별로 친하게 지내지 않았지만 〈신곡〉만은 꼭 읽겠다는 생각을 신념처럼 지니고 있었다. 너무나 유명한 책이었으므로. 나는 그 책을 몸부림치듯이 읽었다. 재미가 없기 때문이었다. 아마 1주일 넘게 책을 붙들고 있었던 것으로 기억한다. 나중에야 그 소설이 재미없는 이유를 알았다. 그건 '리딩북'이 아니라 듣는 책, 즉 '오디오북'이기 때문이었다. 토스카 지방 사투리로 쓴 책이어서 우리나라 판소리처럼 운율 섞어가며 읽어야 제맛이 난다고 알려졌으니까. 지금은 그 책을 읽었다는 기억조차 희미하지만.

그렇지만 그건 기우(杞憂)였다. 저자의 아버지 육성을 기술한 글을 읽으면서 나도 모르게 깊이 빠져들었다. 흥분하지 않고 차분한 목소리로 들려주는 이야기. 마치 어릴 때 어머니 젖가슴에 머리 묻고 있던 나를 부드럽게 등 쓰다듬어 주던 어머니 손길처럼 따뜻하고 바람처럼 잔잔한 목소리가 불안해하던 내 마음을 다독여 주는 듯했다.

한 사람의 개인사가, 한 가족의 내력이 이처럼 읽는 이의 가슴을 울릴 수 있을까? 내 경험상 그런 경우는 결코 없었던 일이다. '신비한 이상주의자'로 알려진 에머슨은 그런 깊은 감동을 "내 가슴의 철선을 울린다"고 표현했는데 그 말이 딱 들어맞는다. 그 이외에 표현을 달리할 수가 없다. 내 재주를 가지고서는.

인류 역사상 국가와 개인이 가진 공통점 한 가지는? 뭐니 뭐니 해도 그건 아름답지 않은 흑역사(黑歷史)가 있다는 점일 게다. 나라엔 흥망이 있을 것이고 사람에겐 부끄러운 일, 그래서 남에게 보이고 싶지 않은 아린 상처가 있을 것이다. 도려내지 않고선 결코 치유될 수가 없는 상처 말이다. 그런데 이 친구는 그런 사실을 이미 나보다 먼저 알고 있었던 거다. 부끄러운 일이지만.

나는 친구의 글을 읽으면서 한 사람의 일대기가 이처럼 사람의 마음을 움직이고 감동을 준다는 사실에 놀라지 않을 수 없었다. 내가 은행원으로 지내는 동안 금과옥조로 여겼던 것 한 가지가 바로 돈 앞에서 감정을 멀리하는 것이었다. 그래서 내 몸 세포엔 나도 모르게 냉철함이 아직도 알알이 남아 있어 웬만한 일에는 감동하지 않는데, 그 감정과 이성의 경계를 끊은 것이 바로 아버지 이정욱(李正煜)의 육성이었다. 그리고 기교 없이 진솔하게 써내려간 저자의 자전적 이야기였다. 그는 그야말로 실오라기 하나 걸치지 않은 알몸을 그대로 내보였다. 그런 행동은 바보 같아서가 아니라 차라리 승화된 순수함이라고 해야 옳다. 마치 선악과를 따먹기 전 아담과 이브가 에덴동산에서 평화롭게 지내던 모습을 떠올리게 한다.

보통 사람. 일제강점기를 거쳐 해방공간, 6·25 전쟁, 그리고 나라의 변혁기와 중흥기를 몸소 겪은 이 나라 주역 중의 한 사람. "북으로 갈 것이냐, 가족을 지킬 것이냐?" 생사의 갈림길에서 목숨을 걸고 가족을 택한 용기는 두고두고 곱씹어 볼 이야기다.

또한 재물가치가 많은 내 넓은 땅을 피붙이도 아닌 이웃에게, 단지 어렵게 사는 것이 안타까워 "내가 할 수 있는 일"이라며 조건 없이 내준다는 게 그게 어디 될 법이나 한 소린가? 그런데 보통 사람으로서는 도저히 할 수 없는 일을 아버지는 쉽게 너무도 간단명료하게 해치우시는 거다.

이렇듯 일제강점기를 거쳐 현대에 이르는 동안 욕심 부리지 않고 그야말로 '남을 배려하는 마음'으로 살아온 아버지. 그 어렵고, 힘들고,

살벌하고, 또한 죽음을 앞둔 위험한 고비를 큰 탈 없이 넘길 수 있던 것도 그동안 뿌려 놓은 선행의 결과 때문이 아니겠는가? 아버지는 그것을 '하나님의 뜻'이라고 말씀하셨지만.

테레사 수녀는 병든 사람을 위해 간호해서 성녀가 됐듯 가난하고 못 배운 이웃을 위해 살신성인(殺身成仁)의 정신을 몸소 실천해온 보통 사람 이정욱 아버지야말로 '숨은 성인'이라 불러도 하등 이상할 것이 없겠다. 사람은 어떻게 살아야 하는지를 몸소 행동으로 보여 주셨으니까.

친구 이충남이 존경스러운 또 한 가지는 남에게 드러내 놓고 싶지 않은 개인사를 고해성사 하듯 깡그리 드러냈다는 점이다. 누구나 가지고 있는 애환, 누구나 지니고 있는 아픔을 이처럼 적나라하게 드러낸다는 건 아무나 할 수 있는 일이 아니다. 나는 젊었을 적에 술 마시고 '절대로 남에게 말하고 싶지 않은 일'을 발설했다는 사실을 안 뒤부터 술을 끊은 적이 있는데, 나보다 더한 '부끄러운 일'을 그는 이처럼 천연덕스럽게 밝히고 있는 것이다. 이는 보통의 용기를 지니지 않고서는 쉽게 할 수 없는 일이다. 남다른 우월감이나 당당한 자신감을 갖고 있지 않고서야 어찌 그럴 수가 있겠는가?

'작은 거인.' 그렇다. 이충남은 '작은 거인'이다. 우리는 특별한 사람을 그렇게 부르지만 이 친구야말로 그렇게 불러 마땅하다. 생김새야 잘생겼다고 결코 말할 수는 없어도 지금까지 지나온 흔적을 본다면 그는 분명 '작은 거인'이 맞다.

이 책 속엔 그의 아버지 못지않게 살아온 친구의 진솔한 내력이 곳곳에 묻어있다. 그의 내밀한 삶의 흔적도 여실히 드러낸다. 특히 그의 연애 얘기는 한 편의 소설이다. 외견상 전혀 그럴 사람이 아닌데 그에게 그런 엉뚱함이 있었다는 데 놀라지 않을 수 없다. 나는 점심도 거른 채 그 대목을 읽었다. 세속적으로 말한다면 그건 분명 불륜이지만 그것을 진솔하게, 참회록처럼, 그리고 아름다운 문장으로 꾸며냈으므로 면죄부를 주기에 충분하다. 조선시대로 돌아간다면 그건 한량이고 멋이겠고, 해방공간에서라면 낭만이라 해도 좋을 듯하다.

힘들어하는 친구 살펴 돕고, 어려운 환경에 처한 외국인근로자들 뒷바라지해 주고, 친구의 허물 덮어 주면서도 티내지 않고, 어려운 생활을 긍정의 힘으로 이겨 나가는 것은 훌륭하신 아버지의 DNA를 물려받은 때문이겠다.

이 책을 읽으면서 많은 것을 생각했다. 아버지의 흔적을 고스란히 정리한 것이며 어머니에 대한 각별한 사랑, 그리고 그가 자랑하는 세종대왕 아홉 번째 아들 화의군 16세손의 가계(家系)를 고스란히 정립한 것이 부럽다. 어쩌면 이 가족 이야기는 자자손손 전해질 것이고, 이 책을 읽은 독자는 '참회록'을 쓰거나 아니면 '나도 한번' 하며 자기 가족사를 생각하는 계기를 마련할 듯싶다.

그렇다. 이 책은 한 사람의 '가족사'이기 전에 우리나라의 간추린 현대사다. 또한 잘 쓰인 장편소설이고 재미있는 대하드라마다. 감히 모든 이에게 일독을 권한다.

찡한 가족사와 진솔한 고백에 전율

최명우 (극작가·전 동아일보 편집위원)

세상의 뒤안길엔 언제나 남모르는 비밀이 있게 마련이다. 초창기의 우리 축구는 경기규칙이 제대로 마련돼 있지 않았기 때문에 지금으로 치면 우습다 싶은 규칙들이 많았다. 경기시간만 해도 전후반 합쳐 90분으로 정해져 있는 것이 아니고 주최 측에서 참가 팀이 많으면 30분, 여유가 있으면 40분씩 배정하는 등 그야말로 '엿장수 마음대로' 식이었다. 그렇다면 경기 결과 득점이 같을 때는 어떻게 승부를 갈랐을까. 승부차기나 연장전이 없었다. 양 팀의 골킥, 코너킥, 페널티킥을 점수로 따져 우세한 팀을 승자로 했었다. 그것이 더 합리적일 듯싶다.

일정한 규칙이 없는, 예측불허의 상황 속에서 펼쳐지는 인간사도 일단 지나간 뒤에는 되돌릴 수 없다. 그것은 리바이벌이 없는 다큐멘터리다. 이를 무효로 하고 승부차기나 연장전을 치르는 것은 반전의 짜릿함을 기대하고 펼치는 드라마라고 할까. 되돌아보면 역사 속의 옛 분들이 지금보다 훨씬 더 합리적이고 현명했던 것 같다.

이충남 옹의 《너는 뭘 했냐》를 읽고 파노라마로 펼쳐진 담담한 다큐멘터리 속에서도 드라마의 짜릿한 감흥을 느꼈다. 한마디로 상당한 충격을 받았다. 마치 말러의 교향곡 2번의 서주(序奏)가 전하는 전율 같은 찔림이 왔다.

요즘 정국도 잘 풀리지 않고 경제도 어려운데 생활사고까지 연발한다. 이럴 때 지혜롭지 않으면 우리는 참담한 패배의 쓰라림을 맛볼지 모른다. 진정한 지혜는 머리를 굴리는 것이 아니라 대의를 위해 자신을 희생하는 것이다. 위기 때 용기가 필요하며, 이럴 때 용기를 낼 줄 아는 것이 참다운 지혜다. 글을 읽으며 이런 깨달음을 얻었다. 지혜로운 자는 위험을 넘어서야 할 때 용기를 낸다는 것을.

인간의 욕구에는 치열한 경쟁 속에서 살아남으려는 생존 욕구부터 시작해 자아실현 욕구에 이르기까지 끝이 없다. 그런데 이런 인간의 욕구는 얼마나 다양하고 또 욕구 간에는 어떤 순차적 단계가 있는 것일까. 이런 본질적 질문에 대해 《너는 뭘 했냐》가 사실적 경험의 실토를 통해 힌트를 준다. 존재 욕구, 사회적 관계 욕구, 성장 욕구에 대해 격정의 시대를 산 험난한 가족사를 담백한 고백과 실록으로 풀며 결론을 단순화했다.

'인간의 가장 본능적인 욕구는 무엇일까?'라는 물음을 아버지의 수기와 험한 풍랑을 헤쳐 나온 어머니의 생계투쟁, 그리고 자신의 다양한 경험을 바탕으로 재미있고 유쾌하게 풀어내는 문장력을 보여 주는 것도 놀랍다.

사람은 누구나 죽고 결국 이 세상에서 사라지게 마련이지만 그래서 더욱 사는 동안에 나름대로 자신을 완성하며 사는 것이 중요하다. 사람이 사는 동안엔 자신에게 최선을 다하고 살아야 하는데, 그 과정에서 중요한 것은 명예의 보전이다. 사람이 안전하게 살아가며 자신의 일생을 스스로 값지게 하고 주위의 존경을 받는 인물이라면 그의 이름이 영원히 명예롭게 보전될 수 있다. 픽션으로 착각할 정도로 찡하고 짜릿한 자전적 이야기는 스스로, 자신을 위해 최선을 다하며 절제를 먼저 선택할 줄 아는 것이 자신을 명예의 전당으로 이끈다는 것을 뒤늦게 깨우친 결과물일 것이다.

그러고 보면 생명과 삶에 대한 이론적인 탐구는 늘 시작이 있을 뿐 끝이 없는 우리들의 평생이 아닐까. 요즘같이 쌀이 남아도는 환경에서야 밥 한 그릇이 뭐 그리 중요하냐고 할지 모르지만 예전엔 쌀 한 톨이 지극히 아쉬운 시절이 있었다. 요즘 세대에게 '보릿고개'가 무엇이냐고 물으면 제대로 답할 사람이 얼마나 될까. 일제강점기 때는 물론이고 8·15 광복 후 1960~1970년대까지만 해도 농촌의 빈곤상은 연례행사처럼 찾아들었다. 이처럼 식량 사정이 매우 어려워 넘기 힘든 고비를 맞는 시기를 적나라하게 나타내는 말이 바로 보릿고개였다.

그야말로 삶의 위기인 이 시점을 저자 일가가 극복하는 모습은 강렬한 느낌을 준다. '입에 풀칠한다'는 말 그대로 풀죽으로 연명하는 모습을 인상적으로 그려낸 것은 다음을 기대케 하는 그의 작가적 능력일 것이다. 6·25 때 허기진 배를 채우기 위해 들었던 깡통을 5년 뒤엔 고아를 돕기 위해 벼이삭을 주우려고 들고 나가 논바닥을 헤매는 장면에서는 숙연함을 금할 수 없다. 80을 바라보는 그의 일생에는 쇼킹한 액션도 있고, 눈물 찡한 멜로, 마성의 달콤한 로맨스까지 은근한 곳에 구석구석 담겨 있다.

촉견폐일(蜀犬吠日)이란 말이 떠오른다. '촉(蜀) 땅의 개가 해를 보고 짖는다.' 촉나라 쓰촨(四川) 성 지방은 산이 높고 안개가 짙어서 해를 보는 날이 드물기 때문에 해가 뜨면 개가 괴이하게 여기고 짖는다는 고사에서 비롯한 말이다. 뭘 모르는 사람이 선하고 어진 이를 시기하고 의심하는 것을 이른다. 그러고 보면 우리가 보는 세상을 동전만 한 하늘로 착각하고 있는 것이 아닐까.

'나는 뭘 했던가.' 《너는 뭘 했냐》를 읽으며 새삼 뒤돌아보지 않을 수 없었다.

휴머니스트 선배, 만세입니다!

최영록 (동아일보 후배·생활글 칼럼니스트)

언감생심 '전전전 직장' 이충남 선배의 자서전(自敍傳) 《너는 뭘 했냐》를 통독, 정독하고 격려의 글을 쓴다. 글을 못 쓰는 주제에도 불구하고 사실은 한마디 쓰고 싶어, 소회라도 블로그 등에 따로 밝혀 놓을 생각이었다. 그런데 졸문을 책 말미에 실어 준다는 게 아닌가. 이건 '가문의 영광'이다. 자서전의 첫 번째 독자인 것만도 감지덕지한데, 글 잘 쓰는 내로라하는 지인들을 제치고 글 검증이 안 된 내가 독후감 형식의 글을 써 달라는 부탁을 받았으니 왜 아니겠는가.

200자 원고지 3,600여 장의 분량. 여느 대하소설 못지않은 서사와 진솔한 스토리에 가슴이 먹먹하고 눈시울을 붉힌 게 여러 번이었다. '이런 것이 진짜 자서전'이라는 생각을 했다. 여느 대통령, 여느 재벌이면 다인가? 그들이 자서전을 스스로 썼을 것인가. 40년 가까이 신문기자였으나, 주로 내근부서(여론독자부, 편집부, 교열부 등)에서 일하였기에 '이충남 기자'가 쓴 기사를 실제로 많이 보지 못했다. 하지만 갈고닦은 필력은 이런 자서전 앞에선 '맹탕'이라는 것을, 진솔한 마음에서 우러난 글이야말로 '참글'이라는 것을 다시 한 번 느꼈다.

글의 형식도 유별나다. 돌아가신 어머니께 차근차근, 도란도란 들려드리는 당신의 일생의 기록이다. "어머니, 그때 그 시절, 배고팠던 기억나나요? 저는 이렇게 살아왔어요. 못나서 죄송해요. 하늘만큼 땅만큼 큰 은혜에 보답도 하지 못했어요" 하는 식이다.

격변기 가난과 함께한 성장과정, 중고교·대학시절, 육군 소위의 군대시절, 사랑과 연애 그리고 결혼, 취직, 육아, 집 장만, 신앙생활 등 누구라도 겪어왔을 '한평생'을 어머니께 미주알고주알 들려주는 구술을 수식어 하나 없이 드라이하게 글로 고스란히 옮겨 놓다니, 게다가 9순의 아버지와 7순의 아들이 따로 또 함께 쓴 '부자(父子) 자서전'이라니, 이런 자서전은 전대미문, 들으니 처음이고 보느니 처음이다.

최근, 수년 만에 선배를 모시고 마음 고운 친구들과 함께 점심식사를 하는데 '황금 멤버'라며 즐거워하셨다. 내민 원고뭉치를 며칠간 통독하며 선배의 빈틈없는 총기와 숨은 저력에 놀랐다. 1943년생이시니 79세, 희수(喜壽)를 넘기셨다. 6·25 전쟁 때 불과 8살, 경기도 철원 땅에서 어머니와 함께 어린 남동생들을 데리고 걸어서 피란길에 나섰다. 평생 잊지 못할 세 동생의 기막힌 죽음들을 잇달아 목격했다. 생업전쟁에 나선 부모님은 직종을 10개도 더 바꾸셨다. 그 얘기들 속에 웃음도, 눈물도, 한숨도, 희열도 있었다.

모임 후기에 외람되고 무례하게도 "키도 난쟁이 똥자루만큼 작고, 이주일처럼 못생기셨지만 한없이 너그러운 꼰대"라고 적었건만, 화를 내기는커녕 "나는 꼰대가 좋아"라며 가가대소하셨다. 선배의 별명이 '꼰대'인 줄도 모르고 썼는데. 그렇다. 꼰대가 없는 사회는 슬프다. '기면 기고 아니면 아니'라고 말해 주는 연륜의 꼰대가 있어야 하지 않겠는가.

이념의 양날개를 보수(保守)와 진보(進步)라 하던가. 이 자서전을 통해 전쟁을 겪은 세대가 보수일 수밖에 없다는 것을, 존경받는 보수와 미워할 수 없는 보수가 있다는 것을 처음으로 느낀 것도 가외의 수확이다.

몇 년 전 75세에 고애자가 된 선배는 "비바람 불고 눈보라 휘몰아치는 드넓은 광야에 홀로 서서 사방을 둘러봐도 부여잡을 나뭇가지 하나, 풀 한 포기 없는 황량함에 외롭고 두려웠다"며 눈물을 자아내는 인사장을 보냈다. 이런 감동적인 인사장을 받은 적이 있는가. 사는 맛이 나는 까닭이다. 이 책 속의 부모님을 비롯한 지인들을 위한 추모사 몇 편을 꼭 읽어 보시기 바란다. '인간 이충남'의 모든 것을 엿볼 수 있다.

그는 따뜻한 심성, 남을 배려하는 마음, 타고난 성실함을 가진 사나이다. 함자에 충성 충(忠)자가 결코 멋으로 있는 게 아님을 알 수 있다. 나라에 충성하고, 종사(宗事)에 충성하고, 친구에게 충성하고, 일편단심 직장에 충성하고, 아내와 자식들을 아우르며 가정에 충성한 남자, 경비근무에도 충성을 다하면서 끝내 알코올에까지 충성스러운 이 선배를 어찌 존경하지 않을쏜가.

거짓말하지 않는 자서전은 좋은 책에 틀림없다. 자서전은 읽지 않아서 문제이지만, 누구라도 읽는다면, 우리 사는 세상을 좋은 방향으로 변화시키는 원동력이 되는 책이다. '백세시대'라고 한다. 100세의 신체나이는 몇 살이나 될까? 0.7을 곱해야 한다고 한다. 이른바 100세는 옛날의 고희에 해당한다. 그렇다면 이 선배는 몇 세이신가? 지천명을 갓 넘긴 55.3세. 노익장이라고 말하지 말자. 아파트 경비원도 끄떡없는, 순애보의 노인으로 오래오래 평강하시길 빌 뿐이다.

휴머니스트 선배, 만세다! 감히 일독을 권한다.

지은이 소개

이충남(李忠男)

1943년 강원도 철원 출생

1963년 보성고등학교 졸업

1967년 고려대 정치외교학과 졸업

1969년 ROTC 5기 육군중위 소집해제

1993년 동국대 언론정보대학원 수료

〈신아일보〉 1년, 〈한국일보〉 2년, 〈동아일보〉 30년 근무

〈동아일보〉 사사편찬위원 3년

동아꿈나무재단 사업국장 3년

전주이씨 화의군파 종회 총무이사 9년

아파트 경비원 9년

《일과 가정의 양립과 저출산》(한국보건사회연구원),

《세계전래동화전집 – 일본편》(창비) 번역

《건강한 삶》, 《진기한 발명》, 《두뇌운동》,

《세계 프로복싱 스토리》 등을 〈스포츠동아〉에 번역 연재

《화의군 파세보》, 《화의군 충경공》(화의군종회) 제작